Stars, Prominente oder Helden? – Ein Modell der personenbezogenen
Kommunikation und Rezeption

Inauguraldissertation

zur Erlangung des Akademischen Grades

eines Dr. phil.,

vorgelegt dem Fachbereich 02 – Sozialwissenschaften, Medien und Sport

der Johannes Gutenberg-Universität Mainz

von

Thomas Könecke

aus Mainz

Wiesbaden

2014

Referent: Univ.-Prof. Dr. Holger Preuß

Korreferent: Univ.-Prof. Dr. Markus Kurscheidt

Tag des Prüfungskolloquiums: 12. Dezember 2014

Das Modell der personenbezogenen Kommunikation und Rezeption

Thomas Könecke

Das Modell der personenbezogenen Kommunikation und Rezeption

Beeinflussung durch Stars, Prominente, Helden und andere Deutungsmuster

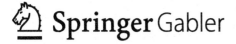 Springer Gabler

Thomas Könecke
Mainz, Deutschland

Dissertation Johannes Gutenberg-Universität Mainz, 2014

Originaltitel: Stars, Prominente und Helden – Ein Modell der personenbezogenen Kommunikation und Rezeption

Die vorliegende Arbeit wurde vom Fachbereich 02 – Sozialwissenschaften, Medien und Sport der Johannes Gutenberg-Universität Mainz im Jahr 2014 als Dissertation zur Erlangung des akademischen Grades eines Doktors der Philosophie (Dr. phil.) angenommen.

Der Verfasser wurde während der Promotionszeit durch Stipendien der Friedrich-Naumann-Stiftung für die Freiheit und der Gutenberg-Akademie der Johannes Gutenberg-Universität Mainz gefördert.

ISBN 978-3-658-19193-1   ISBN 978-3-658-19194-8   (eBook)
DOI 10.1007/978-3-658-19194-8

Die Deutsche Nationalbibliothek verzeichnet diese Publikation in der Deutschen National-bibliografie; detaillierte bibliografische Daten sind im Internet über http://dnb.d-nb.de abrufbar.

Springer Gabler
© Springer Fachmedien Wiesbaden GmbH 2018

Gedruckt auf säurefreiem und chlorfrei gebleichtem Papier

Springer Gabler ist Teil von Springer Nature
Die eingetragene Gesellschaft ist Springer Fachmedien Wiesbaden GmbH
Die Anschrift der Gesellschaft ist: Abraham-Lincoln-Str. 46, 65189 Wiesbaden, Germany

Vorwort

Mein Interesse für die wissenschaftliche Beschäftigung mit sozialer Exposition im Sinne dieser Arbeit geht auf ein Seminar zum Oberthema „Sportheldentum" unter der Leitung von Univ.-Prof. Dr. Dr. Manfred Messing zurück. Nachdem ich das Thema in diesem Rahmen für mich entdeckt hatte, erklärte er sich bereit, meine Diplomarbeit zur Sportheldenkonstruktion zu betreuen. Während deren Erstellung reiften zwei Überzeugungen in mir: Erstens wurde mir bewusst, dass mein Beschäftigungsgegenstand weit über einzelne Sporthelden oder sogar das Sportheldentum im Allgemeinen hinausging. – Wie ich später feststellen sollte, ist er treffend mit „soziale Exposition" zu bezeichnen. – Zweitens war ich sicher, dass mir die intensive Beschäftigung mit wissenschaftlichen Fragestellungen sehr große Freude bereitet, weshalb sich mein Wunsch verfestigte, mich dieser weiterhin intensiv zu widmen.

Nach einigen Umwegen bot sich mir die Gelegenheit, eine Beschäftigung als wissenschaftlicher Mitarbeiter am Fachgebiet Sportökonomie und Sportsoziologie der Johannes Gutenberg-Universität Mainz aufzunehmen, welches von Univ.-Prof. Dr. Holger Preuß geleitet wird. Besonders erfreulich für mich war, dass er sich dazu bereit erklärte, ein Promotionsprojekt zu betreuen, welches mir die Gelegenheit gab, meine Überlegungen zur sozialen Exposition zu vertiefen und mich intensiv den vielen Denkanstößen und Fragen zu widmen, die mich diesbezüglich beschäftigten und die regelmäßig aus dem wissenschaftlichen und privaten Umfeld an mich herangetragen wurden. Es erwies sich nämlich als besonders kommunikationsfördernd, zu Helden, Stars, Idolen und Prominenten zu arbeiten, da fast jeder hierzu eine Meinung hat und nicht wenige diese gerne kundtun. Für mich waren dies natürlich hervorragende Gelegenheiten, die eigenen Überlegungen mit der Wirklichkeit abzugleichen. Das hieß zwar, dass vieles verworfen bzw. weiter geschärft werden musste. Dies hat aber wiederum der kritischen Auseinandersetzung mit der eigenen Arbeit großen Vorschub geleistet.

Wie diese Ausführungen zeigen, kann die vorliegende Arbeit keinesfalls als ein Werk verstanden werden, dass allein meinen Überlegungen entstammt, wenngleich evtl. inhaltliche Mängel selbstverständlich ausschließlich mir anzulasten sind. Stattdessen ist es über viele Jahre im Diskurs mit vielen interessierten Menschen aus meinem näheren persönlichen und beruflichen Umfeld sowie bei Parties, Sportveranstaltungen, auf Konferenzen, in Lehrveranstaltungen und bei anderen Gelegenheiten gewachsen. Es ist daher unmöglich, allen dezidiert zu danken, die zum Gelingen dieser Arbeit beigetragen haben. Desungeachtet möchte ich wenigstens einige namentlich erwähnen:

Zuvorderst möchte ich insbesondere Frau Rechtsanwältin Lotte Weichelt (auch wegen ihrer Geduld und ihrem Verständnis) sowie Herrn Dr. Mathias Schubert und Prof. Dr. Holger Schunk nennen, von deren Unterstützung und Ratschlägen diese Arbeit und ihr Verfasser sehr profitierten. Ferner danke ich meinen Kollegen Norman Hänsler, Dr. Norbert Schütte, Dr. Christian Alfs und Dr. Katrin Werkmann für die interessanten und lehrreichen letzten Jahre und die Hinweise, die sich ebenfalls in dieser Arbeit niedergeschlagen haben. Des Weiteren ein herzliches Dankeschön an Frau Julia Borchert, die – neben den Erstgenannten – beim Lektorat mitwirkte. Wie eingangs bereits erwähnt, übernahm Univ.-Prof. Dr. Holger Preuß bereitwillig die Betreuung der vorliegenden Arbeit. Hierfür, für die Unterstützung, die Entfaltungsmöglichkeiten und die Gelegenheit, dieses Forschungsprojekt im Rahmen einer Stelle an seinem Lehrstuhl durchführen zu können, gebührt ihm mein besonderer Dank. Außerdem bin ich Univ.-Prof. Dr. Markus Kurscheidt für dessen Bereitschaft sehr verbunden, das Zweitgutachten zu übernehmen.

Abschließend möche ich der Friedrich-Naumann-Stiftung für die Freiheit für mein Promotionsstipendium und die damit verbundene Unterstützung und der Johannes Gutenberg-Universität Mainz für die Zeit als Stipendiat der Gutenberg-Akademie sowie die Förderung durch die „Speziellen Promotionskollegs" danken. Die Unterstützung, die ich hierdurch – und durch die oben genannten Personen – erfahren habe, haben sowohl zum Gelingen dieser Arbeit als auch zu meiner Weiterentwicklung als Wissenschaftler und als Mensch auf vielerlei Weise beigetragen.

Thomas Könecke

Inhalt

Abbildungsverzeichnis

Tabellenverzeichnis

Formelverzeichnis

Abkürzungsverzeichnis

BIRG	Basking in Reflected Glory
BIRF	Basking in Reflected Failure
CORF	Cutting off Reflected Failurs
CORS	Cutting off Reflected Success
PSB	parasoziale Beziehung
PSI	parasoziale Interaktion

1 Einleitung

1.1 Hintergrund und Forschungsziel

„Weder die Politik, das mögen einige bedauern, noch die Kultur, das werden noch weniger bedauern, noch die Wirtschaft [erwecken] eine dermaßen große Faszination im Bewusstsein der Bevölkerung. Die gesellschaftliche Relevanz ist eindeutig: die Helden und Idole kommen mittlerweile aus dem Sport" (Hackforth, 2001, S. 34-35).

Die herausragende gesellschaftliche Bedeutung von Sportakteuren[1] ist eng damit verknüpft, dass der Sport in der Alltagskommunikation omnipräsent ist (Digel & Burk, 2001, S. 16; Weis & Gugutzer, 2008, S. 7), was dazu führt, dass manche ihn gar als dominierendes Phänomen der Alltagskultur beschreiben (Brinkmann, 2001, S. 41; Hackforth, 2001, S. 34-35). Diese Sportbegeisterung führt dazu, dass z. B. in Deutschland 28% der mindestens 16 Jahre alten Personen „Geld für ihr Sportinteresse" (Preuß, Alfs & Ahlert, 2012, S. 113) aufwenden, was zu jährlichen Gesamtausgaben von ca. 26 Mrd. Euro führt (ebd., S. 149). Die Athleten stellen dabei einen wichtigen, wenn nicht sogar den wichtigsten Grund für das Publikumsinteresse dar (Bette, 2008b; Gnädinger, 2010; Greenwood, Kanters & Casper, 2006; Morangas Spà, 2001; Schafmeister, 2007). Holt & Mangan (1996, S. 5) schreiben daher: „A sport without a hero is like Hamlet without the Prince." Umso erstaunlicher ist, dass die beiden Autoren folgendermaßen fortfahren: „and yet varieties and purposes of sporting heroism are rarely examined" (ebd.).

Diese Forschungslücke muss aufgrund der Bedeutung der Athleten für die Sportrezipienten und ihrer im einleitenden Zitat postulierten gesellschaftlichen Relevanz erstaunen und motivierte den Autor der vorliegenden Arbeit bereits in der Vergangenheit zu kleineren wissenschaftlichen Studien (z. B. Könecke, 2012, 2013; Könecke & Schunk 2013) zum Phänomen des Sporthelden. Dabei erwies es sich als problematisch, den Helden bzw. Sporthelden (z. B. Bette, 2007, 2008a, 2008b, 2009; Dietzsch, 2010; Könecke, 2013, 2014; Röller, 2006; Schwier & Schauerte, 2007; Steitz, 2000; Swierczewski, 1978; Zuchora, 1983) von weiteren Begriffen abzugrenzen, mit denen vielbeachtete Sportler im allgemeinen Sprachgebrauch und in der wissenschaftlichen Literatur ebenfalls bezeichnet werden. Zu nennen sind hier vor allem „Stars" (z. B. Beck, 2006; Gross, 1999; Schwier &

---

1   In dieser Arbeit wird aus Gründen der besseren Lesbarkeit die männliche Schreibweise für Oberbegriffe verwendet.

Schauerte, 2007; Swierczewski, 1978), „Prominente" (z. B. Gross, 1999; Marr &
Marcinkowski, 2006; Peters, 1996; Röller, 2006), „Idole" (z. B. Röller, 2006;
Swierczewski, 1978), „Vorbilder" (z. B. Schwier & Schauerte, 2007) oder „Legenden" (z. B. Röller, 2006).[2]
    Diese Begriffe sind allgemein bekannt und es kann davon ausgegangen wer-
den, dass bei deren Verwendung „jeder [denkt], er weiß genau, was er meint"
(Faulstich, 1991, S. 49). Allerdings stellt Faulstich bezüglich des Starphänomens
fest, dass die Bezeichnung weder im wissenschaftlichen noch im alltagssprachli-
chen Gebrauch klar umrissen ist: „Was ‚Star' oder ‚Medienstar' nun eigentlich
tatsächlich heißt, läßt sich weniger rasch sagen, als man meinen würde" (ebd., S.
50). Dies gilt auch für die anderen der genannten Begriffe, weshalb Röller von
einem „Feuerwerk an Begriffen und Umschreibungen für die weit über die breite
Masse der Normalsportlichen erhöhte Spitzensportlerpersönlichkeit" (Röller,
2006, S. 225) und einem „schier undurchdringlich erscheinenden Dschungel aus
wild durcheinander wuchernden Termini mit zum Teil sehr ähnlichem Bedeutungsspektrum" (ebd.; vgl. z. B. auch Emrich & Messing, 2001, S. 43-44; Horsmann, 2000, S. 62-63; Swierczewski, 1978, S. 89) schreibt. Obwohl die Verwendung der Bezeichnungen mithin vergleichsweise willkürlich erscheinen mag, hält
Swierczewski fest: „This great number of various terms brings in its wake differences of connotations" (Swierczewski, 1978, S. 89).
    Die Wahrnehmung eines Athleten als Held oder Sportheld stellt eine inter-
pretative Leistung der Rezipienten dar. Lange beschreibt dies sehr passend mit
folgendem Satz: „Ein Held ist immer nur dann ein Held, wenn er auch für einen
solchen gehalten wird" (Lange, WS 1998/99, S. 128). Dieser Zusammenhang gilt
in entsprechender Form für alle der aufgeführten Bezeichnungen. Wann jemand
für einen Helden, Star, Prominenten usw. gehalten wird, differiert deshalb, weil es
sich um bezugsorientierte oder relationale Begriffe handelt und zu „verschiedenen
Zeiten [..] von verschiedenen Leuten in verschiedenen Regelkreisen oder Teilsys-
temen [darunter] ganz Verschiedenes verstanden" (Faulstich, 1991, S. 51) wurde
und wird. Jede der Benennungen beschreibt mithin ein Phänomen, bei dem es sich
um ein

    „soziales Konstrukt [handelt], das von der spezifischen Perspektive der jeweiligen
    Konstrukteure (z. B. verschiedene Gruppen [...] von Medienrezipienten) und vom je

---

2   Es finden sich noch andere Begriffe, die zur Beschreibung bzw. Benennung von Sportlern und
     anderen in der Öffentlichkeit stehenden Menschen verwendet werden. Die genannten Be-
     zeichnungen scheinen jedoch die relevantesten zu sein. Die systematische Betrachtung anderer
     Begriffe könnte es allerdings ermöglichen, weitere Begriffe bzw. soziale Konstrukte (s. u.) eben-
     falls in die in dieser Arbeit entwickelte Systematik bzw. das übergreifende Modell einzupassen.

relevanten soziokulturellen Kontext abhängt. Dieses Konstrukt, das sich sozialpsychologisch als soziale Vorstellung [...] fassen läßt, hat eine komplexe Binnenstruktur mit spezifischen Elementen" (Sommer, 1997, S. 114).

Durch die Beschäftigung mit der Sportheldenkonstruktion war das Interesse des Verfassers der vorliegenden Arbeit daran geweckt worden, mehr über die „Binnenstruktur" und die bedeutungsgebenden Elemente dieser Konstrukte und deren Verwendung in Bezug auf Sportakteure zu erfahren. Es zeigte sich jedoch, dass zwar verschiedene der Phänomene in unterschiedlicher Detailliertheit und Fundierung in unterschiedlichen wissenschaftlichen Disziplinen mit wechselnden Ansätzen und Zielsetzungen betrachtet worden waren. Es fand sich allerdings keine Arbeit, die das oben aufgeführte „Feuerwerk an Begriffen und Umschreibungen" nebst der zugehörigen Bedeutungsspektren in ein umfassendes Konzept einband. Vielmehr wurden meist einzelne Phänomene, wie der Star (z. B. Adler, 1985; Faulstich, 2000; Franck, 2005; Hickethier, 1997), der Prominente (z. B. Henkel & Huber, 2005; Henkel & von Walter, 2009; Peters, 1996; Schneider, 2004) oder der Held (z. B. Emrich & Messing, 2001; Horsmann, 2000; Könecke, 2012; Stern, 2003; Umminger, 1962; Vries, 1961), ins Auge gefasst. Auch aus den wenigen Arbeiten, die sich mit mehreren der Konstrukte beschäftigt haben, resultierten keine umfassenden und übergreifend kompatiblen sowie trennscharfen Betrachtungen (z. B. Schierl, 2009; Schwier & Schauerte, 2007), so dass gefolgert werden konnte, dass ein solches Projekt bisher noch nicht angegangen worden war. Außerdem wurden Abgrenzungen mitunter primär deshalb vorgenommen, um manche der Konstrukte bzw. deren gesellschaftsspezifisches Verständnis oder ihre Nutzung zu diskreditieren. Dabei wird jedoch häufig nicht in ausreichendem Maße gewürdigt, dass diese Phänomene sich überschneidende Funktionen haben, die für menschliche Gesellschaften von grundlegender Bedeutung sind.[3]

Der Verfasser der vorliegenden Arbeit begann daher die Arbeit an einer theoretischen Systematik, welche die verschiedenen sozialen Konstrukte umfassend und wertungsfrei betrachtet. Dabei wurde Folgendes deutlich:

1. Es zeigte sich schnell, dass dem Forschungsinteresse nur dann fundiert entsprochen werden kann, wenn das entsprechende Projekt sich nicht auf die Klärung des lebensweltlichen Bedeutungshorizonts verschiedener nebeneinander stehender Begriffe beschränkt. Vielmehr muss deutlich allgemeiner das Phänomen „soziale Exposition" betrachtet werden, welches in der willkürlichen oder unwillkürlichen Auswahl eines Menschen als Kommunikati-

---

3   Aus genau diesem Grund werden die verschiedenen Phänomene allerdings oft missbraucht bzw.
     mit – aus Sicht der jeweiligen Autoren – unerwünschten Entwicklungen in Verbindung gebracht.

onsgegenstand besteht. Durch diese Auswahl wird ein Mensch deswegen „sozial exponiert", weil ihm Aufmerksamkeit zuteil wird und Wahrnehmungsprozesse in Bezug auf ihn ausgelöst werden. Dabei wird der Exponierte von den Kommunizierenden bewusst oder unbewusst sozial bewertet, also in ein Verhältnis zur ihn und/oder den/die Bewertenden umgebenden Umwelt gesetzt. Im Rahmen dieser Bewertung erfolgt ggf. eine Zuordnung zu den verschiedenen sozialen Konstrukten, die von den bisher genannten Begriffen bezeichnet werden.

2. Zur umfassenden Beleuchtung eines derart vielschichtigen Themas muss ein interdisziplinärer Ansatz gewählt werden (Faulstich, 2000, S. 296-297; Schneider, 2004, S. 23-25). Denn nur ein solcher ist geeignet, die in verschiedenen Wissenschaftsdisziplinen zu verortenden Ansätze und Arbeiten integrierend zu betrachten, die sich mit sozialer Exposition und deren Facetten und Randbereichen beschäftigen. Wie sich im Laufe der Arbeit zeigen wird, darf diese Interdisziplinarität sich dabei nicht auf die Arbeit mit wissenschaftlichen Quellen, Konzepten und Theorien beschränken. Vielmehr muss sie auch in die empirische Arbeit übertragen werden, so dass hier keine Festlegung auf die ausschließliche Betrachtung von *Sport*akteuren bzw. von Beispielen aus dem Sport erfolgen darf, da sonst dem Forschungsinteresse nicht mit der intendierten Fundierung und Breite entsprochen werden kann.

3. Die notwendige Ausweitung des Forschungsinteresses führt dazu, dass nicht nur verschiedene soziale Konstrukte zu betrachten, sondern auch die zugehörigen personenbezogenen Kommunikations- und Rezeptionsprozesse in die Analyse einzubeziehen sind. Diese Notwendigkeit liegt im bereits erwähnten Zusammenhang begründet, dass die Zuordnung eines Menschen zu einem oder mehreren der genannten Konstrukte eine interpretative Leistung ist. Hierbei handelt es sich um die Reaktion auf eine Information über den betreffenden Menschen, die dem Interpretierenden vor der Interpretation kommuniziert wurde. Der Ausgang dieses Interpretationsprozesses wird sowohl durch die Information an sich und deren Kommunikator bzw. den Kommunikationsprozess als auch durch den Interpretierenden bzw. den Interpretationsvorgang beeinflusst.

Vor dem Hintergrund dieser Überlegungen wurde die Einbettung einer theoretischen Systematik verschiedener Formen sozialer Exposition in ein umfassendes Modell der Kommunikation und Rezeption – nicht nur, aber vor allem – von Sportakteuren zum Forschungsziel. Das resultierende Modell sollte so angelegt sein, dass es die wichtigsten Prozesse der Kommunikation und Rezeption sozial exponierter Personen darstellt. Hierbei sollte insbesondere die Bedeutung der erwähnten sozialen Konstrukte bzw. von deren Zusammenhängen und Unterschieden verdeutlicht werden und – aufgrund der Bedeutung des Forschungsgegenstandes für viele andere Wissenschaftsfelder (s. u.) – eine gute interdisziplinäre Übertragbarkeit gewährleistet sein. Sehr kompakt lautet die übergreifende Forschungsfrage der vorliegenden Arbeit daher:

> Wie muss ein Modell beschaffen sein, das neben einer Systematik verschiedener Formen sozialer Exposition umfassend die wesentlichen Elemente und Prozesse der Kommunikation und Wahrnehmung sozial exponierter Personen abbildet?

Diese komplexe Forschungsfrage konnte mit der Entwicklung des „Modells der personenbezogenen Kommunikation und Rezeption" (graphisch dargestellt in Kapitel 7.6) und von dessen verschiedenen Modellbausteinen beantwortet werden.

Sowohl die Erarbeitung der theoretischen Systematik verschiedener Formen sozialer Exposition als auch des genannten Modells und seiner verschiedenen Elemente stellt sozialwissenschaftliche Grundlagenforschung dar. Diese ist z. B. für die Kommunikations-, Wirtschafts-, Sport-, Rechts- und Geschichtswissenschaften sowie die Pädagogik, Psychologie und Theologie von wesentlicher Bedeutung, da sich in allen diesen Wissenschaftsdisziplinen Bereiche finden, welche sich intensiv mit der Kommunikation, Rezeption und sozialen Bewertung von Sport- und anderen Akteuren befassen. Wie gegen Ende der vorliegenden Arbeit deutlich wird, erweist sich das gewählte interdisziplinäre Vorgehen (Kapitel 1.2) daher nicht zuletzt deshalb als großer Vorteil, weil die entwickelten Modell- und Theoriebausteine direkt oder mit geringen Modifikationen sehr allgemein für die Betrachtung sozialer Exposition herangezogen werden können (Kapitel 8.2). Ferner ist anzumerken, dass die Relevanz der in dieser Arbeit entwickelten Modelle und theoretischen Ansätze sich nicht in deren wissenschaftlicher Anwendung erschöpft, sondern diese auch für die praktische Arbeit z. B. im (Marken)Management, der PR, der Kunst oder anderen Bereichen herangezogen werden können.[4] Dies ist dadurch zu erklären, dass in allen der genannten – und vielen weiteren – Bereichen die Kommunikation mit, durch und über sowie die Wahrnehmung von Menschen und Organisationen von zentraler Bedeutung ist. Auf die praktische Nutzbarkeit der Erkenntnisse wird daher am Ende der Arbeit eingegangen (vor allem in Kapiteln 8.3 und 8.4).

---

[4]   Die Betrachtungsgegenstände und Ausführungen der Arbeiten folgender Autoren bieten beispielhaft die Möglichkeit, einige der Verwendungsmöglichkeiten bzw. -felder der Ergebnisse dieser Arbeit kennenzulernen: Albus & Kriegskorte (1999), Henkel & Huber (2005), Henkel & von Walter (2009), Hofmann (2014), Huber & Meyer (2008), Kilian (2014), Könecke (2014).

1.2   Methodische Anmerkungen und Aufbau

In der Alltagssprache verwendete Begriffe sind normalerweise mit „Alltagsbedeu-
tung aufgeladen und mit einem wertenden Aspekt assoziiert, unscharf und häufig
nur schwer voneinander abgrenzbar" (Pitsch, Emrich & Papathanassiou, 2001, S.
121; vgl. auch Durkheim, 1995, S. 115-140). In der wissenschaftlichen Betrachtung werden daher i. d. R. Nominaldefinitionen formuliert, welche die Festlegung
„eines Begriffsverständnisses durch den Autor [darstellen]. Sie dienen der Verständigung darüber, was mit einem Begriff gemeint ist und versuchen, möglichst
präzise die Eigenschaften anzugeben, an denen das Definierte erkannt werden
soll" (Roose, Schäfer & Schmidt-Lux, 2010, S. 10). Sie sind somit „letztlich will-
kürliche Festlegungen" (ebd.), die „nicht wahr oder falsch, sondern lediglich für
eine Forschungsfrage geeignet [sind] oder nicht" (ebd., S. 11).

Im Gegensatz dazu „versteht man [unter Realdefinitionen] die Angabe des
‚Wesens' der Sache, die mit dem zu definierenden Begriff bezeichnet wird" (Kromrey, 2006, S. 166, 2009, S. 157). Realdefinitionen sind somit

> „empirische Beschreibungen [...]. Sie versuchen, die tatsächlich wesentlichen Eigen-
> schaften von Phänomenen zu beschreiben und haben damit einen substanziellen In-
> formationsgehalt. [...] Sie sind an den alltäglichen Sprachgebrauch gebunden und da-
> mit meist weniger präzise" (Roose et al., 2010, S. 11).

In Kapitel 1.1 wurde dargelegt, dass das Ziel dieser Arbeit „die Einbettung einer
theoretischen Systematik verschiedener Formen sozialer Exposition in ein umfassendes Modell der Kommunikation und Rezeption – nicht nur aber vor allem –
von Sportakteuren" ist. Ein Mensch gilt in diesem Sinne dann als exponiert, wenn
er als Kommunikationsgegenstand fungiert und als solcher bewusst oder unbewusst sozialen Bewertungen unterzogen wird. Vor diesem Hintergrund ist relevant, dass im modernen Wettkampfsport sehr oft solche Sportler als Kommunikationsgegenstand gewählt werden, zu denen kein persönlicher Kontakt besteht. Wie
in Kapitel 2.3.2 deutlich wird, bedeutet dies, dass vornehmlich eindimensionale
Kommunikationssituationen betrachtet werden, in denen es zu „parasozialer Interaktion" und einer sich daran anschließenden „parasozialen Beziehung" des Wahrnehmenden zum Wahrgenommenen kommt.

Die theoretische Systematik, welche die verschiedenen Formen sozialer Exposition umfassen und in das zu erstellende Modell eingebunden werden soll, soll
sich dabei nicht in der Beschreibung lediglich für die vorliegende Arbeit nutzbarer
Nominaldefinitionen erschöpfen. Daher werden die verschiedenen Formen sozialer Exposition in Anlehnung an folgende Überlegungen von Roose et al. (2010)
erarbeitet:

„Sowohl Nominal- als auch Realdefinitionen haben also ihre Tücken, aber auch ihre Vorzüge. Wir wollen daher beide Wege beschreiten – eine Nominaldefinition anbieten und uns auch im Sinne einer Realdefinition an einer Beschreibung wesentlicher Charakteristika [...] versuchen" (ebd., S. 10).

Um den Spagat zwischen wissenschaftlicher Exaktheit und lebensweltlicher Bedeutungsoffenheit leisten zu können, werden die in Kapitel 1.1 genannten Begrifflichkeiten vor dem Hintergrund des Konzepts der sozialen Deutungsmuster betrachtet. Wie in Kapitel 2.5 weiter ausgeführt wird, sind soziale Deutungsmuster als „sozial geltende, mit Anleitungen zum Handeln verbundene Interpretationen der Umwelt und des Selbst" (Schetsche, 2008, S. 109) zu verstehen, die trotz Abweichungen in ihren konkreten Manifestationen im sozialen Austausch grundlegend verstanden werden.[5] Die Nutzung dieses Konzepts ermöglicht es, in der gewünschten Manier über reine Begriffsklärungen und Beispiele hinaus Wirkungszusammenhänge und Relationen zu erfassen. Die resultierende theoretische Systematik verschiedener Formen sozialer Exposition bildet entsprechend kein reines „Faktenwissen" ab, sondern ist für unterschiedliche soziale Kontexte bzw. für verschiedene Konkretisierungen der betrachteten sozialen Phänomene passfähig.

Methodisch wird in dieser Arbeit einem interdisziplinären Ansatz gefolgt, der zu sehr unterschiedlichen Teilen sozial-, wirtschafts-, sport-, kommunikations-,[6] geistes-, rechts-, geschichts-, sprach- und naturwissenschaftliche Quellen sowie Fallbeispiele aus verschiedenen Mediengattungen[7] und Lebensbereichen zusammenführt. Dadurch soll erreicht werden, dass der komplexe Betrachtungsgegenstand durch einen „kombinatorischen Einsatz von Werkzeugen aus [verschiedenen] Theorieperspektiven" (Schimank, 1999, S. 416) sowie die Einbeziehung von sehr unterschiedlichen „Beobachtern [und Beobachtungen] der gesellschaftlichen Zustände" (ebd., S. 419) möglichst umfassend beleuchtet wird. Den Überlegungen Lamneks folgend, wird dabei in einem qualitativen Forschungsprozess theorie- und modellbildend gearbeitet (Lamnek, 2010, S. 106), indem hermeneutisches und qualitativ-empirisches Arbeiten zu einem multimethodischen Ansatz kombiniert werden. Der Prozess der Erkenntnisgenese stellt sich wie folgt dar:

Im folgenden Kapitel 2 werden die vielseitigen theoretischen Hintergründe dieser Arbeit vorgestellt. Darauf aufbauend wird der analytische Rahmen sozialer

---

5 Das bedeutet, dass ein Mensch z. b. nicht die Meinung eines anderen teilen muss, dass ein Sportler ein Held ist, um den Begriff „Held" oder das Verhalten des anderen in Bezug auf den Helden verstehen zu können.

6 Oftmals werden wirtschafts-, kommunikations- und sportwissenschaftliche Ansätze ebenfalls den Sozialwissenschaften zugerechnet, was hier jedoch nicht vertieft werden soll. Wesentlich ist, dass ein sehr breiter, wissenschaftliche Einzeldisziplinen übergreifender Ansatz gewählt wird, um dem Forschungsinteresse gerecht werden zu können.

7 Im Laufe der Arbeit wird erläutert, warum der Begriff „Medien" hier sehr weit gefasst zu verstehen ist.

Exposition im Sport hergeleitet (Kapitel 3), der die Grundlage für die Erarbeitung der sozialen Konstrukte Prominenter bzw. Prominenz und Star bzw. Startum in Kapitel 4 bildet. Vor diesem Hintergrund werden in Kapitel 5 verschiedene Formen des Helden – u. a. der Sportheld – betrachtet und in die vorhergehenden Betrachtungen eingebunden. Kapitel 6 ist der empirischen Überprüfung der gewonnenen Erkenntnisse in verschiedenen Fallstudien aus der Markenkommunikation gewidmet. Anschließend folgen in Kapitel 7 nebst der Zusammenfassung der zentralen Ergebnisse einige weitere Betrachtungen und die finale Modellbildung. Bevor die Arbeit in Kapitel 9 mit einer kurzen Schlussbetrachtung endet, dient Kapitel 8 der Darlegung verschiedener Implikationen. Es wird z. B. auf die Übertragbarkeit der Ergebnisse auf andere Kontexte und Wissenschaftsfelder (Kapitel 8.2.1), deren praktischer Relevanz (vor allem Kapitel 8.3 und 8.4) sowie einige Limitationen und Forschungsperspektiven (Kapitel 8.5) eingegangen.

Zum Aufbau der Arbeit ist noch anzumerken, dass jedem Haupt- und einigen Unterkapiteln einleitende Bemerkungen vorangestellt werden.[8] Diese erläutern die Einbindung des Kapitels in den Gesamtkontext der Arbeit, relevante Hintergründe und den Kapitelaufbau. Je nach Bedarf werden hierbei auch vertiefende methodische und/oder sonstige Hinweise zum betreffenden Kapitel gegeben.

---

8   Die einzige Ausnahme bildet das sehr kurze Abschlusskapitel.

2 Theoretische Hintergründe

2.1 Einleitende Bemerkungen

Diese Arbeit ist der Betrachtung sozialer Exposition gewidmet. Hierbei handelt es sich um ein sehr vielschichtiges Phänomen. So bedarf es zum einen Personen, die exponiert – „herausgestellt" – werden können, z. B. „„Persönlichkeiten' des öffentlichen Lebens" (Soeffner, 1995, S. 177). Allerdings gilt: „Allein ist der [Exponierte] nichts. Neben den Mythenmachern braucht er die Zuschauer" (Gebauer, 1996, S. 152). Es bedarf also auch derjenigen Kommunikatoren, die die „Mythen" erzählen, die zu einer Exposition führen. Schließlich sind Zuschauer – oder besser: Rezipienten – vonnöten, vor deren Augen und im Verhältnis zu denen die Herausstellung erfolgen kann.

Um der Vielschichtigkeit des Betrachtungsgegenstandes dieser Arbeit gerecht werden zu können, werden verschiedene theoretische Konzepte aus unterschiedlichen Wissenschaftsfeldern herangezogen. Im unmittelbar folgenden Kapitel 2.2 werden theoretische Grundlagen betrachtet, die sich mit Prozessen der Erwartungsbildung und Erwartungserfüllung befassen. Früher wurden diese vor allem in den Wirtschaftswissenschaften[9] sehr technisch als rein kognitive Prozesse modelliert. Inzwischen werden allerdings auch dort soziale sowie emotionale Komponenten umfassend berücksichtigt (Durchholz, 2012, S. 61-63; Nieschlag et al., 2002, S. 1172-1173). Dies geschieht häufig durch die Einbindung theoretischer Konzepte aus anderen Wissenschaftsdisziplinen, oft aus der Soziologie und Psychologie,[10] denen auch die in Kapitel 2.2 betrachteten Ansätze entstammen. In Kapitel 2.2.1 werden das Confirmation-Disconfirmation-Paradigma und aus diesem ableitbare Zufriedenheitsreaktionen vorgestellt. Anschließend werden Attributionen thematisiert, die bei der Wahrnehmung und Bewertung von Sportlern durch Rezipienten von Bedeutung sind. Im Anschluss wird die Theorie der sozialen Rolle

---

9   Für die derartige Prozesse von zentraler Bedeutung sind, wie z. B. Homburg und Stock-Homburg (2012, S. 19) zeigen.

10 Beispielhaft kann hier Durchholz angeführt werden, der in seiner Studie die diesen beiden Disziplinen entstammenden soziale Vergleichstheorie, soziale Identitätstheorie und Theorie der Referenzgruppe heranzieht. Vor diesem Hintergrund zeigt er in seiner „empirische[n] Analyse des Einflusses anderer Personen bei Sportevents" (so der fast vollständige Untertitel) dass der Einfluss „anderer Personen und [von] deren spezifischen Ansichten und Verhaltensweisen" (Durchholz, 2012, S. 62) sich sehr wesentlich auf das Erleben einer Sportveranstaltung auswirken kann.

vorgestellt, welche sich der Erklärung von Erwartungen widmet, die mit bestimmten Positionen in einer sozialen Gemeinschaft einhergehen (Kapitel 2.2.3). Abschnitt 2.3 ist der Darlegung theoretischer Modelle gewidmet, behelfs derer Rezeptionsprozesse sowie Prozesse, die während der Rezeption von Sport bzw. Sportakteuren bei Rezipienten ablaufen, analysiert werden können. Konkret wird in 2.3.2 der aus parasozialer Interaktion und parasozialer Beziehung bestehende parasoziale Prozess erläutert. Das in diesem Zusammenhang eingeführte Zwei-Ebenen-Modell parasozialer Interaktion beschreibt die Wahrnehmung von sozial exponierten Personen und wird im weiteren Verlauf der Arbeit deutlich weiterentwickelt. Der erste Entwicklungsschritt hierzu erfolgt unter Einbeziehung der in Kapitel 2.3.3 thematisierten rezipientenseitigen Prozesse der Identitätsarbeit bereits in Kapitel 2.3.4.

Anschließend werden in Abschnitt 2.4 mit dem arenatheoretischen Modell von Öffentlichkeit (Kapitel 2.4.2) und der Signaling-Theorie (Kapitel 2.4.3) theoretische Modelle zu Kommunikatoren und Kommunikation vorgestellt. Diese werden im weiteren Verlauf der Arbeit herangezogen, um aufzuzeigen, welche Kommunikatoren für die betrachteten Zusammenhänge von besonderer Bedeutung sind.

Abgeschlossen wird Kapitel 2 durch eine Betrachtung des Konzepts der „sozialen Deutungsmuster" (Kapitel 2.5). Dieses dient der Analyse „überindividueller Wissensformen" (Höffling, Plaß & Schetsche, 2002, S. 1), welche für die vorliegende Arbeit eine zentrale Rolle spielen. Zu Beginn von Kapitel 3 wird dieses Konzept beispielsweise herangezogen, um relevante Aspekte des sozialen Deutungsmusters „Wettkampfsport" offenzulegen. Später wird es zur Erarbeitung verschiedener Typen sozialer Exposition verwendet (Kapitel 4 und 5). Am Ende von Kapitel 2.5 wird erläutert, welches Ziel die anschließend in Kapitel 3 erfolgende Herleitung des analytischen Rahmens sozialer Exposition im und durch Sport verfolgt (Kapitel 2.5.3).

2.2   Allgemeine theoretische Hintergründe

2.2.1   Confirmation-Disconfirmation-Paradigma

Ein in der wissenschaftlichen Literatur, insbesondere in der Zufriedenheitsforschung,[11] zur Erklärung der Auswirkungen von Erwartungen sehr häufig verwendetes Konstrukt ist das Confirmation-Disconfirmation-Paradigma (C/D-Paradigma) (Götz, Hoyer, Krafft & Reinartz, 2012, S. 375; Homburg & Stock-Homburg, 2012, S. 19-23; Nieschlag et al., 2002, S. 1172; Werkmann, 2014, S. 33).

---

11   Einen Überblick über Literatur zur (Kunden)Zufriedenheitsforschung bieten etwa Higgs, Polonsky & Hollick (2005, S. 50-51).

Dieses kann auf Oliver (1980) zurückgeführt werden und ist eher als ein integrativer Rahmen zu verstehen, der verschiedene Konkretisierungen bzw. Weiterentwicklungen der zugrundeliegenden Überlegungen umfasst, als eine einzige, in sich abgeschlossene Theorie (Homburg & Stock-Homburg, 2012, S. 19).

Im Grunde besagt das C/D-Paradigma, dass „ein Zufriedenheitsurteil aus dem Vergleich der tatsächlichen Erfahrung in einer Situation oder bei der Inanspruchnahme einer Leistung (Ist-Zustand) mit einem bestimmten Vergleichsstandard des Individuums (Soll-Zustand) resultiert" (Werkmann, 2014, S. 33). Wird den Erwartungen entsprochen, wird dies als Bestätigung (Konfirmation) bezeichnet. Ist dies nicht der Fall, wird zwischen der Unterbietung der Erwartungen (negative Diskonfirmation) und deren Übertreffen (positive Diskonfirmation) unterschieden (Homburg & Stock-Homburg, 2012, S. 20-22; Nieschlag et al., 2002, S. 1172; Werner, 2010, S. 388). Wie Abb. 1 zeigt, ist grundsätzlich davon auszugehen, dass negative Diskonfirmation zu Unzufriedenheit und Konfirmation sowie positive Diskonfirmation zu Zufriedenheit führen. Ferner kann der Abbildung entnommen werden, dass üblicherweise sowohl die Zufriedenheit als auch die Unzufriedenheit mit zunehmender Differenz zwischen Erwartung und Erfahrung wachsen.

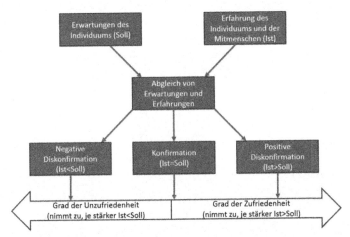

Abb. 1:   Confirmation-Disconfirmation-Paradigma (modifiziert nach Hennig-Thurau & Hansen, 2001, S. 879; Werkmann, 2014, S. 33)

Bei der Bildung des Erwartungsniveaus (Soll-Zustand) findet eine Orientierung an früheren Erwartungen und Erfahrungen sowie an Idealen statt (Homburg & Stock-Homburg, 2012, S. 20-21). Folglich sind die gewünschten Soll-Zustände verschiedener Individuen in derselben Situation i. d. R. nicht exakt gleich und können sogar

in hohem Maße differieren. Ferner dürften die Erwartungen einer bestimmten Person einer temporären Dynamik unterworfen und im Zeitverlauf nicht stabil sein.
Für die Bewertung des Ist-Zustandes gilt in gleichem Maße, dass „[e]ine objektiv identische Leistung [...] durch bestimmte Wahrnehmungseffekte bei verschiedenen Individuen [sowie zu verschiedenen Zeiten] zu einer anderen Bewertung der Ist-Komponente führen" (Werkmann, 2014, S. 33) kann. Zurückzuführen sind diese Unterschiede – wie diejenigen bei der Erwartungsbildung – auf eine Vielzahl von internen und externen Faktoren wie z. B. Erwartungen und Handlungen anderer Menschen (Durchholz, 2012) sowie eigene und fremde Emotionen (Nieschlag et al., 2002, S. 1172-1173).

Aus betriebswirtschaftlicher Perspektive gilt Kundenzufriedenheit als „ein wichtiges Bindeglied zwischen den Aktivitäten eines Unternehmens und den Verhaltensweisen der Kunden" (Homburg & Stock-Homburg, 2012, S. 19), weshalb sie umfassend erforscht wurde. Das Ausmaß der Zufriedenheit bzw. Unzufriedenheit beeinflusst „Wieder- und Zukäufe, Weiterempfehlungen und Beschwerden sowie die Rückkehr von Kunden", wie Homburg & Stock-Homburg (2012, S. 19) unter Verweis auf mehrere andere Autoren anmerken. Die Systematisierung in Abb. 2 zeigt, dass diese Reaktionen der Verhaltens- bzw. der Kommunikationsebene zugeordnet werden können. Die Reaktionen auf diesen beiden Ebenen werden von der Reaktion auf der Einstellungsebene beeinflusst.

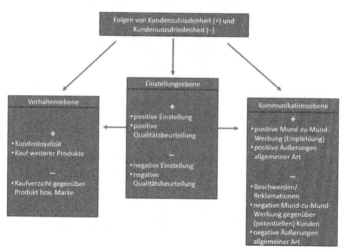

Abb. 2:   Folgen von Kundenzufriedenheit und Kundenunzufriedenheit
              (eigene Zusammenstellung nach Hennig-Thurau & Hansen, 2001,
              S. 880; Nieschlag et al., 2002, S. 1174)

Wie bereits erwähnt, sind Prozesse der Erwartungsbildung und des Erlebens „von vielen subjektiv bewerteten Faktoren abhängig" (Werkmann, 2014, S. 33). Folglich handelt es sich beim Erwartungs-Erfahrungs-Abgleich gemäß dem C/D-Paradigma – anders als früher vor allem in den Wirtschaftswissenschaften angenommen wurde (Nieschlag et al., 2002, S. 1172-1173) – nicht um ein rein kognitives Wägen objektiver Faktoren. Vielmehr spielen häufig Attributionen eine bedeutende Rolle. Diese leisten einen wichtigen

> „Erklärungsbeitrag dafür, dass bestimmte Bedingungen [..] dazu führen, dass trotz desselben Ausmaßes der Erwartungserfüllung die Zufriedenheit auf unterschiedlichem Niveau liegen kann. Konkret bedeutet dies, dass Attributionen (d. h. Ursachenzuschreibungen) in Bezug auf die Erwartungserfüllung das Niveau der Zufriedenheit erhöhen oder verringern" (Homburg & Stock-Homburg, 2012, S. 29).

2.2.2 Attributionen

Attributionen sind „Meinungen oder Überzeugungen über die Ursachen von *psychologischen* Ereignissen und Sachverhalten" (Meyer, 2003, S. 6). Sie sind auf das grundsätzliche Bestreben der Menschen zurückzuführen, ihre Umwelt verstehen und erklären zu können und dienen folglich dazu, „Ursache-Wirkungs-Relationen" (Fischer & Wiswede, 2002, S. 285) bezüglich des eigenen Handelns und Denkens und dessen anderer Menschen zu erkennen und zu verstehen (Durchholz, 2012, S. 62).

Attributionstheorien befassen sich mit dem Zustandekommen von Attributionen (Durchholz, 2012, S. 62; Meyer, 2003, S. 6-7). Wie bereits beim C/D-Paradigma (Kapitel 2.2.1), handelt es sich auch bei diesen Theorien nicht um ein einzelnes theoretisches Konzept, sondern um eine Gruppe von Theorien,[12] deren „zentrale Frage ,Auf welche Weise bilden wir als naive Psychologinnen und Psychologen Urteile?'" (Meyer, 2003, S. 13) lautet. Seit Heider (1958), „der als Initiator der Attributionstheorie[n] gilt" (Fischer & Wiswede, 2002, S. 286), wird behelfs dieses theoretischen Konzepts der Versuch unternommen, zu verstehen, wie Menschen „beobachtbares Verhalten auf nicht unmittelbar beobachtbare (intuitiv als selbstverständlich angenommene) Ursachen" (ebd.) zurückführen (Durchholz, 2012, S. 62-63; Meyer, 2003, S. 3-5). Deshalb wird oft darauf hingewiesen, dass es sich hierbei um das wissenschaftliche Erklären von „Alltagspsychologie" (Meyer, 2003, S. 2) handelt. Dies ist jedoch keinesfalls abwertend, sondern beschreibend gemeint, da diejenigen „psychologischen" Rückschlüsse betrachtet werden, die Menschen im Alltag hinsichtlich

---

12 Ein Überblick über wichtige Attributionstheorien findet sich z. B. bei Fischer & Wiswede (2002, S. 285). Durchholz (2012, S. 63) führt neben der grundlegenden Arbeit von Heider (1958) weitere bedeutende Arbeiten dieser Forschungsrichtung auf.

menschlichen Denkens und Handelns treffen (Fischer & Wiswede, 2002, S. 286; Meyer, 2003, S. 6-7). Diesbezüglich gibt Fischer allerdings Folgendes zu bedenken:

> „[Alltagspsychologische] ‚Erklärungen' entsprechen sehr häufig nicht objektiven Gegebenheiten, sondern unterliegen bestimmten Verzerrungen, sei es, weil die beobachtenden Personen im Regelfall nur über Teilinformationen der gesamten Situation verfügen, oder sei es, weil diese Personen gewissen motivationalen Einflüssen unterliegen. Sehr häufig sind sich die Menschen allerdings der Unzulänglichkeit ihrer Information nicht bewußt, sondern ergänzen die Informationslücken nahtlos durch ihre Erinnerung an ‚Standardsituationen'" (Fischer & Wiswede, 2002, S. 285).

Attributionen können folglich intersubjektiv verschieden (Meyer, 2003, S. 12-13) und/oder unzutreffend sein, was jedoch für das Erleben der attribuierenden Menschen insofern irrelevant ist, als dass sie ihre jeweils persönliche Erklärung als „wahr" oder zumindest wahrscheinlich zutreffend betrachten (Fischer & Wiswede, 2002, S. 301-304). Daher beeinflussen diese (evtl. unzutreffenden) Schlüsse Meinungen, Erwartungen, Handlungsmotivation und Emotionen sehr grundlegend (Meyer, 2003, S. 11-13). Dieser Zusammenhang wird als „Thomas-Theorem" folgendermaßen zusammengefasst: „If men define situations as real, they are real in their consequences" (Thomas & Thomas, 1928, S. 572). Für die Analyse menschlichen Verhaltens und Denkens hat diese Erkenntnis bedeutende Konsequenzen:

> „The total situation will always contain more and less subjective factors, and the behavior reaction can be studied only in connection with the whole context, i.e., the situation as it exists in verifiable, objective terms, and as it has seemed to exist in terms of the interested persons" (ebd.).

Neben den Attributions- gibt es die attributionalen Theorien, die der wissenschaftlichen Beschäftigung mit den Auswirkungen vorhandener Attributionen auf Erleben, Motivation und Handeln dienen (Meyer, 2003, S. 7). Die Abgrenzung von Attributions- und attributionalen Theorien wird in Abb. 3 graphisch deutlich gemacht.

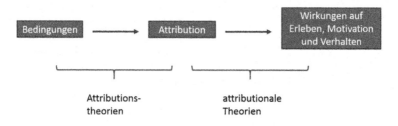

Abb. 3:   Gegenstand der Attributionstheorien und attributionaler Theorien (modifiziert nach Meyer, 2003, S. 7)

Im Rahmen der attributionalen und der Attributionstheorien werden bei der Analyse von Attributionsprozessen vor allem vier sog. „Kausaldimensionen" betrachtet, bezüglich derer die zugrunde liegenden Ursache-Wirkungs-Beziehungen erklärt werden können (Durchholz, 2012, S. 62-65; Meyer, 2003, S. 11-13). Diese vier Dimensionen sind:

1. *Lokation oder „Personabhängigkeit"* (Meyer, 2003, S. 11): Hinterfragt wird, „ob eine Ursache ein Merkmal derjenigen Person [..], deren Erleben, Verhalten oder Zustand erklärt werden soll, oder ein Merkmal der Umgebung ist (zur Umgebung dieser Person gehören auch andere Personen) – oder, wie häufig gesagt wird, ob eine Ursache ‚innerhalb' [internale Ursache] oder ‚außerhalb' [externale Ursache] der handelnden Person liegt" (ebd., S. 11-12). Bezogen auf den Sport werden beispielsweise eigene Fähigkeiten, Erfahrung oder Trainingsfleiß als internale, die Fähigkeiten bzw. Anstrengung anderer oder die Schwierigkeit einer Aufgabe als externale Ursachen angesehen (Strauß, Senske & Tietjens, 2009, S. 76).

2. *Stabilität über die Zeit:* „Diese Dimension betrifft die Eigenschaft einer Ursache, *stabil* oder *variabel* zu sein. Zum Beispiel sind die Begabung einer Person und die Schwierigkeit bzw. Leichtigkeit einer Aufgabe Ursachen, die von den meisten Personen als zeitlich relativ stabil angesehen werden; Anstrengung und Zufall werden in der Regel dagegen als variabel betrachtet" (Meyer, 2003, S. 11; vgl. auch Durchholz, 2012, S. 63-64; Fischer & Wiswede, 2002, S. 297; Strauß et al., 2009, S. 76).

3. *Kontrollierbarkeit:* „Diese Dimension betrifft das Ausmaß, zu dem eine Ursache der willentlichen Kontrolle der handelnden Person unterliegt. [...] Anstrengung [wird grundsätzlich] als *kontrollierbar* (beeinflussbar) betrachtet, während Begabung, Aufgabenschwierigkeit und Zufall als *unkontrollierbar* angesehen werden" (Meyer, 2003, S. 12; vgl. auch Durchholz, 2012, S. 64; Fischer & Wiswede, 2002, S. 299-300).

4. *Globalität:* „Diese Dimension bezieht sich darauf, inwieweit eine Ursache als in einer Vielzahl unterschiedlicher Situationen wirksam angesehen wird (*globale* Ursache) oder nur in einander ähnlichen Situationen, im Extremfall nur in einer einzigen Situation (*spezifische* Ursache). Zum Beispiel ist mangelnde *allgemeine* Begabung oder Intelligenz eine Ursache, von der häufig angenommen wird, dass sie in ganz unterschiedlichen Situationen zu negativen Handlungsergebnissen führt (globale Ursache)" (Meyer, 2003, S. 12; vgl. auch Durchholz, 2012, S. 64-65).

Attributionsprozesse laufen häufig unbewusst und „quasi-automatisch" (Bierhoff-Alfermann, 1986, S. 169) ab. Bewusst wird „ganz besonders nach unerwarteten, negativen bzw. wichtigen Ereignissen attribuiert" (Strauß et al., 2009, S. 77). Im Sport ist dies etwa nach Niederlagen gegen deutlich schwächere Gegner oder unerwarteten Erfolgen häufig der Fall. Generell sind

> „Erklärungen und Begründungen, insbesondere nach Misserfolgen, [..] im Sport von besonderer Relevanz für alle Beteiligten. Rational sind sie selten [...]. In verschiedensten Studien konnte gezeigt werden, dass nicht nur Akteure, sondern auch involvierte Beobachter Attributionsverzerrungen unterliegen" (Strauß et al., 2009, S. 88).

Als Beispiel für „involvierte Beobachter" werden meist Sportzuschauer genannt, deren Attributionen bereits seit den 1950er Jahren wissenschaftlich betrachtet werden (Wann & Schrader, 2000, S. 160; zu Sportzuschauern vgl. Kapitel 3.3.1).[13] Darüber hinaus können u. a. Sportjournalisten dieser Gruppe zugerechnet werden (Schramm, 2007b, S. 124-125; Strauß et al., 2009, S. 88), wobei die „Attributionsmuster [der genannten Gruppen] häufig identisch sind" (Schramm, 2007b, S. 125). Es kann somit bezüglich der wissenschaftlichen Beschäftigung mit Sportrezeption und damit einhergehender Phänomene festgehalten werden, dass „Attributionsprozesse [grundsätzliche] Bedeutung haben" (Fischer & Wiswede, 2002, S. 288). Dies zeigt sich z. B. in den wechselseitigen Erwartungen, die prägend für menschliches Handeln sind und die üblicherweise nicht aus expliziten Vereinbarungen resultieren. Vielmehr ist es so, dass diese sich meistens implizit aus bestimmten situativen Faktoren ergeben, womit sich z. B. das Konzept der sozialen Rolle beschäftigt. Dieses wird im nächsten Kapitel betrachtet.

2.2.3   Soziale Rolle

2.2.3.1   Einleitende Bemerkungen

Menschliches Handeln und Erleben vollzieht sich normalerweise im Wissen um die Existenz anderer Menschen. Es ist folglich meist soziales Handeln und als solches „erwartungsgesteuert" (Messing, 1996, S. 19). Das bedeutet, dass sich Handlungsentscheidungen und Empfindungen eines Menschen an den eigenen Erwartungen bezüglich des Verhaltens, Denkens und Fühlens sowie den – oftmals vermuteten bzw. unterstellten – Erwartungen anderer Menschen orientieren (Heinemann, 1998, S. 70).

Hinsichtlich der Ausführungen dieses Kapitels sind insbesondere diejenigen eigenen und fremden Erwartungen relevant, die auf gesellschaftlichen Werten und Normen basieren. Diese stellen

---

13   Eine Übersicht über einige der wesentlichen Arbeiten findet sich z. B. bei Wann & Schrader (2000, S. 160-162).

„für den einzelnen verbindliche, von außen vorgegebene Verhaltenserwartungen [dar], die [menschlichem] Handeln zeitliche, d. h. über einen längeren Zeitraum stabile und kalkulierbare, sachliche, d. h. mit dem Verhalten anderer sinnvoll abgestimmte, und soziale, d. h. kontrollierte und sanktionierte, Geltung verleihen. Sie legen fest, was ‚man' in spezifischen Situationen zu tun und zu lassen hat, und diese Normierung ist so verbindlich, daß andere erwarten können, daß sich jeder – zumindest grundsätzlich – entsprechend verhält. Damit sind sie Grundlage für fest gefügte Interaktionsmuster, die bewirken, daß der einzelne sich nicht am zufälligen Verhalten eines Partners, sondern an wechselseitigen Erwartungen und an gemeinsamen Einschätzungen und Bewertungen der Handlungssituation orientiert" (Heinemann, 1998, S. 16).

Die „Summe" (Heinemann, 2007, S. 226) der sich aus sozialen Normen und Werten ergebenden allgemein akzeptierten Verhaltenserwartungen an den Inhaber einer bestimmten sozialen Position, im Sport z. B. an einen Sportler, Zuschauer, Schiedsrichter, Trainer oder Sportlehrer, wird als soziale Rolle bezeichnet (Berger & Luckmann, 2009, S. 78-79; Heinemann, 2007, S. 226).[14] Zusammenfassend kann die soziale Rolle als „die normative Erwartung eines situationsspezifisch sinnvollen Verhaltens" (Weiß, 1999, S. 69) definiert werden. Grundsätzlich gilt, dass nicht nur allgemein bekannt ist,

„was zur Rolle gehört, sondern […] auch, *daß* das allgemein gewußt wird. Von jedem mutmaßlichen Träger der Rolle X kann demnach verlangt werden, sich an Regeln zu halten, die als Teil der institutionalen Tradition gelehrt werden" (Berger & Luckmann, 2009, S. 78-79).

Die soziale Rolle vereinfacht menschliches Zusammenleben und soziale Interaktion. So entlastet sie z. B. davon, eigenes Verhalten permanent bezüglich seiner Adäquanz zu reflektieren. Auch kann das Verhalten anderer aufgrund der Rolle, die sie bekleiden, leicht „dekodiert" werden. Dass sich sogar völlig fremde Menschen selbst in hochkomplexen Situationen quasi „blind verstehen" und unproblematisch interagieren können, wäre ohne in sozialen Rollen gebündelten Erwartungen und Verhaltensanweisungen praktisch unmöglich. Das Erlernen und Befolgen der Erwartungen, die mit einer sozialen Rolle verbunden sind, entlastet folglich Individuen und Gesellschaft grundlegend.

Die an einen bestimmten Rollenträger herangetragenen Erwartungen haben vielschichtige Ursachen. Im Sport etwa sind dies – wie Abb. 4 zu entnehmen ist

---

14 Erwartungshaltungen an die Inhaber bestimmter sozialer Positionen wurden auch ohne Nennung der Bezeichnung „soziale Rolle" immer wieder beschrieben, wie beispielsweise die Ausführungen von Hughes bzw. Klapp zeigen:
„[P]eople carry in their minds a set of expectations concerning the auxiliary traits properly associated with many of the specific positions available in our society" (Hughes, 1945, S. 354).
„The popular mind is structured with regard to the categories by which it defines persons" (Klapp, 1948, S. 141).

– neben allgemeinen Aspekten (allgemeine Sozialisation sowie außersportliche Normen- und Rollenstruktur) sportspezifische Faktoren (sportbezogene Sozialisation sowie Normen- und Rollenstruktur im Sport). Ferner existieren „wechselseitige Erwartungen" etwa in Bezug auf andere Zuschauer, Sportler etc. (Messing, 1996, S. 19-21). Obwohl die soziale Rolle die Rechte und Pflichten eines Positionsinhabers beschreibt, die dieser „wahrnehmen sollte, wenn er nicht Sanktionen erleiden will" (Heinemann, 2007, S. 226), legt sie nicht unumstößlich dessen Verhalten fest (Fischer & Wiswede, 2002, S. 476; Heinemann, 2007, S. 226; Messing, 1996, S. 19, 23, 2008, S. 171-173). Dieses wird letztlich durch die Rollenselbstgestaltung des Positionsinhabers determiniert (Abb. 4).

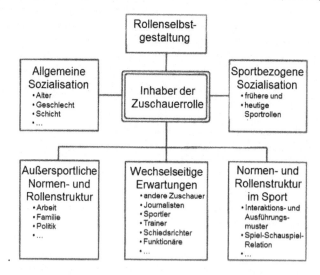

Abb. 4:   Einflussfaktoren auf das Verhalten des Inhabers der Zuschauerrolle aus rollentheoretischer Perspektive (modifiziert nach Messing, 1992, S. 238)

Jeder Rolleninhaber kann folglich (zumindest theoretisch) bewusst oder unbewusst entgegen bestimmter Rollenerwartungen handeln. Dies kann wiederum dazu führen, dass er mit „Sanktionen" belegt wird, was jedoch nicht unbedingt der Fall sein muss, sondern von dem Maße abhängt, in dem er Verhaltenserwartungen verletzt. Würde etwa ein Sportlehrer in seinem Unterricht den Lehrplan grundsätzlich ignorieren und die Stunde immer nur nach den Wünschen der Schüler gestalten, bliebe das mutmaßlich einige Zeit folgenlos – evtl. sogar gänzlich unbemerkt. Irgendwann dürfte sein nicht rollenkonformes Verhalten jedoch zu – mutmaßlich sehr unterschiedlichen – Reaktionen seitens der Schüler, seiner Kollegen und der Schulleitung führen (Heinemann, 2007, S. 227).

2.2.3.2   Rollenkonflikte

In Kapitel 2.2.1 wurde deutlich, dass die Reaktionen auf nicht erfüllte (Rollen)Erwartungen negativ oder positiv sein können. Hinsichtlich des o. s. Beispiels des Sportlehrers kann angenommen werden, dass Schüler auf der einen sowie Kollegen und Schulleitung auf der anderen Seite – zumindest anfangs – gegensätzlich auf das Nichtbeachten des Lehrplans reagieren dürften, da von unterschiedlichen Wirkungsrichtungen der Diskonfirmationen (Kapitel 2.2.1) beider Gruppen auszugehen ist. Dies liegt darin begründet, dass verschiedene Erwartungsträger sehr unterschiedliche Rollenerwartungen an den Rolleninhaber haben können (Messing, 1996, S. 19). Diese Erwartungen können sich sogar diametral entgegenstehen. Ein Sportverein könnte von einem Sportlehrer etwa die besondere Förderung von Leistungssportlern im Sportunterricht erwarten, was jedoch mutmaßlich nicht mit den Erwartungen eines Großteils der anderen Erwartungsträger, wie z. B. Eltern, Schulleitung oder Kollegium vereinbar wäre.[15]

Unterschiedliche Erwartungen an einen Rolleninhaber können zu einem Rollenkonflikt führen (Fischer & Wiswede, 2002, S. 466-469; Heinemann, 2007, S. 292-294; Hughes, 1945, S. 354; o. V., o. J.b). Dieser Begriff bezeichnet einen „Sachverhalt, bei dem im ‚Rollenhaushalt' widersprüchliche (inkompatible) Rollenerwartungen bestehen" (Fischer & Wiswede, 2002, S. 466). Hierbei ist zwischen Inter- und Intrarollen- sowie Rolle-Selbst-Konflikten zu unterscheiden (Abb. 5), die einzeln oder parallel auftreten können. Die letztgenannten *Rolle-Selbst-Konflikte* „sind dann gegeben, wenn Individuen mit einer sozialen Rolle konfrontiert werden, die mit ihrem Selbstkonzept unverträglich ist" (Fischer & Wiswede, 2002, S. 467). Im Sport könnte das z. B. dann der Fall sein, wenn ein Übungsleiter Erwartungen in einem Verein nicht „mit seinem eigenen Sportverständnis und seinem didaktischen Konzept in Einklang bringen" (Heinemann, 2007, S. 293) kann oder ein idealistischer Vereinsfunktionär in eine Spitzenposition eines Sportverbandes gewählt wird und dort „oft in Macht- und Intrigenspiele verwickelt [wird], die dem idealistischen Newcomer [..] durchaus zuwider sein mögen" (Fischer & Wiswede, 2002, S. 467).

---

15   Zu verschiedenen Erwartungsträgern bezüglich der Lehrerrolle äußern sich z. B. Fischer & Wiswede (2002, S. 467) oder Heinemann (2007, S. 226).

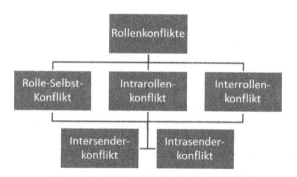

Abb. 5:   Verschiedene Rollenkonflikte (modifiziert nach Fischer &
                     Wiswede, 2002, S. 466)

Beim *Intrarollenkonflikt* (Abb. 5) widersprechen sich Erwartungen an den Inhaber einer spezifischen Rolle. Dieser „tritt am häufigsten als Intersenderkonflikt auf [und] liegt vor, wenn verschiedene [Erwartungsträger] einander unverträgliche Erwartungen haben" (Fischer & Wiswede, 2002, S. 467). Das wäre etwa der Fall, wenn Schüler – z. B. aufgrund von entsprechender Vorerfahrung – von einem Sportlehrer erwarten sollten, dass er ausschließlich ihnen genehme Sportarten unterrichtet. Da dies mit hoher Wahrscheinlichkeit gegen den Lehrplan verstoßen würde, würden z. B. der Direktor und die Fachkollegen mit negativen Sanktionen gegen den Sportlehrer reagieren. Ein weiteres Beispiel wären gegensätzliche Erwartungen der betreuten Sportler und des Vorstands an einen Übungsleiter (Heinemann, 2007, S. 292-294). Ein *Intrasenderkonflikt* wiederum liegt vor, wenn sich ein Rollensender „mißverständlich und ambivalent äußert" (Fischer & Wiswede, 2002, S. 467). Dies ist z. B. dann der Fall, wenn der Direktor einem Sportlehrer erklärt, dass ihm die unbedingte Umsetzung des Lehrplans nicht wichtig ist, er im gleichen Kontext aber zu erkennen gibt, dass er die strikte Befolgung offizieller Vorgaben für unabdingbar hält.

Nicht zuletzt aufgrund der Ausdifferenzierung der modernen Gesellschaft ist es nahezu unvermeidbar, dass Menschen viele verschiedene Rollen innehaben (Fischer & Wiswede, 2002, S. 468). Dies führt dazu, dass regelmäßig *Interrollenkonflikte* (Abb. 5) entstehen, also sich widerstrebende Erwartungen aufgrund verschiedener Rollen auftreten, die ein einzelner Mensch einnimmt (Fischer & Wiswede, 2002, S. 466). Ein Sportlehrer wird z. B. normalerweise auch Freund, evtl. Vater und Ehemann, Sohn, Vereinsmitglied usw. sein. Der Besuch einer abendlichen Lehrerkonferenz, den seine Berufsrolle ihm auferlegt, dürfte daher regelmäßig mit den Erwartungen seiner Familie, Freunde und/oder Vereinskameraden konfligieren, dass er diese Zeit mit ihnen verbringen soll.

Wie bereits erwähnt, sind sämtliche Rollenkonflikte dadurch gekennzeichnet, dass sich ein Rollenträger seiner Wahrnehmung nach mit widersprüchlichen Erwartungen konfrontiert sieht. Abb. 6 stellt diesen Zusammenhang in allgemeiner Form schematisch dar, wobei zu beachten ist, dass der Rollenträger selbst ebenfalls als Erwartungsträger fungiert, wodurch ggf. Rolle-Selbst-Konflikte ausgelöst werden können. Befindet sich ein Rollenträger aufgrund der an ihn herangetragenen Erwartungen in einem oder mehreren Rollenkonflikten, wird er beim Abwägen seiner Handlungsoptionen üblicherweise auch die seinerseits vermuteten sozialen Sanktionsmöglichkeiten der Erwartungsträger eruieren und ggf. bei seiner Handlungsentscheidung berücksichtigen (Heinemann, 2007, S. 293-294), wie Abb. 6 ebenfalls zu entnehmen ist. Diese Sanktionsmöglichkeiten umfassen hierbei sowohl Strafen als auch Belohnungen, können für den Rollenträger also vorteilhaft oder nachteilig sein. Wesentlich ist noch, dass Abb. 6 nicht so verstanden werden darf, dass der Rollenträger immer das Verhalten wählen wird, das die insgesamt für ihn vorteilhaftesten Sanktionen nach sich zieht. Im Falle eines starken Rolle-Selbst-Konflikts, bei dem die Verhaltenserwartungen nur sehr schwer oder gar nicht mit seinem Selbstkonzept vereinbar sind, dürfte er häufig sogar bereit sein, wesentliche Nachteile in Kauf zu nehmen, um die Erfüllung bestimmter externer Erwartungen zu vermeiden.

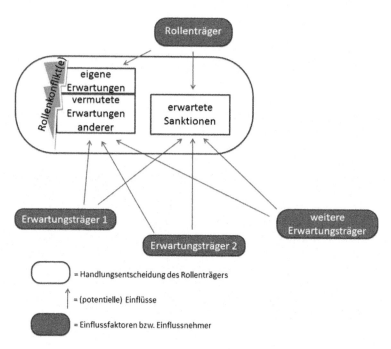

Abb. 6:   Schematische Darstellung der Handlungsentscheidung des
           Rollenträgers unter Berücksichtigung evtl. Rollenkonflikte
           (eigene Darstellung)[16]

2.2.3.3   Ansätze zur analytischen Betrachtung der sozialen Rolle

Wie zuletzt ausgeführt, kommt es regelmäßig zu Rollenkonflikten, in denen Rolleninhaber „entscheiden"[17] müssen, welchen der an sie herangetragenen Erwartungen sie zu entsprechen versuchen. Die Verbindlichkeit dieser Erwartungen
kann zu einem bestimmten Zeitpunkt oder generell sehr unterschiedlich sein. Auch
differieren die mit deren Nichterfüllung potentiell verbundenen positiven und negativen Sanktionen sowie die Möglichkeiten zur Rollenselbstgestaltung. Einen

---

16   Obwohl die in Abb. 6 dargestellte Entscheidung vom Rollenträger getroffen wird und der Ent-
     scheidungsprozess somit eigentlich in diesem zu verorten wäre, wird er außerhalb des Ovals
     dargestellt, das diesen Prozess modelliert. Hierdurch soll in übersichtlicher Form die besondere
     Bedeutung des Rollenträgers als Einflussfaktor bei dieser Entscheidungsfindung verdeutlicht
     werden.
17   Wobei hier oftmals nicht von bewussten Entscheidungen ausgegangen werden kann.

Ansatz zur Analyse dieser Unterschiede für soziale Rollen im Sport bietet das „analytische Schema zur sozialen Rolle im Sport" (Heinemann, 2007, S. 228). Dieses Schema differenziert die verschiedenen Rollen nach ihrer Herkunft, Bindung an bestimmte Positionen, Art der Beteiligung (mittelbar oder un-) sowie dem Grad ihrer Verfügbarkeit und Gestaltungsfreiheit.

Als zentral für die wissenschaftliche Auseinandersetzung mit der Übernahme bzw. Beibehaltung sozialer Rollen können die drei folgenden „Fragestellungen [gelten]:

- Unter welchen Bedingungen übernehmen Individuen eine Rolle?
- Wie gestalten Individuen eine soziale Rolle zu ihren Gunsten?
- Unter welchen Bedingungen versuchen Individuen, eine soziale Rolle beizubehalten bzw. abzulegen?" (Fischer & Wiswede, 2002, S. 472).

Der systematischen Beantwortung dieser Fragen ist die dreiteilige „Theorie der Rollenbilanz"[18] gewidmet, die rollentheoretisch-sozialpsychologische Ansätze mit dem Konzept der „rational choice" verbindet. Als Voraussetzung für eine zielführende Anwendung der Theorie werden „elaborierte Überlegungsprozesse sowie ein kalkulatives Engagement" (ebd.) vor Übernahme der Rolle genannt, die jedoch nicht unbedingt mit langem Nachdenken verbunden sein müssen, sondern auch relativ unbewusst erfolgen können. Soziale Rollen, „die man im Zustand geringer kognitiver Beteiligung (mindlessness) quasi-automatisch übernimmt" (ebd.) sollten allerdings i. d. R. mit anderen analytischen Mitteln betrachtet werden. Dies dürfte z. B. für einige der rezeptiven Rollen im Sport gelten, wie z. B. den von Heinemann (2007, S. 228) genannten genannten Zeitungsleser.

Der erste Teil der „Theorie der Rollenbilanz" (Fischer & Wiswede, 2002, S. 472) ist der Betrachtung der Wahrscheinlichkeit gewidmet, dass eine soziale Rolle angestrebt, übernommen bzw. ausgeübt wird. Analytisch können diese Entscheidungen als eine Funktion folgender drei Faktoren ausgedrückt werden (ebd., S. 472-474):

- Differenz zwischen Rollenkosten und Rollenerträgen,
- empfundener normativer Druck, die Rolle anzunehmen oder abzulehnen,
- empfundene „Rollenkompetenz" (ebd., S. 472), als Ausdruck der „Fähigkeiten, die Rolle zu erwerben und auszuüben" (ebd.).

---

18 Diese Theorie wurde von Wiswede ursprünglich als Arbeitspapier formuliert und erhielt wesentliche Impulse zur Fortentwicklung durch Fetchenhauers Magisterarbeit (Fischer & Wiswede, 2002, S. 472, Fußnote 1).

Der letztgenannte Faktor dürfte die beiden ersten sehr wesentlich beeinflussen. Denn je höher die erwartete Rollenkompetenz, desto höher dürften die Differenz zwischen vermuteten Rollenkosten und -erträgen sowie der normative Druck sein, die Rolle anzunehmen.

„Der zweite Teil dieser Theorie befasst sich mit der Frage einer möglichst guten Ausbeute aus der Rolle" (Fischer & Wiswede, 2002, S. 474) nachdem diese übernommen wurde. Die „Rollenerfolgsbilanz" (ebd., S. 472) kann durch eine „Senkung der Rollenkosten" (ebd.) oder eine „Erhöhung der Rollenerträge" (ebd.) gesteigert werden. Beides kann *aktional* – auf „verhaltensaktivem [...] Wege" (ebd., S. 474), z. B. durch Möglichkeiten der Rollenselbstgestaltung – oder *kognitiv* – etwa durch die mentale Aufwertung von Rollenerträgen bzw. die Abwertung von Rollenkosten – erfolgen (ebd., S. 472).

Schließlich widmet sich die Theorie der Rollenbilanz der Frage nach der Beibehaltung der Rolle bzw. dem Ausweiten der Rollenübernahme. Diese erfolgen i. d. R. bei positiver „Rollenerwartungsbilanz" (ebd., S. 473), wenn also das Saldo aus erwarteten Erträgen und erwarteten Kosten positiv ausfällt. Hierbei ist u. a. von Bedeutung, dass die Rollenkompetenz einerseits durch die Bewältigung der mit der Rolle einhergehenden Anforderungen und zum anderen durch weitere Maßnahmen – wie z. B. Fortbildungen – gesteigert werden kann. Derart können die Rollenerträge gesteigert bzw. die Kosten gesenkt werden.[19] Insgesamt kann die Bildung der Rollenerwartungsbilanz somit eine sehr komplexe prognostische Leistung des Rollenträgers sein, die sich durchaus als fehlerhaft erweisen kann.

Eine positive Rollenerwartungsbilanz kann dazu führen, dass andere Rollen eingeschränkt werden und das Selbstkonzept sich der Rolle annähert. Sollte die Rollenerwartungsbilanz negativ ausfallen, wird die Motivation zur Beibehaltung der Rolle nachlassen, was jedoch nicht bedeuten muss, dass diese abgelegt wird bzw. werden kann.

„Der normative Verpflichtungscharakter sozialer Rollen erlaubt auch bei negativer Bilanz keineswegs immer, die Rolle abzustreifen. Insbesondere besteht eine gewisse Resistenz gegenüber solchen Änderungen, wenn dadurch das Selbstkonzept gefährdet wird (Beispiel: Ein Rücktritt wird als Feigheit interpretiert)" (ebd., S. 474).

Neben diesem selbst auferlegten können sozial bedingter normativer Druck und/oder unattraktive bzw. fehlende Alternativen dazu führen, dass eine negativ bewertete Rolle weiterhin übernommen wird (ebd., S. 473).

---

19   Dass sowohl Erträge als auch Kosten im Kontext psychischer Prozesse sehr weitläufig verstanden werden sollten, gilt hier ebenso wie beim Signaling, wo diesbezüglich umfassendere Überlegungen vorgestellt werden (Kapitel 2.4.3.2 und 2.4.3.3).

Abb. 7 bildet die wesentlichen Überlegungen der Theorie der Rollenbilanz ab. Hierbei fasst der Begriff „Rollenbilanz" die Rollenerwartungs- und die Rollenerfolgsbilanz zusammen.[20]

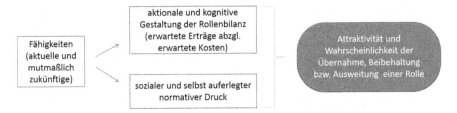

Abb. 7:   Zusammenfassende Darstellung der Theorie der Rollenbilanz
                 (eigene Darstellung)

Wenn eine Rolle nicht abgelegt werden kann, obwohl sie dem eigenen Selbstkonzept zuwiderläuft, oder deren Übernahme oder Beibehaltung in bestimmten Situationen nicht gewollt wird, reagieren Rollenträger häufig durch Distanzierung von der Rolle. Das bedeutet, dass die emotionale Bindung an die Rolle und die ihr beigemessene Wichtigkeit abnehmen. Diese Rollendistanzierung spiegelt sich oft im Verhalten des Rollenträgers wider, so dass sie für andere Personen wahrnehmbar wird (Turner, 1968, S. 556), was durchaus gewünscht sein kann. Gemäß den o. s. Erläuterungen und der in Abb. 7 abgebildeten Systematik wird auf diese Weise die Rollenbilanz[21] kognitiv und aktional durch Senkung der Rollenkosten gesteigert. Die Rollendistanzierung oder „Rollendistanz" (Goffman, 1973, S. 93)[22] stellt somit gemäß dieser Logik eine Möglichkeit dar, die Beibehaltung einer Rolle weniger „kostspielig" zu machen. Die Nutzung dieser Möglichkeit durch einen Rollenträger muss jedoch nicht unbedingt heißen, dass er grundsätzlich mit der Rolle unglücklich ist, sondern kann als Teil der Rollenselbstgestaltung verstanden werden:

> „Um zu zeigen (oder wenigstens zu beanspruchen), dass man anders und mehr ist als in der Rolle erwartet und ermöglicht wird, distanziert sich das Individuum von der Rolle. Rollendistanz heißt nicht Verweigerung oder Unfähigkeit, sondern im Gegenteil die hohe Kompetenz, souverän mit einer Rolle umzugehen" (Abels, 2007, S. 168).

---

20 Da das aus direkt entstehenden sowie erwarteten Kosten und Erträgen gebildete Saldo letztendlich – finanzwirtschaftlich argumentiert – immer ein auf den aktuellen Zeitpunkt bezogener Wert sein dürfte, scheint diese Vorgehensweise sinnvoll.

21 Konkret wird die „Rollenerfolgsbilanz" gesteigert, die hier jedoch – wie gerade ausgeführt – analytisch als Teil der Rollenbilanz betrachtet wird.

22 Im Original überschrieb Goffman (1966 [1961]) seinen grundlegenden Aufsatz mit dem Titel „Role Distance".

2.2.3.4   Zusammenfassung der Überlegungen zur sozialen Rolle

Die Überlegungen zur Rollenbilanz aus Kapitel 2.2.3.3 und zum Reflexionspro-
zess des Rollenträgers unter Berücksichtigung möglicher Rollenkonflikte (Abb. 6
aus Kapitel 2.2.3.2) werden in Abb. 8 zusammenfassend dargestellt. In dieser wird
deutlich, dass die Rollenbilanz analytisch in zwei Komponenten zerlegt werden
kann. So können Kosten und Erträge einerseits aus erwarteten sozialen Sanktionen
(Kapitel 2.2.3.2) und andererseits aus weiteren Konsequenzen der Übernahme o-
der Beibehaltung der Rolle resultieren (Kapitel 2.2.3.3). Diese weiteren Konsequenzen können vielschichtig sein und umfassen z. B. Gehaltszahlungen, die aus
einer Angestelltenrolle resultieren, oder davon erworbene Güter bzw. die damit
verbundene finanzielle Sicherheit. Soziale Sanktionen können von bekannten und
unbekannten potentiellen[23] Erwartungsträgern ausgehen und werden – wie die anderen Konsequenzen der Rollenübernahme auch – von einer Vielzahl von Umweltfaktoren beeinflusst, wie später in anderen Zusammenhängen zu sehen sein
wird (z. B. Kapitel 2.3.2.3 oder 2.4.3). Das „Gesamtsaldo" aus erwarteten sozialen
Sanktionen und weiteren Konsequenzen bildet schlussendlich die „aktuelle Einschätzung der aktionalen und kognitiven Gestaltung der Rollenbilanz" (Abb. 8).
Diese beschreibt denjenigen „Wert", den der (potentielle) Rolleninhaber momen-
tan der Übernahme, Beibehaltung bzw. Ausweitung der betreffenden Rolle beimisst.

Der in Abb. 8 dargestellte Determinationsprozess kann bewusst oder – zumindest teilweise – unbewusst ablaufen. Neben der Rollenbilanz wird er durch
eigene und fremde Erwartungen beeinflusst, die allerdings nicht völlig isoliert von
der Rollenbilanz wirken. So können durch erfüllte oder unerfüllte Erwartungen
Erträge (z. B. Lob, Dankbarkeit oder materielle Zuflüsse) oder Kosten (Tadel, Enttäuschung oder Strafzahlungen) resultieren.[24] Mögliche Rollenkonflikte aufgrund
widersprüchlicher Erwartungen können außerdem mit hohen emotionalen Kosten
einhergehen. Diejenigen Elemente, die in Abb. 8 als für den Determinationsprozess des Rollenträgers besonders relevant abgebildet sind, stehen folglich in einem
Abhängigkeitsverhältnis zueinander. Eine Reduktion auf die Rollenbilanz würde

---

23   Bei den hier zusammenfassend betrachteten Prozessen sind diejenigen Erwartungsträger von Be-
     deutung, bezüglich derer der (potentielle) Rollenträger bewusst oder unbewusst davon ausgeht,
     dass sie Erwartungen an ihn stellen *könnten*. Ob dies bei der Rollenübernahme bzw. im Rahmen
     der Rollengestaltung auch wirklich der Fall ist, muss sich ggf. erst erweisen. Diesem Zusam-
     menhang wird in Abb. 8 dadurch Rechnung getragen, dass „(potentielle/r) Erwartungsträger"
     aufgeführt werden. Es sind also sämtliche Erwartungsträger berücksichtigt, die für den Deter-
     minationsprozess des Rollenträgers von Bedeutung sind, unabhängig davon, ob diese wirklich
     Erwartungen haben.
24   Die Bedeutung von Anerkennung, die etwa durch Lob oder Dankbarkeit ausgedrückt wird, und
     deren Entzug durch Tadel bzw. den Ausdruck von Enttäuschen kommuniziert werden kann, wird
     in Kapitel 2.3.1 näher erläutert.

allerdings zu kurz greifen, da bei der Wahrnehmung und Bewertung eigener und fremder Erwartungen nicht ausschließlich die möglichen materiellen und emotionalen Konsequenzen bedeutend spielen. Wie sich noch zeigen wird, werden daher mitunter Handlungsalternativen gewählt, die mit einer nachteiligen Rollenbilanz verknüpft sind.

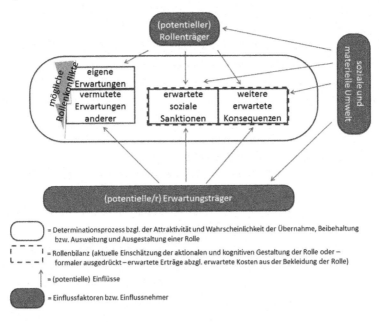

Abb. 8:   Zusammenfassende Betrachtung des Determinationsprozesses zur Übernahme, Beibehaltung bzw. Ausweitung sozialer Rollen (eigene Darstellung)

Bezüglich sozialer Rollen ist zu betonen, dass diese nicht nur Handlungserwartungen im engeren Sinne umfassen. So weisen z. B. Berger & Luckmann (2009, S. 81) darauf hin, dass Rollenerwartungen sich ebenfalls auf allgemein akzeptierte Emotionen und Gefühlsäußerungen erstrecken. Dass das Wissen um den rollenadäquaten Umgang mit Emotionen gerade auch im Sport sehr wesentlich ist, zeigen etwa die von Heinemann (2007, S. 228) als Beispiele genannten Sportausführungs- (z. B. Stürmer oder Torwart) und expressiven Rollen (z. B. Fan oder Cheerleader). Für diese gehören die Möglichkeit des vergleichsweise offenen Er- und Auslebens von Gefühlen grundsätzlich zum adäquaten Rollenhandeln. Im Gegensatz dazu ist es für Kontrollrollen (etwa Schiedsrichter oder Zeitnehmer) üblicherweise nicht erwünscht, emotional zu agieren. Wie das Ausleben von Emotionen

durch Inhaber der genannten (und sämtlicher anderen) Rollen allerdings genau ge-
regelt ist, ist einem zeitlichen Wandel und kulturellen Unterschieden unterworfen.
So können Emotionen im Sport heute auf eine Art ausgelebt werden, die vor 20
Jahren nicht erwünscht gewesen wäre. Genauso sind Gefühlsäußerungen, die in
anderen Kulturkreisen alltäglich sind, hierzulande evtl. nicht üblich und umgekehrt. In Kapitel 3.2.1 wird etwa beschrieben, dass das Sportverständnis entsprechende Unterschiede aufweisen kann, welche auch die sozialen Rollen im Sport
betreffen.

Die in Rollen gebündelten Erwartungen sind jedoch nicht nur bezüglich emo-
tionaler Ausdrücke historischen, gesellschaftlichen und kulturellen Differenzen
unterworfen. Es kann grundsätzlich gelten, dass diese immer durch das sie umgebende Umfeld über Sozialisationsprozesse vermittelt worden und als deren Ergebnis zu begreifen sind. Daher müssen die korrespondierenden Erwartungen sowohl
im Alltagshandeln vom Rolleninhaber und seinen Interaktionspartnern als auch
aus einer analytisch-wissenschaftlichen Perspektive vor dem Hintergrund des jeweiligen gesellschaftlichen Umfelds interpretiert werden. Dies ist notwendig, da
die in sozialen Rollen gebündelten Erwartungen nur für eine bestimmte soziale
Gruppierung „gültig" sind. Bezogen auf andere Gruppen kann deren „Handlungs-
und Deutungsrepertoire […] variiert oder gar aufgelöst" (Soeffner, 1989, S. 149)
werden.

Die zuletzt beschriebenen Zusammenhänge sind ebenfalls in Abb. 8 abgebildet. Wie dort zu sehen ist, wirkt die „soziale und materielle Umwelt" auf den Rol-
len- sowie den oder die Erwartungsträger ein. Derart prägt sie mittelbar die mit
der Rolle verbunden Erwartungen, Sanktionen und Konsequenzen. Sanktionen
und Konsequenzen werden ferner unmittelbar durch Umweltfaktoren beeinflusst,
die z. B. allgemeine ökonomische und soziale Rahmenbedingungen umfassen und
somit etwa materielle Belohnungen sowie erstrebens- oder vermeidenswerte soziale Positionen determinieren.

2.2.4   Abschließende Bemerkungen

Die in Kapitel 2.2 betrachteten theoretischen Überlegungen bilden eine wichtige
Grundlage für die weiteren Ausführungen dieser Arbeit. Wie sich zeigen wird,
sind die im Confirmation-Disconfirmation-Paradigma systematisch durchdachten
Zufriedenheitsreaktionen z. B. für die Kapitel 2.3.3 (Identitätsarbeit von Rezipienten) und 2.4.3 (Signaling-Theorie) elementar, da hier jeweils Erwartungen bzw.
deren Erfüllung und Nichterfüllung zentrale Aspekte sind. Außerdem sind sie für
die Wahrnehmungs- und Darstellungsprozesse bei der sozialen Exposition von
grundlegender Bedeutung, welche in den folgenden Abschnitten betrachtet werden. In gleichem Maße sind die Hintergründe zu Attributionen unabkömmlich für

ein tiefgreifendes Verständnis dieser Arbeit. Da sozial exponierte Personen denjenigen, die sich mit ihnen auseinandersetzen, i. d. R. nicht persönlich bekannt sind, ist ein großer Teil des diese betreffenden „Wissens" das Ergebnis von Attributionen (mehr hierzu im folgenden Kapitel 2.3).

Die in der Rollentheorie dargelegte Bündelung von Erwartungen an die Inhaber bestimmter sozialer Positionen und die sich daraus ergebenden Sanktionspotentiale sind ebenfalls ein wichtiger Grundstock für die weiteren Betrachtungen. Dass es nicht nur sozial akzeptiert ist, an völlig fremde Menschen sehr konkrete und teilweise weitreichende Erwartungen zu stellen, sondern die Betreffenden sich dieser Erwartungen meist ohne weitere Abstimmung bewusst sind und sie beim Abwägen ihrer Handlungsoptionen einfließen lassen, kann als wesentliches Element sozialer Exposition betrachtet werden.[25] Dies wird in der folgenden Beobachtung Gebauers deutlich, welche die Blickrichtung für das nächste Kapitel vorgibt:

„Athleten werden zu Helden aufgrund von Darstellung in Bildern und Texten. Sie leben in vorgefertigten Geschichten [...]. Der Held des Sports [...] hat einen inneren Text mit seinen Anhängern gemeinsam [zu dem auch die vorgefertigten Erwartungsstrukturen gehören – Anm. d. Verf.]; erst dieser macht ihn zum Helden, dem man nachfolgen kann und dessen Siege Glück hervorrufen" (Gebauer, 1988, S. 5).

2.3 Theoretische Modelle zu Rezipienten und Rezeption

2.3.1 Einleitende Bemerkungen

Das Streben nach Anerkennung kann als anthropologische Konstante betrachtet werden, da „menschliches Verhalten [..] a priori auf Anerkennung ab[zielt]" (Weiß, 1999, S. 134) und „[d]er Mensch [..] der Beachtung, Bestätigung und Anerkennung [bedarf]" (ebd. S. 141). Anerkennung führt bei Menschen dazu, dass ihr Selbstwertgefühl steigt. Diese Steigerung des Selbstwertgefühls – oder des Selbstwerts – wird in der Literatur regelmäßig als einer von vielen Gründen für das Anschauen bzw. Verfolgen von Sportwettkämpfen und Sportlern genannt (Alfermann & Stoll, 2005, S. 251; Gabler, 1998, S. 125-126; Henkel & von Walter, 2009, S. 322; Schlicht & Strauß, 2003, S. 140-142; Weiß, 1999, S. 12, 136). Erzielt werden kann der Effekt etwa durch Selbstdarstellungs-, Zugehörigkeits- und Identifikationsprozesse, die sich auf bestimmte Personen oder Gruppen beziehen (Fischer & Wiswede, 2002, S. 162; Schlicht & Strauß, 2003, S. 140-142; Turner,

---

25 Wäre zur sozialen Einordnung dieses Phänomens die Erläuterung komplexer Zusammenhänge mit den dahinterliegenden Erwartungsstrukturen notwendig, dürfte der Aufwand für Kommunikatoren, Rezipienten, Exponierte und die Gesellschaft kaum zu leisten sein.

1982, S. 17; Weiß, 1999, S. 136). „Gruppe" ist in diesem Zusammenhang folgendermaßen zu verstehen: „[A] social group can be defined as two or more individuals who [...] perceive themselves to be members of the same social category" (Turner, 1982, S. 15). Eine formale Mitgliedschaft in einer Gruppe ist somit nicht nötig. Es reicht das Empfinden, zu einer bestimmten sozialen Einheit zu gehören. Im Rahmen der formalen und/oder emotionalen Zugehörigkeit zu einer bestimmten Gruppe erfolgen – bewusst und unbewusst – Vergleiche mit anderen Gruppen. Dies ist darauf zurückzuführen, dass die „soziale Realität des Individuums [..] sich zu wesentlichen Anteilen aus sozialen Vergleichsprozessen" (Fischer & Wiswede, 2002, S. 162) konstituiert und derartige Prozesse „positive social identity for the group members" (Turner, 1982, S. 34) stiften können. Daher beinhalten viele theoretische „Konzepte [..] soziale Vergleichsprozesse als zentrale Variable" (Fischer & Wiswede, 2002, S. 148).[26] Hier ist relevant, dass der Vergleich mit anderen Personen oder Gruppen sowie die Beziehung und Zugehörigkeit zu bzw. Abgrenzung von einer Gruppe wichtige Beiträge zur Erlangung – oder dem Entzug – von Anerkennung leisten können. Letztendlich soll immer der eigene Selbstwert – möglichst positiv – beeinflusst werden (Alfermann & Stoll, 2005, S. 251; Durchholz, 2012, S. 61-62; Tajfel, 1982, S. 2; Turner, 1982, S. 17, 34; Weiß, 1999, S. 136). Nachfolgend werden in den Kapiteln 2.3.2 und 2.3.3 zwei theoretische Komplexe vorgestellt, die dazu herangezogen werden können, die Interaktion mit sowie die Zugehörigkeit zu bzw. Abgrenzung von sozial exponierten Personen und anderen sozialen Einheiten zu erklären.

2.3.2   *Parasoziale Interaktion (PSI) und parasoziale Beziehung (PSB)*

2.3.2.1   Soziale und parasoziale Interaktion

Sämtliche Interaktionen – auch die in diesem Kapitel betrachtete parasoziale Interaktion – werden grundlegend durch Attributionen (Kapitel 2.2.2) geprägt und von diesen in ihrem Verlauf wesentlich beeinflusst. Dies liegt daran, dass Menschen sich in Interaktionssituationen gemäß ihrer subjektiven Bewertung der Situation und der Beteiligten verhalten. Diese Attributionen können richtig oder falsch sein und ggf. die Persönlichkeit, Intentionen oder sonstige Attribute des Interaktionspartners vollkommen fehleinschätzen. Dies gilt selbstverständlich wechselseitig (Fischer & Wiswede, 2002, S. 405). Entsprechend spielen Attributionsprozesse eine zentrale Rolle bei der Rezeption sozial exponierter Personen und prägen die

---

[26]   Da hier nicht detaillierter auf die Vielzahl der Theorien zum sozialen Vergleich eingegangen werden kann, sei auf Fischer & Wiswede (2002, S. 147-162) sowie Durchholz (2012, S. 51-62) verwiesen, die jeweils einige dieser Theorien vorstellen.

sog. „parasoziale Interaktion" (PSI) und die „parasoziale Beziehung" (PSB). Horton & Wohl (1956), die beide Begriffe einführten, erklären PSB als „illusion of face-to-face relationship [of an audience member] with the performer" (Horton & Wohl, 1956, S. 215). PSI beschreibt das Phänomen, „dass Rezipienten [..] Personen, die sie aus Radio- oder Fernsehsendungen kennen, als reale Kommunikationspartner ansehen und so behandeln" (Wulff, 2011). Die Schauspieler, Medienfiguren oder Sportler, mit denen parasozial interagiert wird, werden als „Personae" (Singular: Persona)[27] bezeichnet (Gebauer, 1988, S. 5; Gendolla, 1988, S. 11).

Nach (Hartmann et al., 2004b) ist „normale" soziale – also nicht parasoziale – Interaktion dadurch geprägt, dass sich alle beteiligten Interaktionspartner wahrnehmen und – bewusst oder unbewusst – wechselseitig auf ihr Verhalten einwirken. Laut dieser Systematik handelt es sich dann nicht um eine vollständige soziale Interaktion, wenn die „Reaktion zweiter Ordnung" – eine Reaktion, die durch die Wahrnehmung des Anderen bedingt wird – bei einem Interaktionspartner ausbleibt. Die Interaktionssequenz würde nicht gemäß Abb. 9 komplettiert werden (ebd., S. 7).

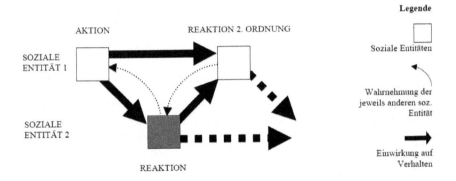

Abb. 9:   Ablauf einer sozialen Interaktion (Hartmann et al., 2004b, S. 7)

PSI ist keine soziale Interaktion in diesem Sinne, sondern eine „asymetrisch[e] Interaktionsform" (Hartmann et al., 2004b, S. 9), deren „besonderer Charakter in der fehlenden Wechselseitigkeit (Reziprozität) besteht. Die Reaktionen der Rezipient/inn/en stellen keine Reizangebote für den Ausgangsakteur dar, wie es zwangsläufig in der interpersonellen sozialen Interaktion der Fall ist" (ebd.). Der idealtypische Ablauf einer PSI ist in Abb. 10 dargestellt.

---

27 Gendolla (1988, S. 11) erläutert, dass die „Maske des Schauspielers, die dessen Rolle definiert", im Altgriechischen „persona" genannt wurde.

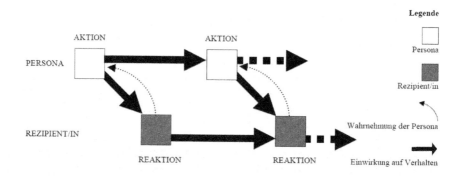

Abb. 10:   Idealtypischer Ablauf einer parasozialen Interaktion (Hartmann et al., 2004b, S. 10)

„In parasozialen Situationen – zum Beispiel bei der Interaktion mit einer Fernseh-Persona – existiert keine wechselseitige Koorientierung zwischen Fernsehfigur und Rezipient/in" (Hartmann et al., 2004b, S. 7). Lediglich der Rezipient nimmt die Persona wahr, weshalb auch nur sein Verhalten von deren Wahrnehmung beeinflusst wird (Abb. 10). Dies kann dazu führen, dass er auf vielschichtige Weise mit der Persona „interagiert". So ist es möglich, dass einer im Fernsehen auftretenden Persona verbale Interaktionsangebote unterbreitet werden – sie könnte etwa angesprochen, mit Rufen vor einer Gefahr gewarnt, gelobt oder getadelt werden – obwohl bekannt ist, dass sie den Sprecher nicht hören kann. Ferner können rezipientenseitig emotionale Reaktionen ausgelöst werden (Zillmann, 1991, 1994), es wird z. B. „mitgelitten" oder Wut empfunden.

Aufgrund der Einseitigkeit der Wahrnehmung bietet die parasoziale Situation den Rezipienten die Möglichkeit, Verhaltensäußerungen, die sie normalerweise in sozialen Interaktionen gemäß Abb. 9 bewusst unterdrücken bzw. nicht einsetzen, gefahrlos auszuleben (Hartmann et al., 2004b, S. 9). Außerdem können sie sich für den Zeitraum der Rezeption – und im Rahmen einer parasozialen Beziehung ggf. auch darüber hinaus – gefahrlos „in die Rolle des Helden, des Erfolgreichen, des Begehrten usw. begeben, ohne dabei Gefahr zu laufen, dieser Rolle nicht gerecht zu werden. [...] Aufgrund des fehlenden Rückkanals existiert kein Korrektiv sozialer Gegenüber" (Schramm & Hartmann, 2007, S. 215).

Neben der Übernahme oftmals unerreichbarer oder im „normalen Leben"
nicht gewünschter, „tragischer" Rollen, bietet parasoziale Interaktion die Möglichkeit, die Übernahme von Rollen abzulehnen, ohne dass dies sanktioniert würde:[28]

> „Legt einem z. B. der Fußballkommentator nahe, aufgrund eines Siegs der deutschen
> Nationalmannschaft stolz zu sein, so kann man diese nahe gelegte Rolle des stolzen
> Deutschen ohne Probleme ablehnen. In einer vergleichbaren sozialen Situation wäre
> es dagegen nicht so einfach, einem beseelten Fußballfan zu erklären, dass man sich
> nur sehr schwer mit der deutschen Nationalmannschaft identifizieren könne"
> (Schramm & Hartmann, 2007, S. 215).

Grundsätzlich kann gemäß des ersten Axioms Watzlawicks[29] auch für parasoziale
Interaktionssituationen gelten, dass man „mit einer ‚anwesenden' Medienperson
nicht *nicht* parasozial interagieren kann" (Hartmann et al., 2004a, S. 30). Kann
eine Persona wahrgenommen werden, laufen folglich „immer (irgendwie geartete)
PSI-Prozesse ab" (ebd.), die sich allerdings hinsichtlich ihrer Intensität massiv unterscheiden können, wie im nächsten Abschnitt deutlich wird.

2.3.2.2 Zwei-Ebenen-Modell parasozialer Interaktion nach Hartmann, Schramm & Klimmt

Bezüglich der Intensität der parasozialen Interaktion eines Rezipienten mit einer bestimmten Persona kann „zwischen einer oberflächlich-schwachen (‚Low-Level-
PSI') und einer intensiv-starken Auseinandersetzung mit einer Medienperson
(‚High-Level-PSI')" (Hartmann et al., 2004a, S. 25) unterschieden werden. Die Intensität der PSI wird grundlegend von drei Faktoren geprägt, wobei der erste Faktor
aus zwei Elementen besteht. Diese Faktoren – „Obtrusivität und Persistenz, die Art
der Adressierung durch die Medienfigur sowie die Motivation des Publikums" (ebd.,
S. 38) – und ihre Wirkung auf die Intensität der PSI werden in Abb. 11 dargestellt.

---

28 Auf die Verbindlichkeit der Erwartungen an (potentielle) Rollenträger und die damit ggf. verbundenen Sanktionsmöglichkeiten wurde bereits in Kapitel 2.2.3 eingegangen.

29 „Man kann nicht nicht kommunizieren!" (Watzlawick, o. J.).

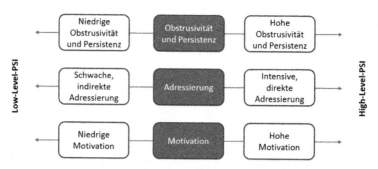

Abb. 11:   Faktoren, welche die Intensität von PSI-Prozessen grundlegend
               beeinflussen (Hartmann et al., 2004a, S. 41)

„Mit Obtrusivität ist die Aufdringlichkeit der Persona in einer Szene gemeint, wenn
sie beispielsweise Teile des Bildschirms so vereinnahmt, dass das Publikum sich
zwangsläufig mit ihr auseinandersetzen muss. Die Persistenz bezieht sich hingegen
auf die Dauer ihres Auftritts" (Hartmann et al., 2004a, S. 38).

Sind Obtrusivität und/oder Persistenz nicht stark genug ausgeprägt, dürfte „High-
Level-PSI" kaum erfolgen (ebd.; vgl. auch Schramm, Hartmann & Klimmt, 2004,
S. 312-315). Diese beiden Elemente sind auch Voraussetzung für den nächsten
Faktor, Adressierung (Hartmann et al., 2004a, S. 39). Diese wird „durch die dar-
gestellte räumliche Distanz der Person, die non-verbale Bezugnahme und die ver-
bale Bezugnahme determiniert [..], wobei insbesondere die verbale Bezugnahme
über die *Form* der Adressierung (direkt oder indirekt) entscheidet" (ebd.). Die
Adressierungsleistung einer Persona ist normalerweise – wie Obtrusivität und
Persistenz auch – im Verlauf von deren Auftreten nicht konstant, was „Veränderungen der PSI-Intensität nach sich zieh[t]" (ebd.):

„Eine kontinuierliche direkte Ansprache des Publikums durch eine Persona dürfte
zum Beispiel andere Denkprozesse und emotionale Reaktionen hervorrufen als eine
indirekte Adressierung, weil sich die Rezipient/inn/en in besonderer Weise einbezogen fühlen (können). Ihre Gedanken und Gefühle dürften sie daher auf ihre Rolle als
Antwortende bzw. Situationsteilnehmer/innen ausrichten [High-Level-PSI], anstelle
– wie bei einer indirekten Adressierung zu vermuten wäre – sich auf das Nachvollziehen und Verstehen der Persona(e) zu beschränken [Low-Level-PSI]" (Hartmann et
al., 2004b, S. 34; zur Bedeutung direkter Adressierung von Fernsehpersonae vgl. z. B.
Vorderer, 1998, S. 698).

Der letzte Faktor, die Motivation, bezieht sich sowohl auf physische Eigenschaft
der Persona als auch auf den Kontext, in dem sie auftritt. Werden diese durch den
Rezipienten als attraktiv wahrgenommen, „dürfte die Motivation für eine intensi-
vere Auseinandersetzung [...] höher sein" (Hartmann et al., 2004a, S. 39). Gleich

den anderen Faktoren ist auch die Motivation gewissen Schwankungen ausgesetzt. Innerhalb einer Rezeptionseinheit können diese Schwankungen allerdings im Normalfall nur den Kontext betreffen, da die physische Attraktivität üblicherweise eine gewisse zeitliche Stabilität aufweist, die einzelne Rezeptionseinheiten übersteigt. Beim Erstkontakt kommt der physischen Attraktivität i. d. R. eine zentrale Bedeutung zu, die jedoch mit zunehmender Zeit an Relevanz für die Intensität der PSI verliert. In gleichem Maße treten andere Faktoren in den Vordergrund. Letztendlich entscheidend für die durch die Attraktivität bedingte Motivationsstärke zur Intensivierung der PSI ist die „*persönliche Relevanz*, die das Publikum der Persona bzw. den ihr zugeschriebenen sozialen Kategorien beimisst" (ebd., S. 40).

Die bisherigen Überlegungen zu Low- und High-Level-PSI finden sich im „Zwei-Ebenen-Modell parasozialer Interaktion" von Hartmann et al. (2004a) wieder (Abb. 12). In dem Text, in dem sie das Modell vorstellen, verleihen die Autoren ihrer Hoffnung Ausdruck, dass dieses theoretische Instrument als Grundlage für die weitere Erforschung von „Medienpersonen, Rezipienten und den Zusammenhängen zwischen deren Verhaltensweisen" (ebd., S. 42) fungieren möge. Dies soll im Rahmen der vorliegenden Arbeit geschehen, weshalb das Modell anschließend veranschaulicht und weitergehend vorgestellt wird.

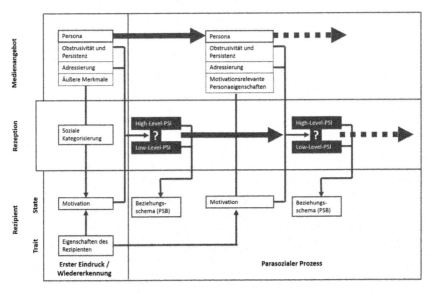

Abb. 12:   Zwei-Ebenen-Modell parasozialer Interaktion (Hartmann et al., 2004a, S. 43)

Wie in Abb. 12 zu erkennen ist, umfasst das Modell die zwei Ebenen „Medienangebot" und „Rezipient". Die „Schnittstelle" der beiden Ebenen ist die „Rezeption". Diese ist eine Leistung des Rezipienten. Er muss eine ihm in bzw. durch Medien „angebotene" Persona optisch, akustisch und/oder haptisch[30] wahrnehmen und die nachfolgenden rezipientenseitigen Prozesse (soziale Kategorisierung sowie PSI) „erbringen".

Wird ein Rezipient einer Persona erstmalig gewahr, werden „automatisiert ablaufende[..] Wahrnehmungs- und Interpretationsprozesse [ausgelöst], die üblicherweise im Zuge der Personenwahrnehmung angewendet werden" (Hartmann et al., 2004a, S. 27):

> „Die erste Eindrucksbildung umfasst [..] *spontane* Reaktionen auf Medienfiguren, die innerhalb einer recht geringen Zeitspanne automatisiert, also unwillkürlich, vollzogen werden und daher weitestgehend unbewusst ablaufen und die sich durch eine vergleichsweise geringe Komplexität bzw. eine starke Schematisierung auszeichnen" (ebd. S. 29).

Diese Prozesse haben – unabhängig davon, ob sie bewusst oder unbewusst ablaufen – eine schnelle Urteilsbildung über die wahrgenommene Persona zum Ziel (Uleman, 1999, S. 141). Basierend auf prägnanten bzw. leicht wahrnehmbaren Informationen – wie „äußere physische Erscheinung (z. B. Hautfarbe, Körperformen), leicht interpretierbare Mimiken (z. B. Lachen, Grinsen oder Weinen) oder verbale Zuordnungen durch einen Dritten ('Dieses ist mein Freund, er ist Elektro-Ingenieur')" (Hartmann et al., 2004a, S. 28) – wird die Persona sozialen Kategorien zugeordnet (ebd.; vgl. auch Fiske, Lin & Neuberg, 1999, S. 232-234). Im Rahmen dieses Prozesses sind außerdem solche Eigenschaften einer Persona von besonderer Bedeutung, die den Erwartungen des Bewertenden entsprechen (Schramm, Hartmann & Klimmt, 2002, S. 446; bzgl. der Relevanz von Erwartungen vgl. grundlegend Kapitel 2.2.1).

Als soziale Kategorie wird hier grundsätzlich eine „Gruppierung zweier oder mehrerer unterscheidbarer sozialer Objekte, die als gleich behandelt werden [verstanden]" (Leyens & Dardenne, 1996, S. 113; zitiert nach Hahnzog, 2014). Der Vorteil der Zuordnung zu einer solchen Gruppe – wie es beispielsweise Stars, Prominenten oder Helden sind – liegt darin, dass mit sehr geringem Aufwand viele „Informationen" über den (parasozialen) Interaktionspartner zur Verfügung stehen, die einen Rahmen für den Umgang mit ihm vorgeben (Fiske et al., 1999, S. 236). Dabei ist zu beobachten, dass die „soziale Kategorisierung" (Abb. 12) nicht

---

30 Normalerweise erfolgt die Wahrnehmung medial vermittelter Inhalte optisch oder akustisch. Allerdings ist eine haptische Wahrnehmung durchaus auch möglich, wenn z. B. Brailleschrift gelesen wird oder figürliche Darstellungen von Personae angefasst werden. Im letztgenannten Falle wäre die Figur ebenfalls dem Medienangebot zuzurechnen.

nur unmittelbar mit den beobachteten Eindrücken zusammenhängende Kategorien umfasst, sondern über Attributionsprozesse (Kapitel 2.2.2) üblicherweise weitere Kategorien zugeordnet werden. Positiv bewerteten Personae werden derart meist weitere positive Eigenschaften zuerkannt, negativ bewerteten Personae negative Eigenschaften. So werden attraktiven Menschen im Rahmen der ersten Kategorisierung etwa oft weitere erwünschte Eigenschaften zugeschrieben (Herkner, 1993, S. 317-318). Ferner ist zu beobachten, dass die Zuordnung einer Persona zu einer als positiv angesehenen Kategorie Rezipienten dazu veranlasst, dieser positive Emotionen entgegenzubringen und ihr Gutes zu wünschen. Erfolgt die Zuordnung zu einer negativen Kategorie, ist das Gegenteil der Fall (Zillmann, 1994, S. 46). Bemerkbar macht sich dies bei der PSI z. B. dadurch, dass bei der medialen Rezeption von Gewalt nicht in gleichem Maße Mitleid mit den Opfern empfunden wird. Personae „somehow deserving of the treatment that they receive" (Zillmann, 1991, S. 162), wird häufig kein Mitleid entgegengebracht. – Ganz im Gegenteil: „Counterempathetic euphoria is the 'appropriate' response" (ebd.).

Zusammenfassend kann somit festgehalten werden, dass die soziale Kategorisierung – ob zutreffend oder unzutreffend – weitreichende Folgen hat:

> „In any case, once perceivers categorize the encountered individual, they automatically tend to feel, think, and behave toward that individual in the same way they tend to feel, think, and behave toward members of that social category more generally, as research has amply demonstrated" (Fiske et al., 1999, S. 234).

Abb. 12 ist zu entnehmen, dass sich die soziale Kategorisierung auf die Motivation des Rezipienten zur Intensivierung der parasozialen Interaktion auswirkt. Ist die betreffende Persona von geringem Interesse wird es aufgrund einer geringen Motivation meist nur zu einer wenig intensiven Interaktion kommen (ebd., S. 232-233). Die Motivation – welche im Modell als veränderbarer „State" (Abb. 12) gesehen wird – wird außerdem von relativ überdauernden Persönlichkeitseigenschaften des Rezipienten – sog. „Traits" (Abb. 12) – beeinflusst.[31]

Die Intensität der PSI und der sich hieraus für den Rezipienten ergebenden Eindrücke beeinflusst die aus der ersten PSI resultierende parasoziale Beziehung (PSB) (Abb. 12). Während die parasoziale Interaktion mit einer Persona zeitlich durch deren unmittelbare Wahrnehmbarkeit beschränkt ist, hat die PSB „– ähnlich wie eine reale Freundschaft – über die unmittelbare Rezeption hinaus Bestand" (Schramm, 2007b, S. 127). In ausgeprägten Fällen scheinen Rezipienten

---

31 „Traits are defined as stable, relatively enduring general characteristics of the self that are consistent across situations. For example, I am a conscientious person, so I tend to be conscientious in all situations. On the other hand, states are transient experiences that can change sometimes as quickly as moment to moment. For example, emotional states tend to last for only a few seconds" (Grawitch, o. J.).

„ihr Verhältnis zu einer [Persona mitunter] als gegenseitige Beziehung wahrzunehmen, die mit einer sozialen Beziehung vergleichbar ist. Diese Beziehung [kann] durch Kontinuität und Stabilität sowie u. a. durch ein sehr hohes rezipientenseitiges Commitment gegenüber der [Persona] charakterisiert [sein]" (Henkel & Huber, 2005, S. 161).

Henkel & Huber (2005, S. 9) weisen unter Nennung mehrerer Quellen darauf hin, dass für manche der Rezipienten diese Beziehung im Alltag eine bedeutende Rolle spielt. Tedeschi, Madi & Lyakhovitzky (1998, S. 105) stellen mit Blick auf passiven Sportkonsum fest, dass „die Kategorisierung als Fan" – eine Form einer intensiven PSB zu einem Sportler – „den gleichen Stellenwert haben [kann] wie andere wichtige soziale Identitäten (etwa religiöse oder nationale Orientierung)." Festzuhalten bleibt somit, dass parasoziale Beziehungen – genau wie PSI – von sehr unterschiedlicher Intensität und Bedeutung für die Rezipienten und gerade in Bezug auf Sportler sehr ausgeprägt sein können (vgl. hierzu Kapitel 2.3.2.3).

Abschließend soll bezüglich des Zwei-Ebenen-Modells festgehalten werden, dass im Laufe einer PSI die Motivation des Rezipienten zu deren Aufrechterhaltung zunehmend weniger von äußeren Eigenschaften der Persona beeinflusst wird. An deren Stelle treten deutlich vielschichtigere „motivationsrelevante Personaeigenschaften" (Abb. 12), die sich dem Rezipienten während der parasozialen Interaktion offenbaren. Wie in Kapitel 2.3.4 bei der Weiterentwicklung des Modells offenbar wird, kann – ohne, dass es in Abb. 12 berücksichtigt wurde – i. d. R. angenommen werden, dass auch eine bereits bestehende PSB dazu führt, dass die Bedeutung der leicht wahrnehmbaren Personaeigenschaften für die Aufrechterhaltung der PSB bzw. für weitere PSI abnimmt.

2.3.2.3   PSI und PSB im medial vermittelten Sport

„Today the picture of sport in our minds is, more than ever before, influenced by the media's presentation of sport and, above all, of sports figures. You may be surprised just how many sports figures you can name. You may be even more surprised to realize how much you know about each one and how much time you spend thinking about and talking about them. A relationship with sports figures you have never even met shows there is a significant and pervasive culture pattern in modern societies, and people spend more and more time on such relationships" (Weiss, 1996, S. 109).

Aufgrund der Popularität des Mediensports (Kapitel 3.4.2.2) treten PSI und PSB mit dessen Akteuren vielfach auf (Schramm, 2007b, S. 127). Es kann davon ausgegangen werden, dass es sich hierbei – das sollte zumindest für sportaffine Menschen gelten – häufig um „High-Level-PSI" handelt. Dieser Schluss liegt deshalb nah, weil die in Abb. 11 und im Zwei-Ebenen-Modell aufgeführten, die Intensität parasozialer Interaktionen determinierenden Faktoren im Fall populärer Sportler in der medialen Darstellung oftmals sehr ausgeprägt sind.

So wird in Sportsendungen viel mit Nahaufnahmen gearbeitet (*hohe Obtrusivität*). Je nach Sportart ist – zumindest phasenweise – auch eine *hohe Persistenz*, also lange Expositionsdauer, gewährleistet. Diese wird im modernen Mediensport beispielsweise dadurch erhöht, dass in der Vor- und Nachberichterstattung im Fernsehen Szenen eingespielt werden, welche die im Wettkampf aktiven Sportler zeigen. In der Presse- und sonstigen medialen Berichterstattung finden sich ebenfalls häufig Bilder von Sportlern bzw. Berichte über diese. Da diese Bilder auch außerhalb von Wettkämpfen PSI zulassen, dürften Sportler in medial populären Sportarten – mehr noch als Personae aus anderen Bereichen – in besonderem Maße von der rasanten Entwicklung der Rezeptionsmedien und deren Konvergenz profitieren (Schramm et al., 2004, S. 312-315).[32] Auch ist das vielfache Auftreten populärer Sportler als Werbeträger (Kapitel 3.4.3) parasozialen Prozessen förderlich.

Nahaufnahmen, Interviews mit Sportlern und andere Elemente der medialen Darstellung ermöglichen eine *hohe Adressierungsleistung*, die über diejenige vieler anderer Medienpersonae hinausgehen dürfte. Da die empfundene Distanz zum Sportler durch diese Elemente reduziert wird, fühlen sich „die Rezipient/inn/en in besonderer Weise einbezogen" (Hartmann et al., 2004b, S. 34). Ferner ist davon auszugehen, dass die von Sportlern oft zur Schau gestellten Emotionen als „nonverbale Bezugnahme" (s. o.) die Adressierung verstärken, weil sie zum „Mitfühlen" einladen, also emotionale Nähe schaffen (bezüglich des Mitfühlens mit Personae vgl. z. B. Hartmann, Klimmt & Vorderer, 2001; Zillmann, 1991, 1994).[33]

Sportler sind aufgrund ihrer körperlichen Fitness meist attraktive Menschen. Außerdem besitzen der Sport im Allgemeinen und speziell die betreffenden Sportler im Leben vieler Mediensportrezipienten eine hohe „persönliche Relevanz" (Hartmann et al., 2004a, S. 40; vgl. auch Henkel & Huber, 2005, S. 161; Tedeschi et al., 1998, S. 105; Weiss, 1996, S. 109 sowie Kapitel 2.3.3). Daher ist davon auszugehen, dass die Rezeption von Sportlerpersonae in vielen Fällen an eine sehr *hohe kontext- und personenabhängige Motivation* gekoppelt ist.

---

32   Die Autoren werfen in diesem Zusammenhang die grundsätzliche Frage auf, in welcher Form die „Migration von Medienfiguren" in andere Medienkontexte Auswirkungen auf PSI und PSB des Rezipienten mit der betreffenden Persona hat. Als Beispiel führen Sie bekannte Sportler an, deren „Avatare" (vgl. Fußnote 33) in Computerspielen vorkommen (Schramm, Hartmann & Klimmt, 2004, S. 300-301).

33   Dass gerade die emotionale Involvierung eine bedeutende Rolle bei PSI und PSB spielt, stellen Hartmann, Klimmt & Vorderer (2001, S. 364) mit Verweis auf sog. „Avatare", virtuelle Personen in virtuellen Welten, heraus. Zwar sind bei diesen Obstrusivität, Persistenz und Adressierung grundsätzlich gegeben, allerdings kann – mutmaßlich aufgrund der Virtualität der Avatare – die emotionale Distanz nicht überbrückt werden.

Dass die intensiven PSI mit Sportlerpersonae oft in individuell bedeutende parasoziale Beziehungen eingebettet sind, macht folgende Feststellung Schramms – der sich auf andere Autoren bezieht – deutlich:

„Die sozialpsychologische Besonderheit besteht also in der Tatsache, dass hier intensive, langjährige und persönliche Beziehungen zu Sportlern und Sportlerinnen aufgebaut werden, die die Zuschauer und Zuschauerinnen nie persönlich kennen gelernt haben und die die Zuschauer und Zuschauerinnen evtl. nicht ein einziges Mal ‚in natura' bei einem Sportereignis ohne mediale Vermittlung beobachtet haben. Grundlage für die Beziehungsqualität ist also in der Regel einzig das medial vermittelte Bild vom Sportler und der Sportlerin, das dem realen Bild nicht immer entsprechen muss" (Schramm, 2007b, S. 127).[34]

Unabhängig davon, ob das Bild, welches Rezipienten von einer (Sport)Persona haben, zutreffend ist oder nicht, werden die PSI bzw. PSB grundsätzlich auf dieses Bild ausgerichtet sowie von den auf dieses bezogenen und durch dieses bedingten Attributionen geprägt.[35] Die damit einhergehende „Identitätsarbeit nicht nur über PSI während der Rezeption, sondern auch längerfristig und rezeptionsübergreifend über PSB" (Schramm & Hartmann, 2007, S. 216) hat oft eine wichtige Funktion für diejenigen, die Sport passiv – und somit vor allem medial – konsumieren. Bedeutende Prozesse dieser Identitätsarbeit werden im nächsten Kapitel betrachtet.

2.3.3   Identitätsarbeit von Rezipienten

„Menschen versuchen, ihre eigene Selbstdarstellung so zu gestalten, dass ihre Umwelt einen positiven Eindruck von ihnen bekommt" (Schlicht & Strauß, 2003, S. 142), was selbstverständlich auch für Sportzuschauer gilt (ebd.; vgl. Kapitel 2.3.1). Diesen Zusammenhang nutzten Cialdini et al. (1976), um in mehreren Experimenten zu untersuchen, wie sich Anhänger von Sportmannschaften verhalten, wenn diese erfolgreich bzw. nicht erfolgreich agieren. Hierbei stellten sie Folgendes fest: „Through their simple connections with sports teams, the personal images of fans are at stake when their teams take the field. The team's victories and defeats

---

34   Schramm geht offenbar davon aus, dass die PSI, die im Rahmen des Besuchs einer Sportveranstaltung entsteht, meist als intensiver empfunden werden sollte als diejenige, welche auf medialem Weg entsteht. Dies kann u. a. daran liegen, dass die Interaktion mit den Sportlern einer „echten" Interaktion (Abb. 9) näherkommt, weil die Athleten – wirklich oder scheinbar – auf Äußerungen der Zuschauer reagieren bzw. anderweitig aktiv mit diesen (zu) interagieren (scheinen). – Dass in einer derartigen Situation auch die Verweigerung einer Interaktion auf einer der beiden Seiten eine kommunikative Handlung ist, wurde bereits an anderer Stelle durch den Hinweis deutlich gemacht, dass man nicht *nicht* (parasozial) interagieren kann.

35   Daher sollte es nachdenklich stimmen, dass Schramm (2007b, S. 124) darauf hinweist, dass „insbesondere bei TV-Vielseherinnen und TV-Vielsehern verzerrte gesellschaftliche Vorstellungen und Werte sowie falsche und stereotype Attribute" gebildet und gefördert werden.

are reacted to as personal successes and failures" (Cialdini et al., 1976, S. 375).
Der Erfolg einer Sportmannschaft hat also direkte Auswirkungen auf das Selbstbild und damit den Selbstwert ihrer Anhänger, was für viele ein wesentlicher
Grund für passiven Sportkonsum ist (Alfermann & Stoll, 2005, S. 251; Gabler,
1998, S. 125-126; Henkel & von Walter, 2009, S. 322; Schlicht & Strauß, 2003,
S. 140-142; Weiß, 1999, S. 12, 136). Dieser Zusammenhang bedingt zwei gegensätzliche Strategien, mit denen Sportzuschauer ihren Selbstwert durch Verstärkung bzw. Reduktion sozialer Nähe stärken bzw. schützen: „Basking in Reflected
Glory" (BIRG) und „Cutting off Reflected Failure" (CORF) (Cialdini et al., 1976).

BIRG besteht darin, dass die soziale Nähe zu erfolgreichen Mannschaften
und Sportlern – oder allgemein sozialen Entitäten – zum Ausdruck gebracht wird.
Derart wird der eigene Selbstwert erhöht, da diese Verbindung von anderen Personen und dem Betreffenden selbst positiv bewertet wird (Cialdini et al., 1976;
vgl. auch Alfermann & Stoll, 2005, S. 251; Bierhoff-Alfermann, 1986, S. 223-
224; Gabler, 1998, S. 125-126; Schlicht & Strauß, 2003, S. 144-145; Snyder, Lassegard & Ford, 1986, S. 382-383; Tedeschi et al., 1998, S. 103-105). Zu betonen
ist diesbezüglich, dass „Verhaltensweisen, mit denen Selbstdarstellung betrieben
wird,[36] [...] nicht von allen Mitmenschen positiv bewertet werden [müssen]"
(Schlicht & Strauß, 2003, S. 142), sondern nur von solchen, die für den Betreffenden relevant sind.

Konkret kann BIRG z. B. dadurch erfolgen, dass Vereinsfarben getragen werden oder von „wir" bzw. „uns" gesprochen wird, wenn von dem oder den Sportlern
die Rede ist (Cialdini et al., 1976; Snyder et al., 1986, S. 382-383). Eine weitere
Möglichkeit ist es, sich mit bedeutenden Ereignissen in Verbindung zu bringen.
So sollen in den USA bei einer Befragung einmal ca. eine Million Menschen behauptet haben, den Boxkampf von Joe Louis gegen Max Schmeling live im Madi-
son Square Garden gesehen zu haben, der damals aber nur 20.000 Plätze hatte
(Schlicht & Strauß, 2003, S. 144).

CORF bedeutet, dass – in diesem Fall im Sport – soziale Distanz zu einem
Sportler, einer Mannschaft, einer Fangruppe oder einer sonstigen sozialen Entitäten geschaffen bzw. betont wird (Cialdini et al., 1976). Dieses Verhalten liegt darin
begründet, dass diejenigen, auf die sich das Verhalten bezieht, „lack[..] positive
distinctiveness, [which is why] members will be motivated either to leave that [so-
cial] group physically or dissociate themselves from it psychologically" (Turner,
1982, S. 34). CORF schützt also durch soziale Distanzierung den eigenen Selbstwert. Klassischerweise erfolgt derartiges Verhalten im Sport nach einer Niederlage bzw. bei Erfolglosigkeit (Cialdini et al., 1976; Schlicht & Strauß, 2003, S.
144-145; Snyder et al., 1986, S. 382-383). CORF kann etwa dadurch betrieben

---

36   Hierzu gehören die im aktuellen Kapitel betrachteten Techniken.

werden, dass von den Sportlern in der dritten Person gesprochen wird („sie", „er")
oder darauf verzichtet wird, durch das Tragen von Kleidung oder Fanartikeln eine
optische Verbindung zu schaffen.

Die grundlegenden Arbeiten von Cialdini et al. (1976) zogen eine Reihe von
Folgestudien nach sich, die die gleichen oder ähnliche Phänomene untersuchten.
Viele dieser Studien konnten ebenfalls BIRG und CORF nachweisen.[37] Einige
Studien wiesen weitere Strategien nach, die ebenfalls der Erhöhung des Selbst-
werts bzw. dessen Erhalt dienen. Zwei für diese Arbeit relevante Verhaltenswei-
sen wurden erstmals 2004 in einer konzeptionellen Studie von Campbell, Aiken
& Aubrey (2004) beschrieben und in Anlehnung an BIRG und CORF „Basking in
(Spite of) Reflected Failure" (BIRF) sowie „Cutting off Reflected Success"
(CORS) genannt. „In the first case, team performance may be negative, yet fans'
associations may be positive. [...] In the second case, team success might be positive, yet fans' associations may be negative" (ebd., S. 153).

Die für diese Arbeit besonders relevanten Erklärungen für BIRF liegen einerseits darin, dass

> „[t]o not BIRF (essentially, to CORF) may begin an internal degradation of the self
> as nonloyal, a quitter, or a fairweather fan. [...] Lastly, the act of basking in spite of
> reflected failure may lead to a strengthening of social bonds amongst these true,
> diehard fans" (Campbell et al., 2004, S. 154).

Fans mit hoher Fanidentität bedienen sich des BIRF demnach, um sich auch in
schweren Zeiten als Mitglied der treuen Anhängerschaft zu zeigen und so ihren
Selbstwert zu stärken (Schafmeister, 2007, S. 48). Für das CORS-Phänomen wer-
den ebenfalls verschiedene Gründe aufgeführt, von denen folgender hier als be-
sonders relevant gelten kann: „The primary internal element surrounding COR-
Sing is the desire to have things remain as they once were" (Campbell et al., 2004,
S. 154). Wobei dies vermutlich nicht (nur) als Konservativismus interpretiert wer-
den darf, sondern eng an Werte gebunden sein dürfte, für die der Sport und seine
Akteure stehen sollen. Werden diese verletzt, ist auch im Erfolgsfall mit sozialer
Distanzierung durch Anhänger bzw. Unterstützer zu rechnen.

Cialdini & Richardson (1980) beschrieben einige Jahre nach Publikation des
o. g. grundlegenden Beitrags zu BIRG und CORF die „indirect self-presentational
tactics, *basking* and *blasting*" (ebd., S. 410). „Basking" besteht darin, „the perceived quality of something with which one is positively associated" (Cialdini &
Richardson, 1980, S. 410) dadurch zu erhöhen, dass dessen Vorzüge betont
werden. „[D]ecreasing the perceived quality of something with which one is negatively associated" (Cialdini & Richardson, 1980, S. 410), wird als „blasting" bezeichnet (ebd.; vgl. auch Schlicht & Strauß, 2003, S. 145; Tedeschi et al., 1998, S.

---

37   Sloan (1989) beschreibt eine Vielzahl von Folgestudien.

106). Zusammenfassend kann festgehalten werden, dass sowohl das Aufwerten der eigenen Gruppe (basking) wie das Abwerten einer Gruppe, der man in sozialer Gegnerschaft verbunden ist (blasting), dazu dienen können, Anerkennung zu erhalten bzw. den Selbstwert zu steigern (Cialdini & Richardson, 1980, S. 406; Tedeschi et al., 1998, S. 106).

Da das basking stark an das BIRG-Phänomen erinnert, hielten Cialdini und Richardson blasting für interessanter und folgerten: „It appears to indicate that [...] individuals will systematically arrange for the denigration of others, especially those others with whom they are most negatively connected" (Cialdini & Richardson, 1980, S. 410). Wie oben bereits ausgeführt, dient derartiges Verhalten dazu, den eigenen und den Selbstwert der Mitglieder der eigenen Gruppe (Ingroup)[38] zu stärken (Turner, 1982, S. 34). Solches Verhalten kann weitergehend folgendermaßen interpretiert werden: „Jede Handlung, die die Verachtung der gegnerischen Seite gegenüber demonstriert, bestätigt gleichzeitig die Loyalität zur eigenen Gruppe" (Tedeschi et al., 1998, S. 106), wodurch wiederum das grundlegende menschliche Bedürfnis nach Anbindung und Zugehörigkeit (Schlicht & Strauß, 2003, S. 140) angesprochen wird.

Der besseren Übersichtlichkeit halber werden die in diesem Kapitel beschriebenen Techniken der Identitätsarbeit, welche häufig in Bezug auf sozial exponierte Personen im Rahmen von PSI sowie PSB Anwendung finden, abschließend in Tab. 1 zusammengefasst.

Tab. 1:   Übersicht über verschiedene Techniken der Identitätsarbeit zur Wahrung bzw. Mehrung des Selbstwerts (eigene Zusammenstellung)

Bezeichnung	Technik
Basking in Reflected Glory (BIRG)	Demonstrieren von *NÄHE* zu einer *ERFOLGREICHEN* Person oder Gruppe
Basking in (spite of) Reflected Failure (BIRF)	Demonstrieren von *NÄHE* zu einer *ERFOLGLOSEN* Person oder Gruppe
Cutting off Reflected Success (CORS)	Demonstrieren von *DISTANZ* zu einer *ERFOLGREICHEN* Person oder Gruppe
Cutting off Reflected Failure (CORF)	Demonstrieren von *DISTANZ* zu einer *ERFOLGLOSEN* Person oder Gruppe
basking	*AUFWERTEN* der Qualitäten der *EIGENEN* sozialen Gruppe
blasting	*HERABWÜRDIGEN* der Qualitäten einer *GEGNERISCHEN* sozialen Gruppe

---

38   Personen die nicht zur eigenen Gruppe gehören, werden der „Outgroup" zugerechnet.

2.3.4   Modell des parasozialen Prozesses

In diesem Kapitel werden wesentliche bisherige Überlegungen in einem theoretischen Modell zusammengefasst, das die zentrale Bedeutung der sozialen Kategorisierung im Rahmen der Rezeption sozial exponierter Personen deutlich macht. Grundlage für das später in Abb. 13 dargestellte Modell ist das Zwei-Ebenen-Modell parasozialer Interaktion (Abb. 12 aus Kapitel 2.3.2.2). Aus diesem werden wesentliche Annahmen übernommen und teilweise ausgebaut bzw. modifiziert. Eine Ebene des Modells ist der medialen Darstellung der Persona gewidmet. Diese beeinflusst deren Rezeption durch drei wesentliche Faktoren, von denen einer – „Obstrusivität und Persistenz" – als Voraussetzungen dafür gelten kann, dass die beiden anderen Faktoren zum Tragen kommen können (Kapitel 2.3.2.2). Dieser Faktor kann praktisch nur durch die mediale Darbietung beeinflusst werden, ist also der Einflussnahme der Rezipienten weitestgehend entzogen. Sind Obstrusivität und Persistenz nicht stark genug ausgeprägt, wird der Sportler in der medialen Darstellung nicht oder nicht wesentlich wahrgenommen.

Wie bereits in Kapiteln 2.3.2.2 und 2.3.2.3 ausgeführt, spielt – sofern Obstrusivität und Persistenz entsprechend gegeben sind – das Aussehen einer Persona bei der ersten PSI eine bedeutende Rolle. Allerdings sollte bereits bei der ersten Rezeption einer Sportlerpersona der Faktor *motivationsrelevante Personaeigenschaften* nicht auf das Aussehen allein reduziert werden. Dies ergibt sich beispielsweise aus der hohen „persönliche[n] Relevanz" (Hartmann et al., 2004a, S. 40), die der Sport und seine Akteure für viele Menschen haben (Kapitel 2.3.2.3). Es ist somit bereits bei der ersten Rezeption von einer kontextspezifischen Motivation auszugehen, welche die Motivation zur Rezeption und Intensivierung der PSI positiv oder – bei Menschen, die Sport nicht mögen – negativ beeinflussen kann. – Der Kontext, dem eine Persona zugeordnet wird, wird im erweiterten Modell (Abb. 13) als Element der Personaeigenschaften betrachtet, die bereits bei der ersten PSI motivationsfördernd oder -mindernd wirken.

Die *Adressierung* kann im Fall der Wahrnehmung einer Sportlerpersona *unmittelbar* durch die Persona durch verbale oder „non-verbale Bezugnahme" (Kapitel 2.3.2.3) erfolgen, welche die Rezipienten involviert. Ferner können *mittelbar* „Elemente der medialen Darstellung" (ebd.) – musikalische Untermalung, der gesprochene Kommentar (Kapitel 3.4.2.2) o. a. – zum Tragen kommen. Diese dürften sowohl die Ausprägung der sozialen Kategorisierung als auch die Motivation zur Rezeption bzw. zur Intensivierung der PSI beeinflussen. Schließlich ist davon auszugehen, dass die Adressierung der Persona durch eine interpretatorische Leistung des Rezipienten verstärkt werden kann. Ein Beispiel hierfür wäre das „Mitfühlen" mit der Persona (Zillmann, 1991, 1994; vgl. auch Kapitel 2.3.2.1 und

2.3.2.3), welches bei rein virtuellen Personae – z. B. „Avataren" in Computerprogrammen (Hartmann et al., 2001; vgl. hierzu Fußnoten 32 und 33) – deutlich weniger ausgeprägt ist. Diese emotionale Bezugnahme dürfte beispielsweise bei der Sportrezeption vergleichsweise stark sein (Kapitel 2.3.2.3).

Zur Veranschaulichung des gerade Dargelegten wurde eine sehr grundlegende Modifikation im Vergleich zur Darstellung des Zwei-Ebenen-Modells in Abb. 12 (Kapitel 2.3.2.2) vorgenommen. In dieser waren die wahrgenommene Persona und die zugehörigen rezeptionsbeeinflussenden Faktoren lediglich auf der Ebene des Medienangebots graphisch repräsentiert. Wie gerade ausgeführt wurde, werden die Adressierung und die motivationsrelevanten Personaeigenschaften allerdings durch interpretative Prozesse, welche seitens des Rezipienten zu leisten sind, wesentlich beeinflusst. Ferner können zwischen der Darstellung der Persona in den Medien und dem Bild, welches der Rezipient von dieser im Rahmen der Rezeption gewinnt, wesentliche Unterschiede bestehen. Für den Rezipienten ist jedoch *seine* Wahrnehmung der Persona relevant (vgl. z. B. die Ausführungen zum Thomas-Theorem in Kapitel 2.2.2). – In Abb. 13 wurde diesen Zusammenhängen dadurch Rechnung getragen, dass die mediale und die individuelle Repräsentation der Persona getrennt dargestellt sind. Die mediale Darstellung beeinflusst hierbei die rezipientenseitige Repräsentation der Persona. Da Obstrusivität und Persistenz der medialen Darstellung vorbehalten sind, taucht dieser Faktor nur auf der Ebene des Medienangebots auf.

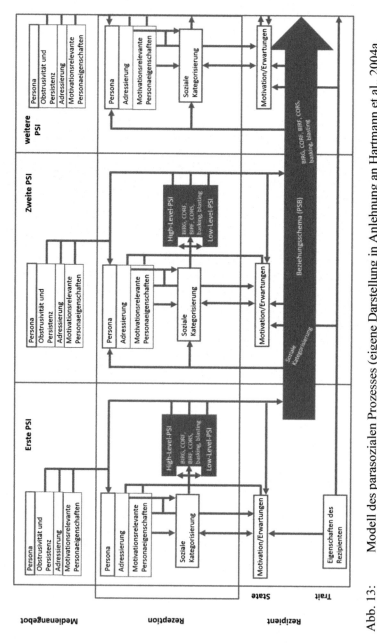

Abb. 13:   Modell des parasozialen Prozesses (eigene Darstellung in Anlehnung an Hartmann et al., 2004a, S. 43)

Legende: Pfeile verdeutlichen Einflüsse. Die Pfeilspitzen zeigen auf, auf welche Elemente der Einfluss wirkt.

Obwohl sich die Kategorisierung im Verlauf einer PSI und im Verlauf der PSB verändern kann, unternehmen Rezipienten grundsätzlich den Versuch, ihre erste Kategorisierung zu bestätigen (Fiske et al., 1999, S. 236). In ähnlicher Form sind mit einer sozialen Rolle (Kapitel 2.2.3) verbundene Erwartungen relativ konstant. So sind dem Rollenträger zwar verschiedene Ausgestaltungen einer Rolle möglich. Bis dieser durch seine Rollenselbstgestaltung allerdings die Rollenerwartungen grundsätzlich ändern kann, dauert es länger. Entsprechend werden Personae bis zur Zuordnung zu einer anderen Kategorie an den der ersten Zuordnung entsprechenden Erwartungen gemessen. Hierbei gilt: „[E]very act of theirs, witnessed or revealed, is seen as potentially modifying affective dispositions toward them" (Zillmann, 1994, S. 49). Für das in Abb. 13 dargestellte Modell bedeutet dies, dass die Persona Erwartungen genügen muss, die gemäß C/D-Paradigma (Kapitel 2.2.1) mit ihren Handlungen und deren Interpretation abgeglichen werden. Diese Handlungen und Interpretationen werden dabei in Abb. 13 als Elemente der Adressierung und der motivationsrelevanten Eigenschaften derjenigen Repräsentation der Persona begriffen, die als Element der Rezeption eingezeichnet ist.

Neben den genannten Faktoren beeinflussen soziale Kategorisierung, Motivation und Erwartungen die PSI sowie die Prozesse der Identitätsarbeit. Werden die Erwartungen beispielsweise erfüllt, dürfte der Rezipient gemäß Confirmation-Disconfirmation-Paradigma (Kapitel 2.2.1) zufrieden sein und eher zu BIRG oder basking (Kapitel 2.3.3) sowie zur Intensivierung der PSI neigen, als wenn dies nicht der Fall ist. Entsprechend ist von einer Rückkopplung von der PSI und der Identitätsarbeit zur Persona auszugehen, da Zufriedenheit bzw. Unzufriedenheit des Rezipienten sich auf deren Wahrnehmung bzw. ihre Adressierungsleistung und motivationsrelevanten Eigenschaften auswirken. Außerdem kann davon ausgegangen werden, dass die genannten Prozesse sich auf die Motivation und die Erwartungen des Rezipienten auswirken. Da die Erwartungen ebenso wie die Motivation ein veränderlicher State sind und bisher nicht im Modell repräsentiert waren, werden diese in Abb. 13 graphisch aufgenommen.

Wie in Kapitel 2.3.2.2 bereits angedeutet wurde, bleiben die während einer PSI gemachten Erfahrungen als Teil der PSB wirksam, weshalb die PSB als „Determinante weiterer parasozialer Interaktionsprozesse begriffen" (Gleich, 1996, S. 119) werden kann. Die PSB wird allerdings nicht nur durch Erfahrungen während der PSI geprägt. Während der PSB werden z. B. auch moralische Urteile in Gesprächen gefällt (Zillmann, 1994, S. 46-48) oder BIRG, CORF und verwandte Strategien der Identitätsarbeit betrieben. Ferner kann die soziale Kategorisierung – etwa aufgrund von zusätzlichen Informationen oder der Veränderung von Rezipienteneigenschaften – im Zeitverlauf modifiziert werden. Aus diesem Grund sind sowohl die soziale Kategorisierung als auch die Prozesse der Identitätsarbeit in Abb. 13 als Teil der PSB aufgeführt. Des Weiteren ist dort berücksichtigt, dass die

PSB bei folgenden PSI die Wahrnehmung der Persona – und somit Adressierung und motivationsrelevante Eigenschaften – beeinflusst. Schließlich wirkt diese Beziehung mittels des in Abb. 14 dargestellten Prozesses auf die Motivation, die Erwartungen und die soziale Kategorisierung ein, was ebenfalls im Modell ergänzt wurde (Abb. 13).

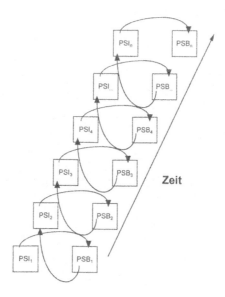

Abb. 14:   Kreis-Prozess-Modell parasozialer Beziehungen (Gleich, 1996, S. 120)

2.4   Theoretische Modelle zu Kommunikatoren und Kommunikation

2.4.1   Einleitende Bemerkungen

Im letzten Kapitel wurden verschiedene theoretische Hintergründe der Wahrnehmung von sozialer Exposition betrachtet. Diese rezipientenseitigen Prozesse sind – wie im Modell des parasozialen Prozesses in Abb. 13 deutlich wurde – immer eine Reaktion auf ein kommunikatives Angebot bezüglich einer Person. Bisher wurde die Kommunikationsebene des Modells relativ unspezifisch mit „Medienangebot" bezeichnet. Wie sich im nun folgenden Kapitel zeigen wird, kann dieses Angebot von verschiedenen Kommunikatoren zur Verfügung gestellt werden. Einerseits können kollektive Akteure – z. B. Massenmedien oder Wirtschaftsunternehmen – Informationen über Menschen anbieten (Kapitel 2.4.2). Allerdings können auch individuelle Kommunikatoren auftreten, wie etwa die in dieser Arbeit im Mittelpunkt stehenden sozial exponierten Personen selbst. Diese senden – bewusst oder unbewusst – eine Vielzahl kommunikativer Signale. Solche Signale können für die vorliegende Arbeit sehr aufschlussreich vor dem Hintergrund der Signaling-Theorie analysiert werden, welche in Kapitel 2.4.3 betrachtet wird. Im abschließenden Kapitel 2.4.4 werden bei der Vorstellung der Nachrichtenwert-Theorie diejenigen „Nachrichtenfaktoren" in den Blick genommen, die „die Publikationswürdigkeit von Ereignissen" (Staab, 1990, S. 41) determinieren.

2.4.2 Arenatheoretisches Modell von Öffentlichkeit

2.4.2.1 Vorstellung des arenatheoretischen Modells von Öffentlichkeit

> „Moderne Öffentlichkeit ist ein relativ frei zugängliches Kommunikationsfeld, in dem ‚Sprecher' mit bestimmten Thematisierungs- und Überzeugungstechniken versuchen, [...] bei einem ‚Publikum' Aufmerksamkeit und Zustimmung für bestimmte Themen und Meinungen zu finden. Politische und ökonomische Interessen der Öffentlichkeitsakteure strukturieren diese Kommunikation ebenso wie die Unterhaltungs- und Orientierungsbedürfnisse eines Publikums, das in marktwirtschaftlich verfaßten Demokratien als Elektorat und Kundschaft strategische Bedeutung besitzt" (Neidhardt, 1994, S. 7).

Neidhardts Beschreibung „moderner Öffentlichkeit" macht deutlich, dass diese dadurch geprägt ist, dass bei einer Vielzahl von Adressaten „Aufmerksamkeit und Zustimmung" erlangt werden sollen. Da diese Öffentlichkeit „aus Gesprächen und kommunikativen Handlungsvollzügen von kollektiven Akteuren und Einzelpersonen einer Kommunikationsgemeinschaft hergestellt" (Tobler, 2010, S. 48) wird, die sehr unterschiedliche Breitenwirkung entfalten, unterscheidet Tobler drei Öffentlichkeitsebenen. Zum einen beschreibt er „spontane Auseinandersetzungen" (ebd., S. 49) zwischen Kommunikationspartnern, wie sie etwa an Stammtischen, auf dem Markt oder im Zug beobachtet werden können. Zweitens erfolgt Kommunikation im Rahmen von „organisierten Veranstaltungen" (ebd.). Hier führt er als Beispiele Elternabende, Rockkonzerte oder Konferenzen an. Offenbar fallen also auch kommunikative Handlungen bei Veranstaltungen des Zuschauersports in diese Kategorie. Diese beiden Öffentlichkeitsebenen sind „situationsbezogen und von episodischer Natur" (ebd.), entfalten also keine nachhaltige Wirkung für die gesamte Kommunikationsgemeinschaft, wenn sie nicht von der dritten Ebene, der „massenmedialen Öffentlichkeit" (ebd.), dauerhaft integriert werden. Diese Ebene umfasst medienbasierte Kommunikation, die viele Menschen erreicht.

Grundlegend muss folglich unterschieden werden zwischen denjenigen „Kommunikatoren" (Neidhardt, 1994, S. 7), denen umfassende Aufmerksamkeit zukommt und die daher eine nachhaltige Breitenwirkung entfalten, und solchen, deren kommunikative Wirkung verhältnismäßig begrenzt ist. Um diesen Unterschied in ein analytisches Bild zu fassen, schreibt Eisenegger von der „Kommunikationsarena Öffentlichkeit" (Eisenegger, 2005, S. 56), in der die Akteure von einer „mehr oder weniger große Zahl von Beobachtern" (Neidhardt, 1994, S. 7) auf den Zuschauerrängen verfolgt werden. Das zugehörige „arenatheoretische Modell von Öffentlichkeit" bezieht sich wesentlich auf die Ausführungen von Imhof (1996a, 1996b), der die diesem Modell zugrundeliegende Segmentierung öffentlicher Kommunikatoren vorstellt.

Laut Imhof „generieren und bearbeiten [vor allem Kommunikationszentren] die ‚öffentliche[..] Meinung'" (Imhof, 1996a, S. 220). Er unterscheidet dabei in politische, ökonomisch-kommerzielle und mediale Kommunikationszentren (Imhof, 1996b, S. 13-14). Politische Kommunikationszentren sind etwa Regierungsorgane, Parteien, Verbände (Imhof, 1996a, S. 220-221, 224-229), zu denen auch Behörden zu zählen sind (Eisenegger, 2005, S. 55). Die ökonomisch-kommerziellen Kommunikationszentren umfassen „public relations-Agenturen, Marketingabteilungen, Presse- oder Medienstäbe" (Imhof, 1996a, S. 221); deren Aufgabe letztendlich die „möglichst positive[..] Selbstdarstellung" (Eisenegger, 2005, S. 56) eines Unternehmens bzw. seiner Produkte ist (Imhof, 1996a, S. 234-236). Schließlich werden die medialen Kommunikationszentren beschrieben, also „öffentlich-rechtliche und private Medienunternehmen" (Imhof, 1996a, S. 221, 229-233). Dass diese Kommunikationszentren nicht unabhängig voneinander agieren, ist einerseits dadurch bedingt, dass deren „Zielpublikum [...] konvergiert" (Eisenegger, 2005, S. 56), da es aus Menschen besteht, die Bürger, Wähler, Konsumenten, Medienrezipienten usw. sind. Andererseits sind die Kommunikationszentren „funktional und finanziell voneinander abhängig" (Imhof, 1996a, S. 221). Dies ist deswegen der Fall, da die politischen und ökonomisch-kommerziellen Kommunikationszentren durch die medialen eine kommunikative Plattformen erhalten. Für diese zahlen sie formal mit Geld. Allerdings liefern sie den Medien auch Inhalte, über die diese berichten können.

Die genannten Kommunikationszentren prägen fundamental den „Sinnzirkel" (Imhof, 1996a, S. 222). Das ist derjenige „definitionsmächtige [Bereich] moderner Gesellschaften" (Eisenegger, 2005, S. 56), der festlegt, „welche Normen und Werte in einer Gesellschaft gelten sollen" (Tobler, 2010, S. 52). Wie Abb. 15 zeigt, tragen allerdings noch weitere Kommunikatoren zum Sinnzirkel bei. Zuvorderst sind dies „teilautonome Sphären oder Spezialöffentlichkeiten" (Imhof, 1996a, S. 222), worunter etwa Wissenschaft, Kunst und Religion fallen (ebd., S.

222-223, 236-247) und denen auch der Sport zuzurechnen ist, wie in Kapitel 3.4.5 ausgeführt wird.

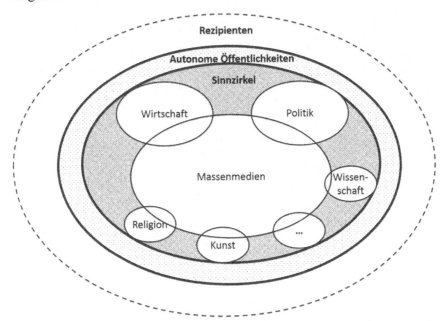

Abb. 15:   Arenatheoretisches Modell von Öffentlichkeit (eigene Darstellung in Anlehnung an Imhof, 1996a, S. 246; Tobler, 2010, S. 52)

Die teilautonomen Sphären verfügen über „je eigenständige Diskursstile mit spezialisierten Institutionen, Medien, Foren und Expertenkulturen" (Eisenegger, 2005, S. 57) und betrachten den sie betreffenden Teilbereich gesellschaftlicher Kommunikation. Darin unterscheiden sie sich fundamental von den Kommunikationszentren, die sich sämtlichen Teilbereichen widmen (Imhof, 1996a, S. 220-221). Eisenegger führt im Rahmen seiner Studie „Reputation in der Mediengesellschaft" aus, dass den teil- oder semiautonomen Sphären eine hohe Glaubwürdigkeit zufällt, weswegen sie bedeutenden Einfluss „auf die Zuweisung bzw. den Entzug von Reputation" (Eisenegger, 2005, S. 57) haben können. Dies geschieht dadurch, dass „die semi-autonomen Öffentlichkeitsarenen wissenschaftliche Expertisen, moralische Appelle oder expressive Irritationen [zu den] im Sinnzirkel geführten Auseinandersetzungen beisteuern" (Tobler, 2010, S. 53). Diese Beiträge müssen jedoch keinesfalls Bedeutung entfalten und können ggf. auch – abhängig von der Reaktion der Kommunikationszentren – in der öffentlichen Meinungsbildung quasi ungehört verhallen. Schließlich umfasst das arenatheoretische Modell noch die „autonomen Öffentlichkeiten" (Imhof, 1996a, S. 222). Bei diesen handelt es sich um

> „politisch, kulturell und religiös orientierte soziale Räume, also marginalisierte politische Gruppierungen, klassenorientierte Parteien, Avantgarde- und Intellektuellenzirkel sowie subkulturelle Millieus[, die] vom Sinnzirkel *abweichende* Weltinterpretationen [stabilisieren]" (ebd.).

Da diesen Gruppen sowohl eine historisch gewachsene Reputation als auch eine tiefgreifende Verflechtung mit den wesentlichen Kommunikationszentren fehlen (Eisenegger, 2005, S. 57-58), bleiben sie – wie Abb. 15 zeigt – in der Kommunikation im Sinnzirkel meist außen vor. Es ist ihnen daher normalerweise nicht möglich, in der Kommunikationsarena umfassend wahrgenommen zu werden. Allerdings kommen den autonomen Öffentlichkeiten durchaus wesentliche Funktionen zu:

> „Diese Gegenöffentlichkeiten dienen indirekt dem herrschenden Grundkonsens, denn ein hoher Konformitätsdruck im Sinnzirkel benötigt einen klar definierten Gegenpol, und sie erhalten marginalisierte Deutungskonfigurationen aufrecht, die in Krisenphasen diffundieren können" (Imhof, 1996a, S. 222).

Zusammenfassend kann in Anlehnung an Abb. 15 somit Folgendes festgehalten werden: Die Kommunikationszentren „generieren und bearbeiten die ‚öffentliche[..] Meinung'" (Imhof, 1996a, S. 220), wozu die teilautonomen Sphären ebenfalls regelmäßig aktiv beitragen, wobei deren Beiträge nur bei Aufnahme durch die Kommunikationszentren Breitenwirkung entfalten. Die autonomen Öffentlichkeiten tragen zur Meinungsbildung i. d. R. vor allem dadurch bei, dass sie als Gegenbild fungieren, von dem es sich abzugrenzen gilt.[39] Bedingt durch Krisen können deren alternative Entwürfe jedoch konsensual von den Kommunikationszentren aufgegriffen werden, wodurch – evtl. nur vorübergehend – Breitenwirkung erreicht werden kann. „Der Sinnzirkel regeneriert und stabilisiert somit laufend die Realitätskonstruktion der Gesellschaftsmitglieder und reduziert die Gefahr divergierender Erfahrung und mißlingender Kommunikation" (Imhof, 1996a, S. 222). Meinungsverschiedenheiten können im Sinnzirkel allerdings durchaus ausgetragen werden, wobei *stark* abweichende Interpretationen i. d. R. nicht von den relevanten Kommunikateuren aufgegriffen werden.

---

39   Erinnert sei hier an das „CORFing" sowie ggf. an das „blasting", welche ebenfalls der Vergewisserung des gewünschten Selbstbildes durch Distanzierung bzw. Herabwürdigung dienen.

2.4.2.2 Dominanz weniger Leitmedien und Interpretationsmuster

Da Meinungsbildungsprozesse nicht nur auf gesellschaftlicher Ebene stattfinden, kann das arenatheoretische Modell auch auf regionale oder soziale Teilbereiche einer Gesellschaft übertragen werden, die dann jeweils eigene „Öffentlichkeitsarenen" darstellen. Es gilt jedoch grundsätzlich, dass die „Definitionsmacht" (Tobler, 2010, S. 52) darüber, was „in den [verschiedenen] Öffentlichkeitsarenen" (ebd.) Gehör findet, auch in einem solchen Fall nur wenigen Meinungsbildnern zufällt. Außerdem gilt, dass die Massenmedien im Meinungsbildungsprozess grundsätzlich eine herausragende Rolle einnehmen. Wie Abb. 15 entnommen werden kann, liegt das daran, dass sie als einziges gesellschaftliches Teilsystem andere Teilsysteme integrieren. Möglich ist dies, da sie „Kommunikationsereignisse produzier[en], die […] auf allen Ebenen von Öffentlichkeit Anschlusskommunikation auszulösen vermögen" (Tobler, 2010, S. 48). Anschlusskommunikation erfolgt jedoch nicht nur durch die Rezipienten oder andere Akteure im Sinnzirkel. Einem kommunikativen Zirkel gleich findet diese auch in den Massenmedien selbst statt (ebd., S. 55). Dies führt oft dazu, dass „die verschiedenen Medien in hinreichendem Ma[ße] zeitgleich gleiche Kommunikationsereignisse produzieren" (ebd., S. 56). Daher kann die Kommunikationsarena als eine „kommunikative Verdichtungszone" (ebd.) gesehen werden, in der nur ein begrenzter „Bestand gemeinsam geteilter Aufmerksamkeits- und Relevanzstrukturen" (ebd.) dominiert. Folglich sind die Anzahl der umfassend betrachteten Themen und die dazu angebotenen interpretativen Ansätze überschaubar.

Das heißt allerdings nicht, dass *alle* Medien grundsätzlich in gleicher Form oder über die gleichen Themen berichten würden. „Special-interest-Medien" (Tobler, 2010, S. 55) beispielsweise, also diejenigen Medien, die „als systemeigene Medien thematisch spezifizierter Öffentlichkeitsarenen" (ebd.) fungieren, orientieren sich an den Relevanzstrukturen ihrer jeweiligen Arenen. So berichten Sportmedien etwa über für die Sportarena und Wissenschaftsmedien über für die Wissenschaftsarena bedeutende Themen. In gleicher Weise berichten Lokal- und Regionalzeitungen vornehmlich über ihre Arenen – also Verbreitungsgebiete – betreffende Sachverhalte.

„Im Unterschied dazu fokussieren *General-interest-Medien* wie Qualitätszeitungen, Forumszeitungen, Fernseh- und Radiovollprogramme, teilweise auch die Boulevardmedien, den gesamten Ausschnitt gesellschaftlicher Wirklichkeit. Indem General-interest-Medien über Politik, Wirtschaft, Sport, Wissenschaft, Kultur etc. berichten, vernetzen sie die sachlich getrennten Arenen, indem sie hier wie dort Anschlusskommunikation auslösen können.

Medien können auch in *sozialer* Hinsicht als *Leitmedien* und *Folgemedien* unterschieden werden. Als Leitmedien einer Medienarena gelten Medien, die von anderen Medien besonders stark beobachtet und zitiert werden und von einem breiten und allgemeinen Publikum wie auch von den unterschiedlichen Eliten der Politik, Wirtschaft,
Wissenschaft, Religion etc. benutzt werden" (Tobler, 2010, S. 55).

Festzuhalten ist, dass eine überschaubare Anzahl von Massenmedien Themen und
interpretativen Ansätzen dadurch Bedeutung zukommen lassen, dass sie wechselseitig darüber berichten. Da Massenmedien im Sinnzirkel meinungsbildend und -
integrierenden wirken, kann davon ausgegangen werden, dass die anderen bedeutenden Kommunikationszentren Politik und Wirtschaft grundsätzlich geneigt sein
werden, sich massenmedial vermittelten Mustern anzuschließen bzw. an diese an-
zuknüpfen.

2.4.3   Signaling-Theorie

2.4.3.1   Einleitende Bemerkungen

Arbeiten zum Signaling[40] entstammen unterschiedlichen wissenschaftlichen Disziplinen. Sie finden sich z. B. in der wirtschafts- und sozialwissenschaftlichen Forschung (Preuss & Alfs, 2011; Spence, 1973) und im naturwissenschaftlich-techni-
schen Bereich (Bliege Bird & Smith, 2005; Zahavi, 1975). Für die hier angestellten Betrachtungen sind besonders den erstgenannten Wissenschaftsfeldern ent-
stammende Überlegungen relevant,[41] gemäß derer die Signaling-Theorie als Rahmen verstanden werden soll, „[that integrates] an interactive theory of symbolic
communication and social benefit with materialist theories of individual strategic
action and adaptation" (Bliege Bird & Smith, 2005, S. 238).

Ganz grundsätzlich bezeichnet der Akt des Signalings „sending out signals
to convey information about otherwise hard to observe qualities of the sender"
(Preuss & Alfs, 2011, S. 57). Der Sender versucht also, dem Empfänger seiner
kommunikativen Signale Informationen bezüglicher bestimmter eigener Eigenschaften zu vermitteln. Wie diese Grundelemente des Signalings vor verschiedenen sozial- bzw. wirtschaftswissenschaftlichen Hintergründen interpretiert bzw.
erklärt werden können, soll nachfolgend anhand der Principal-Agent-Theorie und
des „costly signaling" erläutert werden.

---

40   Die Schreibweise „Signalling" ist im Deutschen ebenfalls üblich (z. B. Preuß, 2007b).
41   Anzumerken ist, dass die einzelnen Wissenschaftsfelder – nicht nur – bezüglich des Signalings
      von Erkenntnissen anderer Disziplinen profitieren.

2.4.3.2 Signaling und die Principal-Agent-Theorie

Spence (1973) führte die Signaling-Theorie in den Wirtschaftswissenschaften ein, als er „Hiring as Investment under Uncertainty"[42] betrachtete. Er beschrieb das Problem, dass ein Arbeitgeber bezüglich der potentiellen Arbeitnehmer, aus denen er auswählen kann, eine Entscheidung unter Unsicherheit treffen muss, da ihm deren Fähigkeiten nicht bekannt sind. „What he does observe is a plethora of personal data in the form of observable characteristics and attributes of the individual, and it is these that must ultimately determine his assessment of the lottery he is buying" (Spence, 1973, S. 357). Derartige Informationsasymmetrien sind ein grundlegender Aspekt der Principal-Agent-Theorie (Preuß, 2007b, S. 77-78), denn „[t]he principal does not exactly know the intention and the motivation of the agent" (Preuss & Alfs, 2011, S. 58).

Es ist also anzunehmen, dass der Agent – hier der potentielle Arbeitnehmer – versuchen wird, sich dem Prinzipal – hier der Arbeitgeber – vorteilhaft darzustellen, weshalb folgende Setzung Spences relevant ist: „I shall refer to observable, unalterable attributes as *indices,* reserving the term *signals* for those observable characteristics attached to the individual that are subject to manipulation by him" (Spence, 1973, S. 357). Da „signals" veränderbar sind, so folgert Spence, versuchen Bewerber, sich dadurch für potentielle Arbeitgeber attraktiv zu machen, dass sie diese nach deren mutmaßlichen Wünschen verändern. Als Beispiel nennt er eine gute Ausbildung, anhand derer eine hohe Eignung für eine bestimmte Stelle kommuniziert werden kann (ebd., S. 358; vgl. sehr kompakt Preuß, 2007b, S. 77). Gemäß dem Signaling ist der Erwerb einer einschlägigen Qualifikation somit als Informationsübermittlung anzusehen, die dazu dienen soll, die Eignung des Bewerbers für eine bestimmte berufliche Position zu kommunizieren.[43]

Wie schon erwähnt, möchte der Prinzipal die Informationsasymmetrie bezüglich bestimmter Eigenschaften des Agenten überwinden bzw. deutlich verringern, um dessen potentiellen Beitrag zur eigenen Nutzenmaximierung abschätzen zu können.[44] Das Nutzenmaximierungsprimat gilt allerdings auch in der anderen

---

42 So der Titel seines Aufsatzes.

43 Dass davon auszugehen ist, dass einem Menschen, der eine gute Ausbildung nachweisen kann, mit einer hohen Wahrscheinlichkeit auch weitere, seitens des Arbeitgebers positiv konnotierte Eigenschaften beigemessen werden dürften, kann in Anlehnung an Kapitel 2.3.2.2 gefolgert werden. Dort wurde ausgeführt, dass initial positiv bewerteten Menschen üblicherweise weitere erwünschte Eigenschaften zugeschrieben werden. Ferner wird diesen grundsätzlich mit einer für sie vorteilhafteren Meinung gegenübergetreten.

44 An dieser Stelle soll kurz darauf verwiesen werden, dass Spence zwar weitgehend auf die Produktivität des Arbeitnehmers zur Nutzensteigerung des Arbeitgebers abhebt. Allerdings kann kaum angenommen werden, dass bei der Entscheidung für oder gegen einen potentiellen Arbeitnehmer ausschließlich der produktive Beitrag in Geldeinheiten, den dessen formale Qualifikation mutmaßlich auszuweisen vermag, eine Rolle spielen dürfte. Arbeitgeberseitig – was auch

Richtung. Der Agent wird nur solche Signale wählen, von denen er erwartet, dass sie letztendlich seinen Nutzen steigern. Das bedeutet im hier vorgestellten Beispiel, dass ein potentieller Arbeitnehmer maximal so viel in seine Ausbildung investieren wird, wie er durch diese an zusätzlichem Nutzen zu erhalten erwartet[45] (Spence, 1973, S. 358). Hierbei ist folgender Zusammenhang von zentraler Bedeutung: „However, it is only beneficial for the agent to produce a signal if the advantage of the production of signals is greater than the costs to produce it, while the opposite is true for the competitors" (Preuss & Alfs, 2011, S. 58). Die Wirkung des Signals „Ausbildung" im Bewerbungsverfahren ist somit wesentlich dadurch bedingt, dass es für besonders talentierte und motivierte – und somit besonders geeignete – Bewerber leichter ist, ein hohes Ausbildungsniveau zu erreichen als für ihre weniger geeigneten Konkurrenten. Damit ein Signal seine Wirkung entfalten kann, müssen dessen Kosten – hier diejenigen für den Erwerb einer fomalen Ausbildung – negativ mit der Produktivität des Bewerbers korrelieren (Spence, 1973, S. 367). Derart wird sichergestellt, dass vor allem geeignete Bewerber ein hohes Ausbildungsniveau aufweisen, da es für ungeeignete Bewerber deutlich unwahrscheinlicher ist, dass sie die – für sie relative hohen – Kosten für den Erwerb der Ausbildung im späteren Erwerbsleben mindestens ausgleichen können.

Darauf, dass der Kostenbegriff in diesem Zusammenhang nicht zu eng gesehen werden darf, wies bereits Spence hin: „Signaling costs are to be interpreted broadly to include psychic and other costs, as well as the direct monetary ones. One element of cost, for example, is time" (ebd., S. 359). Gleichermaßen sollten die Erträge ebenfalls so interpretiert werden, dass sie neben monetären Komponenten (Gehalt, Sozialleistungen etc.) immaterielle Werte umfassen, wie z. B. Selbstverwirklichung, beruflichen Status, Sozialprestige usw. (wie in Fußnote 19 in Kapitel 2.2.3.3 bereits anklang, sollten Erträgen und Kosten bei psychischen Prozessen generell sehr weit gefasst werden).

---

für Arbeitnehmer angenommen werden kann – ist diese Auswahlentscheidung nicht nur von derartigen Faktoren abhängig. Eine tiefergehende Diskussion soll an dieser Stelle allerdings unterbleiben, da der Rahmen dieser Arbeit solches nicht erlaubt oder erfordert.

45   Diese Annahme muss jedoch keinesfalls zutreffen, da die verschiedenen „Renditen" formaler Ausbildung von vielen verschiedenen Faktoren abhängen. So wird deren ökonomischer Wert grundlegend von der Nachfrage nach der entsprechenden Qualifikation bestimmt, die dann vorliegt, wenn diese am (Arbeits)Markt angeboten wird. Dieser ist – wie alle Märkte – gewissen Schwankungen unterworfen, weshalb „die Investitionen an Zeit und Anstrengung sich als weniger rentabel herausstellen [können], als bei ihrer ursprünglichen Verausgabung erwartet werden konnte. In diesem Falle hat sich der Wechselkurs zwischen [einer Qualifikation und deren ökonomischer Vergütung] de facto verändert" (Bourdieu, 1983, S. 190).

2.4.3.3   Bourdieus Kapitalbegriff und „costly signaling"

Wie gerade gesehen, können formale Bildungsabschlüsse als „ein Zeugnis für kulturelle Kompetenz, das seinem Inhaber einen dauerhaften [...] Wert überträgt" (Bourdieu, 1983, S. 190) interpretiert werden. Sie fungieren nach Bourdieu als „[i]nstitutionalisiertes Kulturkapital" (ebd., S. 189) und können auf dem Arbeitsmarkt nutzenstiftend zum Signaling eingesetzt werden. Darüber hinaus dienen sie allgemein dazu, „symbolische Profite" (ebd., S. 190) zu erzielen bzw. „symbolisches Kapital" (Preuß, 2007b, S. 78; vgl. auch Bourdieu, 1980) zu erwirtschaften. „Symbolisches Kapital besteht als Zeichen gesellschaftlicher Anerkennung aus Prestige, Reputation [..] u. ä." (Preuß, 2007b, S. 78). Bildungsabschlüsse dienen mithin nicht nur in der bisher betrachteten Weise zur Kommunikation mit einen potentiellen Arbeitgeber. Vielmehr kann die diesen inhärente Information von jedem dekodiert werden, der über entsprechendes Wissen verfügt. Gemäß der Signaling-Theorie stellt der Erwerb verbriefter Bildungsabschlüsse und akademischer Titel somit in vielen Gesellschaften die Kommunikation eines Anspruchs auf symbolisches Kapital dar. Dessen Erwerb dient letztendlich wiederum der Selbstwertsteigerung, die – wie in Kapitel 2.3.1 ausgeführt wurde – ein Grundantrieb menschlichen Handelns ist.

Derart verstetigte Qualifikationsnachweise sind jedoch nur eine von vielen Möglichkeiten, einen Anspruch auf symbolisches Kapital zu belegen (Bourdieu, 1983, S. 189-190). Veblen argumentiert z. B. Ende des 19. Jahrhunderts mit Blick auf die ihn umgebende Gesellschaft, dass „Conspicuous Leisure" (Veblen, 1912 [1899], S. 35) und „Conspicuous Consumption" (ebd., S. 68), demonstrativ zur Schau gestelltes Freizeitverhalten sowie ebensolcher Konsum, Sozialprestige bedingen können (ebd., S. 35-101). Er begründet dies folgendermaßen: „In order to gain and to hold the esteem of men it is not sufficient merely to possess wealth or power. The wealth or power must be put in evidence, for esteem is awarded only on evidence" (Veblen, 1968 [1899], S. 28). Durch das Zurschaustellen eines großen Übermaßes an zeitlichen und finanziellen Ressourcen „belegten" Angehörige bestimmter gesellschaftlicher Schichten ihren Anspruch auf soziale Anerkennung oder – den Überlegungen Bourdieus folgend – symbolisches Kapital.

„For these theorists, individually costly but collectively beneficial (or at least prestigious) behaviors [...] are a form of social competition: the most generous or self-sacrificial individuals gain higher prestige" (Bliege Bird & Smith, 2005, S. 221). Die Überlegungen Veblens und Bourdieus erklären daher das „costly signaling" (ebd., S. 222; vgl. auch Preuß, 2007b, S. 78-79; Preuss & Alfs, 2011, S. 58-59). „Also called handicap principle, this theory describes the use of costly signals, which are supposed to be difficult to imitate because of inherent signaling costs, to reliably convey information about the sender" (Preuss & Alfs, 2011, S. 58).

Auch hier dürfen „Kosten" – z. B. für eine Ausbildung – nicht nur im finanziellen Sinne oder bezogen auf klassische Produktionsfaktoren verstanden werden. Allgemeiner gefasst, handelt es sich um sämtlichen Aufwand, der anfällt, um Signaling zu betreiben. Dieser Aufwand kann nicht nur vor oder während des Signalings anfallen, sondern auch danach: „Some [...] signals are cheap to produce but entail costs through their potential consequences – especially social consequences" (Bliege Bird & Smith, 2005, S. 236).

Abschließend soll noch darauf verwiesen werden, an welchen Vorgaben sich diejenigen orientieren, die damit beginnen, „costly signaling" zum Statuserwerb zu betreiben. Neue Akteure richten ihre Signale an denjenigen Werten aus, „whereby the dominant figures accumulated their symbolic capital" (Bourdieu, 1980, S. 263). Bezogen auf den Sport kann somit davon ausgegangen werden, dass Athleten vornehmlich solche Eigenschaften zum Signaling heranziehen dürften, die populären Sportlern zugeschrieben werden bzw. die sich an tradierten Werten des Sportsystems orientieren (mehr zu sportimmanenten Werten in Kapiteln 3.1 und 3.2).

2.4.3.4   Signaling und Bordieu'scher Kapitalbegriff im Rahmen dieser Arbeit

Signaling kann vor dem Hintergrund der bisherigen Ausführungen sehr allgemein als eine kommunikative Maßnahme verstanden werden, die Informationen bezüglich eines Senders übermittelt, die entweder – im Sinne der Principal-Agent-Theorie – vor allem eine Informationsasymmetrie beseitigen oder – gemäß dem „costly signaling" – in erster Linie die Zuerkennung symbolischen Kapitals bedingen sollen (Bliege Bird & Smith, 2005, S. 237-238; Preuss & Alfs, 2011, S. 57). Signaling soll im Rahmen dieser Arbeit allerdings nicht nur auf die bewusste Kommunikation bestimmter Eigenschaften und/oder Qualitäten bezogen werden. Aufbauend auf und hinausgehend über die Überlegungen der Anthropologen Bliege Bird & Smith (2005) werden vielmehr solche bewussten *und* unbewussten kommunikativen Handlungen als Signaling verstanden, die Informationen über Eigenschaften oder Qualitäten einer Person vermitteln und beim Empfänger bestimmte, hierauf bezogene Reaktionen auslösen können. Daraus folgt, dass Signaling „nicht notwendigerweise auf einem bewußten *Kalkül* beruhen [muss]; vielmehr ist es sehr wahrscheinlich, [dass dieses oftmals] als [...] Verpflichtung" (Bourdieu, 1983, S. 195, Fußnote 21) oder – z. B. im Falle einer Ausbildung – als präferenzbasierte Entscheidung oder nicht weiter zu hinterfragende logisch erscheinende Handlung erlebt wird.

Bei der Betrachtung des Signalings soll in dieser Arbeit folglich dem zugrundeliegenden Kommunikationsprozess und dessen Ergebnis besondere Beachtung geschenkt werden. Ob diese bewusst angestoßen wurden oder nicht, soll lediglich *ein* Element der Analyse, nicht jedoch ausschlaggebendes Kriterium für die Anwendung der grundlegenden Überlegungen der Signaling-Theorie sein. Dass eine solche Nutzung dieses Ansatzes sinnvoll erscheint, ergibt sich z. B. aus den Überlegungen zur sozialen Rolle (Kapitel 2.2.3) und zur sozialen und parasozialen Interaktion (Kapitel 2.3.2.1). So wurde bezüglich der sozialen Rolle darauf verwiesen, dass Menschen oftmals unbewusst Rollen- und andere Erwartungen erfüllen, was ebenfalls als kommunikative Handlung aufgefasst werden kann. Außerdem wurde in Kapitel 2.3.2.1 ausgeführt, dass sowohl die soziale als auch die parasoziale Interaktion dadurch geprägt sind, dass man „nicht nicht kommunizieren" (Watzlawick, o. J.) kann.

Wie im bisherigen Verlauf der Arbeit deutlich wurde und im Folgenden noch weiter thematisiert wird, sind viele Kommunikationsprozesse bzw. kommunikative Handlungen auf kulturelle Prägung bzw. Sozialisation zurückzuführen und werden daher weitgehend unbewusst eingesetzt. Erst unerwartete Reaktionen führen zu deren umfassenderen Reflexion. Dies kann z. B. an dem von Spence betrachteten Verhalten von Stellenbewerbern und potentiellen Arbeitgebern (Kapitel 2.4.3.2) nachvollzogen werden. Obwohl anzunehmen ist, dass ein Stellenbewerber seinen Hochschulabschluss bewusst in seiner Bewerbung kommuniziert, erwähnt er seine in einem freiwilligen Zusatzkurs erworbenen französischen Sprachkenntnisse evtl. lediglich, weil er in einem Bewerbungsratgeber gelesen hat, dass diese ebenfalls genannt werden sollten, um gängigen Konventionen zu entsprechen. Es ist allerdings denkbar, dass er eine Anstellung letztendlich genau wegen des Zusatzaufwands zur Erlangung dieser spezifischen Kenntnisse und nicht in erster Linie wegen seines Studienabschlusses bzw. Studienfachs erhält. Obwohl der Sprachkurs ohne zielgerichtete Intention genannt wurden, ist er in diesem einfachen Beispiel das letztendlich entscheidende „Signal" für das besondere Talent des Bewerbers.

Für diese Arbeit besonders relevant ist die Betrachtung von prozess- und ergebnisorientierten Aussagen der Signaling-Theorie, so dass folgende Beobachtung von Bedeutung ist:

> „[S]ignaling theory can offer not only a rigorous and systematic framework for combining various convergent ideas about status competition but provocative new insights into [many] domains of human behavior and culture [...]. Signaling theory provides a way to articulate idealist notions of the intangible social benefits that might be gained through symbolic representations of self with more materialist notions of individuals as self-interested but socially embedded decision makers [by] paying attention to the problem of how credibility is maintained when individuals have to make interdependent decisions (about mates, alliances, conflict, and trust) based on incomplete information" (Bliege Bird & Smith, 2005, S. 221-222).

Besonders für das Signaling geeignete Zeichen sind solche, die zuverlässige Rückschlüsse auf nicht beobachtbare Qualitäten der Sender erlauben und idealerweise sowohl für den Sender als auch den Empfänger vorteilhaft sind (ebd., S. 234). In der Logik der Principal-Agent-Theorie sind etwa beiderseitige Vorteile bei der Einstellung eines qualifizierten Bewerbers vergleichsweise offensichtlich, da für alle Beteiligten Nutzen gestiftet wird. Aber auch das „costly signaling" kann oft Sender *und* Empfänger besserstellen. Des Senders Ziel ist vor allem „to impress one's importance on others and to keep their sense of his importance alive and alert, but it is of scarcely less use in building up and preserving one's self-complacency" (Veblen, 1968 [1899], S. 28). Der Sender sendet also auch Informationen an sich selbst, da er dadurch seinen Selbstwert steigern kann (vgl. hierzu Kapitel 2.3.1). Nutzen für die Empfänger kann beispielsweise mittels der in den Kapiteln 2.3.2 und 2.3.3 vorgestellten Prozesse erzielt werden, durch welche diese gleichermaßen ihren Selbstwert erhöhen können – z. B. durch BIRG. Das „costly signaling" stellt somit einen wesentlichen Grund dafür dar, dass die im Zuschauersport vorhandene soziale Ungleichheit hingenommen wird, solange es den exponierten Athleten gelingt, glaubhaftes Signaling bezüglich der Legitimierung ihrer Exposition zu betreiben:

> „More broadly, signal cost (actual or potential) can serve as a powerful means of guaranteeing honesty and thus allow observers to gauge the relevant hidden qualities of potential allies, mates, or competitors. Inequality is tolerated when signalers demonstrate their competitive superiority, and deference (or interest in the signal) provides greater benefits than resistance (or ignoring the signal)" (Bliege Bird & Smith, 2005, S. 223).

Für den Kontext dieser Arbeit ist ferner folgende Feststellung wichtig: „[R]epeated signaling is necessary if past and present quality are poorly correlated; for example, signals of health and vigor may be subject to rapid short-term changes" (Bliege Bird & Smith, 2005, S. 237). Wie später gezeigt wird, kann der sportliche Wettkampf im Sinne des „costly signaling" als eine Möglichkeit interpretiert werden, „health and vigor" – im übertragenen Sinne als sportliche Leistungsfähigkeit verstanden – unter Beweis zu stellen.

Abschließend soll auf einen Gedanken Bourdieus verwiesen werden, der dazu dienen soll, die Kompatibilität der vorgestellten theoretischen Überlegungen bezüglich des Signalings zu bekräftigen. Er argumentiert, dass das Sammeln symbolischen Kapitals letztendlich deswegen sinnvoll ist, da dieses in kulturelles, ökonomisches und soziales Kapital umgewandelt werden kann (Bliege Bird & Smith, 2005, S. 223; Bourdieu, 1980, S. 262). Soziales Kapital oder „Sozialkapital" ist dabei

„die Gesamtheit der aktuellen und potentiellen Ressourcen, die mit dem Besitz eines dauerhaften Netzes von mehr oder weniger institutionalisierten *Beziehungen* gegenseitigen Kennens oder Anerkennens verbunden sind; oder, anders ausgedrückt, es handelt sich dabei um Ressourcen, die auf der *Zugehörigkeit zu einer Gruppe* beruhen" (Bourdieu, 1983, S. 190-191).

Eine Umwandlung von Kapital geschieht etwa beim Einsatz von Bildungsabschlüssen auf dem Arbeitsmarkt, wo – in diesem Fall institutionalisiertes – kulturelles Kapital zum Erwerb von ökonomischem und sozialem[46] Kapital eingesetzt wird (Kapitel 2.4.3.3). Gleichermaßen kann im Sport erworbenes Kulturkapital – z. B. Medaillen – und/oder symbolisches Kapital – Prestige – dazu genutzt werden, durch Sponsorenverträge Geld zu verdienen. Im Gegenzug versuchen Sponsoren, das ihrerseits investierte ökonomische Kapital – Geld – in symbolisches Kapital – Image – und mittels dessen letztendlich in noch mehr Geld umzuwandeln (hierauf wird in Kapitel 3.4.3 vertiefend eingegangen).

Grundsätzlich bedingen sich die einzelnen Kapitalformen also in gewisser Weise gegenseitig. Denn „auch scheinbar unverkäufliche Dinge [– soziales, kulturelles oder symbolisches Kapital – haben] ihren Preis" (Bourdieu, 1983, S. 184), der normalerweise in einer der verschiedenen Kapitalformen zu entrichten ist. Das heißt, dass eine Kapitalform zur Erlangung einer anderen eingesetzt werden kann. Dadurch erklärt sich, warum dem Kapital nach Bourdieu „eine Überlebenstendenz inne[wohnt]" (ebd.): Menschen, die über Kapital in irgendeiner Form verfügen, versuchen, dieses in gleicher oder anderer Form zu reproduzieren bzw. zu mehren.

2.4.4   *Nachrichtenwert-Theorie und Nachrichtenfaktoren*

„Unter Nachrichtenwert versteht [man] die Publikationswürdigkeit von Ereignissen, die aus dem Vorhandensein und der Kombination verschiedener Ereignisaspekte resultiert" (Staab, 1990, S. 41). Der Nachrichtenwert beeinflusst die Publikationsentscheidung von Journalisten. Diese dürften i. d. R. einer Meldung mit höherem Nachrichtenwert den Vorzug vor einer mit niedrigerem Nachrichtenwert geben, da dadurch eine breitere Rezeption der Meldung wahrscheinlich wird.

Der deutsche Begriff „Nachrichtenwert" geht auf die Bezeichnung „news value" (Lippmann, 1965 [1922], S. 220) zurück, die Lippmann in seinem 1922 erschienenen Werk „Public Opinion" erstmals verwendete (Kepplinger, 1989, S. 3; Staab, 1990, S. 41). Die Nachrichtenwert-Theorie ist somit deutlich älter, als häufig kolportiert wird (Kepplinger, 1989, S. 3f.) und steht seit vielen Jahrzehnten im

---

46   Da allein das Ergreifen eines Berufes die Zugehörigkeit zu einer bestimmten Gruppe bedingt, wird bei der Berufswahl bzw. der Wahl eines Arbeitgebers immer auch soziales Kapital erworben.

wissenschaftlichen Fokus. Eine sehr kompakte Vorstellung der Entwicklung der Nachrichtenwert-Theorie und verschiedener Modelle der Nachrichtenauswahlforschung findet sich bei Kepplinger (1989). Die amerikanischen und europäischen Forschungstraditionen stellt z. B. Staab (1990, S. 40ff.) ausführlich dar. Einen aktuellen Überblick über „Entwicklung und Stand der Nachrichtenwertforschung" bietet das gleichnamige Kapitel bei Uhlemann (2012, S. 29ff.).

Das verbindende Element der verschiedenen Ansätze ist die Frage nach den Gründen für die Auswahl von Nachrichten. Zur Verdeutlichung sei beispielhaft Merz genannt, der in einer frühen Analyse der Titelgeschichten der New York Times Mitte der 1920er Jahre die Merkmale Konflikthaltigkeit, Personalisierung und Prominenz als bedeutend identifizierte (Kepplinger, 1989, S. 3). Derartige Merkmale werden als „Nachrichtenfaktoren" (Uhlemann, 2012, S. 29) bezeichnet. Inzwischen kann als „zusammenfassend relativ gut nachgewiesen [gelten], dass sich die in Tab. 2 aufgeführten Faktoren positiv auf die Auswahlwahrscheinlichkeit eines Ereignisses zur Nachricht bzw. die Intensität der Aufbereitung einer Nachricht auswirken" (ebd., S. 66).

Tab. 2:   Auflistung relevanter Nachrichtenfaktoren (leicht modifiziert nach Uhlemann, 2012, S. 66)

Status – Einfluss – Macht	Die Bedeutung des Orts des Geschehnisses und/oder der Einfluss einer mit dem Geschehnis verbundenen Person (aufgrund ihres Amtes oder ihrer Bekanntheit).
Nähe – Ethnozentriertheit	Die politische, räumliche, wirtschaftliche und/oder kulturelle Nähe des Orts und/oder des Gegenstands des Geschehens.
Faktizität	Ein konkreter Gegenstand des Geschehens.
Reichweite	Eine große Anzahl von beteiligten oder direkt betroffenen Personen.
Erfolg – Nutzen	Das Ausmaß des tatsächlichen oder potentiellen Nutzens, zu dem das Ereignis führt.
Konflikt – Kontroverse – Aggression – Schaden	Das Ausmaß, mit dem eine Schädigung/Zerstörung des Gegenstands bei einem Ereignis akzeptiert bzw. angestrebt wird oder wurde.
Thematisierung	Die Möglichkeit, ein Ereignis einem Thema zuzuordnen, welches bereits Publizität hat.

Bezüglich des Verständnisses der Nachrichtenfaktoren ist zu beachten, dass Journalisten bei ihrer Auswahlentscheidung i. d. R. deren Folgewirkungen im Blick haben (Kepplinger, 1989, S. 11; ausführlicher wird dieser Zusammenhang in Kapitel 3.4.2 betrachtet). Daher können Nachrichtenfaktoren nicht nur als Ursachen von Publikationsentscheidungen, sondern auch als deren Resultat angesehen werden:

> „Journalisten wählen [..] Ereignisse oder Meldungen nicht nur deshalb aus, weil sie bestimmte Eigenschaften (Nachrichtenfaktoren) besitzen, sie sprechen auch Ereignissen oder Meldungen, die sie […] auswählen, diese Eigenschaften erst zu oder heben sie besonders hervor, um dem jeweiligen Beitrag ein besonderes Gewicht zu geben" (Staab, 1990, S. 98).

Außerdem ist zu beachten, dass das Bewusstsein für den Wert von Nachrichtenfaktoren nicht nur seitens der Entscheider auf Seiten der Medien gegeben ist. Vielmehr kann beobachtet werden, dass bestimmte Akteure „Ereignisse eigens zum Zweck der Berichterstattung" (Kepplinger, 1989, S. 10) inszenieren. Die erwartete Berichterstattung ist in diesem Falle „Ursache des Ereignisses und der Nachrichtenfaktoren als dessen Eigenschaften" (Uhlemann, 2012, S. 41), weshalb „von einer instrumentellen Inszenierung von Ereignissen" (Kepplinger, 1989, S. 10) gesprochen werden kann.

Eine derartige Inszenierung dürfte wesentlich durch die Publikationspraxis der Medien beeinflusst werden, deren Aufmerksamkeit geweckt werden soll. Das heißt, dass auch medienfremde Akteure in ihrer Kommunikation bzw. Medienarbeit diejenigen Nachrichtenfaktoren betonen dürften, die sie selbst – bewusst oder unbewusst – in der bisherigen Berichterstattung erkannt zu haben glauben.

> „Die in den Massenmedien dargestellte Realität ist somit auch eine Folge der Art der erwarteten Berichterstattung, die sich ihrerseits wieder aus der sonst üblichen Berichterstattung ergibt und es schließt sich der Kreis der gegenseitigen Beeinflussung" (Uhlemann, 2012, S. 41).

Diesen Zusammenhang fasst Kepplinger folgendermaßen zusammen: „Die Realität, über die die Massenmedien berichten, ist zum Teil auch eine Folge der vorangegangenen Berichterstattung" (Kepplinger, 1989, S. 13; vgl. z. B. auch Tobler, 2010, S. 38).[47]

2.5   Soziale Deutungsmuster

2.5.1   *Einordnung in die bisherigen Ausführungen*

Im bisherigen Verlauf von Kapitel 2 wurden zuerst allgemeine Hintergründe der Erwartungs- und Urteilsbildung (Kapitel 2.2) betrachtet. Anschließend wurden

---

47   Ein ähnlicher Gedanke wurde bereits bezüglich des „costly signaling" geäußert: Dieses wird mit Bezug auf diejenigen Qualitäten betrieben, mit denen relevante Vorbilder ihr symbolisches Kapital erlangten.

theoretische Modelle vorgestellt, die mit sozialer Exposition einhergehende Prozesse auf Seiten der Rezipienten (Kapitel 2.3) und der Kommunikatoren (Kapitel 2.4) zum Inhalt haben. Eine bisher nicht tiefergehend thematisierte Parallele zwischen sämtlichen dieser Überlegungen ist, dass immer bestimmte „überindividuelle[..] Wissensformen" (Höffling et al., 2002, S. 1) eine Rolle spielen. So sind beim Confirmation-Disconfirmation-Paradigma (Kapitel 2.2.1) und der Rollentheorie (Kapitel 2.2.3) Erwartungen von Bedeutung, die i. d. R. auf einem impliziten Konsens innerhalb bestimmter Gruppen beruhen. Auch zeigte sich, dass im Sport beispielsweise nicht nur die Attributionen (Kapitel 2.2.2) vergleichsweise heterogener „involvierte[r] Beobachter" (Strauß et al., 2009, S. 88) nach einem ähnlichen Muster erfolgen, sondern dieses weitgehend dem der Teilnehmer sportlicher Wettkämpfe entspricht. Bezüglich der in Kapitel 2.3.2 betrachteten parasozialen Prozesse und der in Kapitel 2.3.3 beschriebenen Prozesse der Identitätsarbeit wurde bereits in den einführenden Worten (Kapitel 2.3.1) deutlich, dass diese viel geteiltes Wissen über soziale Prozesse voraussetzen. Der Sinnzirkel, der – bildlich gesprochen – den Mittelpunkt des arenatheoretischen Modells von Öffentlichkeit bildet (Kapitel 2.4.2), wird als derjenige Bereich moderner Gesellschaften beschrieben, der die Normen und Werte prägt, die „in einer Gesellschaft gelten sollen" (Tobler, 2010, S. 52). Er trägt somit wesentlich zur Bildung „überindividuellen" Wissens bei. Elemente der Signaling-Theorie (Kapitel 2.4.3) können zur Analyse von Kommunikationsprozessen herangezogen werden, mit denen der Sender den Empfänger von eigenen Qualitäten überzeugen möchte. Hierbei ist eine zentrale Annahme, dass beiden implizit bekannt ist, welche Eigenschaften des Senders grundlegend positiv zu bewerten sind. Schließlich zeigt sich bei der Nachrichtenwert-Theorie (Kapitel 2.4.4), dass Journalisten und Rezipienten „wissen", was grundsätzlich interessant sein sollte und was nicht.

Resümierend kann festgehalten werden, dass in bestimmten sozialen Gruppen geteiltes bzw. latent vorhandenes Wissen sozial von zentraler Bedeutung ist. Es erscheint daher sinnvoll, die bisher betrachteten theoretischen Ansätze um ein Konzept zu erweitern, mittels dessen die Genese und Verwendung solchen Wissens strukturiert betrachtet werden können. Das nachfolgend vorgestellte Konzept der „sozialen Deutungsmuster" ist hierzu sehr gut geeignet.

2.5.2 Soziale Deutungsmuster als wissenssoziologischer Ansatz

Im deutschsprachigen Raum wird das Konzept der sozialen Deutungsmuster seit den 1970er Jahren mit Bezugnahme auf einen Aufsatz von Oevermann (2001

[1973])[48] wissenschaftlich diskutiert, wobei in der Diskussion verschiedene Strömungen unterschieden werden (Höffling et al., 2002, S. 2; Plaß & Schetsche, 2001, S. 512-515). Die nachstehenden Ausführungen beziehen sich auf Plaß & Schetsche (2001), welche soziale Deutungsmuster unter Bezug auf Oevermann als „kollektive Wissensbestände" (Plaß & Schetsche, 2001, S. 522) verstehen.

Die wissenssoziologische Analyse sozialer Deutungsmuster dient dazu, „soziales Handeln auf Basis überindividueller Wissensformen" (Höffling et al., 2002, S. 1) zu erklären. Deutungsmuster werden hierbei als „sozial geltende, mit Anleitungen zum Handeln verbundene Interpretationen der Umwelt und des Selbst" (Schetsche, 2008, S. 109) verstanden. Wesentlich ist somit, dass es sich bei diesen nicht um „Faktenwissen" handelt, sondern sie das Verständnis sozialer Praktiken zum Inhalt haben. Plaß & Schetsche (2001) gehen bei ihren Überlegungen von drei Grundannahmen aus:

> [Soziale Deutungsmuster sind von einer bestimmten sozialen Gemeinschaft geteilte Wissensformen, die soziales Handeln dadurch vereinfachen, dass dieses für den Einzelnen berechenbar wird. Konkret strukturieren Deutungsmuster] „das kollektive Alltagshandeln, in dem sie Modelle von (ideal-)typischen Situationen bereitstellen, unter die Sachverhalte, Ereignisse und Erfahrungen anhand bestimmter Merkmale subsumiert werden. [...]
> Voraussetzung für die Kollektivität von Deutungsmustern sind Weitergabe und Austausch zwischen den Subjekten. [...] Die soziale Geltung wird hier zum einen durch den interaktiven Musterabgleich im Alltagshandeln, zum anderen durch die Übermittlung idealtypischer Fallbeispiele – sei es in Erzählungen oder massenmedialen Darstellungen – sichergestellt.
> Neue Deutungsmuster erhalten soziale Gültigkeit primär durch ihre mediale Verbreitung" (Plaß & Schetsche, 2001, S. 523-524).[49]

Durch ihren Modellcharakter reduzieren Deutungsmuster die Komplexität sozialen Handelns, weil „[m]it der mustergeleiteten Definition einer Situation [..] deren Relevanz, die zu ihr passenden Emotionen und ein Feld möglicher Handlungen

---

48   Der Aufsatz von Oevermann, der ursprünglich 1973 verfasst wurde, zirkulierte viele Jahre als unveröffentlichtes Manuskript (Plaß & Schetsche, 2001, S. 512). Die Publikation eines Großteils des Manuskripts erfolgte erst 2001 (Oevermann, 2001 [1973]) zusammen mit dem „Versuch einer Aktualisierung" durch dessen Verfasser (Oevermann, 2001). Wesentliche Beiträge der – ihrer Meinung nach bis zu diesem Zeitpunkt nur unzureichend geführten – Diskussion bezüglich des Konzepts der sozialen Deutungsmuster stellen Plaß & Schetsche (2001, S. 512-515) vor, ein sehr kompakter Literaturüberblick findet sich bei Höffling et al. (2002, S. 2).

49   Diese Grundannahmen werden in nahezu gleicher Form bei Höffling et al. (2002, S. 2-3) und Schetsche (2008, S. 109-110) beschrieben. In einer früheren Arbeit hat der Letztgenannte diese weniger stark differenzierend als drei zentrale Funktionen sozialer Deutungsmuster angeführt (Schetsche, 1996, S. 67-68). Der Vergleich mit den Ausführungen von Plaß & Schetsche (2001, S. 522-524), auf die im o. s. Haupttext Bezug genommen wird, legt die Vermutung nahe, dass diese auf den älteren Überlegungen Schetsches aufbauen.

bestimmt [sind]" (ebd., S. 523). Neben der Komplexitätsreduktion nennen Plaß & Schetsche (2001, S. 525-527) drei weitere zentrale Funktionen von sozialen Deutungsmustern. Die zweite und dritte Funktion (Antizipation von Situationsentwicklungen sowie Verständigung über Grenzsituationen) können jedoch als Konkretisierungen der Komplexitätsreduktionsfunktion gesehen werden. Als vierte Funktion führen die Autoren die „Erzeugung sozialer Gemeinschaft" (ebd., S. 525) an. Soziale Gemeinschaft wird durch geteilte Deutungsmuster befördert, da Menschen durch diese dazu animiert werden, bei bestimmten Gelegenheiten ähnlich zu handeln, zu kommunizieren, zu empfinden und zu urteilen. Auch, wenn dies nicht der Fall ist, was z. B. auf abweichende Ziele, Wertvorstellungen und/oder Erwartungen zurückzuführen sein kann, ermöglichen geteilte Deutungsmuster zumindest, dass die Handlungen des oder der anderen nachvollziehbar werden. Bezüglich dieser Funktion folgern die Autoren daher, dass der Einzelne sich „verstanden und von seiner Umgebung ‚getragen‘" (ebd., S. 527) fühlt, weshalb sie soziale Deutungsmuster als „den sozialen Kitt für die Mitglieder einer Gruppe, die sie teilen" (ebd.), bezeichnen.

Obwohl Deutungsmuster für bestimmte Gesellschaften bzw. Gruppen – zumindest in gewissem Maße – eine implizite Verbindlichkeit haben (Schetsche, 2008, S. 110), können ihre Konkretisierungen bei unterschiedlichen Personen nicht als vollkommen übereinstimmend angenommen werden. Somit bilden „soziale Deutungsmuster nie ein vollständig geschlossenes und in sich widerspruchsfreies System von Interpretationen" (Oevermann, 2001 [1973], S. 30). Allerdings dürfen die individuellen Interpretationen nicht die grundsätzliche Kompatibilität verhindern:

> „Wir möchten diesen wichtigen Zusammenhang ausdrücklich in Form eines Kompatibilitätstheorems formulieren: *Ihre soziale Funktion können Deutungsmuster nur erfüllen, solange ihre individuellen Repräsentationen kompatibel zueinander bleiben*" (Höffling et al., 2002, S. 4).

> „Diese Kompatibilität ist gleichzeitig das entscheidende Merkmal für die Unterscheidung einzelner Deutungsmuster in der empirischen Analyse: Zu *einem* Deutungsmuster gehören alle individuellen Ausprägungen, die – sei es in realer Interaktion oder in fiktiver Konfrontation – untereinander kompatibel sind, also zu einer wechselseitig sicheren Erwartbarkeit des Handelns führen. Wenn dies nicht der Fall ist, haben wir es mit konkurrierenden Deutungsmustern zu tun" (Plaß & Schetsche, 2001, S. 527).

Die grundsätzliche Kompatibilität von Deutungsmustern zeigt sich darin, dass diese i. d. R. ohne bewusste Reflexion angewendet werden können (Plaß & Schetsche, 2001, S. 516-521). „Es handelt sich um Wissen, welches im alltäglichen Umgang nicht erklärt werden muß und den Akteuren dennoch als vollständiger, in sich konsistenter und handlungsanleitender Begründungs- und Deutungszusammenhang" (ebd., S. 517), also „als nicht hinterfragbare Selbstverständlichkeit"

(Oevermann, 2001 [1973], S. 24) erscheint. Tiefergehendes Nachdenken ist bei der Anwendung normalerweise nur erforderlich, wenn Inkonsistenzen auftreten, weil sich etwa andere nicht so verhalten, wie es zu erwarten wäre oder wenn – z. B. aufgrund der Änderung sozialer Praktiken – eine Anpassung von Deutungsmustern nötig wird, die über deren ohnehin graduell erfolgende Entwicklung hinausgeht. Diese „normale" Entwicklung ist z. B. sich im Zeitverlauf ändernden gesellschaftlichen Werten und Einstellungen geschuldet.

2.5.3 Methodische Anmerkungen zur Deutungsmusteranalyse und nächste Schritte

Plaß & Schetsche (2001) empfehlen, bei der Deutungsmusteranalyse einem interdisziplinären Ansatz zu folgen, der sich sowohl der Bedeutungs- als auch der Konstruktionsebene zuwendet:

> „Wir schlagen in diesem Zusammenhang ganz konkret vor, ausgewählte Deutungsmuster in einem mehrstufigen Forschungsprozeß durch verschiedene interdisziplinäre Arbeitsgruppen in [ihrer] historischen Entstehung und Verbreitung, den früheren und der aktuellen Konfiguration sowie [ihrer] heutigen Geltung zu untersuchen. Dies würde nicht nur zu detaillierten und umfassenden Rekonstruktionen der betreffenden Deutungsmuster führen, sondern auch ermöglichen, die von uns postulierten Eigenschaften und Funktionen dieser Wissensform selbst sowie die sozialen Prozesse ihrer Verbreitung einer umfassenden synchronen und diachronen Prüfung zu unterziehen. Einem solchen empirischen Prüfprozeß möchten wir unsere wissenssoziologische Theorie sozialer Deutungsmuster hiermit überantworten" (ebd., S. 533-534).

Den o. s. Anregungen folgend, werden bei der Erarbeitung der nachfolgend untersuchten sozialen Deutungsmuster sozial-, sport-, wirtschafts-, kommunikations-, geistes-, rechts-, geschichts-, sprach- und naturwissenschaftliche Quellen konsultiert. Außerdem werden Fallbeispiele aus verschiedenen Mediengattungen und Lebensbereichen betrachtet. Dabei ist zu bestimmen, „welche Konsistenzregeln jeweils gelten, nach denen sich Kompatibilität und Inkompatibilität der Elemente der Deutungsmuster jeweils bemessen" (Oevermann, 2001 [1973], S. 20). Wie in Kapitel 2.5.2 deutlich wurde, kann nämlich nur von *einem* sozialen Deutungsmuster ausgegangen werden, wenn dem Kompatibilitätstheorem entsprochen wird. „Der einfachste empirische ‚Test' auf die *soziale Geltung* eines Deutungsmusters ist [dabei] nicht der [...] Vergleich der introzeptierten Muster" (Plaß & Schetsche, 2001, S. 531), der z. B. durch Interviews erfolgen kann, sondern „die Analyse der medialen Musterverwendung" (ebd.). Folglich werden über wissenschaftliche Quellen hinaus vielfältige Beispiele und Fallstudien aus der „medialen Musterverwendung" in die nachfolgenden Betrachtungen einfließen. Hierbei ist wiederum von Bedeutung, dass sich viele Deutungsmuster über lange Zeit entwickelt haben und ihnen daher ein historisch gewachsenes Verständnis inhärent ist:

„Je länger ein Deutungsmuster schon gilt und je mehr Gesellschaftsmitglieder es teilen, desto fragloser tritt es in Erscheinung und desto höher sind Grad und Komplexität des impliziten Wissens. Im Umkehrschluß läßt sich formulieren: Je aktueller ein Deutungsmuster ist, und je mehr Menschen es gibt, die es (noch) nicht teilen, desto ausdifferenzierter sind seine Elemente manifest präsent" (Plaß & Schetsche, 2001, S. 517).

Die fundierte Beschäftigung mit etablierten sozialen Deutungsmustern bedarf folglich einer tiefgehenden Analyse, die in der medialen Musterverwendung nicht nur expliziete Zusammenhänge, sondern auch das implizite Wissen identifiziert. Im o. s. Zitat fordern Plaß & Schetsche (2001) neben der Rekonstruktion interessierender Deutungsmuster, auch die „sozialen Prozesse ihrer Verbreitung einer umfassenden [...] Prüfung zu unterziehen" (ebd., S. 534). Dies erscheint nicht zuletzt deshalb sinnvoll, da so besonders relevante Kommunikatoren identifiziert werden können. Aus diesem Grund wird nachfolgend der Betrachtung von für die soziale Exposition bedeutenden sozialen Deutungsmustern eine Modellbildung bezüglich der zugehörigen gesellschaftlichen Bedeutungskonstruktion, -reproduktion und -rezeption vorangestellt. Hierfür wird im nächsten Kapitel zuerst der moderne Wettkampfsport sehr kompakt als soziales Deutungsmuster analysiert (Kapitel 3.2). Anschließend werden weitere relevante Aspekte betrachtet, die u. a. zur Weiterentwicklung des arenatheoretischen Modells von Öffentlichkeit (Kapitel 2.4.2) sowie des Modells des parasozialen Prozesses (Kapitel 2.3.4) herangezogen werden. Diese Weiterentwicklungen werden schließlich derart zusammengefasst, dass ein „analytischer Rahmen" für die Analyse sozialer Exposition im und durch Sport sowie insbesondere der damit in Zusammenhang stehenden sozialen Deutungsmuster entsteht (Kapitel 3.5.2).

3 Herleitung des analytischen Rahmens

3.1 Einleitende Bemerkungen

In Kapitel 2.5.2 wurde erwähnt, dass soziale Deutungsmuster „das kollektive Alltagshandeln [strukturieren], in dem sie Modelle von (ideal-)typischen Situationen
bereitstellen, unter die Sachverhalte, Ereignisse und Erfahrungen anhand bestimmter Merkmale subsumiert werden" (Plaß & Schetsche, 2001, S. 523). Im
Rahmen dieser Arbeit wird angenommen, dass sowohl der moderne Wettkampfsport als auch bestimmte mit diesem in Zusammenhang stehende Formen sozialer
Exposition soziale Deutungsmuster darstellen. Da Letztere in den Erstgenannten
eingebettet sind, wird demnach zuvorderst danach gesucht, welche grundlegend
relevanten „sozial geltende[n], mit Anleitungen zum Handeln verbundene[n] Interpretationen der Umwelt und des Selbst" (Schetsche, 2008, S. 109) den Wettkampfsport als sozialen Rahmen prägen. Diese „Rekonstruktion [...] des Musters"
(Höffling et al., 2002, S. 11) wird für den modernen Wettkampfsport in Kapitel
3.2 allerdings nur unvollständig geleistet, da nicht sämtliche wichtigen Bedeu-
tungszusammenhänge, sondern primär die für soziale Expositionsprozesse besonders relevanten Aspekte herausgearbeitet werden.

Wie Kapitel 2.5.3 nahelegt, werden vor diesem Hintergrund spezifische Prozesse der Verbreitung und Rezeption sportlerbezogener Kommunikation betrachtet, da letztendlich durch diese die Bedeutungskonstruktion und -reproduktion bezüglich des Sports und seiner Akteure erfolgt. Hierzu werden in Kapitel 3.3.1 zuerst bedeutende Aspekte des passiven Sportkonsums beschrieben. Diese werden
dann in Kapitel 3.3.2 herangezogen, um das bereits in Kapitel 2.3.4 hergleitete
Modell des parasozialen Prozesses (zusammenfassend dargestellt in Abb. 13) weiter an den Betrachtungsgegenstand dieser Arbeit anzupassen. Dabei werden zusätzliche Aspekte berücksichtigt, die für die Rezeption von Sportlerpersonae bedeutend sind, und es werden Modifikationen vorgenommen, die die analytische
Anwendung vereinfachen. Da die soziale Exposition im und durch Sport nicht allein durch Spezifika des Rezeptionsprozesses geprägt ist, sondern die Rezeption
immer eine Reaktion auf ein kommunikatives Angebot ist, werden in Kapitel 3.4
außerdem die für den Sport besonders bedeutenden Kommunikatoren bzw. Kommunikationsbereiche betrachtet, welche das sog. „Magische Dreieck" bilden: Medien und Wirtschaft sowie der Sport selbst bzw. seine Akteure. Vor diesem Hintergrund wird in Kapitel 3.4.5 das „arenatheoretische Modell von Öffentlichkeit

unter besonderer Berücksichtigung von Sport, Wirtschaft und Medien" zusammengestellt.
Kapitel 3.5.1 dient der Zusammenfassung des Kapitels 3. Anschließend wird
in Kapitel 3.5.2 zuerst das Modell des parasozialen Prozesses im Sport erstellt,
welches dann in den analytischen Rahmen dieser Arbeit eingearbeitet wird. Vor
dessen Hintergrund werden vor allem in den folgenden Kapiteln 4 und 5 diejenigen sozialen Deutungsmuster herausgearbeitet, die für die soziale Exposition im
und durch Sport von zentraler Bedeutung sind.

3.2   Moderner Wettkampfsport als soziales Deutungsmuster

3.2.1   Einleitende Bemerkungen

Sport bzw. „practices resembling the individual or recreational or theatrical activities we now call 'sport'" (Mandell, 1984, S. xi) ist

> „ein anthropologisches Phänomen[, da] – soweit bekannt – Menschen zu allen Zeiten
> und in allen Kulturen ihren Körper und ihre Bewegungsfähigkeit nicht nur zu existenziellen Zwecken – also zum Überleben – eingesetzt, sondern immer auch in spielerischer Absicht bzw. im Wettstreit kulturell überformt haben" (Prohl & Scheid, 2009,
> S. 45).[50]

Derartige Praktiken sind folglich über die Grenzen verschiedener Zeiten, Gesellschaften und Kulturen hinweg durch Ähnlichkeiten verbunden (Elias, 1983, S. 15-
16), weshalb Schwartz den Sport als „significant, if not universal, cultural phenomenon" (Schwartz, 1973, S. 25)[51] bezeichnet. In der Moderne kulminieren diese
Ähnlichkeiten darin, dass viele Sportarten grundsätzlich nach den gleichen Regeln
betrieben werden, die internationale Sportorganisationen festlegen.[52] Es scheint

---

50   Einen Überblick über die Entwicklung des Sports als Kulturtechnik bietet z. B. Mandell (1984).
      Die Entwicklung von Sportveranstaltungen von der Antike bis zur Gegenwart wird in kompakter
      Form von Luh (1992) im Aufsatz „Grosse Sportfeste früher und heute" betrachtet.
51   Der Autor betrachtet zur Untermalung folgende Beispiele: die Olympischen Spiele im alten
      Griechenland, Circus und Gladiatoren-Wettkämpfe im alten Rom, Turniere zur Demonstration
      militärischer Fähigkeiten im Mittelalter und Schieß-, Reit-, Boxwettbewerben in „frontier
      America" (Schwartz, 1973, S. 25-26).
52   Wobei anzumerken ist, dass „[v]iele Sportarten, die heute in der ganzen Welt auf fast gleiche
      Art und Weise ausgeübt werden, [..] ihren Ursprung in England [haben]. Von dort breiteten sie
      sich besonders in der zweiten Hälfte des 19. und der ersten Hälfte des 20. Jahrhunderts in andere
      Länder aus" (Elias, 1975, S. 81). Vor diesem Hintergrund ist verständlich, dass sich der
      ursprünglich englischsprachige Begriff „Sport" international als Überbegriff durchgesetzt hat
      (ebd.) und auch diejenigen Praktiken umfasst, die nicht auf englische Wurzeln zurückzuführen
      sind.

somit, dass der Sport als etabliertes soziales Deutungsmuster betrachtet werden kann, das sich durch einen hohen Grad impliziten Wissens auszeichnen dürfte. Allerdings kann der Sport als soziales Phänomen trotz aller Ähnlichkeiten „nur in seinen kulturspezifischen Besonderheiten beschrieben und verstanden werden [kann]" (Heinemann & Schubert, 2001, S. 11; vgl. auch Elias, 1975, 1983; Heinemann, 1975, S. 15). Denn „Sport ist ein Abbild der Gesellschaft, aus der er hervorgeht und in die er wieder hineinwirkt" (Voigt, 1992, S. 146). Er entwickelt sich in Abhängigkeit von ihr und wird durch ihre Werte und Normen geprägt (Weiß, 1999, S. 10). Sport muss folglich als integraler Bestandteil eines sozialen Systems verstanden werden (Eisenberg, 1999, S. 13; Heinemann, 1998, S. 29), in welchem sich dessen Wertesystem widerspiegelt (Weiß, 1999, S. 141). Das heißt, dass das Sportverständnis nicht in jedem Land und in jeder Kultur zu jeder Zeit gleich ist (Heinemann, 1998, S. 33; Heinemann & Schubert, 2001, S. 10-12; Mandell, 1984, S. xi).[53] Die Ähnlichkeiten sollten daher nicht überbetont werden, da dies dazu führen kann, den Blick für die Unterschiede zu verlieren (Elias, 1983, S. 15-16). Die Scham- und Peinlichkeitsschwellen können beispielsweise verschieden sein, ebenso die Akzeptanz von Gewalt (Elias, 1975, S. 85-108, 1983, S. 15-16; Heinemann, 1998, S. 146).[54] Ferner können sogar innerhalb einer Gesellschaft „die sportbezogenen Bedürfnisse, Werte, Leitbilder, Einstellungen, Verhaltensmuster, Interessen, Leistungsmotive sowie die Leistung anreizende Belohnungen" (Voigt, 1992, S. 197; vgl. z. B. auch Weiß, 1999, S. 13) differieren, weil sie z. B. schichtspezifischen Unterschieden unterworfen sind (Eisenberg, 1999, S. 13; Heinemann, 1998, S. 40; Voigt, 1992, S. 165; Weiß, 1999, S. 54). Der Sport ist folglich „ein Mikrokosmos der Gesellschaft" (Weiß, 1999, S. 10) mit all ihren Facetten.

Diese Erkenntnis ist sehr wesentlich, wenn der Sport als soziales Deutungsmuster begriffen wird, denn: „Sport, as so many theorists from Huizinga to Callois to Brohm have pointed out, is pure illusion, pure surrender to unnecessary obstacles" (Morrow, 1992, S. 75). Der moderne Wettkampfsport ist im Grunde

---

53 Dieser Zusammenhang wurde schon in der Antike reflektiert. So setzten sich manche Denker damit auseinander, dass ein unbedarfter Gast kaum Gefallen an den Agonen finden, diese nicht einmal verstehen dürfte (Emrich, Papathanassiou & Pitsch, 2000, S. 192-193).

54 Eisenberg (1999, S. 88) weist z. B. darauf hin, dass im 18. Jahrhundert Ballspiele wie das Cricket, welches in England auch von Erwachsenen mit viel Enthusiasmus gespielt wurde, von Reisenden aus Deutschland als derer unwürdig eingestuft wurde. Ballspiele waren dort Kinderspiele. Die sog. „blood sports", die sich in England großer Beliebtheit erfreuten, wurden als grausam und verwerflich eingestuft und auch an Pferderennen nahmen die Besucher vom Festland Anstoß, da sie diese herrschaftlichen Tiere so nicht behandelt wissen wollten. Die Autorin führt dies darauf zurück, dass die englische Leidenschaft, in großem Rahmen auf Sportereignisse zu wetten, in Deutschland fehlte, weshalb sportliche Wettkämpfe dieser Art keine Verbreitung gefunden hatten.

eine leer laufende Handlung (Bette, 2010a). Das bedeutet, dass dessen funktionales Ergebnis – z. B. der Wurf eines Speeres oder ein Lauf über 20 Kilometer – an sich eigentlich keinen Sinn ergibt. Niemand besiegt durch den Sport einen angreifenden Feind[55] oder flieht vor diesem, ernährt sich von dem unmittelbaren Wettkampfergebnis oder kann in diesem wohnen. Daher eignet sich der Sport hervorragend dazu, mit Funktionen beladen zu werden, die allerdings jeweils der Interpretation derjenigen entstammen, die dem Sport diese zuschreiben.[56] Lenk hält folglich fest: „The most important functions of sport are not just sport. They are and remain educational, social and philosophical" (Lenk, 2000b, S. 155).

Einige der konkreten, für die vorliegende Arbeit besonders relevanten Funktionen, die der Sport erfüllen kann, sind die Vermittlung von Sinn (Weiß, 1999, S. 14; vgl. auch Kapitel 2.2.2) sowie sozialer Anerkennung und Erfüllung (Weiß, 1999, S. 161; vgl. auch Kapitel 2.3.2 und 2.3.3), die Befriedigung des Bedürfnisses nach Anbindung und Identifikation (vgl. hierzu Kapitel 2.3.2 und 2.3.3) sowie die Stimmungsregulation (Alfermann & Stoll, 2005, S. 251-252; Schlicht & Strauß, 2003, S. 140-141) und das Spannungserleben (Messing & Lames, 1996a, S. 112-114, 1996b, S. 141-143, 1996d, S. 102-106).[57] Aufgrund der genannten und weiterer Funktionen wird der Sport oft als Gegenpol zu Arbeit und Alltagsleben gesehen, die vielen Menschen langweilig und unpersönlich erscheinen (Weiß, 1999, S. 152-153; vgl. auch Bette, 2004, S. 60-61). Auch wird im Sport, anders als in der modernen Industriegesellschaft, eine ideale Form des Leistungsprinzips vor-

---

55 Im antiken Griechenland dienten diejenigen Handlungsformen, in deren Tradition sich vor allem der olympische Sport sieht, sehr wesentlich dazu, diejenigen Fähigkeiten und Fertigkeiten zu trainieren und zu demonstrieren, die im Krieg wichtig waren. Herausragende sportliche Fähigkeiten steigerten das soziale Ansehen, da angenommen wurde, dass diese sich auch im Krieg anwenden lassen würden (Heinemann, 1998, S. 266). Diese Funktion des Sports ist heute i. d. R. nicht mehr gegeben.

56 In Kapitel 2.2.2 wurde auf die theoretischen Grundlagen von Attributionen eingegangen, die bei diesen Sinnzuschreibungen von zentraler Bedeutung sind. Außerdem sei an das „Thomas-Theorem" erinnert: „If men define situations as real, they are real in their consequences" (Thomas & Thomas, 1928, S. 572).

57 Die genannten Funktionen sind in der Praxisbetrachtung oft nicht klar voneinander zu trennen, da sie sich gegenseitig bedingen oder in Kombination auftreten, was z. B. an Studien von Messing und Lames nachvollzogen werden kann: Besucher eines Tennisspiels gaben einen „spannungsvollen Verlauf" und „spektakuläre Aktionen" (Messing & Lames, 1996d, S. 102-106), die eines Basketballspiels „schöne Körbe sehen" und „etwas Spannendes erleben" (Messing & Lames, 1996a, S. 112-114), die eines Frauenhandballspiel „guten Handball sehen" und „Spannung erleben" (Messing & Lames, 1996b, S. 141-143) und Golfzuschauer „hochklassiges Golf sehen" (Messing & Lames, 1996c, S. 171-172) als wichtigste Gründe des Veranstaltungsbesuchs an. Diese Antworten können derart interpretiert werden, dass die betreffenden Veranstaltungen Grund zur Freude bieten (aufgrund hochklassiger oder spektakulärer Leistungen) bzw. der Eintönigkeit des Alltags entgegenwirken (durch Miterleben eines spannenden Spiels) und dadurch positive Stimmung zu schaffen vermögen.

gelebt, welches sonst so nicht existiert. Zwar wird die moderne Industriegesellschaft als Leistungsgesellschaft betitelt, allerdings oftmals als „Erfolgsgesellschaft" (Weiß, 1999, S. 156) erlebt. Es ist meist nicht nachvollziehbar, warum jemand beruflich erfolgreich ist. Meist vermag kein Außenstehender mit Sicherheit abzuschätzen, ob er gute Arbeit leistet, gute Beziehungen hat oder sich gut darstellen kann (Bette, 2007, S. 250; Heinemann, 1998, S. 60; Krockow, 1972, S. 95). Sportliche Leistung hingegen kann unmittelbar *miterlebt* werden und ist den Sportanhängern – sofern sie diese vor dem Hintergrund eines geteilten sozialen Deutungsmusters interpretieren – direkt verständlich (Bette, 2007, S. 250; Emrich & Messing, 2001, S. 55-56; Heinemann, 1998, S. 60). „Mit alledem erscheint der Sport in der Industriegesellschaft fast wie der Entwurf einer Utopie: als ein Versprechen dessen, was allgemein sein sollte, aber nicht ist" (Krockow, 1972, S. 102).

3.2.2   Drei zentrale Charakteristika des Wettkampfsports

Bei einer Analyse des Leistungs- bzw. Wettkampfsports als soziales Deutungsmuster können bestimmte Eigenheiten identifiziert werden, die dessen Wahrnehmung grundlegend prägen. Das bedeutet, dass diese für das Handeln im Sport, die Bewertung sportlichen Handelns sowie die besondere Eignung des Sports, sozial exponierte Personen hervorzubringen, von zentraler Bedeutung sind. Drei für die vorliegende Arbeit besonders relevante – und interdependente – Charakteristika werden nachfolgend genannt und anschließend näher betrachtet:[58]

1. Das Wirken im Sport steht im Zentrum der Bewertung von dessen Akteuren.
2. Sportliche Leistung ist relativ unbeständig, sportlicher Ruhm wird daher normalerweise nur „auf Zeit" (Tränhardt, 1994) errungen bzw. verliehen.
3. Der moderne Sport zeichnet sich im Vergleich zum Alltag durch eine nachhaltige „Komplexitätsreduktion" (Emrich & Messing, 2001, S. 63) aus.

Die erstgenannte Eigenheit bedeutet, dass soziale Exposition von Sportakteuren i. d. R. primär aufgrund von sportlicher Leistung erfolgt (Boorstin, 1961, S. 61). Das heißt, dass das Wirken des Sportlers mit dem Ziel der Effekterzielung im Sport das wesentliche Kriterium ist, welches für seine Bewertung herangezogen wird. Zentral ist somit, ob dessen Handeln dazu geeignet ist, Wettkämpfe zu ge-

---

58   Die in diesem Kapitel vorgestellten Überlegungen basieren auf Ausführungen in anderen Aufsätzen des Verfassers, auf die im Text nicht gesondert verwiesen wird (Könecke, 2012, S. 46; Könecke & Schunk, 2013, S. 201-207). Diese können ggf. ergänzend herangezogen werden.

winnen und somit der Systemlogik des Wettkampfsports zu genügen, die „gewinnen oder verlieren" lautet (Bette, 1999, S. 37-42; Heinemann, 1989, S. 11-12). Emrich & Messing (2001, S. 63) erklären dies mit der zunehmenden Spezialisierung, „die typisch für unsere Gesellschaften ist". Harris (1994, S. 8) nennt weitere Autoren, die ähnlich argumentieren.

Einer möglichen sozialen Exposition ist die Spezialisierung des Sportlers gerade auf den Sport insofern zuträglich, als dass der Sport (vor allem von Männern) für besonders wichtig gehalten wird (Holt & Mangan, 1996, S. 1; Smith, 1973, S. 63). Oftmals wird dem Sport ganz selbstverständlich eine so große Bedeutung eingeräumt, dass er massiv in andere Gesellschaftsbereiche hineinwirkt oder dies zumindest vermutet wird. So wird z. B. in der Wirtschaftszeitung Handelsblatt der Rückgang der Umsätze an deutschen Börsen – der während der Fußball-Weltmeisterschaft 2006 im Vergleich zum Vormonat 18% betrug – der Ablenkung durch passiven Fußballkonsum zugeschrieben. Bei den überwiegend von Privatpersonen frequentierten Online-Brokern betrug diese Differenz gar 30% (o. V., 2006f, S. 22). Dass andere Faktoren, wie der sehr warme Sommer oder die Schulferien, auch eine Rolle gespielt haben könnten, wird nicht weiter thematisiert. Ob die genannten Rückgänge – oder ein wesentlicher Teil davon – wirklich auf die WM zurückzuführen sind, ist hier allerdings nicht entscheidend. Beachtenswert ist vielmehr, dass es in einer der führenden Wirtschaftszeitungen Deutschlands fraglos für möglich gehalten wird, *dass* ein solches Ereignis, dessen Ergebnis an sich außerhalb des Sportsystems wertlos ist, derartige Auswirkungen haben *soll*.

Dass der Rezeption eines bedeutenden Sportgroßereignisses sogar in der Rechtsprechung eine besondere Bedeutung beigemessen wird, zeigt ein Urteilsspruch in einem Arbeitsgerichtprozess. Ein Verkäufer hatte 2010 „während der Arbeitszeit ein Spiel der Fußball-WM im Fernsehen geschaut" (o. V., 2011, S. 45) und war daraufhin von seinem Arbeitgeber entlassen worden. Die Kündigung des Mannes wurde jedoch als nicht zulässig eingestuft. Die Richter argumentierten, dass „Fußball [..] während einer WM so bedeutend [sei], dass von einem ‚sozialadäquaten Verhalten' ausgegangen werden könne" (o. V., 2011, S. 45). Diese Bedeutung des Sports und in Deutschland vor allem des Fußballs schlägt sich auch in Vornbäumens Kommentar zur Rolle Christoph Metzelders in der deutschen Fußball-Nationalmannschaft in der Vorrunde des WM-Turniers 2006 nieder: „[Er] hat eine vormals als labil geltende Mannschaft stabilisiert – und wenn es stimmt, was alle sagen, ein ganzes Land gleich mit" (Vornbäumen, 2006, S. 24).

Wie das gerade genannte Bespiel zeigt, kann im Sport demonstriert werden, „dass Subjekte allein oder in der Gruppe auch in der abstrakten Gesellschaft noch beherzt und handlungskräftig zupacken können und den alles entscheidenden Unterschied auszumachen vermögen" (Bette, 2010b, S. 5). Es ist deshalb so bedeutend, dass es „auf dem Sportplatz [...] nach wie vor auf den Einzelnen" (Wittstock,

1993, S. 280) ankommt, weil „[u]nsere Epoche [..] den Menschen immer anti-quierter und austauschbarer werden" (ebd.) lässt. Wie bereits in Kapitel 3.2.1 be-schrieben, erscheint der Sport als Idealbild von (Eigen)Leistung und Belohnung, da die

> „Selbstprofilierung durch Leistung erfolgt [und] nicht durch abstrakte kommunikative Fähigkeiten im Umgang mit Geld, Macht oder Wahrheit, sondern auf der Grundlage physischer, psychischer, sozialer und technisch-taktischer Kompetenzen. Die in anderen Sozialbereichen durchaus noch bedeutsamen Kriterien der Positionszuteilung wie Alter, Herkunft, Reichtum, Schönheit, Rasse, Geschlecht oder Religionszugehörigkeit spielen bei der Rangvergabe im Spitzensport explizit keine Rolle. [...] Im Spitzensport werden Leistungen und Erfolge auf der Wettkampfbühne dem Können der Sportler zugeschrieben, und nicht dem Wirken anonymer Mächte oder technischer Infrastruktursysteme" (Bette, 2007, S. 250).[59]

Das zweite o. g. Charakteristikum ist die relative zeitliche Unbeständigkeit sportlicher Leistung. Dieses ergibt sich aus dem ersten, da es gerade für das System des Sports typisch ist, dass ein Athlet sich regelmäßig mit anderen vergleicht, sich permanent beweisen muss. „Wer im Sport keine Leistung mehr bringt, ist nämlich rasch weg vom Fenster" (Franck, 2005, S. 27). Ein Sportler muss jeden Wettkampftag, jede Saison aufs Neue zeigen, was er kann, da die beteiligten Parteien vor einem Wettkampf immer als gleich gelten und dieser dazu dient, eine Hierarchie basierend auf der Wettkampfleistung herzustellen. Im Sport werden daher permanent „Auf- und Abstiegsprozesse" (Heinemann, 1998, S. 174) durch- und vorgelebt (Bette, 2007, S. 259-260; Emrich & Messing, 2001, S. 63; Franck, 2005, S. 27; Gebauer, 1996, S. 150; Giulianotti, 2002, S. 38; Schmidt & Högele, 2011, S. 10; Weiß, 1999, S. 166).

Diese Vergänglichkeit sportlichen Ruhmes erklärt den Titel eines Buches des früheren Weltklassehochspringers Tränhardt, in dem er Gespräche mit (ehemaligen) Sportgrößen beschreibt. Er lautet „Helden auf Zeit – Gespräche mit Olympiasiegern" (Tränhardt, 1994). Kann ein Sportler keine Erfolge mehr erringen, seinen Ruhm folglich nicht mehr erneuern, verblasst dieser schnell. Was dies für die Wahrnehmung der Sportler und den Umgang mit ihnen bedeuten kann, wird nachfolgend anhand verschiedener Beispiele aus unterschiedlichen Sportarten und verschiedenen Ländern nachvollzogen.

In einem Artikel der Businessweek über das Eröffnungsspiel der amerikanischen Basketball-Liga NBA im Jahr 2006 steht Folgendes zu lesen:

---

59 Wobei auch im Sport – besonders im Falle externer Attributionen (Kapitel 2.2.2) – durchaus auf „anonyme Mächte oder technische Infrastruktursysteme" (Bette, 2007, S. 250) verwiesen wird.

„Den amtierenden NBA-Meister Miami Heat deklassierten die Bulls am Dienstag (Ortszeit) in dessen Halle mit 108:66 (59:30). Nie zuvor hatte ein Titelträger sein Auftaktspiel so hoch verloren. [...]
Vor der Partie hatten Miamis Spieler noch ihre Meisterschaftsringe für die Vorsaison in Empfang genommen – doch die protzigen Schmuckstücke schrumpften im Laufe des Abends zu ,Deppen-Gold', wie die Zeitung ,Chicago Tribune' tags darauf süffisant kommentierte" (o. V., 2006j, S. 31).

Ein Bericht in der Frankfurter Allgemeinen Zeitung zu dem Spiel, vor dem den Eishockey-Spielern der Eisbären Berlin ebenfalls die Ringe für den Gewinn der Meisterschaft in der Vorsaison verliehen wurden, enthielt folgende Passagen:

„Die Eisbären haben sieben deutsche Titel in den vergangenen neun Spielzeiten geholt, gerade waren sie zum dritten Mal nacheinander deutscher Meister geworden. [Während der Verleihung der Meisterringe] an die Spieler [..] wurde unter den Klängen von ,Sonnenaufgang', der Einleitung von Strauss' ,Also sprach Sarathustra', das neue Meisterbanner unter dem Hallendach hochgezogen. [...]
Die Anhänger sangen nach dem dritten Gegentreffer [des folgenden Spiels, das 2:4 verloren wurde und nach dem die Mannschaft auf den letzten Tabellenplatz fiel] sarkastisch: ,Wir haben die rote Laterne.' Und nach dem Schlusspfiff eines Spiels, das mit dem ,Sonnenaufgang' begonnen hatte, setzte ein Pfeifkonzert ein. Die Eisbären, das Aushängeschild des deutschen Eishockey, sind an dem Tag, an dem sie sich groß feiern wollten, an einem Tiefpunkt angelangt" (Horeni, 2013, S. 28).

Gebauer beschreibt das gleiche Phänomen für die Fußball-Bundesliga, in der „Wegwerfhelden mit der Lebensdauer eines Bundesliga-Wochenendes [produziert werden]. Wer zwei Tore schießt, ist gleich ein Hero – gestern Harry Decheiver, ,der Knipser', heute Ulf Kirsten, ,der Knaller'" (Gebauer, 1996, S. 152). Die übliche Bewertung von Fußballspielern mit Schulnoten und die sehr verbreitete Bestimmung von Spielern des Tages, der Woche, des Monats usw.,[60] die nach jedem Spieltag in Presse, Funk und Fernsehen erfolgen zeugen ebenfalls von dieser Eigenart.

Dass Sportlern dieses Charakteristikum ihres Wirkungsfeldes sehr präsent ist, lässt der Kommentar des Rennfahrers Bernd Schneider erkennen, dessen „Bilderbuchkarriere [nach zwei schwierigen Jahren] ins Aus zu trudeln" (o. V., 2006a, S. 9) schien. Nach seiner Wahl zum „ADAC-Motorsportler des Jahres" sagte er: „Wenn du heute nicht mehr mithalten kannst, sind die Erfolge von gestern keinen Cent mehr wert" (ebd.). – Für das soziale Deutungsmuster Wettkampfsport – so

---

60   Beachtenswert ist in diesem Zusammenhang die Verleihung des Titels „Spieler des Tages" in der gleichnamigen Rubrik des Handelsblatts am 20.11.2006 an Kevin Kuranyi, die vornehmlich damit begründet wurde, dass dieser, trotzdem er mit einem Leistungstief und sportlichen Enttäuschungen zu kämpfen hatte, wieder Tore schoss (o. V., 2006g, S. 24). Gerade, *dass* er mit diesem Spezifikum des Sports vorbildlich umging, wurde bei der Begründung thematisiert.

lässt sich folgern – sind die auf Wettkampfergebnissen basierenden Prozesse der Statuszu- und -aberkennung sowohl für die Zuschauer und die Medien als auch für die Akteure offenbar fraglos systemimmanent.

Vor diesem Hintergrund ist leicht verständlich, dass Izod Sportler mit den sog. „year kings" (Izod, 1996, S. 188) vergleicht, deren kurze Regentschaft damit endete, dass sie geopfert wurden. Der Verlust ihres Lebens war folglich der Preis für Ruhm und Annehmlichkeiten, was ihnen allerdings bei Amtsantritt schon bewusst war. Heute werden Sportler bekanntlich nicht (mehr)[61] geopfert und gerade die Auf- und Abstiegsprozesse, die konstituierend für den Sport sind, sind ein wesentlicher Grund für dessen Attraktivität für Wettkampfathleten und Zuschauer. Ist die Möglichkeit der Niederlage nicht gegeben, verlieren beide das Interesse (Ashworth, 1975, S. 72; Brower-Rabinowitsch, 2006, S. 20), da der Sport wesentliche seiner Funktionen nicht mehr erfüllen kann.

Im Gegensatz zu den „year kings" können Sportler, die Zeit ihres Wirkens verlängern, indem sie sich im Wettkampf messen.[62] Diese Praxis kann, wie in Kapitel 2.4.3.3 bereits erwähnt wurde, in Anlehnung an das „costly signaling" interpretiert werden, da der Sportler seinen Status wahren oder verbessern möchte und „[social i]nequality is tolerated when signalers demonstrate their competitive superiority" (Bliege Bird & Smith, 2005, S. 223). Da im Sport bei jedem Wettkampf eine neue Hierarchie erstritten wird, ist – wie die o. s. Beispiele zeigen – das regelmäßige Wiederholen sportlicher Erfolge wichtig. Der Sportler kann sich also nicht auf seinem durch Wettkampfergebnisse errungenen Status ausruhen, da andere sehr leicht erkennen können, ob der diesen noch verdient:

> „Der Unterschied zwischen einem Tor und einem Fehlpass oder zwischen Assen und Doppelfehlern lässt sich nicht verwischen, mag der eine oder andere Sportler noch so viel Mundwerk darauf verwenden. […] Im Sport ist der Sieger der Sieger, und quasi automatisch wird ihm das entsprechende Prestige zuteil" (Weiß, 1999, S. 165-166).

Anders als es üblicherweise im Alltagsleben der Fall ist, können die Handlungen des Sportlers fast immer direkt bewertet und ihre Auswirkungen und Konsequenzen einfach erfasst werden. Es ist normalerweise unmittelbar (oder nach relativ kurzer Zeit) nachvollziehbar, ob der gewählte Weg richtig war oder nicht. Wie bereits in Kapitel 3.2.1 dargestellt wurde, wird eine „Komplexitätsreduktion" (Emrich & Messing, 2001, S. 63) – welche das dritte der hier betrachteten Charakteristika des Wirkens im Sport darstellt – herbeigeführt (Bette, 2007, S. 249, 2010a; Grupe, 1987, S. 74; Krockow, 1972, S. 95).

---

61 Für manche Kulturen ist diese Praxis überliefert.
62 Wobei sie dieser Möglichkeit im Vergleich zu anderen Lebensbereichen allerdings sehr früh verlustig gehen. Zu diesem altersbedingten Verlust des „Heldentums auf Zeit" äußern sich z. B. Gebauer (1997, S. 306), Gertz (2003, S. 152), Giulianotti (2002, S. 38), o. V. (1994b, S. 224), Rosenberg (1984), Schmidt (2006, S. 8-9), Stone (1975, S. 153).

Da das Sportsystem sich im Vergleich zu anderen Gesellschaftsbereichen durch eine bessere Verständlichkeit auszeichnet, werden Vergleiche mit dem Sport häufig genutzt, um außersportliche Zusammenhänge zu verdeutlichen. In einem Artikel in der Wirtschaftszeitung Handelsblatt wird z. B. der Volkswagen-Konzern zur Verdeutlichung eines wirtschaftlichen Sachverhalts mit dem deutschen Fußballmeister FC Bayern München verglichen (Weidenfeld, 2006, S. 89). Auch ohne die genauen ökonomischen Hintergründe zu verstehen, können derart die meisten Leser nachvollziehen, was ausgedrückt werden soll. Hierin zeigt sich, dass die allgemeine Verständlichkeit des Sports als soziales Deutungsmuster offenbar deutlich ausgeprägter ist als diejenige des Wirtschaftssystems.

Die Komplexitätsreduktionsfunktion des Sports zeigt sich jedoch nicht nur bei der Bewertung sportlicher Leistungen, denn

> „[d]ie Rollen [im Sport sind] holzschnittartig auf einfachste Konfrontationen zusammengeschnitzt [..]: Gegnerschaft – Kampf – wir – jene – Sieg oder Niederlage – Alles oder Nichts, Ja oder Nein: Die menschliche Neigung zur Zweierklassenbildung, zur Dichotomisierung, zur Wir-Gruppen-Bildung gegen Außenstehende, findet hier ein Darstellungsfeld" (Lenk, 1972, S. 157).

Identifikation und Anbindung – einige der in den Kapiteln 2.3.2 und 2.3.3 beschriebenen Funktionen, die der Sport für viele seiner passiven Konsumenten erfüllt – können im Sport ebenfalls leichter erfolgen als in anderen Lebensbereichen. Durch die leichte Nachvollziehbarkeit sportlicher Leistung können Sportzuschauer ihre Sympathien ohne aufwändige Reflexion, ohne großes Taktieren vergeben und derart – für sich relativ gefahrlos – ihren Wunsch „nach Überlegenheit, nach sozialer Abgrenzung […] stellvertretend verwirklicht" (Messing, 1996, S. 17-18; vgl. auch Turner, 1982, S. 34) sehen.

3.2.3   Fazit

Zusammenfassend kann bezüglich der Betrachtung des Wettkampfsports als soziales Deutungsmuster festgehalten werden, dass die zentrale Relevanz der sportlichen Leistung für die Statuszuweisung und deren geringe Dauerhaftigkeit der sozialen Exposition im Sport insofern entgegenkommen, als dass hiermit regelmäßige öffentliche Wettkämpfe einhergehen. Die Leistungserbringung im Sport erscheint dabei sehr gut nachvollziehbar, da dieser sowohl für Akteure als auch für Rezipienten „sozial geltende, mit Anleitungen zum Handeln verbundene Interpretationen der Umwelt und des Selbst" (Schetsche, 2008, S. 109) bereithält. Die Athleten im Sport und diejenigen, die ihr Handeln wahrnehmen, wissen also normalerweise, was von ihnen erwartet wird bzw. was sie erwarten dürfen.

Relevant sind diese Interpretationen allerdings nicht nur bei der Statuszuweisung im Sport. Dass dem Sport als gesellschaftlichem Subsystem eine sehr große Bedeutung beigemessen wird, ist ebenfalls eine interpretatorische Leistung. Da das Ergebnis (wettkampf)sportlichen Handelns im Kern bedeutungslos ist, erhält dieses seinen Wert erst durch Attributionen (vgl. Kapitel 2.2.2) individueller und kollektiver Akteure. Diese führen dabei eigenes und fremdes „Verhalten auf nicht unmittelbar beobachtbare (intuitiv als selbstverständlich angenommene) Ursachen" (Fischer & Wiswede, 2002, S. 286) zurück, die sie den Athleten bzw. dem Sport als Gesamtzusammenhang zuschreiben. Derart wird – gemäß dem Thomas-Theorem – die Wichtigkeit sportlicher Handlungen und des Sports als gesellschaftliches Subsystem konstruiert. Die besondere gesellschaftliche Stellung des Sports rührt ferner nicht zuletzt daher, dass dieser als verbreitetes soziales Deutungsmuster selbst von wenig sportaffinen Menschen „verstanden" wird. Wie im nächsten Kapitel deutlich wird, können daher sowohl Experten als auch weniger gut informierte Menschen dem passiven Sportkonsum etwas abgewinnen.

3.3 Passiver Sportkonsum und Modifikation des Modells des parasozialen Prozesses

3.3.1 Zuschauersport und Sportzuschauer

„Sport ist angesagt. Sport ist ‚en vogue'. [Wir] bewundern [..] passiv als Sportkonsumenten die fast übermenschlichen Leistungen der Spitzensportler, in deren Leistungsbereiche wir nie vordringen können. Wenn Rekorde fallen, dann steht nicht nur dem ‚kleinen Moritz' der Mund offen" (Knobbe, 2000, S. 8).

Wie bereits erwähnt (Kapitel 3.2.1), existierten schon lange vor dem modernen Sport kulturelle Bewegungsformen, die dem heutigen Sport ähnlich waren. Auch das gezielte Beobachten anderer Menschen beim „Sporttreiben" – passiver Sportkonsum – ist kein neues Phänomen: „The candle-flame of sports has always drawn people to watch skilled others at play" (Sloan, 1989, S. 175).[63] Die wissenschaftliche Erforschung von Sportrezipienten etablierte sich im deutschsprachigen Raum jedoch erst ab den 1970er Jahren. Im Mittelpunkt der Betrachtungen stand die Attraktivität des Sports vor allem wegen des Spannungser- und Emotionsauslebens (Norden & Weiß, 2008, S. 222-223). Zuschauerforschung wurde in erster Linie im Umfeld des Fußballs betrieben und dort insbesondere zur „Zuschaueraggressivität, besonders [dem] Fußball-Rabaukentum" (Dunning, 1981, S. 149-152).

---

63   Es finden sich beispielsweise in den klassischen Werken Homers, auf die später noch eingegangen wird (Kapitel 5.2), Beschreibungen von „Sport"zuschauern (Zuchora, 1983, S. 31).

Dieses Thema blieb seither vielbeachtet (Becker, 1982; Bliesener, 2009; Eisenberg, 2004; Friederici, 1998; Giurgi, 2008; Hofmann, 2008; Marsh, 1980, S. 122; Pilz, 1982, 1995; Schulz, 1986; Schulz & Weber, 1982; Weis, 1981).

Ganz allgemein kann die wechselseitige Einflussnahme von Zuschauern und Sportlern als wichtiges weiteres Forschungsthema gelten (Handke, 1980; Strauß, 1999, S. 58; Tedeschi et al., 1998, S. 97). Denn Zuschauer beeinflussen „die Leistung von Personen, die ein bestimmtes Ereignis produzieren bzw. aufführen. Die Akteure beeinflussen das Zuschauerverhalten und die Anwesenheit der Zuschauer beeinflußt das Verhalten anderer Zuschauer" (Tedeschi et al., 1998, S. 97).[64] Die sich hieraus ergebende Dynamik des Zusammenwirkens von Zuschauern bei Sportveranstaltungen hat sich inzwischen ebenfalls als Forschungsfeld etabliert. Dieses Zusammenwirken kann phasenweise bedingen, dass „die emotionalen Handlungen und Verhaltensweisen der [Zuschauer] kommunikativ [derart stark] in die Eventsituation" (Schlesinger, 2009, S. 151) hineinwirken, dass „keine sportlichen Impulse mehr erforderlich sind" (ebd., S. 170), um ein begeisterndes Zuschauererleben zu gewährleisten.[65] Für viele Menschen scheint gerade das gemeinsame Erleben ein wesentlicher Motivationsfaktor für passiven Sportkonsum zu sein (Durchholz, 2012; Gabler, 1998, S. 122, 125; Marsh, 1980; Messing, 1996, S. 17-18; Schlesinger, 2009, S. 149-150; Schwier, 2006, S. 44; Weiß, 1999, S. 182-185; Woratschek, Durchholz & Ströbel, 2010), wobei sich dieses – insbesondere bei Wahrnehmung gegnerischer Fangruppen – auch negativ auswirken kann (Durchholz, 2012, S. 179).

Ein weiterer wesentlicher Faktor für die Attraktivität des Zuschauersports klang im o. s. Zitat an: „watch skilled others at play" (Sloan, 1989, S. 175): Die Leistung der Sportler – und oft auch deren Persönlichkeit – werden häufig als wesentliche Gründe angeführt (Bette, 2008b; Gnädinger, 2010; Greenwood et al., 2006; Morangas Spà, 2001; Schafmeister, 2007; Steitz, 2000), wobei auch andere, mittelbar zum Geschehen gehörende Personen wie Trainer eine Rolle spielen können (Greenwood et al., 2006, S. 261-262).

Die Bedeutung der Sportler für die Zuschauer fasst Gnädinger sehr prägnant folgendermaßen zusammen: „[T]he athletes are the connection between fans and sports and therefore indispensable" (Gnädinger, 2010, S. 55). Dass für Sportzu-

---

64   Wenn Athleten bekannt ist, dass ihnen Zuschauer z. B. am Fernsehschirm zusehen, dürfte das ebenfalls verhaltensbeeinflussend wirken. Allerdings könnte sich die Unmittelbarkeit der persönlichen Anwesenheit noch stärker bermerkbar machen und in entsprechenden Studien methodisch einfacher zu berücksichtigen sein.

65   Eine grundlegende Studie zu dieser „Ko-Kreation" des Erlebniswerts im Rahmen von Sportveranstaltungen ist die Dissertationsschrift von Durchholz (2012) zum Thema „Ko-Kreation von Werten im Dienstleistungsmanagement – Eine empirische Analyse des Einflusses anderer Personen bei Sportevents".

schauer „im Sport Sinn produziert, Komplexität reduziert und deutlicher als anderswo eine heile und ideale Welt von Leistung und Belohnung vorgeführt [werden]" (Weis, 1995, S. 130; vgl. auch Krockow, 1972, S. 95-97; Lenk, 1972, S. 57-58) ist meist auf die Interpretation der von Sportlern gezeigten Handlungen zurückzuführen. Die für Sportzuschauer bedeutenden Identifikations- bzw. Interaktionsprozesse (Kapitel 2.3) beziehen sich i. d. R. auf die exponiert agierenden Sportler. Ein Beispiel hierfür ist die Schilderung einer kollektiv geteilten High-Level-PSI, die sich während des Elfmeterschießens des Viertelfinalspiels Deutschland gegen Argentinien bei der Fußball-Weltmeisterschaft 2006 zutrug:

> „Ich stand inmitten der am Boden und auf Bänken hockenden Kinder vom Bahnhof Zoo und der Obdachlosen, und schaute ihm [dem deutschen Torwart Jens Lehmann] im Fernsehen zu. Die Kinder und die Obdachlosen sahen sehr fertig aus, fertig von Drogen, von Alkohol, vom Leben, das es nicht gut mit ihnen meinte oder das sie weggeworfen haben. [...] Sie sangen: ‚Steht auf, wenn ihr für Deutschland seid.' Die Obdachlosen versuchten zu folgen. All die Penner, die Berber, die Zahnlosen, die Loser wollten sich erheben. sie schwankten, einige fielen wieder um, eine Frau plumpste wieder auf die Fresse. [...] Aber die Penner schafften es, sie standen, sie klatschten, sie sangen. Sie konnten den Rhythmus nicht halten, ihr Gesang war unverständlich. Lehmann hielt den Elfmeter. Das war die Stütze. Die Berber strafften sich. Lehmann hielt noch einen Elfmeter. Doch, doch, es war auf einmal Stolz zu sehen in diesen sonst so trüben Augen vom Bahnhof Zoo. Und dann tanzten sie und jubelten und es sah so aus, als spürten sie ihre Würde. Und das haben Jens Lehmann und [der damalige Ersatztorwart] Oliver Kahn geschafft" (Schümann, 2006, S. 24).[66]

Diese Beschreibung verdeutlicht die in Kapitel 2.3.2.3 theoretisch besprochene besondere Eignung des Sports für High-Level-PSI: Hohe *Ostrusivität und Persistenz* sind dadurch gegeben, dass der Torwart beim Elfmeterschießen häufig und relativ lange in Großaufnahme im Bild ist. Die *Adressierung* erfolgt zwar nicht direkt durch die Persona. Allerdings dürfte diese in gewisser Weise durch den Kommentar gewährleistet werden, der die Fernsehübertragung untermalt. Außerdem wird in der Beschreibung deutlich, dass sich die beobachteten Rezipienten als „aktive Teilnehmer" der Situation verstehen. Es kann somit gefolgert werden, dass die Adressierungsleistung während einer Rezeptionseinheit auch durch den Beitrag der Zuschauer gesteigert werden kann. Aufgrund der besonderen Wichtigkeit des Sports im Allgemeinen (Kapitel 3.2.2) und einer Fußball-Weltmeisterschaft im Besonderen werden die Zuschauer stark emotionalisiert. Sie sehen sich offenbar als relevante Situationsteilnehmer und erschaffen durch ihren Beitrag ein zusätzliches Element, das die Rezeption einzelner Sportlerpersonae stark beeinflusst.

---

66 Die Begleitumstände des Elfmeterschießens, auf das im Text Bezug genommen wird, bzw. der WM 2006 werden später in der Fallstudie zu Oliver Kahn wieder aufgegriffen (Kapitel 5.3.3.1.1).

Das gemeinsame Erleben und die zugehörigen Handlungen werten die Rezeptionssituation auf, was dazu führt, dass

> „sich die Rezipient/inn/en in besonderer Weise einbezogen fühlen [...] und [i]hre Ge-
> danken und Gefühle [...] auf ihre Rolle als Antwortende bzw. Situationsteilneh-
> mer/innen ausrichten, anstelle – wie bei einer indirekten Adressierung zu vermuten
> wäre – sich auf das Nachvollziehen und Verstehen der Persona(e) zu beschränken"
> (Hartmann et al., 2004b, S. 34).

Es zeigt sich, dass Besonderheiten der Rezeptionssituation im medial vermittelten
Sport die Adressierungsleistung von Sportlerpersonae nachhaltig stärken können.
Dass sich aus der gemeinschaftlichen Rezeption zusätzliche Nutzeneffekte erge-
ben, ist hierbei wesentlich dem geteilten Verständnis der Situation und von deren
Dynamiken geschuldet, welche die Rezipienten wechselseitig voraussetzen kön-
nen. Der Sport als soziales Deutungsmuster bietet Zuschauern einen gemeinsamen
Handlungs- und Erwartungsrahmen (Kapitel 3.2), der intensive geteilte Emotio-
nen ermöglicht (Krockow, 1972, S. 100).

Hinsichtlich der Rezeptionsform werden Sportzuschauer häufig unterschieden in solche, die direkt vor Ort einem Sportereignis beiwohnen, und solche, die
indirekt medial partizipieren (Cachay & Thiel, 2000, S. 146; Heinemann, 2007, S.
269, 2007, S. 262-263). Grundsätzlich kann jedoch davon ausgegangen werden,
dass sich auch diejenigen, die Sport unmittelbar an den Wettkampfstätten erleben,
nicht der medialen Berichterstattung entziehen können. Im Gegenteil dürfte es sogar normalerweise so sein, dass von Wettkampfbesuchern die mediale Berichterstattung über und die Werbung für ein Sportereignis als Informationsquellen genutzt werden und evtl. erst dessen Besuch bedingen. Gleichermaßen ist davon auszugehen, dass Besucher eines Sportereignisses die Nachberichterstattung – bzw.
Teile davon – verfolgen (Messing & Lames, 1996b, S. 146; vgl. auch Kapitel
3.4.2.2).

Da es in dieser Arbeit darum geht, soziale Exposition im und durch Sport zu
erforschen, ist folgender Zusammenhang bedeutend:

> „Die Sozialpsychologie des Mediensports [...] weist augenscheinlich in vielen Berei-
> chen Parallelen zur Sozialpsychologie des nicht medial vermittelten Sports auf [...]:
> In beiden Fällen konstituiert sich das Erleben des Sports zunächst aus Beobachtungen
> von Sportlern, Sportlerinnen und Mannschaften und deren Leistungen, aus Attributi-
> onsprozessen, sozialen Vergleichen, Sympathien und Antipathien sowie Prozessen
> der Identifikation oder Ablehnung" (Schramm, 2007b, S. 123; vgl. auch Schlesinger,
> 2009, S. 153).[67]

---

67 Schramm (2007b, S. 123) nennt in diesem Zusammenhang Arbeiten verschiedener Autoren,
    anhand derer er die im Zitat beschriebenen Parallelen nachvollzieht.

Unabhängig von der Rezeptionsform kommt es bei der Wahrnehmung von Sportlern immer zu den in Kapitel 2.3.2 beschriebenen parasozialen Prozessen (PSI und PSB). Gemäß den dortigen Ausführungen können diese Prozesse zwar in ihrer Intensität variieren, jedoch nicht vermieden werden, wenn die Wahrnehmung einer Sportlerpersona erfolgt.

Da der Sport als soziales Deutungsmuster ein „weithin dominierende[s] Phänomen der Alltagskultur" (Brinkmann, 2001, S. 41) darstellt und „jeder mit jedem [über diesen und dessen Akteure] kommunizieren kann" (Weiß, 1999, S. 183), ist davon auszugehen, dass fast alle Menschen in unserer Gesellschaft in sehr unterschiedlicher Intensität parasoziale Beziehungen zu einer Vielzahl von Sportlern unterhalten. Diese PSB werden von einer Reihe von Faktoren beeinflusst. Eine wichtige Rolle wird dabei neben den sozio-demographischen Faktoren (Heinemann, 1998, S. 11) der persönlichen Erfahrung mit und im Sport zugeschrieben:

> „Von besonderer Bedeutung ist, inwieweit eine ‚Konsumentenrolle' als Zuschauer mit eigenem Sporttreiben – möglicherweise in der gleichen Sportart – verbunden ist oder verbunden war. Sofern der Zuschauer auch Träger einer Sportausführungsrolle [...] war oder ist, hat er einen sportspezifischen Sozialisationsprozess durchlaufen: Hier wurden auf der Ebene des Sozialsystems Normen verinnerlicht und auf der Persönlichkeitsebene Motive und Einstellungen verfestigt, die sowohl für die Übernahme einer Zuschauerrolle, als auch für ihre Ausgestaltung bedeutsam sind (z. B. Regelkenntnisse)" (Messing, 1992, S. 243; vgl. auch Stollenwerk, 1996, S. 155-164).

Außerdem ist die individuelle Bedeutung relevant, die der Sport für den Betreffenden hat. Manche Menschen sind nicht sportinteressiert und verfolgen diesen höchstens sporadisch. Auf viele trifft jedoch das genaue Gegenteil zu: „For many, sports spectating is their only real diversion and they spend considerable portions of their income in its pursuit" (Sloan, 1989, S. 175).[68]

3.3.2   Modifiziertes Modell des parasozialen Prozesses

Die einleitenden Bemerkungen dieses Kapitels (Kapitel 3.3.1) haben die in Kapitel 2.3.4 vorgenommenen Anpassungen bei der Erstellung des Modells des parasozialen Prozesses (Abb. 13) bestärkt. Allerdings wurde deutlich, dass auch dieses Modell einiger Weiterentwicklungen bedarf, um der personenbezogenen Kommunikation und Wahrnehmung im Sport besser gerecht zu werden. Diese werden

---

68   Obwohl anzunehmen ist, dass er einige andere Dinge haben dürfte, mit denen er sich gewinnbringend beschäftigen kann, wird der Kabarettist Dieter Nuhr in der Frankfurt Allgemeinen Sonntagszeitung mit folgenden Worten zitiert: „Fußball ist für mich…So was wie Nahrung oder Fortpflanzung" (Nuhr, 2006, S. 16). – Dass der Sport im Leben eines Menschen eine herausragende Bedeutung hat, muss also nicht an mangelnden Alternativen liegen, wie das o. s. Zitat vielleicht vermuten lassen würde.

nachfolgend erläutert und anschließend in Abb. 16 bei der graphischen Modifikation des Modells berücksichtigt.

Bei der Sportrezeption können bei den Rezipienten u. a. durch die in den Kapiteln 2.3.2 und 2.3.3 beschriebenen Prozesse (z. B. PSI, BIRG, CORF usw.), die in Kapitel 3.3.1 weiter ausgeführt wurden, physiologische Prozesse hervorgerufen werden, wie sie auch bei den bewunderten Athleten ablaufen (Weiß, 1999, S. 183). Der Sport kann also im Rahmen parasozialer Prozesse, der Identitätsarbeit und durch Effekte gemeinschaftlicher Rezeption körperlich in besonderem Maße „miterlebt" werden. Die Rezipienten fühlen sich so mitunter sehr stark in das beobachtete Geschehen involviert. Beim passiven Sportkonsum wird daher die Wahrnehmung der Persona und deren soziale Kategorisierung durch die Rezeptionssituation beeinflusst. Die Wirkung der Rezeptionssituation auf die rezipientenseitigen States (Motivation und Erwartungen) ist daher bei parasozialen Interaktionssituationen im Sport gemäß Abb. 16 von wesentlicher Bedeutung. Wie sich zeigte, wirken diese States wiederum direkt auf die Wahrnehmung der Persona und nicht „nur" auf deren soziale Kategorisierung. Ferner ist in Ergänzung des Modells des parasozialen Prozesses aus Kapitel 2.3.4 davon auszugehen, dass verschiedene Rezipienteneigenschaften – z. B. Alter, Geschlecht und Sportinteresse – neben der Motivation und den Erwartungen direkt die Wahrnehmung der Persona und deren soziale Kategorisierung beeinträchtigen. Dieser Zusammenhang wurde ebenfalls in Abb. 16 übernommen.

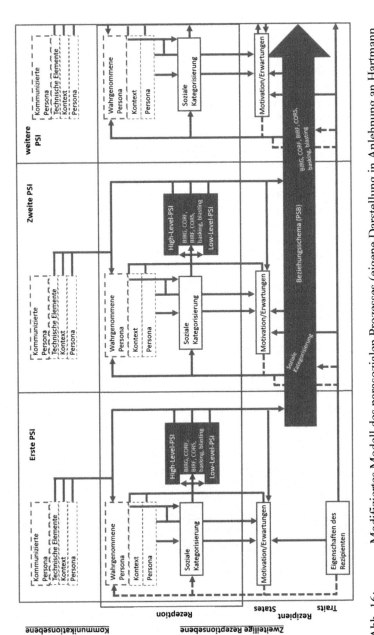

Abb. 16:   Modifiziertes Modell des parasozialen Prozesses (eigene Darstellung in Anlehnung an Hartmann et al., 2004a, S. 43)

Legende: Pfeile verdeutlichen Einflüsse. Neu hinzugefügte bzw. wesentlich veränderte Elemente sind durch gestrichelte Pfeile bzw. gestrichelte Umrandungen oder Unterstreichungen gekennzeichnet.

Schließlich findet sich im modifizierten Modell des parasozialen Prozesses eine andere Benennung einiger Elemente der „personabezogenen" – auf eine Persona bezogenen – Kommunikation und Rezeption, da diese analytisch passender zu sein scheint. Künftig wird in „technische Elemente" und „inhaltliche Elemente" unterschieden, wobei sich Letztere in „Kontext" und „Persona" unterteilen. Bei Einführung des Zwei-Ebenen-Modells parasozialer Interaktion in Kapitel 2.3.2.2 wurde deutlich, dass Obstrusivität und Persistenz durch den Rezipienten praktisch nicht wesentlich beeinflusst werden können. Gleiches gilt allgemein für die verschiedenen technischen Elemente, mit denen bei der Darstellung Obstrusivität und Persistenz hergestellt werden. Beispielhaft können hierfür die Kameraführung oder die Beleuchtung genannt werden. In Abb. 16 werden Obstrusivität und Persistenz daher auf der „Kommunikationsebene" bei der Gestaltung der „kommunizierten Persona" durch die allgemeinere Bezeichnung „technische Elemente" ersetzt. Diese technischen Elemente umfassen auch bestimmte „Elemente der medialen Darstellung" (Kapitel 2.3.2.3) – wie etwa die musikalische Untermalung – die bisher analytisch der Adressierung zugeordnet wurden.

Gemäß der Ausführungen in den Kapiteln 2.3.2.2 (hier wurde das Zwei-Ebenen-Modell parasozialer Interaktion eingeführt) und 2.3.2.3 (PSI und PSB im sozial vermittelten Sport) sowie im aktuellen Kapitel resultieren „Adressierung" und „motivationsrelevante Personaeigenschaften" aus verschiedenen Faktoren, die der „Persona" sowie dem „Kontext", in dem diese wahrgenommen wird, zugerechnet werden können. Diese Aufteilung scheint nicht zuletzt deshalb sinnvoll zu sein, da bei der Beurteilung von Personen mittels Attributionsprozessen die „Lokation" eine wesentliche Rolle spielt (Kapitel 2.2.2). Wie im genannten Kapitel ausgeführt wurde, fließen bei Ursache-Wirkungs-Analysen der Zuschauer gemäß Attributionen die Einschätzung internaler – z. B. Trainingsfleiß – und externaler Ursachen – z. B. die Schwierigkeit der Aufgabe – mit ein. Folglich „ersetzen" im überarbeiteten Modell die beiden inhaltlichen Elemente Kontext und Persona sowohl auf der Darstellungs- als auch auf der „zweiteiligen Rezeptionsebene" Adressierung und motivationsrelevante Personaeigenschaften. Die Rezeptionsebene besteht dabei weiterhin aus den stabilen Traits und weniger stabilen States des Rezipienten sowie der „Rezeption" als interpretativer Leistung und Reaktion auf ein Angebot der Kommunikationsebene. Wesentliches Element der Rezeption ist die „wahrgenommene Persona", die auf Basis von Eindrücken konstruiert wird, die den inhaltlichen Elementen Kontext und/oder Persona zuzurechnen sind (Abb. 16).

3.4   „Magisches Dreieck" und modifiziertes arenatheoretisches Modell von Öffentlichkeit

3.4.1   Sport, Wirtschaft und Medien – das „Magische Dreieck"

In den letzten Jahrzehnten hat eine zunehmende „Verschränkung [des Sports] mit Wirtschaft, Politik, Religion, Wissenschaft, Recht, Erziehung und den Massenmedien" (Bette, 1999, S. 11) stattgefunden. Für diese Arbeit ist dabei besonders die Verbindung von Sport, Wirtschaft und Medien von Bedeutung:

> „In der mittlerweile fast ausschließlich ökonomisierten Medienlandschaft und in der zunehmend mediatisierten Sportlandschaft ist eine Symbiose aus Medien, Sport und werbetreibender Wirtschaft entstanden, deren gemeinsame Handlungsintention auf eine breite Publizität ihrer selbst zielt" (Schauerte, 2004).

In diesem Zusammenhang wird häufig vom „Magischen Dreieck" aus Sport, Medien und Wirtschaft gesprochen (Beck, 2001, S. 2; Priebus, 1999, S. 176; vgl. z. B. auch Onnen & Ufer, 2005, deren Buch den Titel „Das Magische Dreieck: Medien, Wirtschaft, Sport" trägt). Wie in Kapitel 2.4.2.1 deutlich wurde, sind Medien, Wirtschaft und Politik „funktional und finanziell voneinander abhängig" (Imhof, 1996a, S. 221) und haben gemeinsame Zielgruppen, mit denen sie als Kommunikatoren im Sinnzirkel in Kontakt treten. Sport, Medien und Wirtschaft sind in ähnlicher Form miteinander verbunden und teilen gemeinsame Zielgruppen.

Da der Sport ein für nahezu alle Menschen in weiten Teilen verständliches soziales Deutungsmuster darstellt (Kapitel 3.2), wird dieser von den Medien und der Wirtschaft kommunikativ genutzt. Dies ist für die vorliegende Arbeit von besonderer Bedeutung, weshalb im folgenden Kapitel relevante Zusammenhänge von Sport und Medien (Kapitel 3.4.2) bzw. Sport und Wirtschaft (Kapitel 3.4.3) betrachtet werden.

3.4.2   Sport und Medien

3.4.2.1   Einleitende Bemerkungen

In der sozial- und kommunikationswissenschaftlichen Forschung wird mitunter zwischen Medien erster und zweiter Ordnung unterschieden. Medien erster Ordnung sind technische Hilfsmittel zur Übermittlung und/oder Speicherung von Informationen. Beispiele hierfür sind Telefon, Fax, TV- oder Radiokanäle, CDs sowie Internet und Computer. Medien zweiter Ordnung sind gebündelte Informationen, die von institutionalisierten Kommunikatoren mit Medien erster Ordnung erstellt wurden (Burkart, 2002, S. 45; Kubicek, Schmid & Wagner, 1997, S. 32-

35). Für die nachfolgenden Ausführungen sind Akteure aus dem Bereich der Medien zweiter Ordnung relevant.[69] Diese befassen sich mit der „Bündelung eigen- und fremderstellter redaktioneller Inhalte[, der] Transformation dieser Inhalte auf ein speicherfähiges Trägermedium [und/oder deren] direkte[r] oder indirekte[r] Distribution" (Wirtz, 2011, S. 12). Betrachtet werden somit diejenigen Personen und Organisationen, deren Tätigkeit der Auswahl und Verbreitung von *Informationen* bzw. *Inhalten* gewidmet ist (Schunk & Könecke, im Druck).

Der Medienmarkt, auf dem sich die genannten Akteure bewegen, kann in drei Teilmärkte untergliedert werden. „Diese sind der Rezipientenmarkt und der Werbemarkt, die Medienunternehmen zur Generierung von Erlösen zur Verfügung stehen" (Schunk & Könecke, im Druck), sowie der Inhaltebeschaffungsmarkt (Abb. 17).

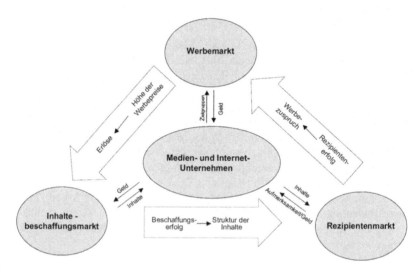

Abb. 17:   Interdependenzstruktur der Medienmärkte (Wirtz, 2006, S. 25)

Die Teilmärkte sind durch „starke Interdependenzen" (Wirtz, 2006, S. 24) miteinander verbunden. So wird in Abb. 17 deutlich, dass eine starke Nachfrage auf dem Rezipientenmarkt für Medienunternehmen i. d. R. aus mehreren Gründen nötig ist. Einerseits können derart direkt Erlöse generiert werden. Zum anderen stellt eine hohe Aufmerksamkeit seitens der Rezipienten eine Voraussetzung für die erfolgreiche Positionierung auf dem Werbemarkt dar. Ferner sollte die Zielgruppe

---

69   Unternehmen aus dem Bereich der Medien erster Ordnung, die den Sport als Kommunikations-
     plattform nutzen, fallen in den Betrachtungsrahmen des Kapitels 3.4.3.

des werbenden Unternehmens erfolgreich über das entsprechende Medienunternehmen erreicht werden können, da ein Engagement sonst nicht sinnvoll wäre (Schunk & Könecke, im Druck).

Auf dem Inhaltebeschaffungsmarkt müssen attraktive Inhalte angekauft oder kostenfrei akquiriert werden. Hierbei ist die Auswahlentscheidung bezüglich potentiell attraktiver und unattraktiver Inhalte von entscheidender Bedeutung. Diese orientiert sich wesentlich am potentiellen Nachrichtenwert der Inhalte (Kapitel 2.4.4). Ist dieser für die avisierte Zielgruppe zu niedrig, kann voraussichtlich kein zufriedenstellender Erfolg auf dem Rezipientenmarkt erzielt werden, was wiederum Auswirkungen auf den Werbemarkt hat. Da Werbemöglichkeiten vor Ausstrahlung einer Sendung gekauft werden müssen, interessieren sich Werbetreibende in erster Linie für Formate, bei denen ein hoher Zuschauerzuspruch sehr wahrscheinlich ist. Allerdings ist die Akquise solcher Inhalte oftmals mit entsprechenden Kosten verbunden, was sich z. B. folgendermaßen zeigt:

> „Vor allem in Bereichen, in denen die Inhalte-Beschaffung mit hohen Investitionen verbunden ist, wie beispielsweise bei Sendelizenzen für Sportübertragungen im TV-Bereich, sind die potentiell erzielbaren Werbeeinnahmen eine wichtige Bestimmungsgröße für die Investitionshöhe in diesem Bereich und damit letztlich auch wieder eine Bestimmungsgröße für die Attraktivität der Inhalte" (Wirtz, 2006, S. 24).

Vor dem Hintergrund dieses Zusammenhangs wird im folgenden Kapitel der Mediensport intensiver betrachtet.

3.4.2.2 Mediensport

> „Daß unsere Wahrnehmung von Realität zu einem Großteil durch die Meinungsmacher in den Medien geprägt wird, ist eine mittlerweile fast schon banale Feststellung" (Faulstich & Korte, 1997, S. 7).

Dass auch die Wahrnehmung des Sports grundlegend durch dessen mediale Darstellung geprägt ist, zeigt sich beispielsweise daran, dass in der Saison 2013/14 zwar über 13,3 Mio. Zuschauer die Spiele der 1. Fußball-Bundesliga besuchten (DFB, 2014; Weltfussball.de, 2014),[70] allerdings nehmen noch viel mehr Menschen Sportveranstaltungen über mediale Kanäle wahr (Cachay & Thiel, 2000, S. 147; Laverie & Arnett, 2000, S. 225; Mikos, 2009, S. 154). So kann bereits ein einziges Fußballspiel mit hohen Einschaltquoten in Deutschland mehr Menschen

---

70 Der bisherige Höchstwert war in der Saison 2011/12 erzielt worden, als über 13,8 Mio. Personen die Spieltage in den Erstligastadien miterlebten. Dass auch die 2. Bundesliga sich regen Zuspruchs erfreut, belegten in der Saison 2013/14 knapp 5,5 Mio. Stadionbesucher, wobei in der Saison 2007/08 mit exakt 5,5 Mio. der bisher höchste Wert verzeichnet wurde (DFB, 2014).

vor den Fernsehschirm locken, als in der genannten Saison insgesamt in den Stadien waren:

> „Das Spiel mit der Topquote [in Deutschland] ist nach wie vor das WM-Halbfinale 2010 zwischen Deutschland und Spanien (0:1) mit 31,1 Millionen Zuschauern [Marktanteil 83,2%]. Der höchste Marktanteil wurde 1990 beim WM-Finale gegen Argentinien mit 87,9 (28,66 Millionen Zuschauer) erzielt" (Handelsblatt.de, 2012).[71]

Vor dem Hintergrund dieser Zahlen ist verständlich, dass Knobbe es als „Binsenweisheit" bezeichnet, dass der Sport ein besonders attraktiver Inhalt für Fernsehsender ist und „die Zuschauerzahlen in fast schon schwindelerregende Höhen treiben [kann]" (Knobbe, 2000, S. 9; vgl. auch Gerhards, Klingler & Neuwöhner, 2001, S. 161; Lamprecht & Stamm, 2002; Schauerte, 2004; Schramm, 2007b, S. 128). Entsprechend hoch sind die Kosten für Übertragungsrechte populärer Sportarten (Schauerte, 2004). Die Deutsche Fußball-Liga (DFL) nahm mit dem Rechteverkauf für die Fußball-Bundesliga beispielsweise für die „Spielzeiten von 2013 bis 2017 insgesamt 2,5 Milliarden Euro ein. Das sind im Schnitt 628 Millionen Euro pro Saison, rund die Hälfte mehr als in den drei Jahren davor, als sie sich mit 412 Millionen begnügen musste" (FAZ.net, 2012).[72] Doch nicht nur die Rechte für die Fußball-Bundesliga haben enorme Preissteigerungen erzielt. Gleiches zeigt sich auch bei den Senderechten für internationale Mega-Sport-Events:

> „Die Sommerspiele 1936 in Berlin waren die allerersten, die [i]m Fernsehen übertragen wurden, die Zuschauerzahl war damals noch überschaubar. Erst die Winterspiele 1956 in Cortina d'Ampezzo erreichten ein internationales Publikum und 1960 zahlten Fernsehsender erstmals für Übertragungsrechte. Die sind seitdem immer teurer geworden und haben sich bis heute zu einem Milliardengeschäft entwickelt" (Kreuzer, 2012).

Die Übertragungsrechte der Olympischen Spielen verteuerten sich zwischen 1988/90 und 2004/06 um ca. 250%, diejenigen der Fußball-Weltmeisterschaften um etwa 1400% (Institut für Urheber- und Medienrecht, 2001; Preuß, 2007a, S. 273).[73] Ein bedeutender Grund für diese Entwicklung war der Bedarf an Medi-

---

71 Dass diese Höchstmarken während der Fußball-Weltmeisterschaft 2014 übertroffen wurden (t-online.de, 2014b), tut dem Aussagegehalt des Zitats keinen Abbruch.

72 Zum Vergleich: 1965 zahlten ARD und ZDF gut 330.000 Euro (650.000 DM) (Landwehr, 2012).

73 Den genannten Quellen kann entnommen werden, dass die Rechtekosten für die Fußball-Weltmeisterschaft 1990 in Italien bei 114 Mio. DM – knapp 60 Mio. Euro – lagen (Institut für Urheber- und Medienrecht, 2001). Für die des Turniers 2006 mussten über 900 Mio. Euro bezahlt werden, was einem Anstieg auf das 15fache entsprach. Die Senderechte für die Olympischen Spiele 1988 wurden für knapp 400 Mio., diejenigen für 2004 für etwa den dreieinhalbfachen Preis von knapp 1,4 Mrd. Euro verkauft (Preuß, 2007a, S. 273-274). – Einen kompakten journalistischen Überblick über „Das große Geschäft mit den Übertragungsrechten" bietet Kreuzer

eninhalten, der maßgeblich durch die steigende Anzahl von Fernsehsendern getrieben wurde (Bette, 2007, S. 262). Diese stieg im etwa gleichen Zeitraum zwischen 1990 und 2005 insbesondere bedingt durch die Gründung neuer privater Stationen in Europa um gut 1700% an (Thussu, 2009, S. 38).[74]

Vor allem Jahre, „in denen Olympische Spiele [oder] eine Fußball-Weltmeisterschaft stattfanden, lassen den Eindruck entstehen, außer Sport habe es im Fernsehen wenig andere Programme gegeben" (Mikos, 2009, S. 137). Obwohl dieser Eindruck täuscht und „der Anteil von Sportsendungen [...] relativ konstant bei 8 bis 10 Prozent" (ebd.) liegt, wurde der Sport durch seine mediale Aufbereitung zum „weithin dominierenden Phänomen der Alltagskultur" (Brinkmann, 2001, S. 41; vgl. auch Weis & Gugutzer, 2008, S. 7 sowie Kapitel 3.3.1). Dies ist jedoch nicht nur auf dessen Präsenz im Fernsehen zurückzuführen. Der Sport bietet für die ganze Bandbreite der „Massenmedien eine unerschöpfliche Quelle [an] modernen, populären Geschichten" (Morangas Spà, 2001, S. 210), mit denen diese ihre Reichweite sichern oder ausbauen können.

Die Gründe für die Eignung des Sports als Medieninhalt wurden bereits vielfach besprochen (z. B. Bette, 2007, S. 246, 262, 2008a; Gnädinger, 2010; Horky, 2009a, S. 194-195, 2009c, S. 99-102; Lamprecht & Stamm, 2002, S. 140-158; Loosen, 2001; Schafmeister, 2007; Schwier, 2006, S. 44-45; Trosien & Preuß, 1999, S. 220-221). Sehr wesentlich ist in diesem Zusammenhang offenbar die Unterhaltungsfunktion, die der Sport aufgrund seines hohen Emotionalisierungs- und Individualisierungspotentials sowie der in Kapitel 3.2.2 angesprochenen Charakteristika der Vergänglichkeit sportlichen Ruhms und der „Komplexitätsreduktion" bietet. Attraktiv und spannungssteigernd wirkt, dass der Sport einen hohen „Authentizitätscharakter" (Loosen, 2001, S. 146) besitzt, also wegen der guten Nachvollziehbarkeit der gezeigten Leistungen als besonders glaubwürdig gilt. Außerdem eignet sich der Sport sehr gut dafür, mit Bedeutungen beladen zu werden, die der Interpretation bzw. den Attributionen (Kapitel 2.2.2) der jeweiligen Betrachter entstammen. Schließlich verfügt er über eine hohe Adaptionsfähigkeit für verschiedene Rezipientengruppen. Auch, wenn diese kein hohes Maß an Expertenwissen mitbringen, können sie trotzdem seine systemimmanenten Dynamiken verstehen und wertschätzen:

> „An einem 100m-Lauf oder einem Fußballspiel hingegen kann auch derjenige seinen Spaß haben, der die diversen Regeln nicht kennt. Wer [..] eine bestimmte Ausstellung ein oder zwei Mal besucht hat, trifft beim dritten Mal auf inzwischen Bekanntes, das

---

(2012). Eine umfassendere Abhandlung zu „Ökonomische[n] Aspekten des Sports im Fernsehen" bietet der gleichnamige Aufsatz von Preuß (2007a).

74   1990 gab es in Europa 93 Fernsehstationen. 2005 war deren Anzahl auf 1703 gestiegen (Thussu, 2009, S. 38).

sich aus sich selbst heraus nicht mehr verändert. Selbst Videoinstallationen mit Zu-
fallsgeneratoren sind irgendwann einmal langweilig. Im Gegensatz hierzu erzeugen
sportliche Konkurrenzen permanent neue Situationen und sind im Ausgang nicht präzise kalkulierbar. Der Zuschauer hat an einem dynamischen sozialen Geschehen Teil,
in dem sich Handlungsresultate im Moment des Geschehens immer wieder neu herstellen. Niemand weiß im Vorfeld eines Fußballspiels, wie die Handlungen sich auf
dem Spielfeld entfalten werden, weil die Sportakteure kämpferisch bemüht sind, die
Entfaltungschancen der jeweils anderen Seite zu beschneiden" (Bette, 2010a).

Die Adaptionsfähigkeit des Sports für völlig unterschiedliche soziale Gruppen
hängt mit seiner Verbreitung als soziales Deutungsmuster zusammen (vgl. Kapitel
3.2, insbesondere 3.2.2), denn jeder weiß – oder meint zu wissen – dass der Ausgang eines Sportwettkampfes grundsätzlich ungewiss ist. Den Sportlern fällt dabei
nicht nur im Rahmen ihrer Rollengestaltung als funktionale Teile der Produktion
eines sportlichen Ergebnisses eine bedeutende Funktion zu. Vielmehr bedingen
sie selbst als zentrale Akteure und Aufmerksamkeitsempfänger die Attraktivität
des Mediensports für seine Zuschauer:

> „In der medialen Sportberichterstattung stehen die Akteure im Mittelpunkt. [So etwa]
> der Fußball-Star, dessen spektakuläre Aktionen auf dem Feld von der Kamera verfolgt
> werden, dessen Emotionen durch Nahaufnahmen eingefangen werden und dessen pro-
> fessionelle Meinung zum Spiel im Interview vor oder nach dem Wettkampf erfragt
> wird" (Hartmann, 2004, S. 97).

Schafmeister identifiziert mittels einer Faktorenanalyse u. a. die Identifikation mit
den Sportlern sowie ästhetische Aspekte, die mit deren Aussehen und/oder Kleidung zusammenhängen, als relevant für den Konsum von Fernsehsport (Schafmeister, 2007, S. 138-140).[75] Gnädinger untersucht die Frage „Which features
characterize a sport to become a media sport?" (Gnädinger, 2010). Als bedeu-
tendstes Element der Eignung einer Sportart als Mediensport arbeitet sie „the profile of the participants" (ebd., S. 54) heraus. Trosien & Preuß (1999, S. 220-221)
schreiben, dass

> „sich in Deutschland gezeigt [hat], dass es zwei Arten gibt, das Interesse der Bevöl-
> kerung auf eine Sportart zu lenken. Entweder eine große Anzahl der Deutschen be-
> treibt bzw. betrieb die Sportart selbst aktiv, oder Deutsche sind in einer (telegenen)
> Sportart auf höchstem Niveau erfolgreich."

Sportarten können offenbar durch die Erfolge ihrer Athleten bzw. durch das Interesse, welches diese als Personen wecken, mediale Attraktivität gewinnen. Vor
diesem Hintergrund ist aufschlussreich, dass die Darstellung der Sportler in den

---

75   Die Bedeutung beider Faktoren ist bereits im Modell des parasozialen Prozesses (Abb. 13 in
     Kapitel 2.3.4) berücksichtigt, was darauf hinweist, dass dieses als Grundlage weiterer wissen-
     schaftlicher Beschäftigung mit sozialer Exposition im und durch Sport gut geeignet sein dürfte.

Medien durch einen weiteren Faktor wesentlich beeinflusst wird, bezüglich dessen Erich Laaser, der aktuelle Präsident des Verbands Deutscher Sportjournalisten, 2003 folgendermaßen zitiert wurde:

> „Die Trennung zwischen Boulevardjournalismus und seriösem Journalismus, die es früher viel deutlicher gab, ist heute in der Form nicht mehr vorhanden. Die Grenzen sind fließender geworden, weil auch die sogenannten seriösen Tageszeitungen gemerkt haben, daß ihre Leserschaft sich durchaus für das Privatleben eines Fußballers interessiert, der sich gerade von seiner Frau getrennt hat, weil die wiederum mit dem ehemaligen Manager seines Vereins zusammenlebt. Das wollen auch die sogenannten seriösen Leser wissen. Das heißt, es wird immer schwieriger für den Sportjournalisten, seinen Platz zu finden und die Abgrenzung zu finden zwischen seriösem Sportjournalismus und Boulevardjournalismus" (Wipper, 2003, S. 349).

Schneider (2004, S. 314) spricht in diesem Zusammenhang von einer „Boulevardisierung".[76] Diese Entwicklung hat mit dem

> „Dramatisierungs- und Personalisierungsbedarf [der Medien] zu tun. Wer Leser, Zuhörer oder Zuschauer dauerhaft begeistern will, darf keine langen Geschichten über die Komplexität moderner Gesellschaften erzählen, sondern muss Informationen und Bilder liefern, die dem Unterhaltungsbedarf des Publikums entsprechen" (Bette, 2007, S. 262).

Medien sehen sich heute offenbar deutlich mehr als früher in der Pflicht, umfassend zu unterhalten und zu emotionalisieren (Horky, 2009b, S. 100),[77] um auf dem Rezipientenmarkt (Kapitel 3.4.2.1) Erfolge erzielen zu können.[78] Für die mediale Berichterstattung über und in Bezug auf den Sport und seine Akteure bedeutet diese Entwicklung, dass „[r]und um den Sportanlass [..] Geschichten mit Humantouch" (Lamprecht & Stamm, 2002, S. 154) immer stärker in der Fokus gerückt sind. Schließlich enthalten „Nachrichten über das Privatleben von erfolgreichen Sportlerinnen und Sportlern [..] gleich zwei wichtige Nachrichtenfaktoren, nämlich Personalisierung und Prominenz" (Beck, 2006, S. 80). Der moderne „Medi-

---

76 Schneider (2004, S. 314) trägt verschiedene „Einfallstore" zusammen, die der „Boulevardisierung der Qualitätspresse" Vorschub leisten.

77 Wipper (2003) stellt in diesem Zusammenhang im Rahmen seiner Untersuchung der „Entwicklung der Fußballberichterstattung in den bundesdeutschen Printmedien [...] am Beispiel der Fußball-Weltmeisterschaften 1990 und 1998" fest, dass „Sensationsmache [und] Starkult [...] weiterhin ein fester Bestandteil der Sportberichterstattung in der deutschen Presse [sind]. Die zunehmende Konkurrenz auf dem Medienmarkt hat dafür gesorgt, daß Sensationsmache und Starkult am Ende der 90er Jahre noch stärker in die Berichterstattung einflossen als zu Beginn des Jahrzehnts" (ebd., S. 343).

78 Dass dies nicht nur für „klassische Unterhaltungsprogramme" der Fall und diese Tendenz ein internationales Phänomen zu sein scheint, zeigt z. B. das Buch „News as entertainment. The rise of global infotainment" (Thussu, 2009).

ensport ist auf Emotionen und Personen gerichtet. [...] Ihre Marotten und Entgleisungen sind genauso wichtig wie die eigentliche sportliche Leistung" (ebd., S. 155; vgl. auch Dimitriou, Sattlecker & Müller, 2010, S. 160). Daher „erzeugen immer wieder auch Verlierer (wie z. B. der englische Skispringer ‚Eddie The Eagle')[79] ein hohes Medien- und auch ein hohes öffentliches Interesse" (Cachay & Thiel, 2000, S. 147). „Selbst bei einer Mannschaft wird der Spieler mehr beachtet als andere, der herausragt, der etwas Besonderes vollbringt" (Eilers, 1978, S. 222).[80]

Es ist allerdings nicht so, dass die Medien einseitig auf den Sport angewiesen sind. Wie schon ausgeführt wurde, fließt dem Sport bzw. bestimmten Sportorganisationen durch den Verkauf von Übertragungsrechten sehr viel Geld zu. Ferner wurde bereits deutlich, dass die meisten Rezipienten den Sport in erster Linie oder sogar ausschließlich medienvermittelt wahrnehmen. „The media are a key source of information for sports fans to know sports and athletes better" (Yu, 2009, S. 300). Dies galt bereits in der griechischen Antike:

> „Ruhm, das Wichtigste am Olympiasieg, wurde in den Medien erschaffen: Eintragung in das offizielle Siegerverzeichnis, Aufstellung einer Statue im heiligen Bezirk, Anfertigung von Siegeshymnen in Auftragsarbeit [...]. Die Sieger haben ihre Sänger; in deren Fach fällt die Aufgabe, packende Züge, pathetische Gesten und Superlative zu erdenken" (Gebauer, 1997, S. 291).

Da der Sport für die meisten Menschen nur medial erlebbar ist, unternehmen Sportorganisationen in Deutschland oftmals den Versuch, mediale Präsenz zu erlangen bzw. auszubauen (Dornemann, 2005, S. 3-4). Die relevanten Entscheider auf dem Inhaltebeschaffungsmarkt (Kapitel 3.4.2.1) sollen so dazu motiviert werden, über den betreffenden Sport zu berichten. Dies kann etwa dazu führen, dass z. B. aus Gründen der Telegenität Regeländerungen vorgenommen werden, wie es beispielsweise im Beach-Volleyball (Ewers, 2001) oder Tischtennis der Fall war (Dornemann, 2005, S. 43-66).

Die Bedeutung der medialen Vermittlung für die Wahrnehmung des Sports zeigt sich ferner darin, dass selbst Besucher von Sportereignissen beim Liveerlebnis vor Ort

> „auf solche Erfahrungen zurück[greifen], die bei der Rezeption medialer Sportberichterstattungen gemacht wurden, denn das Eventpublikum kommt meist als ein ‚geübtes Medienpublikum' zur Veranstaltung" (Schlesinger, 2009, S. 153; vgl. auch Kapitel 3.3.1 sowie Laverie & Arnett, 2000, S. 225; Messing & Lames, 1996b, S. 144-146).

---

79   Eddie „the Eagle" Edwards wird später noch intensiver betrachtet.
80   Dass dieses „Besondere" nicht unbedingt mit sportlicher Leistung zu tun haben muss, wird später deutlich werden.

Das heißt, dass der Sport grundsätzlich vor dem Hintergrund seiner Darstellung in den Medien wahrgenommen wird. „Zwischen Sein und Schein können selbstverständlich gravierende Unterschiede bestehen" (Knobbe, 2000, S. 85):

> „Die Massenmedien produzieren nämlich eine eigene Wirklichkeit, eine *Massenmedienkultur des Sports*, die mit dem Wesen der Massenmedien zusammenhängt. Damit sind sie an der Definition des Sports beteiligt, mit der die Rezipienten konfrontiert werden. Die Massenmedien sind in zunehmendem Maße verantwortlich dafür, welches Bild des Sports in den Köpfen der Menschen entsteht, weil sie die Konstruktion der Muster unserer Wahrnehmung beeinflussen" (Weiß, 1999, S. 14; vgl. z. B. auch Schetsche, 2008, S. 109-110; Schwier, 2006, S. 43).

Die derart geschaffene „Medienwirklichkeit" des Sports existiert „parallel zur sozialen Wirklichkeit des Sports in den Stadien und Hallen, [auf] den Pisten und Rennstrecken" (Mikos, 2009, S. 145). Sie entsteht dadurch, dass Rezipienten mit denjenigen Informationen und Bildern versorgt werden, die der mediale Sender verbreiten möchte bzw. welche den von diesem oder dessen Informationsgebern gewünschten Eindruck des Geschehens vermitteln (Faulstich & Korte, 1997, S. 7; vgl. auch Luhmann, 2009, S. 17-18).[81] Diesbezügliche Studien zeigen, dass beispielsweise durch entsprechende Kommentierung die Wahrnehmung eines Eishockeyspiels so beeinflusst werden kann, dass es als „rough" (Comisky, Bryant & Zillmann, 1977, S. 152) wahrgenommen wird, auch wenn die Handlungen der Akteure auf dem Eis dies eigentlich nicht nahelegen. Die Autoren nennen ihren Beitrag folgerichtig „Commentary as a Substitute for Action" (Comisky et al., 1977). In einer ähnlichen Studie zeigen sie ferner, dass „a sizable portion of the audio track of television coverage of professional football is devoted to dramatic embellishments of the game" (Bryant, Comisky & Zillmann, 1977, S. 149). Von dieser Gestaltungsmöglichkeit wird in der medialen Darstellung derart Gebrauch gemacht, dass der Sport oftmals dramatisiert wird, um eine höhere Attraktivität für die Rezipienten zu gewährleisten (Bette, 2007, S. 262, 2008a; Comisky et al., 1977; Gebauer, 1988; Horky, 2009b, S. 99-102; Vollrath, 2007, S. 46; dieser Aspekt wird in Kapitel 5.3.1 wieder aufgegriffen).

„Was wir über unsere Gesellschaft, ja über die Welt, in der wir leben, wissen, wissen wir durch die Massenmedien" (Luhmann, 2009, S. 9). Allerdings kann davon ausgegangen werden, dass die mediale Darstellung des Sports nicht nur einseitig dessen Wahrnehmung durch die Rezipienten beeinflusst. Medienakteure – das gilt für Fernseh- und Radiosender ebenso wie für Verlage, Internetplattformen sowie sonstige Unternehmen und Medienschaffende – bemühen sich darum, auf

---

81 Dies gilt nicht nur für die mediale Darstellung des Sports, sondern generell. Luhmann (2009) zeigt dies am Beispiel des Golfkriegs, als Medienvertreter vor allem mit Bildern „der Militärmaschinerie im Einsatz" (ebd., S. 18) versorgt wurden, so dass es kaum Informationen zu den Opfern des Krieges gab (ebd., S. 17-18).

dem Medienmarkt erfolgreich zu agieren (Kapitel 3.4.2.1). Daher müssen sie ihre Angebote an den Erwartungen ihrer Kunden ausrichten und diese möglichst gut zufriedenstellen, da sonst gemäß dem C/D-Paradigma (Kapitel 2.2.1) nachteilige Kundenreaktionen drohen. Vor diesem Hintergrund soll folgende Beobachtung Schramms das Kapitel abschließen:

> „Attributionsmuster der Sportkommentatorinnen und Sportkommentatoren [sind] mit denen der Zuschauer und Zuschauerinnen häufig identisch [...]. Dies dürfte auch ganz im Sinne der Medien sein, da zu viele sich widersprechende Attributionen wohl zu einer schlechteren Bewertung des Medienangebots und des Kommentators/der Kommentatorin seitens der Rezipienten und Rezipientinnen sowie in der Folge zu schlechteren Einschaltquoten bzw. Auflagen führen könnten" (Schramm, 2007b, S. 124-125; vgl. auch Berg, 1980, S. 191-192; Strauß et al., 2009, S. 88).

3.4.2.3   Kurzes Fazit zu Sport und Medien

Zusammenfassend ist festzuhalten, dass die Meinungen und Einstellungen zum Sport grundlegend durch dessen Darstellung in Massenmedien beeinflusst werden. In diesen scheint relativ einheitlich eine dramatisierende und personalisierte Berichterstattung zu erfolgen, um den Präferenzen der Rezipienten zu entsprechen. Da diese den Sport überwiegend medial wahrnehmen, dürften ihre Meinungen und Einstellungen durch die beschriebene Praxis weiter gefestigt werden (McQuail, 1994, S. 1, 7). Aus ökonomischer Sicht erscheint es dabei rational, dass Medienakteure ihre Berichterstattung zumindest in gewissem Maße an den Erwartungen bestimmter Rezipientengruppen ausrichten. Wie die Ausführungen zum Confirmation-Disconfirmation-Paradigma und zu Kundenreaktionen bei Zufriedenheit und Unzufriedenheit in Kapitel 2.2.1 nahelegen, erhöht diese Vorgehensweise die Wahrscheinlichkeit, auf dem Rezipientenmarkt erfolgreich zu sein, was sich wiederum positiv auf dem Werbemarkt bemerkbar machen sollte (Kapitel 3.4.2.1).

Dass die Sportakteure normalerweise versuchen, medialen Erfordernissen gerecht zu werden, liegt darin begründet, dass Wettkampfsport von den meisten Beobachtern in erster Linie medial rezipiert wird. Mediale Aufmerksamkeit wiederum scheint ein grundlegendes Ziel der meisten Sportler und Sportorganisationen zu sein, da diese direkt und indirekt von ihr profitieren. So können manche Sportorganisationen Senderechte auf dem Medienmarkt (Kapitel 3.4.2.1) teuer verkaufen. Außerdem bieten sich weitere – nicht nur finanzielle – Erlösmöglichkeiten, wie z. B. der Erwerb symbolischen Kapitals (Kapitel 2.4.3.3 und 2.4.3.4), die wesentlich mit medialer Exposition zusammenhängen. Hierauf wird im folgenden Kapitel vertiefend eingegangen.

3.4.3   Sport und Wirtschaft

3.4.3.1   Einleitende Bemerkungen

Starken Marken werden viele positive Funktionen zugeschrieben.[82] Beispielsweise verhalten sich Kunden diesen gegenüber besonders loyal, weshalb sie wenig krisenanfällig sind und eine lange Lebensdauer haben (Biel, 2001, S. 68-69). Entsprechend wirken sich starke Marken nachhaltig positiv auf die wesentlichen Finanzkennzahlen der Markeninhaber aus (Sattler & Völckner, 2013, S. 22-23; Srivastavak, Shervani & Fahey, 1998, S. 9-14) und werden in einer Markenstudie von pwc von über 90% der Befragten als eine der „wichtigsten Einflussgrößen des Unternehmenserfolgs" (PricewaterhouseCoopers AG Wirtschaftsprüfungsgesellschaft, 2012, S. 10) genannt. Auch werden Marken oft als wertvollster immaterieller Vermögensgegenstand von Unternehmen in modernen Volkswirtschaften bezeichnet (Bühler & Schunk, 2013, S. 119-120; Sattler & Völckner, 2013, S. 21) und sind seit einigen Jahren das wohl bedeutendste Thema im Marketing (Esch, 2011, S. 4).

Der Markenbegriff wurde lange Zeit vor allem merkmalsbezogen definiert (vgl. z. B. Dichtl, 1992, S. 16-18; Mellerowicz, 1963, S. 39; Schunk, 2013, S. 10-13), was jedoch nicht mehr zeitgemäß erscheint (Esch, Wicke & Rempel, 2005, S. 19-20; Preuß, 2014, S. 19-22). Heute wird eine wirkungsbezogene Definition bevorzugt, wie dieses Beispiel zeigt: „Marken sind Vorstellungsbilder in den Köpfen der Anspruchsgruppen, die eine Identifikations- und Differenzierungsfunktion übernehmen und das Wahlverhalten prägen" (Esch, 2011, S. 22). Von besonderer Bedeutung für die nachfolgenden Betrachtungen ist, dass starke Marken „in hohem Maße gefühlsmäßig bei den Konsumenten verankert" (ebd.) sind und „in den Köpfen der Verbraucher positive Assoziationen auszulösen und diese in Verhalten umzuwandeln" (Fischer, Hieronimus & Kranz, 2002, S. 9) vermögen, wie z. B. den Kauf oder die Empfehlung der Marke.

Aus diesem Grund versuchen Markeninhaber vor allem durch kommunikative Maßnahmen – die ein wesentliches Instrument des Markenmanagements[83] sind – das „Markenimage" (Esch, 2011, S. 91; Sattler & Völckner, 2013, S. 23) zu beeinflussen, also die Vorstellung, die Verbraucher von der Marke haben. In diesem Rahmen bemühen sich Wirtschaftsunternehmen und andere Markeninhaber oftmals darum, ihr Markenimage durch eine Verbindung zum Sport, zu Sportlern

---

[82]   Bezüglich der vielfältigen Funktionen von Marken können z. B. Bühler & Schunk (2013, S. 123-124), Kaiser & Müller (2014, S. 60-61), Meffert, Burmann & Kirchgeorg (2012, S. 357-365), Preuß (2014, S. 12-17), Sattler & Völckner (2013, S. 21-26), Ströbel (2012, S. 12-14) konsultiert werden.

[83]   Markenmanagement wird im Rahmen dieser Arbeit weitgehend bedeutungsgleich mit Marketing bzw. Marketingmanagement verwendet.

und/oder zu Sportorganisationen positiv zu beeinflussen (Bruhn, 2010, S. 79-192; Bühler & Nufer, 2013; Hermanns & Marwitz, 2008, S. 71-87; Könecke, 2014, S. 31-34; Preuß, 2014; Ströbel, 2012, S. 69-70; Woratschek, Ströbel & Durchholz, 2014). Dies wird als „Markenmanagement *mit* Sport" (Ströbel, 2012, S. 69; Hervorh. durch d. Verf.) bezeichnet (Abb. 18). Aber auch das „Markenmanagement *von* Sport"[84] (ebd.; Hervorh. durch d. Verf.) – also von Markeninhabern, deren „Kerngeschäft" direkt in der Organisation bzw. Ermöglichung aktiver Sportausübung besteht, z. B. von Sportvereinen und -verbänden (Abb. 18) – hat in den letzten Jahren enorm an Bedeutung und Professionalität gewonnen. Inzwischen werden „[d]ie Entwicklung und Umsetzung von Markenstrategien zu den kritischen Erfolgsfaktoren für einen langfristigen ökonomischen Erfolg" (Ströbel, 2012, S. 69) dieser Akteure gezählt.

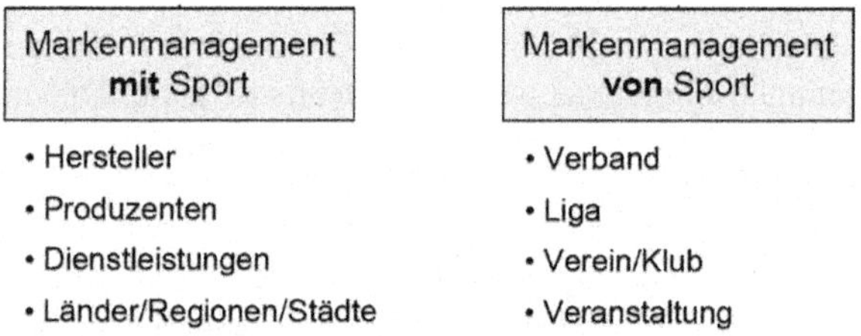

Markenmanagement **mit** Sport	Markenmanagement **von** Sport
• Hersteller	• Verband
• Produzenten	• Liga
• Dienstleistungen	• Verein/Klub
• Länder/Regionen/Städte	• Veranstaltung

Abb. 18:   Abgrenzung des Markenmanagements mit Sport vom Markenmanagement von Sport (Ströbel, 2012, S. 70, in Anlehnung an Woratschek & Beier, 2001, S. 228-231)

In Abb. 18 werden jeweils einige Akteure aufgeführt, die typischerweise Markenmanagement mit bzw. von Sport betreiben. Beide Arten des Markenmanagements machen sich gesamtwirtschaftlich in vielerlei Hinsicht bemerkbar. So erhalten der Breitensport pro Jahr rund 2 Mrd. Euro und der Spitzensport 1 Mrd. Euro durch Sponsoren, die Markenmanagement mit Sport betreiben. Einen Teil davon tragen Sportartikelhersteller bei, die insgesamt Werbeausgaben in Höhe einer knappen Mrd. Euro tätigen (Bundesministerium für Wirtschaft und Technologie, 2012, S. 23), welche allerdings nicht ausschließlich Sportakteuren zufließen. Ferner motivieren werbliche Maßnahmen von Sportartikelherstellern und Sportorganisationen Angehörige deutscher Haushalte jedes Jahr beträchtliche Summen für aktives

---

84   Das „Sportmarketing-Modell" (Bühler & Nufer, 2013, S. 43) unterscheidet in gleicher Form zwischen „Marketing von Sport" und „Marketing mit Sport". Wie die weiteren Ausführungen der zugehörigen Publikation zeigen, ist es statthaft, für die vorliegende Arbeit nicht zwischen Markenmanagement und Marketing zu differenzieren.

Sporttreiben (z. B. Mitgliedsbeiträge oder Ausgaben für Sportartikel) und für passives Sportinteresse (z. B. Eintritt für Sportveranstaltungen, Ausgaben für Pay-TV und andere Sportmedien) aufzuwenden. Die zugehörigen Ausgaben quantifizierten Preuß et al. (2012, S. 163) für das Jahr 2010 in jeweils zwei Modellen folgendermaßen:

„[Privathaushalte in Deutschland gaben] 2010 für das aktive Sporttreiben insgesamt 83,4 Mrd. Euro (konservatives Modell) bzw. 112,6 Mrd. Euro (realistisches Modell) aus. Für lediglich ihr Sportinteresse gaben die in Deutschland lebenden Personen im Jahr 2010 zusätzlich 19,8 Mrd. Euro (konservatives Modell) bzw. 26 Mrd. Euro (realistisches Modell) aus."

Die Summen beider Ausgabenarten trugen 7,2% (konservatives Modell) bzw. 9,7% (realistisches Modell) zum Gesamtkonsum der Privathaushalte in Deutschland bei (ebd.). „Diese Daten verdeutlichen [..] die wirtschaftliche Bedeutung des Sports in Deutschland" (Bundesministerium für Wirtschaft und Technologie, 2012, S. 23) und lassen vermuten, dass sich die mit der Markenführung von Sport und mit Sport in Verbindung stehenden kommunikativen Handlungen im Sinnzirkel (Kapitel 2.4.2) deutlich bemerkbar machen. Es ist daher gemäß dem arenatheoretischen Modell von Öffentlichkeit damit zu rechnen, dass derart ein nachhaltiger Beitrag zur öffentlichen Meinungsbildung bezüglich des Sports und seiner Akteure geleistet wird. Aus diesem Grund werden nachfolgend für diese Arbeit wesentliche Hintergründe des Markenmanagements mit Sport (Kapitel 3.4.3.2) beleuchtet. Anschließend werden relevante Aspekte des „Sportmarktes" und des Markenmanagements von Sport betrachtet (Kapitel 3.4.3.3), ehe in Kapitel 3.4.3.4 ein kurzes Fazit gezogen wird.

3.4.3.2   Markenmanagement mit Sport

An den mit dem Sport verbundenen positiven Assoziationen (Kapitel 3.2) möchten Wirtschaftsunternehmen im Rahmen des Markenmanagements bzw. Marketings mit Sport partizipieren (Huber & Meyer, 2008, S. V; Könecke, 2014, S. 32; Meffert et al., 2012, S. 702; Stevens, Lathrop & Bradish, 2003, S. 103-104; Vollrath, 2007, S. 9). Es ist daher beispielsweise zu beobachten, dass viele der bedeutendsten Unternehmen der Welt sich und ihre Marken(namen) eng mit dem Sport verknüpfen. Vier derjenigen Unternehmen (Coca-Cola, GE, McDonald's, Samsung), die laut Interbrand zu den zehn wertvollsten Marken der Welt gehören (Tab. 3), fungieren beispielsweise – neben anderen bedeutenden Unternehmen – als langfristig engagierte „Worldwide Olympic Partners" im Rahmen des TOP-Programms[85] des International Olympic Committees (IOC) (International Olympic Committee, 2012, S. 13; London Organising Committee, 2012).

Tab. 3:   Auszug aus dem Interbrand-Ranking der wertvollsten Marken der Welt „Best Global Brands 2013" (modifiziert nach Interbrand, 2013)

Rang	Marke	Land	Markenwert in Mrd. US-$
1.	Apple	USA	98,316
2.	Google	USA	93,291
3.	**Coca-Cola***	**USA**	**79,213**
3.	IBM	USA	78,808
5.	Microsoft	USA	59,546
6.	**GE***	**USA**	**46,947**
7.	**McDonald's***	**USA**	**41,992**
8.	**Samsung***	**Südkorea**	**39,610**
9.	Intel	USA	37,257
10.	Toyota	Japan	35,346
11.	**Mercedes-Benz*****	**Deutschland**	**31,904**
12.	**BMW****	**Deutschland**	**31,839**
...			
24.	**Nike******	**USA**	**17,085**
...			
55.	**Adidas******	**Deutschland**	**7,535**

* Worldwide Olympic Partner
** London 2012 Olympic Partner
*** DFB-Generalsponsor
**** Sportartikelhersteller

BMW – laut Tab. 3 Inhaber der zwölftwertvollsten Marke der Welt – war während der Olympischen Spiele in London einer von insgesamt sieben „London 2012 Olympic Partners" (London Organising Committee, 2012), also Partner des lokalen Organisationskomitees.[86] Mercedes-Benz – Inhaber der elftwertvollsten Marke

---

85   TOP stehe für „The Olympic Partners".
86   Vor diesem Hintergrund ist die Feststellung Eschs interessant, der aufzeigt, dass BMW bei technischen Tests meist nicht besser abschneidet als andere Autohersteller, die Marke BMW im Vergleich aber ein „ausgesprochen emotionales Profil" (Esch, 2011, S. 22) hat, was sich wirtschaftlich bemerkbar macht.

der Welt (Tab. 3) – verlängerte im August 2011 seinen Vertrag als „DFB-Generalsponsor" des Deutschen Fußball-Bundes (DFB) vorzeitig bis 2018 (Deutscher Fußball-Bund, o. J.). Wie die Beispiele Nike und Adidas zeigen, die in Tab. 3 auf den Rängen 24 und 55 geführt werden, gibt es auch sehr wertvolle Marken, die unmittelbar mit aktiver Sportausübung in Verbindung stehen. Bei deren Management kommen die gleichen Werkzeuge zum Einsatz wie bei „sportfernen" Marken, weshalb Adidas ebenfalls einer der „London 2012 Olympic Partners" (London Organising Committee, 2012) war.

Die „Partnerschaft" eines Geldgebers mit bekannten Sportlern und/oder Sportorganisationen zur Erreichung unternehmerischer Ziele wird üblicherweise als „Sportsponsoring"[87] bezeichnet (Haase, 2001; Meffert et al., 2012, S. 702). Dieses ist abzugrenzen von der allgemeinen Verwendung des Sports zur Markenführung bzw. zum Marketing mit Sport. Diese liegt z. B. dann vor, wenn während großer Sportereignisse Werbung mit einem allgemeinen Bezug zum Sport oder zur betreffenden Sportart geschaltet wird (Bühler & Nufer, 2013, S. 53). Sponsoring als direkte Verbindung zu bestimmten Sportakteuren ist jedoch die „vermeintlich wichtigere" (ebd.) Art der Markenführung mit Sport.

Eine andere Form der Unterstützung des Sports ist das „Mäzenatentum, bei dem das Unternehmen [oder ein anderer Geldgeber – Anm. d. Verf.] die Unterstützung ohne ökonomische Nutzenerwartungen leistet" (Meffert et al., 2012, S. 702). Allerdings kann angenommen werden, dass auch Mäzene häufig einen Ansehensgewinn erzielen möchten. Dieser sollte im Vergleich zum Sponsoring oder zu Kommunikationsmaßnahmen mit lediglich allgemeinem Sportbezug wegen der zur Schau gestellten Selbstlosigkeit höher sein, wodurch mehr symbolisches Kapital (Kapitel 2.4.3.3) erwirtschaftet werden dürfte. Für den Moment soll allerdings nicht grundlegend hinterfragt werden, ob Sponsoring oder Mäzenatentum vorliegt. Denn oftmals

> „erfolgt [auch] das Bemühen der Sponsoren um eine Steigerung ihres symbolischen Kapitals [..] verdeckt, indem der ökonomische oder materielle Aufwand dafür (die Sponsorenleistung) im öffentlichen Auftritt als Geschenk deklariert wird und die kommunikative Gegenleistung unerwähnt bleibt. Als wie selbstverständlich erscheint es, dass die finanzielle oder materielle Hilfe des Sponsors aus dessen Tasche bezahlt

---

87 Sportsponsoring wird in der einschlägigen Literatur umfassend betrachtet, was hier nicht geleistet werden kann. Überblicke bzw. Einführungen unterschiedlicher Ausrichtung und Ausführlichkeit bieten z. B. Bruhn (2010, S. 79-192), Bühler & Nufer (2013, S. 54-55), Haase (2001), Hermanns & Kiendl (2007), Hermanns & Marwitz (2008, S. 71-87), Nufer & Bühler (2013, S. 263-291), Woratschek, Ströbel & Durchholz (2014). Typische Erscheinungsformen von Sportsponsoring nennen z. B. Bruhn (2010, S. 82-83), Meffert et al. (2012, S. 705), Nufer & Bühler (2013, S. 272-273). – Allgemeinere Einführungen in das Sponsoring, welche auch andere Bereiche (z. B. Kultur- oder Sozialsponsoring) betrachten, finden sich bei Bruhn (2010), Meffert et al. (2012, S. 702-708).

wird; folgerichtig fließen ihm dann Dank und Ehre zu, die letztlich sein Markengut-haben erhöhen" (Messing & Emrich, 2003, S. 28).

Festzuhalten ist, dass Mäzene und Sponsoren sowie andere Werbetreibende auf-grund der Bedeutung aktiv werden, die sie bzw. die sie umgebende Gesellschaft dem Sport beimessen. Nachfolgend wird – wegen seiner besonderen kommunika-tiven Bedeutung – das Sponsoring umfassender betrachtet, wobei davon ausge-gangen werden kann, dass viele der Erkenntnisse auch für andere Formen der Mar-kenführung mit Sport bzw. das Mäzenatentum zutreffen.

Allgemein dient das Sponsoring neben der Bekanntheitssteigerung und Imageverbesserung des Sponsors bzw. seiner Produkte und Dienstleistungen auch der „Kontaktpflege, Mitarbeitermotivation und [dem] Nachweis gesellschaftli-chen Engagements", wie Meffert et al. (2012, S. 702) unter Verweis auf andere Autoren zusammenfassen. Tab. 4 zeigt, dass dabei „Imageziele" für fast alle gro-ßen Sponsoren von besonderer Bedeutung sind, von den meisten Unternehmen aber noch weitere Ziele verfolgt werden. „[D]irekte, unmittelbare Absatz- bzw. Umsatzziele" werden allerdings von weniger als der Hälfte der Unternehmen ge-nannt, was darauf hinweist, dass Sponsoringengagements insbesondere zur Errei-chung „weicher" Ziele (Image- und Kontaktpflege, Bekanntheit, Kundenbindung) geeignet scheinen und „Absatz- bzw. Umsatzziele" erst auf längere Sicht verfolgt werden, wie auch 80% der Befragten angeben (Tab. 4).

Tab. 4:   Sponsoring-Zielsetzungen (n = 137 werbungtreibende Unternehmen)[88] (eigene Zusammenstellung auf Basis von pilot checkpoint GmbH, 2010, S. 25)

Zielsetzung	Angabe in %
Imageziele	99
Kontaktpflege zu (potentiellen) Geschäftspartnern und Kunden	88
Bekanntheitsziele	86
Mittel- und langfristige Absatz- bzw. Umsatzziele	80
Kundenbindung bei Endverbrauchern	74
Kontaktpflege bei Meinungsführern, Medienvertretern etc.	74
Gesellschaftliche Verantwortung / good citizenship	73
Mitarbeitermotivation	67
Direkte, unmittelbare Absatz- bzw. Umsatzziele	45

---

88   Für diese Untersuchung wurden die „Top-50-Werbungtreibende[n], Top-50-Marken, 150 Top-Sponsoring treibende[n]" (pilot checkpoint GmbH, 2010, S. 32) sowie führende „Kreativ-/Full-Service-Agenturen, Media-Agenturen, Sponsoring-Agenturen, Vermarktungsagenturen" (ebd.) in Deutschland als Grundgesamtheit definiert. Als Teilnahmequote werden 55% (Unternehmen) bzw. 51% (Agenturen) genannt, wobei nicht alle Fragen an beide Gruppen gestellt wurden. Die Befragung erfolgte vom 9.11.2009 bis 18.12.2009 telefonisch mit ergänzendem Online- oder Papierfragebogen bzw. in Ausnahmefällen komplett schriftlich.

Werbetreibende – also auch Sponsoren – sind grundsätzlich mit der Herausforderung konfrontiert, dass Konsumenten in ihrem Alltag zunehmend mehr werblichen Maßnahmen ausgesetzt sind, weshalb das Erlangen von Aufmerksamkeit und (positiver) Differenzierung immer schwieriger wird (Huber & Meyer, 2008, S. 1-2). Aufgrund des massiven Anstiegs der Anzahl der in der Öffentlichkeit stehenden Personen, ist die Vermarktung potentieller neuer Testimonials[89] ebenfalls deutlich schwerer geworden (Henkel & von Walter, 2009, S. 309). Im Vergleich zu anderen Gesellschaftsbereichen scheint der Sport jedoch besonders gut dazu geeignet zu sein, für Werbebotschaften eingesetzt zu werden und populäre Werbefiguren zu liefern. Aufgrund der herausragenden Bedeutung (Kapitel 3.2) und der medialen Beachtung dieses Gesellschaftsbereichs (Kapitel 3.4.2) wenden sich viele Menschen seinen „Symbolfiguren [zu], die sie als vertraute Größen in ihren Alltag integrieren" (Henkel & von Walter, 2009, S. 309), zu denen sie also parasoziale Beziehungen unterhalten (Kapitel 2.3.2).[90] Im Sport sind daher mehr Unternehmen als Sponsoren engagiert als in jedem anderen Bereich (Tab. 5) und die dort getätigten Ausgaben sind vergleichsweise sehr hoch (Hermanns & Lemân, 2010, S. 13; pilot checkpoint GmbH, 2010, S. 7).[91]

Von 2010 bis 2012 sollten die Ausgaben für Sportsponsoring jeweils über 2,5 Mrd. € pro Jahr betragen (Bundesministerium für Wirtschaft und Technologie, 2012, S. 21; pilot checkpoint GmbH, 2010, S. 17). Sportsponsoring stellt für den Sport somit eine bedeutende Einnahmequelle dar. Viele – besonders sozial sehr exponierte – Sportler profitieren hiervon nicht nur mittelbar über Zahlungen von Sportorganisationen, sondern erhalten oftmals direkt Leistungen von Unternehmen. „[S]chaut man sich die aktuellen Entwicklungen an: So übersteigen die Einkünfte aus Werbeverträgen häufig das Gehalt, das der [Sportler] vom Verein erhält" (Huber & Meyer, 2008, S. V). Es kann also angenommen werden, dass individuelle und kollektive Sportakteure ein großes Interesse daran haben, gut mit ihren jeweiligen Sponsoren zusammenzuarbeiten und deren Erwartungen zu erfüllen.

---

89   „Die in der Werbung eingesetzten Prominenten werden [..] als Testimonials bezeichnet" (Huber & Meyer, 2008, S. V). Es ist allerdings anzumerken, dass diese Bezeichnung vor allem in Deutschland geläufig ist. In den USA etwa, wo in von „Celebrity Endorsment" gesprochen wird, ist für Testimonials eher der Begriff „Celebrity Endorser" üblich (Schierl & Schaaf, 2007, S. 294).

90   Mit dem gleichnamigen Kapitel bieten Schierl & Schaaf (2007, S. 295-296) einen sehr kompakten Überblick über „Geschichte und Entwicklung der Testimonial-Werbung mit Sportlern" in Deutschland.

91   In den Jahren 2010 bis 2012 sollten sie z. B. laut der in Fußnote 92 beschriebenen Befragung bei leicht steigender Tendenz über 60% des gesamten Sponsoringbudgets betragen (pilot checkpoint GmbH, 2010, S. 7).

Tab. 5:   Einsatz verschiedener Sponsoringarten durch Unternehmen (n
                 = 419; Angaben in Prozent; Mehrfachantworten möglich)[92]
                 (eigene Zusammenstellung auf Basis von Hermanns & Lemân,
                 2010, S. 14)

Sponsoringart	Angabe in %
Sportsponsoring	81,1
Kunst-/Kultursponsoring	66,7
Soziosponsoring	59,3
Bildungssponsoring	51,7
Ökosponsoring	20,3
Mediensponsoring	13,4

Die „Eignung eines Prominenten zur Aufmerksamkeitssteigerung der Werbekampagne ist umso größer, je stärker seine Medienpräsenz ist, da diese seine Bekanntheit und Aktualität garantiert" (Huber & Meyer, 2008, S. 2). Über den Sport und
seine Akteure können viele Sportzuschauer als „geübtes Medienpublikum"
(Schlesinger, 2009, S. 153) erreicht werden (Kapitel 3.4.2). Daher dürfte eine wesentliche Erwartung im Sportsponsoring üblicherweise eine deutlich wahrnehmbare mediale Präsenz des Sponsoringempfängers sein. Dass über die Hälfte der
Unternehmen Medienauswertungen zur Erfolgskontrolle ihrer Sponsorings nutzen
(Hermanns & Lemân, 2010, S. 20), unterstreicht die Relevanz, die Medien in diesem Zusammenhang zugestanden wird.
     Dadurch, dass Unternehmen ihre Sponsoringaktivitäten mit einer Vielzahl
weiterer Kommunikationsinstrumente vernetzen (Hermanns & Lemân, 2010, S.
17), werden die durch den Sport und die Medien geschaffenen Kommunikations-
effekte verstärkt. Eine weitere – meist erwünschte und häufig bewusst provozierte
– Verstärkung kann durch rezipientenseitige Anschlusskommunikation (vgl.
hierzu Kapitel 2.4.2.2) erfolgen. Kommunizieren also Verbraucher – und ggf. wiederum die Massenmedien – über Sponsoringaktivitäten bzw. die damit in Verbindung stehenden Testimonials, werden Werbebotschaften und – was für diese Arbeit von grundlegender Bedeutung ist – bezüglich des Sports und seiner Akteure
verbreitete Inhalte weiter verstärkt.

---

92   „Die Grundgesamtheit der Untersuchung bilden die 4000 umsatzstärksten Betriebe und Dienst-
     leistungsunternehmen in Deutschland. [...] Es handelt sich um eine schriftliche Befragung mit-
     hilfe eines standardisierten Fragebogens" (Hermanns & Lemân, 2010, S. 4), die zwischen 7.1.
     und 6.4.2010 stattfand. „591 Fragebögen (14,8 Prozent) konnten in der Auswertung berücksich-
     tigt werden. Bei einem Rücklauf in dieser Größenordnung kann von einer Repräsentanz der
     Ergebnisse für die Grundgesamtheit ausgegangen werden" (ebd., S. 5).

Zum Einsatz von Testimonials führen Stevens et al. (2003, S. 103) aus: „Although the financial benefits are high, so are the potential risks." Besonders offensichtlich ist, dass ausbleibender sportlicher Erfolg (vgl. hierzu Kapitel 3.2.2) und/oder zurückgehendes öffentliches Interesse ein grundsätzliches Risiko für den Sponsor darstellen dürften. Gleiches kann für den Fall angenommen werden, dass eine Stigmatisierung[93] (Kapitel 4.4.4) des Sportakteurs erfolgt, da die Gefahr besteht, dass diese auf die Produkte und/oder Dienstleistungen sowie das Image des Unternehmens ausstrahlen könnte (zum Imagetransfer im Sponsoring vgl. z. B. Meffert et al., 2012, S. 702). Für Testimonials besteht diese Gefahr in gleichem Maße: Wird ein Sportler mit einem Unternehmen in Verbindung gebracht, dessen Ruf leidet, kann auch sein Image Schaden nehmen. Dadurch können die zwischen Rezipienten und Sportlerpersona ablaufenden Prozesse negativ beeinträchtigt werden, was wiederum den Werbewert des Betreffenden mindern oder obsolet machen kann.

3.4.3.3   Markenmanagement von Sport auf dem Sportmarkt

Wie im einleitenden Abschnitt (Kapitel 3.4.3.1) dargelegt wurde, werden auf dem deutschen „Sportmarkt" jedes Jahr Umsätze in Milliardenhöhe erzielt. Wie der Medienmarkt (Kapitel 3.4.2.1) auch, ist der Sportmarkt in mehrere Teilmärkte untergliedert (Abb. 19):

1. Zum einen richten sich alle Marktakteure, die Markenmanagement von Sport betreiben, auf dem *Konsumentenmarkt* an Kunden, die als passive und/oder aktive Sportkonsumenten in Erscheinung treten. Mitunter wird dieser Markt daher noch einmal in einen Sportler- und einen Zuschauermarkt unterteilt (Nufer & Bühler, 2013, S. 8). Auf dem Konsumentenmarkt als „Kernmarkt des Sport" (ebd.) werden beträchtliche Umsätze erzielt. Im Jahr 2010 wurden beispielsweise über 8 Mrd. Euro allein für Eintritte zu Sportveranstaltungen ausgegeben (Preuß et al., 2012, S. 148-149). Ferner gingen über 1,6 Mrd. Euro als Mitgliedsbeiträge an Sportorganisationen und mindestens 6 Mrd. Euro wurden für die Nutzung privater Sporteinrichtungen aufgebracht (ebd., S. 155-156).[94] Neben Geldflüssen generieren Sportakteure auf dem Konsumentenmarkt Aufmerksamkeit, die eine Voraussetzung dafür ist, auf den anderen beiden Teilmärkten Erfolge erzielen zu können (Abb. 19).

---

93   Gründe für die Stigmatisierung eines Sportlers könnten etwa Dopingvergehen, ein exzessiver Lebensstil oder die Weigerung, in einer Nationalmannschaft anzutreten, sein.

94   Bei den in diesem Abschnitt angegebenen Werten handelt es sich um diejenigen des vorsichtiger kalkulierten „konservativen Modells". Im „realistischen Modell" liegen die Werte höher und betrugen für die Nutzung von privaten Sporteinrichtungen z. B. knapp 7,5 Mrd. Euro (Preuß et al. 2012, S. 157).

2. Viele kollektive und individuelle Sportakteure sind über Sponsoring- und andere Beziehungen bzw. Abhängigkeiten an Wirtschaftsunternehmen und weitere Unterstützer – z. B. aus der Politik – gebunden. Folglich agieren sie auf einem *Werbe- und Fördermarkt.* – Wie in Kapitel 3.4.3.2 deutlich wurde und Abb. 19 entnommen werden kann, erhoffen sich die Geldgeber auf diesem Markt als Gegenleistung für ihre Mittel vor allem öffentliche Aufmerksamkeit bzw. ein positives Image.

3. Schließlich bestehen Beziehungen zu Akteuren des medialen Sektors. Auf dem *Medienmarkt* (Kapitel 3.4.2.1) wurden für Übertragungsrechte von stark nachgefragten Sportveranstaltungen im Jahr 2010 Zahlungen „von gut einer Milliarde Euro" (Bundesministerium für Wirtschaft und Technologie, 2012, S. 23) umgesetzt. Aufgrund der sehr ungleich verteilten Marktmacht bieten viele Sportakteure auf diesem Teilmarkt jedoch Inhalte an, ohne unmittelbar finanziell dafür entlohnt zu werden. – Unabhängig davon, ob sie auf dem Medienmarkt Einnahmen generieren können, eint die Sportakteure, dass sie i. d. R. bemüht sind, die eigene mediale Attraktivität zu steigern (in Kapitel 3.4.2.2 wurden als Beispiel hierfür Regeländerungen im Tischtennis und Beach-Volleyball aufgeführt). Das Ziel ist hierbei grundsätzlich, über den Medienmarkt Aufmerksamkeit zu erzielen (Abb. 19), die die Attraktivität auf den anderen Teilmärkten steigert.

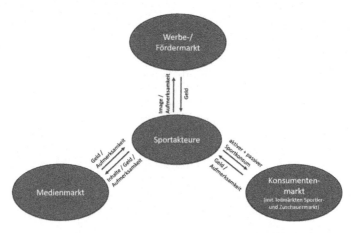

Abb. 19:   Teilmärkte des Sportmarktes (eigene Darstellung)

Akteure auf dem in Abb. 19 dargestellten Sportmarkt müssen somit verschiedene – wenngleich interdependente – Absatzmärkte berücksichtigen. Hieraus können gewünschte Synergien entstehen, wenn z. B. sowohl auf dem Medienmarkt als auch auf dem Werbe- und Fördermarkt sowie dem Konsumentenmarkt Erfolge erzielt werden und diese sich gegenseitig stabilisieren. Es kann allerdings problematisch sein, dass die Ansprüche der verschiedenen potentiellen Abnehmer nicht kongruent sein müssen. Wie im letzten Kapitel ausgeführt, werden Sportakteure vor allem deshalb für das Markenmanagement mit Sport attraktiv, weil ein Imagetransfer gewünscht wird. Meist ist ein solches Engagement auch an den Wunsch einer hohen medialen Präsenz gekoppelt. Allerdings ist es für Medienunternehmen bei der Auswahl und Aufbereitung von Inhalten üblicherweise nicht unbedingt von handlungsleitender Relevanz, wie sich ihre Berichterstattung auf das Image des oder der Betroffenen auswirkt. Entscheidend ist vielmehr, nachgefragte Inhalte anzubieten, um auf den Teilmärkten des Medienmarkts Marktanteile zu sichern bzw. auszubauen (vgl. Kapitel 3.4.2.1).

Im Fall von Skandalen oder sonstigen für das Image von Sportakteuren nachteiligen Entwicklungen kann es daher vorkommen, dass eine große Nachfrage auf dem Medienmarkt kreiert und viel berichtet wird. Dies ist dadurch zu erklären, dass entsprechende Meldungen gemäß Tab. 2 aus Kapitel 2.4.4 Nachrichtenfaktoren der Kategorie „Konflikt – Kontroverse – Aggression – Schaden" (Uhlemann, 2012, S. 66) enthalten und somit attraktive Medieninhalte darstellen dürften. Allerdings kann diese Berichterstattung dazu führen, dass der Erfolg auf dem Konsumenten- sowie dem Werbemarkt negativ beeinträchtigt wird. Konsumenten könnten ihre Erwartungen enttäuscht sehen und sich abwenden (Kapitel 2.2.1). Werbetreibende Unternehmen können – wie in Kapitel 3.4.3.2 dargelegt – einen negativen Imagetransfer befürchten und die Zusammenarbeit beenden bzw. bei Vertragsende nicht fortsetzen.

3.4.3.4   Fazit

„Sportsponsoring ist sowohl die älteste wie die bedeutendste Sponsoringart" (Hermanns & Marwitz, 2008, S. 71) und „[j]edes dritte Unternehmen unterstützt den Sport" (Bundesministerium für Wirtschaft und Technologie, 2012, S. 23). Häufig erreicht das Sportsponsoring daher auf Seiten der Sponsoren wie der Gesponsorten „ein sehr hohes Professionalisierungsniveau" (Hermanns & Marwitz, 2008, S. 79). Über das Sponsoring hinaus kann allgemein für das Markenmanagement mit und von Sport festgehalten werden, dass sich dieses „in den letzten Jahren [...] zu einem bedeutenden Wirtschaftssektor [...] entwickelt" (Bühler & Nufer, 2013, S. 59) hat und die zugehörige Markenkommunikation im öffentlichen Leben sehr präsent ist.

Die Besonderheit des Markenmanagements von Sport ist hierbei, dass sich dieses an Adressaten auf bis zu drei Teilmärkten des Sportmarkts richtet (Abb.

19). Auf dem Werbe- und Fördermarkt scheinen Sportakteure – gemäß dem Con-firmation-Disconfirmation-Paradigma (2.2.1) – den Erwartungen ihrer Sponsoren vergleichsweise gut zu entsprechen. Diese zeigen sich zu einem sehr hohen Anteil mit ihren Sponsorships im Sport zufrieden und würden diese weiterempfehlen. Wie Tab. 6 zeigt, liegen die entsprechenden Werte für den Sport deutlich über denjenigen anderer Bereiche.

Tab. 6:   Sponsorenmeinungen zu Sponsorships (Angaben in Prozent; n = 209, hiervon 137 Unternehmen und 72 Agenturen – umfassende Informationen zur Befragung finden sich bei Tab. 4) (pilot checkpoint GmbH, 2010, S. 13)

Sponsoringart	Wir sind mit unserem Sponsorship zufrieden (in %)	Wir würden das Sponsorship weiterempfehlen (in %)
Sportsponsoring	78	79
Public-Sponsoring	59	68
Kultursponsoring	58	58
Mediensponsoring	39	49

Vor diesem Hintergrund ist ein Blick auf die Verteilung der Sponsoringaufwendun-gen aufschlussreich, der zeigt, dass ein Großteil der Mittel – nahezu 80% – direkt an die gesponsorten Personen und Organisationen fließt und lediglich knapp 21% für die Aktivierung verwendet werden (Hermanns & Lemân, 2010, S. 19). Es kann an-genommen werden, dass die sportspezifischen Werte hiervon nicht wesentlich ab-weichen dürften. Da auch fast 80% der Sponsoren mit ihrem Engagement im Sport zufrieden sind (Tab. 6), dürfte der Eindruck vorherrschen, dass ein sehr wesentlicher Teil der gewünschten kommunikativen Leistung direkt durch die mediale Präsenz der Sponsoringempfänger im Sport bzw. deren Rezeption erfolgt.

    Für nahezu 100% der Sponsoren sind Imageziele bzw. der Imagetransfer bei ihrem Engagement sehr wichtig (Tab. 4). Folglich scheint das wahrgenommene Image der betreffenden Sportakteure im Verlauf der Zusammenarbeit meist den Vorstellungen der Sponsoren zu entsprechen, da diese sonst kaum so zufrieden wären. Hierbei dürfte vor allem die Wahrnehmung des Images einzelner Sportler von Bedeutung sein. Denn in der Markenführung mit Sport und von Sport fungie-ren individuelle Sportakteure als „extremely profitable vehicles for advertising and promotion […] for sport organizations and sport marketers" (Stevens et al.,

2003, S. 103).[95] Testimonials aus dem Sport gelingt es offenbar, „im Zusammen-spiel mit Massenmedien Märkte zu schaffen, auszuweiten und abzuschöpfen" (Prahl, 2010, S. 413). Diese Effekte sind dadurch zu erklären, dass bei Konsumen-ten Erwartungsunsicherheiten abgebaut werden, indem diese auf „im Gedächtnis abgespeicherte[..] Wissensstrukturen über die [Sportler] zurück[greifen]" (Hof-mann, 2014, S. 220).

Abschließend soll bezüglich der im Sportkontext auftretenden Testimonials noch darauf hingewiesen werden, dass nicht alle Sportler, die in Werbebotschaften auftreten, berühmte Athleten sein müssen. So beobachtet Sellmann: „Die Nike-Heroen sind entweder unscheinbare Zeitgenossen, ‚Nachbarn wie du und ich' […]. Oder es sind die Megastars des Spitzensport, die jeder kennt und die zu den Dia-manten der Popkultur gezählt werden" (Sellmann, 2002, S. 63-64). Auch bei der „Live With Fire"-Kampagne des Sportartiklers Reebok – um ein weiteres Beispiel anzuführen – steht das Sporttreiben „normaler" Menschen, die nicht berühmt sind, im Mittelpunkt (Reebok, 2013). Es kann – worauf später noch eingegangen wird – angenommen werden, dass solche wenig bekannten Werbebotschafter ebenfalls typische Erwartungen bzw. Assoziationen wecken sollen.

3.4.4   Sportakteure und Signaling

Sportakteure sind „aufgrund der umfangreichen Sportberichterstattung [darüber] informiert [..], welche Leistung in welchem Kontext von ihnen zu erbringen" (Schramm, 2007b, S. 129) ist. Entsprechend dürfte ihr Handeln oft auf das „Erzie-len von Resonanz und Zustimmung in Massenmedien" (Tobler, 2010, S. 38) aus-gerichtet sein. Da sie sich hierbei an den aus Medien und dem Markenmanagement gewonnen Eindrücken orientieren, ergibt sich die von Kepplinger (1989) beschrie-bene Wechselwirkung von – ggf. in erster Linie aufgrund der medialen Attrakti-vität inszeniertem – Ereignis und Berichterstattung (Kapitel 2.4.4). Diese Wech-selwirkung dürfte dazu führen, dass sozial exponierte Sportler bemüht sind, in ih-rer „Darstellung" bestehenden Erwartungen gerecht zu werden. Es ist jedoch nicht davon auszugehen, dass derartige Bemühungen immer bewusst erfolgen und ei-nem rationalen Kalkül entspringen. Wie die Rollentheorie (Kapitel 2.2.3) zeigt, entsprechen Menschen in ihrem Handel sehr vielen der an sie gestellten Erwartun-gen unbewusst. Auch kann sehr häufig davon ausgegangen werden, dass Erwar-tungen von Rollenträgern – wenn sie diesen denn bewusst sind – als selbstver-ständlich erlebt und ohne intensive Reflexion erfüllt werden.

---

95   Dies entspricht der allgemeinen Entwicklung, dass „Unternehmen [..] in der Werbung zur Ver-marktung ihrer Produkte seit langer Zeit verstärkt Prominente ein[setzen]" (Huber & Meyer, 2008, S. V).

Dass Sportler sich – bewusst oder unbewusst – in ihrer Darstellung an im Sinnzirkel konsensfähigen Erwartungen orientieren, kann vor dem Hintergrund der in Kapitel 2.4.3 dargelegten Überlegungen zum Signaling interpretiert werden. Einerseits kann im Sinne der Prinzipal-Agent-Theorie (Kapitel 2.4.3.2) davon ausgegangen werden, dass das Markenmanagement mit Sport und von Sport darauf angewiesen ist, dass Testimonials in den Medien positiv dargestellt werden. Sonst können die zentralen Ziele, die in Kapitel 3.4.3.2 für das Sponsoring herausgearbeitet wurden, mit dem Einsatz von Sportlern im Markenmanagement nicht erreicht werden. Ähnlich wie ein Arbeitgeber, der nach qualifizierten Bewerbern sucht, versuchen auch Markenmanager, diejenigen Testimonials auszuwählen, die besonders „qualifiziert" erscheinen. Um also auf dem Werbe- und Fördermarkt erfolgreich zu sein, müssen Sportakteure eine erfolgreiche Platzierung ihrerseits auf dem Medienmarkt anstreben (Kapitel 3.4.3.3 und 3.4.3.4). Wird über sie dann hinreichend viel und den Vorstellungen der Markenverantwortlichen entsprechend berichtet, liegt Signaling gemäß der Principal-Agent-Theorie vor und sie steigern ihre Erfolgschancen auf dem Förder- und Werbemarkt.

Des Weiteren kann die Wettkampfteilnahme als costly signaling verstanden werden (Kapitel 3.2.2). Allerdings ist davon auszugehen, dass im Sport darüber hinaus weitere Versuche unternommen werden, symbolisches Kapital durch die gezielte Übermittlung von Informationen über den Sender zu erlangen. Dies kann anhand des folgenden Ausspruchs gezeigt werden, auf den bereits in Kapitel 2.4.3.4 verwiesen wurde: „Inequality is tolerated when signalers demonstrate their competitive superiority, and deference (or interest in the signal) provides greater benefits than resistance (or ignoring the signal)" (Bliege Bird & Smith, 2005, S. 223).

Durch die Beachtung durch Medien und Zuschauer werden Sportler sozial exponiert, weshalb eine Ungleichheit („inequality") vorliegt. Von ihren Rezipienten werden sie als „Personae" im Rahmen unterschiedlich starker parasozialer Prozesse wahrgenommen, die mit verschiedenen Techniken der Identitätsarbeit einhergehen können, wie das Modell des parasozialen Prozesses (Abb. 16 aus Kapitel 3.3.2) zeigt. Hierbei spielt der Sport als Handlungsrahmen eine wesentliche Rolle (Kapitel 3.2). Folglich müsste gemäß dem o. s. Zitat das Verfolgen derjenigen Sportlerpersonae besonders große Vorteile („great benefits") versprechen, die den relevanten Erwartungen besser als andere entsprechen, was als „Überlegenheitsdemonstration" im Erwartungserfüllungswettstreit verstanden werden kann. Laut Confirmation-Disconfirmation-Paradigma (Kapitel 2.2.1) wird so bei den Rezipienten eine Zufriedenheitsreaktion ausgelöst. Entsprechend besteht das costly signaling von Sportlern ganz allgemein darin, dass sie in besonderem Maße den spezifischen Erwartungen des Sportsystems zu entsprechen versuchen und dafür (scheinbar) auch Nachteile in Kauf zu nehmen bereit sein müssen. Dies führt dazu, dass es für Rezipienten gewinnbringender ist, mit ihnen parasozial zu interagieren anstatt mit Konkurrenten.

In jedem Fall liegen solche „Zeichen" vor, die „idealerweise sowohl für den Sender als auch den Empfänger vorteilhaft sind" (Kapitel 2.4.3.4). Die Vorteile für die Sender sind symbolisches Kapitel bzw. materielle Entlohnung, die Vorteile für die Empfänger – sowohl Sportrezipienten als auch Medien-, Wirtschafts- und sonstige gesellschaftliche Akteure – variieren in Abhängigkeit von den jeweiligen Intentionen. Rezipienten können für sich gewinnbringend mit den Athleten interagieren bzw. Prozesse der Identitätsarbeit auf diese richten. Den anderen Gruppen wird die Möglichkeit gegeben, Rezipienten, Kunden, Wähler usw. anzusprechen, um somit eigene Ziele zu erreichen.

Als für die vorliegende Arbeit relevant kann festgehalten werden, dass Sportler – bewusst und unbewusst – kommunizieren, indem sie sportspezifischen Erwartungen in besonderem Maße zu entsprechen versuchen, wodurch sowohl für die Athleten als auch für die Rezipienten Vorteile entstehen. Hierbei werden die Athleten von relevanten Kommunikatoren unterstützt, die deren „Zeichen" verbreiten, um selbst für Rezipienten attraktiv zu sein bzw. am durch die Athleten erlangten symbolischen Kapitel zu partizipieren.

3.4.5   *Arenatheoretisches Modell von Öffentlichkeit unter besonderer Berücksichtigung von Sport, Wirtschaft und Medien*

Da der Sport „zu einem selbstverständlichen Teil des öffentlichen Lebens und der Alltagskultur der Menschen geworden" (Weis & Gugutzer, 2008, S. 7) ist, spielen individuelle und kollektive Sportakteure bei „der Selbstdarstellung im Wettbewerb um Beachtungsgrad und Sozialprestige" (Imhof, 1996a, S. 221) eine bedeutende Rolle. Sehr häufig dürfte dabei der Versuch unternommen werden, bewusst oder unbewusst sportspezifischen Erwartungen in besonderem Maße zu entsprechen. Die hiermit verbundenen „Zeichen" tragen wesentlich zur sportakteursbezogenen Bedeutungskonstruktion im Sinnzirkel bei bzw. greifen dort kursierende konsensfähige Meinungen und Denkmodelle auf. Es ist daher angebracht, das arenatheoretische Modell entsprechend zu erweitern und den Sport als bedeutende teilautonome Sphäre in dieses aufzunehmen, die – wie grundsätzlich alle Kommunikationszentren und teilautonomen Sphären – modelltheoretisch eine Überschneidung mit den Massenmedien aufweist (Abb. 20).

Den Öffentlichkeitsakteuren, die den Sinnzirkel prägen, folgt „auf der Galerie ein prinzipiell unbekanntes, disperses Publikum" (Eisenegger, 2005, S. 54). Diejenigen Mitglieder des Publikums, welche relevante Zielgruppen darstellen, sollen durch das Markenmanagement von Sport erreicht werden, um ökonomische Erfolge auf dem Sportmarkt erzielen zu können (Kapitel 3.4.3.3). Hier kann daher von einer Verschränkung von Sport- und Wirtschaftskommunikation gesprochen werden, weil Meinungen über und zum Sport beeinflusst werden sollen, um wirtschaftliche Erfolge zu erzielen. Ein weiteres Beispiel für öffentlichkeitswirksame Kommunikation von Sportakteuren ist das Auftreten von Testimonials aus dem Sport im Markenmanagement mit Sport, welches ebenfalls eine solche Verschränkung darstellt. Da das Markenmanagement mit Sport und von Sport oft über Massenmedien transportiert wird, liegt schließlich regelmäßig eine Überschneidung aller drei Kommunikationsbereiche vor.

Aufgrund dieser Überlegungen sollte in der vorliegenden Arbeit berücksichtigt werden, dass aus dem Magischen Dreieck aus Sport, Wirtschaft und Medien die häufigsten und wesentlichsten Beiträge zur Bedeutungskonstruktion und zum Bedetungserhalt hinsichtlich des Sports stammen dürften. Um diese besondere Bedeutung für den Betrachtungsgegenstand der vorliegenden Arbeit zu verdeutlichen, werden diese drei Kommunikationsbereiche im „arenatheoretischen Modell von Öffentlichkeit unter besonderer Berücksichtigung von Sport, Wirtschaft und Medien" (Abb. 20) durch kräftige Umrandungen besonders hervorgehoben.

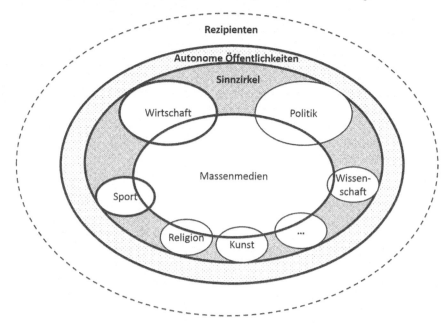

Abb. 20:   Arenatheoretisches Modell von Öffentlichkeit unter besonderer
                 Berücksichtigung von Sport, Wirtschaft und Medien (eigene
                 Darstellung in Anlehnung an Imhof, 1996a, S. 246; Tobler,
                 2010, S. 52)

Die angesprochene Betonung des Magischen Dreiecks in Abb. 20 bedeutet nicht, dass andere teilautonome Sphären oder das Kommunikationszentrum Politik keine Beiträge zur Bedeutungskonstruktion bezüglich des Sports bzw. von Sportakteuren beisteuern. Ganz im Gegenteil sollte davon ausgegangen werden, dass sich in diesen Kommunikationsbereichen ebenfalls Verweise auf etablierte sportliche Deutungszusammenhänge finden lassen. Dies ist anzunehmen, da *nicht nur* die teilautonome Sphäre Sport „ein Abbild der Gesellschaft [ist], aus der er hervorgeht und in die er wieder hineinwirkt" (Voigt, 1992, S. 146; vgl. Kapitel 3.2.1). Dies gilt gleichermaßen für die Kommunikationszentren und die anderen teilautonomen Sphären. Folglich ist davon auszugehen, dass auch diese durch die Werte, Normen und Interpretationsschemata der umgebenden Gesellschaft geprägt sind und auf den Sport als einen wesentlichen gesellschaftlichen Teilbereich (Kapitel 3.2 und 3.3.1) Bezug nehmen.

3.5 Zusammenfassung und weiteres Vorgehen

3.5.1 Zusammenfassung

„Worldwide, millions of people view regularly sporting events, either in-person or on television. In addition, sports fans follow their favorite teams via radio, newspapers, magazines, and the internet. Evidence suggests that more and more people are becoming sports fans" (Laverie & Arnett, 2000, S. 225).

In diesem Zitat wird – wie bereits bei der Betrachtung des modernen Wettkampfsports als soziales Deutungsmuster (Kapitel 3.2) und des passiven Sportkonsums (Kapitel 3.3) – deutlich, dass der Sport ein vielbeachteter Gesellschaftsbereich ist. Gemäß dem Zitat und Kapitel 3.4.2.2 (Mediensport), ist dies wesentlich darauf zurückzuführen, dass sehr viele Menschen den modernen Wettkampfsport indirekt über Massenmedien verfolgen können. Und selbst diejenigen, die Wettkämpfe besuchen, informieren sich oft vorab und nach dem Besuch medial über die Sportveranstaltung und die teilnehmenden Sportler (Kapitel 3.3.1). Daher kann davon ausgegangen werden, dass die Wahrnehmung des modernen Sports auch für Wettkampfbesucher grundlegend durch dessen Darstellung in den Medien geprägt ist, weshalb folgender Zusammenhang bedeutend ist:

„Indem die Medien-Öffentlichkeit durch die Selektion von Kommunikationsgegenständen Handlungsdruck [...] ausübt [...], obliegen ihr fundamentale Steuerungsfunktionen im Allgemeinen sowie im Prozess der Reputationskonstitution im Besonderen" (Eisenegger, 2005, S. 54).

In Kapitel 3.4 wurde deutlich, dass individuelle und kollektive Sportakteure ein vielschichtiges Interesse daran haben, bei „der Selbstdarstellung im Wettbewerb um Beachtungsgrad und Sozialprestige" (Imhof, 1996a, S. 221) eine wesentliche Rolle zu spielen. Entsprechend ist davon auszugehen, dass sich Sportler bei bewussten und unbewussten kommunikativen Äußerungen und Sportorganisationen beim Markenmanagement von Sport (Kapitel 3.4.3.3) an der Steuerungsfunktion der Medien orientieren. Gleiches kann für Wirtschaftsunternehmen gelten, die das Markenmanagement mit Sport (Kapitel 3.4.3.2) „in die gängigen Interpretations- und Erwartungsmuster ein[passen]. Massenwirksame Werbung [...] gehör[t] auf diese Weise zu den Diffusionsgeneratoren eines kulturellen Selbstverständnisses" (Imhof, 1996a, S. 234).

Vor diesem Hintergrund ist relevant, dass sowohl in den Medien als auch in der Wirtschaftskommunikation eine zunehmende „Personalisierung und Prominenzierung" (Schierl, 2009, S. 266) festzustellen ist (Kapitel 3.4.2.2 und 3.4.3.2). Einzelne Sportakteure stehen oft im Mittelpunkt sportbezogener Kommunikation. Ferner stellen diese einen entscheidenden Grund für die Attraktivität des passiven Sportkonsums dar (Kapitel 3.3.1). Es kann somit festgestellt werden, dass es populären Athleten obliegt, „Märkte zu schaffen, auszuweiten und abzuschöpfen" (Prahl, 2010, S. 413), und die an sie gestellten Anforderungen sehr vielfältig geworden sind (Lamprecht & Stamm, 2002, S. 157-158). Ferner wird von Ihnen ein aktiver Beitrag zur Erschaffung der „Sportwirklichkeit" erwartet, wie gleich vor dem Hintergrund folgenden Zitats erläutert wird: „Der Sport, der öffentliches Interesse erregt, ist immer ein inszenierter. [...] Als inszeniertes Ereignis ist er in erster Linie ein darstellerischer Prozeß" (Gebauer, 1988, S. 4).

Die Eignung des Sports, allgemeinverständlich inszeniert zu werden, ist darauf zurückzuführen, dass seine „Sinnstruktur" (Weiß, 1999, S. 183) ein weit verbreitetes, gut verständliches soziales Deutungsmuster darstellt (Kapitel 3.2), über das „jeder mit jedem kommunizieren kann" (Weiß, 1999, S. 183). Hier setzen Kommunikatoren aus Medien, Sport und Wirtschaft an, um den Sport zur Erreichung eigener Ziele zu inszenieren. Hierbei spielen Athleten, Trainer und sonstige Akteure des Sports eine zentrale Rolle. Sie tragen beispielsweise durch ihre Einbindung in das Markenmanagement von und mit Sport oder durch eigen Kommunikation zur Inszenierung bei. Sportlerbezogene Kommunikation erfolgt dabei „unmittelbar beim sportlichen Wettkampf [..] oder auch indirekt durch Erzählungen"[96] (Vollrath, 2007, S. 46). In beiden Fällen wird ein parasozialer Prozess zwischen Rezipienten und Sportlern bzw. deren „imaginären Identitäten" (ebd.) – Personae – ausgelöst (Abb. 16 in Kapitel 3.3.2).

Bei der parasozialen und auch der realen Interaktion mit Personen nimmt die soziale Kategorisierung – welche sich durch eine „geringe Komplexität bzw. eine

---

96   Mit „Erzählungen" sind hier sämtlich Berichte, Nachrichten und sonstige bedeutungtragenden Kommunikationsinhalte gemeint.

starke Schematisierung aus[zeichnet]" (Hartmann et al., 2004a, S. 29) – eine zentrale Stellung ein (Kapitel 2.3.2.2). Laut dem „continuum model of impression formation" (Fiske et al., 1999, S. 233) – auf welches sich Hartmann et al. (2004a) bei der Erstellung des Zwei-Ebenen-Modells parasozialer Interaktion (Kapitel 2.3.2.2) stützen – wird grundsätzlich versucht, die erste Kategorisierung einer Person im weiteren Kontakt zu bestätigen: „[C]urrent knowledge about the target is fitted to the contents associated with the perceiver's category to the degree tolerated by the perceiver's interaction purposes and context" (Fiske et al., 1999, S. 236). Sollte dies nicht gelingen, wird der Versuch unternommen, den Betreffenden anderen Kategorien zuzuordnen. Nur in *äußerst* seltenen Fällen – sofern dies ebenfalls nicht gelingt und die Persona als relevant erachtet wird – ist davon auszugehen, dass eine „attribute-by-attribute analysis" (ebd., S. 233) erfolgt. Dann wird eine Persona losgelöst von der Zuordnung zu sozialen Kategorien wahrgenommen, was allerdings mit einem bedeutenden Mehraufwand für den Wahrnehmenden verbunden ist und möglichst vermieden wird (ebd., S. 235). Da auch die Veränderung bestehender Kategorisierungen kognitiven Aufwands bedarf ist, erfolgt diese nur, wenn starke Inkonsistenzen auftreten und entsprechende Ressourcen zur Verfügung stehen: „When attentional ressources are restricted, however, the biasing effects of active social categories almost always increase" (ebd., S. 237).

In den entsprechenden Kapiteln wurde deutlich, dass sich Medienakteure, Markenmanager und Sportler bei ihren kommunikativen Handlungen bewusst oder unbewusst an Erwartungen ihrer jeweiligen Zielgruppen bzw. Rezipienten orientieren. Journalisten treffen Publikationsentscheidungen auf der Basis von Nachrichtenfaktoren, Markenmanager wissen, welche Eigenschaften Konsumenten kommuniziert werden müssen, um einen positiven Imagetransfer zu gewährleisten, und Sportakteuren ist bekannt, für welche „Zeichen" ihnen symbolisches Kapital zufließen sollte. Folglich ist davon auszugehen, dass diese Kommunikatoren üblicherweise versuchen, die soziale Kategorisierung der Sportlerpersonae seitens der Rezipienten für sich vorteilhaft zu beeinflussen. Da diese sehr schnell erfolgt, sind hierbei von einer möglichst großen Anzahl von Menschen leicht zu dekodierende Informationen zu verwenden und „keine langen Geschichten über die Komplexität moderner Gesellschaften [zu] erzählen" (Bette, 2007, S. 262).

> „Für derartige Abhebungsprozeduren halten die menschlichen Gesellschaften von je her – in den jeweiligen historischen und kulturellen Variationen – entsprechende Kostüme, Techniken, Kulissen und ‚vortypisierte' Situationen bereit" (Soeffner, 1995, S. 177).

Die nachfolgenden Kapitel 4 und 5 dienen der Untersuchung einiger der „Kostüme", die für die Kommunikation und Rezeption von sozial exponierten Sportakteuren besonders bedeutend sind. Ausgangspunkt sind hierbei deren in Kapitel 1.1 aufgeführte unterschiedliche Benennungen in der wissenschaftlichen Literatur und dem alltäglichen Sprachgebrauch. Es ist davon auszugehen, dass diese Benennungen unterschiedliche „Kostüme" bzw. „Typen" beschreiben. Diese sollen vor dem Hintergrund des Konzepts der sozialen Deutungsmuster analysiert werden, wofür im nun folgenden letzten Abschnitt des aktuellen Kapitels ein analytischer Rahmen hergeleitet wird. Dieser stellt den ersten wesentlichen Schritt der Erarbeitung des Erkenntnisinteresses der vorliegenden Arbeit dar, indem er gemäß Kapitel 2.5.3 die sozialen Prozesse der Verbreitung und Rezeption der später betrachteten sozialen Deutungsmuster veranschaulicht.

3.5.2   Modell des parasozialen Prozesses im Sport, analytischer Rahmen und weiteres Vorgehen

In Kapitel 2.5.2 wurde erwähnt, dass soziale Deutungsmuster „das kollektive Alltagshandeln [strukturieren], in dem sie Modelle von (ideal-)typischen Situationen bereitstellen, unter die Sachverhalte, Ereignisse und Erfahrungen anhand bestimmter Merkmale subsumiert werden" (Plaß & Schetsche, 2001, S. 523). Wie in Kapitel 2.3.2.2 deutlich wurde, findet eine solche Strukturierung bei der Personenwahrnehmung durch die soziale Kategorisierung statt. Wie dort ebenfalls ausgeführt wurde, hat die Zuordnung einer Person zu einer oder mehreren sozialen Kategorien das Ziel, Gefühle, Gedanken und Verhalten ohne umfassende Reflexion adäquat gestalten zu können. Dieses Subsumieren anhand bestimmter Merkmale erfolgt gemäß der Ausführungen am Ende von Kapitel 3.5.1 durch die Zuordnung zu historischen bzw. kulturellen Stereotypen, die die „typischen Eigenschaften von Elementen einer [sozialen] Gruppe" (Hahnzog, 2014) abbilden. Für die vorliegende Arbeit sollen im weiteren Verlauf diejenigen Stereotypen bzw. Bedeutungsdimensionen von Interesse sein, die die Wahrnehmung sozialer Exposition im und durch Sport grundlegend strukturieren.

Die Analyse der unterschiedlichen Typen sozialer Exposition – kurz „Expositionstypen" – und damit zusammenhängender Bedeutungsdimensionen soll vor dem Hintergrund des Konzepts der sozialen Deutungsmuster (Kapitel 2.5) erfolgen. Daher ist zu beachten, dass soziale Deutungsmuster kein „vollständig geschlossenes und in sich widerspruchsfreies System von Interpretationen" (Oevermann, 2001 [1973], S. 30) darstellen. Allerdings müssen die individuellen Interpretationen gemäß dem „Kompatibilitätstheorem" grundsätzlich vereinbar sein (Kapitel 2.5.2). Hinsichtlich der nachfolgend betrachteten sozialen Deutungsmuster kann daher gefolgert werden, dass die diesbezüglichen „Bedeutungsvorräte" (Burkart, 2002, S. 60) einzelner Personen sich normalerweise nicht vollständig entsprechen, deren Überschneidungen allerdings so groß sind, dass gegenseitiges Verstehen möglich ist (Abb. 21).

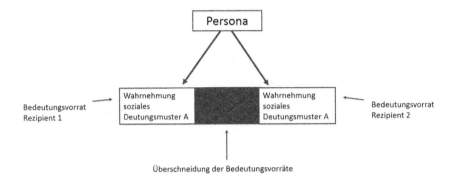

Abb. 21:   Kompatibilität sozialer Deutungsmuster als Überschneidung individueller Bedeutungsvorräte

Da der moderne Wettkampfsport als nahezu weltweit verbreitetes gesamtgesellschaftliches Phänomen gelten kann (Kapitel 3.3.1 und 3.4.2.2), werden bezüglich dessen Akteuren sehr viele individuelle Bedeutungsvorräte wirksam. Nachfolgend sollen die „Bedeutungskerne" derjenigen sozialen Deutungsmuster herausgearbeitet werden, welche die Wahrnehmung von Sportakteuren besonders zentral prägen. Diese Bedeutungskerne stellen gewissermaßen die auf soziale Gemeinschaften bezogenen Überschneidungen der verschiedenen individuellen Bedeutungsvorräte der betreffenden sozialen Deutungsmuster dar. Bildlich könnte dies durch das Eintragen sämtlicher weiterer individuellen Bedeutungsvorräte in Abb. 21 dargestellt werden. Die resultierende Schnittmenge würde den beschriebenen Bedeutungskern veranschaulichen.

Die grundsätzliche Kompatibilität sozialer Deutungsmuster wird durch den „interaktiven Musterabgleich im Alltagshandeln [und] die Übermittlung idealtypischer Fallbeispiele" (Plaß & Schetsche, 2001, S. 524) sichergestellt. Obwohl auch die interindividuelle Alltagskommunikation eine gewisse Rolle spielt (Kapitel 2.4.2.1), ist hierbei vor allem der gesellschaftliche Sinnzirkel von Bedeutung, in dem sich entsprechende Bezüge zu den Bedeutungskernen der hier relevanten Deutungsmuster finden lassen sollten. Wie in Kapitel 3.4.5 erläutert und in Abb. 20 dargestellt wird, wird der Sinnzirkel in Bezug auf Sportakteure neben den Massenmedien vor allem durch Kommunikatoren aus dem Wirtschafts- und Sportbereich geprägt, wobei auch die anderen teilautonomen Sphären und das Kommunikationszentrum Politik hierzu beitragen sollten.

Gemäß dem „Modell des parasozialen Prozesses im Sport" (Abb. 22) senden die genannten Kommunikatoren bezüglich „kommunizierter Personae" Informationen, welche die Wahrnehmung des Kontextes und der Persona beeinflussen sollen. Hierzu ziehen sie mitunter technische Elemente – z. B. die Untermalung mit

Musik oder die Verwendung bestimmter Lichteffekte – heran. Rezipientenseitig können diese kommunikativen Angebote ggf. die Wahrnehmung der Persona selbst und/oder des Kontextes beeinflussen, wodurch sie sich unmittelbar bzw. mittelbar auf die Konstruktion der „wahrgenommenen Persona" durch den Rezipienten auswirken (Kapitel 2.3.2.2 und 3.3.2).

Im Unterschied zum modifizierten Modell des parasozialen Prozesses (Abb. 16 in Kapitel 3.3.2) verdeutlicht das in Abb. 22 abgebildete Modell des parasozialen Prozesses im Sport die zentrale Rolle, welche den verschiedenen Typen sozialer Exposition und den zugehörigen sozialen Deutungsmustern bei der sportlerbezogenen Kommunikation sowie deren Rezeption zukommt. Als Teil der relativ stabilen sozialen Kategorisierung (Kapitel 3.5.1) beeinflusst die Wahrnehmung bestimmter sozialer Deutungsmuster grundlegend den parasozialen Prozess (PSI, PSB sowie damit in Verbindung stehende Identitätsarbeit). Da die Kommunikation bezüglich sozial exponierter Personen allerdings nicht ausschließlich dazu dient, deren soziale Kategorisierung bzw. den auf diese bezogenen parasozialen Prozess zu beeinflussen, soll an dieser Stelle darauf hingewiesen werden, dass in Abb. 22 lediglich ein Ausschnitt des zugrundeliegenden Kommunikations- und Rezeptionsprozesses modelliert wird. Daher müssen bei der späteren Analyse diejenigen Elemente herausgefiltert werden, die bezüglich der Wahrnehmung der betrachteten sozialen Deutungsmuster relevant sind.

Wie bereits in Kapitel 2.3.4 dargelegt wurde, kann Abb. 22 entnommen werden, dass die soziale Kategorisierung des Kommunikators von derjenigen des Rezipienten abweichen kann. Entsprechend kann die Wahrnehmung bestimmter sozialer Deutungsmuster bzw. der zugehörigen Expositionstypen – welche einen Teil der sozialen Kategorisierung darstellt – bei Rezipient und Kommunikator unterschiedlich sein.

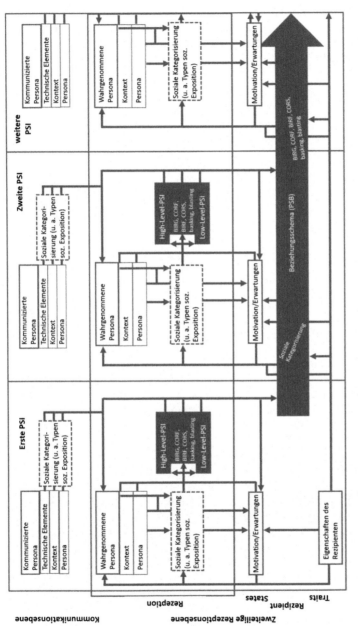

Abb. 22:   Modell des parasozialen Prozesses im Sport (eigene Darstellung in Anlehnung an Hartmann et al., 2004a, S. 43)

Legende: Pfeile verdeutlichen Einflüsse bzw. Prozesse. Wesentlich veränderte Elemente sind durch gestrichelte Umrandungen gekennzeichnet.

Als Basis für die weitere Analyse werden nachfolgend das „arenatheoretische Modell unter besonderer Berücksichtigung von Sport, Wirtschaft und Medien" (Abb. 20 in Kapitel 3.4.5) und das „Modell des parasozialen Prozesses im Sport" (Abb. 22) zu einem analytischen Rahmen zusammengebracht (Abb. 23).

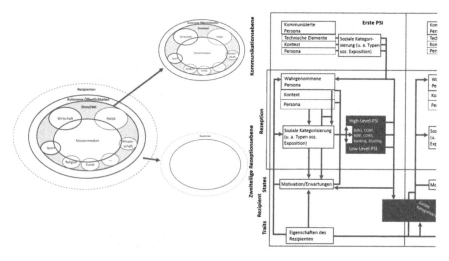

Abb. 23:   Analytischer Rahmen (eigene Darstellung)

Der analytische Rahmen macht deutlich, dass die Beschäftigung mit verschiedenen Typen sozialer Exposition im Sport bzw. den dazugehörigen sozialen Deutungsmustern einerseits durch verschiedene Analysen auf Seiten der Rezipienten erfolgen kann. Diese nehmen Sportlerpersonae anhand bestimmter Deutungsmuster und Expositionstypen wahr, was mannigfaltige Folgewirkungen nach sich zieht (vgl. z. B. Abb. 22 oder die Ausführungen zum Imagetransfer zwischen Testimonial und Marke in Kapitel 3.4.3.2). Die Betrachtung der entsprechenden „introzeptierten Muster" (Plaß & Schetsche, 2001, S. 531) kann mit einer Vielzahl verschiedener methodischer Zugänge erfolgen.

Andererseits können einschlägige kommunikative Beiträge zum Sinnzirkel untersucht werden, indem gemäß den Überlegungen, welche am Ende von Kapitel 2.5.3 angestellt wurden, in einem ersten analytischen Schritt die gesellschaftliche Bedeutungskonstruktion und -reproduktion relevanter sozialer Deutungsmuster durch die Analyse der „medialen Musterverwendung" (Plaß & Schetsche, 2001, S. 531) nachvollzogen wird. Wie in Kapitel 3.4.5 ausgeführt wurde, sollten die Bedeutungskonstruktion und der Bedeutungserhalt bezüglich des Sports und seiner Akteure dabei vor allem durch das Magische Dreieck dominiert werden, das sich aus den Kommunikationszentren Wirtschaft und Medien sowie der teilautonomen Sphäre Sport zusammensetzt. Im betreffenden Kapitel wurde allerdings ebenfalls erwähnt, dass außer den genannten Kommunikationsbereichen auch die Politik als drittes Kommunikationszentrum und die anderen teilautonomen Sphären wesentliche Beiträge hierzu leisten können.

Bezüglich der Themenstellung der vorliegenden Arbeit kommt ferner zum Tragen, dass die nachfolgend betrachteten sozialen Deutungsmuster und Expositionstypen keinesfalls nur im Sport, sondern auch in anderen Gesellschafts- und Kommunikationsbereichen nachweisbar bzw. bedeutend sind. Daher dürfte sich deren Verwendung in anderen Gesellschaftsbereichen auf ihre Repräsentation im Sportkontext auswirken. Trotzdem der Sport selbst und die Kommunikationszentren Wirtschaft und Massenmedien i. d. R. die umfänglichsten Beiträge zur Bedeutungskonstruktion hinsichtlich des Sports und seiner Akteure leisten, sollten die verbleibenden Kommunikationsbereiche aus den genannten Gründen bei der entsprechenden Analyse nicht übersehen und ggf. zielführend in die Erkenntnisgewinnung einbezogen werden.

Schließlich ist zu beachten, dass die „mediale Musterverwendung" nicht nur in den „klassischen" Massenmedien erfolgt, sondern grundsätzlich in jedweder Kommunikation, die eine gewisse Breitenwirkung zum Ziel hat (vgl. hierzu z. B. die Ausführungen in Kapitel 3.4.4). Entsprechend wird gemäß dem in Abb. 23 dargestellten analytischen Rahmen der Bezug auf relevante soziale Deutungsmuster in einer Vielzahl unterschiedlicher Kommunikationsformen nachvollzogen, die sich an eine große und vergleichsweise anonyme Rezipientenschaft richten. Dies sind vor allem Beiträge in unterschiedlichen Presseorganen sowie Internetquellen. Es werden allerdings auch historische Literatur (Kapitel 5.2.2), Comichefte (Kapitel 5.2.5) und Werbebotschaften auf Plakaten, in Printmedien, im Internet und in Filmen (Kapitel 6) sowie verschiedene Beispiele herangezogen, die allerdings ebenfalls anhand medialer Quellen und nicht etwa anhand selbst geführter Interviews o. ä. rekonstruiert werden. Um bereits Bekanntes bzw. Erforschtes in den Prozess einfließen zu lassen, wird neben der empirischen Arbeit mit Fallbeispielen umfassend relevante wissenschaftliche Literatur ausgewertet. Die erhaltenen Erkenntnisse werden allerdings nicht nur als Hintergrund für die empirischen Elemente genutzt, sondern in einem hermeneutischen Prozess mit den medialen Beispielen kombiniert und so „aktiv" in die Erkenntnisgenerierung einbezogen. Somit wird im weiteren Verlauf dieser Arbeit

noch stärker als in den bisherigen Kapiteln ein multimethodischer Ansatz verfolgt, in dem die hermeneutische Arbeit mit wissenschaftlichen Quellen gleich-
berechtigt neben der empirischen Arbeit mit medialen Quellen und Fallstudien.[97]

---

97   Vor dem Hintergrund des arenatheoretischen Modells könnte die Einbeziehung wissenschaft-
     licher Quellen auch mit der Rolle der Wissenschaft als teilautonomer Sphäre begründet werden.
     Da die wissenschaftliche Kommunikation allerdings nicht primär im Sinnzirkel wirksam werden
     soll, sondern der Binnenkommunikation dient, wird hier die hermeneutische Arbeit mit wissen-
     schaftlichen Quellen von der empirischen Arbeit mit medialen Fallbeispielen unterschieden.

4 Prominente und Stars als Typen sozialer Exposition

4.1 Einleitende Bemerkungen

In Kapitel 1.1 wurden verschiedene Begriffe genannt, mit denen sozial exponiert agierende Sportler sowohl im allgemeinen Sprachgebrauch als auch in der wissenschaftlichen Literatur bezeichnet werden, und die einen „schier undurchdringlich erscheinenden Dschungel aus wild durcheinander wuchernden Termini mit zum Teil sehr ähnlichem Bedeutungsspektrum" (Röller, 2006, S. 225) bilden. Hierbei wurden u. a. die Begriffe „Prominente" und „Stars" angeführt. Es wird nun angenommen, dass diese beiden Begriffe Typen sozialer Exposition bezeichnen, die den sozialen Deutungsmustern „Prominenz" und „Startum" (Schierl, 2009, S. 258) zuzuordnen sind. Dies würde erklären, warum die Begriffsverwendung i. d. R. nicht umfangreich erläutert werden muss, da sich etablierte soziale Deutungsmuster dadurch auszeichnen, dass eine „flüchtige[..] Bezugnahme" (Plaß & Schetsche, 2001, S. 531) bereits ausreicht, um den entsprechenden Bedeutungszusammenhang zu vergegenwärtigen.

In diesem Kapitel soll untersucht werden, inwiefern eine Einordnung von Prominenz und Startum als soziale Deutungsmuster zutreffend ist. Dazu sollen deren Bedeutungsspektren erfasst und Bedeutungsüberschneidungen und -unterschiede aufgezeigt werden. Hierbei wird methodisch gemäß Kapitel 3.5.2 vorgegangen. Das bedeutet, dass neben der Erarbeitung wissenschaftlicher Literatur in Anlehnung an den in Abb. 23 hergeleiteten analytischen Rahmen verschiedene Beispiele aus der medialen Musterverwendung herangezogen werden.

Den Ausgangspunkt der Betrachtungen stellen Prominente bzw. das Prominenzphänomen dar (Kapitel 4.2), welches laut Peters „hervorragende Personen" (Peters, 1996, S. 16) und somit eine Personengruppe beschreibt, die per Definition sozial exponiert ist. Anschließend wird das Starphänomen mit dem zugehörigen Expositionstyp „Star" in den Blick genommen (Kapitel 4.3). Wie sich zeigen wird, speist sich der Bedeutungskern des betreffenden sozialen Deutungsmusters aus verschiedenen Teilkategorien, den „Starfaktoren", zu denen auch die Prominenz gehört. Die verbleibenden Starfaktoren stellen wiederum eigene soziale Deutungsmuster dar, deren Bedeutungskerne ebenfalls erarbeitet werden (Kapitel 4.3.6 und

4.3.7). Kapitel 4.4 dient dazu, die gewonnenen Erkenntnisse und „[w]eitere Aspekte sozialer Exposition" in das Modell des parasozialen Prozesses im Sport (Abb. 22 in Kapitel 3.5.2) einzubinden. Außerdem wird aufgezeigt, wie bei der Wahrnehmung der vorher beschriebenen sozialen Deutungsmuster eine Stigmatisierung entstehen kann. Im abschließenden Kapitel 4.5 wird ein Fazit gezogen und es werden die weiteren Schritte der vorliegenden Arbeit erläutert.

4.2   Prominente

4.2.1   Einleitende Bemerkungen

„Es gibt niemanden, der nicht etwas über Prominente zu erzählen weiß. Darüber hinaus erscheint der Wissensstand über bestimmte Personen in der Öffentlichkeit vielfach verblüffend hoch – und zwar relativ unabhängig vom eigenen Bildungsstand oder der Zugehörigkeit zu einer bestimmten Einkommensschicht. Auch sind prinzipiell keine speziellen Kenntnisse erforderlich, um sich am Gespräch über Prominente beteiligen zu können. Ausgehend von einem Minimalwissensstand über eine bestimmte Person, werden vom Hörensagen bekannte Geschichten ausgetauscht, ergänzt und aktualisiert" (Schneider, 2004, S. 19).

Wie im Verlauf der vorliegenden Arbeit bereits deutlich wurde, manifestiert sich die hohe kommunikative Anschlussfähigkeit von Prominenz nicht nur in Gesprächen, sondern auch in der medialen Berichterstattung, der Markenkommunikation und der Bedeutung prominenter Sportakteure bei der passiven Sportrezeption. Prominenz ist dabei in Anlehnung an Daschmann (2007, S. 184) grundsätzlich so zu verstehen, dass eine prominente Person von deutlich mehr Menschen gekannt wird, als sie selbst kennt. Entsprechend werden im „Synonymwörterbuch der deutschen Sprache" (Müller, 1997) des Dudenverlags „bekannt" als Synonym für „prominent" sowie „Bekanntheit, Berühmtheit" als bedeutungsgleich mit „Prominenz" genannt. Im Englischen wird die Bezeichnung „celebrity"[98] verwendet, welche mit „Berühmtheit" bzw. „berühmte Persönlichkeit" (Leo GmbH, 2014; Pons, 2014a) oder „Prominenter" (Leo GmbH, 2014) übersetzt wird und inzwischen auch im deutschen Sprachraum geläufig ist.[99] Es kann also grundsätzlich davon ausgegangen werden, dass die Begriffe Celebrity und Prominente/r weitgehend bedeutungsgleich und im Sinne Boorstins zu verstehen sind: „The celebrity is a person who is known for his well-knownness" (1961, 57).

---

98   Bemerkenswerterweise findet sich allerdings weder in „The New Encyclopædia Britannica" (Goetz, Hoiberg & MacHenry, 2010) noch in „The Encyclopedia Americana. International Edition" (The Encyclopedia Americana, 2001) ein Eintrag unter dem Titel „celebrity".

99   So wird „Celebrity" im Online-Auftritt des Dudens mit „Berühmtheit, prominente Persönlichkeit" erklärt (Duden.de, 2014).

Es „lässt sich festhalten: Prominenz gewinnt Bedeutung aus ihrer Stellung im Öffentlichkeitssystem" (Peters, 1996, S. 42). Den Ausführungen zum arenatheoretischen Modell von Öffentlichkeit war zu entnehmen, dass die mediale Kommunikation heute eine Leitfunktion innehat (Kapitel 2.4.2). Folglich reicht inzwischen „mediale Aufmerksamkeit und Präsenz alleine aus, um prominent zu werden" (Daschmann, 2007, S. 187; vgl. auch Franck, 1998, S. 151). Hierdurch erhalten die Medien eine besondere Stellung bei der Zu- und Aberkennung von Prominenz, wie Frank (1998) in seinem Buch „Ökonomie der Aufmerksamkeit" aufzeigt:

> „[Die Medien] verfügen frei über das gesellschaftlich höchstbewertete Gut. Sie können mit Prominenz adeln, wie einst erfolgreiche Eroberer durch die Überlassung von Lehen in den Adelsstand erheben konnten. Sie sind die Königsmacher der postindustriellen Gesellschaft" (ebd., S. 154).[100]

Derartige „Medienprominenz" wurde laut Schneider (2004, S. 412-413) in den 1970er-Jahren eher negativ bewertet. Bis Ende der 1990er-Jahre war jedoch ein gesamtgesellschaftlicher Meinungswandel zu verzeichnen und spätestens ab Anfang der 2000er-Jahre kam es zu einer „Glorifizierung des Prominentenstatus" (ebd., S. 413), die sich z. B. in der Entwicklung der „Meilensteine öffentlicher Bühnen für Nichtprominente" (ebd., S. 226) manifestierte, welche etwa private Homepages und sog. Casting- oder Reality-Shows umfassen. Diese öffentlichen Bühnen bieten im Grunde unbekannten Menschen die Gelegenheit, zumindest vorübergehend bekannt zu werden (Kapitel 4.2.3). Seit Erscheinen der Studie von Schneider (2004) haben sich viele weitere solcher Gelegenheiten entwickelt,[101] und die Möglichkeiten, durch Einsatz moderner Medien – z. B. von Youtube-Videos – zum eigenen „Produzenten" zu werden, werden umfassend genutzt. Somit kann festgehalten werden, dass Prominenz inzwischen nicht mehr nur ein wichtiger Nachrichtenfaktor ist (Kapitel 2.4.4), der sich „günstig und schnell produzieren lässt" (Schierl & Bertling, 2007, S. 158), sondern von vielen Menschen als bewunderns- und von manchen als äußerst erstrebenswert angesehen wird. Schneider (2004) schreibt daher von einem umfassenden „Strukturwandel der Prominenz", der darin besteht, dass „Medienprominenz [...] zunehmend als Qualität an

---

100 Wobei auch Franck (1998, S. 152) darauf hinweist, dass Medien selbst massiv von Prominenz und Prominenten profitieren: „Und siehe da: Was ist für die Aufmerksamkeitseinkünfte des Mediums am besten? Ganz einfach: möglichst viel Prominenz. Nichts sehen die Leute lieber als Gesichter, die im Hochglanz der Publicity strahlen. Kein Mittel ist zur Steigerung der Auflage probater als möglichst viel Klatsch aus der Welt der Stars." – Andernfalls dürfte die schon mehrfach angesprochene „Prominenzierung" der medialen Berichterstattung kaum zu beobachten sein.

101 Dies zeigt z. B. der Herausgeberband „Auf Augenhöhe? Rezeption von Castingshows und Coachingsendungen" (Hajok, Selg & Hackenbert, 2012).

sich empfunden" (ebd., S. 431) wird.[102] Franck bezeichnet die „Aufmerksamkeit anderer Menschen [gar als] die unwiderstehlichste aller Drogen. Ihr Bezug sticht jedes andere Einkommen aus. Darum steht der Ruhm über der Macht, darum verblaßt der Reichtum neben der Prominenz" (Franck, 1998, S. 10).

Dass Prominenz einen für viele Menschen erstrebenswerten Status darstellt, kann als gesichert gelten und wird in Kapitel 4.2.2 vertiefend betrachtet. Davon auszugehen, dass dies eine sehr neue Entwicklung ist, scheint jedoch nicht zutreffend zu sein, denn „[e]tymologisch betrachtet bezeichnet der Prominenzbegriff ‚hervorragende Personen' (von lat. prominere = hervorragend)" (Peters, 1996, S. 16).[103] Der Wortstamm weist somit darauf hin, dass Berühmtheit vor der Verbreitung von Massenmedien nur wenigen herausragenden Menschen vorbehalten war, weshalb eine „Vermischung von Elite- und Prominenzkonzept" (Daschmann, 2007, S. 187) für ältere Definitionen des Prominenzbegriffs prägend ist (Peters, 1996, S. 20-26; Schneider, 2004, S. 47-66):[104]

> „Im vormedialen Zeitalter [war] die Zugehörigkeit zu einer Elite innerhalb eines gesellschaftlichen Teilbereichs oder eine herausragende Leistung auf einem bestimmten Gebiet Zugangsvoraussetzung zu öffentlicher Aufmerksamkeit und mithin zum Entstehen von Prominenz" (Daschmann, 2007, S. 186-187).

Wie sich im weiteren Verlauf der Arbeit zeigen wird (so z. B. bei der Betrachtung des Starkonzepts in Kapitel 4.3.1), wird der besondere Status der Prominenz nachhaltig dadurch beeinflusst, dass er nicht erst seit der Verbreitung moderner Massenmedien im öffentlichen Bewusstsein verankert ist. Vielmehr speist er sich auch aus historischen Vorläufern, die den Bedeutungs- und Erwartungsrahmen des sozialen Konzepts wesentlich prägen.

Wie bereits erwähnt, werden die Betrachtungen zur Prominenz als erstrebenswertem Status im folgenden Kapitel 4.2.2 vertieft. Kapitel 4.2.3 dient der Vorstellung verschiedener Klassifikationen von Prominenz, die sich sowohl in der medialen Verwendung als auch in der wissenschaftlichen Literatur finden. Warum Schneider Prominenz als mediengenerierte „Hyperqualifikation" (Schneider, 2004, S. 387) bezeichnet, wird in Kapitel 4.2.4 erläutert. Anschließend werden die Schattenseiten von Prominenz thematisiert (Kapitel 4.2.5). Zum Abschluss des

---

102   In diesen Strukturwandel bezieht Schneider (2004, S. 431) explizit auch den Wandel im Darstellungsverhalten der Medien mit ein, bezüglich dessen er feststellt: „Sie [die Berichterstattung über Prominente] ist längst von den Gefilden der Yellow-Gazetten in die Bastionen der hohen Kultur hinaufgestiegen und entwickelt sich damit zu eine[m] immer größeren Machtfaktor sozialer Ungleichheit."

103   Dass „prominere" auch mit „herausragen, hervortreten, -stehen" (Pons, 2014c) übersetzt weden kann, ändert nichts am Aussagegehalt des Zitats.

104   Eine etwas ältere Betrachtung des Elitebegriffs liefert wiederum Dreitzel (1962).

Kapitels wird zusammengefasst, wie Prominenz als soziales Deutungsmuster mit dem zugehörigen Expositionstypen Prominenter zu umreißen ist (Kapitel 4.2.6).

4.2.2   Prominenz als erstrebenswerter und vielbeachteter Status

Bezüglich der Menschen, die selbst prominent sind oder diesen Status anstreben, ist anzunehmen, dass die Zugehörigkeit zu dieser Gruppe der Steigerung des eigenen Selbstwerts dienen kann. Diese Selbstwertsteigerung wird einerseits durch soziale Vergleichsprozesse erreicht, die auf der Zugehörigkeit zu einer positiv bewerteten Gruppe beruhen. Zum anderen ist sie auf die Anerkennung zurückzuführen, die dem Prominenten durch andere Menschen zuteilwird (Kapitel 4.2.1), welche ebenfalls selbstwertsteigernd wirkt (Kapitel 2.3.1).[105]

Da Prominenz an sich zu einem bewunderten Status geworden ist, kann sie je nach Perspektive wegen der damit verbundenen Anerkennung als symbolisches oder aufgrund der Zugehörigkeit zur Gruppe der Prominenten als soziales Kapital nach Bourdieu interpretiert werden (Kapitel 2.4.3.3 und 2.4.3.4). Außerdem ist sie – z. B. durch die Einbindung in Markenkommunikationsmaßnahmen von Unternehmen (Kapitel 3.4.3) – ökonomisch kapitalisierbar. Für Sportler ist ferner von Bedeutung, dass mediale Prominenz dabei helfen kann, besseren Zugang zu Mitteln und Methoden zu erhalten, die sportlichen Erfolg wahrscheinlicher machen, wie z. B. Fördergelder, Doping- und andere leistungssteigernde Mittel, technische Hilfsmittel usw. (Marr & Marcinkowski, 2006, S. 70-71).

Für Rezipienten liegt der Nutzen der Prominenz anderer Menschen zu einem wesentlichen Teil in den im Modell des parasozialen Prozesses im Sport (Abb. 22 in Kapitel 3.5.2) dargestellten rezipientenseitigen Reaktionen. Diese wurden auf einer allgemeinen Basis aufbauend bisher zwar in erster Linie für die Sportrezeption und Sportlerpersonae konkretisiert. Es ist jedoch davon auszugehen, dass sie grundsätzlich bei der Rezeption prominenter Menschen vorkommen, wobei sich ggf. die speziell für den Sportkontext beschriebenen Zusammenhänge anders darstellen können.

Wie im genannten Modell bzw. bei dessen Entwicklung deutlich wurde, können im Rahmen des parasozialen Prozesses auch Gespräche über Prominente stattfinden. Die Konversation über berühmte Menschen dient dabei häufig dazu, mit Gesprächspartnern in Kontakt zu treten bzw. diesen aufrecht zu erhalten:

---

105   Die selbstwertsteigernde Funktion von Anerkennung ist der wesentliche Grund dafür, dass „menschliches Verhalten [..] a priori auf Anerkennung ab[zielt]" (Weiß, 1999, S. 134).

„Wir tauschen nicht nur Informationen, sondern auch Aufmerksamkeit. Also geht es stillschweigend auch darum, die Aufmerksamkeit des Gesprächspartners für die eigene Person einzunehmen. Der Wert dieser Aufmerksamkeit kann wichtiger werden als der Neuigkeitswert der getauschten Information" (Franck, 1998, S. 101).

Hierbei ist von Bedeutung, dass – gemäß dem das Kapitel 4.2.1 einleitenden Zitat – „prinzipiell keine speziellen Kenntnisse erforderlich [sind], um sich am Gespräch über Prominente beteiligen zu können" (Schneider, 2004, S. 19) und bereits ein „Minimalwissensstand über eine bestimmte Person" (ebd.) ausreicht, um oftmals lediglich „vom Hörensagen bekannte Geschichten" (ebd.) über diese auszutauschen. Wenn prominente Menschen als Gesprächsinhalt gewählt werden, ist davon auszugehen, dass die Kommunikation konsensuell und wenig konfliktträchtig gestaltet werden kann. Soll eine „Distanzierung der Beziehung zu unserem Gesprächspartner" (Franck, 1998, S. 101) vermieden und die Beziehung im Gegenteil gepflegt werden, eignen sich Prominente – ähnlich wie der Sport (Kapitel 3.2 und 3.4.2.2) – somit gut als Gesprächsinhalt.

Anhand der Konsumkapitalhypothese (Stigler & Becker, 1977) kann gezeigt werden, dass Prominente nicht nur für eher oberflächliche Gespräche, sondern auch für den Austausch unter „Experten" attraktive Inhalte darstellen können: „A consumer may indirectly receive utility from a market good, yet the utility depends not only on the quantity of the good but also the consumer's knowledge of its true or alleged properties" (ebd., S. 84). Wird ein Prominenter bzw. die Kommunikation über diesen als derartiges „Gut" betrachtet, steigt der hieraus gezogene konsumtive Nutzen mit dem Erwerb zusätzlichen Wissens (Dietl & Franck, 2008, S. 32-33). Eine „Spezialisierung" bzw. ein gewisses „Expertentum" hinsichtlich eines oder weniger Prominenter erhöht somit potentiell den Nutzen des Konsumenten. Dabei ist die Kommunikation über berühmte Personen umso gewinnbringender, je mehr die Gesprächspartner über den Prominenten wissen, weshalb üblicherweise der Austausch mit anderen „Connaisseuren" gesucht wird (Adler, 1985; vgl. auch Dietl & Franck, 2008, S. 29-34; Franck, 2005, S. 18-20).

Das Konsumkapital kann allerdings analytisch nicht einfach durch die Reduktion des Konsumerlebnisses um die unmittelbar damit verbundenen Kosten bestimmt werden. Ferner müssen „investment of time and other resources in the accumulation of knowledge" (Stigler & Becker, 1977, S. 82) als indirekte Kosten berücksichtigt werden, da diese Investitionen ebenfalls dazu dienen, den konsumtiven Wert für den Konsumenten zu steigern. Außerdem fallen Suchkosten dafür an, Gesprächspartner zu finden, die über ein ausgeprägtes Wissen verfügen. Werden sehr populäre Prominente als „Favoriten" gewählt, verringern sich die Such- und Akquisitionskosten auf zweierlei Weise. Einerseits ist es derart leichter, an Informationen über den Prominenten zu gelangen. Andererseits können einfacher weitere „Connaisseure" zwecks Kommunikation über den bewunderten Menschen gefunden werden (Dietl & Franck, 2008, S. 33-34).

4.2.3   Typologien und Klassifikationen von Prominenz

Zur Typisierung von Prominenten finden sich verschiedene Ansätze. Die bekannteste Unterteilung dürfte die häufig in den Medien verwendete alphabetische Klassifizierung sein, die normalerweise A-, B- und C-Prominente bzw. -Promis[106] umfasst.[107] Sogenannte A-Promis gelten – wenn die Unterteilung auch nicht einheitlich erfolgt – grundsätzlich als im positiven Sinne besonders hervorragend, wobei für B-Promis deutliche Abstriche zu machen sind (Focus Online, 2013; Hein, 2013). Die Bezeichnung C-Promi ist üblicherweise nicht positiv konnotiert, wie diese Passagen aus einem Artikel mit dem Titel „Stars ohne Grund" zeigen, dem im Untertitel der Satz „Paul Janke und Micaela Schäfer sind C-Promis"[108] (Leppin, 2013, S. 42) folgt:

> „[Paul Jankes] Aufgaben sind übersichtlich: Publikum anlocken, gute Laune haben, Autogramme schreiben, sich fotografieren lassen. [...] Seit er einmal der ‚Bachelor'[109] war, verdient er sein Geld damit, der ‚Bachelor' zu sein. Das ist grob gesagt sein Beruf. [...] Die Regenbogenpresse hat Janke [..] die Berufsbezeichnung ‚C-Promi' verpasst. Streng genommen geht es dabei nicht um eine Kategorie, sondern

---

106   In den Medien wird – so auch in Verbindung mit der hier vorgestellten alphabetischen Klassifizierung – oft von „Promis" geschrieben bzw. gesprochen, was mitunter abwertend gemeint sein kann. In der wissenschaftlichen Literatur ist diese Kurzform unüblich. Wird hier die Typisierung nach Buchstaben verwendet – worauf im weiteren Verlauf dieses Kapitels noch eingegangen wird – wird der Begriff „Prominente/r" verwendet.

107   Um eine starke Abwertung auszudrücken, wird diese Einteilung mitunter sogar bis zur Kategorie „Z-Promi" fortgeführt (Focus Online, 2013).

108   Anhand des Titels und Untertitels dieses Artikels zeigt sich, dass der Star ein höheres Sozialprestige als der Prominente zu genießen scheint. Hierauf wird später noch eingegangen.

109   „Der Bachelor" ist eine Fernsehsendung, in der über mehrere Episoden hinweg ein junger Mann unter ständiger Beobachtung durch Kameras aus insgesamt 25 jungen Damen seine „Traumfrau" auswählen soll. Die Produktionsgesellschaft Brainpool stellt hierzu folgende Vorstellung ins Internet: „Männer wie er sind rar gesät: Um die dreißig, gutaussehend, humorvoll, intelligent und charmant. Er hat Geschmack, gute Manieren, Stil und ist auf der Suche nach der wahren Liebe. Kurz: Er ist der absolute Traummann. Und er hat die Qual der Wahl: ‚Der Bachelor' muss aus 25 Bewerberinnen die Frau seines Herzens auswählen. Keine leichte Aufgabe für Mr. Right, da die Ladys auch echte Traumfrauen sind: attraktiv, smart und gebildet" (BRAINPOOL TV GmbH, o. J.). – Dem Verfasser dieser Arbeit ist nicht bekannt, dass aufgrund der Sendung bisher eine dauerhafte Beziehung entstanden wäre. Eine unsystematische Recherche konnte diesen Eindruck nicht widerlegen. Allerdings diente die Sendung einigen der männlichen und weiblichen Protagonisten als Sprungbrett in den „Promi(nenten)status".

um eine Beleidigung. [...] Es heißt: Kein Inhalt. Kein Talent. Star ohne Grund. Ein mieser Job. Eigentlich" (ebd.).[110]

Hein (2013) weist in der Einleitung seines journalistischen Artikels „Definitionsversuch für A-, B-, und so weiter-Promis" darauf hin, dass die Bezeichnung „Promi" zwar mit derjenigen „Prominenter" verwandt ist, diese sich – seiner Meinung nach – jedoch nicht entsprechen. „Promis" beschreibt er als

> „Menschen, die einer breiten Öffentlichkeit bekannt sind. [Der Begriff] unterscheidet sich signifikant von seinem Ursprung, dem Begriff des ‚Prominenten'. Ein Prominenter oder eine Prominente waren herausragende Persönlichkeiten, zu denen das Publikum mit einer gewissen Bewunderung aufschauen konnte, am ehesten vielleicht vergleichbar zu heutigen A-Promis" (Hein, 2013; vgl. Kapitel 4.2.1).

Er stellt allerdings fest, dass „das Phänomen der Buchstaben-Prominenz uns aber weiterhin begleiten wird" (ebd.), obwohl „viele der Namen bald vergessen sind" (ebd.). Sein achtstufiger „Definitionsvorschlag" erstreckt sich von der Kategorie A-Promi über den G-Promi bis hin zum „Umlaut-Promi", den er als „Never has been" (ebd.) bezeichnet.

Eine wissenschaftliche Verwendung der Kategorien A-, B- und C-Prominente/r findet sich bei Daschmann (2007, S. 187-188), der „A-Prominente" als „absolute Personen der Zeitgeschichte mit hoher Medienpräsenz", „B-Prominente" als „relative Personen der Zeitgeschichte mit geringer Medienpräsenz" und „C-Prominente" als „‚One-time-heroes' im Warhol'schen Sinne (‚famous for 15 minutes'), also alltägliche Personen, die nur für eine kurze Zeitspanne in das Rampenlicht der Prominenz treten",[111] beschreibt. Die von ihm verwendete Trennung in absolute und relative Personen der Zeitgeschichte wurde bereits 1960 in einem juristischen Aufsatz aufgegriffen, der sich der Frage widmet, inwiefern an in der Öffentlichkeit stehenden Menschen aus juristischer Perspektive ein legitimes Informationsinteresse begründet werden kann. Hierbei wurde folgendermaßen unterschieden:

> „Absolut zeitgeschichtliche Personen sind solche, bei denen an allem, was nicht zu ihrem Privat- und Familienleben gehört, sondern ihre Teilnahme am öffentlichen Leben ausmacht, ein Informationsinteresse besteht [...]. Nur ‚relativ' mit der Zeitgeschichte verknüpft sind solche Personen, die lediglich in bezug auf ein bestimmtes

---

110 Da die Kategorisierung in A-, B- und C-Prominente so plakativ ist, wird sie mitunter zur journalistischen Pointierung sogar dafür verwendet, weitere Unterklassen zu bilden. Ein Beispiel hierfür ist dieses: „Wenn man so will, ist Schäfer der A-Promi unter den C-Promis" (Leppin, 2013, S. 42).

111 Dies geschieht häufig durch die bereits angesprochenen „öffentlichen Bühnen für Nichtprominente" (Schneider, 2004, S. 226), also z. B. Castingshows, Coachingsendungen (Hajok et al., 2012) und andere Formate, wie das sog. „Reality TV", das viele international sehr ähnliche Sendungen umfasst (Reality TV World, 2014).

Geschehen – also nicht bezüglich sämtlicher sie (außerhalb des Privatlebens) angehenden Angelegenheiten – ein sachentsprechendes Informationsinteresse erregen" (Neumann-Duesberg, 1960, S. 115).

Die grundsätzliche Freistellung des Privat- und Familienlebens vom Informationsinteresse der Öffentlichkeit kann heute allerdings nicht mehr als grundsätzlich gegeben gelten. So sind sowohl für absolute als auch für relative Personen der Zeitgeschichte Konstellationen möglich, die eine rechtlich zulässige Verbreitung von Informationen aus dem unmittelbaren persönlichen Bereich bedingen (Ricker & Löffler, 2005, S. 326-332, 364-370; vgl. auch Peters, 1996, S. 33). Dass es vor diesem Hintergrund inzwischen üblich ist, dass selbst Qualitätsmedien aus dem Privatleben Prominenter berichten, wurde bereits in Kapitel 3.4.2.2 in Bezug auf prominente Sportler ausgeführt.

Aus wissenschaftlicher Sicht ist bezüglich der bisher besprochenen und ähnlicher Klassifikationen problematisch, dass diese

> „zwar pragmatisch, aber unscharf [sind], weil hier verschiedene Kriterien wie die Quantität der Medienpräsenz sowie der gesellschaftliche Status oder die individuelle Leistung des Prominenten auf seinem Aktionsfeld unsystematisch miteinander verknüpft werden" (Daschmann, 2007, S. 188).

Um diesem Manko zu begegnen, schlägt Daschmann (ebd.) eine Typologie vor, die auf drei Dimensionen basiert:

1. Quantität der Medienpräsenz (hoch vs. niedrig),
2. Ursache der Medienpräsenz (medienintern vs. medienextern) sowie
3. Freiwilligkeit der Medienpräsenz (Medien suchen Akteur vs. Akteur sucht Medien).

Die erste Dimension ist hierbei selbsterklärend. Die zweite hinterfragt, ob die Prominenzierung aufgrund medienexterner Leistungen (z. B. im Sport, der Politik oder der Wirtschaft) erfolgt oder „die einzige Leistung in [der] hohen Medienpräsenz selbst liegt" (Daschmann, 2007, S. 188). Das dritte Kriterium erfasst, ob die mediale Prominenz eine unumgängliche Begleiterscheinung medienexterner Ursachen ist oder „aktiv [...] gesucht und durch Instrumentalisierung der Medien [...] genährt" (ebd.) wird. Die resultierende Typologie ist in Abb. 24 graphisch dargestellt.

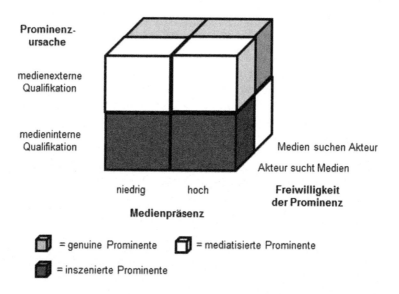

Abb. 24:   Typen von Medienprominenten (Daschmann, 2007, S. 189)

Abb. 24 ist noch ein weiterer, auf den ersten aufbauender Typisierungsvorschlag Daschmanns zu entnehmen. Hierfür legt er die Ereignisklassifikation nach Kepplinger (1989) in genuin, mediatisiert und inszeniert zugrunde:

> „Genuine mediale Prominente wären demnach Prominente, die a) ihre Medienpräsenz aufgrund einer außerhalb der Medien liegenden Qualifikation erreichen und b) diese Medienpräsenz auch dann erhalten, wenn sie sie nicht suchen oder sich gar dagegen wehren (z. B. Michael Schumacher).[112] Inszenierte Prominente hingegen sind Personen mit geringer medienexterner Qualifikation und hoher Freiwilligkeit der Medienpräsenz (Verona Feldbusch, Big-Brother-Teilnehmer usw.). Alle dazwischen liegenden Typen sind mediatisierte Prominente: Personen, die vermutlich zwar auch ohne Medienaufmerksamkeit bekannt wären, wenn auch deutlich geringer, deren Prominenz dann aber andere Formen annähme" (Daschmann, 2007, S. 188-189).

Die „Prominenzquellentheorie" (Schneider, 2004, S. 381) kategorisiert Prominenz in Abhängigkeit von sieben möglichen Ursachen und ermöglicht laut Schneider die „Analyse von Personen des öffentlichen Lebens über die gegenwärtig gängigen Bewertungskriterien hinaus" (ebd.). Hiermit meint er vor allem die „Zuord-

---

112   Dass die Auswahl des Beispiels Michael Schumacher keine ungeteilte Zustimmung finden dürfte, wird im weiteren Verlauf dieses Kapitels noch deutlich.

nung zu bestimmten Prominenten-Genres (Politik, Sport etc.) und [die] damit unterstellten Ähnlichkeiten innerhalb des Genres" (ebd.). Anhand der Theorie sollen Schlussfolgerungen über Mechanismen und Gestaltungsmöglichkeiten einer Prominentenkarriere gezogen werden können. Insgesamt beschreibt Schneider sieben „Prominenzquellenarten" (ebd., S. 383):[113]

1. Konkrete Fachleistung bei der Ausübung einer medienfernen Tätigkeit (als Beispiele werden Boris Becker im Tennissport oder Bill Gates als Computerpionier genannt).
2. Institutionalisierte Position z. B. von Politikern (etwa Bundespräsident), stark exponierten Managern (ein Beispiel ist der ehemalige Vorstandschef der Deutschen Bahn Hartmut Mehdorn, der inzwischen Vorsitzender der Geschäftsführung der Flughafen Berlin Brandenburg GmbH ist) oder dem Papst in der katholischen Kirche.
3. Familiäre Herkunft wie bei Kindern prominenter Eltern, z. B. im englischen Königshaus.
4. „Abglanz", also Abstrahlungseffekte durch persönliche Nähe zu Prominenten. Diese Effekte fallen sowohl für eigentlich nicht prominente Personen (z. B. Bettina Wulff, die inzwischen ehemalige Frau des inzwischen ehemaligen Bundespräsidenten Christian Wulff) als auch für bereits prominente Menschen an. Im letztgenannten Fall ergibt sich ein „doppelter Abstrahlungseffekt" (Schneider, 2004, S. 384). Als klassisches Beispiel nennt der Autor Marylin Monroe und Arthur Miller (ebd.), aktuell scheinen die amerikanischen Schauspieler Angelina Jolie und Brad Pitt einen solchen Fall darzustellen, die vielfach als „Brangelina" (n-tv, 2014b) bezeichnet werden.
5. Spektakuläre Ereignisse, wobei die Relevanz der Person auf diesem Ereignis fußt und das Ereignis nicht dadurch bedeutend wird, dass die Person daran beteiligt ist. – So ist die Hochzeit eines Prominenten wegen seiner Beteiligung medial relevant, der hohe Lottogewinn eines Unbekannten ist hingegen wegen des besonderen Ereignisses von Interesse.

---

113 Bezüglich der Prominenzquellentheorie sollte erwähnt werden, dass die meisten der sieben Prominenzquellen Schneiders bereits 1998 von Güntheroth, Kruttschnitt & Elleringmann (1998, S. 38) in einem Artikel im Magazin Stern in wenigen Worten und teilweise weniger allgemein vorgestellt wurden. Konkret finden sich dort folgende Möglichkeiten, prominent zu werden:
  1. Durch Leistung, was der ersten Prominenzquelle Schneiders entspricht.
  2. Durch Geburt, was in der dritten Quelle Schneiders enthalten ist.
  3. Durch Skandal, einen Bestandteil der fünften Quelle Schneiders.
  4. Durch Abglanz, was der vierten Quelle Schneiders entspricht.
  5. Durch Funktion, was in der zweiten Schneider'schen Quelle enthalten ist.
  6. Durch Profession, was – je nach Interpretation – der ersten und/oder der zweiten Quelle zugerechnet werden kann.

6. Medienpräsenz an sich, bezüglich derer Schneider vor dem Hintergrund der Nachrichtenwert-Theorie (Kapitel 2.4.4) von einer „prominenzgenerierenden Medienpräsenz" (ebd., S. 385) ausgeht. Er argumentiert, dass „die Motivation für eine Medienpräsenz [..] in diesem Fall primär auf der vorherigen Medienpräsenz und der durch das Wissen über diese erregten neuen öffentlichen Aufmerksamkeit" (ebd.) fußt.

7. „Sonderquelle ‚Privatheit'" (ebd.), die sich jedoch „nicht als ‚Zugangsquelle' eignet, das heißt, dass sie nicht zur erstmaligen Begründung eines Prominentenstatus führt" (ebd.). Allerdings erfüllen Berichte über das Privatleben Prominenter „eine tragende Funktion bei der Erhaltung oder Forcierung eines Prominentenstatus" (ebd.). Diesbezüglich führt Schneider ergänzend aus, dass „Reibungspunkte und Widersprüche in der Privatheit öffentlicher Personen oft sogar lanciert [werden]. Sie bieten einen Gesprächsstoff, machen die Person des öffentlichen Lebens in menschlicher Hinsicht interessanter und glaubwürdiger" (ebd., S. 386).

Bezug nehmend auf die Unterteilung von Prominenz in medial, inszeniert und mediatisiert, welche die Fragen nach dem originären Ursprung der Prominenzierung einschließt, können die Prominenzquellen in zwei Gruppen unterteilt werden: Fachleistung und normalerweise auch institutionalisierte Position sind Prominenzquellen, welche i. d. R. auf die Eigenleistung des Prominenten zurückzuführen und somit im Kern medienextern sind. Für die anderen Quellen gilt dies normalerweise nicht. Diese können zwar Folgen von Prominenz durch Fachleistung bzw. eine institutionalisierte Position sein, wären dann allerdings letztendlich medial evoziert. Medienpräsenz und Privatheit Prominenter[114] sind gar nicht; Abglanz und spektakuläre Ereignisse[115] in der massenmedial geprägten Welt nur schwerlich als medienexterne Prominenzquellen vorstellbar. Für Geburt gilt das gleiche, falls diese nicht an eine institutionalisierte Position geknüpft ist, wie z. B. beim Nachwuchs von Königsfamilien.

---

114 Bezüglich der Privatheit Prominenter war bereits ausgeführt worden, dass diese ohnehin nur eine Sonder- oder Sekundärquelle von Prominenz darstellt und somit per Definition lediglich bereits vorhandene Prominenz unterstützen bzw. mehren kann.

115 Viele spektakuläre Ereignisse dürften allerdings direkt an eine Fachleistung (z. B. ein Weltrekord oder eine herausragende Erfindung) oder eine institutionalisierte Position (z. B. die Eröffnung der Olympischen Spiele durch den IOC-Präsidenten oder die Unterzeichnung des „Vertrag[s] über die Herstellung der Einheit Deutschlands" (Bundeszentrale für politische Bildung, o. J.) durch den damaligen Bundesminister des Inneren Wolfgang Schäuble und den ehemaligen DDR-Staatssekretär Günther Krause) gekoppelt sein.

4.2.4   Prominenz als mediengenerierte „Hyperqualifikation"

Laut Schneider kann „jemand aufgrund seiner Prominenz seine Tätigkeit innerhalb eines öffentlichkeitswirksamen Berufes wechseln" (Schneider, 2004, S.
387), weshalb er Prominenz als „Hyperqualifikation" bezeichnet. Ähnlich argumentieren Gilmour & Rowe (2010), die anlässlich einer Analyse des Australienbe-
suchs des Fußballers David Beckham im November 2007 Folgendes feststellen:
„The coming of Becks to Sydney resembled nothing more than a Hollywood star
promoting a new film or, more plausibly, a popular music star pushing their new
record with selected gigs, media interviews and public appearances" (ebd., S. 238).
Sie kommen zu dem Schluss, dass die Grenzen der Wahrnehmung von international sehr bekannten Prominenten aus verschiedenen Gesellschaftsbereichen bzw.
aus verschiedenen Ländern immer stärker verschwimmen. Dies führen sie darauf
zurück, dass diese letztendlich vor allem eine große Projektionsfläche für die ver-
schiedensten Inhalte darstellen:

> „Beckham's image is at once national and post-national, customised according to the
> requirements and expectations of its point of reception. […] Beckham was drawn into
> multiple Australian narratives of sport, urban life and national cultural identity. He
> symbolically came to stand for many things according to different viewing positions
> – the rise of soccer in Australia, the debauching of sport by entertainment, the need
> for discipline and dignity among Australian sport stars, the crassness and shallowness
> of life in Australia's most populous city, the increased mobility of sporting labour, the
> threat to 'Australianness' posed by global marketing campaigns, the heightened cos-
> mopolitanism of Australia in the era of globalization, and so on" (ebd.).

Obwohl David Beckham der Idealtyp eines internationalen Prominenten sein
dürfte, der seine Bekanntheit ursprünglich als Sportler erlangt hat, darf bezweifelt
werden, dass er als repräsentativ gelten kann. David Beckhams Frau Victoria war
Mitglied der weltberühmten Band Spice Girls, ist inzwischen als Designerin sehr
erfolgreich (gala.de, 2014) und dürfte selbst als „A-Prominente" gelten. Im Fall
dieses Ehepaares zeigt sich der „doppelte[..] Abstrahlungseffekt" (Schneider,
2004, S. 384) besonders deutlich. Außerdem ist der Fußballer in anderen Bereichen erfolgreich, so z. B. als Model (models.com, 2014). Es handelt sich hier folglich um eine besonders plakative Untermauerung der These Schneiders (2004),
dass „die gegenwärtig gängigen Bewertungskriterien [wie die] Zuordnung zu bestimmten Prominenten-Genres (Politik, Sport etc.) und [die] damit unterstellten
Ähnlichkeiten innerhalb des Genres" (ebd., S. 381) nicht unreflektiert als zielführend angenommen werden können. Peters argumentiert ähnlich, wenn sie Prominente als Personen bezeichnet, die

> „dauerhaft den Sprung aus dem jeweiligen gesellschaftlichen Subsystem in die allge-
> meine Öffentlichkeit vollzogen haben. Denn die Kriterien des Subsystems spielen

längst keine Rolle mehr: [...] ob Franz Beckenbauer oder Uwe Seeler noch im Sport aktiv sind, wird sekundär" (Peters, 1996, S. 142).

In diesem Zusammenhang sollte allerdings berücksichtigt werden, dass der Prominenzfaktor bestimmter Personen kontextbezogen variieren kann. Prominente können etwa für verschiedene Medienangebote unterschiedlich attraktiv sein. So dürfte ein erfolgreicher Sportler aus einer Randsportart für „Das Aktuelle Sportstudio" einen hohen, für die meisten Talkshows jedoch einen deutlich niedrigen Nachrichtenwert haben (Schramm, 2007a, S. 213). Dies gilt z. B. für die sehr erfolgreiche, aber medial nie sonderlich präsente Kanutin Birgit Fischer[116] (Daschmann, 2007, S. 187), die „dafür berühmt [ist bzw. war], dass sie ungeachtet ihrer Erfolge nie berühmt wurde" (Marr & Marcinkowski, 2006, S. 69). Dieses Zitat ist so gemeint, dass sie außerhalb des Sports nie größere Bekanntheit erlangte. Insbesondere bei Olympischen Spielen wurde sie aber aufgrund ihrer Erfolge bzw. Favoritenstellung durchaus mit medialer Aufmerksamkeit bedacht. Daschmann (2007, S. 187) weist darauf hin, dass sie offenbar nicht willens oder in der Lage war, sich medialen Logiken zu unterwerfen, weshalb ihr eine nachhaltige und bereichsübergreifende Prominenz verwehrt blieb. Birgit Fischer Prominenz jedoch rundheraus abzusprechen, erscheint überzogen, da über viele Jahre regelmäßig in vielen Mediengattungen über die Sportlerin berichtet wurde.

Das Beispiel Birgit Fischer zeigt allerdings, dass sich mit dem Entfallen der nicht-medialen Zugangsvoraussetzungen zur Prominenz die Definitionsmacht für Prominenz weitgehend auf die Medien übertragen hat und nicht mehr die gesellschaftlichen Subsysteme und ihre Eliten definieren, wer aus ihren Reihen Prominentenstatus erwerben soll. Wer nach den Regeln des Mediensystems agiert, wird mit entsprechender Aufmerksamkeit belohnt und als (besonders) prominent wahrgenommen:

> „So kommt es, dass besonders prominente Sportler (z. B. David Beckham) oder Pop-Musiker (z. B. Dieter Bohlen) nicht unbedingt auch die Herausragendsten ihrer Zunft sein müssen, während die besonders Erfolgreichen ihrer Zunft (z. B. [...] Birgit Fischer [...]) nur geringen Prominentenstatus innehaben können. Diese Ausführungen zeigen, dass das Phänomen der Prominenz zwar kein reines Medienphänomen ist, im Medienzeitalter aber einen vollständigen Wandel durchlaufen hat und nun untrennbar mit den Medien und ihrer Definitionsmacht verknüpft ist" (Daschmann, 2007, S. 187).

---

116 Birgit Fischer ist die erfolgreichste Kanutin der Welt und ist u. a. 27fache Weltmeisterin und achtfache Olympiasiegerin (Fischer, 2013). Ihre aktive Karriere hat sich allerdings beendet.

4.2.5 Schattenseiten der Prominenz

Obwohl Prominenz als bereichsübergreifende „Hyperqualifikation" fungieren *kann*, muss sie nicht in jedem Fall vorteilhaft konnotiert sein. So wird der ehemalige deutsche Weltklasse-Tennisspieler Boris Becker zwar als ein wesentlicher Grund für den „Tennis-Boom" gesehen, den die Sportart während seiner aktiven Zeit erlebte, und Abbildungen seiner „Hechter [...] auf dem Rasen von Wimbledon" (Horky, 2009b, S. 105) gelten als epochale Sportbilder. Ferner ruft er immer noch massives mediales Interesse hervor. Allerdings:

> „Auf @TheBorisBecker[117] ist da nicht viel zu entdecken, was man nicht schon wusste. Aber das ist ja auch sonst kein Kriterium, nicht über ihn zu berichten. Man muss es gesehen haben, welchen Fotografenauflauf er produziert, wenn er nichts weiter tut, als beim Oktoberfest aufzutauchen" (Niggemeier, 2013, S. 49).

Prominente haben offenbar nicht nur Vorteile durch ihre exponierte Stellung. Es kann z. B. zum Problem werden, dass „[sie] wie vom Geld, so [auch] von der Aufmerksamkeit nicht genug bekommen" (Franck, 1998, S. 10), also von ihrem Status nicht ablassen können. Da der erstrebenswerte Status Prominenz (Kapitel 4.2.2) im bourdieu'schen Sinne als symbolisches bzw. soziales Kapital verstanden werden kann, erstaunt dies nicht. Das Festhalten an der Prominenz kann mit der „Überlebenstendenz" (Bourdieu, 1983, S. 184) der verschiedenen Kapitalformen begründet werden. Wie in Kapitel 2.4.3.4 ausgeführt wurde, bemühen sich Menschen grundsätzlich darum, das soziale, ökonomische, kulturelle oder eben symbolische Kapital, über welches sie verfügen, zu reproduzieren bzw. zu mehren. Kann die oftmals erfolgsabhängige Prominenz im Sport (Kapitel 3.2.2) z. B. altersbedingt nicht mehr erneuert werden, gehen Sportler der medienexternen Quelle ihrer Prominenz (Fachleistung) verlustig. Möchten sie weiterhin im Licht der Öffentlichkeit stehen, benötigen sie folglich eine andere Prominenzquelle. Für die wenigsten Athleten dürfte es allerdings möglich sein, andere medienexterne Quellen (konkrete Fachleistung oder institutionalisierte Position) „anzuzapfen". Entsprechend könnte dann auf das Preisgeben privater Informationen (Prominenzquelle Privatheit) oder eine Forcierung der eigenen Medienpräsenz (Prominenzquelle Medienpräsenz an sich) zurückgegriffen werden (Kapitel 4.2.3).

Vor dem Hintergrund dieser Überlegungen sind folgende Beobachtungen von Bedeutung: „Wer sich in das Licht der Medienöffentlichkeit begibt, muss damit Einschränkungen seiner [bzw. Eingriffe in seine – Anm. d. Verf.] Privatsphäre hinnehmen" (Schneider, 2004, S. 430) und „legt seinen Kopf in den Rachen eines Tigers" (Noelle-Neumann, 1996, S. 223). Dies hängt wesentlich damit zusammen, dass mediale Berichterstattung nicht nachhaltig zu steuern ist und Medien nicht

---

117 @TheBorisBecker ist der Twitter-Account von Boris Becker (Becker, 2014a).

nur von positiven Berichten über Prominente profitieren. Skandale bzw. Skanda-
lisierung und negative Berichte stellen ebenfalls attraktive Nachrichtenfaktoren
dar (Kapitel 2.4.4). Es kann daher für die Betreffenden sehr problematisch sein,
dass in der medialen Darstellung neben der Personalisierung auch die Tendenz
zunimmt,

> „Personen ‚ganzheitlich' zu betrachten, das heißt Privates in die Berichterstattung mit
> einzubeziehen und eine Perspektive einzunehmen, welche die Grenze zwischen dem
> öffentlichen Interesse an der Person und deren Existenzbedingungen auflöst" (Ei-
> senegger, 2005, S. 67).

Aufgrund der „zunehmenden *Moralisierung* der Berichterstattung" (ebd.) entstehen für öffentliche Akteure beträchtliche Reputationsrisiken und Verfehlungen
können auf vielerlei Weise negative Folgewirkungen nach sich ziehen. Dass es
hierzu nicht unbedingt bedeutender Anlässe bedarf, gilt als gemeinhin bekannt und
wird auch medial – hier in der eher seriösen Frankfurter Allgemeinen Sonntagszeitung – thematisiert: „Niemand versteht es wie die Regenbogenpresse, aus dem
kleinsten Körnchen Wahrheit die prächtigsten Phantasieblumen sprießen zu lassen" (Niggemeier, 2013, S. 49). Seriösere Medien tragen allerdings aufgrund einer
inzwischen merklichen Angleichung an die „Yellow-Gazetten" (Schneider, 2004,
S. 431; vgl. auch Kapitel 3.4.2.2) durchaus ihren Teil zu dieser Entwicklung bei.

Unvorteilhafte Medienberichte können wesentliche psychische Konsequenzen
bei den betroffenen Personen hervorrufen, wie Daschmann in seinem „Modell negativer reziproker Effekte von Prominenz" (Daschmann, 2007, S. 196) zeigt. Der
Bezugsrahmen des Modells (Abb. 25) veranschaulicht dabei die Wechselwirkung
zwischen der medialen Berichterstattung auf der einen und der Wahrnehmung des
Betreffenden sowie seinem Verhalten auf der anderen Seite. Als mögliche psychische Folgen nennt Daschmann z. B. erhöhte Selbstdiskrepanz, steigenden Konfor-
mitätsdruck, Ärger/Empörung, Verlegenheit/Peinlichkeit/Scham, Schuld/Angst/Be-
drohung, Aussichtslosigkeit/Depression, Selbstwertverlust/Ohnmacht (ebd.).

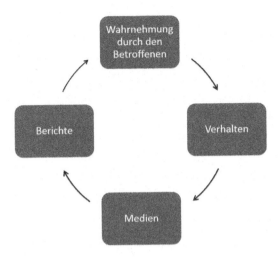

Abb. 25:   Bezugsrahmen des Modells negativer reziproker Effekte von
                 Prominenz (leicht modifiziert nach Daschmann, 2007, S. 195)

Die Möglichkeiten für Prominente, steuernd in die mediale Berichterstattung ein-
zugreifen, sind trotz des Aufkommens neuer Medien, behelfs derer sie in eigener
Sache kommunizieren können, begrenzt. Obwohl in diesem Zusammenhang manche eine Abnahme der Macht massenmedialer Akteure auf die Prominente betreffenden Meinungsbildungs- und Informationsprozesse erwarteten, ist eher das Gegenteil eingetreten. Dies zeigt sich z. B. am Kurznachrichtendienst Twitter:

> „Als die ersten Prominenten vor ein paar Jahren Twitter als Medium für sich entdeck-
> ten, gab es Analysen, die eine Identitätskrise des Klatschjournalismus vorhersagten.
> Dessen Wert könnte dramatisch sinken, wenn die Stars das interessierte Publikum di-
> rekt mit bunten Geschichten, Fotos aus ihrem Leben und mehr oder weniger privaten
> Einblicken versorgen, ohne Umweg über die Paparazzi und Geschichtenerzähler in
> den Redaktionen, mit dem reizvollen Versprechen der Authentizität durch unmittel-
> bare Kommunikation.
> Allerdings profitieren bislang auch die Journalisten davon. Die Äußerungen von
> Prominenten auf Twitter bilden eine neue, fast unerschöpfliche Quelle für Geschich-
> ten. [...] Journalisten erbringen immerhin die Dienstleistung, aus der gewaltigen Zahl
> von Nichtigkeiten diejenigen herauszufiltern, die Potential haben. Twitternachrichten
> sind ein Rohstoff, aus dem sich Dramen machen lassen" (Niggemeier, 2013, S. 49).

Über Twitter und ähnliche Kanäle verbreitete Nachrichten werden zur Personalisierung, Emotionalisierung und Intimisierung der Berichterstattung über Prominente herangezogen. Daher können diese Kommunikationswege auch von Prominenten dazu genutzt werden, die Prominenzquelle „Privatheit" zu erschließen bzw.

zu bedienen.[118] Unabhängig davon, ob der Umweg über soziale Netzwerke gegangen oder aktiv mit Massenmedien zusammengearbeitet wird, steigert eine umfassende Nutzung der Prominenzquelle Privatheit die Gefahr, dass dem Betreffenden die Herrschaft über die Berichterstattung entgleitet. Dann kann die vormalige Kooperations- und Mitteilungsbereitschaft dazu führen, dass ein fallbezogenes Interesse an einem umfassenden Schutz der Privat- und Intimsphäre nur schwer nachvollziehbar bzw. nicht stringent erscheint:

> „Das hier aufgeführte Fallbeispiel Schumacher [gemeint ist der damals noch aktive Rennfahrer Michael Schumacher – Anm. d. Verf.] zeigt deutlich das symbiotische Verhältnis zwischen den Prominenten und den Medien: Hier wurden freiwillig die ansonsten von den gleichen Personen vor Gericht eingeklagten Persönlichkeitsrechte aus Eigeninteressen heraus aufgegeben. Die von Schumacher gemachten Aussagen hinsichtlich seiner Schutzbedürftigkeit und seine[r] durch die Presse stark beeinträchtigten Lebensqualität entpuppen sich angesichts der vorliegenden Zusammenarbeit mit dem Stern und Bild als Farce: Das Verhalten von Schumacher ist schizophren. Es könnte von einer Unkenntnis der Medienbedingungen unter Aufbringen einer grenzenlosen Naivität herrühren. Wahrscheinlicher ist vielmehr ein scheinheiliges Kokettieren und die vorsätzliche Irreführung der Öffentlichkeit, die auf einem klaren Kosten-Nutzen-Kalkül basiert. [...] Ein derart [..] exibitionistischer Selbstdarstellungsdrang ist bei den als ‚seriös' geltenden Prominenten kein Einzelfall. Auch das hier beschriebene ambivalente Verhältnis zu den Medien ist durchaus eine weit verbreitete Haltung" (Schneider, 2004, S. 371).

Auffallend ist, dass Daschmann Michael Schumacher als Beispiel für einen genuinen medialen Prominenten anführt (Kapitel 4.2.3). Genuine mediale Prominente erhalten „Medienpräsenz auch dann [...], wenn sie nicht suchen oder sich gar dagegen wehren" (Daschmann, 2007, S. 188-189). Bei dem – damals noch aktiven – Rennfahrer ist dies jedoch keinesfalls durchgängig der Fall, wie Schneider in Zusammenhang mit o. s. Auszug in seiner „Falldarstellung – Michael Schumacher" (Schneider, 2004, S. 368-371) zeigt. Schneider weist auf mehrere Berichte

---

118 Dass diese Praxis der medialen Berichterstattung eher zu- als abträglich ist, kann auch in Bezug auf die Rezipienten begründet werden. Hierzu kann z. B. mit der in Kapitel 4.2.2 angesprochenen Konsumkapitalhypothese sowie den dort thematisierten Überlegungen Adlers (1985) argumentiert werden: Für weniger gut informierte Menschen stellt die Informationssuche und -diskriminierung durch Journalisten sicher, dass sie anschlussfähige Informationen über die betreffenden Prominenten kennen und so bei den Themen mitreden können, die in der Öffentlichkeit diskutiert werden. Hierbei macht sich die zentrale Bedeutung der Massenmedien für die Themenfindung im Sinnzirkel bemerkbar (Kapitel 2.4.2). „Connaisseure" wiederum können sich über Prominente, die in den neuen Medien über selbst geführte Plattformen kommunizieren, zu verhältnismäßig geringen Informationskosten selbstständig informieren und haben so eine einfache Möglichkeit, mehr als nur die journalistisch ausgewählten Informationen zu erhalten. Folglich ist es ihnen aufgrund der Selektionsfunktion der Medien möglich, relativ leicht „Expertenwissen" aufzubauen, das über allgemein Bekanntes hinausgeht.

in der Bildzeitung, dem Magazin Stern sowie der Zeitschrift Bunte hin, die vor allem über Privates berichten und mit teilweise sehr intimen Photos von Schumacher und seiner Frau Corinna bebildert sind. Sowohl die Berichte als auch die Bilder entstanden in Zusammenarbeit mit dem Ehepaar und nicht etwa gegen dessen Einverständnis. Einerseits wird in den unterschiedlichen Auffassungen deutlich, dass beide Wissenschaftler in dem ehemaligen Rennfahrer einen herausragenden Prominenten sehen. Andererseits nehmen sie die konkrete Ausgestaltung seiner Prominenz anders wahr. Der Argumentation Schneiders folgend, müsste Schumacher im Falle einer Kategorisierung nach Daschmanns Typologie (Kapitel 4.2.3) als mediatisierter Prominenter eingeordnet werden, da er als Person gelten kann, „die vermutlich zwar auch ohne Medienaufmerksamkeit bekannt wäre […], deren Prominenz dann aber andere Formen annähme" (Daschmann, 2007, S. 189). Dies kann angenommen werden, da die von Schneider dargestellte sehr weitreichende Intimisierung der Berichterstattung ohne aktives eigenes Zutun ausgeschlossen sein dürfte.

Wie die unterschiedliche Bewertung von Prominenz und ihren Begleitumständen im Sinnzirkel Niederschlag finden, wird seit einem schweren Skiunfall des ehemaligen Rennfahrers deutlich. Nach seinem Sturz Ende Dezember 2013 fiel Michael Schumacher in ein Koma und wurde mehrfach operiert (Die Welt, 2013; Segler, 2014). Aufgrund der damit einhergehenden Berichterstattung wurde für die am 13. April 2014 in der ARD ausgestrahlte Talkshow des – ebenfalls sehr prominenten – Moderators Günther Jauch[119] das Thema „‚Wie geht es Michael Schumacher?' – Prominente und die Grenzen der Berichterstattung" (Norddeutscher Rundfunk, 2014) gewählt. Der verantwortliche Norddeutsche Rundfunk informierte mit folgendem Text über die Sendung:

> „Die Nachricht kommt kurz vor Silvester und geht binnen Minuten um die Welt: Rekordweltmeister und Ex-Formel-1-Pilot Michael Schumacher hat sich bei einem Skiunfall in Frankreich lebensgefährlich verletzt.
>
> Kaum ist die Nachricht durchgesickert, schwappt eine riesige Schumi-Sympathie-Welle um den Globus und Medien mobilisieren alle Kräfte, um im Sekundentakt über den Gesundheitszustand Schumachers zu berichten. Kamerateams und Fotografen versammeln sich vor der Klinik, Fans pilgern nach Grenoble [wo er im Krankenhaus lag], im Internet posten Tausende Menschen ihr Mitgefühl, Weggefährten Schumachers melden sich zu Wort – sogar Bundeskanzlerin Angela Merkel drückt in einem kurzen Statement ihr Bedauern aus.
>
> Auch heute, mehr als 100 Tage nach Schumachers Unfall, sind die Zeitschriften, TV-Beiträge und Internetseiten noch immer voll mit Berichten und Meldungen über das Schicksal des Ausnahmesportlers. Während sich die Familie und das Management

---

119   Die Sendung ist auch nach ihm benannt.

zurückziehen und nur wenig über die Genesung des Koma-Patienten preisgeben, über-
schlagen sich einige Boulevard-Medien geradezu mit Spekulationen, Mutmaßungen
und reißerischen Schlagzeilen" (ebd.).

Der schwer verletzte Sportler und seine Angehörigen werden in der Sendung
durch seine Managerin Sabine Kehm vertreten. Außerdem sind der Chefredakteur
der Sportbild und ehemalige stellvertretende Chefredakteur der Bildzeitung, Alfred Draxler, ein Medienanwalt, ein Paparazzo sowie der Fernsehproduzent und
Lebensgefährte von Monica Lierhaus,[120] Rolf Hellgardt, zu Gast. Wie der Titel der
Sendung vermuten lässt, wird Kritik an der Michael Schumachers Gesundheitszustand betreffenden journalistischen Arbeit geübt. Die Bildzeitung wird allerdings
sowohl von Kehm als auch von Hellgardt ausdrücklich für ihre „faire Berichterstattung" – im Fall von Hellgardt in Bezug auf Monica Lierhaus – gelobt. Viele
andere Medien – allerdings keine, deren Vertreter anwesend sind – werden mitunter heftig kritisiert, was im Nachgang zur Sendung teilweise bissig kommentiert
wird (Becker, 2014b; Bild.de, 2014; Brichzi, 2014; Pawlak, 2014; Segler, 2014).
Beispielhaft sei hierzu folgender Titel zitiert: „Schumacher-Talk bei Günther
Jauch: Die Bösen, das sind die anderen" (Brichzi, 2014).[121]

Obwohl die Familie Schumacher auf der offiziellen Homepage des Sportlers
ihre Dankbarkeit für die Anteilnahme an seinem Gesundheitszustand bekundet,[122]
werden die mediale Beobachtung und die zugehörigen Recherchemethoden als
große Belastung empfunden. Dass dies als nachvollziehbar gilt, klingt z. B. im
letzten Absatz der o. s. Ankündigung der Sendung an und wird auch in den diese

---

120 Monica Lierhaus durchlebte nach einer missglückten Operation Ähnliches wie Michael Schu-
     macher, da sie ebenfalls lange im Krankenhaus lag und verschiedene Versuche unternommen
     wurden, Bilder oder andere unmittelbare Eindrücke von ihr zu erhalten, um diese medial zu nut-
     zen. Allerdings wird auch in ihrem Fall von manchen kritisch kommentiert, dass sie – je nach
     Lesart – ihre Erkrankung bzw. ihre Genesung – sie ist immer noch stark durch die Folgen der
     Operation beeinträchtigt – öffentlich auslebt, wie etwa der Artikel von Frank (2013) zeigt.
121 Dirk Brichzi ist Redakteur von Spiegel Online. Da in der Talkshow „die sogenannten seriösen
     Medien" und „gerade deren Online-A[b]leger" bzw. deren Berichterstattung im Fall Schumacher
     kritisiert wurden, kann seine Reaktion mit einem dem Konsens der Talkshow zuwiderlaufenden
     Beitrag nicht überraschen. Besonders heftig – und als einziger Online-Ableger namentlich – war
     Focus Online kritisiert worden (Brichzi, 2014). Wenig überraschend wurde der dort erschienene
     Beitrag zur Sendung noch eindeutiger als das o. s. Beispiel mit „‚Günther Jauch': Widerliche
     Diskussion ohne Erkenntnis" (Pawlak, 2014) betitelt.
122 Auf der Homepage – von der bei bei der letzten Einsichtnahme lediglich die Startseite zugänglich
     war – sind folgender Text und dessen englische Übersetzung zu finden:
     „Nachricht von Michaels Familie
     Vielen Dank euch allen!
     Wir sind sehr gerührt darüber, dass uns täglich Genesungswünsche für Michael aus der ganzen
     Welt erreichen. Diese unglaubliche Unterstützung gibt uns und ihm viel Kraft. Vielen Dank euch
     allen! Wir wissen alle: Michael ist ein Kämpfer und wird nicht aufgeben!" (The MS Office S.A.,
     2014).

kritisch kommentierenden Artikeln nicht grundsätzlich infrage gestellt (z. B. Becker, 2014b; Brichzi, 2014; Segler, 2014). Allerdings wird in den kritischen Berichten deutlich, dass die in der Sendung geäußerte Kritik als unpassend bzw. unausgewogen empfunden wird. So ist etwa im Untertitel von Beckers Artikel in der Frankfurter Allgemeinen Zeitung zu lesen, dass sich Sabine Kehm „vor allem über die Berichterstattung [beklagt]. Ein großes Boulevardblatt [die Bildzeitung] kam hingegen überraschend gut weg" (Becker, 2014b), womit – wie später deutlich wird – der Autor nicht einverstanden ist.

Ohne weiter auf die genannte Talkshow, die medialen Reaktionen oder weitere, den Rennfahrer betreffende Zusammenhänge einzugehen, können an dieser Stelle folgende Facetten des Prominentendaseins bzw. seiner Rezeption aufgezeigt werden, die für die vorliegende Arbeit von Bedeutung sind:

1. Es herrscht offenbar ein grundsätzlicher Konsens darüber, dass die dauerhafte mediale Beobachtung – insbesondere in Zeiten von Krisen – eine große Belastung für Prominente sein kann. Korrespondierend mit Schneiders Prominenzquelle „Abglanz" ist ferner davon auszugehen, dass Personen im persönlichen Umfeld von Prominenten ebenfalls von diesen Belastungen betroffen sein können. Dies wurde in Günter Jauchs Sendung bezogen auf Michael Schumachers Angehörige deutlich. – Diese Schlussfolgerungen werden zwar auf der Basis von Medienberichten gezogen, es kann aber angenommen werden, dass Medienrezipienten ähnlich denken dürften, da die Attributionsmuster bei Medienvertretern und Rezipienten „häufig identisch sind" (Schramm, 2007b, S. 125; vgl. auch 2.2.2 und 3.4.2.2).

2. Nicht nur Prominenz bzw. Prominente stellen attraktive Nachrichtenfaktoren (Kapitel 2.4.4) dar. Auch die negativen Aspekte von Prominenz[123] und sogar ganz allgemein die Berichterstattung über Prominente werden medial verwertet. Ferner können sich hieraus – wie am Beispiel der Kontroverse zur Berichterstattung über Michael Schumachers Gesundheitszustand nach seinem Skiunfall deutlich wurde – Möglichkeiten für weitere Anschlusskommunikation ergeben, über die wiederum medial berichtet werden kann. Dieser „kommunikative Zirkel" wurde allgemein bereits in Kapitel 2.4.2.2 angesprochen.

---

123 Selbst negative Nachrichten aus dem weiteren Umfeld von Prominenten können berichtenswert sein, wie die Schlagzeile „Schwager von Ex-Tennis-Star Boris Becker begeht Selbstmord" (Bohnensteffen, 2014) zeigt. Es kann davon ausgegangen werden, dass eine derartige Schlagzeile – insbesondere im Falle einer solchen menschlichen Tragödie – für die Betroffenen extrem belastend ist und sie es lieber selbst in der Hand hätten, Entsprechendes zu kommunizieren. – Weiterhin kann darüber nachgedacht werden, welche Folgewirkungen eine solche Mitteilung selbst dann nach sich ziehen kann, wenn der Betreffende noch am Leben oder eines natürlichen Todes gestorben ist.

4.2.6   Prominenz und Prominente als soziales Deutungsmuster

Im bisherigen Verlauf von Kapitel 4.2 wurde deutlich, dass „Prominenz" in der wissenschaftlichen Literatur, der medialen Verwendung und dem alltäglichen Verständnis nicht eindeutig definiert ist. Obwohl sich die individuellen Wissensvorräte (Kapitel 2.5.2) bezüglich des Prominenzkonzepts nicht exakt entsprechen und auch die entsprechende Kategorisierung konkreter Personen differieren kann (Kapitel 4.2.5), kann trotzdem von einem grundsätzlichen Verstehen des Phänomens im sozialen Austausch ausgegangen werden. Dies ist darauf zurückzuführen, dass die Prominenz ein soziales Deutungsmuster im Sinne des Kapitels 2.5 darstellt. Der Bedeutungskern des sozialen Deutungsmusters mit „als bekannt vorauszusetzende Bekanntheit" umrissen werden. Prominente sind entsprechend Menschen, von denen bekannt ist, dass sie von deutlich mehr Menschen gekannt werden, als sie selbst kennen.

Als soziales Deutungsmuster erfüllt die Prominenz verschiedene Funktionen und bedingt bestimmte Folgewirkungen. Kommunikative Angebote und Emotionen, welche sich auf Prominente beziehen, werden daher sogar dann gut verstanden, wenn die Einschätzung nicht geteilt wird, dass jemand prominent ist, so dass von einem gesellschaftlich akzeptierten Handlungsrahmen für den Umgang mit Prominenten auszugehen ist. Das wiederum bedeutet aber nicht, dass jeder Prominente gleich behandeln würde. Es kann aber nachvollzogen werden, dass andere Menschen Prominente auf eine bestimmte Art und Weise behandeln, weil sie prominent sind. Es bestehen also nicht nur mehr oder minder bindende Vorgaben für den Umgang mit Prominenten, sondern auch für den Umgang mit diesem Umgang. Diese Vorgaben reduzieren soziale Komplexität und tragen zur „Erzeugung sozialer Gemeinschaft" (Plaß & Schetsche, 2001, S. 525) sowie deren Festigung bei, was gemäß Kapitel 2.5.2 die elementaren Funktionen sozialer Deutungsmuster sind.

Vor der Verbreitung von Massenmedien war Prominenz nur wenigen herausragenden Menschen vorbehalten, die sich durch „die Zugehörigkeit zu einer Elite [...] oder eine herausragende Leistung" (Daschmann, 2007, S. 186-187) hervorgetan hatten (Kapitel 4.2.1). Wie sich im weiteren Verlauf dieser Arbeit zeigen wird, wirkt diese Vorprägung bis heute im sozialen Deutungsmuster nach, obwohl inzwischen davon auszugehen ist, dass die „Prominenzierung" und die Aufrechterhaltung von Prominenz i. d. R. durch die bzw. unter Einbeziehung der Medien erfolgen. Entsprechend widmen sich die von Schneider (2004) sowie Daschmann (2007) vorgeschlagenen wissenschaftlichen Typisierungen von Prominenz der Betrachtung des Zusammenspiels von Medien und Prominenten sowie den Ursachen für den Erwerb und die Aufrechterhaltung dieses Status. Die oftmals auch medial verwendete alphabetische Klassifizierung dient dazu, einen „Prominenzfaktor" zu bestimmen, der sich an der Bekanntheit des Betreffenden und in unterschiedlicher Weise auch an seinem Renommee bzw. der Konnotation seiner Prominenz orientiert.

Bezüglich der Kommunikation über und Rezeption von Prominenz können zusammenfassend verschiedene Faktoren identifiziert werden, deren Ausprägung bei der Bewertung Prominenter eine zentrale Funktion zuzukommen scheint. Diese werden nachfolgend zusammengefasst, um zu einem späteren Zeitpunkt erneut aufgegriffen zu werden:

1. Ausmaß der Prominenz: Je bekannter ist, dass jemand bekannt ist, desto mehr wird er als prominent erlebt.
2. Ursache der Prominenz: Die Prominenzierung kann überwiegend oder ausschließlich medienbedingt und/oder durch eine oder mehrere medienexterne „Prominenzquellen" erfolgen.
3. Reichweite der Prominenz: Die Frage ist, ob diese an bestimmte Kontexte, soziale Teilsysteme bzw. Ereignisse gebunden ist, oder ob es sich um bereichs- bzw. ereignisübergreifende Prominenz handelt.
4. Konnotation der Prominenz: Bestimmte Formen von Prominenz bzw. bestimmte Prominente können sehr allgemein als (eher) positiv oder (eher) negativ wahrgenommen werden.

4.3   Stars

4.3.1   Einleitende Bemerkungen

„Star ist also, wen jeder kennt, und zwar auch dann, wenn er oder sie sich nicht für Musik, Film oder Sport interessiert. Denn selbst wenn man wollte: Es ist geradezu unmöglich, den Konterfeis der Stars zu entgehen. Zeitschriftentitel, TV-Berichterstattung und Werbeplakate sorgen für eine visuelle Omnipräsenz. Star ist insofern, wer die Aufmerksamkeit des Publikums, ohne das er nichts ist, immer wieder auf sich zu ziehen und zu fesseln weiß. [...] Ein gewisses Talent zu haben, ist dabei offenbar nicht mehr unbedingt erforderlich" (Schroer, 2010, S. 381-389).

Ein „Star" ist dieser Beschreibung nach jeder, der dauerhaft die Aufmerksamkeit eines breiten Publikums zu erregen versteht, ohne dass die Gründe hierfür von Bedeutung wären. Es stellt sich allerdings die Frage, ob die Erklärung dem Phänomen bereits gerecht wird, wie diese zehn Jahre ältere Beschreibung zeigt:

„Das *Wort* Star ist heute schnell bei der Hand – Staranwalt, Starjournalist, Star-Produkt, Star-Verkäufer, Starparade und so weiter. Solcher Sprachgebrauch signalisiert lediglich die besondere Hervorhebung und Wertschätzung einer Person oder Sache

[…]. Der *Sache* nach ist das Phänomen Star trotz zahlreicher Beiträge und Detailein-
sichten noch weitgehend ungeklärt. Üblicherweise wird abstrakt vor allem auf ‚Leistung' und ‚Image' als die beiden stargenerierenden Merkmale abgehoben, jüngst ergänzt um den Faktor der ‚Kontinuität'" (Faulstich, 2000, S. 294).

Dass Bekanntheit allein das Starphänomen nicht begründet, legt auch eine lexika-
lische Definition aus dem Jahr 1996 nahe. In „Meyers Neue[m] Lexikon in zehn
Bänden" wird der Star als „glanzvolle, sehr fähige und bewunderte Gestalt im öff.
Leben" (Meyers Lexikonredaktion, 1993) bezeichnet. Es finden sich aber auch
aktuellere Erklärungsversuche, die den Star nicht „nur" als bekannt bzw. berühmt
beschreiben. So erläutert Schierl mit Bezug auf andere Autoren, dass Stars sich als
„Personen definieren [lassen], die aufgrund bestimmter Merkmale über sehr hohe
Medienpräsenz und gleichzeitig hohe Publikumsakzeptanz verfügen bzw. beliebt
sind" (Schierl, 2009, S. 258). Die Bezeichnung „Prominenter" kann hingegen eher
negativ konnotiert sein (ebd.; hierauf wird in Kapite 4.3.7.3.2 zurückgekommen).

Schließlich offenbart ein Blick in das Online-Lexikon „Wikipedia"[124] die He-
terogenität, welcher das Verständnis des Starphänomens unterworfen ist. 2006
wurde der Star dort folgendermaßen beschrieben:

> „Star (Person) […] eine prominente Persönlichkeit. Allerdings reicht Prominenz al-
> lein nicht aus, um ein Star zu sein, [daher] muss der betreffenden Person auch ein
> gewisses Maß an Beliebtheit, Bewunderung oder Verehrung zuteil werden (umgangs-
> sprachlich oft als berühmte Personen bezeichnet […]. Am ehesten lässt sich definie-
> ren, dass jede Person als Star bezeichnet wird, die eine hinreichend große Fangemein-
> schaft hat" (Wikipedia, 2006).

Die 2014 bei Wikipedia angebotene Beschreibung weicht inhaltlich nennenswert
von derjenigen von 2006 ab:

> „Als gesichert gilt inzwischen die Erkenntnis, dass sich ein Star zunächst durch über-
> ragende Leistungen auf einem bestimmten Gebiet hervorgetan hat. Erforderlich ist
> zudem noch ein öffentliches Interesse, durch das der Star und seine Leistung zum
> interessierten Publikum transportiert werden. […] Nicht jeder Prominente oder je-
> mand, der auf einem Gebiet etwas Herausragendes geleistet hat, ist automatisch ein
> Star. Nicht alle Prominenten sind Stars, aber alle Stars sind prominent" (Wikipedia,
> 2014).

Gemeinsam ist den aufgeführten Quellen, dass Stars als Menschen gesehen werden, die bekannt bzw. berühmt sind, wobei es sich hierbei um eine notwendige,
jedoch keine hinreichende Bedingung zu handeln scheint. Außerdem werden eine
gewisse Dauerhaftigkeit bzw. Kontinuität (Faulstich, 2000, S. 294; Schroer, 2010,

---

124   Da Wikipedia als massenmediale Plattform Meinungen bündelt und prägt, scheint eine Verwen-
      dung in dieser Arbeit sinnvoll.

S. 381), positive Wertschätzung oder Bewunderung (Faulstich, 2000, S. 294; Meyers Lexikonredaktion, 1993; Schierl, 2009; Wikipedia, 2006), sowie der Komplex
Können, Fähigkeiten, Leistung und Erfolg (Faulstich, 2000, S. 294; Meyers Lexikonredaktion, 1993; Wikipedia, 2014) genannt.

Die Vielschichtigkeit des Starverständnisses liegt darin begründet, dass ein
Star „gemacht [wird] – nicht durch Werbung, Kommerz, Religion, Psychologie
oder Marketingstrategie, sondern durch uns: die Fans" (Faulstich, 2000, S. 295),
für die der Star immer etwas darstellen muss, „wonach [die Fans] dringend verlangen" (ebd.). Beim Star handelt es sich somit um ein

> „soziales Konstrukt, das von der spezifischen Perspektive der jeweiligen Konstruk-
> teure (z. B. verschiedene Gruppen von einschlägigen Professionellen oder von Medi-
> enrezipienten) und vom je relevanten soziokulturellen Kontext abhängt. Dieses Kon-
> strukt, das sich sozialpsychologisch als soziale Vorstellung, als Image fassen läßt, hat
> eine komplexe Binnenstruktur mit spezifischen Elementen" (Sommer, 1997, S. 114).

Die Wahrnehmung dieser „komplexen Binnenstruktur" wird durch viele Faktoren
beeinflusst: „Stars sind nicht einfach einzelne Personen, sondern Ergebnisse au-
ßerordentlich vielfältiger und komplizierter Einflußfaktoren, Macht- und Markt-
konstellationen sowie Interessen und Bedürfnissen" (Faulstich, 1991, S. 78). Außerdem wird das Starverständnis dadurch geprägt, dass es sich – obwohl dies oft
angenommen wird – nicht erst im 20. Jahrhundert entwickelt hat, sondern von einigen Autoren bis in die Antike zurückgeführt wird (ein Überblick hierzu findet
sich bei Faulstich, 2000, S. 297-299).[125] Die Bezeichnung eines Menschen als
„Star" ist hingegen relativ jung und wurde erst im Verlauf des 20. Jahrhunderts
allgemein geläufig (Faulstich, 1991, S. 49). Sie „verweist als Anglizismus auf
[die] Herkunft aus dem amerikanischen Kino" (Hickethier, 1997, S. 29). Ludes
bezeichnet ältere Beispiele hervorragender Menschen daher als „Vorformen des
Stars" (Ludes, 1997, S. 78). In seinen Ausführungen wird jedoch deutlich, dass
diese das moderne Starverständnis prägen. Das Starphänomen weist daher wie die
Prominenz (Kapitel 4.2.1) eine „Vermischung" (Daschmann, 2007, S. 187) mit
dem Elitekonzept auf. Auch kann gelten, dass Stars – genau wie Prominente – als
Produkte der jeweils zeitgenössischen Medien zu verstehen sind (Ludes, 1997, S.
82-88), deren spezifische Logiken und Möglichkeiten die Starkonstruktion beeinflussen.

Im weiteren Verlauf dieses Kapitels soll ergründet werden, ob ein „Bedeutungskern" (Kapitel 3.5.2) für das Starphänomen als soziales Deutungsmuster
identifiziert werden kann. In diesem Rahmen wird auch untersucht, ob bzw. wie

---

125 Bezüglich verschiedener Aspekte der „Stargeschichte" können z. B. die Aufsätze von Hickethier
     (1997), Ludes (1997), Stacey (1997) und Staiger (1997) im Band „Der Star. Geschichte, Rezep-
     tion, Bedeutung" von Faulstich & Korte (1997) konsultiert werden.

Star und Prominenter voneinander abzugrenzen sind. Zuerst wird hierfür ein Blick auf den dreistufigen Prozess der Stargenese nach Schierl (2009) geworfen (Kapitel 4.3.2). Dann werden verschiedene Ansätze zur Klassifikationen von Stars betrachtet (Kapitel 4.3.3), bevor in Kapitel 4.3.4 die zwei wohl bedeutendsten ökonomischen Ansätze zu den Determinanten des Starphänomens betrachtet werden, die von Rosen (1981) und Adler (1985) vorgestellt wurden. Kapitel 4.3.5 dient dazu, die Kapitel 4.3.6 und 4.3.7 anhand einer Reflexion der bis dahin getätigten Überlegungen vorzubereiten. Anschließend werden zuerst die drei „Starfaktoren" Können, Erfolg und Charisma allgemein beschrieben (Kapitel 4.3.6). Im abschließenden Kapitel 4.3.7 werden die Bedeutungskerne der Starfaktoren und des Starphänomens gemäß dem Konzept der sozialen Deutungsmuster aufgezeigt.

4.3.2   Dreistufiger Prozess der Stargenese nach Schierl

Laut Schierl weist die „Entstehung von Startum [..] eine Reihe von Parallelen mit der Entstehung von Prominenz" (Schierl, 2009, S. 258) auf, wobei er Prominenz – ganz im Sinne dieser Arbeit – als „voraussetzbare Bekanntheit der Bekanntheit einer Person" (ebd.) versteht. Als notwendige Bedingungen für „Startum" sieht er eine „1. eine spezifische Leistungserbringung einer Person in einem spezifischen Kontext sowie 2. Öffentlichkeit" (ebd.). Erstere muss noch um weitere „Voraussetzungen in Bezug auf Physis, Charakter und Stil" (ebd.) ergänzt werden. Bezüglich der Öffentlichkeit führt er aus, dass „zwingend breite mediale Kommunikation, also Massenkommunikation für [die] Entstehung" (ebd.) von Stars vonnöten ist.

> „Die Stargenese lässt sich als dreistufiger Prozess verstehen: Auf der ersten Entwicklungsstufe, der *Setzungsphase*, wird die potenzielle Starperson als Leistungserbringer seines Teilbereichs ohne oder zumindest nur mit einem geringen Anteil seiner Persönlichkeit Thema öffentlicher Kommunikation. [...] In dieser Phase steht für die mediale Berichterstattung die Leistung im Vordergrund, da diese zu diesem Zeitpunkt allein den Nachrichtenwert begründen kann. [...] Die positive Wahrnehmung der Person aufgrund ihrer außergewöhnlichen Leistungserbringung begründet dann in der Folge weitergehendes Interesse an der Person [...].
> Auf der zweiten Entwicklungsstufe, in der *Fundierungsphase*, wird in der öffentlichen Kommunikation zunehmend die Persönlichkeit des [Betreffenden][126] thematisiert" (ebd., S. 258-259).

---

126   Im Original steht hier „des Helden". Da dieser Begriff an dieser Stelle jedoch mehr im Sinne des Helden als „Hauptperson" zu verstehen ist, erscheint eine Umformulierung sinnvoll. Der Held als spezifische Form sozialer Exposition wird im weiteren Verlauf dieser Arbeit noch ausführlich betrachtet (Kapitel 5).

In dieser Phase schaffen es die potentiellen Stars, „einerseits ein klares und deut-
liches Image bei ihrer Zielgruppe aufzubauen sowie Einzigartigkeit und Vorteil-
haftigkeit ihrer selbst gegenüber anderen Personen deutlich zu machen" (ebd., S.
260). Außerdem werden Stars auf der zweiten Entwicklungsstufe mit Werten,
Normen und Einstellungen in Verbindung gebracht, die jeweils mit denjenigen
ihrer Bewunderer kompatibel sind. Während der „Objektivationsphase [...] ist
eine weitere, relativ konstante Leistungserbringung des potenziellen Stars in seinem genuinen Tätigkeitsbereich notwendig" (ebd.). Diese führt dann dazu, dass
dem Star weiterhin eine breite Aufmerksamkeit gewiss ist, wodurch sich in der
öffentlichen Wahrnehmung ein spezifisches Image verfestigt. Dieses zeichnet sich
durch eine starke „Stereotypisierung" (ebd., S. 261) aus, welche „in der Folge die
weitere Wahrnehmung eines potenziellen Stars durch die Beobachter" (ebd.) prägt
(zur Bedeutung von Stereotypen bei der Wahrnehmung vgl. z. B. Kapitel 3.5.1).
Schierl ist der Ansicht, dass sich vor „der eigentlichen Objektivation des Stars und
seiner breiten gesellschaftlichen Akzeptanz [...] lediglich Vorformen des Stars
aus[bilden]" (ebd., S. 262).

4.3.3   *Verschiedene Ansätze zur Klassifikation von Stars*

Wie Prominente werden auch Stars sehr unterschiedlich wahrgenommen und behandelt (Schroer, 2010, S. 392), weshalb sich einige „Versuch[e] einer [mehr oder
minder] umfassenden Klassifikation" (ebd.) finden. Beispielsweise werden Stars
– genau wie Prominente (Kapitel 4.2.3 und 4.2.6) – in Abhängigkeit von ihrer
zeitlichen Reichweite – quasi ihrer „Haltbarkeit" – kategorisiert. „Wer nur einmal
in den Schlagzeilen auftaucht, um anschließend wieder in Vergessenheit zu geraten, kann [daher] kaum als Star im klassischen Sinne bezeichnet werden. Er gehört
vielmehr zu den vielen Kurzzeitstars" (ebd., S. 381) bzw. zu den „Vorformen des
Stars" (Schierl, 2009, S. 262; vgl. Kapitel 4.3.2).[127] Als weitere reichweitenbezogene Kategorien, die vor allem in räumlicher und bestimmte Zielgruppen betref-
fender Hinsicht gelten können, finden sich Super-, Mega- und Gigastar (Faulstich,
2000, S. 301-302, bezüglich des Superstars vgl. auch Franck & Nüesch, 2012;
Frick, 2005; Hoegele, Schmidt & Torgler, 2013; Rosen, 1981; Schmidt & Högele,
2011). Superstars werden dabei allgemein besonders häufig in der Musikbranche,
in Film und Fernsehen sowie im Sport gesehen (Schmidt & Högele, 2011, S.
15).[128]

---

127 Wie bereits erwähnt, verweist auch Faulstich (2000, S. 294) auf „den Faktor der ,Kontinuität'".
128 Die Frage „In welchen Bereichen und Sportarten gibt es Ihrer Meinung nach Superstars?" wurde
     in zwei verschiedenen Befragungen sowohl Fußballfans als auch einer Vergleichsgruppe

Außerdem findet eine reichweitenbezogene Unterscheidung nach Funktions-
bzw. Lebensbereichen statt, wenn z. B. von „Staranwalt, Starjournalist, Star-Produkt, Star-Verkäufer, Starparade und so weiter" (Faulstich, 2000, S. 294), von
Popstars, Starköchen, Starmanagern (Schroer, 2010, S. 392), „Rockstar oder Filmstar" (Faulstich, 1991, S. 61), „Fernsehstars" (Mangold, 2012, S. 51) oder „Sportstar" (Dietzsch, 2010) bzw. „Sportlerstar" (Faulstich, 1991, S. 62) die Rede ist.
Innerhalb einzelner Funktions- bzw. Gesellschaftsbereich wird mitunter noch weiter unterschieden. So „gibt es, je nach Sportarten verschiedene Typen von Stars –
Fußballstars, Leichtathletik-Stars, Boxstars, Olympia-Stars, Tennisstars usf."
(ebd.; vgl. auch Schmidt & Högele, 2011, die Angaben dazu machen, in welchen
Sportarten in Deutschland vermehrt „Superstars" gesehen werden). Ebenfalls bezogen auf den Sport beschreibt (Faulstich, 1991, S. 64) allgemein folgende fünf
Startypen: den Luxus-Star (z. B. Franz Beckenbauer), den Jungen bzw. das Mäd-
chen von nebenan (z. B. Markus Wasmeier), den Senkrechtstarter (z. B. Boris Becker), soziale Aufsteiger (z. B. Diego Maradona) und den exzentrischen Top-Star
(z. B. John McEnroe). Allgemein kann festgestellt werden, dass die genannten und
weitere „Partial- oder [...] Zielgruppenstars für ganz spezifische Nachfrage- und
Bedürfnismuster Passung aufweisen" (Schierl, 2009, S. 266).

4.3.4   *Ökonomische Forschung zu Determinanten des Starphänomens:*
„Rosen-Stars" und „Adler-Stars"

In der ersten Hälfte der 1980er Jahre veröffentlichten zwei Wirtschaftswissen-
schaftler die Aufsätze „The Economics of Superstars" (Rosen, 1981) und „Stardom and Talent" (Adler, 1985), die das Star- bzw. Superstarphänomen auf unterschiedliche Ursachen zurückführen. Der Anlass für beide Forschungsarbeiten waren die Einkommensunterschiede, welche zum Vorteil dieser sozial exponierten
Akteure zu beobachten sind:

> „The phenomenon of Superstars, wherein relatively small numbers of people earn
> enormous amounts of money and dominate the activities in which they engage, seems
> to be increasingly important in the modern world. [...] In certain kinds of economic
> activity there is concentration of output among a few individuals, marked skewness
> in the associated distributions of income and very large rewards at the top" (Rosen,
> 1981, S. 845).

---

gestellt. Bei den o. s. betrachteten Ergebnissen handelt es sich um die Antworten der Vergleichs-
gruppe, die Schmidt & Högele (2011, S. 12) als repräsentativen Umfrage unter 2.000 Bundes-
bürgern beschreiben, die im September 2011 von TNS Infratest durchgeführt wurde.

Rosen führt die Einkommensunterschiede auf zwei Faktoren zurück:

> „Lesser talent often is a poor substitute for greater talent. [...] The worse it is the larger the sustainable rent accruing to higher quality sellers because demand for the better sellers increases more than proportionately: hearing a succession of mediocre singers does not add up to a single outstanding performance. [...] Th[e] second feature is best explained by technology rather than by tastes. [...] Thus a performer or an author must put out more or less the same effort whether 10 or 1,000 people show up in the audience or buy the book. More generally, the costs of production (writing, performing, etc.) do not rise in proportion to the size of a seller's market" (ebd., S. 846-847).

Zusammengefasst argumentiert Rosen, dass bedingt durch mediale Möglichkeiten diejenigen Künstler massive Einkommensvorteile haben, welche die beste Leistung erbringen. Bezogen auf den Sport kann daher gelten, dass Sportler, die – evtl. nur wenig – besser als andere sind, über mediale Verbreitung potenziell sehr große Zuschauermengen erreichen können, die dann lieber diesen – etwas – besseren Athleten verfolgen als einen anderen – etwas – schlechteren. Entsprechend werden bereits geringe Könnensunterschiede überproportional gut bezahlt (Franck, 2005, S. 18-20). Wie Franck jedoch zu bedenken gibt, ist Leistung häufig nicht oder nicht gut vergleich- bzw. bewertbar. Entsprechend führt er aus, dass die Erklärung Rosens allein nicht ausreicht, um das untersuchte Phänomen zu erklären (ebd., S. 20). Außerdem sind – wie Adler anmerkt – mitunter offenbar keine nachvollziehbaren Leistungsunterschiede für Gehaltsdifferenzen verantwortlich. Bei dieser Beobachtung setzt seine „Antwort" auf Rosens Überlegungen an:

> „Rosen explains why large differences in earnings could exist where there are only small differences in talent. This paper explains why large differences in earnings could exist even where there are no differences in talent at all. In other words, it explains why there could be stars among individuals known to have equal talents" (Adler, 1985, S. 208).

Dieses Phänomen erklärt Adler schließlich folgendermaßen:

> „This paper explains why [...] there could be stars among individuals known to have equal talents. The main argument was that the phenomenon of stardom exists where consumption requires knowledge. The acquisition of knowledge by a consumer involves discussion with other consumers, and a discussion is easier if all participants share common prior knowledge. If there are stars, that is, artists that everybody is familiar with, a consumer would be better off patronizing these stars even if their art is not superior to that of others" (ebd., S. 212).

Wie bereits in Kapitel 4.2.2 ausgeführt wurde, kann anhand der Konsumkapitalhypothese nach Stigler (1977) gelten, dass der konsumtive Nutzen von Gütern steigt, je besser man sich damit auskennt. Da die Kommunikation über Stars einen wesentlichen Teil der Nutzenstiftung darstellt, müssen weniger berühmte Künstler oder Sportler demnach viel besser oder viel billiger sein, um die entgangene Kommunikation mit geeigneten Gesprächspartnern bzw. die Suchkosten nach diesen ersetzen zu können (Franck, 2005, S. 20-23). Adler stellt also fest, dass der Starstatus eng an die Prominenz der betreffenden Personen gemäß Kapitel 4.2.6 gekoppelt ist.

Inzwischen liegen einige Studien vor, welche die von Rosen und Adler postulierten Effekte bezogen auf den Sport überprüfen. Hofmann hat diese mittels einer Metaanalyse untersucht, wobei er zu folgendem Ergebnis kommt:

> „Zusammenfassend scheinen somit beide Superstartheorien empirische Evidenz aufzuweisen. Unstreitig, da auf einer wesentlich breiteren Datengrundlage fußend, lässt sich ein mittelgroßer Zusammenhang zwischen der Leistung eines Sportlers und seinem Einkommen im Sinne Rosens festhalten. Wenngleich ein ähnlich hoher Zusammenhang ebenfalls für die Popularitäts-Hypothese im Sinne Adlers aufgezeigt werden kann, so schränkt die geringe Datengrundlage die studienübergreifende Generalisierbarkeit des entsprechenden mittleren Befundes nicht unerheblich ein" (Hofmann, 2014, S. 230).[129]

Für den Moment kann somit festgehalten werden, dass sowohl die Überlegungen Rosens als auch – mit Einschränkungen – diejenige Adlers empirisch fundiert zu sein scheinen und einen Erklärungsbeitrag für das vergleichsweise hohe Einkommen von Superstars liefern können.

4.3.5   Zwischenfazit und weitere Überlegungen

Der Starbegriff ist zwar erst im 20. Jahrhundert aufgekommen (Kapitel 4.3.1), aber inzwischen allgemein geläufig. „[J]eder kennt ihn, könnte Beispiele nennen und denkt vermutlich, er weiß genau, was er meint" (Faulstich, 1991, S. 49). Wie sich im bisherigen Verlauf dieses Kapitels gezeigt hat, scheint der Begriff allerdings nicht klar umrissen zu sein: „Was ‚Star' oder ‚Medienstar' nun eigentlich tatsächlich heißt, läßt sich weniger rasch sagen, als man meinen würde" (ebd., S. 50).

---

129 Etwas ausführlicher fasst Hofmann (2014, S. 230) sein Ergebnis folgendermaßen zusammen: „Insgesamt 18 Studien mit 48 Einzeleffektstärken haben den direkten Einfluss der Leistung eines Sportlers (z. B. über die Anzahl der geschossen Tore oder über ähnliche direkt zurechenbare Leistungsindikatoren) untersucht und weisen studienübergreifend aggregiert eine mittlere Korrelation von 0,24 auf. Hinzu kommen Maße wie die Erfahrung oder Bewertungen durch Journalisten, die indirekt Ausdruck der Leistung sind und durchweg mindestens genauso hohe Korrelationen mit dem Gehalt aufweisen. Allerdings lässt sich mit 0,31 auch eine der höchsten durchschnittlichen Korrelationen für den Zusammenhang zwischen der Medienpräsenz eines Sportlers und seinem Einkommen ermitteln. Dieses Ergebnis beruht jedoch nur auf drei Studien, die diesen Zusammenhang anhand von 16 Einzeleffektstären belegen."

Dies ist z. B. darauf zurückzuführen, dass es eine Frage von Zusammenhang, Perspektiven, Präferenzen, kultureller Prägung und anderen Faktoren ist, wen man als Star bezeichnet bzw. wann man dieser Titulierung zustimmen würde:

> „Die Problematik des Begriffs Star liegt also auch darin, daß es sich um einen bezugsorientierten (relationalen) Begriff handelt. Zu verschiedenen Zeiten wurde von verschiedenen Leuten in verschiedenen Regelkreisen oder Teilsystemen unter ‚Star' ganz Verschiedenes verstanden. Eng damit verbunden ist die Frage nach der Funktion" (ebd., S. 51).

Bei der Suche nach der Antwort auf diese Frage finden sich viele Hinweise darauf, dass Stars „als Projektionsfläche für Träume und Emotionen, als Vorbild sowie als Beziehungsersatz" (Henkel & Huber, 2005, S. 1) dienen und das Verhältnis vom Fan zum Star oft „durch ein sehr hohes rezipientenseitiges Commitment" (ebd., S. 161) geprägt ist. Der Star wird also als Persona rezipiert, bezüglich derer verschiedene sozialpsychologische Prozesse ablaufen (Schierl, 2009, S. 248-251), von denen einige hier besonders relevante in Kapitel 2.3 vorgestellt wurden. Stars können „für ihre Arbeit- beziehungsweise Auftraggeber als Vehikel für die Erschließung neuer Märkte" (Henkel & Huber, 2005, S. 1) fungieren bzw. anderweitig im Markenmanagement eingesetzt werden (Kapitel 3.4.3). Franck bezeichnet „Stars als Qualitätsmonitore" (Franck, 2005, S. 23) und formuliert bezogen auf Filmstars die These, dass diese deshalb so gut bezahlt werden, weil davon auszugehen ist, dass sie im Misserfolgsfall hohe Reputationskosten haben. Folglich dürften sie nur solche Drehbücher, Regisseure usw. aussuchen, die erfolgversprechend sind und sich dann auch in der Werbung für den Film einbringen (ebd., S. 23-26).

Hinsichtlich einer weiteren zentralen „Funktion" des Stars schreibt Faulstich, dass dieser die „prototypische[..] Verkörperung der obersten Gruppenwerte und -normen" (Faulstich, 2000, S. 301) ist. Unter Verweis auf Sommer – der Stars als „herausragende Symbolisierungen der Gruppenwerte" (Sommer, 1997, S. 123) beschreibt – stützt Schierl diese Meinung und führt aus, dass das Verhalten von „Stars *und* Prominenten [Hervorh. durch d. Verf.]" (Schierl, 2009, S. 250) als Orientierung dafür dient, „was Moral und gute Sitten sind" (ebd.) und „wie man sich in der Gesellschaft zu benehmen hat" (ebd.). Diese „Vermischung von Elite- und Prominenzkonzept" (Daschmann, 2007, S. 187) sowie dem Starbegriff ist darauf zurückzuführen, dass sowohl die Wahrnehmung von Stars als auch von Prominenten durch historische Vorläufer geprägt ist (Kapitel 4.3.1 bzw. Kapitel 4.2.1). Bei diesen Vorläufern handelt es sich allgemein um sozial exponierte bzw. herausragende Personen, die sowohl die Wahrnehmung von Prominenten als auch von Stars als soziale Phänomene prägen. Entsprechend scheint eine einfache, trennscharfe Abgrenzung des Verständnisses dieser Phänomene unwahrscheinlich.

Für den Moment ist festzuhalten, dass das Starphänomen vielschichtiger zu sein scheint, als dasjenige der Prominenz (Kapitel 4.2). Seine wesentliche Funktion liegt offenbar in der „Inszenierung des Außerordentlichen, des Elitären, des Unerhörten" (Faulstich, 2000, S. 299) für eine soziale Gemeinschaft. Folglich ist es nachvollziehbar, wenn Michael Schumachers erster Abschied von der Formel 1 in der Frankfurter Allgemeinen Zeitung mit den Worten „Deutsche Führungsfigur gesucht. Superstar geht – die Formal 1 rotiert" (o. V., 2006i)[130] betitelt wird oder sowohl Muhammad Ali als auch John F. Kennedy und Elvis Presley als US-amerikanische Superstars bezeichnet werden (Jodl, 2002, S. 23-24). Bei allen der genannten Personen handelt es sich um sehr außergewöhnliche Figuren des öffentlichen Lebens.

Es stellt sich allerdings die Frage, ob das Starphänomen weiter spezifiziert bzw. fundiert werden kann. Die Versuche, die von Rosen und Adler ersonnenen ökonomischen Erklärungsansätze im Sport empirisch zu überprüfen, weisen darauf hin, dass diejenigen Starsportler besonders hohe Einkommen erzielen, die aufgrund ihres Könnens bzw. ihrer Bekanntheit herausragen (Hofmann, 2014, S. 230; vgl. Kapitel 4.3.4). Allerdings:

> „Eine abschließende Antwort auf die Frage nach der relativen Erklärungskraft der sich nicht wechselseitig ausschließenden ‚Vermarktungshypothese' einerseits und der ‚Talenthypothese' andererseits steht nach wie vor aus" (Frick, 2005, S. 98).

Außerdem stellt sich vor dem Hintergrund der bisherigen Überlegungen die Frage, welche Komponenten außer Popularität und Leistung noch von struktureller Bedeutung für das Starphänomen sein könnten. Aufschlussreich ist dabei, dass bereits Rosen ausführt, dass er im Rahmen seiner formalen Analyse nicht *nur* Leistung bzw. Talent betrachtet:

> „Rest assured that prospective impresarios will receive no guidance here on what makes for box office appeal, sometimes said to involve a combination of talent and charisma in uncertain proportions. In the formal model all that is taken for granted and represented by a single factor rather than by two, an index *q* labeled talent or quality" (Rosen, 1981, S. 846).

Auch Rosen nimmt folglich an, dass *nicht nur* Talent allein ausreichen dürfte, um die Attraktivität eines Stars zu begründen. Das folgende Kapitel 4.3.6 dient daher dazu, verschiedene „Starfaktoren" und ihren Beitrag zur Wahrnehmung bestimmter Menschen als Stars genauer zu analysieren. Hierbei werden zuerst der Komplex Können, Leistung und Erfolg und anschließend der „Starfaktor" Charisma betrachtet.

---

130 Dass Michael Schumacher prominent ist, wurde bereits deutlich. Offenbar ist er aber nicht „nur" prominent.

4.3.6   „Starfaktoren" Können, Erfolg und Charisma

4.3.6.1   „Starfaktoren" Können und Erfolg

4.3.6.1.1   Können, Leistung und Erfolg

Faulstich nimmt genau wie Rosen (Kapitel 4.3.4) an, dass zur Erlangung des Starstatus eine Leistung erbracht werden muss, die diejenige anderer überragt:

> „Der Rockstar oder Filmstar ist ein echter Medienstar, das heißt, er besitzt den Status eines Stars erst kraft seiner medienspezifischen Leistungen und Erfolge. Es gibt aber auch Stars, die – auf den ersten Blick – bereits außerhalb des jeweiligen medialen Subsystems (Rockkultur, Kinofilm) Starcharakter haben; zumindest ihre Leistungen werden unabhängig von den Medien erzielt: etwa bei den Politikern und vor allem bei den Sportlern" (Faulstich, 1991, S. 61).[131]

Bezogen auf den Sport sehen beispielsweise auch Honer (1995), Schierl (2009) und Dietzsch (2010) die Leistung als zentral für die Starkonstruktion an, weshalb Erstere bezüglich des Bodybuilding schreibt: „Dafür stehen die Stars [...]. Sie sind die personifizierten Mythen vom Können durch Wollen, [...] vom Erfolg durch Leistung" (Honer, 1995, S. 184). Ein Blick in die Verwendung des Begriffs „Star" in der Sportpraxis zeigt, dass bei All Star-Spielen vornehmlich die besten – also leistungsfähigsten – Spieler verschiedener Ligen gegeneinander antreten. Bei diesen Gelegenheiten scheinen Individualleistungen ähnlich wichtig zu sein wie der Sieg der eigenen Mannschaft. Dieser Aspekt wird nicht zuletzt dadurch deutlich, dass in das Rahmenprogramm solcher Spiele oder von All Star-Tagen bzw. -Wochenenden i. d. R. Veranstaltungen integriert sind, bei denen individuelle Fähigkeiten demonstriert werden können. Beim Basketball sind dies z. B. 3-Punkte- oder Dunking-Wettbewerbe, beim Baseball etwa Home Run-Contests.[132]

Entsprechend hält Hofmann in seiner Metaanalyse (Kapitel 4.3.4) Folgendes fest: „Wegen der unvollkommenen Substituierbarkeit von Talent[133] werden Konsumenten sich nicht mit dem zweitbesten zufrieden geben und die Nachfrage sich stets auf die ,Anbieter' mit dem größten Talent konzentrieren" (Hofmann, 2014,

---

131 Vor dem Hintergrund dieses Zitats sei an die Klassifikation von Prominenz erinnert, in der Daschmann in Anlehnung an Kepplinger (1989) in genuin, mediatisiert und inszeniert unterscheidet (Kapitel 4.2.3).

132 Beim Home Run-Contest gewinnt am Ende derjenige Spieler, dem es dauerhaft gelingt, die meisten Bälle über die Spielfeldbegrenzung zu schlagen (Home Run). In einem regulären Spiel darf der Spieler dann einmal die vier Bases umlaufen und so ungehindert einen Punkt erzielen. Bei dem Contest werden allerdings lediglich die erfolgreichen Schläge gezählt, ohne dass die Bases umlaufen werden müssen.

133 Treffender als „Talent" wären – wie sich später noch zeigen wird – die Begriffe „Können" oder „Leistungsfähigkeit".

S. 217-218).[134] Da Stars „nicht durch Werbung, Kommerz, Religion, Psychologie oder Marketingstrategie, sondern durch uns: die Fans" (Faulstich, 2000, S. 295) gemacht werden (Kapitel 4.3.1), stellen Leistungsvermögen bzw. Können offenbar ein wesentliches Element der Starkonstruktion dar.

Im Kapitel 4.3.1 einleitenden Zitat nennt Faulstich neben Leistungen Erfolge als relevanten Faktor der Starkonstruktion. Diese kann für den Sport gut nachvollzogen werden, da dieser in seinen „populären Geschichten [..] von Erfolg und Misserfolg, von Glück und Unglück, [...] über Siege und Niederlagen" (Morangas Spà, 2001, S. 210) erzählt. Folglich bezeichnet Faulstich Erfolg als „eine allgemeine Voraussetzung für den Starstatus" (Faulstich, Korte, Lowry & Strobel, 1997, S. 11) und schreibt vom „Erfolgsphänomen" (Faulstich, 2000, S. 294). Auch Honer (s. o.) beobachtet bei Bodybuilding-Stars „Erfolg durch Leistung" (Honer, 1995, S. 184). Leistung und Erfolg scheinen quasi im logischen Zweiklang den Starstatus zu bedingen. Hierbei ist jedoch von Relevanz, dass Erfolg erst aus der *Anerkennung* einer Leistung vor dem Hintergrund eines bestimmten Werte- und Normensystems resultiert (Weiß, 1999, S. 154). Der Erfolg ist somit die Interpretation einer Leistung durch eine soziale Entität. Da dies für die vorliegende Arbeit sehr wesentlich ist, werden die Begriffe Können bzw. Leistungsfähigkeit, Leistung und Erfolg nachfolgend gegeneinander abgegrenzt:

1. *Können* kann als die „Gesamtheit von Leistungsvoraussetzungen" (Sperling, 1993, S. 463) verstanden werden, die für die Ausführung bestimmter Tätigkeiten erforderlich sind. „Darin sind physische, psychomotorische, intellektuelle Fähigkeiten und Fertigkeiten sowie auch Kenntnisse, Einstellungen und Motive, Gefühls- und Temperamentsbesonderheiten des einzelnen integriert" (ebd., S. 464). Können wird häufig synonym zum Begriff *Leistungsfähigkeit* verwendet, welcher – bezogen auf den Sport – die „Voraussetzung zur Bewältigung sportlicher Leistungsanforderungen in Training und Wettkampf" (Schnabel, 1993b, S. 537) bezeichnet.

Die beiden Begriffe werden im weiteren Verlauf der Arbeit folgendermaßen differenziert:

1. Können umfasst in Anlehnung an o. s. Definitionen diejenigen leistungsbezogenen Faktoren, die nicht als außergewöhnliche charakterliche Eigenschaften anzusehen und somit nicht dem später noch betrachteten Charisma zuzurechnen sind (Kapitel 4.3.6.2).

---

134   In die gleiche Richtung weisend schreibt Gnädinger (2010, S. 54): „In the literature review it has also been indicated that international players, superstars and successful native athletes affect attendance."

2. Leistungsfähigkeit umfasst dagegen sowohl das Können als auch diejenigen leistungsbeeinflussenden Faktoren, die ggf. dem Charisma zuzurechnen sind.

Wie sich im weiteren Verlauf der Arbeit zeigen wird, ist eine solche begriffliche Unterscheidung angezeigt, da derart Zusammenhänge voneinander abgrenzt werden, die im Sinne sozialer Deutungsmuster zu unterscheiden sind (Kapitel 4.3.7.2.3 und 4.3.7.2.4).

2. Der Begriff *Leistung* bezeichnet die „*Einheit* von Vollzug und Ergebnis einer menschlichen Tätigkeit" (Schnabel & Sust, 1993, S. 530), welche auf ein bestimmtes sozial „determinierte[s] Bezugs- bzw. Normensystem" (ebd.) ausgerichtet ist. Zu beachten ist dabei die Unterscheidung in Leistungsvollzug und Leistungsergebnis:

1. Der *Leistungsvollzug* bezeichnet die unmittelbare Durchführung bzw. Erbringung einer Leistung, also z. B. das Laufen eines 100-Meter-Laufs, das Schreiben einer Klausur oder eine sonstige Tätigkeit, die aus einer sozialen Motivation[135] ausgeführt wird.

2. Das *Leistungsergebnis* beschreibt das Resultat des Vollzuges, also z. B. die abgeschlossene Absolvierung eines 100-Meter-Laufs in 10,0 Sekunden. Ein Klausurergebnis von 50 Punkten wäre ebenfalls ein Leistungsergebnis. Ein solches Ergebnis stellt ein „objektives" Resultat des Einsatzes von Leistungsfähigkeit dar, wobei „objektiv" bedeutet, dass die Leistung „gemessen" wurde.[136]

3. Wie bereits erwähnt, ist *Erfolg* die Bewertung einer Leistung anhand eines bestimmten Werte- und Normensystems (Weiß, 1999, S. 154). Diese „Bewertung" kann im engeren oder im weiteren Sinne verstanden werden:

1. *Erfolg im engeren Sinne* soll nachfolgend als formale Bewertung verstanden werden, die sich i. d. R. auf ein Leistungsergebnis bezieht. Hinsichtlich des Sports ist ein Erfolg i. e. S. etwa der „im sportlichen Wettkampf erzielte Rangplatz" (Schnabel, 1993a, S. 266),

---

135 „Soziale Motivation" bedeutet hier, dass wegen des Leistungsvollzugs bestimmte Folgehandlungen anderer erwartet werden.

136 Ob das Messverfahren geeignet war, das Klausurergebnis von 50 Punkten also „gerecht" oder ein Schiedsrichter wirklich unparteiisch war und einer Mannschaft nicht etwa ein reguläres Tor aberkannte, spielt hier keine Rolle. Die Beurteilung derartiger Zusammenhänge fließt jedoch in die *Bewertung* der Leistung ein.

z. B. ein Olympiasieg. Auch ein Weltrekord ist gemäß dieser Definition ein Erfolg, da dieser ebenfalls erst dadurch zu einem solchen wird, dass ihm eine allgemein akzeptierte formale Bewertung zukommt. Bezogen auf den Bildungsbereich wäre die Note 3 in einer Klausur gleichsam ein Erfolg. Dem Erfolg i. e. S. liegt ein „objektives" Werte- und Normensystem zugrunde, da grundsätzlich für jeden erkennbar ist, dass der Sieger gemäß bestimmter Kriterien „besser" ist als der Zweite bzw. der Verlierer. Aus diesem Grund kann Erfolg i. e. S. als prototypische Exposition angesehen werden, was sich im Sport daran zeigt, dass die Teilnehmer am Anfang eines Wettkampfes als gleich, am Ende durch den erzielten Erfolg i. e. S. als ungleich definiert werden (Heinemann, 1998, S. 174-175). Die Sieger werden hierbei durch Auszeichnungen und den Platz auf der Siegertreppe besonders herausgestellt.

2. *Erfolg im weiteren Sinne* beschreibt eine „[s]ubjektive Bewertung" (Schnabel, 1993a, S. 266) von Erfolg i. e. S., Leistungsergebnis und Leistungsvollzug sowie weiterer mit der betreffenden Tätigkeit verbundener Faktoren. Dem Erfolg i. w. S. liegt somit kein formal definiertes Werte- und Normensystem zugrunde. Stattdessen spielen Attributionen (Kapitel 2.2.2), Erwartungen und Eindrücke eine zentrale Rolle. Ob diese „objektiv" nachvollziehbar und gut begründet sind, ist nicht von Bedeutung. Wesentlich ist, dass sie als zutreffend erlebt werden (Kapitel 2.2.2).

Anhand o. s. Differenzierung wird deutlich, warum im Sport häufig eine unterschiedliche „Wertigkeit" von Leistungen und Erfolgen beschrieben wird. Dies lässt sich am Beispiel Franziska van Almsicks nachvollziehen, über die der Philosoph Gunther Gebauer in einem Interview Folgendes sagte:

> „Wenn es Franziska van Almsick gelingt, doch noch eine olympische Goldmedaille zu gewinnen, dann dürfte sie zu den ganz Großen gehören. Gelingt es ihr nicht, dann wird sie in die Sportgeschichte eingehen als eine ganz außergewöhnliche Schwimmerin mit einem großen Flair, der aber letztlich der größte Erfolg verwehrt geblieben ist. Man wird sagen, es hat bessere gegeben als sie" (Kammertöns, 2006).

Franziska van Almsick, die auf ihrer persönlichen Homepage www.franzi.de als „erster Sportstar des wiedervereinigten Deutschlands" (N.O.N. Marketing GmbH, 2012) bezeichnet wird, war vielfach Welt- und Europameisterin und schwamm mehrere Weltrekorde. Außerdem gewann sie insgesamt zehn olympische Medaillen, jedoch nie eine goldene (ebd.). Anhand des Ausspruchs von Gebauer zeigt sich somit, dass auch bezüglich der auf höchstem Niveau zu erringenden Erfolge

i. e. S. eine Hierarchie besteht, die sich auf deren Strahlkraft auswirkt. Der Olympiasieg eines Schwimmers stellt offenbar alle anderen Erfolge in den Schatten. Die Strahlkraft herausragender sportlicher Erfolge i. e. S. zeigt sich auch darin, dass ehemalige Sportgrößen regelmäßig anhand ihrer großen Siege bzw. Titel vorgestellt werden. Wenn jemand also Olympiasieger oder Weltmeister war, wird häufig noch Jahrzehnte später hierauf verwiesen. Bleibt der „ganz große Erfolg" jedoch aus, wird oft von „unerfüllten" Karrieren gesprochen, auch wenn über lange Zeit hervor- oder sogar überragendes sportliches Können bzw. sportliche Leistungen demonstriert wurden. Dies wurde gerade bezüglich Franziska van Almsick deutlich und konnte bei der Fußball-Weltmeisterschaft in Brasilien 2014 an Wayne Rooney nachvollzogen werden. Der „Superstar" (Ashelm, 2014) der englischen Fußball-Nationalmannschaft wurde bereits zehn Jahre zuvor als 18jähriger bei der Europameisterschaft 2004 in Portugal als Torschützenkönig (ebd.) zum Star (Kruse, 2007, S. 20-21). Doch:

> „Für Rooney drängt die Zeit. [...] Und es sieht schon jetzt danach aus, dass er sich sehr wahrscheinlich in die Ahnengalerie des englischen Fußballs einreihen wird mit großen Namen wie Shilton, Adams, Lineker, Shearer, Owen, Beckham oder Terry, die allesamt nie einen Titel mit der Nationalmannschaft gewinnen konnten und für die sich der englische WM-Triumph von 1966 als zu große Bürde darstellte" (Ashelm, 2014).[137]

Die Faszination herausragender Erfolge i. e. S. beschränkt sich allerdings nicht zwingend auf die Erfolge der Stars in ihrer Spezialisierung. So zeigt das nachfolgende Beispiel, dass nicht nur der sportliche, sondern gerade auch der wirtschaftliche Erfolg des Baseballspielers Willie Mays großen Einfluss auf den jungen O. J. Simpson hatte:[138]

> „Mit 15 wird [O. J. Simpson] beim Stehlen erwischt, muss für ein paar Tage ins Jugendgefängnis. Er wird zum Anführer einer Jugendbande, die sich ständig Schlägereien mit weißen Jugendlichen liefert und wandert so immer wieder mal in die Strafanstalt. Einmal wartet bei seiner Heimkehr eine Überraschung auf ihn: Der Baseball-Star Willie Mays, der im Auftrag einer karitativen Vereinigung Problemkinder besucht. Mays zeigt O. J. seine Pokale, sein riesiges Haus, seine Sportwagen. Da schwört sich der Junge: Das will ich eines Tages auch haben – selbst wenn es größte Opfer

---

137   Die englische Nationalmannschaft schied bei der Fußball-Weltmeisterschaft 2014 schließlich nach zwei Niederlagen und einem Unentschieden bereits in der Vorrunde als Gruppenletzter aus dem Turnier aus (t-online.de, 2014a), so dass Wayne Rooney weiter in der beschriebenen Form auf die Ahnengalerie zusteuert.

138   Hier – wie auch an anderer Stelle dieser Arbeit – ist nicht von zentraler Bedeutung, ob sich die nachfolgende Begebenheit exakt so zugetragen hat, sondern dass die mediale Darstellung darauf schließen lässt, dass ein für Rezipienten insgesamt schlüssiger Zusammenhang geschildert wird, der im Sinnzirkel konsensfähig sein und wertvolle Informationen zu einem sozialen Deutungsmuster liefern dürfte.

verlangt. Mays macht ihm Mut, es zu versuchen, nicht wissend, dass er einen späteren Superstar vor sich hat" (Davis, 1994, S. 16-17; zitiert nach Schwerdtfeger, 2004, S. 57).[139]

Wie sich an dieser Textpassage zeigt, kann auch materieller Erfolg als Erfolge i. e. S. interpretiert werden, da diesem ein objektives Werte- und Normensystem zugrunde liegt, welches den Erfolg in Geldeinheiten misst. Die Repräsentationen dieses Erfolges – Prämien und Preisgelder bzw. Häuser, Autos usw. als in Geld bewertbare „Leistungsergebnisse" – sind genau wie in Sportwettkämpfen gewonnene Preise Statussymbole, anhand deren „[s]ubjektive[r] Bewertung" (Schnabel, 1993a, S. 266) bewunderter Erfolg i. w. S. resultieren kann. Dass materieller Erfolg für die Wahrnehmung des Starphänomens von Bedeutung ist, zeigt sich auch in dessen Operationalisierung durch Rosen und Adler. Obwohl sie abweichende unabhängige Variablen (Talent bzw. Prominenz) anführen, wird die abhängige Variable – und das konstitutive Element des Phänomens – in den verhältnismäßig hohen Einkommen der Stars gesehen (Kapitel 4.3.4).

4.3.6.1.2 Können und Erfolg als unterschiedliche Komponenten der Starrezeption

Aufgrund seiner in Kapitel 3.2.2 betrachteten zentralen Charakteristika und seiner Popularität eignet sich der moderne Wettkampfsport in besonderer Weise dafür, Stars hervorzubringen. „Jede Olympiade, Weltmeisterschaft usw. produziert für jeden gestürzten Star automatisch einen neuen Star" (Franck, 2005, S. 27). – Stars finden sich allerdings auch in anderen Bereichen als dem Sport oder den von Rosen und Adler primär betrachteten künstlerischen Disziplinen (Kapitel 4.3.4). So ist etwa in Kapitel 4.3.3 von „Staranwalt, Starjournalist, [...] Star-Verkäufer" (Faulstich, 2000, S. 294) sowie Starkoch und Starmanager (Schroer, 2010, S. 392) die Rede. Anders als die Erfolge i. e. S. repräsentierenden Statussymbole im Sport – Medaillen, Pokale und Einträge in Rekordlisten sowie in materieller Hinsicht Geld, Autos und Häuser –, scheint der Glanz der Statussymbole in anderen Bereichen oft mit einem Schatten belegt zu sein:

> „Denn daß jemand als Geschäftsmann Erfolg hat, kann man allenfalls an der Größe des Wagens ablesen, den er fährt. Läuft der aber womöglich nur auf ‚Geschäfts[..]kosten'? Daß jemand rasch befördert wird, mag mehr mit Beziehungen und Parteibuch

---

139   O. J. Simpson nutzte seine im Football errungene Popularität nach seiner Sportkarriere auch als Schauspieler, Sportkommentator und in weiteren öffentlichen Rollen. Tragischer Höhepunkt seiner „Starkarriere" wurde jedoch der Prozess, in dem er wegen des Vorwurfs, seine Exfrau und deren Lebensgefährten umgebracht zu haben, angeklagt wurde.

als mit Leistungen zu tun haben. […] Aber hier ist der Rekordsprung: jedem verständlich, dreifach nachgemessen" (Krockow, 1972, S. 95).

Faulstich beobachtet daher eine „gewisse Anrüchigkeit, die mit dem Erfolgsphänomen häufig verbunden wird" (Faulstich, 2000, S. 294). Diese ist darauf zurückzuführen, dass in vielen Lebensbereichen nicht erkennbar ist, ob der Erfolgsnachweis verdient errungen oder über eigentlich nicht eigenem Können zuzurechnende Faktoren – wie z. B. „Beziehungen und Parteibuch" (Krockow, 1972, S. 95) – erlangt wurde. Da bei sportlichen Erfolgen die Eigenleistung i. d. R. sehr gut nachvollziehbar scheint, sind diese in der genannten Hinsicht vergleichsweise unverdächtig, sofern nicht die Komplexitätsreduktionsfunktion gemäß Kapitel 3.2.2 verletzt wird. Dies ist etwa dann der Fall, wenn die Rezipienten davon ausgehen (müssen), dass die sportlichen Ergebnisse durch Doping oder wirtschaftliche Einflussnahme beim Spiel- oder Wettbetrug in nicht nachvollziehbarer Weise manipuliert wurden.

Es kommt allerdings vor, dass auch im Sport bei nachvollziehbaren Erfolgen i. e. S. von „unverdienten" Erfolgen gesprochen wird, der Erfolg i. w. S. also nicht gegeben ist. Das ist z. B. der Fall, wenn ein Fußballspiel gewonnen wird, obwohl die eigene Leistung dies – nach Meinung des Betrachters – nicht rechtfertigt. Folgende Schlagzeile nebst erklärendem Titelzusatz zeugt von diesem Zusammenhang:

„Schlecht, schlechter, Argentinien – Unverdienter Erfolg gegen den Iran

Ein genialer Moment von Lionel Messi hat Argentinien vor einer Blamage bewahrt. Mit seinem Tor in der Nachspielzeit schoss der Superstar die Südamerikaner am Samstag in Belo Horizonte zu einem glücklichen 1:0 (0:0) gegen Iran und damit vorzeitig ins Achtelfinale der Fußball-Weltmeisterschaft" (Marx, 2014).

Die Spielleistung der Argentinier – die u. a. umfasst, dass sie ein Tor erzielten und verhinderten, dass der Gegner eines schoss – führte zum Sieg im Spiel und dem Achtelfinaleinzug bei der Fußball-Weltmeisterschaft 2014. Diesen zwei eigentlich prestigeträchtigen Erfolgen i. e. S. steht jedoch offenbar kein entsprechender Erfolg i. w. S. gegenüber. Begründet wird dies dadurch, dass die Leistung der Argentinier trotz der zwei genannten erfolgsrelevanten Bestandteile des Leistungsergebnisses als nicht zufriedenstellend gesehen wird. Dies ist deshalb der Fall, da ihr Leistungsvermögen Besseres erwarten ließ, wie in folgenden Sätzen offenbar wird: „Wer nach dem Wechsel einen Sturmlauf der ‚Albiceleste' erwartet hatte, wurde enttäuscht. Vielmehr wurde der Herausforderer kecker und wagte sich immer öfter nach vorne" (Marx, 2014). Im Fußball kann generell angenommen werden, dass der Versuch unternommen wird, ein Spiel für sich zu entscheiden. Allerdings wird dies hier vor allem von der in den Augen des Journalisten deutlich

könnensreicheren Mannschaft erwartet. Daher wurde Argentinien beim „[u]nver-
dienten Erfolg [...] vor einer Blamage bewahrt" (ebd.). Der Iran muss gemäß dem
Tenor des Textes als „krasse[r] Außenseiter" (ebd.) trotz seiner Niederlage nicht
unzufrieden sein, war also i. w. S. erfolgreich.

Die Nichterfüllung der an die argentinische Mannschaft gestellten Erwartungen führte gemäß dem Confirmation-Disconfirmation-Paradigma (Kapitel 2.2.1)
zu negativer Diskonfirmation und somit zu Unzufriedenheit, welche sich in „negativen Äußerungen" des Journalisten manifestiert (vgl. hierzu Abb. 2 und die dazugehörigen Ausführungen in Kapitel 2.2.1). Dies ist darauf zurückzuführen, dass
Menschen Erfolge und Misserfolge mittels Attributionen (Kapitel 2.2.2) durch
„Fähigkeit, das Ausmaß der aufgewendeten Anstrengung,[140] die Schwierigkeit der
Aufgabe sowie den Anteil von Glück bzw. Pech [also Zufall]" (Lexikon online für
Psychologie und Pädagogik, 2012) zu erklären versuchen. Die Argentinier werden
offenbar als sportlich fähige Mannschaft gesehen, ohne jedoch ihr Potential im
betreffenden Spiel ausreichend genutzt zu haben – ggf. wegen zu geringer Anstrengung. Daher wird ihnen kein Erfolg i. w. S. zugeschrieben. Aus dieser Beobachtung kann abgeleitet werden, dass bei der Wahrnehmung von Stars die Komponenten Können und Erfolg offenbar getrennt bewertet werden, was nachfolgend
vertieft werden soll.

In o. s. Beispiel wird das fußballspezifische Können der argentinischen Fußballstars grundsätzlich positiv, der Erfolg i. w. S. im speziellen Fall jedoch als
nicht gegeben wahrgenommen. Dies ist wesentlich damit zu erklären, dass die
Spieler es an der „erwartbaren" Anstrengung fehlen ließen. „Erwartbar" heißt in
diesem Zusammenhang, dass die zu erbringende Anstrengung nicht als „außergewöhnlich" wahrgenommen wird. – Bei den iranischen Spielern beobachtete der
Journalist im Gegensatz zu den argentinischen ein hohes Maß an Anstrengung,
weshalb er davon schreibt, dass sie „aufopferungsvoll verteidigte[n]" (Marx,
2014). Diese Meinung wurde offenbar von den Fans der Mannschaft geteilt, die
„jedes Tackling und jeden Ballgewinn gegen Messi wie einen Treffer ihrer Mannschaft" (ebd.) feierten. Obwohl das fußballerische Können der Iraner geringer eingeschätzt wird, erringen diese dadurch, dass sie es voll ausschöpfen, einen Erfolg
i. w. S.

Der Unterschied in der Wahrnehmung und Bewertung von Können und Erfolg wird auch in einem Bericht über die Auszeichnung des argentinischen Mann-
schaftskapitäns Lionel Messi zum besten Spieler des WM-Turniers in Brasilien

---

140 Wie später noch deutlich wird, können die Fähigkeit und ein nennenswerter Teil dessen, was
     hier als „Anstrengung" bezeichnet wird, dem Können zugerechnet werden. Diejenigen Elemente
     der Anstrengung, die außergewöhnlich im Sinne einer besonderen Persönlichkeitsstruktur sind,
     können u. U. als Charisma (Kapitel 4.3.6.2) bzw. heroisches Element (Kapitel 5) verstanden
     werden.

deutlich. Die Verleihung der Auszeichnung erfolgte direkt im Anschluss an das Finale, welches die argentinische gegen die deutsche Nationalmannschaft verloren hatte. Sie wird von Zorn in seinem Artikel „Der geschlagene Messi. Der Weltfußballer kann kein Weltmeister werden" (Zorn, 2014) beschrieben. Im Titelzusatz führt er aus: „Lionel Messi zeigt auch im Finale, warum er als bester Spieler der Welt gilt. Den größten Erfolg seiner Karriere verhindert allerdings ein deutsches Team, das ihn mit vereinten Kräften stoppt" (ebd.). Dem Spieler wird zugestanden, zurecht als bester Fußballkönner des Turniers ausgezeichnet worden zu sein,[141] obwohl er – im Sinne der Logik des Fußballs, in dem es um das Gewinnen von Spielen geht – eine Niederlage erlitt. Abgesehen davon, dass bekannt ist, dass der Sportler bereits herausragende andere Erfolge errungen hat, wird er – da er diese im betreffenden Finalspiel nicht gemäß dem zweiten Charakteristikum des modernen Wettkampfsports „erneuern" konnte (Kapitel 3.2.2) – für den Moment letztendlich als erfolglos beschrieben. Hinsichtlich des Starphänomens ist somit festzuhalten, dass Können und Erfolg analytisch als separate Komponenten zu verstehen sind. Wie diese sich auf die Erwartungsbildung auswirken, wird im folgenden Kapitel betrachtet.

4.3.6.1.3 Individuelle und kollektive Erwartungsbildung anhand von Können und Erfolg

Wie in Kapitel 2.2.1 ausgeführt, orientieren sich Menschen bei der Erwartungsbildung an früheren Erwartungen, Erfahrungen und Idealen. Bezüglich der Wahrnehmung und Bewertung exponiert agierender Menschen sind dabei das Können und bisherige Erfolge von zentraler Bedeutung, wie nachfolgend an verschiedenen Beispielen gezeigt wird.

Der Mannschaftskapitän der Argentinier, der relativ klein gewachsene und nicht sonderlich athletisch wirkende Lionel Messi, *könnte* in einem Sportkontext aufgrund seiner *scheinbaren* körperlichen Unterlegenheit evtl. nicht als besonders leistungsstark eingeschätzt werden. Da er allerdings einer der berühmtesten Fußballspieler der Welt ist, hat fast jeder Mensch, der im Rahmen eines Fußballspiels in eine PSI mit ihm tritt, bereits eine PSB mit dem Spieler.[142] Vor diesem Hintergrund wird er als Spieler mit außergewöhnlichem Können wahrgenommen, da das

---

141 Was nicht verallgemeinert werden darf, da sich nicht wenige Kommentatoren kritisch zu dieser Wahl äußerten, was hier allerdings keine Rolle spielt, da es an der Dualität von Können und Erfolg nichts ändert.

142 Wie in Kapitel 2.3.2.1 ausgeführt wurde, wird eine PSB dadurch begründet, dass in der Vergangenheit mindestens eine PSI mit einer bestimmten Persona stattfand. Dass ein Fußballinteressierter noch nie mit Lionel Messi parasozial interagierte, ist daher fast unmöglich, da eine PSI

betreffende Wissen bei jeder PSI aus der bestehenden PSB aktiviert wird (Kapitel 2.3.4).

Dass es sich bei ihm um einen leistungsstarken Spieler handelt, wird allerdings nicht nur vom sehr bekannten Lionel Messi erwartet. Jeder Mensch, der über einige grundlegende Kenntnisse des internationalen Fußballs verfügt, dürfte davon ausgehen, dass jeder argentinische Nationalspieler ein Könner seines Faches ist. Diese Erwartung resultiert daraus, dass allgemein bekannt ist, dass es sich bei Argentinien um eine „Fußballnation" (n-tv, 2014a) handelt. Daher sollten sämtliche Nationalspieler ausgezeichnete Fußballspieler, also hervorragende Könner sein. Diese Erwartung resultiert aus vergangenen Mannschaftserfolgen i. e. S., z. B. erfolgreichen Teilnahmen an internationalen Meisterschaften, und auch daher, dass es bereits viele hervorragende Spieler gab, die in der Mannschaft spielten.

Frühere Erfolge und Leistungen fungieren als erwartungsbeeinflussende „Statussymbole" für Sportler, wenn diese in jedem Wettkampf aufs Neue beweisen müssen, dass sie (noch) an Vergangenes anknüpfen bzw. Neues zu leisten im Stande sind (Kapitel 3.2.2). Wie gerade gesehen, wirken sich solche erwartungsbildenden Vorleistungen jedoch nicht nur auf individueller Ebene, sondern auch kollektiv aus – etwa durch die Mannschaftszugehörigkeit. Über Attributionen werden Sportlern, die anderen leistungsstarken bzw. erfolgreichen Athleten – z. B. in einer Nationalmannschaft – nachfolgen, ähnliche Könnensniveaus zugeschrieben, was bei deren Rezeption Auswirkungen auf die soziale Kategorisierung und die Erwartungsbildung hat. Hinsichtlich des Beobachtungsgegenstandes dieser Arbeit kann demnach gefolgert werden, dass Erfolge Menschen nicht nur dadurch sozial exponieren, dass diese aufgrund ihres erfolgreichen Handelns „herausgehoben" werden. Sie können außerdem direkt und indirekt die Wahrnehmung des Könnens beeinflussen, welche wiederum ein wesentliches Element der Erwartungsbildung bezüglich zukünftiger Leistungen und Erfolge ist. Dieser Zusammenhang wird in den Kapitel 4.3.7.2.2 und 4.3.7.2.3 vertiefend aufgegriffen, in denen die Bedeutungskerne von Erfolg und Können als soziale Deutungsmuster beschrieben werden.

---

immer dann erfolgt, wenn eine Person(a) wahrgenommen wird. Da der Spieler sowohl in Sportmedien wie der Markenkommunikation sehr präsent ist, dürften fast alle Menschen, die sich wenigstens etwas für Fußball interessieren, bereits in der einen oder anderen Form parasozial mit ihm interagiert haben.

4.3.6.2   „Starfaktor" Charisma

4.3.6.2.1   Charisma

Gnädinger kommt in ihrer Studie zur Eignung eines Sports als Mediensport – auf welche bereits in Kapitel 3.4.2.2 sowie Fußnote 134 in Kapitel 4.3.6.1.1 verwiesen wurde – im Rahmen der von ihr durchgeführten Experteninterviews u. a. zu folgendem Ergebnis:

> „The profile of the participants is for all experts a very important feature. [...] A sport needs successes of native athletes and positive role models. Celebrities, top athletes or personalities create news factors, which are essential for the media. [...] It is, however, not only the performance of the athletes, which is very important. The participants of a sport also need charisma" (Gnädinger, 2010, S. 39-40).

Schierl hält neben sportlichem Erfolg ebenfalls eine „charismatische[..] Persönlichkeit" für ein wesentliches attraktivitätssteigerndes Element bei der Sportlerrezeption (Schierl, 2004; vgl. auch Holt & Mangan, 1996, S. 10). Wie in Kapitel 4.3.5 erwähnt, weist auch Rosen darauf hin, dass „box office appeal [..] sometimes [is] said to involve a combination of talent and charisma" (Rosen, 1981, S. 846). Im letzten Kapitel wurde Gebauer mit den Worten zitiert, dass Franziska van Almsick beim Ausbleiben des Olympiasieges „als eine ganz außergewöhnliche Schwimmerin mit einem großen Flair" (Kammertöns, 2006) in Erinnerung bleiben würde. Offenbar ist „Flair", welches als „Charisma" gedeutet werden kann, seiner Meinung nach ein bedeutendes Element der Wahrnehmung von Sportlern. Russell bezeichnet entsprechend diejenigen Sportstars, die aufgrund außergewöhnlicher außersportlicher Aktivitäten sehr populär sind, als „Impact Champions" (Russell, 1993, S. 125). Als Beispiele nennt er den American Football-Spieler „Broadway Joe"[143] Namath und den Tennisspieler Ilie Nastase. Die Vorstellung des Letzteren auf der Homepage der ATP Tour[144] beginnt mit folgenden Worten:

> „No player in history has been more gifted or mystifying than the 'Bucharest Buffoon', Ilie Nastase, noted both for his sorcery with the racket and his bizarre, even objectionable behavior. He was an entertainer second to none, amusing spectators with his antics and mimicry, also infuriating them with gaucheries and walkouts. Despite a fragile nervous system and erratic temperament, Nastase – a slender 6-footer, quick, leggy

---

143   Eine Kurzbiographie, die den Spitznamen sehr kurzweilig erläutert, findet sich unter: http://www.imdb.com/name/nm0620619/bio (letzter Aufruf am 30. September 2014).

144   Diese Vorstellung ist deshalb besonders aufschlussreich, da sie von derjenigen Organisation verantwortet wird, die sich selbst als „the governing body of the men's professional tennis circuits" (ATP Tour, 2014a) beschreibt und somit ein besonders großes Interesse an einer öffentlichkeitswirksamen und positiven Darstellung des Tennis haben dürfte.

and athletic – could do everything, and when his concentration held together he was an artist creating with great originality and panache" (ATP Tour, 2014b).

Bei der Darstellung des Sportlers werden neben seinem sportlichen Können bestimmte Aspekte seines öffentlichen Auftritts beschrieben, die auf charakterliche Besonderheiten schließen lassen. In ähnlicher Form bringt Söchtig in seinem Artikel „Die Generation der Milchgesichter jagt Dottore[145] Rossi" (Söchtig, 2006, S. 29) in der Frankfurter Allgemeinen Zeitung zum Ausdruck, dass der Genannte deswegen ein besonderer Sportler ist, weil ihn nicht nur Können bzw. Erfolg sondern auch besondere Charaktereigenschaften auszeichnen. Er nennt mehrere junge Fahrer, die durch sportliches Talent glänzen, denen allerdings das Charisma fehlt, um wie Valentino Rossi, „der Liebling der Massen" (ebd.) zu werden: „So angriffslustig die Neulinge auf dem Motorrad sind, so farblos präsentieren sie sich abseits der Rennstrecke" (ebd.).

Die Beobachtung, dass Menschen aufgrund ihres Charismas von anderen als „herausragend" wahrgenommen werden, zeigt sich nicht nur im Sport:

> „Bildet ein Gott das Zentrum des Kultes, so umgibt ihn eine ihn ‚vergötternde' Gemeinde. In modernen Gesellschaften sind es in der Regel charismatische Personen wie Politiker, Künstler oder Sportler, also irdische Götter, um die sich ein Kult bildet" (Steuten & Strasser, 2008, S. 22).

Diese Ausführungen lassen an die charismatische Herrschaft nach Weber denken, der „Charisma" folgendermaßen definiert:

> „‚Charisma' soll eine als außeralltäglich […] geltende Qualität einer Persönlichkeit heißen, um derentwillen sie als mit übernatürlichen oder übermenschlichen oder mindestens spezifisch außeralltäglichen, nicht jedem andern zugänglichen Kräften oder Eigenschaften oder als gottgesandt oder als vorbildlich […] gewertet wird" (Weber, 1922, S. III. § 10).

Die Zuerkennung von Charisma ist dabei kein Prozess, der sich an objektiven Kriterien orientieren muss:

> „Wie die betreffende Qualität von irgendeinem ethischen, ästhetischen oder sonstigen Standpunkt aus ‚objektiv' richtig zu bewerten sein würde, ist natürlich dabei begrifflich völlig gleichgültig: darauf allein, wie sie tatsächlich von den charismatisch Beherrschten, den ‚Anhängern', bewertet wird, kommt es an" (ebd.).

---

145   „Den Spitznamen ‚The Doctor' trägt er vermutlich aus mehreren Gründen: In Italien bekommt man den Spitznamen ‚Il Dottore', wenn man etwas besonders gut kann. Des Weiteren begründet sich der Zusatz Dottore in der Vorliebe der Italiener, besonders verehrten Persönlichkeiten einen Titel als Respektsbekundung voranzustellen, auch wenn sie diesen gar nicht besitzen. Rossi geht mittlerweile als echter Doktor an den Start. Die Universität seiner Heimatstadt Urbino hat ihm den Ehren-Doktortitel für Kommunikation verliehen" (Speed Week, o. J.).

Dieser Aspekt ist für die Starkonstruktion von zentraler Bedeutung, da er zu erklären vermag, warum es „Partial- oder [...] Zielgruppenstars" (Schierl, 2009, S. 266) gibt (Kapitel 4.3.3), denen Menschen, die nicht zu ihren „Anhängern" zählen, Charisma rundheraus absprechen. Entsprechend unverständlich kann diesen Menschen mitunter die nachfolgend von Weber umrissene Hingabe erscheinen, mit der die Bewunderer dem Charismatiker gegenübertreten:

> „Über die Geltung des Charisma entscheidet die durch Bewährung – ursprünglich stets: durch Wunder – gesicherte freie, aus Hingabe an Offenbarung, Heldenverehrung, Vertrauen zum Führer geborene, Anerkennung durch die Beherrschten. [...] Diese ,Anerkennung' ist psychologisch eine aus Begeisterung oder Not und Hoffnung geborene gläubige, ganz persönliche Hingabe" (Weber, 1922, S. III. § 10).

In diesem Zitat klingt außerdem an, dass es charismatischen Personen obliegen kann zu beweisen, dass sie „kraft magischer Fähigkeiten, Offenbarungen, Heldentum oder anderer außerordentlicher Fähigkeiten *Charisma*" (Bendix, 1964, S. 224) besitzen. Gelingt dem Charismatiker der Beweis nicht, kann eine Abwendung der Bewunderer erfolgen, da „seine Legitimationsbasis hochgradig gefährdet" (Bayer & Mordt, 2008, S. 102) ist. Außerdem kann ein Versagen im „Charismatest" in manchen Fällen zu einer Stigmatisierung (Kapitel 4.4.4) führen, wenn die vermeintlich besondere Persönlichkeitsstruktur als „[g]eborgtes Charisma" (Soeffner, 1995, S. 177) enttarnt wird (auf diese Bezeichnung Soeffners wird in Kapitel 4.3.6.2.3 zurückgekommen).

Festzuhalten ist, dass der Beitrag des Charismas zur Starkonstruktion darin zu sehen ist, dass dieses „striking personal traits" (Klapp, 1948, S. 137; vgl. Kapitel 4.3.6.2.2) bzw. „eine als außeralltäglich [...] geltende Qualität einer Persönlichkeit" (Weber, 1922, S. III. § 10) beschreibt. Über eine *besondere* Persönlichkeitsstruktur hinaus kann das Charisma allerdings auch weitere herausstechende Personeneigenschaften umfassen, wie z. B. Attraktivität. Herausstechende körperliche Eigenschaften müssen allerdings nicht unbedingt als Charisma verstanden werden. So ist Körperhöhe im Volley- oder Basketball etwa für die meisten Positionen ein Faktor, der als Könnenskomponente aufzufassen und so dem – vermuteten – Können zuzurechnen ist. Charisma, das ist ein weiterer wesentlicher Punkt, muss keine objektiv vorhandene Qualität sein, sondern kann vornehmlich oder ausschließlich von den Bewunderern des Betreffenden „wahrgenommen" werden.

4.3.6.2.2 Star durch Charisma

Im letzten Kapitel wurde deutlich, dass Charisma häufig als ergänzender Faktor zu Können und Erfolg gesehen wird. Dessen Fehlen – so ist die dahinterstehende Überlegung – verringert folglich den Starstatus erfolg- und/oder könnensreicher

Menschen. Dieser Zusammenhang konnte beim ehemaligen Fußball-Bundestrainer Hans Hubert „Berti" Vogts beobachtet werden und scheint auch beim aktuellen Trainer der argentinischen Nationalmannschaft zum Tragen zu kommen. Deshalb wird in einem Artikel, in dem der Letztgenannte deutschen Lesern vorgestellt werden sollte, auf den Ersteren verwiesen:

> „Um einem Deutschen Alejandro Sabella vorzustellen, bemüht man wohl am besten den Vergleich zu einem ehemaligen Bundestrainer. Denn der Nationalcoach von Superstar Lionel Messi und Endspiel-Kontrahent von Joachim Löw ist so etwas wie der argentinische Berti Vogts.
>
> Beide sind klein und hatten schon als Spieler eine hohe Stirn. Beide sind ausgezeichnete Fachleute, die aber immer um Anerkennung ringen müssen, weil sie oft unterschätzt oder gar nicht ernst genommen werden. Beide reden leise, versprühen wenig Autorität [...]. Und: beide sind erfolgreich.
>
> Sabella ist 59 und erst seit fünf Jahren Chefcoach. In seiner ersten Saison gewann er mit Estudiantes de la Plata 2009 gleich die Copa Libertadores, das Gegenstück zur europäischen Champions League. Und als Nationaltrainer führte er Argentinien nun erstmals seit 1990 ins Endspiel. Vogts hatte bei der EM 1996 den bis heute letzten Titel mit der deutschen Nationalmannschaft gewonnen.
>
> Das Verhältnis zu den Medien ist beidseitig keine Liebesbeziehung. ‚Wenn du nicht selbstkritisch bist, sagen alle, du seist stur. Und wenn du selbstkritisch bist, sagen sie, du seist schwach', sagte Sabella zuletzt.
>
> Auch das erinnerte extrem an das Vogts-Bonmot: ‚Wenn ich übers Wasser laufe, dann sagen meine Kritiker: Nicht mal schwimmen kann er...'" (n-tv, 2014a).

Beide Trainer werden als erfolgreiche und kenntnisreiche Fachleute beschrieben, denen jedoch die öffentliche Anerkennung versagt bleibt. Dies wird auf fehlendes Charisma zurückgeführt, welches auch optische Faktoren umfasst: „Beide sind klein und hatten schon als Spieler eine hohe Stirn." Auch kommt beiden durch ihren Beruf großes öffentliches Interesse zu, welches sich allerdings darin niederschlägt, dass sie medial häufig unvorteilhaft dargestellt werden, so dass das Verhältnis zu den Medien getrübt ist. Diesbezüglich findet sich in dem Artikel an anderer Stelle folgender Abschnitt: „Als er über seinen Erfolg bei diesem Turnier reden sollte, sagte Sabella schnippisch und offenbar beleidigt: ‚Ich spreche nie über meinen Verdienst. Wenn ich denn überhaupt einen habe'" (ebd.). Es zeigt sich somit, dass die Nachteile der öffentlichen Aufmerksamkeit (mehr hierzu in Kapitel 4.2.5) deutlich zum Tragen kommen können, wenn Menschen Charisma abgesprochen wird, von denen aufgrund ihres Erfolges, ihres fachspezifischen Könnens und/oder ihrer Position solches erwartet wird (vgl. hierzu Kapitel 4.3.6.2.3, in dem dieser Zusammenhang weiter vertieft wird).

Charisma lediglich als Beigabe zu Können und Erfolg zu verstehen, greift jedoch nach Klapp (1948) zu kurz. Er beobachtet, dass dieses als eigenständiger

Faktor neben leistungs- bzw. schaffensbezogenen Elementen zur „color" von Stars und somit zu deren Funktionen beizutragen vermag:

> „The term 'color' may be applied to public figures who tend to stand out from rivals by virtue of things they do or [Hervorh. durch d. Verf.] of striking personal traits. Color has apparently three main functions: (a) to excite attention, interest, imagination, and interpretation; (b) to set a person apart, rendering him unique or peculiar; and (c) to make him unforgettable" (Klapp, 1948, S. 137; vgl. auch Klapp, 1954, S. 58).

Ein herausragendes Beispiel für die Eigenständigkeit des Charismas als relevanter Faktor bei der Konstruktion bzw. Rezeption von Stars ist der englische Skispringer Eddie „the Eagle" Edwards. Dieser wird auf einer Internetseite, die den Zugriff auf einen Film über den Sportler ermöglicht, mit folgenden Worten vorgestellt: „Eddie 'the Eagle' Edwards did not land a medal at the 1988 Calgary Games, but losing at the Olympics made him a winner in the end as the world fell in love with the comically inept British ski jumper" (o. V., o. J.a).

Wie die Beschreibung bereits vermuten lässt, verpasste der Skispringer eine Medaille nicht nur knapp. Vielmehr war er – auch für Laien leicht ersichtlich – den anderen Teilnehmern der olympischen Konkurrenz chancenlos unterlegen. Einer seiner Sprünge wurde im Fernsehen gar mit den Worten „And there you are. He is safely down" (London 2012, 2010, Minute: 1:30-1:32) kommentiert. Üblicherweise ist es bekanntlich keines Kommentares wert, dass ein Skispringer seinen Sprung gut überstanden hat.

Ungeachtet des Ausbleibens von Erfolgen i. e. S. und des fehlenden sportlichen Könnens würdigte IOC-Präsident Juan Antonio Samaranch den Sportler in der Abschlussrede der Olympischen Spielen mit den Worten „At Calgary people set new goals, created new world records, and some even flew like an eagle" (o. V., o. J.a, Minute 6:38). Dadurch wurde „the world's worst ski-jumper [...] the only athlete ever mentioned in the closing speech because of his hopelessness" (Higgs, 2009). Eddie Edwards allerdings auf seine Chancen- und Erfolglosigkeit zu reduzieren, scheint seinem Status nicht gerecht zu werden. Schließlich war er nicht der einzige Olympiateilnehmer, der dadurch bekannt wurde, hoffnungslos unterlegen und durch die Wettkampfteilnahme offenbar überfordert zu sein. Steitz weist z. B. auch auf Eric „the Eal" Moussambani hin, der als Teilnehmer der Schwimmwettbewerbe der Olympischen Spiele 2000 berühmt wurde, da er bei seinem Auftritt im Schwimmbecken chancenlos ausschied und beinahe zu ertrinken schien (Steitz, 2000, S. 40-41).[146] Im Gegensatz zu Eddie Edwards wollte

---

146 Außerdem könnte die jamaikanische Bobmannschaft genannt werden, die wie Eddie Edwards an dem Spielen in Calgary teilnahm (BBC, 2010) und welcher der Film „Cool Runnings" gewidmet ist. Anders als bei dem Skispringer stand bei den Jamaikanern allerdings eher deren Geschichte als die beteiligten Menschen im Fokus der öffentlichen Wahrnehmung.

der Schwimmer jedoch für seine sportliche Leistung gewürdigt werden (Gödecke, 2012) und war scheinbar nicht gewillt, aus der Skurilität seines Auftritts weitergehend Kapital zu schlagen, so dass er als Persönlichkeit nie nennenswert wahrgenommen wurde. – Ganz anders „the Eagle", wie diese Beschreibung eines englischen Journalisten zeigt:

> „Eddie the Eagle captured the imagination of a public who had previously known little and cared less about the Winter Olympics. [...]
> Edwards was a star, the epitome of the British underdog. At the height of Eaglemania, he was earning £10,000 an hour, could stop the traffic in the street and was rarely off TV" (Higgs, 2009).

Eddie Edwards wurde weniger als Wintersportler, sondern mehr als „geeky oddball" (ebd.) rezipiert. Desungeachtet ist kaum bestreitbar, dass er scheinbar von vielen als mit besonderen Persönlichkeitseigenschaften ausgestattet wahrgenommen und deswegen zum Star wurde. Inwiefern diese Persönlichkeitseigenschaften als vorbildlich gelten können, ist für den Moment nicht relevant (hierzu mehr in Kapitel 4.3.7.3.2). Festzustellen ist in Anlehnung an das in Kapitel 4.3.6.2.1 angeführte Zitat, dass sich um den Sportler als „charismatische Person [...] ein Kult bildet[e]" (Steuten & Strasser, 2008, S. 22) – die „Eaglemania" (s. o.). Higgs' o. s. Einschätzung, dass es sich bei dem Skispringer um einen Star handelt, dürfte somit zumindest der Bewertung der – offenbar nicht wenigen – Menschen entsprechen, die Edwards-Fans[147] waren oder immer noch sind. Für diese stellt der Sportler die „Inszenierung des Außerordentlichen, [...] des Unerhörten" (Faulstich, 2000, S. 299) dar.

4.3.6.2.3 „Geborgtes Charisma" und Signaling

Von charismatischen Personen wird erwartet, dass sie zum Beweis ihrer Außergewöhnlichkeit bereit sind (Kapitel 4.3.6.2.1). Dies kann vor allem dann von Relevanz sein, wenn es sich bei der vermeintlich besonderen Persönlichkeitsstruktur um „[g]eborgtes Charisma" (Soeffner, 1995, S. 177) handelt. Soeffner trägt mit dieser Bezeichnung dem Zusammenhang Rechnung, dass die Darstellung und Wahrnehmung charismatischer Zeitgenossen immer vor dem Hintergrund des Wissens um andere historische und zeitgenössische Personen erfolgt (vgl. hierzu Kapitel 4.2.1 und 4.3.1). Bezogen auf Politiker beobachtet er daher folgende Praxis, die jedoch auch bei Menschen aus anderen Lebensbereichen üblich ist:

> „Während das Publikum bei den gesellschaftlich ‚Herausgehobenen' (Herauszuhebenden oder sich selbst um Heraushebung Bemühenden) nach charismatischem Glanz

---

147 In Anlehnung an die „Eagelmania" bezeichnet sich einer von diesen beim Einstellen eines bewundernden Kommentars auf einer Internetseite als „Eaglemaniac" (BBC, 2010).

oder dem Flair des Außergewöhnlichen sucht, eifern jene darum, sich mit dem herauszuputzen, was man von und an ihnen erwartet. [...]
    Eben diese Repertoires werden insbesondere im öffentlich-zeremoniellen Handeln oft gespeist von Beigaben, die von einer Aura des Charismatischen umgeben zu sein scheinen, weil sie einmal von Charismatikern ‚genutzt' wurden oder mit ihnen verbunden waren" (Soeffner, 1995, S. 177-178).

Soeffner beschreibt in diesem Textabschnitt die Nutzung von Verweisen auf charismatische Personen,[148] die kommunizieren sollen, dass der Verweisende über die gleichen Qualitäten wie das Vorbild bzw. die Vorbilder verfügt. Ein solcher Verweis kann als Signaling (Kapitel 2.4.3) verstanden werden, da ein Rückschluss auf verborgene Qualitäten des Senders angestoßen werden soll. Derartiges Signaling kann auf verschiedene Arten durch verbale, akustische oder visuelle Bezüge erfolgen. Verbale Bezüge sind etwa die Nennung der berühmten Charismatiker oder selbstgewählte Spitznamen, die an diese erinnern. Akustische „Signale" können z. B. einschlägige Musik oder das Einspielen von Ausschnitten aus berühmten Reden sein. Visuell kann durch inszenierte Bilder oder das Mitführen bestimmter Objekte ein Bezug hergestellt werden.[149]
    Im Theater oder im Film wird solches Signaling sehr deutlich. So werden einem – gut als solchem erkennbaren – weisen alten König oder einem Heerführer z. B. ohne weitere Erläuterung bestimmte herausragende Charaktereigenschaften zugeschrieben und es wird von ihnen erwartet, dass sie diesem „Charisma" im Handlungsverlauf gerecht werden. Gleichermaßen „operiert Werbung sehr häufig mit stereotypen Darstellungen" (Lobinger, 2012, S. 134), da sie so über „vereinfachte Kommunikation" (ebd., S. 135) ihre Nachrichten verbreiten und zielgerichtet emotionalisieren bzw. anderweitig „aufladen" kann.
    Bezugnehmend auf Schneiders Prominenzquellentheorie (Kapitel 4.2.3) kann gefolgert werden, dass Signaling bezüglich charismatischer Eigenschaften außerdem durch bestimmte institutionalisierte Positionen – eine der Prominenzquellen – erfolgen kann, an die eine „Aura des Charismatischen" geknüpft ist. Ein Beispiel wäre das Amt des Bundespräsidenten, an dessen Inhaber allgemeine Erwartungen hinsichtlich einer außergewöhnlichen charakterlichen und somit charismatischen Eignung geknüpft sind. Auch kann dies für die Herkunft aus bestimmten Familien (dritte Prominenzquelle) sowie evtl. für den „Abglanz" – also

---

148 Bei diesen Charismatikern kann es sich um echte oder fiktive Personen handeln. Relevant ist, dass die angesprochenen Rezipienten die betreffende Person oder Figur und deren einschlägiges Charisma leicht erkennen und eine interpretative Verbindung zu diesen herstellen können.

149 In ihrer Einführung in das Kapitel „Das visuelle Medienzeitalter" beschreibt Lobinger (2012, S. 19-21) sehr kompakt und unter Verweis auf weiterführende Literatur die Macht, welche Bilder hinsichtlich der menschlichen Realitätskonstruktion zukommt, und die hohe Glaubwürdigkeit visueller Darstellungen. Insbesondere in westlichen Gesellschaftssystemen wird Bildern sehr großes Vertrauen entgegengebracht.

die persönliche Nähe zu prominenten Menschen, die die vierte Prominenzquelle darstellt – vermutet werden. Aus diesen Prominenzquellen kann für den Betreffenden ein gewisser Status aus der konkreten oder abstrakten Zuerkennung charakterlicher Eigenschaften resultieren.

Ob der Betreffende wirklich über das zugestandene Charisma verfügt, muss sich allerdings im Bewährungsfalle erweisen. Den Beweis von „Amtscharisma" etwa blieb der ehemalige Bundespräsidenten Christian Wulf vor seinem Rücktritt in den Augen vieler Menschen in vielerlei Hinsicht schuldig. Abgesehen von diversen anderen Vorwürfen, manifestierte sich die Wahrnehmung dieses Mangels in der Reaktion auf einen Anruf Wulffs beim Chefredakteur der Bildzeitung. Durch diesen sollte eine unliebsame Veröffentlichung unterbunden werden. An der öffentlichen Reaktion nach Bekanntwerden des Anrufs, der mit einer Nachricht auf der Mailbox endete, war leicht zu erkennen, dass vom obersten Repräsentanten des Staates ein souveränerer Umgang mit dem hohen Wert der Pressefreiheit und den eigenen Einflussmöglichkeiten erwartet wird.

Ferner wurde in den Wochen vor dem Rücktritt thematisiert, dass die „Salamitaktik à la Wulff" (Spiegel Online, 2012) des Amtscharismas unwürdig sei, es also nicht akzeptabel wäre, dass Wulff sich nur nach und nach zu den Vorfällen bekannte, die letztendlich zu seinem Rücktritt führten.[150] Interessant ist, dass der ehemalige Bundestagsabgeordnete Sebastian Edathy von der SPD dem CDU-Mitglied Wulff diesbezüglich vorwarf, sich wie der ehemalige CSU-Bundesminister Karl-Theodor zu Guttenberg zu verhalten. Dieser musste aufgrund von Verfehlungen beim Verfassen seiner Doktorarbeit zurücktreten, die er erst nach und nach eingeräumt hatte. Edathy äußerte sich folgendermaßen: „Erst wird dementiert, dann wird behauptet, es gebe Missverständnisse, dann wird eine Teilentschuldigung vorgenommen" (merkur-online.de, 2011). Im Sinne des Signalings kann dies so interpretiert werden, dass Edathy sich anhand des Diskreditierens anderer als herausragend moralischer Mensch zu positionieren versuchte. Später scheiterte er allerdings selbst am Charismatest und trat kurz nach der Bundestagswahl 2013 zurück, da er im Verdacht stand, Kinderpornographie zu besitzen bzw. besessen

---

150   Der hier geschilderte Zusammenhang und die Bedeutung der Unterscheidung zwischen personen- und aus einem Amt bezogenem Charisma kann an folgendem Beispiel gezeigt werden: Vor allem politisch interessierte Menschen, die Christian Wulff schon vor seiner Wahl zum Bundespräsidenten intensiv verfolgten, dürfte bei seinem Amtsantritt bereits eine ausgeprägte PSB mit ihm verbunden haben. Folglich ist davon auszugehen, dass sie ihm vergleichsweise wenig zusätzliches „Amtscharisma" zugestanden. Ganz anders allerdings ein Ausländer, der erstmals in Deutschland zu Besuch und nicht mit deutschen Politikern vertraut war. Er könnte – z. B. im Fernsehen – erstmals des damaligen Bundespräsidenten gewahr geworden und in diesem Zusammenhang darüber informiert worden sein, dass es sich bei diesem um den höchsten Repräsentanten des deutschen Staates handelte. Er hätte sicherlich angenommen, dass sich der in einer der bedeutendsten Volkswirtschaften der Welt zum Präsidenten bestimmte Mensch durch ein besonderes – wie auch immer geartetes – Persönlichkeitsprofil auszeichnet.

zu haben. Dabei wurde auch bekannt, dass ein Dienstcomputer durch Edathy nachträglich, also nachdem die Vorwürfe bekannt geworden waren, als gestohlen gemeldet wurde. Die Kommentare hierzu ließen erkennen, dass in vielerlei Hinsicht nicht den Erwartungen entsprochen wurde, die der Politiker u. a. durch sein öffentlichkeitswirksames Signaling anhand der Verweise auf moralische Verfehlungen anderer Politiker weckte.

Es ist festzuhalten, dass in verschiedener Weise bewusst oder unbewusst zur Zuschreibung oder Aberkennung von Charisma kommuniziert wird. Dies kann direkt durch den Betreffenden oder indirekt in Bezug auf andere erfolgen. So wollte Sebastian Edathy durch den Hinweis auf den früheren Bundesminister zu Guttenberg die „charismatische Nähe" Christian Wulffs zu diesem zum Ausdruck bringen. Hierbei handelt es sich um einen Fall von bewusster indirekter Kommunikation, die der Aberkennung von Amtscharisma dienen sollte. Außerdem kann vermutet werden, dass Edathy in eigener Sache Signaling betrieb, mit dem er auf sein hochmoralisches Wertesystem – mithin sein Charisma – verweisen wollte. Dieses Verhalten kann als direkte und – vermutlich – bewusste Kommunikation zur Zuschreibung von Charisma aufgefasst werden.

Wie sich zeigte, darf Charisma nicht nur als positive Eigenschaft gedeutet werden. Entsprechend kann auch die o. s. von Soeffner beschriebene Kommunikation statusmindernd wirken, weil „sowohl sehr schlechte als auch sehr gute Menschen" (Bendix, 1964, S. 227)[151] mit charismatischen Eigenschaften in Verbindung gebracht werden. Vor diesem Hintergrund wird verständlich, dass das Senden von Signalen zur Übermittlung von Informationen über verborgene Eigenschaften eines anderen oft dazu verwendet werden kann, diesen zu diskreditieren (vgl. hierzu die Ausführungen zu Stigma bzw. Stigmatisierung in Kapitel 4.4.4). In Deutschland ist dies z. B. zu beobachten, wenn jemand mit Verantwortungsträgern aus dem Dritten Reich in Verbindung gebracht wird. Durch derartige Praktiken soll oft impliziert werden, dass der Betreffende über ähnliche, negativ zu bewertende charismatische Eigenschaften verfügt und diese – etwa demagogisch – zum (massiven) Nachteil anderer einsetzt.

Abschließend ist festzuhalten, dass die hier betrachtete Kommunikation bewusst/absichtsvoll oder unbewusst/unabsichtlich (Intention), direkt (durch den Betreffenden selbst) oder indirekt (bezogen auf andere) (Bezug) sowie zwecks Mehrung/Erhalt[152] oder Minderung von Charisma bzw. charismatischem Status

---

151 Obwohl Bendix in Anlehnung an Weber speziell charismatische Herrschaft beschreibt, sind seine Ausführungen kontextuell passend.

152 Mehrung/Erhalt werden als Gegenteil zur Minderung zusammengefasst, da sich das Charisma durch beide nicht verschlechtert und somit nicht von nachteiligen Auswirkungen auf den Status ausgegangen werden kann.

(Wirkung bzgl. Status) erfolgt. Sie umfasst mithin jeweils mindestens eine Ausprägung der drei resultierenden Dimensionen Intention, Bezug und Wirkung, was
in Kapitel 4.4.5 wieder aufgegriffen wird.

4.3.7 *Starphänomen und Starfaktoren als soziale Deutungsmuster*

4.3.7.1 Zusammenfassung des bisherigen Kapitels

Wird ein Mensch zum Star, hat er nach Meinung von Schierl einen dreistufigen
Prozess durchlaufen, der sich aus Setzungsphase, Fundierungsphase und Objektivationsphase zusammensetzt (Kapitel 4.3.2). Wird die Objektivationsphase nicht
erreicht, in der sich ein spezifisches Image des Stars in der öffentlichen Wahrnehmung verfestigt, spricht er von „Vorformen des Stars" (Schierl, 2009, S. 262).
Nach deren Durchlaufen haben Stars nach Schierl grundsätzlich für eine gesamte
Gesellschaft oder zumindest einen sehr großen Teil davon Starcharakter. Allerdings finden sich Starklassifikationen, welche Stars beschreiben, die nur für bestimmte Funktions- oder Gesellschaftsbereiche Wirkmächtigkeit entfalten. Andere Klassifikationen legen Zeiträume oder Regionen als Ordnungskriterium zugrunde bzw. orientieren sich an Eigenschaften von Stars, wie z. B. die fünf Startypen von Faulstich (1991) (Kapitel 4.3.3). Gemeinsam ist allen Klassifikationen,
dass in ihnen der „relationale[..] Charakter des Begriffs Star" (Faulstich, 2000, S.
293) deutlich wird. Das bedeutet, dass dessen konkrete Ausprägungen immer nur
in Bezug auf seine Bewunderer bzw. deren soziales Umfeld verstanden werden
können. Trotz dieser Unterschiede auf der „inhaltlichen" Ebene wurde in diesem
Kapitel deutlich, dass alle Stars Gemeinsamkeiten in ihrer Rezeption bzw. Konstruktion verbinden und sie etwas Außergewöhnliches, Herausragendes für bestimmte soziale Entitäten darstellen (Kapitel 4.3.5).

Besonders viele „Superstars" (Schmidt & Högele, 2011, S. 15) werden in der
Musikbranche, in Film und Fernsehen sowie im Sport gesehen (Kapitel 4.3.3).
Dies dürfte dadurch erklärbar sein, dass diese drei Gesellschaftsbereiche sich großen gesellschaftlichen Interesses erfreuen, scheinbar gut nachvollziehbare öffentliche Könnensdemonstrationen ermöglichen und über verständliche Erfolgsmes-
sungen in Form von Wettkampfergebnissen, Auflagen- und Besucherzahlen etc.
verfügen. Der Sport sticht hierbei noch einmal besonders heraus, da dessen Wer-
tehierarchie plastischer hervortritt als in den anderen Bereichen (Kapitel 3.1 und
3.2.2). So ist „der Rekordsprung [..] jedem verständlich" (Krockow, 1972, S. 95),
wohingegen über die Güte von Musik oder Filmen mutmaßlich vortrefflicher ge-
stritten werden kann. Ferner stellt der Sport den wohl populärsten Bereich des öffentlichen Lebens dar (Kapitel 3.3.1 und 3.4.2.2).

In Kapitel 4.3.6 wurde aufgezeigt, dass für die gesellschaftliche Konstruktion von Stars deren Können, Erfolge und Charisma relevant sind. Erfolg resultiert dabei aus der Anerkennung einer Leistung vor dem Hintergrund eines bestimmten Werte- und Normensystems (Weiß, 1999, S. 154). Herausragendes Können muss allerdings nicht unbedingt herausragende Leistungen und Erfolge nach sich ziehen. Ferner können gezeigte Leistungen und daran geknüpfte Erfolge i. e. S. sehr unterschiedlich als Erfolg oder Misserfolg i. w. S. interpretiert werden, da dessen Zuerkennung einer individuellen Interpretation der Rezipienten obliegt. Die Karrieren sportlicher Ausnahmekönner werden etwa von vielen als „unvollendet" betrachtet, wenn sie nicht durch „ganz große" Erfolge gekrönt wurden, wie in Kapitel 4.3.6.1.1 an Beispielen bekannter Sportler gezeigt wurde. Insbesondere in Kapitel 4.3.6.1.2 wurde dargelegt, dass Können und Erfolg bei der Wahrnehmung potentieller Stars als relevante Faktoren zu unterscheiden sind, obwohl diese häufig gemeinsam genannt werden. Bei der Erwartungsbildung, die für die Rezeption von Stars von Bedeutung ist (z. B. Kapitel 3.5.2), spielen neben dem Können und den Erfolgen eines Sportlers u. U. auch diejenigen von Personen oder Gruppen eine Rolle, mit denen der Betreffende in Verbindung gebracht wird. So wird vom Mitglied der Nationalmannschaft eines „Fußballlandes" per se erwartet, dass er über herausragendes fußballerisches Können verfügt, wobei „Können" in diesem Zusammenhang diejenigen leistungsbezogenen Faktoren umfasst, die *nicht* dem Charisma zuzurechnen sind.

Die verbleibende, in diesem Kapitel betrachtete Komponente der Rezeption von Stars ist ebenjenes Charisma (Kapitel 4.3.6.2). Dieses soll in Anlehnung an Weber und Klapp als Personeneigenschaft bzw. die Wahrnehmung von deren verschiedenartigen Ausprägungen verstanden werden. Charisma kann sich in gut beobachtbaren Eigenschaften niederschlagen – wie z. B. gutem Aussehen oder gut wahrnehmbarer Autorität, welche Berti Vogts und Alejandro Sabella abgesprochen wurden (Kapitel 4.3.6.2.2). Dies muss aber nicht der Fall sein. Konstituierendes Element charismatischer Ausprägungen ist, dass sie von den Bewunderern des Betreffenden „wahrgenommen" bzw. diesem zugeschrieben werden, worauf bereits Weber (1922) hinweist. Diese Zuschreibung kann nach bereits erbrachtem Beweis der Außergewöhnlichkeit oder aufgrund kommunikativer Handlungen erfolgen, die bewusst oder unbewusst eingesetzt werden (Kapitel 4.3.6.2.3). In jedem Fall ist zu erwarten, dass ein – evtl. mutmaßlicher – Charismatiker bei Gelegenheit zum (erneuten) Beweis seiner Außergewöhnlichkeit bereit ist. Bezogen auf die Starkonstruktion wird Charisma häufig als ergänzender Faktor zu Können und Erfolg beschrieben (Kapitel 4.3.6.1.1). Bezugnehmend auf Klapp (1948, 1954) wurde jedoch nachvollzogen, dass dieses als eigenständiges Element betrachtet werden sollte (Kapitel 4.3.6.2.2).

Im nachfolgenden Kapitel 4.3.7.2 wird gezeigt, dass Können, Erfolg und Charisma als eigenständige soziale Deutungsmuster fungieren. Im anschließenden

Kapitel 4.3.7.3 wird deutlich, dass das Starphänomen wiederum als soziales Deutungsmuster eine Art „Metakategorie" darstellt, welche neben den drei genannten
auch das Deutungsmuster Prominenz (Kapitel 4.2.6) umfasst.

4.3.7.2   Drei „Starfaktoren" als soziale Deutungsmuster

4.3.7.2.1   Einleitende Bemerkungen

Vor dem Hintergrund der Ausführungen zu sozialen Deutungsmustern (Kapitel 2.5)
kann aus den Überlegungen dieses Kapitels abgeleitet werden, dass die drei betrachteten Komponenten des Starphänomens eigenständige soziale Deutungsmuster darstellen, die sich in den zugehörigen Expositionstypen „Könner", „Erfolgreicher" und
„Charismatiker" manifestieren. Können, Erfolg und Charisma stellen vielschichtige
Konzepte dar, die für sich genommen soziale Wirklichkeit stiften, indem sie „als
vollständiger, in sich konsistenter und handlungsanleitender Begründungs- und
Deutungszusammenhang" (Plaß & Schetsche, 2001, S. 517) erscheinen – ein für
soziale Deutungsmuster zentrales Element. Wie in Kapitel 2.5.2 ausgeführt und in
Kapitel 4.2.6 bezüglich des sozialen Deutungsmusters Prominenz und des zugehörigen Expositionstyps „Prominenter" gezeigt, bedeutet dies nicht, dass sich sämtliche individuellen Interpretationen bezüglich des Verständnisses dieser Phänomene
entsprechen müssen. Allerdings müssen subjektive Repräsentationen der Deutungsmuster i. d. R. vereinbar sein bzw. das gegenseitige Verstehen vereinfachen. Dass
dies für die genannten Komponenten des Starphänomens und ihre Expositionstypen
ebenfalls zutrifft und sie daher wie Prominenz und Prominenter als weitere Facetten
des Starverständnisses (Kapitel 4.3.1) je eigenständige soziale Deutungsmuster darstellen, wird anschließend dargelegt. Dabei sind die unmittelbar folgenden Ausführungen zum sozialen Deutungsmuster Erfolg/Erfolgreicher etwas ausführlicher, da
einige auch für die beiden anderen Muster relevante Zusammenhänge thematisiert
werden (Kapitel 4.3.7.2.2). Anschließend werden kompakt die Bedeutungskerne
von Können/Könner und Charisma/Charismatiker sowie ergänzende Überlegungen
vorgestellt (Kapitel 4.3.7.2.3 und 4.3.7.2.4).

4.3.7.2.2   Erfolg und Erfolgreicher als soziales Deutungsmuster

Erfolg ist die Bewertung einer Leistung anhand sozial anerkannter Standards. Da
allerdings Erfolge i. e. S. nicht unbedingt von jedem als Erfolge i. w. S. wahrgenommen werden, zeigt sich, dass ein „Erfolgsverständnis" existiert, welches auch die
vielschichtige Relativität von Erfolgen beinhaltet (vor allem Kapitel 4.3.6.1.1). Verschiedene Personen oder Gruppen können Erfolge daher unterschiedlich auslegen.

Allerdings ist im sozialen Austausch bezüglich des Erfolgs bzw. erfolgreicher Menschen zur Schaffung von wechselseitigem Verständnis selbst bei abweichenden Interpretationen bereits die Erkenntnis ausreichend, dass der andere einen Erfolg wahrnimmt bzw. dass dies nicht der Fall ist. Ob die Beurteilung geteilt wird oder nicht, ist hinsichtlich des grundlegenden gegenseitigen Verstehens nicht von primärer Relevanz. Relevant ist allerdings, dass bekannt ist, dass Erfolge soziale Konsequenzen haben, die sich im Verhalten des Bewerteten und der Rezipienten niederschlagen.

Dieser Zusammenhang kann gut an einem Bericht über die Reaktion Alejandro Sabellas auf die Finalniederlage der von ihm trainierten argentinischen gegen die deutsche Nationalmannschaft verdeutlicht werden. Sabella weist trotz der Niederlage darauf hin, dass seine Spieler eine hervorragende Weltmeisterschaft gespielt haben und das Spiel gegen die Deutschen ihr bestes gewesen ist. Folglich wird er im betreffenden Bericht voller Stolz mit dem Satz „Sie haben Geschichte geschrieben." (Wolfrum, 2014) zitiert. Die berechtigte Enttäuschung der Mannschaft, dass sie den WM-Titel – den „großen" Erfolg i. e. S. – verpasst hat, wird in dem Artikel ebenfalls thematisiert.[153] Gleiches gilt für die Unzufriedenheit vieler Menschen in Argentinien mit der Finalniederlage. Diesbezüglich weist Sabella allerdings auf eine überzogene Anspruchshaltung hin, die in einer Überschätzung des Könnens der Mannschaft gründet.[154]

Sowohl der Trainer als auch der Journalist beziehen sich auf das soziale Deutungsmuster Erfolg/Erfolgreicher. Da eine tiefergehende Erklärung an keiner Stelle des Textes notwendig scheint, kann von einem gefestigten und etablierten sozialen Deutungsmuster ausgegangen werden, das trotz einiger Komplexität keiner Erläuterung bedarf (Kapitel 2.5.2). In dem Text wird deutlich, dass dieses Deutungsmuster eine Unterscheidung zwischen Erfolg i. e. S. und Erfolg i. w. S. sowie Erfolg und Misserfolg beinhaltet, die jeweils bestimmte soziale Konsequenzen bedingen. Ferner kann erkannt werden, dass dem Erfolg bzw. Misserfolg i. e. S. eine Art „Leitfunktion" zukommt, dieser also im Vordergrund der Rezeption steht. Dies ist insofern nicht erstaunlich, als dass er leichter nachvollziehbar ist als Erfolg i. w. S. Das Erringen eines Weltmeistertitels oder von Medaillen und Rekorden ist genau wie materieller Erfolg – in Kapitel 4.3.6.1.1 wurden z. B. Willie Mays' Haus und Sportwagen angeführt – besonders gut nachvollzieh- bzw. begreifbar. Erfolge i. e. S. kommunizieren daher sehr plastisch, dass bestimmte soziale Standards erfüllt wurden.[155]

---

153 So findet sich z. B. folgender Satz: „Doch natürlich überwog am Sonntagabend im Maracana aus argentinischer Sicht dieses ‚nur'" (Wolfrum, 2014) – also die Enttäuschung darüber, „nur" Zweiter geworden zu sein.

154 Wolfrum (2014) zitiert den Trainer etwa mit den Worten „Denn manche halten uns ja für besser, als wir sind."

155 Zur Erinnerung sei noch einmal darauf verwiesen, dass Kommunikation bewusst und/oder unbewusst bzw. absichtsvoll und/oder unbeabsichtigt erfolgen kann.

Hierbei spielen Attributionen eine Rolle, anhand derer Menschen Erfolge zu erklären versuchen. Wie in Kapitel 4.3.6.1.2 erwähnt, sehen Menschen Erfolge als ein Produkt von Fähigkeit, Anstrengung, Schwierigkeit der Aufgabe und Zufall (Lexikon online für Psychologie und Pädagogik, 2012). Formel 1 stellt diesen Zusammenhang formal dar und verdeutlicht, dass die Bewältigung einer als vergleichsweise schwer angesehenen Aufgabe dann als Erfolg bewertet wird, wenn der Beitrag der eigenen Fähigkeiten und die eigene Anstrengung als hoch aufgefasst werden. Eine niedrige Aufgabenschwierigkeit oder vorteilhafte zufällige Einflüsse können Erfolge wiederum verringern bzw. ausschließen.

Formel 1:   Formale Veranschaulichung der Attributionen zur Erklärung von Erfolgen (leicht modifiziert nach Lexikon online für Psychologie und Pädagogik, 2012)[156]

$$E = e(F,A,S,Z)$$

Da das Können die in Formel 1 berücksichtigte Fähigkeit und einen gewissen Anteil der ebenfalls in der Formel aufgeführten Anstrengung[157] umfasst (Kapitel 4.3.6.1.2), lässt das soziale Deutungsmuster Erfolg einen Rückschluss auf dasjenige des Könnens (Kapitel 4.3.7.2.3) zu. Aus der Formel kann daher abgeleitet werden, dass der Einsatz von Erfolgen beim Signaling von Können dann besonders effektiv ist, wenn der Zusammenhang zwischen dem Erfolg auf der einen und Fähigkeit sowie Anstrengung auf der anderen Seite deutlich zutage tritt. Denn obwohl z. B. ein teures Auto ebenso ein Erfolgssymbol sein und als „Signal" dienen kann, wie ein Sieg im sportlichen Wettkampf, ist anzunehmen, dass beim Auto der Zusammenhang zwischen Eigenleistung – als Resultat von Fähigkeit und Anstrengung – und Erfolg deutlich weniger evident ist als beim Erfolg im Sport. U. a. mit dieser schlechten Nachvollziehbarkeit von Erfolgen kann die von Faulstich beschriebene „gewisse Anrüchigkeit, die mit dem Erfolgsphänomen häufig verbunden wird" (Faulstich, 2000, S. 294) erklärt werden.

Da oft der Verdacht nicht ausgeräumt werden kann, dass Erfolg nicht selbst „verdient" ist, wird diesem manchmal mit gewisser Skepsis begegnet. In der o. s. Formel 1 kann in diesem Fall die Schwierigkeit der Aufgabe einen sehr niedrigen bzw. – evtl. „unverdientes" – Glück einen sehr hohen Wert annehmen. Dann schlagen Fähigkeit und Anstrengung mit geringeren Werten zu Buche.[158] Der Erfolg i.

---

156 In der Formel gelten folgende Variablenbezeichnungen:
     E = Erfolg, F = Fähigkeit, A = Anstrengung, S = Schwierigkeit, Z = Zufall (Glück oder Pech)
157 Diejenigen Anteile der Anstrengung, die dem Charisma zuzurechnen sind, gehören nicht zum Können.
158 Wenn z. B. bei beruflichem Erfolg davon auszugehen wäre, dass ein bestimmter Posten wegen der Beziehungen des Vaters mit relativ geringem Können und ebensolcher Anstrengung erlangt

e. S. ist somit keiner i. w. S., wodurch deutliche Statuseinbußen für den „Erfolgreichen" resultieren können. Diese Statuseinbußen sind gemäß der für Attributionen relevanten vier Kausaldimensionen (Kapitel 2.2.2) dadurch erklärbar, dass
eine externale Ursache vermutet wird (Kausaldimension „Lokation"), die weitgehend unkontrollierbar (Kontrollierbarkeit) und nicht stabil ist (Stabilität über die
Zeit) und die entsprechend kaum als global, also in unterschiedlichen Situationen
wirksam angesehen werden kann (Globalität).

Desungeachtet ist festzuhalten, dass sich Erfolge i. e. S. besonders gut zum
Signaling eignen, da sie offensichtlich sozial akzeptierte Erfolgsbeweise darstellen. Erfolge i. w. S. sind hingegen das Ergebnis ausführlicherer Interpretation,
welche i. d. R. erläuterungsbedürftig ist. So musste Alejandro Sabella im o. s. Beispiel erläutern, warum seine Mannschaft einen Erfolg i. w. S. errungen hat (worauf
in Kapitel 4.3.7.3.2 wieder zurückgekommen wird). Bei den siegreichen Deutschen war der Erfolg evident.

Ungeachtet der größeren Erklärungsbedürftigkeit des Erfolgs i. w. S. werden
letztendlich beide Erfolgsarten zu unterschiedlichen Anteilen sowohl auf die sich
aus Können und Anstrengung zusammensetzende Eigenleistung als auch auf die
Aufgabenschwierigkeit und den Zufall zurückgeführt. Folglich macht die Rezeption als „Erfolgreicher" eine gleichzeitige Rezeption als „Könner" wahrscheinlich,
was im folgenden Kapitel vertieft wird.

4.3.7.2.3 Können und Könner als soziales Deutungsmuster

Wie in der gerade in Kapitel 4.3.7.2.2 angeführten Formel 1 deutlich wurde, wird
Erfolg durch Attributionen u. a. auf Fähigkeit und Anstrengung zurückgeführt. Die
„Summe" dieser beiden Faktoren kann als Eigenleistung des Betreffenden aufgefasst werden und umfasst damit zum Teil ein soziales Deutungsmuster, welches
diejenige Komponente des Starphänomens abbildet, die bisher allgemein mit
„Können" bezeichnet wurde. Dieses Deutungsmuster hat in erster Linie einen
fachspezifischen Inhalt und umfasst z. B. im Sport, schnell 100 Meter zu laufen,

---

wurde, würde vermutlich die Schwierigkeit der Aufgabe als verhältnismäßig gering eingeschätzt.
Wäre davon auszugehen, dass die Geburt in eine bestimmte Familie, die dann zu einem Posten
im Familienunternehmen führt, dem Glück zuzurechnen ist, wäre dessen Erfolgsbeitrag sehr
hoch. – Selbstverständlich können mehrere unabhängige Variablen gleichzeitig bei der „Berech-
nung" gemäß o. s. Formel modifiziert werden. So hatte auch der Sohn des Vaters mit guten
Beziehungen das „Glück", als dessen Sohn geboren worden zu sein. Bezüglich des Sprosses der
Unternehmerfamilie könnte von geringem Können und geringer Anstrengung ausgegangen werden, mit denen er aufgrund seines zufälligen Geburtsglücks mit der Erlangung des Postens im
Familienunternehmen lediglich eine relativ leichte Aufgabe bewältigt hat.

technisch versiert einen Ball zu stoppen bzw. zu passen oder ein hohes mann-
schaftstaktisches Können. Bezogen auf die Musik wäre die herausragende Beherrschung eines Instruments eine einschlägige Fähigkeit eines „Könners".
Können ist vom Charisma und sonstigen Eigenschaften bzw. Fähigkeiten zu
trennen, welche evtl. ebenfalls bei der Erbringung von Fachleistungen offenbart
werden (Kapitel 4.3.6.1.1). So werden etwa beim Erlangen eines sportlichen Erfolges bestimmte charakterliche Qualitäten eingebracht, welche sich in dem Faktor „Anstrengung" niederschlagen. Das kann dazu führen, dass es bei der Erklärung des Erfolges mittels Attributionen zu „Unschärfen" in der Unterscheidung
zwischen fachspezifischem Können und einer als charismatisch empfundenen Art
und Weise der Leistungserbringung kommt. Wie im bisherigen Verlauf des Kapitels 4.3 gezeigt wurde, ändert dies jedoch nichts daran, dass die Wahrnehmung
dieser beiden Komponenten des Starphänomens anhand unterschiedlicher sozialer
Deutungsmuster erfolgt. Der Bedeutungskern des sozialen Deutungsmusters
„Können" mit dem zugehörigen Expositionstypen „Könner" bezieht sich daher
ausschließlich auf das Vorhandensein bestimmter Möglichkeiten zur Erbringung
einer Fachleistung und nicht auf charakterliche Qualitäten im Sinne des Charismas. Dieses soziale Deutungsmuster wird im nun folgenden Kapitel 4.3.2.7.4 betrachtet.

4.3.7.2.4 Charisma und Charismatiker als soziales Deutungsmuster

Der Bedeutungskern des sozialen Deutungsmusters Charisma bezieht sich auf Personeneigenschaften (Kapitel 4.3.7.1). Werden diese als „striking" (Klapp, 1948, S.
137; vgl. Kapitel 4.3.6.2.2) bzw. „außeralltäglich" (Weber, 1922, S. III. § 10) wahrgenommen, kann von einem Charismatiker gesprochen werden. Herausstechendes
Charisma kann beispielsweise in der Wahrnehmung außergewöhnlicher Autorität
oder sehr gutem Aussehen (Kapitel 4.3.6.2.2), aber auch von negativ bewerteten Eigenschaften (Kapitel 4.3.6.2.3) bestehen. Hierbei werden allerdings fachspezifische
Könnenspotentiale – z. B. Körperhöhe oder allgemein zu erwartender Einsatzwillen
in bestimmten Sportarten – ausgeklammert, da sie dem Deutungsmuster Können/
Könner zuzurechnen sind. Charisma wird aufgrund von bewusster oder unbewusster
Kommunikation oder dadurch zugeschrieben, dass der Betreffende unter Beweis gestellt hat, dass er über dieses verfügt (Kapitel 4.3.6.2.3). In jedem Fall wird angenommen, dass ein Charismatiker – also jemand mit als außergewöhnlich bewerteten

Personeneigenschaften – dazu bereit ist, sich einem „Charismatest" zu unterziehen.[159] Gelingt dieser nicht, ist davon auszugehen, dass statusmindernde bzw. -verändernde Konsequenzen resultieren (Kapitel 4.3.6.2.1).

Die unter das soziale Deutungsmuster Charisma/Charismatiker fallenden Personeneigenschaften müssen nicht „objektiv messbar" sein. Charisma konstituiert sich dadurch, dass es von mindestens einer sozialen Einheit wahrgenommen bzw. anerkannt wird (Kapitel 4.3.6.2.2 und 4.3..6.2.3). Es bezeichnet dabei keine grundsätzlich vorab definierte Disposition, sondern erhält seine Wirkung durch die soziale Würdigung als Gesamtkonstrukt. Somit bezieht sich dieses soziale Deutungsmuster auf jeweils individuelle Kombinationen personenbezogener Elemente. Ihre Wahrnehmung und Bewertung muss von anderen Menschen als den Bewunderern nicht geteilt werden. Wie anhand des Skispringers Eddie Edwards gezeigt wurde (Kapitel 4.3.6.2.2), können als charismatisch wahrgenommene Personen von anderen Gruppen sogar sehr gegensätzlich rezipiert werden.

4.3.7.3   Starphänomen und Star als soziales Deutungsmuster.

4.3.7.3.1   Startum und Star: soziales Deutungsmuster und Metakategorie

Obwohl der Begriff „Star" als Bezeichnung für eine Person recht jung ist, speist sich das Verständnis des „Startum[s]" (Schierl, 2009, S. 258) aus historischen Vorläufern (Kapitel 4.3.1 und 4.3.5). Dem Althistoriker Horsmann folgend, ist daher nicht erstaunlich, dass dieses Phänomen nicht abschließend lexikalisch definiert werden kann, denn: „Definierbar ist nur, was keine Geschichte hat" (Horsmann, 2000, S. 61). Wie nachfolgend dargelegt wird, kann aus den bisherigen Ausführungen dieses Kapitels allerdings abgeleitet werden, dass das Starphänomen als kollektiver Wissensbestand gemäß Kapitel 2.5.2 „sozial geltende, mit Anleitungen zum Handeln verbundene Interpretationen der Umwelt und des Selbst" (Schetsche, 2008, S. 109) bietet. Daher kann von einem sozialen Deutungsmuster ausgegangen werden, das sowohl unter der Bezeichnung „Star" als auch ohne deren explizite Nennung im sozialen Leben sehr präsent ist.

Wie Schierl (2009) zeigt, kann die Starwerdung als Prozess mit unsicherem Ausgang angesehen werden, an dessen Ende keinesfalls ein „unumstrittener" Star stehen muss (Kapitel 4.3.2). Da es sich um „einen bezugsorientierten (relationalen) Begriff handelt" (Faulstich, 1991, S. 51), weist die Rezeption eines Menschen als Star intertemporale, regionale und soziale Differenzen auf (Kapitel 4.3.5). Dies ist allerdings bei allen sozialen Deutungsmustern zu erwarten, die immer „nur"

---

159   Dies gilt auch für negativ konnotiertes Charisma. Wird dieses nicht „unter Beweis gestellt", kann es sich ebenfalls verflüchtigen.

von einer bestimmten sozialen Gemeinschaft geteilt werden (Kapitel 2.5.2). Entsprechend zeigte sich bei der Betrachtung verschiedener wissenschaftlicher Einlassungen zum Star (Kapitel 4.3.3 und 4.3.4), dass dieses Phänomen aufgrund seiner verschiedenartigen Konkretisierungen schwer fassbar ist. Neben wissenschaftlichen Quellen erwies sich die Betrachtung der medialen Berichterstattung über Stars bzw. Starfaktoren als hilfreich, da Stars, Könner, Erfolgreiche und Charismatiker – genau wie Prominente (Kapitel 4.2.6) – als Repräsentationen sozialer Deutungsmuster typischerweise in den Medien präsent sind (Kapitel 2.5.2 und 3.5.2) bzw. als Medienprodukte aufgefasst werden können (Ludes, 1997, S. 82-88; vgl. hierzu z. B. Kapitel 3.4.2.2). Von Seiten der Medien ist außerdem ein großes Interesse an der Berichterstattung über Stars festzustellen, welches dadurch erklärbar ist, dass „Nachrichten über [Stars] gleich zwei wichtige Nachrichtenfaktoren, nämlich Personalisierung und Prominenz" (Beck, 2006, S. 80), enthalten. Ferner können weitere Nachrichtenfaktoren – z. B. Konflikt oder Kontroverse (Kapitel 2.4.4) – in entsprechende Berichte eingebunden werden.

Der Bedeutungskern dieses sozialen Deutungsmusters ist offenbar, dass Stars für eine bestimmte soziale Gruppe die „Inszenierung des Außerordentlichen, des Elitären, des Unerhörten" (Faulstich, 2000, S. 299) darstellen. Anders formuliert sind Stars wegen bestimmter als außergewöhnlich rezipierter Eigenschaften und/oder Fähigkeiten sozial exponierte – also gesellschaftlich „herausgestellte" oder „zur Schau gestellte"[160] – Personen. Bei der Exposition des Betreffenden ist allerdings nicht nur von Bedeutung, dass bekannt ist, dass er bekannt ist, was den Bedeutungskern des sozialen Deutungsmusters Prominenz/Prominenter darstellt (Kapitel 4.2.6). Vielmehr spielen auch die Deutungsmuster Können/Könner, Erfolg/Erfolgreicher und Charisma/Charismatiker (Kapitel 4.3.7.2) eine Rolle. Das soziale Deutungsmuster „Star" stellt somit offenbar eine Metakategorie dar, deren Wahrnehmung sich aus dem Zusammenwirken mehrerer anderer sozialer Deutungsmuster konstituiert. Prominenz/Prominente, Können/Könner, Erfolg/Erfolgreiche und Charisma/Charismatiker können als „Starfaktoren" bzw. „Subtypen" des Starphänomens begriffen werden, sind aber auch eigenständig zu verstehen.

Weil soziale Deutungsmuster meist unbewusst verwendet und rezipiert werden (Kapitel 2.5.2), ist davon auszugehen, dass deren Verwendung und Wahrnehmung nicht an die Benutzung des Begriffs gebunden sind. Dies bedeutet, dass jemand auch als Star rezipiert werden kann, ohne dass er als solcher bezeichnet wird. Ein Star gemäß dem sozialen Deutungsmuster ist daher nach bisheriger Erkenntnislage jemand, dem eine als insgesamt außergewöhnlich wahrgenommene Ausprägung der zugehörigen Starfaktoren Können, Erfolg, Charisma und Prominenz zugeschrieben wird. Die Metakategorie „Star" stellt daher bildlich gesprochen eine Art

---

160   „Exponere" kann u. a. mit „offen hinstellen, zur Schau stellen" oder „herausstellen" übersetzt
      werden (Pons, 2014b).

allgemeine „Rezeptionsschablone" dar, in der die Wahrnehmung der Ausprägungen ihrer Subkategorien zusammenfließt. Diese Schablone kann als Stern mit vier Zacken gesehen werden, von denen jede die Ausprägung eines Starfaktors darstellt (Abb. 26). Wenn die Schablone – bzw. deren einzelne „Zacken" – aufgrund der von einer Person gewonnenen Eindrücke zu einem bestimmten Grad „gefüllt" sind, wird der Mensch als Star wahrgenommen und beginnt „zu strahlen".

Bezüglich des in Abb. 26 dargestellen Zusammenhangs soll keine Aussage darüber getroffen werden, ab welchem „Füllungsgrad" der „Zacken" des Sterns zu leuchten beginnt, ab wann also eine Wahrnehmung als Star erfolgt. Da es sich um einen interpretativen Prozess der Rezipienten handelt, ist diesbezüglich von starken Schwankungen auszugehen, die mit einer Vielzahl von Faktoren, wie der Rezeptionssituation, soziodemographischen Faktoren u. v. m., erklärt werden können (hierzu kann das in Abb. 22 in Kapitel 3.5.2 dargestellte Modell des parasozialen Prozesses im Sport konsultiert werden). – Anzumerken ist noch, dass sich im bisherigen Verlauf des Kapitels zeigte, dass – anders als in Abb. 26 dargestellt – normalerweise nicht davon auszugehen ist, dass eine bestimmte Person bei der Rezeption bezüglich aller vier Starfaktoren gleich starke Ausprägungen erzielt. Dies wurde hier lediglich aus Vereinfachungsgründen so dargestellt.

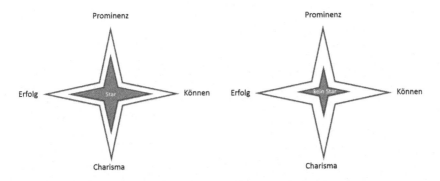

Abb. 26:   Wahrnehmung und Nichtwahrnehmung als Star als
                 Kombination verschiedener Ausprägungen der Starfaktoren
                 Prominenz, Können, Erfolg und Charisma (eigene Darstellung)

Selbst, wenn die Einordnung einer Person als Star gemäß Abb. 26 nicht geteilt wird, erfüllt das soziale Deutungsmuster den Zweck, soziales Handeln zu vereinfachen. Durch dieses sind nämlich für den Star und seine Bewunderer gesellschaftlich akzeptierte „Emotionen und ein Feld möglicher Handlungen bestimmt" (Plaß & Schetsche, 2001, S. 523), welche auch von Menschen dekodiert werden können, die den

Betreffenden *nicht* als Star rezipieren. Diese können daher sowohl das Verhalten der Bewunderer als auch dasjenige des Bewunderten grundsätzlich einordnen, auch wenn sie ggf. den Grund für die Bewunderung für unangebracht halten. Umgekehrt können die Bewunderer der Stars nachvollziehen, dass ihre Schwärmerei kaum überall ungeteilte Zustimmung finden dürfte (mehr hierzu im folgenden Kapitel 4.3.7.3.2). Derart erfüllt das soziale Deutungsmuster über den Star und seine Anhängerschaft hinaus seine Komplexitätsreduktionsfunktion und schafft – allerdings vornehmlich für den Star und seine Bewunderer – soziale Gemeinschaft (Kapitel 2.5.2).[161]

4.3.7.3.2 Starbegriff, „Starwert" und Erwartungen

Es kann vorkommen, dass die Wahrnehmung eines Menschen als Star Gegenreaktionen nach sich zieht, weil diese Einschätzung nicht geteilt wird. Wie in Kapitel 4.3.6.2.2 dargelegt wurde, war z. B. Eddie Edwards ein umstrittener Star. Obwohl er den Wintersport in Großbritannien populär machte, schlug ihm aus dem Sport massiver Gegenwind entgegen:

> „Affection for this geeky oddball incensed those in the skiing community who felt he was making a mockery of their sport.
> During the Calgary Games, when he became Britain's first Olympic ski-jumper [...] the Mr Magoo of the slopes received anonymous hate mail from rivals, upset he had stolen their limelight.
> He sharply divided opinion. Was he an embarrassment in top-level competition or the personification of the Olympic ideal of Baron Pierre de Coubertin, founder of the modern Games, who declared it was not about winning, but taking part" (Higgs, 2009)?

Dieser Ausschnitt verdeutlicht, dass die Vielschichtigkeit des Starphänomens und dessen große interpretative Spielräume bedingen, dass unterschiedliche Bewertungen soziale Gemeinschaft (Kapitel 3.5.1) durchaus auch verhindern können. Im hier geschilderten Fall kann angenommen werden, dass bei den anderen Skisportlern das Können und der Erfolg i. e. S. als wesentliche Variablen des Starphänomens gesehen werden. Ihr Hauptaugenmerk liegt somit auf dem Leistungsergebnis (Kapitel 4.3.6.1.1), weshalb sie sich von Eddie Edwards distanzieren. Vor dem

---

161 Wenn sie erkennen, dass die beiden anderen Gruppen durch das soziale Deutungsmuster Star verbunden sind, kann auch für Menschen, die die Bewunderung nicht teilen, soziale Gemeinschaft geschaffen werden. Dies geschieht z. B. dadurch, dass sie den Star und seine Bewunderer besser verstehen und diese sich verstanden fühlen, so dass wechselseitig adäquat interagiert werden kann. Außerdem kommt Stars gemäß der Konsumkapitalhypothese eine wesentliche Funktion beim sozialen Austausch zu (z. B. Kapitel 4.3.4). Man kann auch gewinnbringend über Stars sprechen, denen man skeptisch oder ablehnend gegenübersteht.

Hintergrund einer Sozialisierung in den modernen Hochleistungssport (Kapitel 3.2) ist dies nicht verwunderlich. Allerdings ist anzunehmen, dass seine Bewunderer Eddie Edwards relativ unabhängig von formalen Erfolgen als Star wahrnehmen. Wie der Verweis auf Coubertin im o. s. Zitat zeigen soll[162] (auf das Zitat Coubertins wird in Kapiteln 5.3.2 und 5.3.4 zurückgekommen), dürfte für sie sein Charisma besonders bedeutend sein, welches sich z. B. in seinem Willen äußerte, an den Spielen teilzunehmen. Diese beiden sozialen Gruppen werden somit durch ihre unterschiedlichen Auffassungen voneinander separiert – was jedoch wiederum zu einer größeren Kohäsion innerhalb der Gruppen führen dürfte, da diese durch die Abgrenzung von anderen Gruppen verstärkt wird (z. B. Kapitel 2.3.3).

Auch wird deutlich, dass Charisma – also als herausragend wahrgenommene Personeneigenschaften – sehr unterschiedlich ausgelegt werden kann. Wie in Kapitel 4.3.6.2.3 kurz erwähnt wurde, werden „sowohl sehr schlechte als auch sehr gute Menschen [mit] außerordentlichen geistigen und körperlichen Fähigkeiten" (Bendix, 1964, S. 227) in Verbindung gebracht. Entsprechend kann Charisma positiv oder negativ konnotiert sein. Wie sich hier zeigt – „making a mockery of their sport" – wird dasjenige von Eddie Edwards von manchen als „schlecht" rezipiert. Für den Moment ist generell festzustellen, dass die Einordnung eines Menschen als Star durch die eine, eine Stigmatisierung desjenigen durch eine andere Gruppe mit sich bringen kann. Dieses Zusammenwirken von Starkonstruktion und Stigmatisierung wird an anderer Stelle tiefergehend betrachtet (Kapitel 4.4.4).

Wie in Kapitel 4.3.6.2.3 ausgeführt wurde, kann in verschiedener Weise bewusst oder unbewusst zur Zuschreibung oder Aberkennung von Charisma kommuniziert werden. Dies kann direkt durch den Betreffenden oder indirekt in Bezug auf andere erfolgen, wie das Beispiel Sebastian Edathy zeigte, der den damaligen Bundespräsidenten Wulff mit dem ehemaligen Bundesminister zu Guttenberg verglich, um auf deren „charismatische Nähe" zu verweisen. Die Teilnahme am sportlichen Wettkampf als kommunikative Handlung wurde in Kapitel 3.4.4 thematisiert. Bezüglich des Starphänomens kann die Wettkampfteilnahme als Nachweis des eigenen Könnens interpretiert werden. Wenn seitens des Sportlers oder seiner Betreuer verbal oder anderweitig eine erfolgreiche Wettkampfteilnahme in Aussicht gestellt wird, werden ebenfalls „Signale" gesendet, denen die Bewährung im Wettkampf zu folgen hat. Im Idealfall wird die durch die Signale geweckte Könnenserwartung unter Beweis gestellt und ein Erfolg i. e. S. errungen. Dieser Erfolg

---

162 Coubertin wird häufig mit folgenden Worten zitiert: „The most important thing in the Olympic Games is not winning but taking part; the essential thing in life is not conquering but fighting well" (Coubertin, o. J.b). Er betont, dass es wichtig ist, „sich wacker [zu] schlagen" (Coubertin, o. J.a, 1997, S. 479) und nicht vor allem den Sieg anzustreben.

kann wiederum als Signaling bezüglich zukünftiger Wettkampfteilnahmen gedeutet werden, da in diesen ähnlich erfolgreich agiert werden müsste, um sich zu bewähren.

Ganz allgemein dienen Erfolge – i. e. S. und i. w. S. – in der Logik des Signalings als Signale, die Können implizieren, wie die Ausführungen zu Formel 1 aus Kapitel 4.3.7.2.2 zeigten. Wird der Erfolg i. e. S. im Wettkampf allerdings verfehlt, kann vor dem Hintergrund der in der genannten Formel dargestellten Attributionen der Versuch unternommen werden, kommunikative Zeichen zu senden, welche in eine andere Richtung wirken. Alejandro Sabella versuchte dies nach dem verlorenen WM-Finale durch den Hinweis, dass seine Mannschaft nicht so gut sei, wie von vielen gedacht (Kapitel 4.3.7.2.2). Durch das „Herabwürdigen" des eigenen Könnens probierte der Trainer, die Wahrnehmung der Aufgabenschwierigkeit und der eigenen Anstrengung zu erhöhen und so einen Erfolg i. w. S. „herbeizureden". Offenbar schien ihm der Statusverlust durch eine geringere „Könnensanmutung" durch den Gewinn an Erfolg i. w. S. überkompensiert zu werden.

Dieses Beispiel verdeutlicht noch einmal, dass der Starstatus das Ergebnis eines interpretativen Prozesses durch den Rezipienten ist, der die wahrgenommenen Ausprägungen der Starfaktoren zusammenfassend bewertet. Wird ein gewisser „Schwellenwert" erreicht, wird die betreffende Person als Star gemäß Kapitel 4.3.7.3.1 wahrgenommen. Formal kann diese unbewusste Bestimmung eines „Starwerts" folgendermaßen als Funktion der Wahrnehmung der Starfaktoren zusammengefasst werden (Formel 2):

Formel 2:   Formale Veranschaulichung der Bestimmung des Starwerts
                 (eigene Zusammenstellung)[163]

$$S = s(K, E, C, P)$$

Es ist davon auszugehen, dass ein höherer Starwert gemäß dieser Formel mit einer ausgeprägteren Wahrnehmung eines Menschen als Star einhergehen dürfte (zu verschiedenen Starklassen vgl. Kapitel 4.3.3). Gemäß Abb. 26 müsste der Stern bei einem höheren Starwert stärker ausgefüllt sein.[164] Wie bereits gesehen, kann der mittels o. s. Formel bestimmte Starwert allerdings von Gruppe zu Gruppe – und sogar von Individuum zu Individuum – variieren. Außerdem ist der Starstatus ein flüchtiges Gut und muss regelmäßig erneuert werden, wie die wiederholten

---

163 In der Formel gelten folgende Variablenbezeichnungen:
     S = Starwert, K = Können, E = Erfolg, C = Charisma, P = Prominenz
164 Diese Differenzierung schlägt sich z. B. im Titel eines Aufsatzes von Faulstich (2000) nieder:
     „Sternchen, Star, Superstar, Megastar, Gigastar".

Könnens- und Erfolgsbeweise im sportlichen Wettkampf und die evtl. nötigen „Charismatests" zeigen. Dass Prominenz ebenfalls ein flüchtiges Gut ist, welches der Erneuerung bedarf, wurde in Kapitel 4.2 deutlich. Entsprechend stellt der gemäß Formel 2 bestimmte Wert immer nur eine Momentaufnahme dar.

Die Reflexion von Formel 2 ermöglicht vor dem Hintergrund der Signaling-(Kapitel 2.4.3) und der Attributionstheorien (Kapitel 2.2.2) einen relevanten Rückschluss. Die Wahrnehmung eines Menschen als Star geschieht mit dem – impliziten – Wissen um den in der Formel beschriebenen Zusammenhang. Daher kann – auch wenn keine umfassende PSB gegeben ist – allein aufgrund der Information, dass ein Mensch als Star wahrgenommen wird, darauf geschlossen werden, dass er in der „Summe" der diesen Status bedingenden Starfaktoren herausragend ist. Abhängig von der – evtl. nur oberflächlichen – Wahrnehmung von deren spezifischen Ausprägungen, können Erwartungen bezüglich der nicht wahrgenommenen Starfaktoren gebildet werden. Wird also jemand als sehr erfolgreich wahrgenommen, wird i. d. R. darauf geschlossen, dass er über ein hohes Können verfügt. Nun sei angenommen, dieser Erfolg liegt im Bekleiden bestimmter Ämter – was einen Erfolg i. e. S. darstellt. Dann kann mitunter ein gewisses „Amtscharisma" beim Betreffenden vorausgesetzt werden, wie es beim Bundespräsidenten (Kapitel 4.3.6.2.3) oder dem Papst zu erwarten ist, da bei Inhabern dieser Position davon auszugehen sein sollte, dass sie sich durch eine besondere Persönlichkeitsstruktur hervortun. Außerdem dürfte bei den genannten Amtsinhabern angenommen werden, dass sie prominent sind, von ihnen also bekannt ist, dass sie bekannt sind.

Im Umkehrschluss bedeutet dies allerdings auch, dass der Betreffende zum Beweis der ihm u. U. nur durch Attributionen aufgrund des mit dem Amt verbundenen Signalings zugestandenen Qualitäten bereit sein muss. Dies kann aus den Überlegungen Soeffners geschlossen werden, auf die in Kapitel 4.3.6.2.3 Bezug genommen wurde. Obwohl er sich auf das mit politischen Positionen verbundene Charisma bezieht, wurde – etwa am Beispiel des modernen Wettkampfsports (Kapitel 3.2.2) – bereits deutlich, dass auch Könnens- und Erfolgszuschreibungen unter Bewährungsvorbehalt stehen. Misslingt die Bewährung, kann dies zur Folge haben, dass – zumindest mittelfristig – eine Statusminderung oder sogar eine Stigmatisierung (Kapitel 4.4.4) eintritt, da gemäß Confirmation-Disconfirmation-Paradigma (Kapitel 2.2.1) das durch den Starstatus bedingte Erwartungsniveau unterboten wird.

Am Anfang der Ausführungen zum Star wurde Faulstich in Kapitel 4.3.1 u. a. mit den Worten zitiert, dass die Verwendung des *Wortes* Star die „besondere Hervorhebung und Wertschätzung einer Person oder Sache [*signalisiert* – Hervorh. durch. d. Verf.]" (Faulstich, 2000, S. 294) (ebd.). Der Starbegriff scheint in der öffentlichen Wahrnehmung positiver belegt zu sein, als derjenige des Prominenten (Kapitel 4.3.1). Dies zeigt sich z. B. an der Titulierung der Sendung „Ich bin ein Star – Holt mich hier raus!" (RTL interactive GmbH, 2014), die auch unter dem Namen „Dschungelcamp" (Axodos code & art, 2014) firmiert. Der Titel des englischen Originals lautet „I'm A Celebrity, Get Me Out Of Here!" (Reufsteck & Niggemeier, 2005, S. 572), weshalb eine möglichst wortgleiche Übertragung mit dem Begriff „Prominenter" bzw. „Promi" angebracht gewesen wäre (Kapitel 4.2.1). Offenbar hielten die Verantwortlichen den Begriff „Star" allerdings für quotenträchtiger, was eine allgemein vorteilhafte Konnotation vermuten lässt.

Wie sich zeigte, kann die Wahrnehmung des sozialen Deutungsmusters Startum bzw. des Expositionstypen Star losgelöst von der Verwendung des Begriffes „Star" erfolgen. Gleiches gilt für die damit verbundenen mittelbaren und unmittelbaren sozialen Folgen für Rezipienten und Rezipierten (Kapitel 4.3.7.3.1). Außerdem kann angenommen werden, dass in bestimmten Rezeptionskontexten die Begriffsverwendung nur sehr eingeschränkt die mit dem Starphänomen verbundenen Folgewirkungen auszulösen vermag, da die verbale Bezeichnung des Betreffenden und der wahrgenommene Starfaktor gemäß Formel 2 nicht kongruent sind. So werden etwa die meisten Teilnehmer der o. g. Sendung „Ich bin ein Star – holt mich hier raus" eher – oder bestenfalls – als Prominente, nicht jedoch als Stars wahrgenommen.

4.4   Weitere Aspekte sozialer Exposition

4.4.1   Einleitende Bemerkungen

Die Betrachtung des Startums und seiner „Teilmuster" Können, Erfolg, Charisma und Prominenz erfolgte gemäß Kapitel 3.5.2 vor dem Hintergrund des Konzepts der sozialen Deutungsmuster. In Kapitel 4.3.7.3.1 zeigte sich, dass das Deutungsmuster Startum eine Metakategorie darstellt, welche aus variablen Kombinationen der genannten vier weiteren sozialen Deutungsmuster konstruiert wird. Sämtliche fünf Deutungsmuster können sich im Rahmen der sozialen Kategorisierung als jeweils spezifischer Typ sozialer Exposition – kurz: Expositionstyp – manifestieren (Kapitel 3.5.2). Dies geschieht dann, wenn gewisse „Schwellenwerte" in der Ausprägung des zugehörigen sozialen Deutungsmusters überschritten werden und die Persona im Rahmen der sozialen Kategorisierung als Star, Prominenter, Erfolgreicher, Könner und/oder Charismatiker wahrgenommen wird.

Wird bei der Wahrnehmung eines Menschen der relevante Schwellenwert eines oder mehrerer Deutungsmuster nicht überschritten, erfolgt keine Zuordnung zum zugehörigen Expositionstyp. Das bedeutet, dass Menschen, denen bei der sozialen Kategorisierung nur geringe Ausprägungen der einzelnen Deutungsmuster zugeschrieben werden, nicht als Prominente, Charismatiker, Erfolgreiche und/o-

der Könner rezipiert werden. Entsprechend werden die zugehörigen sozialen Fol-
gewirkungen in Bezug auf die Betreffenden gar nicht oder in weniger ausgeprägter
Form „aktiviert".[165]
     Die Wahrnehmung eines Menschen als Star bedarf einer Kombination der
Ausprägungen von Prominenz, Erfolg, Können und Charisma, welche *in der
Summe* eine Rezeption als Star nahelegt (Starwert gemäß Formel 2 aus Kapitel
4.3.7.3.2). Wie sich zeigte, muss dabei nicht jeder Star als Prominenter, Könner,
Erfolgreicher *und* Charismatiker wahrgenommen werden – obwohl dies möglich
ist. Eine Wahrnehmung *ausschließlich* als Star scheint jedoch unwahrscheinlich,
da normalerweise wenigstens einer der „Subtypen" ebenfalls „aktiviert" sein
dürfte. Möglich sind selbstverständlich auch andere Kombinationen, wie z. B. Prominenter und Erfolgreicher; Star, Könner und Erfolgreicher; Erfolgreicher, Prominenter und Charismatiker usw.
     Dass die wahrgenommene Ausprägung der einzelnen sozialen Deutungsmus-
ter sowie die Zuordnung zu den Expositionstypen in verschiedenen Rezeptionskontexten unterschiedlich sein kann, wird im folgenden Kapitel 4.4.2 thematisiert.
Anschließend werden in Kapitel 4.4.3 Unterschiede in der sozialen Kategorisierung durch Kommunikator und Rezipienten betrachtet. In Kapitel 4.4.4 wird untersucht, welche Rolle als abweichend betrachtete Verhaltensweisen und Eigenschaften bei der Personenwahrnehmung bzw. sozialen Exposition spielen. Das abschließende Kapitel 4.4.5 dient der Betrachtung des Halo-Effekts bei der sozialen
Exposition.

4.4.2   Kontextspezifische soziale Kategorisierung: die
             Expositionstypenmatrix

Wie für den Star gilt auch für die anderen Expositionstypen, dass es sich um relationale Konzepte handelt. Sie entfalten ihre „Gültigkeit" somit immer nur für eine
bestimmte soziale „Rezeptionseinheit" – z. B. für eine Nation, für einen gesellschaftlichen Teilbereich oder nur für einen Menschen als kleinste mögliche Einheit. Gleichfalls ist die „Übertragbarkeit" der Expositionstypen in andere Funkti-
onszusammenhänge beschränkt. Beispielsweise muss, wer im Sport als Könner
gilt, nicht als könnensreicher Politiker oder Manager gesehen werden. Dass dies
auch umgekehrt gilt, zeigt der folgende Ausschnitt aus einem Bericht über die
Teilnahme der „Stargeigerin Vanessa Mae" (Eder & Khutor, 2014) an der Riesen-
slalom-Konkurrenz der Olympischen Winterspiele 2014 in Sotschi:

---

165 Dies dürfte für die meisten Menschen gelten. Wenn nämlich bezüglich eines bestimmten Deu-
     tungsmusters sehr viele Menschen „außergewöhnliche" Ausprägungen aufweisen, verschiebt
     sich der Durchschnitt und es ragen nur noch deutlich weniger Menschen heraus.

„Die Zeit, nun ja, sie war nicht überwältigend, aber für eine thailändische Starterin war sie auch nicht wirklich schlecht, bei der heimischen Landesmeisterschaft hätte sie sicher für einen Spitzenplatz gereicht. Im Alpine Center von Rosa Khutor belegte Vanessa Mae damit den 74. und letzten Platz mit 26,98 Sekunden Rückstand auf die Führende Tina Maze. [...]

Wie erwartet[,] brachte ihr allerdings auch der zweite Durchgang nicht den Durchbruch in die Weltspitze. Sie blieb Letzte, machte aber Fortschritte und mehr Speed. Auf die Siegerin verlor sie diesmal nur 24,21 Sekunden, was in der Summe einen Gesamtrückstand von 50,10 Sekunden auf Olympiasiegerin Tina Maze ergibt. [...]

Wenn sich ein musikalisches Genie bei Olympia für ein paar Tage öffentlich zur sportlichen Dilettantin macht, dann geht es um anderes" (ebd.).

Der Wahrnehmung als musikalische Ausnahmemusikerin steht hier diejenige als zwar achtbar geschlagene, allerdings – für eine Olympiateilnehmerin – nicht mit herausragendem Können gesegnete Sportlerin gegenüber. Offensichtlich findet bezüglich der einzelnen Typen sozialer Exposition eine kontextspezifische Zuordnung statt, die für unterschiedliche Lebensbereiche bzw. Kommunikations- und Rezeptionskontexte abweichen kann. Dieser Zusammenhang wird nachfolgend als „Expositionstypenmatrix" veranschaulicht. Diese stellt eine Kombination verschiedener Rezeptions- bzw. Kommunikationskontexte dar, wobei sich jede Ebene auf einen bestimmten Kontext bezieht (Abb. 27). Wie im weiteren Verlauf des Kapitels tiefergehend erläutert wird, geben die auf jeder Ebene eingetragenen Buchstaben an, welchen der Expositionstypen die wahrgenommene Persona im betreffenden Kontext zugeordnet wird. Diese Zuordnung erfolgt gemäß dem Modell des parasozialen Prozesses im Sport (Abb. 22 in Kapitel 3.5.2) sowohl auf der Kommunikations- als auch der Rezeptionsebene.

Abb. 27:   Expositionstypenmatrix: Zuordnung zu verschiedenen Expositionstypen in verschiedenen Kontexten (eigene Darstellung)

Legende: S = Star, P = Prominenter, E = Erfolgreicher, C = Charismatiker, K = Könner

Am Beispiel der Geigerin wird deutlich, dass das Starphänomen in gewisser Weise – mittels des Vehikels der Prominenz als bereichsübergreifende „Hyperqualifikation" (Schneider, 2004, S. 387; vgl. Kapitel 4.2.4) – über den originären Kontext hinaus wirken kann:

> „[Vanessa Maes Resultat] ist kein Ergebnis, welches gewöhnlich dazu führt, dass die versammelte Weltpresse in der sogenannten Mixed Zone im Regen verharrt, um auf die Athletin zu warten und ihr einen ersten Kommentar abzuringen. Aber da Vanessa Mae ganz ohne Zweifel wesentlich besser Violine spielt, als sie Ski fährt, sie sozusagen die Maria Höfl-Riesch unter den Geigerinnen ist, dauerte ihr Marsch durch die Pressezone fast eine halbe Stunde. [...]
> Vanessa Mae ist eine Attraktion dieser Olympischen Spiele, eine Attraktion der alpinen Skiwettbewerbe – und das, obwohl sie nicht übertrieben gut Ski fahren kann. Aber sie ist in der Musik ein Weltstar, und das reicht" (Eder & Khutor, 2014).

Der als Geigerin errungene Ruhm als „Weltstar" strahlt offenbar so hell, dass Vanessa Mae über verschiedene Rezeptionskontexte hinweg als Star wahrgenommen wird. So scheint für den Autor der o. s. Zeilen aufgrund ihrer Prominenz der Starwert (Formel 2 aus Kapitel 4.3.7.3.2) für den Sportkontext trotz relativ bescheidenen Könnens und Erfolgs den relevanten Schwellenwert zu überschreiten. Desungeachtet unterscheidet er in seinem Bericht hinsichtlich der sozialen Deutungsmuster explizit zwischen dem Sport- und dem Musikkontext. Die dem Pressebericht zu entnehmende Zuordnung zu den verschiedenen Expositionstypen für beide Lebensbereiche – Star, Könnerin, Erfolgreiche und Prominente für die Musik sowie Star und Prominente im Sport – ist in Abb. 28 als Ausschnitt aus der Expositionstypenmatrix (Abb. 27) dargestellt.

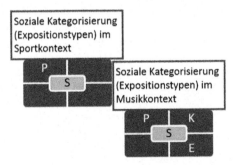

Abb. 28:   Ausschnitt aus der Expositionstypenmatrix von Vanessa Mae: Zuordnung zu den verschiedenen Expositionstypen im Sport- und Musikkontext (eigene Darstellung)

Nach den Olympischen Winterspielen 2014 wurden Vorwürfe laut, dass die Olympiaqualifikation der Musikerin aufgrund ihres anderweitig erworbenen Status unbotmäßig ermöglicht worden war (Duffin, 2014; FAZ.net, 2014). Es scheint, dass vier – inzwischen gesperrte – slowenische Offizielle „Skirennen ‚auf Geheiß thailändischer Skifunktionäre'" (FAZ.net, 2014) beeinflusst haben. Dies geschah bisherigen Erkenntnissen nach ohne Wissen der Geigerin (Duffin, 2014). – Dass hier mutmaßlich slowenische und thailändische Funktionäre zusammenarbeiteten, um einer chinesisch-britisch-thailändischen Musikerin die Teilnahme am größten Sportereignis der Welt zu ermöglichen, untermauert die These Faulstichs (2000), dass es sich beim Star um ein internationales bzw. interkulturelles Phänomen handelt (Kapitel 4.3.5). Allerdings belegt auch diese Facette des Olympiaauftritts Vanessa Maes, dass ungeachtet des „Ausstrahlens" von Prominenz und Starstatus in andere Lebensbereiche, eine kontextspezifische Wahrnehmung bezüglich der einzelnen sozialen Deutungsmuster erfolgt. Würde sie universell als „Könnerin" wahrgenommen werden, wäre eine solche „Unterstützung" seitens des thailändischen Verbandes nicht für nötig und seitens der Medienvertreter u. U. für sehr unwahrscheinlich bzw. kaum glaubhaft gehalten worden.

4.4.3 Abweichende Expositionstypenmatrizen von Kommunikator und Rezipient

Hinsichtlich der sozialen Kategorisierung durch Kommunikator und Rezipienten kommt ebenfalls zum Tragen, dass die verschiedenen Expositionstypen relationale Konzepte sind. So können die vom Kommunikator intendierte und die beim Rezipienten erfolgende Kategorisierung voneinander abweichen (Kapitel 2.3.4 und 3.5.2). Daher ist davon auszugehen, dass die Zuordnung zu den einzelnen Expositionstypen unterschiedlich ausfallen kann. Dies ist in Abb. 29 dargestellt, die zeigt, dass ein Kommunikator eine Darstellung als Prominenter, Star, Könner und Erfolgreicher betreibt, beim Rezipienten allerdings nur eine Kategorisierung als Prominenter und Könner erfolgt.

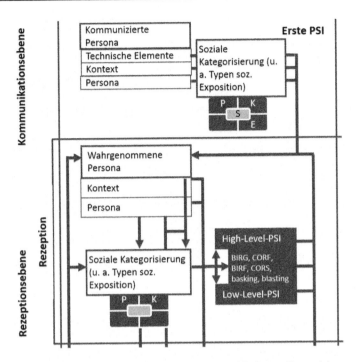

Abb. 29:   Abweichende Zuordnung zu verschiedenen Expositionstypen
                bei Kommunikator und Rezipient (eigene Darstellung)

Legende: Der besseren Übersichtlichkeit halber wird nur eine Ebene der Expositionsty-
                penmatrix abgebildet.

Obwohl in Abb. 29 lediglich ein Rezeptionskontext – also eine Ebene der Expositionstypenmatrix – von Kommunikator und Rezipient veranschaulicht wird, gilt
der dort dargestellte Zusammenhang für sämtliche weiteren Kontexte. So könnte
– um ein sehr einfaches Beispiel zu wählen – jemand, dem nicht bekannt ist, dass
Vanessa Mae eine der hervorragendsten Geigerinnen der Welt ist, aufgrund der
Berichte über ihre sportlichen Gehversuche fälschlicherweise darauf schließen,
dass sie auch als Musikerin „keine besondere Leuchte" ist. Der Betreffende könnte
sie evtl. im Sportkontext „nur" als Prominente wahrnehmen und diese Zuordnung
auf die Musik übertragen. Das würde bedeuten, dass er sie für eine *bekannterma-
ßen bekannte*, nicht jedoch für eine *gute* oder *erfolgreiche* Geigerin halten würde
(Abb. 30).

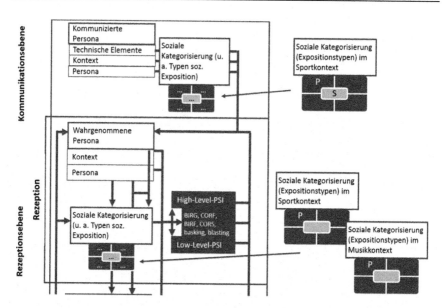

Abb. 30:   Abweichende Kategorisierung Vanessa Maes auf der
                Kommunikations- und der Rezeptionsebene
                (eigene Darstellung)

Abweichende Kategorisierungen, wie sie in Abb. 30 dargestellt sind, sind beispielsweise dann möglich, wenn – was keine Seltenheit ist – die Kommunikation nur teilweise wahrgenommen oder manche Elemente nicht verstanden bzw. anders interpretiert werden. Ferner spielen das Vorwissen und viele weitere Faktoren eine Rolle,
wie die verschiedenen iterativen Schritte bei der Herleitung des Modells des parasozialen Prozesses im Sport (Abb. 22 in Kapitel 3.5.2) zeigten.

4.4.4   *Stigmatisierung und soziale Exposition*

4.4.4.1   Stigmatisierung und abweichendes Verhalten

Im bisherigen Verlauf dieser Arbeit wurde deutlich, dass sozial exponierten Menschen aufgrund dieses Status oft mit Aufmerksamkeit und Bewunderung begegnet
wird. Allerdings kann den Betreffenden auch „Häme und Ablehnung" (Schroer,
2010, S. 382) entgegenschlagen (Kapitel 4.2.5). Gemäß dem Confirmation-Disconfirmation-Paradigma (Kapitel 2.2.1) liegen derartige Reaktionen häufig darin begründet, dass bestimmte Erwartungen nicht erfüllt werden, also eine unvorteilhafte

Abweichung zwischen Wahrnehmung und Erwartung vorliegt. Im Sport kann dies z. B. dazu führen, dass aufgrund von ausbleibenden Erfolgen oder als nicht zufriedenstellend empfundenen Leistungen CORF oder CORS betrieben werden (Kapitel 2.3.3), wodurch sich Sportrezipienten symbolisch von Sportlern distanzieren.

Solche Reaktionen können auch vor dem Hintergrund der Rollentheorie (Kapitel 2.2.3) betrachtet werden, die sich mit dem Umgang mit Erwartungen an Inhaber bestimmter sozialer Positionen befasst. In Kapitel 2.2.3.1 wurde erwähnt, dass Rolleninhaber theoretisch entscheiden können, ob sie Rollenerwartungen einhalten oder nicht. Dass sie sich meist dafür entscheiden, diese zu befolgen bzw. nicht allzuweit davon abzuweichen, liegt daran, dass sie die negativen Sanktionen vermeiden möchten, die ihnen bei Nichtbefolgung ggf. drohen. Aus sozialwissenschaftlicher Perspektive ist es daher wichtig, zwischen einem Verhalten, welches Erwartungen, Regeln und/oder Normen folgenlos verletzt, und einem solchen, das sanktioniert wird, zu unterscheiden. Becker bezeichnet Ersteres als „regelverletzend" und Letzteres als „abweichend" (Becker, 1981, S. 13). Seine Feststellung „deviant behavior is behavior that people so label" (Becker, 1973, S. 8) besagt somit, dass sozial folgenlose Verstöße gegen informelle oder formale Erwartungen nicht als abweichend zu bezeichnen sind. Sie entfalten offenbar weder individuell noch kollektiv wesentliche Bedeutung. Außerdem weist er darauf hin, dass eigentlich regelkonformes Verhalten durch die Wahrnehmung als deviant zum Problem werden kann und bezeichnet dies als „falsely accused" (ebd., S. 20).

Ebenso wie Verhalten können auch Eigenschaften als „abweichend" aufgefasst werden und ggf. stimgatisierend wirken. „Der Terminus Stigma wird also in Bezug auf eine Eigenschaft gebraucht werden, die zutiefst diskreditierend ist" (Goffman, 1975, S. 11). Stigmatisierendes Verhalten ist entsprechend solches abweichende Verhalten, das ebenfalls „zutiefst diskreditierend" wirkt.

Bei der Vorstellung des Confirmation-Disconfirmation-Paradigmas (Kapitel 2.2.1) wurde deutlich, dass Diskonfirmationen nicht nur bei der Unterbietung von Erwartungen vorkommen. Ein Übertreffen von Erwartungen, welches zu einer positiven Diskonfirmation führt, kann willkommene Sanktionen – Belohnungen – nach sich ziehen. Das heißt, dass sowohl Verhalten als auch Eigenschaften positive und negative soziale Folgen haben können. Ob ein bestimmtes Verhalten bzw. eine bestimmte Eigenschaft sozial folgenlos bleibt, belohnt oder bestraft wird, hängt dabei immer von der Bewertung durch das relevante Sozialsystem ab. Denn eine bestimmte Eigenschaft oder ein bestimmtes Verhalten „vermag den einen Typus zu stigmatisieren, während sie die Normalität eines anderen bestätigt, und ist daher als ein Ding an sich weder kreditierend noch diskreditierend" (Goffman, 1975, S. 11). So kann das eigentlich als – positives und somit „kreditierendes" – Signaling zu verstehende Absolvieren einer Hochschulausbildung (Kapitel 2.4.3) in manchen sozialen Kontexten als Stigma wirken (Goffman, 1975, S. 11). Eine Stigmatisierung

wird somit „durch die Reaktionen von Menschen [...] geschaffen" (Becker, 1981,
S. 16) und Verhalten bzw. Eigenschaften sind nicht per se „publicly labeled wrong"
(Becker, 1973, S. 162). So ist auch zu begründen, dass die bezüglich Abweichung
und Stigmatisierung „geschaffenen und aufrechterhaltenen Regeln nicht universell
anerkannt werden. Sie sind vielmehr Gegenstand von Konflikten und Auseinandersetzungen" (Becker, 1981, S. 16), was später noch von Bedeutung sein wird (z. B.
in Kapitel 5.4.3).

4.4.4.2   Stigmatisierung als bedeutendes Element sozialer Exposition

Bei der Wahrnehmung sozial exponierter Personen spielen abweichendes Verhalten
und Stigmatisierung in vielerlei Hinsicht eine Rolle. Die mit abweichendem Verhalten zusammenhängenden negativen sozialen Sanktionen können z. B. durch Niederlagen im Sport (Kapitel 3.2.2) oder nicht erfüllte Könnens- und Erfolgserwartungen
(Kapitel 4.3.6.1) verursacht werden. Außerdem kann als unzureichend empfundenes
Charisma (Kapitel 4.3.6.2.1) bestraft werden, wie die als ungenügend wahrgenommene Autorität Alejandro Sabellas und Berti Vogts' (Kapitel 4.3.6.2.2) oder die Verfehlungen verschiedener Politiker (Kapitel 4.3.6.2.3 und 4.3.7.3.2) zeigten. Konsequenzen können sich dabei in vielfältiger Form manifestieren und umfassen z. B.
eine geminderte Attraktivität des Betreffenden für das Markenmanagement (Kapitel
3.4.3.2 und 3.4.3.3) oder verschiedene Formen sozialer Ablehnung (z. B. Kapitel
2.3.3 und 4.4.4.1).

Eine mit sozialen Konsequenzen einhergehende Stigmatisierung erfolgt allerdings nicht ausschließlich als Reaktion auf verletzte Verhaltenserwartungen. Wie
gerade in Kapitel 4.4.4.1 erwähnt wurde, können auch stigmatisierende Eigenschaften soziale Folgen verursachen. So ist im Sport zu beobachten, dass die Zugehörigkeit zu einer bestimmten Gruppe – wie z. B. der gegnerischen Mannschaft oder ihrer
Anhängerschaft – entsprechend wirken kann. In diesem Zusammenhang tritt oft das
in Kapitel 2.3.3 beschriebene „blasting" auf, welches „the denigration of others"
(Cialdini & Richardson, 1980, S. 410) bezeichnet und durch deren Zugehörigkeit zu
einer anderen sozialen Gruppe bedingt ist. Lediglich die Zugehörigkeit zu einer solchen „Outgroup" (Schierl, 2009, S. 249; Stange, 1992, S. 105) kann also ein Stigma
sein, das sanktioniert wird, um den Selbstwert der Mitglieder der eigenen Gruppe zu
stärken. Derartiges Verhalten findet sich allerdings nicht nur im Sport, sondern ist
generell ein Element menschlichen Zusammenlebens und kann sich auf nahezu jede
Eigenschaft eines Menschen oder einer Gruppe beziehen. In ihm schlägt sich „[d]ie
menschliche Neigung zur Zweierklassenbildung, zur Dichotomisierung, zur Wir-
Gruppen-Bildung gegen Außenstehende" (Lenk, 1972, S. 157) nieder, auf die bereits
in Kapitel 3.2.2 eingegangen wurde.

Durch die Wahrnehmung von und Bezugnahme auf exponierte Personen verwirklichen Menschen oft ihren Wunsch „nach Überlegenheit, nach sozialer Abgrenzung" (Messing, 1996, S. 17-18; vgl. auch Kapitel 3.2.2). Dies erfolgt einerseits
durch Bewunderung und Identifikation, also durch Prozesse, welche für den exponierten Menschen statusmehrend wirken. Allerdings stehen dem Abgrenzungspro-
zesse und die Stigmatisierung aufgrund bestimmter Eigenschaften oder nicht erfüll-
ter Erwartungen gegenüber. Für die systematische Betrachtung der verschiedenen
Expositionstypen folgt daraus, dass nicht nur deren positiv belegte Ausprägungen
berücksichtigt werden dürfen. Entsprechend wird die Expositionstypenmatrix nach-
stehend um Markierungen für positive und negative Konnotationen der Expositionstypen erweitert, die in jedem Rezeptionskontext vorkommen können (Abb. 31).

Abb. 31:   Erweiterung der Expositionstypenmatrix um Markierungen zur
                 positiven und negativen Konnotation (eigene Darstellung)

Die in Abb. 31 dargestellte Erweiterung der Expositionstypenmatrix – welche durch
den Exponenten +/– gekennzeichnet ist – ist so zu verstehen, dass es sowohl positiv
als auch negativ konnotierte Formen der Expositionstypen bzw. Ausprägung der sozialen Deutungsmuster geben kann. Die Bedeutung der positiven Merkmale gewinnt
erst dadurch an Bedeutung, dass das Gegenteil existiert. Wie im Theater oder im
Sport, wo der Bösewicht bzw. die gegnerische Mannschaft notwendig sind, bedarf
positiv konnotierte soziale Exposition aufgrund der o. s. menschlichen Dichotomi-
sierungsneigung einer negativen Konnotation als Gegengewicht.

Es ist allerdings nicht davon auszugehen, dass jede Wahrnehmung eines unvor-
teilhaften Zusammenhangs Anlass für eine Stigmatisierung bietet. Wie bei den positiv konnotierten Expositionstypen (Kapitel 4.4.1) gilt, dass gewisse Schwellenwerte in der Ausprägung der sozialen Deutungsmuster überschritten sein müssen,
damit eine Zuordnung zu einem negativ konnotierten Expositionstypen erfolgt. Außerdem können grundsätzlich negative Aspekte sogar Anlass für eine positive(re)

Exposition sein, wie z. B. anhand der Ausführungen des Trainers der argentinischen Nationalmannschaft nach deren Niederlage gegen die deutsche Mannschaft gezeigt wurde, die er als Erfolg i. w. S. interpretierte (Kapitel 4.3.7.2.2). Die Reaktionen auf den enttäuschenden Sieg der Argentinier gegen die Nationalmannschaft des Iran verdeutlichte wiederum, dass normalerweise positive Zusammenhänge mitunter stigmatisierend wirken können, wenn sie als nicht statthaft empfunden werden (Kapitel 4.3.6.1.2). Wie bereits in Kapitel 4.4.4.1 ausgeführt wurde, sind Eigenschaften bzw. Verhaltensweisen also weder per se kreditierend noch diskreditierend, sondern werden dies erst durch die soziale Reaktion.

Dass sogar ein bestimmter Zusammenhang gegensätzliche Kategorisierungen nach sich ziehen kann, illustrierte das Beispiel des Skispringers Eddie „the Eagle" Edwards. Obwohl der Brite überwiegend positiv rezipiert wurde (Kapitel 4.3.6.2.2), gab es Menschen, die ihn für „an embarrassment in top-level competition" (Higgs, 2009) hielten (Kapitel 4.3.7.3.2). Higgs hält daher bezüglich Edwards fest: „He sharply divided opinion" (Higgs, 2009). Obwohl ihn seine Gegner sicherlich nicht als „Star" bezeichnen würden, zeigen diese Textpassagen, dass Edwards auch für diese eine wesentliche Funktion hatte: Er diente als – mutmaßlich – prototypische Verkörperung dessen, was sie nicht wollen oder sogar unterbinden möchten. Somit stellt er auch für diese Gruppe etwas „Außerordentliche[s], […] Unerhörte[s]" (Faulstich, 2000, S. 299) dar und fungiert für sie quasi als „Anti-Star". Er wird zum Ziel ihres blastings, welches der Steigerung des eigenen Selbstwerts und der Gruppenkohäsion dient (Kapitel 2.3.3).

Es ist anzunehmen, dass die Bewunderer Eddie Edwards' ihn im positiven Sinne als Charismatiker, Star und Prominenten wahrnehmen. Die Einordnung in der Könnens- und der Erfolgskategorie sollte allerdings auch bei diesen eher negativ ausgeprägt sein, da der Sportler selbst in den Augen seiner Bewunderer kein außergewöhnlich guter und kein erfolgreicher Skispringer gewesen sein dürfte. Sportliches Können und Erfolge stehen allerdings für seine Rezeption durch diese Gruppe nicht im Vordergrund (Kapitel 4.3.7.3.2).

Hinsichtlich Eddie Edwards' Gegnern kann ziemlich sicher davon ausgegangen werden, dass sie ihn zumindest in den Expositionstypen Könner und Erfolgreicher als stigmatisiert wahrnehmen. Gleiches dürfte in ihren Augen bezüglich des sozialen Deutungsmusters Charisma gelten, da er den Sport als Plattform nutzt und ihn – ihrer Interpretation nach – zum eigenen Vorteil der Lächerlichkeit preisgibt. Eddie Edwards' Prominenz wird vermutlich gleichfalls als stigmatisierend aufgefasst, da er aufgrund verurteilenswerter Gründe prominent ist (zur Konnotation von Prominenz vgl. z. B. Kapitel 4.2.6).

Die Wahrnehmung Eddie Edwards' durch seine Gegner zeigt, dass eine Stigmatisierung auf zwei Arten erfolgen kann. Zum einen kann in der Logik eines bestimmten sozialen Deutungsmusters ein *unzulänglicher Expositionstyp* vorliegen, das zugehörige Deutungsmuster wird dann als unzureichend ausgeprägt wahrgenommen. Nach Higgs, Polonsky & Hollick (2005, S. 50) werden „minimum tolerable expectations" unterschritten. Dies ist bei den Gegnern – und vermutlich auch bei den meisten von Edwards' Anhängern – bei Können und Erfolg der Fall, so dass eine Kategorisierung als „*Nichtkönner*" und „*Verlierer*" resultiert. Charisma und Prominenz werden von den Gegnern hingegen als sehr ausgeprägt, allerdings verurteilenswert wahrgenommen. Diese haben synonym zur Wahrnehmung der positiv konnotierten Expositionstypen einen Schwellenwert in der Ausprägung des zugehörigen Deutungsmusters überschritten. Dieser ist allerdings negativ konnotiert. Entsprechend stellt der Skispringer in den Augen seiner Gegner einen „*Anti-Charismatiker*" bzw. „*Anti-Prominenten*" dar. Basierend auf diesen Überlegungen findet sich in Tab. 7 eine Zusammenstellung der positiv und negativ konnotierten Expositionstypen.

Tab. 7:   Systematik positiv und negativ konnotierter Expositionstypen
               (eigene Zusammenstellung)

soziales Deutungsmuster	positiv konnotierte Expositionstypen	negativ konnotierte Expositionstypen*	
		unzulängliche Typen	Anti-Typen
Erfolg	Erfolgreicher	Verlierer	Anti-Erfolgreicher**
Können	Könner	Nichtkönner	Anti-Könner***
Charisma	Charismatiker	Uncharismatischer****	Anti-Charismatiker
Prominenz	Prominenter	Unbekannter*****	Anti-Prominenter
Startum	Star	Farbloser******	Anti-Star

*Die bisher im Text nicht erläuterten Expositionstypen werden gekennzeichnet und in der nachstehenden Legende erläutert.
**Beispielhaft wäre hier ein erfolgreicher sportlicher Gegner zu nennen. Da dessen Erfolg z. B. im Zuschauersport bedingt, dass die vom Rezipienten favorisierten Sportler eine Niederlage hinnehmen müssen – und somit zu „Erfolglosen" werden – kann sein Sieg eine negative Konnotation erhalten. Außerdem ist für diesen Expositionstypen die Unterscheidung zwischen Erfolg i. e. S. und Erfolg i. w. S. Wird – wie etwa vor der argentinischen Nationalmannschaft im Spiel gegen den Iran (Kapitel 4.3.6.1.2) – ein Erfolg i. e. S. errungen, der jedoch keinen Erfolg i. w. S. darstellt, kann ebenfalls eine Rezeption als „Anti-Erfolgreicher" resultieren.
***Anti-Könner sind solche ausgezeichneten Könner, die ihre Fähigkeit für unerwünschte Ziele einsetzen. Im Sport sind dies etwa herausragende Athleten, die auf Seiten des Gegners aktiv sind.
****In diesen Expositionstypen können gemäß der Ausführungen in Kapitel 4.3.6.2.2 Alejandro Sabella und Berti Vogts aufgrund ihres fehlenden Charismas, welches an einem Mangel an wahrnehmbarer Autorität festgemacht wurde, eingeordnet werden.
*****Eine weit unterdurchschnittliche Ausprägung von Prominenz bedeutet gemäß dem Bedeutungskern des sozialen Deutungsmusters nichts anderes, als entsprechenden Erwartungen zuwiderlaufend vergleichsweise unbekannt zu sein. Dies kann dann der Fall sein, wenn jemand mit scheinbarer Prominenz kommuniziert hat, diese jedoch einer Prüfung nicht standhält.
******Die Benennung des „Farblosen" erfolgt in Anlehnung an folgende Überlegungen von Klapp, auf die bereits in Kapitel 4.3.6.2.2 Bezug genommen wurde: „The term 'color' may be applied to public figures who tend to stand out from rivals by virtue of things they do or of striking personal traits" (Klapp, 1948, S. 137). Farblose weisen im Gegensatz dazu keine herausragenden Eigenschaften auf.

Bezogen auf die Systematik aus Tab. 7 ist noch Folgendes anzumerken:

- Gelingt einer sozial exponierten Person der evtl. notwendige „Beweis" ihrer außergewöhnlichen Eigenschaften nicht, kann dies folgenlos bleiben oder sanktioniert werden (Kapitel 4.4.4.1). Sollte aus diesem Grund eine Stigmatisierung erfolgen, liegt ein „unzulänglicher Expositionstyp" vor.

- Aufgrund der Überschreitung eines negativen Schwellenwerts stigmatisierte „Anti-Typen" dürften i. d. R. von bestimmten anderen Gruppen als positiv konnotiert wahrgenommen werden. Dies ist damit zu begründen, dass die Ausprägung des zugehörigen Deutungsmusters grundsätzlich als weit überdurchschnittlich wahrgenommen wird, allerdings die damit verfolgten Ziele bzw. die vorliegenden Gründe stigmatisierend wirken. Da Stigmata nicht per se negativ sind, sondern dies erst durch soziale Reaktionen werden (Kapitel 4.4.4.1), kann in solchen Fällen üblicherweise davon ausgegangen werden, dass es Gruppen gibt, welche diese Gründe bzw. Ziele begrüßen und daher zu einer entgegengesetzten Bewertung gelangen.

- Die Zuordnung zu einem der Expositionstypen erfolgt nur bei der Wahrnehmung einer entsprechend starken bzw. unzulänglichen Ausprägung des jeweiligen sozialen Deutungsmusters. Die meisten Menschen werden gemäß dieser Systematik daher keinem der Expositionstypen zugeordnet, da sie nicht als herausragend wahrgenommen werden bzw. es nicht relevant ist, dass sie nur eine geringe Ausprägung des Deutungsmusters erreichen. Ein lediglich zufälliges Auftauchen eines Nichtprominenten in den Medien führt beispielsweise *nicht* zwangsläufig zu einer Einstufung als unzulänglicher Expositionstyp, wenn die von Medienpersonae ggf. erwartbare Prominenz nicht „unter Beweis" gestellt werden kann. Da mutmaßlich leicht erkennbar ist, dass der Betreffende *kein* sehr bekannter Mensch ist,[166] dürften keine weitergehenden Erwartungen resultieren und somit auch nicht enttäuscht werden können.

Insgesamt ist festzuhalten, dass die verschiedenen stigmatisierten Expositionstypen wichtige Ergänzungen der positiven Varianten darstellen. Für die weitere analytische Verwendung werden deshalb in der Expositionstypenmatrix in Abb. 32 alle drei nach Tab. 7 möglichen Expositionstypen für jedes soziale Deutungsmuster berücksichtigt.

---

166   Zur Erinnerung: Prominenz ist die voraussetzbare Bekanntheit einer Person. Diese wäre in einem solchen Fall nicht gegeben.

Abb. 32:   Expositionstypenmatrix mit drei möglichen Expositionstypen
                  der sozialen Deutungsmuster (eigene Darstellung)

Legende zu den Exponenten:
+: positiv konnotierte Expositionstypen
–: unzulängliche Expositionstypen
A: Anti-Typen

4.4.5   Soziale Exposition und Halo-Effekte

Zum Abschluss von Kapitel 4.4 soll auf den „Halo-Effekt" eingegangen werden,
der auch „Hofeffekt" (Universal-Lexikon, 2012; Wienold, 2011, S. 584) genannt
wird. Bei diesem handelt es sich um einen „Ausstrahlungseffekt" (Wienold, 2011,
S. 584), der darin besteht, dass sich die Bewertung eines Merkmals an anderen
Merkmalen orientiert, die in Zusammenhang mit diesem wahrgenommen werden
(ebd.). Bei der Personenwahrnehmung macht sich der Effekt z. B. bei der „Übertragung des Gesamteindrucks oder einer herausragenden Eigenschaft auf eine andere Persönlichkeitseigenschaft" (Universal-Lexikon, 2012) bemerkbar. „Das
Auftreten des Halo-Effektes wird gefördert, wenn das Urteil besonders schnell gefällt wird" (Psychology48.com, o. J.), wie es bei der sozialen Kategorisierung der
Fall ist, die gemäß Kapitel 2.3.2.2 eine schnelle Urteilsbildung zum Ziel hat. Wie
dort ebenfalls erwähnt wurde, ist der Effekt optischer Eindrücke – insbesondere
physischer Attraktivität – besonders stark (Herkner, 1993, S. 317-318; Psycho-
logy48.com, o. J.). Dies kann dadurch erklärt werden, dass visuellen Eindrücken
bei der menschlichen Realitätskonstruktion vor allem in westlichen Gesellschaften
eine besonders hohe Glaubwürdigkeit beigemessen wird (Lobinger, 2012, S. 19-
21).

Der Halo-Effekt spielte – ohne jedoch bisher explizit genannt worden zu sein – bereits an einigen Stellen dieser Arbeit eine Rolle, da er z. B. beim Signaling und ähnliche Formen der Kommunikation wirksam wird. So wurde in Kapitel 4.3.6.2.3 auf Soeffner Bezug genommen, der Signaling (Kapitel 2.4.3) durch Verweise auf charismatische Personen beschreibt. Hieran wurde in Kapitel 4.3.7.3.2 vertiefend angeknüpft. Es zeigte sich, dass Signaling als kommunikatives Instrument oft auf dem bereits in Kapitel 2.3.2.2 beschriebenen Effekt basiert, dass grundsätzlich positiv bewerteten Personen weitere positive Eigenschaften zugeschrieben und positive Emotionen entgegengebracht werden. Der Ausstrahlungseffekt spielt auch bei der Testimonialwerbung eine Rolle, die darauf baut, dass die symbolische Nähe zu einem positiv sozial Exponierten einen Imagetransfer auf den Sponsor bewirkt (Kapitel 3.4.3.2), da die Konsumenten auf ihre „im Gedächtnis abgespeicherten Wissensstrukturen" (Hofmann, 2014, S. 220) bezüglich der Testimonials zurückgreifen. Zu bedenken ist jedoch, dass die Halo-Effekte, die beim Sponsoring und Signaling wirken, auch im Falle negativer Bewertungen auftreten können.

Ferner ist in diesem Zusammenhang relevant, dass die Wahrnehmung eines der relevanten sozialen Deutungsmuster die Rezeption hinsichtlich der anderen beeinträchtigen kann. Dies ist ebenfalls mit dem Halo-Effekt zu erklären, da die wahrgenommene Ausprägung eines oder mehrerer Starfaktoren zu der Erwartung führen kann, dass sich diese Ausprägung auch auf andere Starfaktoren oder das ganze Starkonzept erstreckt (Kapitel 4.3.7.3.2). Um das Bild aus Kapitel 4.3.7.3.1 (Abb. 26) aufzugreifen, kann gesagt werden, dass das Leuchten eines „Zackens" des Sterns – also eines Starfaktors – u. U. die anderen Zacken oder sogar den ganzen Stern – also die Persona – erstrahlen lassen kann. Da die soziale Kategorisierung wesentlich durch die Intention des Kategorisierenden – hierbei kann es sich gemäß dem in Abb. 22 (Kapitel 3.5.2) dargestellten Modell um den Kommunikator *oder* den Rezipienten handeln – geprägt wird, dürfte der Halo-Effekt häufig billigend in Kauf genommen oder sogar bewusst verstärkt werden.

In Kapitel 4.2.1 wurde auf den von Schneider postulierten „Strukturwandel der Prominenz" (Schneider, 2004, S. 431) verwiesen, der darin besteht, dass „Medienprominenz [...] zunehmend als Qualität an sich empfunden" (ebd.) wird. Direkt anschließend wurde Franck zitiert, der den Reiz dieses Status damit erklärt, dass die „Aufmerksamkeit anderer Menschen [..] die unwiderstehlichste aller Drogen" (Franck, 1998, S. 10) ist. Dies liegt darin begründet, dass durch Prominenz – oder allgemeiner durch soziale Exposition – der Selbstwert durch die Zugehörigkeit zu einer positiv bewerteten Gruppe und die Anerkennung durch andere Menschen gesteigert werden kann (Kapitel 2.3.1). Positiv konnotierte soziale Exposition ist also ein bewunderter Status, der nach Bourdieu als soziales oder symbolisches Kapital interpretierbar ist (Kapitel 2.4.3.3 und 2.4.3.4) und – etwa durch den

Einsatz als Testimonial – ökonomisch kapitalisierbar ist (Kapitel 2.3.1 und Kapitel 3.4.3).

Dieser Status muss dabei immer vor dem Hintergrund des impliziten Wissens um historische und zeitgenössische Vorbilder verstanden werden. Vor allem die herausgehobene Stellung der historischen „Vorläufer" war durch außergewöhnliche Errungenschaften bzw. Eigenschaften bedingt (Kapitel 4.2.1 und 4.3.1 sowie später Kapitel 5.2), was bis heute die Wahrnehmung sozialer Exposition und die hierauf bezogenen Halo-Effekte prägt. Diese „Prägung" wird durch die bisher betrachteten sozialen Deutungsmuster gewährleistet, die den schnellen und einfachen „Transport" der entsprechenden Wahrnehmungsschemata und Interpretationen sowie ihre soziale Wirksamkeit sicherstellen. Dass beispielsweise die Wahrnehmung eines Menschen als prominent gewisse soziale Folgewirkungen nach sich zieht, liegt in der über soziale Prozesse erlernten Ausgestaltung des zugehörigen sozialen Deutungsmusters begründet.

Trotzdem die Urteilsbildung bezüglich eines Menschen und die Wahrnehmung der verschiedenen sozialen Deutungsmuster sehr schnell erfolgen und an – mitunter weitreichende – Erwartungen geknüpft sein können, ist eine einmal erfolgte soziale Kategorisierung relativ robust. Dies führt dazu, dass sie den Umgang mit dem entsprechend Kategorisierten nachhaltig prägt und auch im Falle einer falschen Zuordnung oft vergleichsweise lange aufrechterhalten wird (Kapitel 3.5.1). Als problematisch kann sich in diesem Zusammenhang der Bewährungsvorbehalt erweisen, den die Wahrnehmung als Erfolgreicher, Könner, Charismatiker, Prominenter und/oder Star mit sich bringt (Kapitel 4.3.7.3.2). Bezugnehmend auf die Rollentheorie (Kapitel 2.2.3) kann dieser Bewährungsvorbehalt als eine von vielen Erwartungen aufgefasst werden, die an soziale Exposition geknüpft sind. Ein Scheitern hierbei mag mitunter zwar folgenlos bleiben und somit lediglich „regelverletzend" im Sinne von Kapitel 4.4.4.1, jedoch nicht „abweichend" und somit an soziale Konsequenzen gebunden sein. Zumindest mittelfristig sollte jedoch ebenso eine negative Sanktionierung erfolgen, wie sie bei dauerhaften und/oder schweren Verstößen gegen Rollenerwartungen zu erwarten ist (Kapitel 2.2.3.1 und 2.2.3.2). Üblicherweise dürfte dann eine Statusminderung resultieren. Das bedeutet, dass die Ausprägung der verschiedenen sozialen Deutungsmuster weniger stark ausfallen oder – im ungüstigen Fall – in eine Stigmatisierung umschlagen könnte (Kapitel 4.4.4). Diese könnte wiederum ebenfalls Halo-Effekte entfalten.

Es kann davon ausgegangen werden, dass Halo-Effekte dann besonders stark sind, wenn ein sozial Kategorisierter einem positiv oder negativ konnotierten Expositionstypen zugeordnet wurde. Desungeachtet dürften die wahrgenommenen Ausprägungen der verschiedenen sozialen Deutungsmuster auch dann zu Abstrahlungseffekten führen, wenn keine Zuordnung zu einem Expositionstyp erfolgt (hierauf wird in Kapitel 7.3 noch einmal eingegangen). Ist dies der Fall, sollte bei der graphischen Veranschaulichung in der Expositionstypenmatrix darauf verzichtet werden, die Indizes zu verwenden, die positiv und negativ konnotierten Expositionstypen bezeichnen. In der Matrix würden dann lediglich die Buchstanben (S, P, K, C, E) auftauchen, die die wahrgenommenen sozialen Deutungsmuster bezeichnen.

In Abb. 33 sind die in diesem Kapitel beschriebenen Halo-Effekte in die Expositionstypenmatrix eingearbeitet worden. Dort werden einerseits *kontextspezifische* Halo-Effekte veranschaulicht. Dabei handelt es sich um diejenigen Effekte, durch welche die Wahrnehmung anderer sozialer Deutungsmuster im gleichen Wahrnehmungskontext beeinflusst wird. In der Abbildung wird diese Wirkung aus Vereinfachungsgründen lediglich zwischen dem Startum und den Starfaktoren abgetragen, wobei grundsätzlich Abstrahlungseffekte zwischen sämtlichen Deutungsmustern möglich sind. Andererseits sind kontextübergreifende Halo-Effekte veranschaulicht, die dann vorliegen, wenn die soziale Kategorisierung bezüglich eines Kontexts ganz oder teilweise auf einen anderen abstrahlt. Dies erfolgt z. B. dann, wenn positive soziale Exposition in einem Lebensbereich als Eignung für die Übernahme von Aufgaben in anderen Bereichen angeführt wird, was etwa im Falle des Erwerbs von Bildungsabschlüssen bezogen auf den Arbeitsmarkt (Kapitel 2.4.3.2) oder beim Verweis auf sportliche Leistungen bezüglich der Eignung ehemaliger Profisportler für das Vereinsmanagement zu beobachten ist.

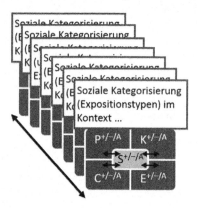

Abb. 33: Veranschaulichung kontextspezifischer und kontextübergreifender Halo-Effekte in der Expositionstypenmatrix (eigene Darstellung)

Legende: Pfeile verdeutlichen mögliche Halo-Effekte.

Abschließend soll vor dem Hintergrund des in Abb. 33 dargestellten Zusammenhangs die am Ende von Kapitel 4.3.6.2.3 aufgezeigte Systematik statusbezogener Kommunikation auf den Halo-Effekt übertragen werden. Es ist davon auszugehen, dass dieser bewusst oder unbewusst, direkt (durch den Betreffenden selbst) oder indirekt (bezogen auf andere) sowie zwecks Mehrung/Erhalt oder Minderung von Status wirksam wird. Wie auf Charisma bezogene Kommunikation, werden folglich auch Halo-Effekte in den drei Dimensionen Intention, Bezug und Wirkung wirksam (Tab. 8).

Tab. 8:   Systematik des Halo-Effekts (eigene Zusammenstellung)

Dimension	Ausprägungen	
Intention	bewusst (absichtsvoll)	unbewusst (unabsichtlich)
Bezug	Kommunikator (direkt)	andere Person(en) (indirekt)
Wirkung bzgl. Status	Mehrung/Erhalt	Minderung

4.5   Fazit und weiteres Vorgehen

In der Einleitung des Kapitels 4 wurde darauf eingegangen, dass sozial exponierte Sportler oft als „Stars" oder „Prominente" bezeichnet werden und davon ausgegangen, dass diese Begriffe für die Sportlerkommunikation und -rezeption bedeutende Expositionstypen bezeichnen, welche bestimmten sozialen Deutungsmustern zuzuordnen sind. Da beide Begriffe ein ähnliches „Bedeutungsspektrum" (Röller, 2006, S. 225) aufweisen, sollte geklärt werden, ob sich die von Swierczewski postulierten „differences of connotations" (Swierczewski, 1978, S. 89) nachweisen lassen. Die entsprechende Analyse wurde weitgehend innerhalb des analytischen Rahmens dieser Arbeit (Abb. 23 in Kapitel 3.5.2) und vor dem Hintergrund des Konzepts der sozialen Deutungsmuster (Kapitel 2.5) durchgeführt. Hierbei zeigte sich, dass sowohl Prominenz als auch das Starkonzept bzw. Startum als soziale Deutungsmuster mit spezifischen Bedeutungskernen aufgefasst werden können, zu denen die Expositionstypen „Prominenter" bzw. „Star" gehören.

Der Bedeutungskern des sozialen Deutungsmusters *Prominenz* besteht in als bekannt voraussetzbarer Bekanntheit. Es ist also bekannt, dass ein Prominenter bekannt ist (Kapitel 4.2.6). Das *Starkonzept* stellt eine Metakategorie dar, die neben der Prominenz als weitere Starfaktoren die sozialen Deutungsmuster Können, Erfolg und Charisma umfasst (Kapitel 4.3.7.2). Ein Mensch wird dann als Star aufgefasst, wenn er in der Kombination der vier Starfaktoren einen gewissen „Starwert" gemäß Formel 2 (Kapitel 4.3.7.3.2) erreicht bzw. überschreitet. Dabei gilt folgender Zusammenhang: Je höher der Starwert, desto größer ist der Starruhm des Betreffenden.

Gemäß dem sozialen Deutungsmuster *Erfolg* (Kapitel 4.3.7.2.2) wird derjenige als „Erfolgreicher" angesehen, dessen Leistung aufgrund von bestimmten sozialen Vorgaben im positiven Sinne herausragend ist. Diesem sozialen Deutungsmuster ist die Unterscheidung zwischen Erfolgen im engeren Sinne und solchen im weiteren Sinne inhärent. Erfolge i. e. S. sind „formale" Erfolge, die in der Bewertung von Leistungsergebnissen nach *objektiv nachvollziehbaren Standards* bestehen. Erfolge i. w. S. resultieren aus der *subjektiven Interpretation* von Erfolgen i. e. S., Leistungsergebnis und Leistungsvollzug sowie ggf. weiteren Faktoren. Dieser Erfolgsart liegt also kein formal definiertes Werte- und Normensystem zugrunde (Kapitel 4.3.6.1.1). Beide Erfolgsarten können zu einer Kategorisierung als „Erfolgreicher" führen, wobei dies beim Erfolg i. e. S. für Außenstehende leichter nachvollziehbar ist. Gemäß Formel 1 aus Kapitel 4.3.7.2.2 wird von Erfolgen u. a. auf Können als Kombination von Fähigkeit und einem gewissen Maß an Anstrengung geschlossen.

Das soziale Deutungsmuster *Können* mit dem zugehörigen Expositionstypen „Könner" bezieht sich auf die fachspezifische Leistungserbringung. Werden einer Person *überdurchschnittliche* Möglichkeiten zur Erbringung einer Fachleistung zugeschrieben, wird sie als „Könner" im Sinne dieses Deutungsmusters angesehen (Kapitel 4.3.7.2.3). Die Könnenszuschreibung erfolgt z. B. aufgrund bereits gezeigter Leistungen und errungener Erfolge, optischer Eindrücke oder anderer Halo-Effekte.

Abzugrenzen ist dieses soziale Deutungsmuster wiederum von demjenigen des *Charismas*, welches zwar u. U. ebenfalls bei der Erbringung von Fachleistungen offenbart werden kann (Kapitel 4.3.6.1.1), sich allerdings auf nicht unmittelbar mit dieser in Zusammenhang stehende Personeneigenschaften bezieht. Ein „Charismatiker" ist folglich ein sozial exponierter Mensch, dem von seinen Bewunderern im positiven Sinne außergewöhnliche Personeneigenschaften – z. B. Autorität, besonders gutes Aussehen u. v. m. – zugeschrieben werden (Kapitel 4.3.7.2.4).

Bezüglich aller betrachteten sozialen Deutungsmuster ist festzuhalten, dass die Bezugnahme auf diese nicht unter Verwendung entsprechender Bezeichnungen erfolgen muss. Vielmehr ergibt sich deren Wahrnehmung häufig aus dem Gesamtkontext. Selbstverständlich kann auch explizit durch entsprechende Begriffe oder eindeutige Symbole der Bezug hergestellt werden, wie dies etwa in Kapitel 4.3.7.3.2 bezüglich des Starbegriffs oder anhand des Aufzählens vergangener Erfolge von Sportgrößen (Kapitel 4.3.6.1.1) beschrieben wurde. Erfolgt die Bezugnahme allerdings nicht in einer für den Rezipienten schlüssigen Form, wird die seitens des Kommunikators gewünschte soziale Kategorisierung durch diesen i. d. R. ausbleiben oder vergleichsweise schnell angepasst werden. Dass dies häufig vorkommt, zeigt etwa Ludes (1997, S. 92-93) bezüglich des Starbegriffs auf, dessen für Rezipienten oft unglaubwürdige und inflationäre Verwendung er als „Demokratisierung und Trivialisierung, Profanisierung und Routinisierung des Transzendentalen, das Herunterholen der Stars auf die Erde, das Leuchten ohne Dunkel herum" (ebd., S. 93) bezeichnet.

Den genannten positiv konnotierten Expositionstypen stehen negativ konnotierte gegenüber, die zu den gleichen sozialen Deutungsmustern gehören und ebenfalls wesentliche Funktionen innehaben. So ist etwa nicht nur die Verehrung bestimmter sozial Exponierter bedeutend, sondern auch die Möglichkeit, diese abzulehnen (Kapitel 4.4.4.2), da beide Verhaltensweisen

> „ein Zugeständnis zu einer spezifischen Gruppenzugehörigkeit bzw. zu bestimmten Gruppenwerten [kommunizieren]. Die Personae funktionieren dabei quasi als geäußerte Self-Impression-Symbole: ‚Ich bin, zu wem ich mich öffentlich bekenne bzw. wen ich öffentlich ablehne'" (Schramm & Hartmann, 2007, S. 216).

Die negativ konnotierten Expositionstypen stellen somit wichtige „Gegenentwürfe" dar und können – ebenso wie die positiv konnotierten – durch kontextspezifische und kontextübergreifende Halo-Effekte die Wahrnehmung hinsichtlich anderer Expositionstypen prägen (Abb. 33 aus Kapitel 4.4.5). Neben wahrnehmbaren Faktoren spielen diese Halo-Effekte eine zentrale Rolle bei der Statuskonstitution, was an mehreren Stellen der Arbeit bereits deutlich wurde.

Tab. 8 (Kapitel 4.4.5) konnte entnommen werden, dass Halo-Effekte bewusst oder unbewusst sowie direkt oder indirekt wirksam werden und zum Aufbau/Erhalt oder zur Minderung von Status beitragen. Dies ist einerseits z. B. in Kapitel 4.3.6.2.3 in Zusammenhang mit „geborgtem Charisma" und allgemeiner in Kapitel 4.3.7.3.2 bezüglich der Erwartungsbildung aufgrund von Starfaktoren deutlich geworden. Andererseits erweist sich vor diesem Hintergrund die Moralisierungstendenz der medialen Berichterstattung als problematisch, da „Konflikt – Kontroverse – Aggression – Schaden" (Tab. 2) als wesentliche Nachrichtenfaktoren anzusehen sind (Kapitel 2.4.4). Aufgrund der Personalisierungstendenz der Medien werden diese Nachrichtenfaktoren oft durch die Akzentuierung von als abweichend beschriebenem Verhalten bzw. von Stigmata erreicht. Deshalb können – durchaus auch unwahre oder überzogen dargestellte – Verfehlungen sozial exponierter Menschen mitunter mitteilenswerter sein als deren Verdienste. Hieraus resultieren nicht zuletzt aufgrund des Halo-Effekts erhebliche Reputationsrisiken, zu denen nicht nur „Yellow-Gazetten" (Schneider, 2004, S. 431), sondern auch seriöse Medien beitragen (Kapitel 3.4.2.2 und 4.2.5).

So sehr die mediale Tendenz, über die Primärberichterstattung hinaus mittels Sekundär- und Tertiärverwertung über Menschen zu berichten, bei gewünschter Berichterstattung begrüßt wird, so problematisch kann diese bei unerwünschten

Berichten sein. Die hieraus im Guten wie im Schlechten resultierenden Konsequenzen sind nicht nur sozial exponierten Menschen und ihren Medienverantwortlichen, sondern auch Journalisten und Medienrezipienten bewusst (Kapitel 4.2.5). Daher spielen sie bei der Darstellung und Rezeption von Medienpersonae mitunter eine wesentliche Rolle. So wurde am Beispiel des Michael Schumacher deutlich, dass das öffentliche Interesse und die mediale Beobachtung nach seinem verheerenden Skiunfall von Medien und Öffentlichkeit offenbar als grundsätzlich ungewünscht und sehr belastend aufgefasst wurden. Wie sich zeigte, führte dies allerdings nicht dazu, dass die Berichterstattung eingestellt wurde.

Trotz dieser Aspekte ist die mediale Beobachtung oftmals keinesfalls unerwünscht. Ganz im Gegenteil beeinflusst diese beispielsweise die Attraktivität und Marktmacht von Testimonials, was sich z. B. darin zeigt, dass sehr viele Sponsoringgeber ihre Engagements durch Medienanalysen evaluieren (Kapitel 3.4.3.2). Außerdem bemühen sich Akteure im Sport häufig nach Kräften um Medienpräsenz, da diese Zugang zu den verschiedenen Teilmärkten des Sportmarkts verspricht (Kapitel 3.4.2.2 und 3.4.3.3). Als Zwischenfazit kann vor dem Hintergrund der damit verbundenen weitreichenden Chancen und Risiken somit bereits an dieser Stelle festgehalten werden, dass Markenmanagement, Medienarbeit und sonstige kommunikative Handlungen bezüglich sozialer Exposition im und durch einen so bedeutenden gesellschaftlichen Teilbereich wie den modernen Wettkampfsport nicht ohne umfassende Kenntnisse der hier dargelegten Zusammenhänge erfolgen sollten. Andernfalls besteht die Gefahr, dass wesentliche Effekte und Folgewirkungen, die sich auf individueller und kollektiver Ebene einstellen können, nicht erkannt oder nicht hinreichend bedacht werden (dieser Zusammenhang wird in Kapiteln 7 und 8 weiter vertieft).

Zum Abschluss dieses Kapitels ist festzuhalten, dass dem in der Kapiteleinleitung formulierten Anspruch entsprochen wurde, die Bedeutungsspektren der sozialen Deutungsmuster „Prominenz" und „Startum" umfassend zu analysieren. Es fällt allerdings auf, dass die in der Expositionstypenmatrix komprimiert dargestellte Systematik nicht sämtliche der in Kapitel 1.1 aufgeführten Bezeichnungen für Sportlerpersonae umfasst. So wurde bisher weder auf „(Sport)Helden" oder „Legenden", noch auf „Idole" oder „Vorbilder" eingegangen, welche ebenfalls häufig in Zusammenhang mit Sportlerpersonae genannt werden. Ein wesentliches Anliegen der vorliegenden Arbeit ist allerdings gerade die systematische Lichtung dieses „Dschungel[s] aus wild durcheinander wuchernden Termini" (Röller, 2006, S. 225). Bezüglich des „Prominenten" und des „Stars" ist dies bereits gelungen. Im nächsten Schritt wird das Heldenverständnis in gleicher Form betrachtet (Kapitel 5).

5   Helden und Sporthelden als Charismatiker

5.1   Einleitende Bemerkungen

Anders als dies beim Prominenten oder Star der Fall ist (Kapitel 4.2.1 und 4.3.1), wird der Begriff „Held" schon sehr lange in Bezug auf sozial exponierte Menschen verwendet. Horsmann weist darauf hin, dass dieser vom griechischen Wort „heros" stammt – gleiches gilt noch offensichtlicher für die englische Bezeichnung „hero" oder den französischen „héros" – und „seine Bedeutung [..] daher teilweise Züge [besitzt], die auf den griechischen Begriff […] zurückgehen" (Horsmann, 2000, S. 63; vgl. auch Dietzsch, 2010, S. 4). Er schlägt entsprechend vor, für die Abgrenzung des Begriffs die entscheidenden Wesenszüge des antiken Heros nutzbar zu machen (Horsmann, 2000, S. 64). Barney argumentiert ähnlich: „one is led to conclude that values and ideals substantiating heroism in ancient times remain substantive considerations for determining true heroes in contemporary history" (Barney, 1985, S. 88). Auch Jacobs, Krischer & Wittlich (2002, S. 62) stellen fest: „Die Mixtur für das Rauschmittel [Held] ist uralt, und die Liste der Zutaten hat sich seit den Zeiten des Akkord-Heroen Herakles nicht verändert" (vgl. auch Lucie-Smith, 1999, S. 55).

Vor diesem Hintergrund werden nachfolgend an wissenschaftlicher Literatur, medialen Quellen und einigen Fallbeispielen zentrale Wesenszüge antiker Helden herausgearbeitet und es wird aufgezeigt, inwiefern diese das soziale Deutungsmuster „Heldentum" offenbar noch heute prägen (Kapitel 5.2). Hierfür wird zuerst in knapper Form Herakles bzw. Herkules betrachtet, der aktuell als berühmtester griechischer Held gilt (Aghion, Barbillon & Lissarrague, 2000, S. 143). Seiner Legende wird eine „zeitlose Wirkung" (Lucie-Smith, 1999, S. 55) zugeschrieben und sie liefert bis heute Stoff für Bücher und Filme (ebd., S. 57). Ausführlicher werden Heroen aus dem homerischen Epos Ilias analysiert. Dieser war als Heldensage prägend für die griechische Kultur und ihr Heldenverständnis (Bohus, 1986, S. 17) und wirkt bis heute in vielschichtiger Weise nach.[167] Von der Mühll

---

167   So wird die Ilias in der Schul- und Hochschullehre verwendet und regelmäßig in unterschiedlichen Mediengattungen aufgegriffen. Der Hollywoodfilm „Troja" von Wolfgang Petersen, der sich auf die Ilias bezieht, wurde in Deutschland im Jahr 2004 beispielsweise von 4.429.985 Kinobesuchern angesehen (insidekino.com, o. J.). Nach Meinung von Clausen weicht diese Verfilmung allerdings zu stark vom Original ab und gibt dessen wesentliche Aussagen nicht wieder. Desungeachtet: „Ein positiver Aspekt der ‚Troja' Verfilmung bleibt jedoch: Petersens

bezeichnet die Wirkung der Ilias auf das Abendland daher auf dem Buchrücken einer von ihm herausgegebenen Ausgabe als „unabsehbar" (Mühll, 1987). *Ob* die griechischen Mythen sich allerdings *wirklich* so oder so ähnlich zugetragen haben, ist für die nachfolgenden Erörterungen nicht relevant und wird nicht weiter hinterfragt. Wesentlich ist, dass es sich hierbei um Geschichten handelt, deren wesentliche Aussagen auf grundlegende menschliche Situationen übertragen werden können (Abenstein, 2007, S. 13-14) und die sich durch eine gewisse Zeitlosigkeit auszeichnen. Bei den Protagonisten sollten daher besonders typische Eigenschaften „klassischer Helden" nachweisbar sein.

Trotz seiner langen Geschichte und festen Etablierung im Sprachgebrauch ist festzustellen, dass die Verwendung des Begriffs „Held" nicht immer einen direkten Verweis auf das soziale Deutungsmuster „Heldentum" (Kapitel 5.2.6) darstellt.[168] „In Ausdrücken wie ‚Held der Arbeit', ‚Held der Leinwand' oder ‚Held des Tages' finden sich dennoch Überreste vom Begriff des historischen Helden: sie drücken etwas Bewundernswertes aus" (Tallgren, 1981, S. 9). Beim „Sofa-Helden" (Mangold, 2012, S. 51) ist eher das Gegenteil der Fall und es kann von „eine[r] ironische[n] Färbung" (Tallgren, 1981, S. 9) des Begriffs ausgegangen werden. Vor diesem Hintergrund zeigt sich in Kapitel 5.3 bei der Betrachtung des Sporthelden bzw. „Helden im Sport", dass dieser „Partialheld" eine offenbar sozial akzeptierte Übertragung des sozialen Deutungsmusters Heldentum in den Rezeptionskontext Sport bzw. moderner Wettkampfsport (Kapitel 3.2) darstellt. In Kapitel 5.4 offenbart sich anhand verschiedener Beispiele von „Helden aus dem Sport", wie Sportler aus dem „Partialheldentum" Sportheld ausbrechen und zu „klassischen Helden" werden können. Kapitel 5 wird schließlich durch ein Fazit (Kapitel 5.5) abgeschlossen, welches u. a. der Einordnung in die bisherigen Erkenntnisse dieser Arbeit dient.

Visualisierung des Troja-Stoffes könnte dazu dienen, Homer und die antike Literatur insgesamt wieder mehr ins Bewusstsein der Moderne zu rücken. Und wenn der eine oder andere Zuschauer nach dem Film auch zur Homerischen Inspirationsquelle greift, wäre das in der Tat ein großer Gewinn" (Clausen, 2004). – Es zeigt sich, dass Clausen, obwohl sie mit der Adaption des Stoffes nicht einverstanden ist, die Ilias auch heute noch für grundsätzlich sehr wertvoll und lesenswert hält.

168   Dass dies auch für die in Kapitel 4 betrachteten Konstrukte gilt, wurde zusammenfassend in Kapitel 4.5 ausgeführt.

5.2   Klassische Helden

5.2.1   Einleitende Bemerkungen

Wie Elias feststellt, handelte es sich bei der Gesellschaft des antiken Griechenland um eine Kriegergesellschaft, die den bedingungslosen Einsatz im Kampf mit Ruhm und Ehre vergalt (Elias, 1975, S. 97-102, 1983, S. 24-25; vgl. auch Classen, 2008, S. 11; Heinemann, 1998, S. 266; Tallgren, 1981, S. 13). Zwar war der Sieg, das Bezwingen des Feindes naturgemäß das erklärte Ziel jedweder kriegerischen Auseinandersetzung. Allerdings war es „nicht weniger glorreich, [...] besiegt zu werden, sofern man den Kampf mit aller Kraft führte, bis man verstümmelt, verwundet oder getötet wurde und somit nicht länger kämpfen konnte" (Elias, 1975, S. 91-92 in ähnlicher Formulierung auch Elias, 1983, S. 24-25). Beim Einstehen für bestimmte Werte im Rahmen seines heroischen Kampfes musste der antike Held bereit sein, Gesundheit und Leben aufs Spiel zu setzen, und mit allen Mitteln versuchen, sein Ziel zu erreichen (Jacobs et al., 2002, S. 62). Hierfür bedarf es „psychischen, militärischen und moralischen Mut[es]" (Emrich & Messing, 2001, S. 47), wobei letzterer „die Fähigkeit [ist], einem inneren Feind zu widerstehen, also den Leidenschaften, dem Ausweichen vor dem Schmerz, den Leiden" (ebd.).

In der Wahl seiner Mittel entsprach der Heros den Wertmaßstäben der griechischen Antike. Kriegszustände mit all ihren Begleiterscheinungen waren damals normal und die Akzeptanz von Gewalt war wesentlich ausgeprägter, als dies heute der Fall ist. Massenmorde und -versklavungen konnten beispielsweise evtl. Mitleid hervorrufen, wurden jedoch moralisch nicht verurteilt. Das staatliche Gewaltmonopol im heutigen Sinne gab es nicht. Männer waren daher grundsätzlich für den Schutz ihrer sozialen Gruppe (Familie, Polis) verantwortlich, mussten also im kriegerischen Sinne wehrhaft und gewaltbereit sein. Für den potentiellen Helden bedeutete dies, dass er durchaus in hohem Maße gewalttätig sein konnte, ohne dass dies grundsätzlich eine dauerhafte Stigmatisierung (Kapitel 4.4.4) nach sich gezogen hätte (Classen, 2008, S. 11; Elias, 1975, S. 97-100, 1975, S. 108, Fußnote 21, 1983, S. 24-25; Heinemann, 1998, S. 266; zur unterschiedlichen Bewertung von Gewalt in verschiedenen Gesellschaften und sozialen Gruppen vgl. z. B. Weiß, 1999, S. 55-58). Es war zwar nicht wünschenswert, aber zumindest verzeihlich, wenn er Unschuldige ermordete oder wehrlose Gegner erschlug, was dem heutigen Ethos (auch in Zeiten des Krieges) zuwiderläuft. Herakles ermordete beispielsweise in einem Anfall von Wahnsinn, den ihm seine Stiefmutter, die Göttin Hera, aus Rache auferlegt hatte, seine eigenen und zwei verwandte Kinder. Für seine Tat verbannte er sich selbst aus Theben. Daraufhin wurde er von seiner Schuld gereinigt (Aghion et al., 2000, S. 143) und nachfolgend zum bewunderten „Urbild aller Helden des Abendlands" (Jacobs et al., 2002, S. 59).

Ein solches Verhalten wäre in der modernen westlichen Gesellschaft mutmaßlich unverzeihlich. Kein Verweis auf göttliche Intervention oder sonstige Gründe dürften daran etwas ändern. Dies liegt darin begründet, dass das Menschenbild und die Auffassung vom Einfluss der Götter auf das menschliche Handeln heute grundlegend anders sind.[169] Dem einzelnen menschlichen Leben wird ein viel höherer Wert beigemessen und die Ermordung eines Unschuldigen – besonders eines (oder gar mehrerer) Kinder – führt i. d. R. zu einer unauslöschlichen Stigmatisierung des Täters. Wesentlich bei der Betrachtung und Bewertung der konkreten Handlungen potentieller Helden ist somit die Einordnung in den sie umgebenden kulturellen Kontext mit seinen Regeln und Normen:

> „The hero can be best understood as an aspect of culture, a part of a society's collection of symbols or totems. The hero is a human figure that serves as an object of admiration, aspiration, and at times, worship. The story of the hero's life is a codification of culture's values and prescribed behaviours" (Strate, 1985, S. 47).

Genau wie die bisher betrachteten sozialen Deutungsmuster sind der Held und das Heldentum relationale Konzepte (Kapitel 4.3.5 und 4.4). Das bedeutet, dass der Held jeweils kulturspezifisch zu interpretieren ist. Dieser Zusammenhang spielt auch bei der nicht wissenschaftlich motivierten Rezeption von Heldengeschichten und der Eigenschaften und des Verhaltens ihrer Akteure eine zentrale Rolle. Bei deren heutiger Rezeption werden folglich der kulturelle Rahmen, die Interaktion mit einem bestimmten Gesellschafts- bzw. Regelsystem, die „Figuration" (Albert, 2013, S. 196; Bartels, 1995, S. 17; Elias, 1971, S. 142, 2001, S. 27-28, 2003, S. 92), gemäß dem jeweiligen Kenntnisstand des Rezipienten intuitiv einbezogen. Deswegen werden die dem Handelnden zugeschriebenen heldenhaften Eigenschaften gewürdigt, ohne dass sein heute mitunter nicht mehr akzeptables Verhalten diese per se diskreditiert.[170]

---

169 Die Bedeutung des göttlichen Einflusses war ein zentrales Element der griechischen Antike und prägt die Ilias grundlegend, wie beispielsweise der folgende Ausspruch Achilleus' zeigt: „Also bestimmen die Götter der elenden Sterblichen Schicksal, Bang in Gram zu leben; allein sie selber sind sorglos" (Homer, 1946, 24. Gesang, Z. 525f-526; vgl. auch Classen, 2008, S. 49). Dies ist ein wesentlicher Aspekt der Bewertung der Fähigkeiten der Protagonisten und ihres Umgangs damit, denn „[d]ie Helden von Homer [besaßen] übermenschliche Fähigkeiten, die sie sich nicht aufgrund langjähriger Anstrengungen angeeignet hatten, sondern die ihnen durch Götter vermittelt worden waren" (Bette, 2007, S. 258). Folglich hatte der Umgang eines derart Privilegierten mit seinen durch göttlichen Willen erhaltenen Fähigkeiten besondere Relevanz.

170 Gleiches gilt etwa auch für den heutigen Umgang von Christen mit den „Heldengeschichten" der Bibel. Im Christentum sind Nächstenliebe und Mitleid zentrale Elemente. Ferner gilt das menschliche Leben – insbesondere das von Kindern – in vielen Gesellschaften als besonders schützenswert. Trotzdem wird Abraham als beispielhaft in seinem Glauben gerühmt, da er z. B. bereit war, Gott seinen Sohn Isaak zu opfern (1 Mose 22, 1-19). – Es ist davon auszugehen, dass eine derartige Bereitschaft heute dazu führen dürfte, dass das Kind vor seinem Vater geschützt würde. Desungeachtet „wirkt" die biblische Geschichte auch heute auf ihre Rezipienten, da

Mitunter erfahren antike Heldenepen und andere Mythen auch eine – gewisse Grenzen normalerweise nicht überschreitende – Anpassung an aktuelle Normen und Erwartungen (Abenstein, 2007, S. 13-14). „Ändern sich [..] Bedürfnisse oder Umstände, so passt sich der Mythos an. Schließlich will er Gültiges aussagen über alles, was die Existenz des Menschen bestimmt" (Dietzsch, 2010, S. 5). Mitunter werden bei der Darbietung bzw. Rezeption antiker Erzählungen sogar in erster Linie für die eigene Gesellschaft gültige Standards identifiziert und bewundert (Elias, 1983, S. 17-18; vgl. auch Emrich & Messing, 2001, S. 45), die im Ursprungsmythos nicht angelegt sind.

Trotz und gerade auch wegen dieser Wandelbarkeit von Heldengeschichten gilt: „All cultures have heroes, but the heroes themselves vary from culture to culture" (Strate, 1985, S. 47; vgl. auch Drucker, 1994, S. 82; Strate, 1994, S. 15). Ob ein bestimmter Protagonist als Held zu einer bestimmten Kultur „passt", hängt von den dort herrschenden Umständen ab. Zwar können wesentliche Elemente heldenhaften Handelns vor dem Wissen um die kulturelle Einbindung des Betreffenden auch in anderen Kulturen erkannt werden. Allerdings gibt es Heldengeschichten, die grundsätzlich besonders gut zu bestimmten individuellen oder gesellschaftlichen Umfeldern bzw. Situationen „passen".[171] So wird Odysseus heute von manchen als der populärste griechische Held gesehen (Aghion et al., 2000, S. 219). Die Odyssee ist jedoch erst wesentlich später als der Stoff der Ilias, in der Odysseus nicht im Mittelpunkt steht, in die „hohe Dichtung" (Mühll, 1946, S. XVI) aufgenommen worden. Dies lag darin begründet, dass sie nicht die in der griechischen Antike besonders zentralen Elemente „Kampf und Kameradschaft, [..] Ehrliebe und Groll, sondern [..] die Not ferner Fahrt, [..] Sehnsucht nach dem Vaterland und Wiedergewinnung der fast verlorenen Heimat, [..] die Treue von Mann und Weib" (ebd., S. XVI-XVII) zum Thema hat. Entsprechend entfaltete sie erst später ihre Bedeutung, als sich ihr z. B. das Volk der Ionier zuwandte, die Seefahrer und Abenteurer waren. Für diese hatte die Odyssee ein großes Identifikationspotential (ebd., S. XVII).

---

intuitiv verstanden wird, dass Abrahams Verhalten nicht grundsätzlich mit aktuellen Maßstäben zu bewerten ist und er sein Gottvertrauen in dieser nicht mehr zeitgemäßen Form besonders glaubhaft unter Beweis stellen konnte.

171 In Fußnote 170 wurde auf das biblische Beispiel des Abraham und darauf verwiesen, dass dieses heute noch von Christen sinnvoll interpretiert werden kann. Abraham ist auch im Judentum (Delvaux Fenffe, 2008) und dem Islam (Focus Online, o. J.; m-haditec GmbH & Co. KG, o. J.) eine bedeutende Persönlichkeit und spielt für Gläubige dieser Religionen eine wichtige Rolle, so dass diese ihn betreffende Erzählungen ebenfalls gehaltvoll rezipieren dürften. Religiöse Erzählungen allerdings, die von Personen handeln, die für eine bestimmte Religionen unbedeutend sind, werden von deren Anhängern üblicherweise nicht umfassend beachtet werden bzw. i. d. R. nicht dazu herangezogen, diese in ihrem Glauben zu stärken.

Zusammenfassend kann festgehalten werden, dass Heldengeschichten kulturspezifisch rezipiert werden. Unterschiedliche Kulturen haben daher oft voneinander abweichende Heldengeschichten. Mitunter manifestieren sich diese Abweichungen auch darin, dass bestimmte Geschichten in jeweils anderer Form erzählt
werden. Dies zeigt sich z. B. an den homerischen Epen, die sich aktuell trotz ihres
Alters von mehreren tausend Jahren noch immer großer Popularität erfreuen (Lucie-Smith, 1999, S. 55), was seit ihrer Entstehung in verschiedenen Kulturen galt
(Aghion et al., 2000, S. 14-18, 135-136, 219-220, 307-308; Classen, 2008, S. 1;
Dietzsch, 2010, S. 5; Mühll, 1946, S. XVI–XVII; Strate, 1994, S. 15-16). Es kann
somit davon ausgegangen werden, dass diese Epen allgemeine Muster enthalten,
die in vielen Gesellschaften – so auch heute – als für Helden typisch wahrgenommen werden.

Ziel der nachfolgenden Betrachtungen soll es daher sein, vor dem Hintergrund des analytischen Rahmens dieser Arbeit (Kapitel 3.5.2) konstituierende Elemente der Rezeption des Helden herauszuarbeiten, um die Isolierung des Bedeutungskerns des sozialen Deutungsmusters „Heldentum" zu ermöglichen. Da es
sich hierbei um ein sehr altes Deutungsmuster zu handeln scheint, sollen Elemente
heroischen Handelns verdeutlicht werden, die scheinbar kulturübergreifend – zumindest jedoch in der Antike und aktuell – als zentrale Elemente heldenhaften
Wirkens angesehen wurden bzw. werden. Zu diesem Zweck wird in Kapitel 5.2.2
ein analytischer Blick in die Ilias geworfen, da diese schon seit langer Zeit populär
ist und sie und ihre Helden noch heute rezipiert werden. Sie stellt somit gemäß
dem arenatheoretischen Modell von Öffentlichkeit (Kapitel 2.4.2) einen massenmedialen Inhalt dar, der die Bedeutungskonstruktion im Sinnzirkel wesentlich beeinflusst. Anschließend werden die Funktionen des Helden für ein soziales Kollektiv betrachtet (Kapitel 5.2.3). In Kapitel 5.2.4 werden dann die konstitutiven
Elemente der Heldenkonstruktion vorgestellt, wobei zuerst der „Prozess der Heldwerdung" (Kapitel 5.2.4.1) im Vordergrund steht. Darauf aufbauend werden die
„großen Aufgaben" des Helden (Kapitel 5.2.4.2) und besondere Charakteristika
heldenhaften Wirkens (Kapitel 5.2.4.3) erarbeitet. Anhand aktueller Beispiele
wird dann in Kapitel 5.2.5 nachvollzogen, dass die klassische Heldenkonstruktion
in wesentlichen Strukturelementen derjenigen in modernen Medien gleicht. Abschließend wird das Heldentum als soziales Deutungsmuster beschrieben und sein
Bedeutungskern aufgezeigt (Kapitel 5.2.6).

5.2.2 Klassische Helden: Achilleus, Hektor und Priamos aus der Ilias

Die beiden homerischen Helden Achilleus und Hektor stehen sich in dem in der
Ilias beschriebenen Krieg um Troja gegenüber. Achilleus ist der gefürchtetste
Kämpfer der angreifenden Griechen und Hektor der hervorragendste Krieger der

Verteidigungsarmee Trojas. Achilleus ist ein Halbgott, dessen Vater ein Mensch und dessen Mutter eine Göttin ist. Hektor ist ein „normaler" Mensch mit sterblichen Eltern. Von seiner Mutter, der Göttin Thetis, weiß Achilleus, dass er zwischen einem langen, friedvollen, aber unbedeutenden und einem kurzen, aber ruhmreichen Leben wählen kann. Er entscheidet sich für den Ruhm[172] und wird, da er durch Intervention seiner Mutter nahezu unverwundbar und von ungeheurer Kampfeskraft ist, zu einem fürchterlichen Krieger und Schrecken seiner Feinde (Aghion et al., 2000, S. 14-18; Classen, 2008, S. 26, 49). Während seiner Teilnahme am Kampf um Troja überwirft er sich wegen eines Streits um erbeutete Frauen mit Agamemnon, dem griechischen Heerführer, und weigert sich, weiterhin für ihn zu kämpfen. Nachdem sein treuer Freund Patrokles von Hektor im Kampf erschlagen wird, will Achilleus diesen rächen und stößt wieder zum Heer der Griechen (Homer, 1946; zusammenfassend Aghion et al., 2000, S. 14-18; Classen, 2008, S. 26-27). Als er in die Schlacht ziehen will, weissagt ihm sein Pferd den nahen Tod, worauf er folgende Worte erwidert:

> „Xanthos, warum mir den Tod weissagest du? Solches bedarf's nicht!
> Selber weiß ich es wohl, daß fern von Vater und Mutter
> Hier des Todes Verhängnis mich hinrafft. Aber auch so nicht
> Rast ich, bevor ich die Troer genug im Kampf getummelt!
> Sprach's und lenkte voran mit Geschrei die stampfenden Rosse."
> (Homer, 1946, 19. Gesang, Z. 420-425; vgl. auch Classen, 2008, S. 19).

Achilleus zieht trotz der Prophezeiung in die Schlacht, um seinen Racheplan zu verfolgen (Classen, 2008, S. 27). Schließlich stellt er Hektor vor den Mauern Trojas. Dieser nimmt den Kampf an, obwohl ihn seine Eltern von den Wehrmauern herab anflehen, ins Innere der schützenden Stadt zu kommen, und er den Halbgott bis zu diesem Tage auf dem Schlachtfeld gemieden hat. Da die Götter gegen ihn entschieden haben, wird Hektor von Achilleus getötet. Den toten Körper des Besiegten schleift der rachsüchtige Achilleus mit seinem Streitwagen sieben Mal um Troja und weigerte sich lange, diesen an Priamos, den trojanischen König und Hektors Vater, zu übergeben (hierzu später mehr). Achilleus ereilt schließlich das prophezeite Schicksal und er fällt einem Pfeil des Paris zum Opfer, der ihn an

---

172 Was zu erwarten war, denn „[d]er Wille nach Ruhm und Ehre war der Antriebsmotor, der [die antiken Heroen] zu höchsten Leistungen antrieb, manchmal aber auch ins Unheil und Verderben riss" (Bette, 2007, S. 258). Dies war mit den Wertvorstellungen der homerischen Griechen zu erklären, die Folgendes umfassten: „1) das Streben des einzelnen nach Überlegenheit im Vergleich zu einem oder mehreren anderen oder zu allen anderen, 2) das Streben nach solcher Überlegenheit in allen Bereichen des Lebens, [...] 4) die [hohe Bedeutung der] Beurteilung des einzelnen durch andere, vor allem durch die Gruppe, der er angehört, aber auch durch Fremde oder Gegner, und die entsprechend in ihn gesetzten Erwartungen" (Classen, 2008, S. 11).

seiner einzig verwundbaren Stelle, der Ferse, trifft (Aghion et al., 2000, S. 14-18; Classen, 2008, S. 26-27, 49).

Diese kurze Zusammenfassung zeigt, dass der antike Held, trotzdem er dadurch ein tragisches Schicksal erleidet, seine heroische Aufgabe annimmt. Er ist bereit, sein Leben dafür zu geben, sein Wirken an den vom Kriegerethos geprägten gesellschaftlichen Erwartungen auszurichten (Bette, 2007, S. 258; Classen, 2008, S. 11; Emrich & Messing, 2001, S. 51). Achilleus ist bekannt, dass er die Wahl des ruhmreichen Kämpferlebens letztendlich mit seinem Leben bezahlen wird. Nichtsdestotrotz stellt er sich seinem Schicksal ohne Wehklagen. Auch Hektor weiß um die faktische Unbesiegbarkeit seines Gegners und stellt sich diesem in heldenhafter Manier trotzdem: „Mutig entweder mit Sieg von Achilleus' Morde zu kehren [o]der ihm selbst zu fallen im rühmlichen Kampf vor der Mauer" (Homer, 1946, 22. Gesang, Z. 109-110). „Seit antiker Zeit erscheint H[ektor] in der Gestalt des tapferen, aber besiegten oder dem Untergang geweihten Kriegers" (Aghion et al., 2000, S. 136; vgl. auch Classen, 2008, S. 49). Beider Leben enden somit in für den Heros typischer Art: tragisch und jung. Weglaufen, Kompromisse, Ausflüchte oder Entschuldigungen kann es für sie nicht geben. Die gesellschaftlichen Erwartungen, die großen Aufgaben (Kapitel 5.2.4.2) diktieren, was zu tun ist und sie verhalten sich „rollenkonform" (Kapitel 2.2.3).

Der typische antike Held verfolgt sein Ziel, sei es die Verteidigung seiner Familie, Stadt oder Kampfgenossen oder die Bewältigung sonstiger gefahrvoller Prüfungen, ohne Rücksicht auf Verluste. Er verliert es nicht aus den Augen und erfüllt seine Aufgabe, nachdem er diese angenommen hat, „ohne auch nur einen Millimeter von seinem Plan abzuweichen" (Jacobs et al., 2002, S. 62). Selbstzweifel sind ihm, *nachdem*[173] er seinen Entschluss gefasst hat, fremd (ebd.). „Für den Heros gilt stets das Primat des Handelns vor dem Reden" (Emrich & Messing, 2001, S. 48). Er hält sich nicht mit großen Reden auf, denen dann keine Taten folgen (Lipp, 1985, S. 229-231). Auch ist er bereit, den Preis für sein Handeln zu zahlen, um an diesem (und nur daran) gemessen zu werden. Das heißt allerdings, dass er für seine Taten gerade stehen muss. So bestraft sich Herakles für seine schlimme Verfehlung, die Ermordung der Kinder, selbst und kann dadurch einer dauerhaften Stigmatisierung entgehen (Kapitel 5.2.1).

Dass er Verantwortung übernimmt, heißt für den antiken Helden oftmals auch, sehenden Auges in sein Verderben zu laufen. Im Zweifelsfall entscheidet er sich dafür, der Gesellschaft zu dienen bzw. in vorbildlicher Weise nach ihren Werten zu leben, auch wenn er dafür zugrunde gehen muss. Bezüglich des „Lebens-

---

173 Dass der potentielle Held vor Annahme der heroischen Aufgabe auch zurückschrecken kann, wird im weiteren Verlauf des Kapitels noch aufgegriffen. Sofern er sich gegen die Aufgabe entscheidet, kann er allerdings nicht zum Helden werden.

und Sterbegesetz[es]" (Jacobs et al., 2002, S. 62) des Helden wird der amerikanische Philosoph Ralph Waldo Emerson daher folgendermaßen zitiert: „The hero is he who is immovably centred" (ebd.). Der Heros nimmt eine klare Haltung ein. Er zaudert vielleicht anfangs, ist unsicher, zweifelt, sucht nach Auswegen. Aber sobald er seine Aufgabe angenommen hat, steht er zu seiner Entscheidung. In dieser Unverrückbarkeit, dem kompromisslosen Vorleben dessen, was richtig und was falsch ist, führen Helden eine „Komplexitätsreduktion" (Emrich & Messing, 2001, S. 63) herbei (s. hierzu Kapitel 5.2.4.3). Alles ist plötzlich ganz einfach, für jeden verständlich und nachvollziehbar. Die guten, erstrebenswerten Persönlichkeitseigenschaften können leicht erkannt und den Rezipienten der heroischen Erzählung vor Augen geführt werden. Deshalb stellen Holt & Mangan (1996, S. 6) fest: „Heroes, of course, were not supposed to be too complex or clever."

Die Bereitschaft, auch gegen große Widerstände für andere bzw. für gesellschaftliche Werte einzustehen, kann allerdings nicht nur im Kampf unter Beweis gestellt werden. So sucht der trauernde Priamos Achilleus auf, um die Herausgabe des Leichnams seines Sohnes Hektor zu erwirken. Der Besuch des trojanischen Königs weckt in dem jungen Helden Bewunderung für dessen Mut und Selbstüberwindung. Diese zeigt Hektors Vater indem er trotz aller Gefahren ins Lager seiner Feinde geht und dem Mann gegenübertritt, der seinen Sohn erschlagen und dessen Leichnam in der schon beschriebenen Weise behandelt hat. Auch wird sehr deutlich, dass „die [antiken] Helden [gerade] keine ungeschlachten Recken [sind]; die Regungen des menschlichen Herzens, wie es eben ist, sind ihnen nicht fremd, fremd nicht Furcht und Schmerz und Tränen" (Mühll, 1946, S. XVI). Sie durchleben Extremsituationen mit all den zugehörigen Emotionen:

> „[Priamos zu Achilleus:] Deines Vaters gedenk, o göttergleicher Achilleus,
> Sein, der bejahrt ist wie ich, an der traurigen Schwelle des Alters!
> Und vielleicht, daß jenen auch rings umwohnende Völker
> Drängen und niemand ist, vor Jammer und Weh ihn zu schirmen.
> Aber doch, wann jener von dir, dem Lebenden, höret,
> Freut er sich innig im Geist und hofft von Tage zu Tage,
> Wiederzusehn den trautesten Sohn, heimkehrend von Troja.
> Ich unglücklicher Mann: die tapfersten Söhn' erzeugt ich
> Weit in Troja umher, und nun ist keiner mir übrig! [...]
> Doch der mein einziger war, der die Stadt und uns alle beschirmte,
> Diesen erschlugst du jüngst, da er kämpfte den Kampf für die Heimat,
> Hektor! Für ihn nun komme ich herab zu den Schiffen Achaias,
> Ihn zu erkaufen von dir, und bring unendliche Lösung.
> Scheue die Götter demnach, o Peleid, und erbarme dich meiner,
> Denkend des eigenen Vaters! Ich bin noch werter des Mitleids!
> Duld ich doch, was keiner der sterblichen Erdebewohner:
> Ach, zu küssen die Hand, die meine Kinder getötet!

Sprach's und erregt' in jenem des Grams Sehnsucht um den Vater;
Sanft bei der Hand anfassend, zurück ihn drängt' er, den Alten.
Beide nun eingedenk: der Greis des tapferen Hektors,
Weinete laut, vor den Füßen des Peleionen sich windend,
Aber Achilleus weinte den Vater jetzo und wieder
Seinen Freund; es erscholl von Jammertönen die Wohnung.
Aber nachdem sich gesättigt des Grams der edle Achilleus
Und aus der Brust ihm entfloh der Wehmut süßes Verlangen,
Sprang er vom Sessel empor, bei der Hand den Alten erhebend,
Voll Mitleids mit dem grauen Haupt und dem grauenden Barte.
Und er begann zu jenem und sprach die geflügelten Worte:
Armer, fürwahr viel hast du des Wehs im Herzen erduldet!
Welch ein Mut, so allein zu der Danaer Schiffen zu wandeln,
Jenem Mann vor die Augen, der dir so viel und so tapfre
Söhn' erschlug! Du trägst ja ein eisernes Herz in dem Busen"
(Homer, 1946, 24. Gesang, Z. 486-521).

Einerseits wird Achilleus von der Erinnerung an seinen eigenen Vater und dem Schmerz über den Verlust seines Freundes überwältigt, zeigt also die jedem Menschen vertrauten Regungen Heimweh und Trauer. Andererseits bewundert er das vorbildliche Verhalten seines Gegenübers, welcher für seinen toten Sohn diesen schweren Weg auf sich nimmt (Zuchora, 1983, S. 14).[174]

Es bleibt festzuhalten, dass der Held seinen Gefühlen erliegen und Tabubrüche begehen kann. So lässt der „Superheld" der Griechen seine Mitstreiter im Stich, weil er gekränkt wurde. Nach Patrokles' Tod ist er dann derart von Schmerz zerfressen, dass er in seinem Zorn Hektors Leiche entehrt. Achilleus zeigt Schwäche, erliegt menschlichen Leidenschaften und nimmt Rache, was andere aus Angst vor den Folgen u. U. nicht wagen würden. Doch sind die Helden ganz grundsätzlich bereit, die Verantwortung für ihr Handeln zu übernehmen und dessen Konsequenzen zu tragen. Sie lassen, auch wenn sie die fatalen Folgen kennen, die komplizierten Verpflichtungen und Ängste normaler Sterblicher hinter sich, um einem Idealbild zu entsprechen und für bestimmte Werte bzw. eine soziale Einheit einzustehen (Classen, 2008, S. 26-27; Emrich & Messing, 2001, S. 48).

---

174   Dem heutigen Leser mögen die konkreten Vorkommnisse, von denen diese Stelle der Ilias handelt, befremdlich erscheinen. Ein Krieger weigert sich, die Leiche eines erschlagenen Feindes herauszugeben und weint dann mit dessen Vater, der von ihm den Leichnam kaufen möchte. In der Antike scheint es nicht ungewöhnlich gewesen zu sein, die Leichen der Feinde gegen Lösegeld freikaufen zu lassen, schließlich stellt dies der sterbende Hektor selbst Achilleus in Aussicht (Homer, 1946, 22. Gesang, Z. 337-343; vgl. auch Zuchora, 1983, S. 14).

5.2.3   Funktionen des Helden für ein soziales Kollektiv

Der Held ist, darauf wurde bereits verwiesen, immer im Kontext des ihn umgebenden bzw. verehrenden sozialen Systems zu betrachten. Wird jemand zum Helden für ein Kollektiv, so kann davon ausgegangen werden, dass er die oder zumindest sehr wesentliche von dessen „zentralen Werte[n] und Verhaltensorientierungen" (Emrich & Messing, 2001, S. 45) verkörpert bzw. diese in sein Handeln hineininterpretiert werden (Bohus, 1986, S. 17; Emrich & Messing, 2001, S. 45; Jacobs et al., 2002, S. 62; Krischer, 2002, S. 68; Tallgren, 1981, S. 13). Wesentlich ist, dass es immer eine Interpretationsleistung der Kommunikatoren und Rezipienten einer Heldengeschichte ist, den Helden als solchen kenntlich zu machen bzw. zu erkennen. Dies geschieht dadurch, dass seinem Handeln bzw. ihm als Person entweder ausdrücklich oder über Attributionsprozesse (Kapitel 2.2.2) bestimmte Motive und Werte zugeschrieben werden.

Der Held fungiert dabei als „symbol or emblem, linking the style of the performance with a sense of a wider community – a class, a city, a region" (Holt & Mangan, 1996, S. 10). Der Held dient als *Symbol*, welches dem „Bedürfnis des Menschen, sich mit Gruppensymbolen und Repräsentanten sowie deren Taten zu identifizieren" (Lenk, 1972, S. 149), entgegenkommt. Durch das Beispiel des Helden werden wünschenswerte Verhaltensmuster auf einerseits verständliche und andererseits ungewöhnliche und somit insgesamt interessante Weise demonstriert, so dass dem Helden auch eine „Unterhaltungsfunktion"[175] zukommt (Jacobs et al., 2002, S. 66). Gerade die Möglichkeit, wünschenswerte Verhaltensweisen anhand heldenhafter Taten auf einfache *und* interessante Weise zu demonstrieren, sollte nicht unterschätzt werden. Denn erst diese machen eine weitreichende Rezeption der Taten und der dahinter stehenden Werte wahrscheinlich.

Durch die Taten des Helden wird gezeigt, dass sowohl die Gesellschaft als auch die durch den Helden repräsentierten wünschenswerten Eigenschaften so wertvoll und wichtig sind, dass er bereit ist, für sie die zu bestehenden Aufgaben (Kapitel 5.2.4.2) auf sich zu nehmen (Jacobs et al., 2002, S. 62). Einen Helden verehrende Sozialsysteme erhalten so die Möglichkeit, für sie bedeutende und u. U. überlebensnotwendige Verhaltensweisen anhand seines Beispiels exemplarisch vorzuführen und somit von ihren Mitgliedern einzufordern (Tallgren, 1981, S. 22), denn: „Be it as it may, the important and basic point to be established here is that

---

175   Diese „Unterhaltungsfunktion" kommt potentiell allem zu, das ungewöhnlich bzw. bekannt ist. Schließlich, darauf verweisen Holt & Mangan (1996, S. 11), suchen auch Journalisten das Außergewöhnliche, da dieses interessiert und Menschen deswegen Zeitungen kaufen (vgl. diesbezüglich die Ausführungen zur Nachrichtenwert-Theorie in Kapitel 2.4.4). Stars und die anderen Expositionstypen gemäß Kapitel 4 erfüllen ebenfalls diese Funktion, sie kann somit zur Abgrenzung des Helden keine Dienste leisten und wird in die später aufgezeigten Charakteristika heldenhaften Handelns keine Aufnahme finden.

heroes have the capacity to influence their admirers in fundamental and profound ways" (Russell, 1993, S. 124).

Diese Beeinflussung ist jedoch nicht auf rein normative Funktionen beschränkt. Aufgrund des Identifikationspotentials des Helden bedient dieser das im alltäglichen Leben immer wieder zu beobachtende menschliche Bedürfnis nach Anerkennung (Kapitel 2.3.1). Diese Anerkennung erhalten Individuen der den Helden verehrenden Gesellschaft auf zwei Arten. Zum einen zeigt der Held durch seine Taten für die Gemeinschaft, dass diese wichtig ist, dass sie – und ihre Mitglieder – bzw. das, wofür sie steht, ein Opfer wert ist. Denn, wie Klapp bezüglich der Kreuzfahrer schreibt, die oftmals zum Sterben in ferne Länder zogen: „It requires faith in something good enough to justify the trouble and risk" (Klapp, 1969, S. 257). Außerdem bietet der Held seinem Anhänger die Möglichkeit, durch Identifikationsprozesse – z. B. mittels des BIRG bzw. basking und/oder PSI und PSB (z. B. Kapitel 2.3.2, 2.3.3 und Abb. 22 in Kapitel 3.5.2) – an seinem Wirken teilzuhaben. Da der Bewunderte als Repräsentant einer Gruppe bzw. ihrer Werte gesehen wird, wird so ferner die Gruppenkohäsion gestärkt.

Dass ein Held als solcher wahrgenommen wird und seine genannten Funktionen erfüllen kann, ist an verschiedene Voraussetzungen geknüpft. Nachfolgend soll daher vor dem Hintergrund der bisherigen Ausführungen herausgearbeitet werden, was dazu führt, dass ein Held zum Helden wird.

5.2.4 Wie wird der Held zum Helden? – Konstitutive Elemente der klassischen Heldenkonstruktion

5.2.4.1 Prozess der Heldwerdung

Hektor und Achilleus entscheiden beide, Heim und Familie hinter sich zu lassen, um sich den Herausforderungen zu stellen, die zu ihrer Heroisierung führen.[176] Hektor hätte versuchen können zu fliehen, Achilleus das ruhige, lange und friedvolle Leben wählen (zu Aspekten dieser Entscheidungsproblematik vgl. z. B. Bette, 2007, S. 258; Classen, 2008, S. 11, 49; Emrich & Messing, 2001, S. 48; Jacobs et al., 2002, S. 62; Zuchora, 1983, S. 9). Beide nehmen jedoch ihre Aufgabe an und stellen sich ihrem Schicksal. Die Entscheidung für den schweren Weg des Ruhmes, für den Versuch, eine furchteinflößende oder sogar unlösbare Aufgabe auf sich zu nehmen, markiert den ersten Schritt der Heldwerdung der beiden.

Lange (1998/99) und Izod (1996) haben die allgemeinen Phasen des Prozesses der Heldwerdung beschrieben, um sie im Sportkontext nutzbar zu machen.

---

176   Dies glit auch für Priamos, der hier jedoch nicht weiter betrachtet wird.

Lange nennt dabei die vier Phasen Auszug, Konfrontation, Erfüllung oder Scheitern und Rückkehr. Izod beschreibt drei Phasen (process of separation, initiation, return), wobei seine zweite Phase Langes zweite und dritte Phase umfasst, wie folgendes Zitat zeigt:

> „Heroes usually leave the familiar world of the ego to enter a dangerous territory [...]. There they face extreme danger or defy monsters, and they usually suffer in the process. Some would-be victors fail or allow themselves to be seduced into staying in the other world. Thus, to finally claim their place as heroes, they must return to the familiar world, bringing with them the fruits of their conquests" (Izod, 1996, S. 185).

Die Beschreibung macht deutlich, dass es eben nicht ausreicht, „nur" ungewöhnlich tapfer zu sein und bedeutende Aufgaben zu vollbringen. Der potentielle Held muss seine Selbstzweifel besiegen und den Verlockungen trotzen, die ihn von seiner Aufgabe oder den Werten, die er repräsentiert, ablenken könnten. Wenn er auf Abwegen wandelt, muss er sich rechtzeitig besinnen und auf den tugend-, den heldenhaften Pfad zurückfinden. Er muss sich Aufgaben stellen, an die sich andere nicht wagen möchten oder können. Sämtliche Herausforderungen, die psychischen, also die Ängste, Zweifel und sonstigen Emotionen, und die physischen, die Strapazen, Verletzungen und evtl. gar den Tod, muss ein Held auf sich zu nehmen bereit sein, um ein solcher werden zu können.

Die letzte Phase – Rückkehr bzw. return – muss nicht im wörtlichen Sinne erfolgen, wie sich im Verlauf der bisherigen Ausführungen bereits zeigte. Da der klassische Held oftmals jung stirbt, kann seine „Rückkehr" auch als Rezeption und Bewunderung seiner Taten durch ein soziales Kollektiv verstanden werden. Erzähler und Rezipienten von Schilderungen der heldenhaften Taten sorgen dafür, dass der Betreffende „für einen [Helden] gehalten" (Lange, WS 1998/99, S. 128) wird. Ihre Attributionen (Kapitel 2.2.2) schreiben diesem die relevanten heldenhaften Qualitäten zu (Bette, 2007, S. 247). Ob der Held diese wirklich besitzt, kann meist nicht bzw. nicht zweifelsfrei überprüft werden. Gleiches gilt für die Authentizität der Schilderungen seiner Taten, die im Laufe der Zeit und in Abhängigkeit von kulturellen Besonderheiten modifiziert werden kann (Kapitel 5.2.1). Festzuhalten bleibt somit, dass ein potentieller Held durch die Kommunikation und Rezeption seiner Taten zum Helden wird. Bleiben diese aus, mag er sich evtl. heldenhaft verhalten haben, zum sozial exponierten Helden kann er allerdings nicht werden. Denn, „[w]er einsam großartige Taten vollbringt [...], wird nie in den Pantheon der Helden aufgenommen werden können" (Bette, 2007, S. 247).

5.2.4.2   Drei „große Aufgaben" des Helden

Als konstitutiv für die Rezeption als Held wird oft die Erbringung einer außergewöhnlichen, erstaunlichen, herausragenden, übermenschlichen Leistung genannt
(Bette, 2007, S. 258; Dietzsch, 2010, S. 7; Jacobs et al., 2002, S. 61-62; Lipp,
1985, S. 253-255). Diese konstituiert die erste der „großen Aufgaben" des Helden
und stellt die Basis seiner sozialen Exposition dar. Wie die bisherigen Ausführungen zeigen, werden die antiken Helden dieser Aufgabe gerecht, indem sie Kampfeskraft und/oder körperliche bzw. moralische Fähigkeiten demonstrieren, die diejenigen normaler Menschen weit übersteigen. Im Falle des hier nicht näher betrachteten Odysseus kommen noch überragende geistige Fähigkeiten dazu
(Aghion et al., 2000, S. 219-220). Diese Anforderungen finden sich auch in Nachschlagewerken. So werden dem Helden etwa eine „ungewöhnliche, bewunderns-
würdige Tat" (Brockhaus, 1997) bzw. „des exploits extraordinaires"[177] (Grand
Dictionnaire Encyclopédique Larousse, 1983) zugeschrieben.

Im Verlauf der Heldwerdung ist auch die zweite Aufgabe von entscheidender
Wichtigkeit. Diese manifestiert sich darin, dass die Schwierigkeit der Leistungserbringung für den Helden eine ernstzunehmende Prüfung darstellt. Er muss mit
den Schwierigkeiten der Aufgabe kämpfen. Dies zeigt z. B. ein klassisches Beispiel aus der Bibel: Hätte Goliath den kleinen, schmächtigen David erschlagen,
wäre er dafür nicht als Held verehrt worden. Dass aber David dem als unbesiegbar
geltenden Goliath gegenübertrat (1 Samuel 17), er sich also Schwierigkeiten
stellte, die unüberwindbar schienen, ist eines der wesentlichen Elemente, die zur
Bewertung seiner Tat als heldenhaft führen. So werden auch in der Ilias nicht die
Kämpfe der Helden gegen „einfache" Männer geschildert, da diese der Urgewalt
der Halbgötter und Übermenschen nicht gewachsen sind. Von Interesse sind die
Kämpfe, die aufgrund ihrer Schwierigkeit verloren gehen können, wie die Begegnung der besten Kämpfer beider Seiten, Hektor und Achilleus. Dabei ist zu berücksichtigen, dass plastisch werden muss, dass die Herausforderung hätte bewältigt werden können. Es muss etwa einen spektakulären Kampf geben, der den Helden an seine Grenzen bringt. Wäre Hektor von Achilleus mit einem Schwertstreich
erschlagen worden, wäre das vermutlich kein Grund für eine Heroisierung eines
der beiden gewesen.

Schließlich muss der Held mit menschlichen Schwächen, Ängsten und Emotionen kämpfen, er muss zeigen, dass er an seine psychischen Grenzen stößt. So
geben sich Priamos und Achilleus beispielsweise beim Besuch des Ersteren beim
Letztgenannten sehr emotional. Die Weigerung Achilleus' zu Beginn der Ilias aufgrund einer Kränkung weiterhin an den Kämpfen teilzunehmen, ist ein weiterer
Beleg für diesen psychologischen Aspekt, welcher sich auch im Verlaufsmuster

---

177   „überragende Leistungen" (Übers. d. Verf.)

der Heldwerdung findet: „Some would-be victors fail or allow themselves to be *seduced* into *staying* [Hervorh. d. Verf.] in the other world" (Izod, 1996, S. 185). Kann der Betreffende in letzter Konsequenz nicht die mentale Kraft aufbringen, den Verlockungen zu widerstehen, sich seinen menschlichen Schwächen zu widersetzen, seine psychischen Barrieren zu überwinden, kann er nicht zum Helden werden.

Die drei „großen Aufgaben" des Helden lassen sich somit folgendermaßen zusammenfassen:

1. Vollbringen einer – schier – übermenschlichen Leistung.
2. Verdeutlichung der Schwierigkeit seiner Aufgabe.
3. Kampf mit menschlichen Schwächen, Emotionen und psychischen Grenzen.

5.2.4.3 Drei Charakteristika heldenhaften Wirkens

Die Bewältigung der genannten drei Aufgaben allein genügt jedoch nicht, um für eine bestimmte soziale Einheit zum Helden zu werden. Ferner müssen die nachstehenden drei Charakteristika erfüllt sein:

1. Das Wirken des Helden entfaltet eine nachhaltige Wirkung für das Wohl einer Gruppe.
2. Eine soziale Gemeinschaft nimmt den Helden in ihr kollektives Gedächtnis auf.
3. Das Wirken des Helden ist gut nachvollziehbar (Komplexitätsreduktion).

Das erste Charakteristikum beschreibt Horsmann, der feststellt, dass die Fähigkeiten des Helden „zum Nutzen des Gemeinwohls" (ebd.) eingesetzt werden müssen. Der Held muss mithin derart wirken, dass die Konsequenzen seines Handelns nicht nur für ihn, sondern auch für andere von Bedeutung sind und diese Bedeutung zumindest über einen gewissen Zeitraum anhält (Krischer, 2002, S. 68; Lipp, 1985, S. 253-255). Die Helden der Ilias etwa kämpfen in einem Krieg, der Zerstörung und Versklavung mit sich bringt. Die andauernden Auswirkungen auf andere sind somit sehr deutlich. Im übertragenen Sinne kann das Wirken der Helden für das Gemeinwohl auch bedeuten, dass sie selbst dann als Beispiel für die Wichtigkeit bestimmter Werte oder einer Gemeinschaft herangezogen werden können, wenn sie nicht direkt für diese gewirkt haben oder wirken. Ihre Funktion besteht also ganz allgemein auch darin, die Bedeutung einer Gesellschaft bzw. von deren Werten zu demonstrieren und zu legitimieren.

Diese Funktion ist eng mit dem zweiten Charakteristikum verknüpft, der andauernden Verehrung des Helden durch Rezipienten seiner Taten. Diese ist aus zweierlei Gründen von Relevanz. Einerseits – und aus individueller Sicht – kann der Held, da er evtl. ahnt bzw. sogar weiß, dass er jung sterben wird, oftmals gar nicht damit rechnen, zu Lebzeiten vom direkten Nutzen seiner Tat oder dem resultierenden Ruhm zehren zu können.[178] „Er lebt auf der Prestigeebene sozusagen, ‚von der Hand in den Mund'" (Emrich & Messing, 2001, S. 52) und „hofft auf Ruhm bei künftigen Generationen" (Classen, 2008, S. 26).[179] Die Wirkung seiner Taten, das Besiegen eines Feindes, die Verteidigung oder Gründung einer Stadt oder das vorbildliche Einstehen für gesellschaftliche Wertvorstellungen, werden ihn überdauern. Dieses Überdauern kann in manchen Fällen viele Kulturen und Jahrtausende anhalten, wie Ilias und Odyssee oder die Herakles-Legende zeigen. Der geschlagene Hektor aus der Ilias galt beispielsweise auch im Mittelalter als einer der „Tugendhelden", die Idealfiguren ritterlicher Qualitäten waren (Aghion et al., 2000, S. 136, 307), und wird bis in die Gegenwart bewundert. Auch Herakles verfügt bis heute über eine „zeitlose Wirkung" (Lucie-Smith, 1999, S. 55). Hieran lässt sich erkennen, dass der zweite Grund für die Notwendigkeit anhaltender Verehrung gesellschaftlicher Natur ist. Der Held kann manche seiner Funktionen – etwa die Vorbildfunktion – nur erfüllen, wenn er einen Platz im „kollektiven Gedächtnis" (Emrich & Messing, 2001, S. 64) einer Gesellschaft einnimmt.

Wesentlich ist es, in diesem Zusammenhang auf folgende Bemerkung Halbwachs' aus dessen grundlegendem Werk „Das kollektive Gedächtnis" hinzuweisen: „Es gibt in der Tat mehrere kollektive Gedächtnisse" (Halbwachs, 1967, S. 71). Folglich muss ein Held, der in eines dieser „kollektiven Gedächtnisse" aufgenommen wird, nicht für alle Menschen von Bedeutung sein, sondern lediglich für eine hinreichend große Gruppe. Des Weiteren – auch darauf weist Halbwachs hin – währt nicht einmal das kollektive Gedächtnis für alle Zeiten (ebd., S. 76). Folglich wird ein Held von einer bestimmten Gesellschaft bzw. einer hinreichend großen Anzahl von Rezipienten für einen relativ langen Zeitraum in Erinnerung behalten. Wie bereits ausgeführt, handelt es sich beim Helden wie bei den anderen Expositionstypen also um ein relationales Konzept (Kapitel 5.1), welches sich allerdings durch eine gewisse Dauerhaftigkeit auszuzeichnen scheint.

---

178 Die Heroisierung in der Antike erfolgte üblicherweise erst nach dem Tod (Horsmann, 2000, S. 66).

179 Hier wird die sog. „Zeitöffnung" deutlich, die typisch für menschliches Leben und Erleben ist. Der Mensch, besagt diese, lebt nicht nur in der Gegenwart, sondern auch in der Vergangenheit und Zukunft (Heinemann, 1998, S. 12-13). Eine ihrer Ausprägungen ist das „deferred gratification pattern", das Prinzip der aufgeschobenen Belohnung (vgl. z. B. Voigt, 1992, S. 180). Dieses wirkt etwa bei sportlichem Training, einem Studium und jeder sonstigen Aktivität, deren Nutzen in ferner Zukunft oder deren Ursache in der Vergangenheit liegen. – Die Zeitöffnung kann also heldenhaftes Handeln, das im Falle der antiken Heroen i. d. R. darauf ausgerichtet ist, *zukünftigen* Ruhm zu ernten, zumindest teilweise erklären.

Auf die Komplexitätsreduktion, das dritte Charakteristikum, das durch den
Helden herbeigeführt wird, wurde bereits in Kapitel 5.2.2 explizit hingewiesen.[180]
Diese ist entscheidend für die Rezeption des Helden als Held. Werden seine Handlungen nicht von seinen Bewunderern verstanden, sind sie nicht durchschaubar,
kann er nicht (oder nicht für viele) zum Helden werden. Gerade die Verständlichkeit seines Wirkens ohne erkennbare unbekannte Einflüsse und doppelten Boden
ist ein wesentlicher Grund für seine Attraktivität.

5.2.5 Klassische Helden und das zeitgenössische Heldenverständnis

Der klassische Held wird dadurch zum Helden, dass er – meist durch eine gewissen Anforderungen genügende Erzählung – als solcher wahrgenommen wird (Kapitel 5.2.4.1). In dieser muss deutlich werden, dass er den drei „großen Aufgaben"
nach Kapitel 5.2.4.2 gewachsen ist. Nimmt er deren Bewältigung gemäß dem ersten Charakteristikum heldenhaften Wirkens (Kapitel 5.2.4.3) zum Wohl einer
Gruppe auf sich, belegt der potentielle Held, dass er nicht nur – evtl. aus egoisti-
scher Motivation – leidensfähig ist, sondern beweist im Extremfall „Opferbereitschaft bis zum Tode hin" (Lipp, 1985, S. 230). Der klassische Held – so zumindest
die Wahrnehmung – leidet also, um für eine Sache bzw. Gruppe Bedeutendes zu
erwirken. Aufgrund dessen wird er in das kollektive Gedächtnis einer oder mehrerer sozialen Gemeinschaften aufgenommen (zweites Charakteristikum). Hierbei
ist die Komplexitätsreduktion, welche durch das Wirken des Helden herbeigeführt
wird (drittes Charakteristikum), ebenfalls von zentraler Bedeutung. Am Beispiel
des Helden werden leicht verständlich elementare Werte demonstriert und es zeigt
sich, dass es sich lohnt, Opfer für diese Werte bzw. eine Gemeinschaft zu bringen.
Dies wiederum belegt, dass dies Gemeinschaft bzw. ihre Werte bedeutend sind,
da der Held sonst nicht bereits sein dürfte, sich derart für diese zu engagieren.
Offen zur Schau gestellte Opferbereitschaft und Leidensfähigkeit (Classen,
2008, S. 49; Emrich & Messing, 2001, S. 48; Zuchora, 1983, S. 13) stellen also
offenbar einen wesentlichen Bestandteil des Wirkens klassischer Helden dar. Leidensfähigkeit ist in diesem Zusammenhang als die Fähigkeit zu verstehen,
Schmerzen und anderes Unbill zu erdulden, ohne sich durch diese vom Weg abbringen zu lassen. Opferbereitschaft bezeichnet das Ausmaß, indem eigene Vorteile gefährdet werden, um damit anderen zu helfen oder einer guten Sache zu
dienen. Zusammengefasst muss der Held also demonstrieren, dass er zu jeder Ent-
behrung bereit ist, um das Richtige zu tun. Neben seinen ggf. vorhandenen physi-

---

180 Dort wurde z. B. folgende pointierte Beobachtung Holts und Mangans angeführt: „Heroes, of
     course, were not supposed to be too complex or clever" (Holt & Mangan, 1996, S. 6).

schen und psychischen Fähigkeiten ist dies der zentrale Grund für die Bewunderung durch seine Anhänger. So hätte beispielsweise der „Könner" (z. B. Kapitel 4.3.7.2.3) Achilleus – zumindest theoretisch – trotz seiner gottgegebenen Kraft darauf verzichten können, dem ruhmreichen Kampf für die „gute" Sache ein langes Leben zu opfern. – Wodurch er allerdings nicht zum Helden geworden wäre.

Da der klassische Held nicht davor zurückschreckt, Opferbereitschaft und Leidensfähigkeit zu demonstrieren, wird ihm üblicherweise enormer Mut unterstellt (Behrenbeck, 1996, S. 66; Böhm, 2006, S. 8; Classen, 2008, S. 26, 49; Emrich & Messing, 2001, S. 50-52; Jacobs et al., 2002, S. 61; Krischer, 2002, S. 68; Lipp, 1985, S. 229-231, 253-255; Zuchora, 1983, S. 9, 13, 14). Allerdings muss nicht nur der *antike* Held über „moralischen Mut" (Emrich & Messing, 2001, S. 47) verfügen. Dieses Kriterium findet sich auch in aktuelleren Nachschlagewerken als konstitutives Element. So wird der Held im Brockhaus als jemand beschrieben, „der sich mit Unerschrockenheit und Mut einer schweren Aufgabe stellt" (Brockhaus, 1997). Ein Blick in das „Wörterbuch der Synonyme und Antonyme" weist in die gleiche Richtung. Dort werden beim Eintrag heldenhaft zuvorderst „mutig, beherzt, couragiert, tapfer" (Bulitta & Bulitta, 1990) genannt. In „The New Oxford Thesaurus" finden sich „brave" bzw. „courageous" als bedeutungsgleich mit „heroic" (Hanks et al., 2000).

Solche Parallelen können auch anhand der idealisierten Darstellung von Heldenfiguren in verschiedenen zeitgenössischen Medien aufgezeigt werden. Nachfolgend soll dies kurz für Comichefte geschehen, da diese ohne Rücksicht auf externe Beschränkungen ihre Charaktere sehr plastisch zeichnen. Bezüglich der betrachteten Figuren Batman, Captain America und Daredevil wird in den Geschichten häufig explizit darauf hingewiesen, dass es sich bei ihnen um Helden handelt. Gemäß dem oben hergeleiteten Konstruktionsmuster müssten folglich die Züge Opferbereitschaft und Leidensfähigkeit bzw. Mut als deren Voraussetzung sowie die beschriebenen Aufgaben und Charakteristika deutlich zu Tage treten. Beachtenswert ist, dass es sich bei den genannten Figuren um nordamerikanische Comichelden handelt. Diese werden jedoch – ähnlich den Helden der griechischen Antike – weit über ihre „Heimat" hinaus wahrgenommen und sind auch in Deutschland sehr populär.

Abb. 34 zeigt, wie Batman und Captain America ein Flugzeug kapern, das von Terroristen entführt wurde, um eine Atombombe auf Washington zu werfen. Captain America hatte vorher versucht, durch einen Sprung aus einem fliegenden Flugzeug die Maschine der Terroristen zu kapern. Da er mit dem Bord-MG beschossen wurde, stürzte er ab und wurde von Batman vor dem sicheren Tod gerettet. Die Bilderfolge in der Abbildung zeigt die drei Bilder nach dieser Rettungsaktion. Im ersten Bild wird deutlich, dass Captain America dadurch, dass er überstürzt handelte, einen Fehler machte. Der Held ist eben ein Mann der Tat, der nicht immer alles richtig macht.[181] Im zweiten Bild wird in Worte gefasst, dass Helden sich durch Fehlschläge nicht zurückwerfen lassen, sondern weitermachen, was im dritten Bild durch einen erneuten Angriffsversuch auf das Flugzeug der Entführer unter Beweis gestellt wird. Trotz der externen Schwierigkeiten (Kampf in der Luft, gute Bewaffnung der Gegner usw.) und des gerade begangenen Fehlers, der einen der beiden fast das Leben gekostet hätte, verzagen die Helden nicht, sondern riskieren wieder ihr Leben, um die Allgemeinheit zu schützen. Am Ende haben beide dann, das wird hier nicht mehr gezeigt, Erfolg. Sie kapern das Flugzeug und bringen es über dem Meer zum Absturz, so dass kein Unglück geschieht.

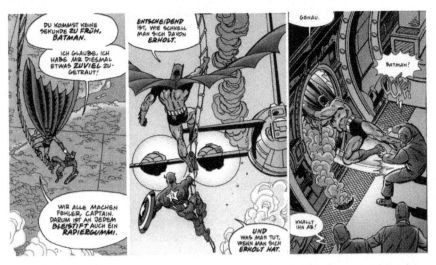

Abb. 34:   Bilderfolge: Batman und Captain America kapern ein Flugzeug (Byrne, 1998, S. 16)

Dass auch Comichelden nicht immer siegen müssen, um ihre Mission heldenhaft zu Ende zu bringen, zeigt exemplarisch der blinde Daredevil.[182] In der in Abb. 35 betrachteten Szene unterliegt er dem sog. „Submariner" namens Namor[183] im Kampf chancenlos, versucht aber auch in aussichtsloser Situation weiterhin, seinen Gegner aufzuhalten. Nachdem diesem klar ist, dass Daredevil besiegt ist, verzichtet er jedoch – das ist die Moral von der Geschichte – aus Bewunderung für

---

181 Zur Erinnerung: Auch Herakles und Achilleus machten Fehler.
182 Aufgrund seiner besonders ausgeprägten anderen Sinne und seines gezielten Trainings ist es Daredevil möglich, trotz der Einschränkung als Superheld zu agieren.
183 Namor ist der König eines im Meer lebenden Volkes, der ungeheure Kräfte besitzt und sogar fliegen kann.

dessen unbedingte Opferbereitschaft im Folgenden darauf, die Menschheit zu ver-
nichten. Es zeigt sich somit, dass auch in aktuellen Medien – hier bei den sehr
idealtypisch gezeichneten Comichelden – die für antike Heroen beschriebenen
Anforderungen sehr deutlich zu Tage treten, was selbst vom Gegner respektiert
wird.

Abb. 35:   Bilderfolge: Daredevil und der Submariner (Lee & Wood,
                  2000 [1965], S. 21)

Die heroischen Züge, die an antiken Helden erarbeitet und gerade kurz an Comic-
heften nachvollzogen wurden, prägen offenbar immer noch das heutige Heldenverständnis. Gleiches ergab eine Befragung des Magazins Focus. Konkret wurden
1.000 Deutsche nach den Eigenschaften befragt, welche sie mit Helden verbinden:

> „Es sind Mut, Selbstlosigkeit und Humanität, die die meisten Befragten als unabding-
> bar empfinden: Mehrheitlich wurde demnach ein Charakterprofil als heldenhaft ein-
> geordnet, das vom Ego absieht, sich selbst für ein höheres Ziel sogar gefährdet" (Ja-
> cobs et al., 2002, S. 62).

Der zugehörige Artikel erschien wenige Monate nach dem Anschlag auf das
World-Trade-Center am 11. September 2001. Daher verwundert nicht, dass diese-
nigen Personen, die mit diesem Ereignis in Verbindung gebracht werden, bei einer
ebenfalls durchgeführten „Wahl" im Vordergrund standen. Unter insgesamt – lediglich – 20 Auswahlmöglichkeiten wurden die Feuerwehrmänner vom Ground
Zero und die Passagiere des Fluges United Airlines 93, welche das entführte Flugzeug zum Absturz brachten und so einen weiteren Anschlag verhinderten, mit großem Abstand am häufigsten gewählt (ebd., S. 66).

5.2.6   *Heldentum und Held als soziales Deutungsmuster*

Offenbar prägen die für die antiken Heroen konstitutiven Elemente bis heute die Rezeption von Heldenfiguren. Allerdings „gelten westliche Gesellschaften [seit 1945] als postheroisch – soll heißen: Kriegertum und Soldatenehre bringen keine Anerkennung" (Böhm, 2006, S. 8). Daher entstammen moderne Helden meist anderen Bereichen bzw. Zusammenhängen. In jedem Fall bedarf es jedoch einer Situation, in der heldenhaftes Verhalten gezeigt werden kann. Eine solche ergibt sich meist „in Stresssituationen [...], wie dies etwa am 11. September und danach der Fall war" (Krischer, 2002, S. 68). Menschen werden bei solchen Gelegenheiten zu Helden, wenn sie bei der Bewältigung der großen Aufgaben (Kapitel 5.2.4.2) herausragende Opferbereitschaft und Leidensfähigkeit demonstrieren und die Charakteristika heldenhaften Wirkens gemäß Kapitel 5.2.4.3 erfüllt werden.

Analytisch können der Held bzw. das Heldentum gemäß Kapitel 2.5 als sehr altes und gefestigtes soziales Deutungsmuster interpretiert werden, welches interkulturell verstanden wird. Entsprechend wird der Historiker Demandt mit den Worten „Der Heros ist ein Archetyp" zitiert (Jacobs et al., 2002, S. 62). Heroen bzw. Helden sind in allen Kulturen anzutreffende „elementare Vorstellungsinhalte" (Angenendt, 1994, S. 21), die allerdings nicht nur dann als solche wahrgenommen werden können, wenn sie sich unmittelbar für das sie bewundernde Kollektiv einsetzen. Wie sich z. B. an den Feuerwehrleuten von Ground Zero und den Passagieren des Flugs United Airlines 93 zeigt, welche weit über die USA hinaus – so auch in Deutschland – als Helden rezipiert wurden (Kapitel 5.2.4), ist dafür vor allem die Wahrnehmung idealtypischer Opferbereitschaft vonnöten. Und selbst beim Gegner bzw. dem Feind wird Opferbereitschaft als heldenhafte Qualität bewundert. So beobachtet Böhm hinsichtlich der Attentäter des 11. September in den USA Folgendes: „Bei allem Hass und aller Wut auf die Attentäter vernahm man in der rechtskonservativen Öffentlichkeit auch verhohlene Bewunderung für die Todesverachtung der Terroristen" (Böhm, 2006, S. 8). Sie mögen „Wüstennigger" (ebd.) gewesen sein. „Aber: *They showed some balls*" (ebd.). Die Bewunderung für heldenhaftes Verhalten des Feindes wurde außerdem am Beispiel des Priamos für die Antike (Kapitel 5.2.2) sowie des geschlagenen Daredevil für fiktive – und daher mutmaßlich besonders plastisch „gezeichnete" – Comichelden (Kapitel 5.2.4) nachvollzogen. Sowohl in der Antike als auch in der Moderne kann die Wahrnehmung unbedingter Opferbereitschaft folglich als Kern heldenhaften Handelns gelten. Vor dem Hintergrund des Kompatibilitätstheorems des Konzepts der sozialen Deutungsmuster (Kapitel 2.5.2) kann gefolgert werden, dass die letztendlich durch Attributionen (Kapitel 2.2.2) zugestandene Opferbereitschaft des

Helden[184] dasjenige Element ist, welches die Vereinbarkeit interindividuell und sogar interkulturell verschiedener Konkretisierungen des Heldenverständnisses sicherstellt. Hierbei handelt es sich folglich um den Bedeutungskern des sozialen Deutungsmusters Heldentum, dessen Expositionstyp der Held ist.

Die Opferbereitschaft belegt der Held dadurch, dass er mutig Außergewöhnliches leistet (erste Aufgabe aus Kapitel 5.2.4.2),[185] obwohl ihm alles abverlangt wird (zweite Aufgabe) und er mit menschlichen Schwächen, Emotionen und psychischen Grenzen kämpfen muss (dritte Aufgabe). Sein Handeln entfaltet dabei gut verständlich direkt oder indirekt nachhaltige Wirkung für das Wohl einer Gruppe (erstes Charakteristikum aus Kapitel 5.2.4.3).[186] Als Lohn für seine Taten und auch, um seine gesellschaftlichen Funktionen erfüllen zu können, findet der Held Eingang in das bzw. ein kollektives Gedächtnis (zweites Charakteristikum) und führt in verschiedenen Formen die Komplexitätsreduktion herbei (drittes Charakteristikum), die für soziale Deutungsmuster elementar ist (Kapitel 2.5.2).

„Ein Held ist immer nur dann ein Held, wenn er auch für einen solchen gehalten wird" (Lange 1998/99, 128). Wie die verschiedenen Modelle des parasozialen Prozesses (zuletzt dargestellt in Abb. 22 in Kapitel 3.5.2) zeigen, bedeutet dies, dass für die Heroisierung eines Menschen letztendlich seine Wahrnehmung entscheidend ist. Rezipienten bewerten nicht unmittelbar die Handlungen eines potentiellen Helden, sondern den Eindruck, den sie von diesen und seiner Persona gewinnen. Wird die Persona als hinreichend heldenhaft wahrgenommen, wird der zugehörige Mensch für seine Bewunderer zum Helden.

An die Rezeption eines Menschen als Held sind sowohl für den Betreffenden als auch seine Bewunderer soziale Konsequenzen geknüpft. Genau wie die konkrete Art und Weise, in der ein Held seinen Status erreicht, variieren diese in Abhängigkeit vom betreffenden Sozialsystem:

> „Man kann vielleicht auch sagen: wie auch immer die Helden auftraten, ihnen wurde ein bestimmtes soziales Verhalten entgegengebracht; man erinnert sich an sie, sie werden geachtet und sogar mit kultischen Riten verehrt. Die Helden nehmen in der Tradition und Praxis eine besondere Stellung ein" (Tallgren, 1981, S. 23).

Für große soziale Einheiten kann jemand heute vor allem dann ein Held werden bzw. bleiben, wenn seine Handlungen massenmedial vermittelt werden und im Sinnzirkel präsent sind. Dies kann wie bei den Helden des 11. September durch

---

184 Da man nicht in den Helden hineinsehen und seine Motive zweifelsfrei erkennen kann, muss die Opferbereitschaft letztendlich immer durch Attributionen nachvollzogen werden.

185 Unter Umständen wird die Außergewöhnlichkeit des heldenhaften Handelns vornehmlich oder sogar ausschließlich durch die besondere Opferbereitschaft belegt.

186 Diese Wirkung kann bereits darin bestehen, dass er nachvollziehbar demonstriert, dass in besonderen Situationen große Opfer für eine Gemeinschaft oder deren Ideale zu erbringen sind.

die zugehörige Berichterstattung oder wie bei den Helden der Antike durch Geschichten, Filme, Bücher usw. erfolgen. Bei der medialen Vermittlung kann die heldenhafte Handlung dabei besonders plastisch dargestellt werden. Hierbei ist bedeutend, dass Berichte über Helden bzw. ihre Taten mehrere der relevanten Nachrichtenfaktoren gemäß Tab. 2 (Kapitel 2.4.4) enthalten. So ist davon auszugehen, dass folgende Nachrichtenfaktoren fast immer die Berichterstattung über Helden bzw. die Geschichten von ihren Taten auszeichnen: Status-Einfluss-Macht, Erfolg-Nutzen, Konflikt-Kontroverse-Aggression-Schaden. Des Weiteren dürften die verbleibenden Nachrichtenfaktoren – Nähe-Ethnozentriertheit, Faktizität, Reichweite sowie Thematisierung – ebenfalls häufig zu finden bzw. im Rahmen der Darstellung gut „konstruierbar" sein. Helden bzw. die Berichte von ihren Taten stellen daher grundsätzlich attraktive Medieninhalte dar.

5.3   Sporthelden: Helden im Sport

5.3.1   Einleitende Bemerkungen

Anhand der Bewältigung der in Kapitel 5.2.4.2 hergeleiteten „großen Aufgaben" stellt der klassische Held seine Opferbereitschaft und Leidensfähigkeit unter Beweis. Nachfolgend soll in Kapitel 5.3.2 untersucht werden, ob bzw. inwiefern diese Aufgaben auf das Feld des Sports übertragbar sind bzw. ein Äquivalent gefunden werden kann, welches erklärt, warum oft von „Sporthelden" (Bette, 2007; Könecke, WS 2006; Könecke & Schunk, 2013) bzw. „Helden im Sport" (Bette, 2008a; Emrich & Messing, 2001) die Rede ist. In Kapitel 5.3.3 wird in vier Fallstudien analysiert, wie sich die in Kapitel 5.3.2 erarbeiteten Aufgaben des Sporthelden konkret manifestieren. Hierzu werden in Oliver Kahn und Felix Sturm zwei Beispiele aus Deutschland betrachtet (Kapitel 5.3.3.1). Außerdem wird in Kapitel 5.3.3.2 ein Blick auf den Griechen Arrichion als historisches und die „matadores" im Stierkampf als Beispiel aus einem anderen kulturellen Umfeld geworfen. Anschließend wird das Sportheldentum mit dem zugehörigen Expositionstypen Sportheld als soziales Deutungsmuster umrissen (Kapitel 5.3.4) bevor das Kapitel mit weiteren Überlegungen zum Sportheldentum und seinen Funktionen abgeschlossen wird (Kapitel 5.3.5).

5.3.2   Drei große Aufgaben des Sporthelden

Die erste Aufgabe des Helden ist die Erbringung einer – schier – übermenschlichen Leistung. Hinsichtlich des Anspruchs an die Leistung (potentieller) Sporthelden schreibt Izod: „The great tasks of the contemporary sporting hero are against all odds to win contests and to strive to break records" (Izod, 1996, S. 187). Ähnlich erklärt Edmonds die Erwartungen an Sporthelden: „winning in spite of tremendous odds" (Edmonds, 1982, S. 40). Der Soziologe Haase wird mit den Worten zitiert, dass Erfolg „conditio sine qua non"[187] (o. V., 1994c) für Sporthelden sei. Interessant sind ferner die Betrachtungen von Steitz, der bei der Auswertung von Definitionen anderer Autoren feststellte, dass deren wesentliche Gemeinsamkeit die Forderung nach Vollbringung eines Wunders oder einer übermenschlichen Leistung sei (Steitz, 2000, S. 10).[188] Diese Gemeinsamkeit scheint, wenn das Erringen großer Siege oder eines Weltrekords als einem Wunder gleich angesehen wird, von den ersten beiden Autoren bereits formuliert worden zu sein. Bei genauer Betrachtung fällt jedoch auf, dass deren Ausführungen wenigstens implizit noch weiter gehen, wie ebenfalls bei Kieffer zu erkennen ist, der Fußballerbiographien als „moderne Heldensagen" (Kieffer, 2002, S. 28) tituliert, deren Protagonist sich stets „gegen mannigf[altige] Widrigkeiten durchsetzen muss, ehe er dort anlangt, wo er hingehört: ganz oben" (ebd.).

Differenzierter dargelegt werden die Anforderungen an Sporthelden von Izod:

> „In all [sports] athletes have to face painful difficulties. These include lack of physical or mental fitness, the technical difficulties of the sport and rules that often make it harder, and the strength of the competition. Equally devastating are the private hell of self-doubt and the public hell of failure and humiliation. [...]
> Like every other hero, the sporting hero has to be seen to have confronted not only every conceivable external hardship but also all his or her deepest fears and doubts" (Izod, 1996, S. 187).

Diese Passage ist besonders deshalb aufschlussreich, weil sich darin die zweite und dritte der großen Aufgaben des Helden gemäß Kapitel 5.2.4.2 wiederfinden. Die Schwierigkeit der Aufgabe des Helden muss deutlich werden (zweite Aufgabe) und er muss „mit menschlichen Schwächen, Emotionen und psychischen Grenzen" kämpfen (dritte Aufgabe). Gleichermaßen muss auch der Sportler seine Leistung veredeln, damit er als Sportheld gelten kann. Besondere Begleitumstände sind erforderlich, um sportliche Leistung als *heldenhaft* erscheinen zu lassen. Auffällig ist, dass erneut nicht nur externe Faktoren („mannigfaltige Widrigkeiten", „every conceivable external hardship") relevant sind, sondern auch im Falle des Sportlers der innere Widerstreit („deepest fears and doubts") von entscheidender Bedeutung bei der Bewertung seiner Leistung und folglich der potentiellen Zuschreibung von Sportheldentum zu sein scheint.

---

187   „Bedingung, ohne die nicht..." (Übers. d. Verf.). – Gemeint ist eine notwendige Bedingung bzw. unabdingbare Voraussetzung.
188   Bezüglich der Erbringung eines *Wunders* bemerkt Gebauer (1996, S. 150): „Jede außergewöhnliche [sportliche] Leistung wird [durch die Medien] als einmaliges, menschheitsgeschichtliches Ereignis, als Wunder dargestellt."

Vor diesem Hintergrund ist wiederum ein Blick auf die Arbeit von Steitz hilf-
reich, der von einer „Inflation" (Steitz, 2000, S. 25) von Sporthelden im Fernsehen
schreibt und daraus schließt, dass diesen eine wichtige Funktion hinsichtlich der
Steigerung der Einschaltquoten zukomme (vgl. hierzu außerdem Schlicht &
Strauß, 2003, S. 153). Folglich kann davon ausgegangen werden, dass die mediale
Darbietung der Sportler dahingehend ausgerichtet sein müsste, dass der Zuschauer
den Sportler aufgrund dieser als Sporthelden wahrnimmt. Folgende Bemerkung
Steitz' ist in diesem Zusammenhang ebenfalls von Interesse: „Auch werden die
Sportler oft als Märtyrer dargestellt, die Opfer zugunsten ihrer Leistungsfähigkeit
bringen müssen. Der Sieg wird dann praktisch als Ausgleich der zahlreichen er-
duldeten Qualen angesehen" (Steitz, 2000, S. 37). Langes Beobachtungen weisen
in dieselbe Richtung: „[So] liebt man [bei der Tour de France] gerade jenen Fahrer
besonders, der es versteht, seine Siege dadurch kostbarer zu machen, dass er die
Betrachter an seinem Leid und seinen Niederlagen Anteil haben lässt" (Lange, WS
1998/99, S. 125).

Neben den o. g. „externen Faktoren" – der potentielle Sportheld muss bereit
sein, sich zu quälen, für seine Leistung zu leiden – wird bei Lange erneut die Bedeutung des inneren Widerstreits des Athleten deutlich. Der Sieg im Sport ist deshalb
besonders kostbar, weil immer auch eine Niederlage möglich ist und davon ausgegangen werden kann, dass der Sportler sich vor dieser fürchtet. Welche Bedeutung
Niederlagen für Sportler (im Extremfall) haben, zeigt Edmonds: „Defeat is too like
death" (Edmonds, 1982, S. 40). Daraus schließt er auf eine symbolische Aufgabe
des Sporthelden: „overcoming the fear of death" (ebd.). Die Ausführungen der genannten Autoren erinnern an Izods „internal hells": Die Möglichkeit der Niederlage
bedingt die „public hell of failure and humiliation". Auch die zweite „Hölle", „the
private hell of self-doubt", kann wiedererkannt werden. Deutlich wird sie ebenfalls
in Langes Überprüfung der von ihm entworfenen „Theorie des Helden"[189] an den
„ausgewählten deutschen Sporthelden" Jan Ullrich, Michael Schumacher und Boris
Becker. Hierbei ergab sich die Gemeinsamkeit, „daß sich alle in Grenzbereiche wagen, die den Betrachter ängstigen" (Lange, WS 1998/99, S. 129).

Der Athlet überwindet folglich stellvertretend für den Zuschauer seine
Selbstzweifel und stellt sich der Herausforderung, was seine Leistung besonders
macht. Diese Stellvertreterfunktion des Athleten bedarf hinsichtlich der *internal
hell* wieder einer Interpretationsleistung des Zuschauers: Er muss den psychischen
Stress, den er mit der rezipierten Situation verbindet, selbst assoziativ schaffen, da
diese Art von Stress immer auf der Einschätzung der Situation durch das betref-

---

189   Der Titel der Staatsexamensarbeit von Lange (WS 1998/99) lautet: Über die Notwendigkeit der
      sportlichen Helden in der „entzauberten" Gesellschaft – Entwurf einer Theorie des Helden und
      deren Überprüfung anhand ausgewählter deutscher Sporthelden der 90er Jahre

fende Individuum beruht (Stoll & Ziemainz, 2003, S. 280-285). Gerade jener Athlet, der „die Betrachter an seinem Leid und seinen Niederlagen Anteil haben lässt"
(s. o.), erleichtert die Interpretationsleistung des Rezipienten.[190] Dass Sportlern z.
B. in Fernsehübertragungen diese Möglichkeit geboten wird, zeigt Gebauer, der
anlässlich der Übertragung des Wimbledon-Finales 1986, welches Ivan Lendl und
der populäre, als sehr emotional bekannte Boris Becker bestritten, beobachtete,
wie die genannte Interpretationsleistung und die Darstellung der Sportler in einander greifen:

> „Die Kameraführung[191] konzentriert sich im wesentlichen auf die Abbildung der Ge-
> sichter der beiden Spieler. [...] Ständig werden dem Zuschauer die Gesichtszüge der
> Kontrahenten dargeboten. [...] Das eigentliche Drama findet nicht auf dem Center
> Court statt, sondern im Kopf des Zuschauers" (Gebauer, 1988, S. 3).[192]

In gleicher Form wird auch in anderen Medien verfahren, wie etwa der Zeitungsar-
tikel „Spiel um die Karriere" (Lampert, 2006, S. 20) zeigt, der die sog. Q-School,
das Qualifikationsturnier der Golfprofis für die US-PGA-Tour, schildert. Die Sportrezipienten werden dabei „unterstützt", die internal hell des Sportlers nachzuvollzie-
hen, welcher bei der „jährlichen Folterkammer des Golfsports" (ebd.) um seine berufliche Existenz kämpfen muss (vgl. auch Eder, 2006b, S. 47; zur Darstellung der
internal hell einer Sportler*in* z. B. Eder, 2006a, S. 57; Petkovic, 2006, S. 66).

Als vorläufiges Fazit der bisherigen Betrachtungen lassen sich äquivalent zu
den drei *großen Aufgaben des Helden* drei *große Aufgaben des Sporthelden* identifizieren, die diesen weitgehend gleichen:[193]

1. Vollbringen einer *herausragenden* Leistung.
2. Verdeutlichung der Schwierigkeit seiner Aufgabe.
3. Kampf mit menschlichen Schwächen, Emotionen und psychischen Grenzen,
    wobei zwischen der „private hell of self-doubt and the public hell of failure
    and humiliation" (Izod, 1996, S. 187) unterschieden werden kann.

---

190 Und trägt somit vorbildlich zur Komplexitätsreduktionsfunktion des sozialen Deutungsmusters
     Sports bei.
191 Dass ohne die von medialer Seite eingesetzten „technischen Elemente" keine Wahrnehmung und
     soziale Kategorisierung der Sportler möglich ist, wird hier erneut deutlich.
192 In Kapitel 3.4.2.2 wurde bereits darauf hingewiesen, dass hoher Einsatz, Aggressivität und
     Gewalt, die der Zuschauer in Spielsportübertragungen zu erkennen meint, deren Dramatik und
     damit die Attraktivität für ihn deutlich steigern. Da die direkte physische Konfrontation im
     Tennis und somit der Austausch von Gewalttätigkeiten nicht möglich ist, wird der innere
     Widerstreit scheinbar noch bedeutsamer.
193 Die „großen Aufgaben des Sporthelden" hat der Verfasser bereits in ähnlicher Form in anderen
     Aufsätzen besprochen (Könecke, 2012, S. 47, 2014, S. 38-43; Könecke & Schunk, 2013, S. 207-
     210). Diese können ggf. ergänzend herangezogen werden.

Bezüglich der Formulierung der ersten Aufgabe muss noch auf Folgendes hingewiesen werden: Bereits bei Lange[194] wird angedeutet, dass ein Sportheld nicht unbedingt siegen muss. Auch Pierre de Coubertin, der Initiator der Olympischen Spiele der Neuzeit, beschreibt für Olympiateilnehmer nicht den Sieg als wesentliches Ziel: „Das Wichtigste im Leben ist nicht der Triumph, es ist der Kampf; das Wesentliche ist nicht, gesiegt, sondern sich wacker geschlagen zu haben" (Coubertin, 1997, S. 479; vgl. Kapitel 4.3.7.3.2). Dieser Leitgedanke drückt sehr zutreffend aus, was von Sporthelden erwartet wird (Benison, 1985, S. 109; Lenk, 2000a, S. 95-96; Müller, 1996a, S. 59, 1996b, S. 126). So stellt Sellmann, der die Werbebotschaft des Sportartiklers „Nike" untersuchte, fest: „Ein ‚Sieger', ein ‚Athlet', ist für Nike zwar nicht unbedingt der strahlende Überflieger, der in seiner Disziplin souverän alle Konkurrenten hinter sich lässt. Es ist aber derjenige, der sich selbst besiegt und seine persönlichen Grenzen überwindet" (Sellmann, 2002, S. 59). Duret führt aus: „L'héroisme n'est pas alors directement tiré des résultats, mais de la manière de gagner ou de perdre"[195] (Duret, 1993, S. 49; vgl. auch Emrich, 1992, S. 59). Duret & Wolff (1994, S. 144) kommen zu folgendem Schluss: „Champions [...] become real heroes only if they are able, whether through defeat or victory, to win our esteem."

Der Sieg ist also nicht unentbehrlicher Bestandteil des sportlichen Heldentums – was auch für das klassische Heldentum gilt (Kapitel 5.2.2 und 5.2.4.2): „Surviving setbacks to come back and *attempt* [Hervorh. durch d. Verf.] to win at the highest level has always been inherently heroic. To give all was all any man could do" (Holt & Mangan, 1996, S. 6). Später beschreiben die Autoren die erfolglose Aufholjagd Poulidors bei der Tour de France: „The sight of Poulidor seconds behind Ancquetil battling in vain for the lead on the slopes of the Puy de Dôme was thrilling and heroic. The loser in this case was better loved than the winner." Edmonds erfasst die Faszination, die dieses verbissene, obgleich vergebliche sportliche Kämpfen ausstrahlt mit den Worten: „I love to see the tests of the human spirit. I love to see defeated teams refuse to die, [...] the heart that refuses to give in" (Edmonds, 1982, S. 40). Die Äußerungen der Autoren zeigen, dass es mitunter wichtiger zu sein scheint, mutig den Versuch zu unternehmen zu gewinnen, als letztendlich erfolgreich zu sein. Mut ist im vorliegenden Kontext in der Bedeutung zu verstehen, welche Emrich & Messing (2001) beschreiben und die bereits als essentiell für den zeitlosen Helden gemäß obiger Ausführungen identifiziert wurde: „Kernpunkt des moralischen Mutes ist die Fähigkeit, einem inneren Feind

---

194   „...an seinen *Niederlagen* Anteil haben läßt [Hervorh. durch d. Verf.]" (Lange, WS 1998/99, S. 125).

195   „Heldentum folgt nicht direkt aus dem Resultat, sondern aus der Art des Gewinnens oder Verlierens" (Übers. d. Verf.).

zu widerstehen, also den Leidenschaften, dem Ausweichen vor dem Schmerz, den Leiden" (ebd., S. 47).

Im nachfolgenden Abschnitt wird untersucht, wie sich die großen Aufgaben und deren vorbildliches Absolvieren als Ursache für die Heroisierung von Sportlern an praktischen Beispielen nachvollziehen lassen. Betrachtet werden zwei aktuelle Beispiele aus Deutschland, der Fußballer (und Mannschaftssportler) Oliver Kahn und der Boxer (und somit Einzelsportler) Felix Sturm. Ferner werden Ausführungen zum Sportheldentum in anderen Kulturkreisen herangezogen, die das Sportheldentum im antiken Griechenland und den legendären letzten Kampf des Pankratisten Arrichion sowie die matadores, die spanischen und lateinamerikanischen Stierkämpfer, betreffen.[196]

5.3.3   Sportheldentum an konkreten Beispielen

5.3.3.1   Zwei Beispiele aus Deutschland

5.3.3.1.1   Oliver Kahn: Vorbildlich trotz Niederlagen

Mitunter kann gerade die Art und Weise, *wie* ein Sportler mit einer Niederlage umgeht, heroisierende Bewunderung hervorrufen und herausragendes Sportheldentum begründen. In Deutschland ließ sich das am Beispiel des Torhüters Oliver Kahn beobachten. Dieser war einer der bekanntesten Fußballspieler in Deutschland und stand unter permanenter Beobachtung durch die Medien. Er galt als extrem leistungsorientiert und definierte sich wesentlich über seine sportlichen Erfolge[197] (Hermanns, 2006). Mit seiner Vereinsmannschaft, dem 1. FC Bayern München, erlitt der Fußballer im Jahr 1999 jedoch die „Mutter aller Niederlagen" (Muras, 2014). Das bereits gewonnen gewähnte Champions-League-Finale wurde sprichwörtlich in letzter Minute verloren. – Diese „Schmach" konnte im Jahr 2001 dann mit zwei großen Siegen getilgt werden: dem Sieg in diesem Turnier und dem Erringen des Weltpokals.

Ein besonders spektakulärer individueller Fehler unterlief Kahn 2002 im Finale der Fußball-Weltmeisterschaft in Japan und Korea, welches die deutsche Mannschaft 0:2 gegen Brasilien verlor. Er, der bis dahin fehlerfrei agiert hatte und hoch gelobt worden war, konnte einen relativ schwach geschossenen Ball nicht festhalten, den der Brasilianer Ronaldo daraufhin an ihm vorbei ins Tor schoss.

---

196 Von den Beispielen des folgenden Kapitels hat der Autor das erste (Oliver Kahn) bereits in ähnlicher Form in einem anderen Aufsatz besprochen (Könecke & Schunk, 2013, S. 210-217). Dieser kann ggf. ergänzend herangezogen werden.
197 Von denen er viele errang, wie eine Auflistung auf seiner Homepage zeigt Kahn (o. J.).

Die zugehörigen Bilder gingen um die Welt und es stand fest, wer das Finale verloren hatte: Oliver Kahn. Dieser übernahm die Verantwortung und suchte keine Ausreden; er hatte versagt. Nun diskutierte die Fußball-Welt (und nicht nur diese), ob er sich von dieser Schmach erholen könne: „Es wurde ja vermutet, ich würde an dem Fehler im WM-Finale zerbrechen. Ich und zerbrechen? Wegen so etwas? Wer aufbricht, um große Siege zu erringen, der muss auch mit großen Niederlagen rechnen" wird Kahn diesbezüglich von Geßner, Renner & Laux (2004, S. 15) zitiert. Der Sportler ließ sein Versagen hinter sich, setzte sich neue Ziele und verfolgte diese mit der Konsequenz und dem Ehrgeiz, für welche er bekannt war. In ihrem Artikel „Kult um Kahn und Co – Personenkult im Leistungssport" gehen die genannten Psychologen darauf ein, dass gerade Kahns Umgang mit dieser großen öffentlichen Schmach und seine Bereitschaft, für den Versuch, den höchsten Fußballthron zu erklimmen, auch eine verheerende Niederlage in Kauf zu nehmen und sich trotzdem neu motivieren und weitere Ziele setzen zu können, ihm im Nachklang zu diesem Spiel viel Anerkennung einbrachten (ebd.). Einen wesentlichen Faktor sehen sie darin, dass er „auf die Zuschauer vielleicht auch durch den offenen Ausdruck seiner Emotionen besonders authentisch und glaubwürdig" (ebd.) wirkt.[198]

Die Gelegenheit, seinen großen Fehler unvergessen zu machen, sollte sich Oliver Kahn im Rahmen der Fußball-Weltmeisterschaft 2006 bieten, welche in Deutschland stattfand. Allerdings stellte der neue Bundestrainer Jürgen Klinsmann den bewährten Spieler in Frage und überlegte, dessen bisherigem Ersatz Jens Lehmann den Vorzug zu geben. Diese Diskussion wurde als „Torwartstreit" (Hermanns, 2006) für die ganze Nation hörbar in den Medien geführt. Schlussendlich passierte das für Kahn – und die meisten anderen – Undenkbare: Er wurde durch Jens Lehmann ersetzt und sollte die WM, die sein großer internationaler Abschied hätte werden können, als Ersatztorwart bestreiten (Eder, 2006c, S. 14; Hermanns, 2006; o. V., 2006h, S. 15). Vorher war der Spieler vielen so unverrückbar erschienen, dass Hermanns (2006) ihn nach seiner Absetzung mit dem ehemaligen Bundeskanzler Helmut Kohl verglich, von dem jeder im Anschluss an dessen Kanzlerschaft weiterhin als Kanzler sprach.[199]

Nach einiger Bedenkzeit erklärte sich Kahn einverstanden, die Rolle hinter Jens Lehmann zu übernehmen, womit mehrheitlich nicht gerechnet worden war. Dadurch gehörte er, „obwohl nur ein einziges Mal auf dem Platz, [...] zu den Gewinnern der WM. [...] Großartig, wie er seine Rolle als Nummer 2 annahm" (o.

---

198 Eine Auswertung von Fernsehinterviews hatte gezeigt, dass Kahn sehr häufig seine Emotionen (vor allem Enttäuschung, Freude und Ärger) offen oder impulsiv ausdrückt (Geßner et al., 2004, S. 16).

199 Hier wurde ein Beispiel aus dem normalerweise eher komplexen politischen Bereich gewählt, um einen sportbezogenen Zusammenhang darzustellen.

V., 2006b, S. 24). Das allgemeine Lob für des Fußballers „nicht für möglich gehaltene Wandlung zur vorbildlichen Nummer zwei" (o. V., 2006e) zog sich durch
zahlreiche weitere Kommentare und Bewertungen in Funk, Fernsehen und quer
durch die Presselandschaft (Eder, 2006c, S. 14; Hermanns, 2006; o. V., 2006c, S.
24, 2006e, S. 22, 2006h, S. 15). Im Spiel um Platz drei wurde Kahn, der in diesem
Spiel Jens Lehmann vorgezogen wurde, von den Fans im Stadion frenetisch gefeiert. Eder betitelt seinen Artikel über dieses Spiel daher mit „Oliver Kahns Triumph-Marsch" (Eder, 2006c, S. 14) und führt die Reaktion der Fans auf deren
Wertschätzung dafür zurück, wie „vorbildlich" (ebd.) der Fußballer seine Degradierung gegen alle Erwartungen angenommen und ausgefüllt hatte.

Die Begründung der Jury für die Verleihung des „Sport-Bambi", welcher an
Kahn *und* Lehmann verliehen wurde, drückt aus, was die obigen Erörterungen bezüglich der Erfüllung der „großen Aufgaben des Sporthelden" vermuten lassen:
„Beide sind Vorbild dafür, wie der Kampf um eine gemeinsame Sache über persönliche Rivalität siegen kann" (o. V., 2006d, S. 94). Von Sportlern wird erwartet,
dass sie sich den Regeln und Verhaltenskodizes des Systems Sport, welches die
Erreichung sportlichen Erfolgs als Ziel vorgibt (Kapitel 3.2.2), unterwerfen und
diese vorbildlich befolgen, auch wenn das heißt, dass sie den Mannschaftsinteressen, dem Erreichen eines „großen Ziels" persönliche Befindlichkeiten unterordnen
müssen, im vorliegenden Falle also die eigene Eitelkeit, Verletztheit und Enttäuschung.

5.3.3.1.2 Felix Sturm: (Rück)Schläge im Ring und im Leben

Felix Sturm stieg am 16. Juli 2006 als Weltmeister des Boxverbandes WBA in den
Ring, um seinen Titel zu verteidigen. Sein Gegner war der „Luchs von Parla"[200]
(Leyenberg, 2006a, S. 28) genannte ehemalige Weltmeister Javier Castillejo. Aufgrund seiner Jugend, er war 27 Jahre alt, und seines Talents war Sturm Favorit bei
seiner freiwilligen Titelverteidigung gegen den älteren Spanier. Das Publikum erwartete einen klaren Sieg (Frommeyer, 2006a, S. 19; Komma-Pöllath, 2006, S. 24;
Leyenberg, 2006a, S. 28).[201]

Der talentierte Boxer hatte zu diesem Zeitpunkt erst einen von 26 Profikämpfen verloren. Doch gerade diese Niederlage war es, die ihn „richtig bekannt"
(Frommeyer, 2006a, S. 19) gemacht hatte. Nach einem „begeisternden" (ebd.)
Kampf verlor er unverdient gegen Oskar de la Hoya (Frommeyer, 2006a, S. 19;

---

200   Im Original „el lince de Parla" (Leyenberg, 2006a, S. 28).
201   Als bekennender Boxfan wird der Schauspieler Till Schweiger von Leyenberg (2006a, S. 28)
      mit den Worten „Felix haut ihn weg!" zitiert.

Leyenberg, 2006a, S. 28). In seinem letzten Kampf vor der anstehenden Titelverteidigung gegen Castillejo hatte Sturm den Weltmeister-Titel durch einen Punkt-
sieg gegen Maselino Masoe errungen. Doch obwohl dies der größte Erfolg seiner
Karriere war, dürfte ihm die Auseinandersetzung in schmerzlicher Erinnerung ge-
blieben sein:

> „[Sturm] wurde [..] ausgepfiffen[, weil] er in der Endphase des Duells mit dem Neu-
> seeländer im Rückwärtsgang boxte. Das machte Sinn, wirkte aber provokant arrogant.
> In der Nacht zum Sonntag sollte die Kundschaft an gleicher Stelle versöhnt werden.
> Seht, so Sturms Botschaft ans Volk, ich kann auch anders, ganz wie es euch gefällt"
> (Leyenberg, 2006a, S. 28).

Der Boxer wusste, dass von ihm nicht nur ein Sieg, sondern ein überzeugender
Sieg erwartet wurde. „Vor dem Kampf gegen Castillejo versprach er: ‚Diesmal
werde ich von der ersten bis zur letzten Minute fighten'" (Frommeyer, 2006a, S.
19). „Die Titelverteidigung in Saus und Braus [...] wurde allerdings zum Fiasko"
(Leyenberg, 2006a, S. 28) und der Ringrichter beendete den Kampf in der zehnten
Runde zu Ungunsten Sturms. Der Weltmeister war von einem Außenseiter ent-
thront worden, weil er versucht hatte, dem Publikum den Sturm zu bieten, den er
sich als Namen gab.[202] Doch trotz der Niederlage wurde der Sportler gelobt und
erhielt die gewünschte Achtung:

> „Er hat die Herzen der Zuschauer gewonnen, aber den Titel und seine Aura [des Un-
> besiegbaren] verloren. [...] ‚Das ist Boxen, das ist Leben, es geht vor und zurück',
> sagte Sturm hinterher bei seiner Rede ans Volk frei von Weinerlichkeit und Selbst-
> mitleid. Er bewies Format, als er seinem Bezwinger und Peiniger applaudierte, ehe er
> schwer gezeichnet ins Krankenhaus gefahren wurde" (ebd.).

Auch die ersten Worte von Frommeyers Bericht über den Kampf drücken Bewun-
derung für Sturm aus: „Blut, Schweiß, doch keine Tränen" (Frommeyer, 2006a,
S. 19). Wie in Kapitel 5.3.1 gezeigt, ist für die Bewertung des Verhaltens eines
Sportlers oftmals nicht der Erfolg die entscheidende Komponente. Nicht durch das
sportliche Ergebnis des Kampfes gemäß dem Code Sieg/Niederlage gewann der
Boxer die Achtung derjenigen, die ihn bewerteten, sondern durch die Art und
Weise, wie er seine Vorstellung gestaltete und mit dem Ergebnis, einer Niederlage,
die schwerer hinzunehmen ist als ein Sieg, umging.

Vor Sturms nächstem Kampf im November 2006 erschien im Handelsblatt
ein Artikel unter dem Titel „Ich will der Beste meiner Zeit sein" (Komma-Pöllath,
2006, S. 24). In diesem werden die Begleitumstände, die Sturms zurückliegende
Niederlage besonders dramatisch machen und die Bedeutung des Kampfes für

---

202   Sturms bürgerlicher Name lautet Adnan Catic (Komma-Pöllath, 2006, S. 24).

seine Karriere geschildert. Dabei wird sehr deutlich, warum der Autor dem Boxer Respekt zollt und die auch von anderen erwartet:

> „Es ist eine dieser ‚Rocky'-Geschichten, die das Kino so liebt. Der Champ geht unerwartet zu Boden. Zum ersten Mal in seiner Boxkarriere ist er schwer angeschlagen. Doch trotz schwerster Treffer rappelt er sich wieder auf und sucht den offenen Schlagabtausch. Obwohl er weiß, dass das sportlicher Selbstmord ist, weil er nicht im Vollbesitz seiner Kräfte ist. […]
>
> Es war das Davor und Danach in diesen Juli-Tagen, als sich das Schicksal gegen Adnan Catic, wie der Sohn bosnischer Einwanderer eigentlich heißt, wandte. Als er innerhalb von zehn Tagen nicht nur seinen WM-Gürtel verlor, sondern auch noch seine Mutter Zahida durch Krebs. Als Sturm gegen Castillejo in den Ring kletterte, wusste er bereits, dass seine Mutter es nicht schaffen würde" (Komma-Pöllath, 2006, S. 24).

Erneut zeigt sich, dass nicht das Ergebnis des Kampfes entscheidend für die durchscheinende Bewunderung ist, sondern des Sportlers Kampfeswille im Ring und wie er mit Schicksalsschlägen außerhalb des Sports umging. Wie einst Hektor (Kapitel 5.2.2) stellte er sich einem aussichtslosen Kampf, bestritt diesen mit aller Kraft und erlitt am Ende den (symbolischen) Heldentod. Die schon erwähnten Worte Edmonds' beschreiben die damit zusammenhängende Faszination sportlichen Handelns: „I love to see the tests of the human spirit. I love to see defeated [sportsmen] refuse to die, [...] the heart that refuses to give in" (Edmonds, 1982, S. 40).

In Zusammenhang mit dem Kampf im November 2006 wurde bezüglich des Boxers geschrieben, dass er sich nun selbst zeigen muss, „dass der Knock Out ihm keinen psychologischen Knacks hinterlassen hat. Keine Selbstzweifel oder gar Angst, seine großen, lauthals verkündeten Träume zu verwirklichen" (Komma-Pöllath, 2006, S. 24). Felix Sturm zeigte, dass ihm dieser Anspruch bewusst war: „Mein Kopf ist frei, da bleibt nichts zurück. Entweder man hat Herz oder man hat keines. Und ich habe das Herz, so etwas zu verarbeiten" (ebd.). Dass der Sportler der Wahrnehmung des Reporters nach zum Sporthelden taugt, ist offenbar darin begründet, dass er den sich auftürmenden Schwierigkeiten nicht ausweicht, sondern die Herausforderungen annimmt. – Den anstehenden Kampf entschied Sturm für sich und wurde so auch wieder zum „Erfolgreichen".

5.3.3.2   Sporthelden in anderen Gesellschaften

5.3.3.2.1   Sportliche Tugenden in der Antike: Arrichion

„Wie andere Zeiten und Kulturen hatte auch die Antike ihre Sportheroen, die sie vergötterte und mit Legenden umwob" (Decker, 1995, S. 130). So war z. B. die

Fähigkeit der griechischen Athleten, Schmerzen und anderes Unbill schweigend zu ertragen, legendär. Neben den Strapazen der sportlichen Wettkämpfe mussten sie üblicherweise auch sehr belastenden Umweltbedingungen trotzen, da die Sportereignisse im antiken Griechenland fast ausschließlich während der heißen Sommermonate stattfanden: „Angesichts dieses berüchtigten Stressfaktors [der Sonne bzw. der Hitze] spottete man darüber, wenn Athleten drinnen leichte Sparringskämpfe durchführten, die Sonne und die Schläge des Stadions aber mieden" (Poliakoff, 1989, S. 21). In Olympia begannen die Wettbewerbe sogar um die Mittagszeit, weshalb Sklavenhalter ihren Sklaven mitunter scherzhaft mit einem Ausflug zu den Olympischen Spielen als Strafe für ungehorsames Verhalten gedroht haben sollen. Auch stellen Inschriften auf Siegerdenkmälern die „karteria" – Zähigkeit oder Ausdauer – der Athleten oftmals stark heraus (ebd., S. 20-23). Da sowohl die Denkmäler als auch Siegeshymnen Auftragsarbeiten waren und bereits zu damaliger Zeit „Ruhm, das Wichtigste am Olympiasieg, [..] in den Medien erschaffen"(Gebauer, 1997, S. 291) wurde, kann davon ausgegangen werden, dass der karteria sehr große Bedeutung bei der Konstruktion von Sporthelden zukam. Auch damals galt: „Daher ist ein Sieg um so glanzvoller, je mehr er durch Mühen und Strapazen erkauft ist" (Müller, 1995, S. 132).

Als Musterbeispiel für die in der Antike übliche Bewunderung der im Sport unter Beweis gestellten Opferbereitschaft und Leidensfähigkeit, als die karteria auch interpretiert werden kann, wird vielfach der letzte Kampf des Arrichion, eines legendären Pankratisten,[203] angeführt. Schon antike Philosophen waren derart beeindruckt, dass sie diese letzte Prüfung mehrfach ausführlich schilderten (Müller, 1995, S. 132; Poliakoff, 1989, S. 10). Arrichion, der bereits zweimal in Olympia gesiegt hatte (572 und 568 v. Chr.), stand 564 v. Chr. wieder im Finale der Olympischen Spiele. Der Kampf wurde hart geführt und endete verhängnisvoll. Obwohl Arrichion wegen eines Würgegriffs seines Gegners bereits im Sterben lag, konnte er diesem noch eine Zehe brechen. Der Gegner gab wegen seiner Verletzung auf und der Tote wurde zum Sieger erklärt (Poliakoff, 1989, S. 10). Der antike Philosoph Philostrat geht sogar davon aus, dass der Pankratist „seinen Sieg [aufs Klügste] vorbereitet" (ebd.) hatte. Dessen Trainer schreibt Philostrat folgenden Ausruf zu, der den Kämpfer zum Durchhalten bewegt haben soll: „Welch ein herrlicher Tod, in Olympia nicht aufzugeben!" (Müller, 1995, S. 132).

Poliakoff schließt seine Ausführungen bezüglich des Arrichion mit dem Hinweis, dass nicht die begeisterte Reaktion des Publikums auf dessen Opferbereitschaft und Leidensfähigkeit den modernen Leser verwundert, sondern der Anlass dafür: Dass ein Athlet dem Sieg bzw. dem Kampf sein Leben geopfert hat (Poli-

---

203 Die Pankration war eine sehr brutale Mischung aus Boxen und Ringen.

akoff, 1989, S. 10). Diese Verwunderung lässt sich mit der bereits genannten Interdependenz zwischen dem Sport und der ihn umgebenden Gesellschaft (Kapitel 3.2.1) sowie den bezüglich der antiken Helden angestellten Überlegungen begründen. Scham- und Peinlichkeitsschwelle sowie die Akzeptanz von Gewalt waren im antiken Griechenland völlig anders ausgeprägt als heute (Kapitel 3.2).[204] Ein heutiger Schiedsrichter würde versuchen, einen Wettkampf abzubrechen, bevor die Gefahr besteht, dass ein Athlet ernsthaften Schaden nimmt. So führt die deutliche Unterlegenheit eines Gegners bei Kampfsportarten schnell zum Sieg des Überlegenen durch Punkte oder Abbruch.[205] Horsmann erwähnt, dass der Tod eines Gegners in der Antike nicht zur Stigmatisierung eines Sportlers geführt habe, sondern u. U. sogar eine der Ursachen für dessen Heroisierung werden konnte (Horsmann, 2000, S. 67). Festzuhalten ist, dass sowohl von Sportlern als auch anderen männlichen Mitgliedern der antiken Gesellschaft Opferbereitschaft und Leidensfähigkeit eingefordert wurden, da diese auch im omnipräsenten Krieg von entscheidender Bedeutung waren: „Sport und Krieg erfordern nicht nur die gleichen körperlichen, sondern auch die gleichen psychischen Voraussetzungen, Ausdauer und Leidensfähigkeit" (Müller, 1995, S. 61; vgl. auch Kapitel 5.2.1). Von Helden, von sportlichen wie von denen des Krieges, wurden diese daher in der Antike in besonderem Maße erwartet.

5.3.3.2.2 Matadores: machismo in der rueda[206]

Der große Reiz der „corrida" – des Stierkampfes – und der Ruhm der „matadores" – der Stierkämpfer – wird oft darauf zurückgeführt, dass sie vergleichseise unverzagt damit umgehen, getötet oder schwer verletzt werden zu können:

> „Die großen matadores leben in der Erinnerung nicht wegen ihrer Muskeln, sondern wegen ihres macho weiter. [...] Wenn Gallo gefragt wurde, wie er die Kraft für die corrida entwickele, so soll er geantwortet haben: ‚Ich rauche Havannas', und hinzugefügt haben, man könne den Stier wahrscheinlich nicht durch Kraft schlagen, er aber könne es durch Mut. Der matador muß also besiegbar erscheinen, wenn er der furchtbaren Kraft des Stieres gegenübertritt. Ein Zeichen von Furcht ist akzeptabel, sogar

---

204   Müller (1995, S. 132) führt diesbezüglich aus: „Der homerische Adlige ist bereit, sogar sein Leben einzusetzen, ohne dafür materiell entlohnt zu werden. Solche Strapazen verbinden den Sport mit dem Krieg. Beide, der Sportler wie der Krieger, haben schwere Strapazen, Mühen und Schmerzen zu ertragen, der Krieger auf dem Schlachtfeld, der Sportler im Training und im Wettkampf."

205   Dass es allerdings auch heute im Sport noch zu Todesfällen kommt, wird regelmäßig in den Medien berichtet. Zu einem späteren Zeitpunkt wird im Rahmen dieser Arbeit noch einmal hierauf zurückgekommen.

206   Die rueda ist die Stierkampfarena.

wünschenswert, wenn die faena[207] gut ist. Dadurch wird herausgestellt, daß der matador trotz seiner Furcht dem Stier gegenübergetreten ist, ihn beherrscht und getötet hat. Ein zu ruhiger, zu nonchalanter, zu perfekter matador, der ohne ein Gefühl der Furcht (und ohne Stolz über die Beherrschung der Furcht) auftritt, der der Menge nicht vermitteln kann, daß dies tatsächlich ein Kampf ist, in dem er dem Tod gegenübergetreten ist, ihn als eine Tatsache hingestellt hat und ihn als überwältigende Macht bestätigt hat, könnte als ein matador ohne salsa – ohne ‚Sauce' betrachtet werden" (Zurcher & Meadow, 1975, S. 118-119).

In dieser Schilderung werden alle drei großen Aufgaben des Sporthelden deutlich: Der matador nimmt eine herausragende, übermenschliche Leistung in Angriff (erste Aufgabe), indem er „der furchtbaren Kraft des Stieres gegenübertritt." Zu seiner Verteidigung werden ihm nur Degen und ein Tuch überlassen, was die Aufgabe enorm erschwert (zweite Aufgabe). Es muss deutlich werden, dass er sich ängstigt („private hell" der dritten Aufgabe), diese Angst aber besiegt und trotz der Möglichkeit öffentlichen Versagens („public hell" der dritten Aufgabe) idealerweise einen wohlverdienten Sieg erringt. Kennedy & Herzke weisen ebenfalls auf die Bedeutung besonders der psychischen Komponente des Stierkampfs hin:

„Eine Verletzung, die im Ring [der Stierkampfarena] erlitten wurde, kann bei einem Matador den Ruhm mehren und seine Fähigkeiten verbessern, und einen anderen entmutigen und zerstören. Der Tod, der hinter jedem Torero steht, kann seinem Leben Sinn geben, kann ihm Momente rauschhafter Intensität bescheren und ihn doch gleichzeitig in die Drogensucht, in zwanghaftes sexuelles Verhalten und in den Selbstmord treiben" (Kennedy & Herzke, 2001, S. 15-16).

Gerade, dass es beim Stierkampf immer wieder zu schweren Unfällen kommt, prädestiniert seine Protagonisten für das Sportheldentum, da diese in extrem plastischer Art und Weise mit dem eigenen Tod in Berührung kommen. In einem solchen Fall wird deutlich, ob der matador zum Sporthelden taugt oder nicht. Besitzt er den Willen und den Mut, wieder in die rueda zu gehen oder zerbricht er an seinen Erlebnissen?[208] Dieses Besiegen der eigenen Ängste, der Furcht vor dem eigenen Tod wird wohl nirgendwo so eingängig vor so viel Publikum zelebriert wie in den Stierkampfarenen Südamerikas und Spaniens. Doch, darauf sei verwiesen, stößt gerade diese offene Konfrontation mit dem Tod – (auch) des Stieres – Gegner der corrida ab. So verweisen Zurcher & Meadow (1975, S. 122-123) auf das generelle Fehlen einer direkten Konfrontation mit dem Tod im Alltagsleben der USA. Dass die Begegnung mit diesem dann im Sport ebenfalls nur symbolisch

---

207 Arbeit bzw. Aufgabe (Übers. d. Verf.) – Gemeint ist, dass der matador seine Aufgabe gut macht.
208 „Kennzeichnend für den Helden aber ist auch, daß er mit menschlichen Schwächen geschlagen ist, die ihm ein böses Ende bescheren könnten. Diese Ambivalenz erhöht die Faszination von Sporthelden. Sie können abrutschen und als Anti-Heilige [in diesem Fall als ihres ‚macho' verlustig gegangene Feiglinge – Anm. d. Verf.] verstoßen werden" (Gebauer, 1996, S. 151).

und nicht derart plastisch wie beim Stierkampf stattfindet, eine solche Sportart dort folglich auf Ablehnung stoßen wird, ist vor dem Hintergrund der bereits angestellten Überlegungen schlüssig.

5.3.4   Sportheldentum und Sportheld als soziales Deutungsmuster

Wie der klassische Held gemäß Kapitel 5.2 darf auch der Sportheld seine Aufgabe, sein Ziel nicht aus den Augen verlieren, er muss dessen Erreichung alles unterordnen, darf sich von Zweifeln nicht überwältigen lassen. Für den Sporthelden bedeutet dies, dass er angesichts einer drohenden Niederlage nicht aufgeben darf, sondern weiter bereit sein muss, für den Sieg zu kämpfen bzw. für die „gute Sache" – die eigene Mannschaft, den Sport etc. – alles zu geben. Die obigen Beispiele zeigen, wie sich diese Erwartungen in Deutschland im Einzel- und Mannschaftssport sowie in anderen Gesellschaften und zu anderen Zeiten äußern können bzw. konnten. Der Sportler muss sich aufopfern für den Sport, die Mannschaft und die Anhänger: „Er leidet für uns [die Anhänger bzw. Zuschauer], und je stärker wir das miterleben können, desto stärker scheint auch unsere Identifikation mit ihm" (Lange, WS 1998/99, S. 128). Der Sportheld nimmt die Bewältigung der großen Aufgaben auf sich und belegt die Wichtigkeit seines Tuns. Denn wer würde Qualen und Gefährdungen der eigenen Gesundheit, wie Arrichion in der Antike oder Felix Sturm und die matadores in der Moderne, auf sich nehmen, wenn es wirklich nur um „nichts und wieder nichts" ginge?

Durch seine Leiden, die zur Schau gestellte Opferbereitschaft, seinen Kampfgeist und den Willen, nicht aufzugeben, beweist der Sportler, dass Sport und was mit ihm zusammenhängt – z. B. die Anhänger und damit im Extremfall eine ganze Nation – wichtig sein muss.[209] Andererseits bedingt die Wichtigkeit des Sports, dass es, anders als in anderen Gesellschaftsbereichen, oftmals akzeptiert wird, die eigene Gesundheit aufs Spiel zu setzen. Es zeigt sich sogar, dass extreme Gesundheitsschäden das Sportheldentum mehren: „shedding one's blood amounts to guaranteeing one's honour" (Duret & Wolff, 1994, S. 144), wobei auch hier kultur- und sportartspezifische Unterschiede vorliegen können.

Die in Kapitel 5.3.3 betrachteten Beispiele des Arrichion, der matadores und des Felix Sturm zeigen, dass Sportarten, die mit physischer Gewalt und körperlichen Gefahren assoziiert werden bzw. diese äußerst plastisch darstellen, besonders geeignet sind, Sportheldentum zu produzieren oder zu mehren.[210] Belegt ein Athlet

---

209   Smith (1973, S. 63): „Sport is important and worthwhile."
210   Beim in den USA sehr populären amerikanischen Ringen, dem Wrestling, sind die Kämpfe inszeniert. Allerdings – das zeigt Stone (1975) auf – sind im Rahmen dieser Inszenierung gerade die Identifikation mit den Kämpfern und deren Operbereitschaft und Leidensfähigkeit die für den Zuschauer entscheidenden Faktoren. Bei dieser Inszenierung von Sport können sich die

in einem solchen Sport herausragende „kartereia", wirkt dies statuserhöhend und kann zu Sportheldentum führen. Der kriegerische wie der sportliche Held müssen sich also im „Kampf" beweisen, um zu Helden zu werden. Hierzu passend wurde bereits in den 1970er Jahren gezeigt, dass kampfbetonte Sportarten als besonders attraktiv wahrgenommen werden: „Our findings suggest that the enjoyment of televised sports events closely corresponds with perceptions of roughness, enthusiasm, and even violence in play" (Comisky et al., 1977; vgl. auch Kapitel 3.4.2.2).

Am anderen Ende der Wertskala stand in der griechischen Antike die „tryphe" („Weichheit"). Dieser Ausdruck wurde offenbar als Beleidigung verwandt. Thuillier (1999, S. 15) nennt als Beispiel die derartige Titulierung der Etrusker durch griechische Autoren, die darauf zurückzuführen war, dass bei deren Wettkämpfen Flötenspieler auftraten.[211] Ein matador ohne „salsa" zu sein, also einer, der nicht klar machen kann, was er leistet und mit welcher Überwindung das verbunden ist, ist ebenfalls „nichts wert". Er büßt seinen „machismo" ein.[212]

Festzuhalten ist, dass die Bereitschaft, sich im Sport der Systemlogik unterworfen und „wacker geschlagen zu haben" (Coubertin, 1997, S. 479; vgl. Kapitel 5.3.1) Bewunderung hervorruft. Dass dies auch im Falle einer Niederlage gilt, zeigten die Beispiele des Boxers Sturm und – wenngleich die „Bedrohung" in den geschilderten Fällen psychischer Natur war – des Torhüters Kahn (Kapitel 5.3.3.1).

Darsteller wesentlich auf das konzentrieren, was das Publikum sehen, was es (mit-) erleben möchte, da das eigentliche Ziel sportlichen Wettstreits, das Erringen von Siegen, nur von untergeordneter Bedeutung ist. Wichtig sind – und hier wird die zentrale Bedeutung des Betrachtungsgegenstandes der vorliegenden Arbeit erneut deutlich – die Ringer bzw. die Charaktere, die sie verkörpern: „Der Ringkampf ist ein Drama, das sich mit Moral befasst – Brechen und Aufrecherhalten von Moralcodes –, und man begreift es vielleicht am besten als Passionsspiel, in dem der ‚Komplott' irrelevant ist und nur der Charakter und die ‚Passion' zählen, die die Charaktere durchmachen müssen. Denn das Publikum sorgt sich wenig um den Ereignisablauf, aber sehr um die konkreten Personen, die ihn verkörpern, und um die Qualen, die sie erleiden bei der Bestrafung für ihre Sünden oder bei der Verteidigung des tugendhaften Lebens" (ebd., S. 181).

211 Thuillier (1999, S. 15) führt an der gleichen Stelle aus, dass dieser Vorwurf offensichtlich unbegründet und neidbedingt vorgebracht wurde, was hier aber keine Rolle spielt.

212 Äquivalent dazu beschreibt Katz (1996, S. 102), dass es in den USA als ehrrühriger Vorwurf für männliche Nachwuchssportler gilt, sich wie Frauen aufzuführen, was ebenfalls als Mangel an kartereia bzw. machismo aufgefasst werden kann. Er nennt beispielhaft folgende Ausrufe: „Come on, ladies, let's move it!" bzw. „The way you guys are playing, you should be wearing skirts."
Böhm (2006, S. 8) wiederum schreibt in seinem Artikel „Kein Held, nirgendwo", dass „die Propaganda der fehlenden Opferbereitschaft [..] in unterschiedlichem Ausmaß immer und überall [trifft] – nicht zuletzt, weil diese Propaganda immer auch die ‚Männlichkeit' der Angesprochenen infrage stellt." – Das funktioniert offensichtlich im Sport und außerhalb davon.

Beide nahmen die großen Aufgaben an und gaben auch nach Niederlagen nicht auf.[213]

Die Zuerkennung von Sportheldentum ist ungeachtet des Beitrags der Athleten eine interpretative Leistung der Rezipienten. Daher können die konkreten Inhalte, die der Sportheld für unterschiedliche Gruppen repräsentiert, verschieden sein. Dies wird etwa an Oliver Kahn (Kapitel 5.3.3.1.1) deutlich:

> „A figure can be evaluated differently from society to society and environment to environment – as is the case with the goalkeeper Oliver Kahn, whose will to win is viewed by many as symbolic of the overly ambitious German. In East Asia, on the other hand, this quality is what has made him one of the most popular sportsmen. Moreover, Kahn has become an icon in Japan because he has accepted bitter defeats with composure and dignity – an achievement which has gone virtually unnoticed in Germany" (Eisenhofer, 2006, S. 125).

Hinsichtlich des sozialen Deutungsmusters Sportheldentum und des zugehörigen Expositionstyps Sportheld kann somit festgehalten werden, dass dessen Bedeutungskern gleich dem des klassischen Heldentums darin besteht, für ein Ziel, eine Idee, ein Ideal oder eine Gruppe bereitwillig Entbehrungen auf sich zu nehmen. Sporthelden müssen nicht siegreich sein, sondern bei der Bewältigung ihrer drei großen Aufgaben idealtypische Opferbereitschaft „bewiesen"[214] haben. Aufgrund des ersten der drei zentralen Charakteristika des modernen Wettkampfsports, welche in Kapitel 3.2.2 erarbeitet wurden, ist jedoch nicht die gesamtgesellschaftliche Wirkung des Betreffenden von primärer Bedeutung, sondern diejenige, die er im Sport erzielt. Trotzdem der Sport zwar über interpretative Prozesse in andere Gesellschaftsbereiche hineinwirken kann, unterscheidet sich der Sportheld in dieser Hinsicht vom klassischen Helden, dessen Wirken sich auf gesamtgesellschaftlich relevante Zusammenhänge bezieht (Kapitel 5.2.4.3).

Da der moderne Wettkampfsport sich dadurch auszeichnet, dass sportlicher Ruhm […] normalerweise nur auf Zeit errungen bzw. verliehen wird (zweites Charakteristikum gemäß Kapitel 5.2.4.3) haben Sportler regelmäßig die Möglichkeit, ihr Sportheldentum zu bewähren bzw. zu erneuern. Hierbei kommt ihnen das dritte Charakteristikum des Wettkampfsports – die Komplexitätsreduktion – zugute. Die gute Nachvollziehbarkeit sportlicher Leistungserbringung führt dazu, dass das

---

213 In den vielen Niederlagen und Verletzungen, die der sportliche Wettkampf mit sich bringt, und vor allem in der Niederlage, die am Ende jeder Karriere steht, jener gegen das – noch vergleichsweise niedrige – Alter, wiederholt sich, so könnte interpretiert werden, in gesellschaftlich akzeptierter Form die Tragik des klassischen Helden: Der Tod in jungen Jahren. Wird das Karriereende jedoch zu lange hinausgezögert, ist das dem Status des Betreffenden oftmals abträglich.

214 Da dieser „Beweis" meist nicht zweifelsfrei angetreten werden kann, sondern durch Attributionen der Rezipienten erbracht wird, scheinen die Anführungsstriche gerechtfertigt zu sein.

Sportheldentum selbst ein gut verständliches soziales Deutungsmuster darstellt. Das Sportheldentum mit dem zugehörigen Expositionstypen Sportheld zehrt mithin von den Deutungsmustern moderner Wettkampfsport (Kapitel 3.2) sowie Heldentum (Kapitel 5.2.6). In Anlehnung an die Überlegungen zum Star (z. B. Kapitel 4.3.3 und 0) kann das Sportheldentum somit als „Partialheldentum" bezeichnet werden, durch welches das allgemeine Deutungsmuster Heldentum für den Gesellschaftsbereich Sport spezifiziert wird. Die Attraktivität des sozialen Deutungsmusters Sportheldentum als Medieninhalt ist vor diesem Hintergrund darauf zurückzuführen, dass entsprechende Berichte – wie diejenigen über klassische Helden (Kapitel 5.2.6) und über den Sport (Kapitel 3.4.2.2) – i. d. R. die meisten der Nachrichtenfaktoren aus Tab. 2 in Kapitel 2.4.4 enthalten.

5.3.5   Weitere Überlegungen zum Sportheldentum und seinen Funktionen

Eine wesentliche Funktion des Helden ist es, durch sein Handeln davon zu zeugen, dass eine bestimmte soziale Einheit, eine Idee oder ein Ziel einen bestimmten Wert hat. Dafür ist er bereit, Leib und Leben aufs Spiel zu setzen und eigene Vorteile zu opfern (Kapitel 5.2.6). Als „Partialheld" (Kapitel 5.3.4) überträgt der Sportheld das soziale Deutungsmuster Heldentum in den Gesellschaftsbereich des Sports. Hierbei kommt zum Tragen, dass der Sport durch eine gewisse Nähe zu kriegerischen Handlungen[215] besondere Spezifika aufweist und es mitunter akzeptabel sein kann, die eigene Gesundheit – zumindest in gewissem Maße – der Erreichung von Zielen im Sport unterzuordnen (Kapitel 5.3.4).

> „Eine Möglichkeit der Ästhetisierung ist beispielsweise mit der Betonung spielerischer Aggressivität erreichbar. Gewalt im Sport sorgt für Unterhaltung, da der Zuschauer durch Gewaltdarstellungen leicht erregbar ist. So lässt sich ein besonderes Unterhaltungspotenzial mit Hilfe von Gewaltdarstellungen gewinnen, wenn die dargestellte Gewalt bewusst inszeniert und ästhetisch überhöht wird. Gewalt ist eine Art anthropologische Konstante. Konflikte und ihre gewaltsame Lösung haben eine Art archetypische Verankerung im Menschen, die in unserem sozialen Gedächtnis einen dominanten Platz einnehmen" (Schierl, 2004, S. o. S.).

Hieraus resultiert ein genereller Anspruch an Sportler, dass sie sich aggressiv geben, sich aufopfern, dass sie kämpfen sollen. Entsprechend schallt es regelmäßig

---

215 Bohus (1986, S. 9-128) beschreibt, wie der Sport sich in der kretisch-mykenischen Epoche (1.600-1.200 v. Chr.) auf „abendländischem Boden" (ebd., S. 9) als gesellschaftliches Phänomen aus dem Kriegs- und Jagdwesen (Wagenrennen, Lauf, Waffenkampf, Ringen, Faustkampf, Bogenschießen) entwickelte und bis in die Neuzeit dem kriegerischen bzw. militärischen Bereich verbunden blieb.

„Wir wollen euch kämpfen sehen!" durch Fußballstadien, wenn die Anhänger einer Mannschaft das Gefühl haben, dass „ihre" Spieler nicht alles geben (Moritz, 2006, S. 18; Renner, 2006, S. 20). Denn – das gilt dem Sportanhänger als gesichert – „wenn eine Mannschaft zaudert, wenn immer wieder persönliche Fehler den Erfolg der Gruppe gefährden, dann muß diese Gruppe wenigstens kämpfen; das ist eine schlichte Fußball-Weisheit. Aber sie stimmt" (Heike, 2006, S. 31). Lassen die Sportler es an Kampfeswillen fehlen, fühlen sich ihre Anhänger „kampflos im Stich [ge]lassen" (ebd.). Emrich stellt diesbezüglich fest:

> „Wettkämpfe im Sport sind wertgebundene Institutionen unserer Kultur und unterliegen spezifischen Wertungen. Deutlich wird dies daran, wie empfindlich das Kollektivbewußtsein reagiert, wenn man gegen jene Erwartungen verstößt, die Menschen in einer gegebenen Kultur legitimerweise hegen und die in ihrer institutionellen Gesamtheit das soziale Handeln und damit auch Rollenhandeln steuern" (Emrich, 2002, S. 25).

Die Teilnahme an sportlichen Wettkämpfen auf hohem Niveau verlangt fleißiges Training, Disziplin und Anstrengung im Wettkampf (Loy, 1975, S. 61). Scheinen Athleten diese nicht in genügendem Maße zu erbringen, ist eine Reaktion der Anhänger gewiss. So wurde eine Studie des Sportwissenschaftlers Gonzalez-Balzar derart gedeutet, dass Fußballspieler in der Bundesliga zu wenig und zu wenig intensiv trainieren (Schneider, 2005).[216] Ein entscheidender Satz des Artikels „Freizeitpark Bundesliga" (ebd.) lautet: „Das Urteil des Hamburger Sportwissenschaftlers fällt so radikal aus, daß es selbst das plumpe Klischee von den ‚Faulenzern' in der Bundesliga zu bestätigen scheint" (ebd.). Diese „Faulheit" wird von den Fans verurteilt.

Dass das augenscheinliche Ausweichen vor Schmerz und Anstrengung und Nichtbefolgen der sportspezifischen Rollenerwartungen sogar einen Sieg[217] massiv entwerten kann, erfuhr Felix Sturm, der aufgrund seines vom Publikum als unangemessen eingestuften Verhaltens von diesem gemaßregelt wurde (Kapitel 5.3.3.1.2). Er konnte jedoch ähnlich dem antiken Heros Herakles (Kapitel 5.2.1), einer dauerhaften Stigmatisierung entgehen, da er den Erwartungen an seinen Einsatzwillen im nächsten Kampf entsprach. Er verlor zwar den Kampf, verfehlte

---

216 Zwischenzeitlich hat Gonzalez-Balzar (2007) die Studie veröffentlicht.
217 Als sehr klassisches Beispiel für die Entwertung eines sportlichen Ziels durch eine unangemessene Vorstellung führt Emrich (1992) die „Schande von Cordoba" an, das in die Fußballgeschichte eingegangene Spiel Deutschlands gegen Österreich bei der Fußball-WM in Spanien. Beiden Mannschaften reichte ein Unentschieden, um die nächste Runde des Turniers zu erreichen und sie boten ein sehr unansehnliches „Ballgeschiebe" im Mittelfeld, das jedweden Einsatz- und Siegeswillen vermissen ließ. „Dieses Spiel rief eine Woge von Protesten und kritischen Kommentaren in der Öffentlichkeit hervor. Nicht nur der Sieg, um den es beim Fußballspiel grundsätzlich geht, sondern auch die Art und Weise, wie er zustandekommt, sind also von wesentlicher Bedeutung" (ebd., S. 59).

diesmal also den Erfolg i. e. S. Er errang desungeachtet durch ein am sozialen Deutungsmuster Sportheldentum orientierten Auftreten die Achtung seiner Anhänger zurück.

Sportler müssen folglich nicht als „Erfolgreiche" im Sinne des entsprechenden Expositionstypen wahrgenommen werden. Allerdings wird von ihnen – genau wie vom klassischen Helden – erwartet, dass sie zumindest den *glaubhaften* Versuch unternehmen, eine „übermenschlichen Leistung" (Steitz, 2000, S. 10) zu vollbringen. Werden ambitionierte Ziele ausgegeben, die jedweder Grundlage zu entbehren scheinen, erfolgt meist eine harte Landung. Diese Erfahrung musste der Boxer Axel Schulz machen, der nach siebenjähriger Ringpause ein Comeback wagen wollte. Er suchte gleich für seinen ersten Kampf einen schweren Gegner aus und gab als Ziel an, durch einen Sieg wieder zur Weltspitze gehören und kurzfristig einen Weltmeisterschaftskampf anstreben zu wollen. Vor dem Kampf schrieb Lawecki „Schulz war verdroschen und betrogen worden, aber er jammerte nicht, sondern blieb ganz einfach der nette Typ von nebenan. So jemand mobilisiert die Massen" (Lawecki, 2006, S. 31) und titelte „Der ewige Verlierer, den alle mögen". Der Kampf wurde für Schulz jedoch zum Fiasko und er wurde für seine völlig falsche Selbsteinschätzung mit Spott überzogen (Frommeyer, 2006b, S. 19; Leyenberg, 2006b, S. 34). Titel und Untertitel des Artikels von Frommeyer fassen die Meinungen zu Schulz' Misserfolg treffend zusammen: „Demütigung und Desaster, Prügel und Provinz-Posse – Das groß angekündigte Comeback von Axel Schulz scheitert kläglich" (Frommeyer, 2006b, S. 19).

Dass das Publikum trotz aller Anstrengung meist die Sieger[218] oder jene, die es werden könnten, beachtet, ist vor dem Hintergrund der beiden Starfaktoren Erfolg und Können (Kapitel 4.3.7.2.2 und 4.3.7.2.3) schlüssig. Allerdings werden offenbar zu allen Zeiten diejenigen besonders geschätzt, die ihre Siege teuer erkaufen. Dies zeigte sich auch in der Mitte des vergangenen Jahrhunderts an der Begeisterung, die Emil Zatopek entgegenschlug, wenn er leidend seine Bahnen in den Ovalen der Leichtathletikstadien zog.

In einer Dokumentarfilmreihe mit dem Titel „Blood, Sweat and Glory"[219] wird über den tschechischen Läufer gesagt, dass er „sich immer ein bisschen wei-

---

218   „Obwohl die Fair-Play-Ethik des Sports die prinzipielle Achtung des Gegners fordert, ist doch die Wertschätzung des Siegers höher als die des Verlierers [...]. Davon zu unterscheiden ist der Wert der Veranstaltung für den Zuschauer als Sportkonsumenten" (Messing & Emrich, 2003, S. 23). Der Sieg – das war bereits im antiken Griechenland so und ist systemimmanent – ist das Ziel sportlichen Strebens. Allerdings, das wurde gezeigt, ist dieser eben nicht alles, und Sportzuschauer können auch gut unterhalten worden sein, wenn ihr Favorit nicht gewinnt, obgleich sie das natürlich lieber sehen.

219   Wie der klassische Held – das legt der Name dieser Filmreihe nahe – hat auch der Sportheld bei entsprechendem Einsatz ein Anrecht auf Ruhm („Glory").

ter als jeder andere" zwang. Die hier relevante Videokassette Nr. IV trägt den Untertitel „Gods and Heroes" und zeigt in Filmminute 20 einen Weltrekordlauf des Sportlers, bei dem die Atmosphäre des Stadions aus dem Film geradezu überschwappt. Die Masse ist elektrisiert, das Stadion bebt und Tausende schreien aus vollem Hals: „Za-to-pek, Za-to-pek!". Ein wenig der Stimmung dieses Moments wird in Schmidts Schilderung des Laufs deutlich:

> „30. Juli 1948, Wembley-Stadion, London: Der legendäre tschechische Langstreckenläufer Emil Zatopek erreicht nach einem 10.000-Meter-Lauf mit letzter Kraft die Ziellinie und stellt einen neuen Weltrekord auf. Die Stimme des Stadion-Kommentators überschlägt sich, die Menge hält es nicht auf den Plätzen. Seit jeher liebt das Publikum Sieger, die das Letzte aus sich herausholen. Und Zatopek zeigt es ihnen. Das Gesicht schmerzverzerrt rannte er von Triumph zu Triumph. Sie nannten ihn ‚die Lokomotive', weil er auch am Ende seiner Kräfte laufen konnte wie eine Maschine. Leidend, aber am Ende siegreich – so bediente er die Träume von Millionen" (Schmidt, 2006, S. 8).

„Qualität kommt von quälen" (Moritz, 2006, S. 18), das fasst zusammen, was die Menschen von potentiellen Sporthelden erwarten. Das sollen sie demonstrieren und möglichst siegreich sein. Daraus werden die Geschichten gestrickt, die Strahlkraft besitzen. „[Denn] wie war das damals bei der Tour de France 1997, als Udo Bölts seinem Teamgefährten Jan Ullrich mit dem Zuruf ‚Quäl dich, du Sau!' anspornte? Genau, auf die Qual folgt(e) der Sieg" (ebd.). Und dieser Ausruf ist seither wohl millionenfach wiederholt worden. Auf Fahrrädern, Laufstrecken, in Trainingshallen, Krafträumen, aber auch im „wirklichen" Leben außerhalb des Sports. Dort werden Bezüge zum Sport gerne verwendet, um bestimmte Sachverhalte deutlich zu machen. Dies gilt insbesondere dann, wenn Signaling bezüglich des sozialen Deutungsmusters Heldentum betrieben werden soll:

> „Bühlbecker, der Kämpfer. Ehrgeiz, Beharrlichkeit, Zähigkeit habe ihn das Tennis gelehrt. Fähigkeiten, mit denen er sein Unternehmen, die Aachener Fabrik für Printen, das sind ziemlich harte Gewürzlebkuchen, zur Weltmarke gemacht hat" (Wimmer, 2006, S. weekend 14).

Gemäß dem analytischen Rahmen dieser Arbeit (Abb. 23 in Kapitel 3.5.2) entstammten die bisherigen Verweise auf das (Sport)Heldentum offenbar denjenigen Kommunikationsbereichen (Sport, Wirtschaft, Medien), denen im Sinnzirkel eine besonders große Bedeutung bei der Prägung sportbezogener sozialer Deutungsmuster zukommt. Der etwas weiter oben zitierte Absatz über Emil Zatopek war – trotz seines Sportbezugs – allerdings einem Artikel aus dem Magazin echt, dem Mitgliedermagazin der evangelischen Kirche, entnommen. Hier wurde ein im Sinnzirkel etabliertes Deutungsmuster dazu verwendet, in einem religiösen Kontext mittels des Verweises auf den Sporthelden Zatopek absichtsvoll und indirekt zur Zuerkennung von Status zu kommunizieren. Damit wurde eine sehr alte Tradition aufgegriffen. Denn bereits in den Paulusbriefen der Bibel finden sich sportliche Metaphern, um die Leiden auf dem entbehrungsreichen Lauf zum Sieg des Glaubens zu beschreiben:

> „[24]Wißt Ihr nicht, daß die Läufer im Stadion zwar alle laufen, aber daß nur einer den Siegespreis gewinnt? Lauft so, daß ihr ihn gewinnt. [25]Jeder Wettkämpfer lebt aber völlig enthaltsam; jene tun dies, um einen vergänglichen, wir aber, um einen unvergänglichen Siegeskranz zu gewinnen. [26]Darum laufe ich nicht wie einer, der ziellos läuft, und kämpfe mit der Faust nicht wie einer, der in die Luft schlägt; [27]vielmehr züchtige und unterwerfe ich meinen Leib, damit ich nicht anderen predige und selbst verworfen werde" (1 Korinther 9, 24-27).

An anderer Stelle wird wieder anhand eines Bildes aus dem Sport demonstriert, welche Erwartung damit verknüpft ist, ein vorbildliches Leben[220] geführt zu haben:

> „[7]Ich habe den guten Kampf gekämpft, den Lauf vollendet, die Treue gehalten. [8]Schon jetzt liegt für mich der Kranz der Gerechtigkeit bereit, den mir der Herr, der gerechte Richter, an jenem Tag geben wird, aber nicht nur mir, sondern allen, die sehnsüchtig auf sein Erscheinen warten" (2 Timotheus 4, 7-8).

Diese Bibelstellen verdeutlichen, dass es letztendlich darum geht, in Glaubensdingen erfolgreich zu sein. Allerdings zeigen sie auch, dass der Erfolg dadurch besonders wertvoll wird, dass er durch eigenen Einsatz „verdient" werden musste (die zugehörigen Attributionen wurde in Formel 1 in Kapitel 4.3.7.2.2 formal zusammengefasst). Somit zeigt sich, dass der kommunikative Einsatz des sozialen Deutungsmusters Sportheldentum hier dazu dient, das konsequente Verfolgen eines in diesem Falle religiösen Ziels zu beschreiben, welches große Opfer erfordert. Die in der ersten Bibelstelle anklingende Bewunderung für die Leidensfähigkeit der Sportler bei gleichzeitiger Geringschätzung deren vergänglicher Ziele (Heldentum auf Zeit gemäß Kapitel 3.2.2), findet sich auch bei antiken Philosophen. Diese absolvierten z. B. nach kynisch-stoischer Argumentation ebenfalls einen Agon, ihre Siegprämie bestand allerdings aus unvergänglicher sittlicher Vollkommenheit (Müller, 1995, S. 197-198). Den stoischen Philosophen Seneca und Cicero schreibt Müller zu, Bewunderer der Leidensfähigkeit gewesen zu sein, die vor allem Kampfsportler und Gladiatoren in Training und Wettkampf demonstrierten. Der Sinn ihrer Schilderungen der Leidensfähigkeit von Athleten lag – wie bei den o. s. Zitaten aus den Paulusbriefen auch – darin, die Sportler als leicht

---

220 Der Sportler wie der Gläubige opfern Freuden und Annehmlichkeiten dem Streben nach ihrem jeweiligen Ziel.

verständliches Vorbild dafür zu gebrauchen, welche Leiden ein Mensch zu ertragen imstande ist (ebd., S. 199-206):[221]

> „Je größer die Leidensfähigkeit der Sportler oder Gladiatoren, je grausamer, unmenschlicher und abstoßender die Schicksalsschläge sind, die sie unbeeindruckt überstehen, umso glänzender bestätigen ihre Beispiele die stoische These von der Erlernbarkeit der Apathie [sogar im Angesicht des Todes]" (ebd., S. 206).

Diese Vorbildfunktion hinsichtlich der leicht nachvollziehbaren Demonstration von Leidensfähigkeit und Opferbereitschaft wird auch heute noch von Sporthelden erfüllt. Die Unterordnung der eigenen Interessen unter ein bestimmtes Ziel konnte und kann im Sport bestmöglich vorgelebt werden: „Thus, the outstanding personality as regards will-power, self-devotion, almost total involvement in a goal-oriented activity is still found in sport today" (Lenk, 2000b, S. 154). Dem beispielhaft leidenden, sich – für ein Kollektiv, ein Ideal oder ein Ziel – aufopfernden Sportler, der aufgrund seines eisernen Willens alle Prüfungen erträgt und nicht aufgibt, wird somit im und außerhalb des Sportsystems eine Vorbild- und Vertreterfunktion für seine Anhänger und mitunter sogar eine ganze Gesellschaft[222] zugeschrieben.[223]

Dass ein Athlet durch Demonstration dieser Fähigkeiten einen offenbar unverdienten Sieg derart aufwerten kann, dass er zum Erfolg i. w. S. wird, zeigt das Beispiel des Australiers Steven Bradbury. Der Eisschnellläufer wurde 2002 in der Disziplin Short-Track Olympiasieger. Bei seinem Siegeslauf profitierte er davon, dass alle vor ihm liegenden Konkurrenten stürzten und er – eigentlich hoffnungslos abgeschlagen an letzter Stelle laufend – an den am Boden Liegenden vorbei ins Ziel fahren konnte. Im Halbfinale hatte sich Bradbury nur aufgrund einer nahezu identischen Fügung für das Finale qualifiziert (Sport Reference LLC, o. J.; Stephens, 2002) und selbst dieses hatte er nur aufgrund der Disqualifikation eines Konkurrenten erreicht (Sport Reference LLC, o. J.). Für seinen „unverdienten" Erfolg wurde der Sportler bei der Siegerehrung ausgebuht (Hofmann, 2006, S. 36). Obwohl Bradbury einen sein sportliches Können übersteigenden „unverdienten"

---

221 Die Bewunderung für die Sportler und Gladiatoren beschränkte sich ausschließlich auf diese Eigenschaft, da sie insgesamt wegen ihres niederen Standes verachtet wurden (Müller, 1995, S. 252).

222 Für wen oder was ein spezifischer Sportler stellvertretend steht, hängt davon ab, wer sein Wirken rezipiert und sich daraufhin mit ihm identifiziert. Allerdings gibt es gewisse formale Rahmen, die Repräsentationen vorgeben. Im Sport ist es für Vereinssportler Teil der Rolle, bereitwillig ihren Verein und seine Anhänger zu repräsentieren. Von Nationalmannschaftsmitgliedern wird erwartet, ein ganzes Land erwartungskonform zu vertreten.

223 Dabei kann die Freiwilligkeit bzw. die eigentliche Intention mitunter vergleichsweise unbedeutend sein: „Das Opfer eines Fahrers für den Erfolg seiner Mannschaft, egal, ob es aus ihm selbst kommt oder von einem Schiedsrichter (dem technischen Direktor) auferlegt wird, wird immer gerühmt" (Barthes, 1986, S. 30).

Sieg errang, ist er als *Erfolgreicher* – und erster Australier, der je bei den Olympischen Winterspielen die Goldmedaille erringen konnte – vor allem in die australische Sportgeschichte eingegangen.

Es findet sich sogar auf den offiziellen Internetseiten des IOC ein kurzer Film, der unter dem Titel „The most unexpected of gold medals" (International Olympic Committee, 2002) Bradburys Finallauf zeigt. Dies mag überraschen, da der Sportler aufgrund seines – augenscheinlich – unverdienten Erfolges i. e. S. bei der Medaillenübergabe mit Schmährufen bedacht wurde. Bradburys außergewöhnliche „Lebens- und Leidensgeschichte" (Hofmann, 2006, S. 36) vermag allerdings „selbst anfängliche Kritiker versöhnlich" (ebd.) zu stimmen, so dass keine dauerhafte Stigmatisierung erfolgte:

> „Wie er jahrelang im Keller seiner Eltern im sonnenverwöhnten Brisbane gelebt hatte, um Geld zu sparen, nebenbei als Stromableser tätig war und mit einem Freund eine kleine Hinterhofklitsche zur Herstellung von Schlittschuhen betrieb. Und wie ihn seine Liebe zu dem exotischen Sport, der in Australien ähnlich populär ist wie Surfen in der Inneren Mongolei, zweimal fast das Leben gekostet hatte. 1994 war er von einem Schlittschuh aufgespießt worden, wäre fast verblutet und musste mit 111 Stichen wieder zusammengeflickt werden. Zwei Jahre vor Salt Lake City brach Bradbury sich das Genick und mußte sich von den Ärzten sagen lassen, daß er nie wieder Schlittschuh laufen würde. Er kämpfte sich noch einmal heran und nahm mit 28 an seinen vierten Spielen teil" (ebd.).

Ähnlich wie Felix Sturm demonstrierte der Wintersportler die von einem Sporthelden erwarteten Qualitäten, was seinen unstatthaft errungenen sportlichen Erfolg aufwertet. Durch die außersportlichen Belastungen erfüllt er als Sportler die zweite und dritte Aufgabe derart, dass seine olympische Medaille ihren Glanz zurückerhielt.[224] Später nahm der ehemalige Leistungssportler eine lukrative Vortragstätigkeit auf: „Meist spricht er darüber, wie man seinen Traum trotz aller Widerstände verfolgen solle, bis man eines Tages belohnt wird" (ebd.).

---

224 Dass Erschwernisse, die aus dem außersportlichen Bereich stammen und in diesen hineinwirken, den Wert sportlicher Leistung erhöhen, lässt sich ebenfalls sehr gut an der Antwort von Dieter Hundt, dem ehemaligen Präsidenten der Bundesvereinigung der Deutschen Arbeitgeberverbände und früheren Aufsichtsratsvorsitzenden des VfB Stuttgart, auf die Frage nach seinem Fußball-Helden zeigen. Er antwortete: „Robert Schlienz, der von 1945 bis 1960 beim VfB Stuttgart spielte, weil er – obwohl armamputiert – ein Vorbild und Lenker für die Mannschaft war" (Hundt, 2006, S. 18). Gleiches zeigt sich oftmals auch bei der Bewertung paralympischer Sportler, deren eigentliche Leistung, wenn sie mit der eines Nicht-Behinderten verglichen würde, u. U. (dies trifft keinesfalls immer zu!) nicht herausragend oder sogar unterdurchschnittlich wäre. Betrachtet man jedoch, welche Widerstände und Hindernisse überwunden werden mussten, um diese Leistung zeigen zu können, werden oft der gezeigte Wille und die durch die Erschwernisse der Einschränkungen unter Beweis gestellte Leidensfähigkeit bewundert. – Bezüglich paralympischer Sportler drängt sich der Gedanke an den Comic-Helden Daredevil auf, der kurz in Kapitel 5.2.4 betrachtet

5.4   Helden aus dem Sport

5.4.1   Einleitende Bemerkungen

Im bisherigen Verlauf von Kapitel 5 wurden klassische Helden und Sporthelden betrachtet. Dem Wirken der Letztgenannten „Partialhelden" kommt im Gegensatz zu dem der Erstgenannten keine unmittelbar gesamtgesellschaftliche Bedeutung zu (Kapitel 5.3.4). In Kapitel 5.4 wird nun ergründet, wie ein Sportler zum klassischen Helden werden kann. Als Beispiele für Sportler, die den Status des *Sport*helden hinter sich gelassen haben und „Helden *aus* dem Sport" wurden, werden in Kapitel 5.4.2 exemplarisch der amerikanische Baseballer Ted Williams und der französische Tennisspieler Jean Borotra betrachtet. Sie wurden dadurch zu Helden, dass sie traditionellen Gütemaßstäben in besonderem Maße entsprachen. Anschließend dienen die Amerikaner Muhammad Ali (Boxen) und Jackie Robinson (Baseball) als Beispiele dafür, wie Verstöße gegen bestehende Wertevorstellungen eine Heroisierung über den Sport hinaus bedingen können (Kapitel 5.4.3). In Kapitel 5.4.4 folgen eine kurze Zusammenfassung und Einordnung in die bisherigen Erkenntnisse des Kapitels.

5.4.2   Ted Williams und Jean Borotra: Erfüllung traditioneller Gütemaßstäbe

Ansatzpunkt der Betrachtungen soll folgende Beobachtung Smiths sein: „The war years were accompanied by a diminuition in athletic interest. The few sport heroes who did exist were those who had a military connection. Ted Williams, the ex-marine fighter pilot, was the most popular baseball player" (Smith, 1973, S. 65).[225]
      Ted Williams hatte als Kampfjetflieger sowohl am 2. Weltkrieg, als auch am Koreakrieg teilgenommen und wird bis heute von vielen als amerikanischer Held gesehen bzw. als solcher präsentiert (tedwilliamsmuseum.com, o. J.a). Bemerkenswert ist in diesem Zusammenhang die Vorgeschichte von Williams´ erster Einberufung im Zweiten Weltkrieg: Williams war ursprünglich von einer drohenden Einberufung zurückgestellt worden, worauf die amerikanische Öffentlichkeit

---

wurde und dessen Leistung aufgrund seines körperlichen Gebrechens (er ist blind) ebenfalls besondere Bewunderung zukommt, wie durch den Kommentar Namors, seines Gegners, deutlich wurde.

225   In den Major Leagues spielte Ted (eigentl. Theodore Samuel) Williams mit Unterbrechungen durch Militärdienst und Verletzungen von 1939-1960, in dieser Zeit stellte er zahlreiche Offensivrekorde auf und gilt vielen noch heute als einer der besten Schlagmänner überhaupt (Morgan & Lally, 1998, S. 59, 364; bzgl. seiner Einordnung durch Autoren von Baseballfachbüchern und Baseballspieler geben z. B. Baker, Mercer & Bittinger, 1993, S. 193-194, Auskunft; ausführliche Karrieredaten finden sich z. B. bei Williams & Underwood, 1986, S. 83).

mit Entrüstung reagierte.[226] Schließlich meldete sich der Baseballspieler im Früh-
jahr 1942 freiwillig zur Luftwaffe. Seine Einberufung erfolgte im November 1943.
Bis zu seiner Entlassung im Januar 1946 nahm er allerdings nicht an Kampfhand-
lungen teil (tedwilliamsmuseum.com, o. J.d). Im Koreakrieg flog er dann im Jahr
1953 Kampfeinsätze, für die er mehrere militärische Orden erhielt (tedwilliams-
museum.com, o. J.b). Dem Verständnis vieler Menschen nach ist der Sportler
durch seine Bereitschaft, seinem Status als Sportgröße zum Trotz für Amerika in
den Krieg zu ziehen, ein amerikanischer Held geworden, der nicht „nur" als Sportheld rezipiert wird. Er gilt daher in den USA als Beispiel dafür, dass man bereit
sein muss, das eigene Leben der Gemeinschaft unterzuordnen und ggf. auch für
diese aufs Spiel zu setzen. Die Kontroversen, die seiner soldatischen Karriere vo-
rangingen, werden heute normalerweise nicht mehr beachtet. Sie zeigen jedoch,
dass Sporthelden in Zeiten des Krieges leicht „entzaubert" werden, da die Möglichkeit gegeben ist, „echte" Heldentaten zu vollbringen und diese – scheinbar insbesondere von Sporthelden – auch erwartet werden.

Ein Europäer, der als Sportler und über den Sport hinaus bei seinen Landsleuten einen ähnlichen Status wie Ted Williams genießt, ist der Franzose Jean
Borotra. Dieser war ein ausgezeichneter und sehr spektakulärer[227] Tennisspieler,
der zahlreiche Siege als Einzelspieler errang und vielfach erfolgreich in der französischen Davis-Cup-Mannschaft spielte. Seinen letzten Auftritt dort hatte er 1955
im Alter von 57 Jahren. Außerdem war der Franzose Soldat in beiden Weltkriegen
(Amson, 1999, S. 21-22, 178-179) und Mitglied der Vichy-Regierung im 2. Welt-
krieg (Amson, 1999, S. 185-186; Simonet & Véray, 2000, S. 112). Später wurde
Borotra bei einem Fluchtversuch nach Spanien von der Gestapo gefangen. Daraufhin wurde er zuerst in Sachsenhausen und später im „Chateau Iter" in Frankreich
gefangen gehalten (Amson, 1999, S. 212; Faure, 1996, S. 90). Nach dem Krieg
war er u.a. als Ingenieur in der Erdölindustrie mit für Frankreich sehr entscheidenden Erfindungen erfolgreich (Amson, 1999, S. 250; Horsmann, 2000, S. 70). Horsmann kommt in der Gesamtschau bezüglich Borotra zu folgendem Schluss:
„Borotra gilt in Frankreich als ein Mann, [...] der seine persönlichen Erfolge dem

---

226 Ted Williams war im Januar 1942 in den sog. I-A Status erhoben worden, was eine baldige
     Einberufung implizierte. Nachdem ein Einspruch seines Rechtsanwaltes abgewiesen worden
     war, wandte sich dieser an das „Presidential Board". Daraufhin wurde Ted Williams in den
     Status III-A zurückgestuft, was ihn voraussichtlich vor einer Einberufung bewahrt hätte
     (tedwilliamsmuseum.com, o. J.d).

227 Wegen seiner spektakulären Spielweise wurde Borotra „basque bondissant", springender Baske,
     genannt. Faure zitiert in diesem Zusammenhang eine englische Zeitung, die während Borotras
     erster Teilnahme am traditionsreichen Tennisturnier in Wimbledon schrieb: „If you had to
     choose just one tennis player to watch in your lifetime, which one would it be? Borotra of
     course!" (Faure, 1996, S. 90).

Gemeinwohl verpflichtete und im Rahmen dieser Pflicht auch Opfer zu bringen bereit war" (Horsmann, 2000, S. 70).

Sowohl Jean Borotra als auch Ted Williams sind Beispiele für Athleten, denen besondere Opferbereitschaft für die Allgemeinheit zugeschrieben wird und die für ihre Landsleute – zumindest für diejenigen, die diese Ansicht teilen – daher zu klassischen Helden wurden. Ihr Wirken erstreckte sich gemäß der Interpretation ihrer Bewunderer nicht nur auf den Sport, sondern sie wirkten darüber hinaus „für das Kollektiv" (Emrich & Messing 2001, 64). Dabei suchten sie nicht primär den eigenen Vorteil, sondern waren im Gegenteil sogar dazu bereit, diesen zu opfern. Beide erlagen folglich nicht der Versuchung, aus ihre privilegierte Position zu nutzen, sondern begaben sich bewusst in Situationen, denen sie nicht wie im Sport, wo alles auf einer gewissen Freiwilligkeit beruht, entkommen konnten. Beide sahen sich, so zumindest die Interpretation, durch eine empfundene Verpflichtung gegenüber traditionellen gesellschaftlichen Gütemaßstäben gezwungen, die genannten Opfer zu bringen und Gefahren auf sich zu nehmen (Emrich & Messing, 2001, S. 50-51; Horsmann, 2000, S. 45). Daher sind sie nicht nur Sporthelden oder „Helden auf Zeit", sondern fanden durch ihre Opferbereitschaft für das Wohl der Gemeinschaft Aufnahme in das „kollektive Gedächtnis" (zweites Charakteristikum des klassischen Helden gemäß Kapitel 5.2.4.3).

5.4.3   Jackie Robinson und Muhammad Ali: Aufbegehren gegen die bestehende Ordnung

Bedingte bei Ted Williams und Jean Borotra gerade die Bereitschaft, vorbildlich Erwartungen zu entsprechen, dass sie zu Helden wurden, kann bei Muhammad Ali das genaue Gegenteil beobachtet werden. Er rebellierte in mannigfaltiger Weise gegen die bestehende Ordnung (Remnick, 2000, S. XIII). Sein erstes spektakuläres Aufbegehren bestand darin, dass er sich einen Tag nach dem Gewinn der Goldmedaille im Schwergewichtsboxen bei den Olympischen Spielen 1964 offen dazu bekannte, im Rahmen seiner – vormals nicht publik gemachten – Konvertierung zum Islam seinen Geburtsnamen Cassius Marcellus Clay in Muhammad Ali geändert zu haben und Mitglied der „Nation of Islam" (NOI) geworden zu sein, einer damals wenig populären Vereinigung[228] (Jodl, 2002, S. 46). Anders als Williams und Borotra weigerte sich Ali, einer Einberufung Folge zu leisten und in den Vietnamkrieg zu ziehen,[229] wofür er zur Höchststrafe[230] verurteilt wurde (Remnick,

---

228   Die Beliebtheit der NOI zur damaligen Zeit vergleicht Jodl (2002, S. 46) wenige Monate nach dem Attentat auf das World Trade Center mit derjenigen der Taliban-Milizen.

229   Diesem Kontext entstammt das berühmte Zitat: „I ain't got no quarrel with them Vietcong" (Jodl, 2002, S. 69; Remnick, 2000, S. 287).

230   Diese betrug fünf Jahre Gefängnis und eine Zahlung von 10.000 Dollar.

2000, S. 287). Zwar wurde die Strafe später in einer Berufungsverhandlung revidiert, Ali musste seiner Entscheidung aber viel opfern: seinen Weltmeistertitel, seine Popularität bei vielen Amerikanern und sehr viel Geld; außerdem konnte er dreieinhalb Jahre keine Boxkämpfe bestreiten (Jodl, 2002, S. 60; Remnick, 2000, S. 288-291; Emrich & Messing, 2001, S. 54). Trotzdem nennt Remnick (2000) sein Buch über Ali im Untertitel: „the Rise of an American Hero".

Durch seine sportlichen Erfolge und sein häufig sehr prahlerisches Auftreten – berühmt geworden ist sein Ausspruch: „I am the greatest!" – war Cassius Clay bzw. Muhammad Ali zu einer der bekanntesten und auch umstrittensten Personen weltweit geworden. Seine Weigerung, der ihm als schwarzem Sportler zugedachten Rolle gerecht zu werden, hatte ihm nicht nur – wie zu erwarten war – unter den weißen Rassisten Feinde gemacht, sondern empörte sogar die Vordenker der „National Association for the Advancement of Colored People" (ebd., S. XIII). Allerdings wurde er durch sein konsequentes Handeln zum Vorbild der Anti-Vietnam-Bewegung und der Afroamerikaner (ebd., S. 291). Alis heutige Bedeutung gerade auch für die Letztgenannten formulierte sein ehemaliger Gegner Floyd Patterson daher folgendermaßen: „I came to love Ali. I came to see that I was a fighter and he was history" (ebd., S. 299).

International nicht so bekannt wie Muhammad Ali, aber gerade auch im Hinblick auf die hier angestellten Überlegungen unzweifelhaft nicht uninteressanter, ist der farbige Baseballspieler Jackie Robinson. Jack Roosevelt Robinson war der erste Afroamerikaner in den Major Leagues[231], der amerikanischen Baseball-Profiliga, wodurch ihm eine Vorbildfunktion zukam, die ihn zu einem Wegbereiter ihm zeitlich nachfolgender selbstbewusster afroamerikanischer Sportler wie Muhammad Ali machte. Um das Klima zu verdeutlichen, in dem Jackie Robinson 1947 sein Debüt im Trikot der Brooklyn Dodgers gab, soll zu bedenken gegeben werden, dass Präsident Harry Truman die Rassentrennung in Militär und öffentlichem Dienst erst ein Jahr später gegen große Widerstände aufhob (Harry S. Truman Library and Museum, o. J.) und gewalttätige Ausschreitungen gegen Farbige sowie Gegner der Rassentrennung häufig vorkamen und viele Leben kosteten (Southern Poverty Law Center, o. J.).

Vor diesem Hintergrund war es von enormer Wichtigkeit, dass derjenige, der die sog. „color line" durchbrechen sollte, sowohl in sportlicher wie auch menschlicher Hinsicht den daraus resultierenden Anforderungen gewachsen war. Daher

---

231 Eigentlich hatte es schon vorher farbige Spieler in den Major Leagues gegeben, aber da sich Mitte der 80er Jahre des 19. Jahrhunderts manche Mannschaften weigerten, gegen integrierte Mannschaften zu spielen, wurde die informelle „color line" gezogen (Morgan & Lally, 1998, S. 346).

hatte Branch Rickey, der (weiße) Manager der Baseballmanschaft Brooklyn Dodgers, die sog. „Negro Leagues"[232] beobachten lassen, um einen Spieler zu finden, der geeignet schien. Da es über Jackie Robinsons sportliche Eignung keinen Zweifel geben konnte (Enders, o. J.), nahm Branch Rickey ihm bei ihrem ersten Treffen das Versprechen ab, sich angesichts rassistischer Anfeindungen für mindestens eine Saison passiv zu verhalten, um so diesen historischen Schritt nicht zu gefährden (Schwartz, o. J.). Jackie Robinson hielt sein Versprechen, obwohl ihm dies mutmaßlich sehr schwer gefallen sein muss, da er als in rassistischen Fragestellungen sehr offensiv galt.[233] Erwartungsgemäß war Jackie Robinson das Ziel unzähliger Feindseligkeiten und Diskriminierungen. Ihm war jedoch bewusst, dass er nicht scheitern durfte, wenn ihm andere nachfolgen sollten, und er wurde trotz allem einer der besten Baseballspieler seiner Zeit. Enders kommt daher zu dem Schluss: „[He] dealt with pressure infinitely greater than any other athlete before or since, and [his] handling of that pressure made possible the careers of Jordan, Woods, Ali and many more" (Enders, o. J.; vgl. hierzu auch Morgan & Lally, 1998, S. 310-311; Smith, 1973, S. 66). Nach seiner aktiven Karriere war Jackie Robinson politisch und gesellschaftlich für die Gleichberechtigung der Afro-Amerikaner in den USA aktiv. Den letzten Tribut, dem er seinem sehr fordernden Leben zahlen musste, war sein früher Tod im Alter von nur 53 Jahren.

Auf der Umschlagrückseite des Buches von Remnick (2000) wird über Muhammad Ali geschrieben: „He changed the world of sports and went on to change the world itself." Genau wie bezüglich Ted Williams und Jean Borotra bereits erläutert, wird auch bezogen auf ihn und Jackie Robinson angenommen, dass sie für die Erreichung ihrer Ziele Belastungen auf sich nahmen, die ihnen große Opfer abverlangten. Die damit einhergehenden Entbehrungen wurden jedoch, anders als bei den beiden Erstgenannten, in wesentlichem Maße dadurch verursacht, dass sie nicht mit einer breiten Unterstützung, einem generellen Konsens bezüglich ihres Handelns rechnen konnten. Ihr Weg war vor allem deshalb leidvoll, weil er entgegen den „traditionellen gesellschaftlichen Gütemaßstäben" (Kapitel 5.4.2) verlief. Allerdings gilt sowohl für Robinson als auch für Ali, dass gerade Ihre Auflehnung „gegen das bestehende Wertesystem Ausgangspunkt einer [... Helden-]Verehrung" (Horsmann, 2000, S. 45) war und ist. Es gelang beiden

---

232   In den „Negro Leagues" konnten farbige Baseballer auf hohem Niveau spielen und etwas Geld verdienen, da ihnen der Weg in die Major Leagues verbaut war.

233   Ein oft in Zusammenhang mit dem im Text erwähnten Versprechen beschriebenes Vorkommnis belegt dies: Während seiner Militärzeit war Jackie Robinson verurteilt worden, da er sich geweigert hatte, der Aufforderung des Fahrers eines Militärbusses Folge zu leisten und sich in den für farbige Passagiere vorgesehenen hinteren Teil des Busses zu setzen. Das Urteil musste aber bereits am selben Tag revidiert werden, da, wie Robinson wusste, bereits vor dem Zwischenfall Richtlinien erlassen worden waren, die diese Art von Rassentrennung in Militärfahrzeugen abschafften (Enders, o. J.; Schwartz, o. J.).

Sportlern, die bezüglich ihrer Stigmatisierung „geschaffenen und aufrechterhaltenen Regeln" (Becker, 1981, S. 16; vgl. hierzu Kapitel 4.4.4.1) außer Kraft zu setzen und hierfür Bewunderung zu ernten.

Auf Jackie Robinsons Grabstein steht ein Satz geschrieben, den er oft hinsichtlich seiner besonderen Rolle gesagt haben soll: „A life is not important except in the impact it has on other lives" (Friedman, 2010). Bezogen auf ihn und Ali wird angenommen, dass sie wesentliche gesellschaftliche Veränderungen gerade dadurch angestoßen haben, wie sie mit ihrer jeweiligen Rolle und den daraus resultierenden Schwierigkeiten und Ungerechtigkeiten umgingen. Daher kann festgehalten werden, dass in den Augen ihrer Bewunderer gerade ihre Bereitschaft, persönliche Vorteile und Präferenzen zur Überwindung gesellschaftlicher Maßstäbe zu opfern, ihren Status bedingt. Wegen und durch ihre Leidensfähigkeit und Opferbereitschaft und ihre gesamtgesellschaftliche Wirkung wurden beide zu Helden im klassischen Sinne.

5.4.4   Fazit

Anhand der Beispiele Ted Williams und Jean Borotra wurde in Kapitel 5.4.2 deutlich, dass das „Heldentum im Sport" dadurch überwunden werden kann, dass gesellschaftlichen Erwartungen in besonderem Maße genügt wird. Die beiden Sporthelden waren bereit, im Krieg für ihr Land zu kämpfen. Sie waren, so die Interpretation, gewillt, ohne Rücksicht auf den eigenen Vorteil und unter Erbringung großer Opfer, dem Kollektiv zu dienen. Anders als Jackie Robinson und Muhammad Ali konnten beide allerdings mit einem gesellschaftlichen Konsens für ihre Entscheidungen und ihr Handeln rechnen. Die afro-amerikanischen Athleten handelten ganz bewusst entgegen geltender Maßstäbe und Gebräuche und stießen gesellschaftliche Veränderungsprozesse an. Dabei waren sich beide ihrer besonderen Funktion bewusst und nahmen diese, allen Widrigkeiten zu Trotz, vor den Augen einer sie beobachtenden Öffentlichkeit an. Edmonds schreibt diesbezüglich: „[They] would prove to millions of people that they can be victorious over doubt and struggle and frustration and despair" (Edmonds, 1982, S. 36). Ali und Robinson haben sich stellvertretend für große gesellschaftliche Gruppen ihren Herausforderungen gestellt und sie aufgrund ihrer außergewöhnlichen Leidensfähigkeit überwunden.

Bezüglich der „Helden aus dem Sport" kann resümierend Folgendes geschlossen werden: Bricht ein Sportler aus seiner Spezialisierung aus und begegnet Widerständen außerhalb des Sports (wodurch er seinen Bewunderern besondere Opferbereitschaft demonstriert), um dadurch entweder einem Kollektiv zu dienen oder notwendige gesellschaftliche Veränderungen herbeizuführen, ist er also bereit, sein „normales Leben" und seine Gesundheit der Erreichung eines höheren Zieles zu opfern, kann er zum klassischen Helden werden. Dies ist dadurch zu erklären, dass er durch das Ausbrechen aus seiner Spezialisierung dem sozialen Deutungsmuster Heldentum entspricht und daher gemäß dem zugehörigen Expositionstypen rezipiert wird (Kapitel 5.2.6).

5.5   Fazit

5.5.1   Zusammenfassung

Der Bedeutungskern des sehr alten und gefestigten sozialen Deutungsmusters Heldentum ist die „Opferbereitschaft bis zum Tode hin" (Lipp, 1985, S. 230), welche der Held als zugehöriger Expositionstyp für eine Gemeinschaft, ein Ideal oder ein Ziel im Extremfall zu beweisen bereit ist (Kapitel 5.2.4 und 5.2.6). Wie die anderen bisher betrachteten Expositionstypen sind Helden daher relationale Konstrukte, die für eine bestimmte Gruppe von Rezipienten als solche gelten. Fuechtjohann bezeichnet sie als „große Einzelne, die aus der Weisheit der vielen bestehen" (Fuechtjohann, 2011, S. 9). Das soll bedeuten, dass Helden in den Augen ihrer Bewunderer jeweils bestimmte zeitgemäße bzw. gruppenspezifische Ideale repräsentierten (Tallgren, 1981, S. 15). Derart stärken sie die Kohäsion sozialer Einheiten: „Die Helden dienen als Symbole. Sie haben dieselbe verbindende Kraft wie Flaggen, Wimpel und Uniformen" (ebd., S. 22). Dass „[v]iele Heldinnen und Helden [..] nur in ihrer Kommune und Region" (Sektion Sportgeschichte, 2005, S. 25) bzw. bestimmten sozialen Teilbereichen bekannt sind, ist darauf zurückzuführen, dass sie lediglich für diese symbolische Kraft entwickeln: „A [hero] can be evaluated differently from society to society and environment to environment" (Eisenhofer, 2006, S. 125).

Der Sportheld ist ein Beispiel für einen solchen „Partialhelden", der das allgemeine soziale Deutungsmuster Heldentum in den Rezeptionskontext Sport überträgt (Kapitel 5.3.4). Sowohl im Sport wie auch in anderen Lebensbereichen wird die besondere Bereitschaft, sich für eine Sache, ein Kollektiv bzw. dessen Ziele zu opfern, gemeinhin bewundert. Die Leistung eines Sportlers gewinnt daher an Bedeutung, wenn er deutlich machen kann, wieviel er für die Sache, die Mannschaft, den Sport zu opfern bereit ist (Kapitel 5.3.2 und 5.3.4). Umgekehrt werden sportliche Leistungen durch einen Mangel an Hingabe und Einsatz entwertet und sogar Siege können ihren Glanz verlieren (Kapitel 5.3.5). Wie sich die Bereitschaft, ein gewisses Maß an Anstrengung und Aufopferung in Kauf zu nehmen, konkret äußert, hängt von der die Leistung bewertenden Gruppe und ihren Gepflogenheiten ab. So gab es in der Antike andere Ansprüche als heute und gibt es in Südamerika andere Ansprüche als in Mitteleuropa. Im Sport zeigt sich, dass manche Sportarten und Kontexte sich besonders zur leicht nachvollziehbaren De-

monstration dieser Fähigkeiten eignen. Die von einem Sportler in Kauf genomme-
nen Erschwernisse müssen allerdings nicht dem Sportsystem entstammen. Ist ein
Sportler außersportlichen Belastungen ausgesetzt, kann dies ebenfalls zur Wahrnehmung des Deutungsmusters Sportheldentum führen.

Die statuserhöhende Bedeutung heroischer Elemente ist ein Phänomen, das
sich allgemein in menschlichen Gesellschaften und gesellschaftlichen Teilbereichen zeigt bzw. von diesen eingefordert wird. Der klassische Held wird dabei aufgrund seiner Opferbereitschaft verehrt, behelfs derer er für das Allgemeinwohl
wirkt (Kapitel 5.2.4.3 und 5.2.4). Sporthelden können zwar ihrer Anhängerschaft
vorübergehend große Glücksgefühle verschaffen, ändern aber die Lebensum-
stände der Betreffenden i. d. R. durch ihr Handeln nicht direkt in nachhaltiger
Form. Vor dem Hintergrund der Betrachtungen dieses Kapitels ist jedoch nachvollziehbar, warum Sportler oftmals als Helden tituliert werden: Der Sport kann
als leer laufende Handlung gut mit Bedeutungen beladen werden, welche die ihn
Interpretierenden dann auch wirklich in ihm sehen (Kapitel 3.2.1).

Anders als beim klassischen Helden, der z. B. eine Stadt verteidigt oder einen
Diktator stürzt, kann das Wirken des Sporthelden allerdings nur indirekt bzw. nur
durch interpretative Prozesse gesamtgesellschatliche Wirkung entfalten. Dies ist
etwa dann der Fall, wenn sportliche Erfolge von Vertretern gesellschaftlicher Min-
derheiten dazu führen, dass diese besser akzeptiert werden. Dies scheint auf den
ersten Blick bei auch Jackie Robinson so gewesen zu sein, dessen Wirken im
Sportsystem relevant für seinen Status ist. Wie in Kapitel 5.4.3 dargelegt wurde,
wird allerdings davon ausgegangen, dass er vielen ihm zeitlich folgenden Afro-
amerikanern den Weg in den Sport als Berufsfeld ebnete, wodurch er deren Le-
bensperspektiven nachhaltig beeinflusste. Ihm hatte sich eine „social opportunity
for playing a certain role" (Klapp, 1954, S. 59) geboten, die er nutzte, um – gleich
den anderen in Kapitel 5.4 vorgestellten „Helden aus dem Sport" – über den gesellschaftlichen Teilbereich Sport hinaus zum klassischen Helden zu werden.

5.5.2   *Halo-Effekt durch heroische Elemente und Heldentum*

Sportler streben wie alle Menschen nach Anerkennung (Kapitel 2.3.1). Außerdem
muss sich der Sport „verkaufen" (Kapitel 3.4.2.2 und 3.4.3.3). Daher ist die Ver-
lockung groß, Verweise auf das offenbar intuitiv erkennbare soziale Deutungsmuster Heldentum gemäß Kapitel 5.2.6 zu nutzen. In diesem Fall wird durch Bezugnahme auf heroische Elemente der Versuch unternommen, die Leistung der
Sportler zu „veredeln" und das dem Helden als Teil des sozialen Deutungsmusters
zustehende symbolische Kapital zu erwirken (Kapitel 5.2.4 und 5.3.5). Ferner wird
der Sport durch heroische Geschichten attraktiver, da diese viele relevante Nach-

richtenfaktoren enthalten (Kapitel 5.2.6 und 5.3.4). Die Heroisierung kann einerseits durch Verdeutlichung der Schwierigkeiten der sportlichen Herausforderungen geschehen. Es können aber auch außersportliche Erschwernisse bedeutend sein, wie bei Felix Sturm und dem Hinweis auf die Krebserkrankung seiner Mutter zu sehen war (Kapitel 5.3.3.1.2).

> „Wo das eigene Leben [allerdings] ohne Tragik verläuft, rückt man sich in die Nähe einer ‚verwandten' tragischen Biografie: Die französische Abfahrts-Olympiasiegerin Carole Montillet bekannte nach ihrer Goldfahrt in Salt Lake City, sie denke bei jeder Wettfahrt an ihre Kameradin Regine Cavagnoud, die vor kurzem tödlich verunglückte" (Jacobs et al., 2002, S. 63).

Diese Praxis wird bezogen auf den Sport sowie auf gesamtgesellschaftliche Zusammenhänge häufig kritisch gesehen:

> „Es wird absichtlich ein Glorifizierungsprozess eingeleitet. Man verschönert, schweigt und lügt, je nachdem, was notwendig ist. Die Helden sind also nicht mehr nur ihrer vorbildlichen Leistungen wegen bedeutend, sondern man hat den Helden und der Heldenverehrung Aufgaben gegeben" (Tallgren, 1981, S. 22).[234]

Ohne hier darauf eingehen zu wollen, wann der Held bzw. das Heldentum als grundsätzlich positiv konnotierte Konzepte missbraucht werden, ist festzuhalten, dass das soziale Deutungsmuster Heldentum sowohl in einem gesamtgesellschaftlichen Kontext als auch bezogen auf gesellschaftliche Teilbereiche durch einschlägige Bezugnahmen auf heroische Elemente „aktiviert" werden kann. Es erfüllt seine Funktionen Komplexitätsreduktion und Erzeugung sozialer Gemeinschaften (Kapitel 2.5.2) dann auf vielerlei Weise. So werden etwa durch die Wahrnehmung heroischen Handelns etablierte Folgewirkungen angestoßen, die z. B. darin bestehen, dass der Held die Bedeutung der ihn bewundernden Gemeinschaft verdeutlicht (Kapitel 5.2.4.3 und 5.2.4) und diese ihm im Gegenzug symbolisches Kapital zuteil werden lässt (Kapitel 5.2.4 und 5.3.5).

Wie in Kapitel 5.1 beschrieben, hat die besondere Stellung des Helden in sozialen Systemen dazu geführt, dass der Begriff und die Bezugnahme auf das soziale Deutungsmuster mitunter inflatorisch verwendet werden, weshalb manche lediglich von einem „früher geschätzten Begriff aus[gehen]" (Tallgren, 1981, S. 9). Im Verlauf dieses Kapitels zeigte sich jedoch, dass das zugehörige soziale Deutungsmuster weiterhin wirkmächtig ist. Es kann sowohl für heroisch handelnde Menschen als auch diejenigen Gemeinschaften bzw. Dinge, für die sie stehen, statusmehrend wirken. Diesen Zusammenhang nutzen „Partialhelden" durch Bezug-

---

234 Dass Tallgren sich sehr abwertend über den Glorifizierungsprozess und die Instrumentalisierung von Helden äußert, hängt auch mit seinem Betrachtungsgegenstand zusammen. Sein Werk heißt „Hitler und die Helden. Heroismus und Weltanschauung".

nahme auf das soziale Deutungsmuster. So verkörpert der Sportheld leicht verständlich und bezogen auf das eigentliche Handlungsergebnis folgenlos (Kapitel
3.2.1) den „Archetyp" Held, wodurch er auch für andere Kontexte manche von
dessen Funktionen erfüllen (Kapitel 5.3.5) und in hohem Maße symbolisches Kapital erlangen kann. Wie bei sämtlichen Bezugnahmen auf das Heldentum gilt
hierbei: „In fact, the greater the odds, the more fervent becomes individual identification" (Edmonds, 1982, S. 36).

5.5.3   Einordnung in die bisherigen Erkenntnisse und weitere Überlegungen

5.5.3.1   Held und Sportheld als Charismatiker

In der Systematik der bisherigen Erkenntnisse dieser Arbeit ist der Held eine
spezifische Form des Charismatikers. Obwohl Helden auch Erfolgreiche, Könner und/oder Prominente sein können, ist das entscheidende Kriterium und somit
der Bedeutungskern des sozialen Deutungsmusters die unbedingte Opferbereitschaft für ein Kollektiv, die dem Helden zugeschrieben wird (Kapitel 5.2.6 und
5.5.1). Bei dieser handelt es sich um eine außergewöhnliche Personeneigenschaft (Kapitel 4.5), mittels derer der Held nachhaltige Wirkung für eine Gemeinschaft entfaltet. Hierdurch belegt er deren Bedeutung und wird im Gegenzug mit einem besonderen Status, besonders wertvollem symbolischem Kapital
entlohnt. Das Sportheldentum ist entsprechend eine spezifische Form des Charismas, die sich in sportbezogenen Zusammenhängen manifestiert.

Tab. 7 aus Kapitel 4.4.4.2 ist zu entnehmen, dass zu einem sozialen Deutungsmuster jeweils zwei negativ konnotierte Expositionstypen gehören. Im Fall
von Held und Sportheld sind dies einerseits der Anti-Held bzw. der Anti-Sport-
held. Letzterer könnte z. B. das Mitglied einer gegnerischen Mannschaft sein,
das in heroischer Weise gegen die Favoriten der betreffenden Rezipienten
„kämpft". Ein Anti-Held ist ein Held, der in einem gesamtgesellschaftlichen
Kontext für die falsche Sache eintritt. Hierfür könnten etwa die griechischen
Heroen um Achilleus aus Sicht der Trojaner angeführt werden (Kapitel 5.2.2).
Außerdem wurden in Kapitel 5.2.6 ohne Nennung des Begriffes Anti-Held verschiedene andere Beispiele genannt, anhand derer deutlich wurde, dass Heldentum auch beim Gegner geschätzt bzw. bewundert werden kann. Andererseits gibt
es diejenigen Expositionstypen, die durch das Fehlen einer „Mindestausstat-
tung" charismatischer Eigenschaften stigmatisiert werden. Im Falle des Heldentums sind das Menschen, denen es entweder an Mut mangelt („Feiglinge") oder
die nicht bereit sind, sich für eine Gemeinschaft einzusetzen („Egoisten").
Selbstverständlich können die Übergänge fließend bzw. beides gegeben sein.

In Abb. 36 werden Held, Sportheld sowie die jeweils zugehörigen unzulänglichen Expositionstypen bezogen auf den Sport und den gesamtgesellschaftlichen Kontext dargestellt. Wie zu sehen ist, ist der Sport in die umgebende Gesellschaft eingebunden (Kapitel 3.2.1). Aus dem Sport heraus können außergewöhnliche Personen als „Helden aus dem Sport" (Kapitel 5.4) zu klassischen Helden werden. Gleiches gilt in umgekehrter Richtung, wenn Sportler gesamtgesellschaftlich relevant zu Feiglingen bzw. Egoisten werden. Dies war etwa bei dem kanadischen Sportler Maurice Richard so, der sich weigerte, einer Einberufung zum Kriegsdienst Folge zu leisten, wofür er heftig kritisiert wurde (Smith, 1973, S. 65). Dem „draft dodger" Muhammad Ali war eine ähnliche Reaktion entgegengeschlagen (Kapitel 5.4.3), was anfangs auch für Ted Williams galt, bevor dieser bei seiner ersten Einberufung einlenkte (Kapitel 5.4.2).

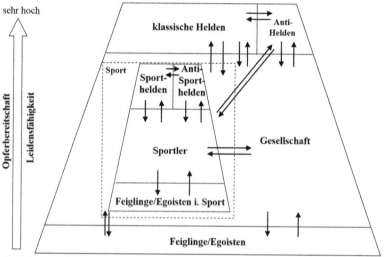

Legende: Schwarze Pfeile verdeutlichen mögliche Veränderungen in der Wahrnehmung von Personen.

Abb. 36:   Wahrnehmung der sozialen Deutungsmuster Heldentum und Sportheldentum (eigene Darstellung)

Bezüglich Muhammad Ali sollte davon auszugehen sein, dass er von den meisten seiner Gegner gemäß Abb. 36 eher als Anti-Held denn als Feigling rezipiert wurde, da er sogar bereit war, für seine Überzeugung ins Gefängnis zu gehen (Kapitel 5.4.3). Dass er schließlich trotz seiner konsequenten Weigerung, zur Armee zu gehen, seine Stigmatisierung umdrehen konnten, begründet Lipp mit folgenden Worten: „Nicht nur dadurch, daß einer aus der Reihe tanzt, wird er zum Vorbild,

sondern dadurch und erst dann, wenn er verbindliche neue Rhythmen findet"
(Lipp, 1985, S. 234). Der Anti-Held Ali ist dadurch zum Helden geworden, dass
er zum Symbol für eine soziale Bewegung wurde, die das gesellschaftliche Wertesystem nachhaltig beeinflusst hat (Harris, 1994, S. 17-18). Derartiges „Rela-
beling" führt dazu, dass das Stigma in Charisma umgewandelt wird und die Kon-
trollinstanzen und Normen, welche Grund für die Stigmatisierung waren, selbst
als böse, schuldbehaftet und falsch gelten (Lipp, 1985, S. 204-205). Es besteht
dabei allerdings immer die Gefahr, dass der potentielle Held versagt. Ist dies der
Fall, wird sein Beispiel nicht dazu dienen, die alte Ordnung durch eine neue abzu-
lösen, sondern ebendiese in ihrem Fortbestand bestätigen, wodurch die Stigmatisierung bestehen bleibt (ebd., S. 253-255}.

5.5.3.2   Halo-Effekte des Heldentums

Für den Kontext dieser Arbeit ist aufschlussreich, dass das soziale Deutungsmuster Heldentum offenbar einen besonders weitreichenden Halo-Effekt auszulösen
vermag. Dies weist darauf hin, dass es bezüglich aller vier „Kausaldimensionen"
vorteilhaft bewertet wird. Wird gemäß dem sozialen Deutungsmuster Heldentum
eine überdurchschnittliche Ausprägung zugeschrieben, dürfte somit i. d. R. mittels
Attributionen von einer hohen „Personabhängigkeit" (Lokation), Stabilität über
die Zeit, Kontrollierbarkeit und Wirksamkeit in vielen unterschiedlichen Situationen (Globalität) ausgegangen werden (Kapitel 2.2.2).
    In diesem Zusammenhang ist wiederum relevant, dass sozial exponierte Men-
schen vor dem Hintergrund einer Vielzahl historischer Vorbilder wahrgenommen
werden, die die relevanten sozialen Deutungsmuster und Expositionstypen prägen
(zusammenfassend in Kapitel 4.4.5). Das Heldentum als altes und etabliertes Deutungsmuster (Kapitel 5.2.6) dürfte hier eine bedeutende Rolle bei der Erwartungsbildung hinsichtlich sozial exponierter Menschen spielen. Diese Beeinflussung
dürfte aber in anderer Richtung wirken, da das Heldentum als charismatische Eigenschaft Teil des Starfaktors Charisma und somit quasi ein „Charismafaktor" ist.
Daher kann gemäß Kapitel 4.4.5 angenommen werden, dass eine starke Ausprägung eines oder mehrerer anderer Starfaktoren dazu führen kann, dass bezüglich
des Charismafaktors Heldentum Überdurchschnittliches erwartet wird. Es ist somit davon auszugehen, dass sozial exponierte Menschen – nicht nur diejenigen,
die als Helden rezipiert werden – generell vor dem Hintergrund einer „amalgama-
ted parade of heroes" (Harris, 1994, S. 9) wahrgenommen werden.
    Außerdem können spezifische Rezeptionskontexte besondere „heroische"
Ausprägungen erwarten lassen. Dieses wurde für den Sport und das soziale Deutungsmuster Sportheldentum in Kapitel 5.3.5 nachvollzogen. Im Sport wird von den
Akteuren grundsätzlich erwartet, dass sie gewissermaßen über eine „heroische

Grundausstattung" verfügen. So schildert etwa Dunker (2003, S. 25) Zusammenbrüche von Teilnehmern am traditionellen „boat race" zwischen Oxford und Cambridge, welches jedes Jahr auf der Themse stattfindet. Diese Vorkommnisse liegen teilweise schon sehr lange zurück, wurden jedoch Teil der Legende der Veranstaltung und werden auch heute noch als beispielhaft betrachtet, wodurch sie eine Messlatte für die heute Aktiven sind. Ein weiteres Beispiel ist die Tour de France, welche als *Tour der Leiden* gilt. Entsprechend sind die Geschichten, die 2003 zum Jubiläum der Tour erzählt wurden, „eigentlich nur Kapitel einer einzigen Geschichte [..], die handelt von einem Fahrer, der sich aufreibt, der kämpft und strampelt, dem sich die Gesichtszüge verwischen, vor Anstrengung, der sichtbar das ist, was man einen Helden nennt" (Gertz, 2003, S. Wochenende I). Sportliche Aktivität eignet sich gut als kommunikative Handlung zur Statusgewinnung, weshalb die Wahrnehmung einer Person als Sportler gemäß Abb. 36 auch eine grundsätzliche Erwartungshaltung bezüglich des sozialen Deutungsmusters (Sport)Heldentum prägen dürfte.

Hierbei kommt zum Tragen, dass eine generelle Besonderheit des heroischen Charismas dessen kontextübergreifender Halo-Effekt zu sein scheint. Dieser wurde etwa in Kapitel 5.3.5 beispielhaft in einem Zitat deutlich, das besagte, dass der Unternehmer Hermann „Bühlbecker, der Kämpfer [..] Ehrgeiz, Beharrlichkeit, Zähigkeit" (Wimmer, 2006, S. weekend 14) vom Tennis gelehrt bekommen habe, welche er – so die implizite Botschaft – nun im Wirtschaftskontext anbringt. Eine Einbindung dieser Überlegung in die Expositionstypenmatrix erfolgt in der folgenden Abb. 37 derart, dass der Halo-Effekt des heroischen Charismas, welches im Sportkontext wahrgenommen wird, als kontextspezifisch und kontextübergreifend besonders stark veranschaulicht wird.

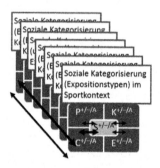

Abb. 37:   Veranschaulichung kontextspezifischer und
                 kontextübergreifender Halo-Effekte insbesondere des
                 heroischen Charismas (eigene Darstellung)

Legende: Pfeile verdeutlichen mögliche Halo-Effekte, die Stärke der Pfeile drückt die
                relative Stärke des Effekts aus.

5.5.3.3   „Wohltäter" als dem Helden verwandter Expositionstyp

Bei Betrachtung der in Abb. 36 dargestellten unzulänglichen Expositionstypen fällt auf, dass der Held nicht unbedingt das Gegenteil des Egoisten ist. Dieses wäre eher der Altruist, also jemand, der selbstlos oder uneigennützig handelt. In diesem Zusammenhang ist ein Blick auf die „Wohltäter" aufschlussreich, welche in der griechischen Antike häufig eine Heroisierung erfuhren, weil sie Leistungen vollbrachten, „die für die Bürgerschaft [einer Polis] von existentieller Bedeutung sind" (Horsmann, 2000, S. 65). Dies konnte z. B. die Gründung einer Stadt sein.

Hierzu beobachtet Tallgren Folgendes: „Im Bereich der abendländischen Zivilisation haben die Menschen – wie die alten Hellenen – die Helden als Beschützer und Wohltäter angesehen" (Tallgren, 1981, S. 15). Ein Mensch, der zwar Gutes für die Allgemeinheit tut, ohne jedoch Gefährdungen bzw. Gefahren in Kauf zu nehmen, wird allerdings nicht als Held gemäß dem Expositionstypen wahrgenommen. Es scheint daher, dass ein weiterer Expositionstyp neben den Helden zu stellen ist, der ebenfalls Leistungen für andere zu erbringen versucht, dafür allerdings keine Leidensfähigkeit unter Beweis stellen muss. Dass dieser Expositionstyp evtl. ebenfalls damit rechnen kann, mit symbolischem Kapital belohnt zu werden, wurde bereits in Kapitel 3.4.3.2 deutlich. Dort wurde darauf hingewiesen, dass beim Sportsponsoring häufig Mäzenatentum „simuliert" wird, da mit höherem symbolischem Kapital zu rechnen ist (mehr hierzu in Kapitel 6.5.5). Schneider äußert sich in seiner Studie zur Prominenz im Kapitel „Einsatz für wohltätige Zwecke – der gute Selbstzweck" ähnlich:

> „Zweifelsohne hilft das wohltätige Engagement von Prominenten bei der Linderung diverser Sorgen. Geholfen wird aber nicht nur den Notleidenden, sondern auch den Helfenden und Helfershelfern. Dies klingt paradox, unterstellt man einem Wohltäter doch immer ein altruistisches Interesse. [...] Es handelt sich bei dem angeblich verzichteten Gewinn oft um ein Nullsummenspiel und auf längere Sicht betrachtet meistens sogar um ein gewinnträchtiges Geschäft" (Schneider, 2004, S. 257-258).

Schneider argumentiert ebenfalls damit, dass die Wohltäter im Gegenzug für ihr Engagement mit Aufmerksamkeit und einem Imagegewinn rechnen können. Dieser kann wiederum dabei helfen, den Ruch des evtl. unbotmäßigen Erfolgs, der in Kapiteln 4.3.6.1.2 und 4.3.7.2.2 betrachtet wurde, zu mindern: „Hierbei können Prominente durch ein derartiges Engagement ihrem bewunderten und beneideten Reichtum neutralisierend entgegenwirken. [...] Der selbstlose wohltätige Zweck ist daher auf den zweiten Blick auch ein guter Selbstzweck" (Schneider, 2004, S. 259).

Das soziale Deutungsmuster „Wohltätertum" mit dem positiv konnotierten Expositionstypen „Wohltäter" ist folglich ein weiterer Charismafaktor. Der Bedeutungskern bezieht sich auf die uneigennützige Förderung des Gemeinwohls, die jedoch nicht durch große Opferbereitschaft zusätzlich zu „veredeln" ist. Verweise auf dieses mit dem Heldentum verwandte Deutungsmuster können dazu dienen, kommunikative „Signale" bezüglich eigenen Charismas zu senden und hierdurch symbolisches Kapital zu erlangen.

6   Fallstudien aus der Markenkommunikation

6.1   Einleitende Bemerkungen

Im Rahmen der Erarbeitung des analytischen Rahmens (dargestellt in Abb. 23 in Kapitel 3.5.2) wurde deutlich, dass der Kommunikation von Wirtschaftsakteuren in der öffentlichen Wahrnehmung sozial exponierter Sportler eine wesentliche Rolle zukommt. Diese Kommunikationsform wurde bisher allerdings nicht umfassender betrachtet. Nachfolgend wird daher die Verwendung der bisher erarbeiteten sozialen Deutungsmuster bzw. der zugehörigen Expositionstypen in Werbefilmen, -anzeigen und -plakaten nachvollzogen, die der Markenkommunikation mit Sport bzw. von Sport (Kapitel 3.4.3.2 und 3.4.3.3) entstammen. An den nachfolgenden Beispielen wird aufgezeigt, auf welche sozialen Deutungsmuster bzw. auf welche der zugehörigen Expositionstypen jeweils mittels bildlicher Darstellung, gesprochenen bzw. geschriebenen Texts und/oder musikalischer Untermalung Bezug genommen wird. Die Betrachtungen dieses Kapitels stellen somit in erster Linie eine empirische Überprüfung der Systematik dar, die in den letzten Kapiteln bezüglich der betrachteten sozialen Deutungsmuster erarbeitet wurde. Außerdem wird in diesem Rahmen das Postulat überprüft, dass die Beiträge, welche die verschiedenen Kommunikationszentren und teilautonomen Sphären zum gesellschaftlichen Sinnzirkel beisteuern, ähnlichen Kommunikationslogiken folgen. Die gemeinsamen Kommunikationslogiken manifestieren sich hier an den sozialen Deutungsmustern, welche bezüglich sportlerbezogener Kommunikation geteilt werden. Um zu verdeutlichen, dass die betrachteten Deutungsmuster und Expositionstypen international Verwendung finden, wurden nicht nur für den deutschen Markt, sondern auch für andere Märkte bestimmte Werbemittel betrachtet.

Der Aufbau des Kapitels orientiert sich an den betrachteten sozialen Deutungsmustern. Um die große Bandbreite von deren Verwendung aufzuzeigen, werden in Kapitel 6.2 insgesamt sechs Beispiele aufgeführt, in denen das soziale Deutungsmuster Können bzw. der Expositionstyp Könner Verwendung finden. Die Deutungsmuster Erfolg und Prominenz mit den zugehörigen Expositionstypen werden in Kapitel 6.3 bzw. 6.4 in jeweils einer Fallstudie betrachtet. Dies erscheint ausreichend, da Prominenz zumindest latent in den meisten der anderen Beispiele ebenfalls eine Rolle spielt und das Deutungsmuster Erfolg noch in mehreren der in Kapitel 6.5 angeführten Fallstudien verwendet wird. Kapitel 6.5

dient der Betrachtung mehrerer Erscheinungsformen des Deutungsmusters Charisma in der Markenkommunikation.[235] Obwohl das soziale Deutungsmuster Charisma sehr vielfältig ist, werden exemplarisch lediglich Verweise auf das klassische Heldentum (Kapitel 5.2) bzw. das in Kapitel 5.3 erarbeitete Sportheldentum als im Sport sehr bedeutende Deutungsmuster sowie den in Kapitel 5.5.3.3 eingeführten Expositionstypen Wohltäter bzw. das zugehörige Deutungsmuster besprochen. Grundsätzlich könnten auch Beispiele für die Verwendung anderer Charismafaktoren angeführt werden, wovon allerdings Abstand genommen wird, da die genannten für den Sportkontext am relevantesten erscheinen. Den Abschluss des Kapitels bildet das Fazit (Kapitel 6.6), in dem kurz aufgegriffen wird, dass die angesprochene Mehrfachverwendung von Starfaktoren in der Markenkommunikation als Einsatz des Startums interpretiert werden kann. Aus diesem Grund wird dieses soziale Deutungsmuster auch nicht in separaten Beispielen betrachtet.

6.2 Fallstudien zu Können und Könnern

Abb. 38 zeigt zwei Plakate der FIFA, mit denen für die Fußball-Weltmeisterschaft der Männer 2010 in Südafrika und diejenige der Frauen 2011 in Deutschland geworben wurde. Die Plakate zeigen jeweils einen Fußallspieler bzw. eine Spielerin beim Fallrückzieher, einem vergleichsweise schweren Schuss, der großen Könnens bedarf. Obwohl beide Abbildungen stark stilisiert sind, sind die Parallelen unverkennbar. Auf beiden wird deutlich, dass eine schwierige fußballerische Technik ausgeführt wird, so dass von einer Bezugnahme auf das soziale Deutungsmuster Können ausgegangen werden kann. Bei den Weltmeisterschaften – so könnte die Botschaft lauten – lassen sich Könner beobachten, die dazu in der Lage sind, solche schwierigen und spektakulären Schüsse zu zeigen. Zur Einordnung des Gesehenen ist allerdings ein gewisses Maß an Sachverstand nötig, da andernfalls das Können der abgebildeten Personae nicht wahrgenommen werden könnte.

---

235 Von den im betreffenden Kapitel betrachteten Beispielen hat der Verfasser die meisten bereits in ähnlicher Form in einem anderen Aufsatz besprochen (Könecke, 2014, S. 43-51). Dieser kann ggf. ergänzend herangezogen werden.

Abb. 38:   Plakate für den FIFA World Cup™ 2010 in Südafrika
            (dasauge, o. J.) und für den FIFA Women's World Cup™ 2011
            in Deutschland (design your trust, o. J.), welche stilisierte
            Bezüge zum sozialen Deutungsmuster Können zeigen

Abb. 39 zeigt, wie ein Plakat, dessen bildliche Aussage ohne den Text nicht zu ent-
schlüsseln ist, mit wenigen Worten zu einer sozialen Kategorisierung des Abgebildeten als „Könner" führen kann. Der junge Mann ist aufgrund seiner Kleidung und
des Fußballtores im Hintergrund leicht als Fußballspieler zu erkennen. Da „seine
Pässe" – im Gegensatz zu „seinem Pass" – „eine Rolle spielen", kann darauf geschlossen werden, dass er als „Könner" anzusehen ist. Dies zeigt außerdem der Slogan „Unsere Amateure. Echte Profis." in der rechten unteren Ecke des Plakates.

Abb. 39:   Plakatwerbung des Deutschen Fußball-Bundes (DFB) für den
            Amateurfußball (Blog Buzzter, o. J.), welche sich verbal auf
            das soziale Deutungsmuster Können bezieht

In den ersten beiden Beispielen wurde jeweils mit Testimonials gearbeitet, welche
keine Persönlichkeiten des öffentlichen Lebens sind. Dies war im ersten Fall sinnvoll, um eine Personalisierung der Kommunikation für die Weltmeisterschaften zu

vermeiden, da allgemein deren sportlicher Wert kommuniziert werden solte. Im zuletzt betrachteten Fall war es zielführend, da so das Identifikationspotential des Testimonials deutlich höher ist. Bei einem berühmten Spieler hätte die „Alltagstauglichkeit" der Botschaft in Frage gestellt werden müssen, da für den Amateurfußball und dessen Akteure bzw. die Werte für die beides (ein)stehen sollen, geworben wird.

Ein weiterer Fall der Nutzung des sozialen Deutungsmusters Können, diesmal zumindest in Teilen mit prominenten Testimonials, ist ein Werbefilm der Fluggesellschaft Lufthansa. Dessen Handlung fasst das Unternehmen, das den Film selbst auf Youtube eingestellt hat, folgendermaßen zusammen:

> „Zwei Welten, eine Leidenschaft. Die Lufthansa-Crew will vor Schweinsteiger, Müller, Dante und Co in Sachen Fußball glänzen. Sie versuchen die komplizierte Abseitsregel zu erklären. Doch auf diesem Feld müssen sich die Profis im Fliegen leider den Fußball-Profis geschlagen geben. Dafür revanchieren sie sich mit viel Humor: Thomas Müller soll zeigen, ob er eine Schwimmweste richtig anlegen kann. Am Ende steht es 1:1" (Lufthansa, 2014).

In diesem kurzen Text wird sehr deutlich, worum es im Film geht. „[D]ie Profis im Fliegen" erweisen sich – zumindest im Erklären der Regeln – als fußballerische „Nichtkönner".[236] Allerdings können sie unter Beweis stellen, dass sie ihr Kerngeschäft, das Fliegen und den Umgang mit den Fluggästen, sehr wohl beherrschen. Diese Differenzierung zwischen den Könnensbereichen Sport und Luftverkehr wird durch die in Abb. 40 dargestellten Ausschnitte aus dem Film noch einmal betont. Durch die Einblendung der Texte „Bayern kann Fußball." und später „Wir können Fliegen." positioniert das Unternehmen sowohl sich als auch den Fußballverein als Könner ihrer Branchen. Durch die Kontrastierung mit dem unzulänglichen Expositionstypen des „Nichtkönners" im jeweils anderen Kontext als dem eigentlichen Schaffensbereich, wird in dem Film die Kernkompetenz aufgewertet. Im Sinne von Kapitel 2.4.3.3 kann diese Kontrastierung als costly signaling interpretiert werden. Wenn die beiden Akteure in ihrem Kerngeschäft nicht so überragend wären, kann die implizite Botschaft interpretiert werden, könnten sie es sich nicht erlauben, zu ihren Schwächen in anderen Bereichen zu stehen.

Dass in der Markenkommunikation häufig mit mehreren Expositionstypen bzw. sozialen Deutungsmustern gearbeitet wird, wird auch an einem Werbeplakat deutlich, das den Fußballspieler Mesut Özil zu der Zeit zeigt, als er noch beim SV

---

236   Diese Unzulänglichkeit der Flugzeugbesatzung ist einerseits für ihren Schaffensbereich unerheblich und wirkt außerdem sympathisch, was evtl. als „charismatisch" aufgefasst werden könnte. Es wäre allerdings zu diskutieren, ob ein sympathischer bzw. wie im Film dargestellter humorvoller Umgang mit dem Kunden nicht zum regulären Dienstleistungsangebot einer modernen Fluggesellschaft gehört und somit ebenfalls als Könnensdemonstration zu begreifen ist.

Werder Bremen spielte. Das Bild auf dem Plakat bezieht sich darauf, dass der Sportler als sehr talentierter Spieler bekannt war und zeigt ihn beim Schuss (Abb. 41).

Abb. 40:   Ausschnitte aus einem Werbefilm der Fluggesellschaft Lufthansa mit Spielern des FC Bayern München (linkes Bild: Minute 0:28; rechtes Bild: Minute 0:38) (Lufthansa, 2014)

Abb. 41:   Werbeplakat des Sportartikel-Herstellers Nike, welches Mesut Özil beim Schuss zeigt (Nike, 2009)

Der auf dem Plakat stehende Text verweist wiederum auf das soziale Deutungsmuster Prominenz. Allerdings wird nicht die Prominenz Özils thematisiert, sondern diejenige potentieller Gegner. Es wird also damit gespielt, dass der Spieler
zum damaligen Zeitpunkt zwar noch kein „großer Name", desungeachtet jedoch
im Duell mit prominenten Gegnern sein Können einzusetzen gewillt war. Da Özil
inzwischen selbst sehr prominent und erfolgreich ist, kann bezweifelt werden, dass
eine ähnliche Kampagne heute noch sinnvoll wäre. Im Vorfeld der Weltmeisterschaft 2014, bei der der Spieler mit der deutschen Nationalmannschaft den Titel
errang, wurde ein ähnliches Motiv zur Markenkommunikation gewählt und u. a.
dafür verwendet, in Berlin eine ganze Häuserfassade einzuhüllen (Abb. 42). Dieses Plakat stammte allerdings vom deutschen Sportartikelhersteller Adidas, der
den Spieler seit 2013 ausrüstet. Dass dem Ausrüsterwechsel ein Rechtsstreit vo-
rangegangen war (Wallrodt, 2013), offenbart das große Interesse beider Sportar-
tikler, das Können sowie ggf. weitere wünschenswerte soziale Kategorien, die
dem Sportler zugeschrieben werden, mit der eigenen Marke zu verbinden.

Abb. 42:   Werbeplakat des Sportartikel-Herstellers Adidas, welches
                   Mesut Özil beim Schuss zeigt (Berliner Kurier, 2014)

6.3   Fallstudie zu Erfolg und Erfolgreichen

Da später noch auf verschiedene Formen der Nutzung des sozialen Deutungsmusters Charisma eingegangen wird, die sich teilweise ebenfalls auf das soziale Deutungsmuster Erfolg beziehen (Kapitel 6.5), soll an dieser Stelle der Vollständigkeit
halber lediglich ein Beispiel für dessen Verwendung in der Markenkommunikation gezeigt werden. Abb. 43 zeigt Außenwerbung der Biermarke Bitburger. Die
abgebildeten Spieler sind aufgrund ihrer Jubelposen auch bei flüchtigem Hinsehen
– z. B. beim Vorbeifahren auf der danebenliegenden Straße – als „Erfolgreiche"

erkennbar. Erfolge – so die Werbebotschaft – sollen mit dem Bier des Sponsors begossen werden.

Bei der Betrachtung des Plakates fällt auf, dass offenbar neben der Darstellung der Sportler als erfolgreich der Versuch unternommen wurde, mit der Bildsprache eine interaktive Situation nahezulegen. Es dürfte den meisten Menschen auch bei flüchtigem Hinsehen bewusst sein, dass die abgebildeten Spieler sich an ihre Anhänger im Stadion wenden und diesen so besonders niedrigschwellig die Möglichkeit zu intensiver parasozialer Interaktion einräumen. Es wäre daher durchaus möglich, dass mit dem Plakat auch die Assoziation nahegelegt werden soll, dass die parasoziale Teilhabe am Erfolg – also der Übertrag des Erfolgs auf die Zuschauer – durch den Bierkonsum besonders „flüssig" vonstatten gehen dürfte.

Abb. 43:   Außenwerbung der Biermarke Bitburger am Bruchwegstadion
                  (aufgenommen vom Verfassser am 4. April 2014)

6.4   Fallstudie zur Prominenz und Prominenten

Wie in Kapiteln 2.4.4 und 3.5.1 ausgeführt wurde, ist „Prominenzierung" ein geeignetes Mittel, um Interesse zu wecken und Aufmerksamkeit zu erzielen. Es erstaunt daher nicht, dass Bezüge auf dieses soziale Deutungsmuster häufig in der Markenkommunikation Verwendung finden (Kapitel 3.4.3). An einigen der bisher in diesem Kapitel angeführten Beispiele konnte nachvollzogen werden, wie die Prominenz bekannter Sportler in Kombination mit anderen der in dieser Arbeit betrachteten sozialen Deutungsmuster kommunikativ genutzt wird (Abb. 40, Abb. 41, Abb. 42 und Abb. 43). Allerdings kann solche Prominenz auch isoliert zur Aufmerksamkeitssteigerung eingesetzt werden bzw. das kommunikativ überwiegend relevante Deutungsmuster sein.

Michael Ballack war bis zur Weltmeisterschaft 2010, die er verletzungsbedingt verpasste, und vermutlich auch einige Zeit darüber hinaus, als Kapitän der deutschen Fußball-Nationalmannschaft einer der bekanntesten deutschen Fußballspieler. Auf dem Plakat des Reiseportals ab-in-den-urlaub.de fungiert er allerdings „lediglich" als Prominenter (Abb. 44). Es finden sich keine Hinweise auf das fußballerische Können oder die Erfolge des Sportlers. Außerdem ist kein Hinweis auf charismatische Eigenschaften erkennbar. Daher erstaunt es nicht, dass als primäres Ziel der Werbekampagne angegeben wird, den Auftraggeber „als Deutschlands großes Flugbuchungsportal noch bekannter zu machen" (hotelling.net, 2012). Anders als im Werbefilm von Lufthansa (Kapitel 6.2), wird das Testimonial hier nicht als kompetenter Sportler gezeigt, sondern in erster Linie mit seiner Bekanntheit gearbeitet, um Aufmerksamkeit zu generieren.

Abb. 44:   Michael Ballack als Prominenter auf einem Werbeplakat des
                Portals ab-in-den-urlaub.de (hotelling.net, 2012)

6.5   Fallstudien zu Charisma, Charismatikern und Mischformen

6.5.1   *Michael Phelps: Ein Erfolgreicher als heroischer Markenbotschafter*

Wie an anderen Stellen dieser Arbeit mehrfach deutlich wurde, ist es für sozial exponierte Sportler oftmals nicht ausreichend, „nur" erfolgreich zu sein (z. B. Kapitel 4.3.6.1.2 und 4.4.4.2). Dies lässt auch ein Werbespot des Kreditkartenunternehmens VISA erkennen, das als „Worldwide Olympic Partner" des IOC fungiert (Kapitel 3.4.3.2). Der Film entstammt einer Reihe von Kurzfilmen des Unternehmens, die jeweils von einzelnen Sportlern und ihrem Wirken bei verschiedenen Olympischen Spielen handeln. Porträtiert wird im nachfolgend betrachteten Fall der amerikanische Schwimmer Michael Phelps, der in Peking 2008 acht Goldmedaillen gewann und somit olympischer Rekordsieger wurde. Folglich wird der

Sportler am Ende des Films vor der Einblendung des VISA-Logos und der Olympischen Ringe als Sieger, sprich „Erfolgreicher", gezeigt (Abb. 45).

Abb. 45:   Ausschnitt aus dem VISA-Werbespot „Michael Phelps 2008",
             der den Schwimmer unmittelbar vor Einblendung des VISA-
             Logos und der Olympischen Ringe als Erfolgreichen zeigt
             (Minute 0:22) (VISA, 2008a)

Die englische Tonspur des etwa eine halbe Minute langen Films, welche vom Schauspieler Morgan Freeman gesprochen wird, lautet folgendermaßen:

> „He has competed against the past. He has competed against the history books. He has competed against time, expectations and everyone who came before him. – But most of all, he has competed against himself.
>
> Congratulations, Michael, on having won more gold medals than anybody. Ever!
>
> VISA, proud sponsor of the Olympic Games and the only card accepted there" (ebd.).

Wie sich zeigt, reicht es nicht, „nur" Rekordgewinner zu sein. Der kurze Film – dessen musikalische Untermalung und Bildsprache die verbalen Ausführungen unterstreichen – macht deutlich, dass gerade das Überwinden weitgehender Schwierigkeiten („He has competed against time, expectations and everyone who came before him.") und der Kampf gegen sich selbst („But most of all, he has competed against himself."; vgl. auch Abb. 46) von zentraler Bedeutung bei der Darstellung des Schwimmers zum Zweck der Markenkommunikation ist. Die zweite und dritte Aufgabe des Sporthelden[237] (Kapitel 5.3.2) werden betont, so dass die besondere Bedeutung des heroischen Elements in der Darstellung von Sportlern (Kapitel 5.5.2) sich auch hier zeigt.

---

237 Zur Erinnerung: Verdeutlichung der Schwierigkeit der Aufgabe und Kampf mit menschlichen Schwächen, Emotionen und psychischen Grenzen.

Abb. 46:   Ausschnitte aus dem VISA-Werbespot „Michael Phelps 2008":
               der Athlet scheint niedergeschlagen (linkes Bild; Minute 0:09)
               bzw. mit sich zu hadern (rechtes Bild; Minute 0:18) (VISA,
               2008a)

6.5.2   *Derek Redmond: Ein tragischer Verlierer als heroischer Markenbotschafter*

Auch der Umgang mit tragischen Niederlagen kann zu Kommunikationszwecken genutzt werden. Dies wird durch einen weiteren athletenzentrierten Kurzfilm von VISA deutlich, der als Kontrast zum gerade beschriebenen Beispiel herangezogen wird. Dieser Film erzählt die Geschichte des verletzungsbedingten Ausscheidens des britischen 400-Meter-Läufers Derek Redmond bei den Olympischen Spielen 1992 in Barcelona. Konkret beginnt der Film mit Sequenzen kurz vor dem Start, gefolgt von der Startphase des Laufs und dem Zusammenbruch des Athleten. Dann wird gezeigt, wie der Verletzte zuerst unter großen Schmerzen versucht, auf einem Bein springend das Ziel zu erreichen, um schließlich damit zu enden, dass sein Vater ihm zu Hilfe eilt und den Sportler die verbleibenden Meter zur Ziellinie geleitet (Abb. 47).

Abb. 47: Ausschnitte aus dem VISA-Werbespot „Derek Redmond 2008" – Vorstartphase (links oben; Minute 0:02), Startphase (rechts oben; Minute 0:05), verletzungsbedingter Zusammenbruch (links unten; Minute: 0:09), Zielankunft mit Hilfe des Vaters[238] (rechts unten; Minute: 0:22) (VISA, 2008b)

---

238 Dass die Nutzung des Sports als Kommunikationsmedium harsch überwacht und eine möglichst große Exklusivität angestrebt wird, zeigt sich daran, dass der Vater Derek Redmonds eigentlich sowohl auf seiner Kappe als auch auf seinem T-Shirt sehr deutlich erkennbare Aufschriften des

Der, ebenfalls von Morgan Freeman gesprochene, Text des kurzen Films lautet:[239]

„Derek Redmond didn't finish in first place in the 1992 400 meter. He didn't finish in second or third or fourth. – He, and his father, finished dead last.

But he and his father finished.

VISA, proud sponsor of the Olympic Games and the only card accepted there" (ebd.).

Obwohl der Sportler, wie extra betont wird, weit abgeschlagen als Letzter ins Ziel kam und somit gemäß der in Tab. 7 (Kapitel 4.4.4.2) zusammengefassten Systematik ein „Verlierer" ist, wurde er als Markenbotschafter ausgewählt. Dies ist offenbar damit zu begründen, dass Derek Redmond den Erwartungen, die an (olympische) Athleten gestellt werden, ganz besonders entsprach, indem er trotz seiner Verletzung das Rennen beendete. Wie in kaum einem anderen Kontext als dem Sport möglich, konnte durch das Niederkämpfen der Schmerzen und die damit einhergehende besondere Anstrengung eine herausragende Bereitschaft, sich für das gesteckte Ziel und die Werte dieses Gesellschaftsbereichs aufzuopfern, demonstriert werden. Außerdem wurde aufgrund der Darstellung deutlich, dass Redmond alles andere als chancenlos ins Rennen gegangen war, er also verletzungsfrei durchaus in der Lage gewesen wäre, „eine herausragende Leistung" gemäß der ersten „großen Aufgabe" zu vollbringen (Kapitel 5.3.2). Er wird somit trotz der unerfreulichen Entwicklung des Rennens in der Filmsequenz, der die ersten beiden Bilder aus Abb. 47 entnommen sind, als „Könner" dargestellt. Das Sportheldentum steht hier demnach nicht für sich allein, sondern wird in der Handlungsfolge von einem weiteren positiv konnotierten sozialen Deutungsmuster flankiert.

6.5.3   Eddie „the Eagle" Edwards als olympischer Markenbotschafter

Wie gerade am Beispiel der Darstellung Derek Redmonds noch einmal deutlich wurde, kann grundsätzlich angenommen werden, dass ein Sportler i. d. R. den *glaubhaften* Versuch unternehmen muss, eine sportliche Höchstleistung zu erbringen, um die Bewunderung seiner Anhänger zu gewinnen (Kapitel 5.3.5). Wie jedoch in Kapitel 4.3.6.2.2 am Beispiel von Eddie „the Eagle" Edwards deutlich wurde, kann es zu Abweichungen hiervon kommen. Der Skispringer entsprach nicht den üblichen Erwartungen an Hochleistungssportler. Dennoch wurde ihm

---

Sportartikelherstellers NIKE trug (Gödecke, 2012). Diese wurden jedoch, wie in der Abbildung zu erkennen ist, bei der Erstellung des VISA-Films entfernt.

239   Der teilweise zusätzlich im Film zu hörende Originalkommentar von der Übertragung des Rennens im Fernsehen wurde nicht transkribiert.

einer der Werbefilme gewidmet, mit denen während der Winterspiele in Van-
couver 2010 für die Sommerspiele in London 2012 geworben wurde. Durch das
Intro und den Abspann, welche als Rahmen jeweils das Emblem – die
„Markierung" – der Spiele in London zeigen (Abb. 48), wird die im Film selbst
nicht konkret hergestellte Verbindung des Gezeigten zu der Veranstaltung in
London gewährleistet.

Abb. 48:   Emblem der Olympischen Spiele in London 2012 als
„Rahmen" für den Kurzfilm über Eddie „the Eagle" Edwards
(Minute 3:49) (London 2012, 2010)

Im Wesentlichen dokumentiert der Film, wie es der Engländer in einer in seiner
Heimat vollkommen unpopulären Sportart schaffte, an Olymischen Spielen
teilzunehmen und sich so einen Lebenstraum erfüllte. Hierbei ist leicht erkennbar,
dass der Skispringer bei seiner Teilnahme an den Wettbewerben in Calgary 1988
im olympischen Wettkämpferfeld völlig chanchenlos war und somit eigentlich als
Verlierer und Erfolgloser stigmatisiert wäre (Kapitel 4.4.4). Es wird aber sehr
deutlich, dass der Wille des Sportlers, sein Ziel zu verfolgen und sich weder durch
finanzielle Probleme noch durch mehrere Verletzungen oder anderes Unbill von
seinem Weg abbringen zu lassen, als bewundernswert angesehen werden.
    Die Markenverantwortlichen des größten Multisportevents der Welt ließen
also einen Film über einen sensationell *erfolglosen* Athleten für das eigene Markenmanagement produzieren. Es zeigt sich somit erneut, dass im Sport auch Misserfolge i. e. S. positiv konnotiert sein und – wie bereits im Falle von Derek
Redmond für ein „außersportliches" Wirtschaftsunternehmen – im Rahmen des
Markenmanagements *im Sport* herangezogen werden können. Hierbei bedienen
sich die Markenverantwortlichen in der Darstellung des Sportlers verschiedener
Anleihen bei dem sozialen Deutungsmuster Sportheldentum. Ohne, dass dieses im
Film explizit genannt wird, dürfte den meisten Rezipienten klar sein, dass sie Zeu-
gen einer Sportheldengeschichte sind.

6.5.4 Nutzung des klassischen Helden zur Markenführung von Sport

In der Markenkommunikation wird desöfteren mit dem sozialen Deutungsmuster Sportheldentum gemäß Kapitel 5.3.4 operiert und somit indirekt auf dasjenige des klassischen Heldentums verwiesen. Es finden sich allerdings ebenfalls direkte Bezüge zum klassischen Heldentum gemäß Kapitel 5.2.6. Dies ist etwa dann der Fall, wenn eine Sportveranstaltung oder ein Wettbewerb mit einer klassischen Heldengeschichte in Verbindung gebracht werden. Das wohl bekannteste Beispiel hierfür ist der Marathonlauf, bezüglich dessen oft an den „Läufer von Marathon, ein[en] Hoplit[en] in schwerer Rüstung" (Riha, 1980, S. 165) erinnert wird, der die Nachricht vom Sieg der Athener gegen die Perser überbrachte und dann tot zusammenbrach. Diese Begebenheit ist historisch nicht belegt, wird aber immer wieder in Bezug auf den Marathonlauf angeführt, seit dieser bei den ersten Olympischen Spielen der Neuzeit 1896 in das Olympische Programm aufgenommen wurde (ebd.).[240]

Ein weiteres Beispiel für die emotionale Aufladung einer Sportveranstaltung durch den Bezug auf historische Helden sind die Birkebeiner-Rennen. Das ursprüngliche Birkebeiner-Rennen, eine Skilanglaufveranstaltung, wurde erstmals 1932 veranstaltet und geht auf die vom isländischen Sagenschreiber Snorre Sturlason beschriebene Flucht zweier verwegener Birkebeiner, die wegen ihres aus Birkenrinde gefertigten Schuhwerkes so genannt wurden, zurück. Während eines Krieges retteten die beiden unter Lebensgefahr den eineinhalbjährigen Königssohn Håkon Håkonson und seine Mutter vor der Ermordung durch ihre Feinde. Håkon Håkonson vereinte später das zerstrittene Norwegen als König (Birken AS, o. J.d; Sorg, WS 2000, S. 5-7). „Zur Erinnerung an die heldenhafte Reise der Birkebeiner wurde 1932 eine Tradition kreiert. [Seither] findet in jedem Jahr ein Skilanglaufrennen über das Gebirge zwischen dem Gudbrandsdal und dem Østerdal statt – das Birke[b]einer-Rennen" (Sorg, WS 2000, S. 7). Die heutige Rennstrecke entspricht dem Weg, den das Kind und seine Retter der Sage nach für ihre Flucht verwandt haben sollen.

Bei dem Skilanglaufrennen tragen die Wettkämpfer in Anlehnung an die Überlieferung bis heute ein mindestens 3,5 kg schweres Bündel mit sich bis ins Ziel, welches das Kleinkind symbolisiert (Birken AS, o. J.a; Sorg, WS 2000, S. 7). Inzwischen hat sich aus diesem Rennen eine Rennserie mit internationaler Ausstrahlung und Teilnehmerschaft entwickelt, die neben dem ursprünglichen Skilanglaufrennen auch Mountainbike- und Laufwettbewerbe für Erwachsene und Jugendliche umfasst (Birken AS, o. J.c). Die erwachsenen Mountainbiker müssen ebenfalls, dem Brauch folgend, einen mindestens 3,5 kg schweren Rucksack bei

---

240 Emrich et al. (2000) setzen sich ausführlich mit den mit dem Marathonlauf in Verbindung stehenden Werten auseinander.

sich tragen (Birken AS, o. J.b). Der Bezug zum Gründungsmythos dieses nunmehr stark diversifizierten „Sportprodukts" findet sich also im Namen, in verschiedenen Wettkampfregeln und besonders augenfällig in dessen Markierung (Abb. 49) wieder.

Abb. 49:   Markierung der Birkebeiner-Rennen (Birken AS, o. J.d)

6.5.5 *Wohltätertum in der Markenkommunikation*

Das soziale Deutungsmuster Wohltätertum, das in Kapitel 5.5.3.3 hergeleitet, allerdings nicht ausführlicher erläutert wurde, kann in der Markenführung im und mit Sport ebenfalls vielfältig nachgewiesen werden. Im genannten Kapitel sowie in Kapitel 3.4.3.2 wurde bereits darauf hingewiesen, dass eine Sponsoringleistung oftmals „im öffentlichen Auftritt als Geschenk deklariert wird und die kommunikative Gegenleistung unerwähnt bleibt" (Messing & Emrich, 2003, S. 28). In einem solchen Fall versucht der Sponsor, sich kommunikativ als uneigennützigen Wohltäter darzustellen.

In Kapitel 5.5.3.3 wurde bereits auf die strukturelle Nähe des Wohltätertums zum Heldentum eingegangen. Es ist davon auszugehen, dass diese Deutungsmuster in der Wahrnehmung häufig nur schwer zu unterscheiden sind bzw. Wohltäter häufig implizite Verweise auf das Heldentum in Kauf nehmen oder sogar aktiv betreiben. Dieser Zusammenhang wird in den folgenden Beispielen deutlich, die sich im Grunde genommen auf das Wohltätertum beziehen. Dieses charismatische Element spielt z. B. für Veranstalter und Teilnehmer der vielen, inzwischen recht populären „Run for ..."-Läufe eine Rolle. Als Veranstalter treten üblicherweise

Unternehmen oder andere Organisationen auf, welche die Läufe entweder im Rahmen von Corporate Social Responsibility-Programmen oder im Falle von gemeinnützigen Organisationen zur Mittelakquise durchführen. Dass das Ausrichten eines solchen Laufs als Möglichkeit genutzt werden kann, als „Wohltäter" symbolisches Kapital zu erwerben, wird z. B. in folgenden Zeilen deutlich, mit denen das Unternehmen ALD Automotive über den von ihm veranstalteten „Run for Charity" informiert:

> „Der Wunsch nach sozialem Engagement war 2008 für Geschäftsführer Karsten Rösel und seine Mitarbeiter Anlass, den ersten RUN FOR CHARITY ins Leben zu rufen. Karsten Rösel fasst die Idee hinter dem RUN FOR CHARITY zusammen: ,Erfolg fordert Verantwortung. In der Sache und darüber hinaus. Wir übernehmen sie gern für soziale Kinderprojekte'" (ALD Automotive, 2014).[241]

Auch die Münchner Aids-Hilfe bewirbt ihren „Run for Life" durch einen deutlichen Verweis auf den Expositionstypen Wohltäter: „Ob Läufer, Läuferin oder im Team: Alle unterstützen mit ihrem Beitrag die Arbeit der Münchner Aids-Hilfe e.V." (Münchner Aids-Hilfe e. V., 2014). Besonders eifrige Spendensammler können sogar zum „Run for Life-Hero" (alvarum, 2014) werden: „Alle [Run for Life]-Heroes, die über ihre Spendenseite *mindestens 250,- Euro* bei Freunden, Verwandten und Kollegen sammeln, erhalten ein *besonderes Heldenshirt und gehen als Heroes an den Start!*"[242] (ebd.). Hier wird mithin sehr bewusst das „Heldentum aus dem Sport", also die Wirkungserzielung in gesellschaftlichen Kontexten (Kapitel 5.4), ins Spiel gebracht, um die Teilnehmer durch diesen im Vergleich zum Wohltäter offenbar „höherwertigen" charismatischen Expositionstyp besonders anzuspornen. Außerdem ist immer dann, wenn nicht „nur" Geld gegeben, sondern für dieses eine sportliche Leistung erbracht wird, ein systemimmanenter Bezug zum Sportheldentum gegeben. Schließlich „opfern" die Teilnehmer z. B. bei den Run for … -Läufen eigene Zeit und Energie und erbringen eine – für manche zumindest – mit gewissem Unbill verbundene Leistung. Die Teilnahme an einem solchen Lauf könnte somit auch als kommunikativer Bezug zum Sportheldentum – oder falls die „gute Sache", für die das Engagement erbracht wird, außerhalb des Sports liegt sogar zum klassischen Heldentum – verstanden werden.

---

241 Dass die Gelegenheit nicht ausgelassen wird, auf den eigenen Erfolg und somit indirekt mittels der zugehörigen Attributionen (Kapitel 4.3.7.2.2) auf das eigene Können zu verweisen, sei nur am Rande erwähnt.

242 Der betonende Fettdruck des Originalzitats wurde in Kursivdruck geändert.

6.6 Fazit

In diesem Kapitel wurde untersucht, ob die im bisherigen Verlauf der Arbeit hergeleiteten sozialen Deutungsmuster bzw. die dazugehörigen Expositionstypen auch in der Markenkommunikation nachgewiesen werden können. Dabei zeigte sich, dass die aus dem analytischen Rahmen (Abb. 23 in Kapitel 3.5.2) abgeleitete Vermutung, dass die in Tab. 7 (Kapitel 4.4.4.2) zusammengestellten sozialen Deutungsmuster und Expositionstypen die Darstellung und Wahrnehmung sozial exponierter Sportler grundlegend prägen, auch bezüglich des Kommunikationszentrums Wirtschaft (Kapitel 2.4.2.1) zutrifft.

Neben den positiv konnotierten Ausprägungen der sozialen Deutungsmuster werden ganz bewusst auch negativ konnotierte verwendet, um bestimmte Effekte zu erzielen – etwa humoristischer Art bzw. zur Verstärkung der Werbebotschaft durch Bezüge zu unzulänglichen Ausprägungen des Deutungsmusters. Dies war z. B. am Einsatz des „Nichtkönners" im Lufthansa-Beispiel (Kapitel 6.2) zu erkennen.

An den ersten beiden Beispielen in Kapitel 6.2 wurde deutlich, dass der Verweis auf bestimmte Expositionstypen bzw. soziale Deutungsmuster selbst dann erfolgreich sein kann, wenn davon auszugehen ist, dass die Rezipienten die dargestellte Persona nicht kennen. Hieran zeigt sich erneut, dass die in dieser Arbeit hergeleiteten sozialen Konstrukte grundlegende Elemente sozialer Praxis sind, deren Verwendung bzw. Rezeption entsprechend den Ausführungen aus Kapitel 2.5.2 keiner ausführlichen Erklärung bzw. umfassenden Vorwissens bezüglich der betreffenden Person(a) bedarf.

Aufgrund ihrer latenten Präsenz und guten Verständlichkeit kann der Verweis auf die in dieser Arbeit betrachteten sozialen Deutungsmuster und Expositionstypen mit relativ wenig Aufwand betrieben werden. So beziehen sich beispielsweise viele Vereine, die sich dem Ausdauer- und vor allem dem Laufsport verschrieben haben, bei ihrer Namensgebung auf den längst verstorbenen Sieger des Marathonlaufs der ersten Olympischen Spielen der Neuzeit, Spyridon Louis (Kapitel 6.5.4).[243] Es kann davon ausgegangen werden, dass dies zwecks vergleichsweise aufwandsloser interner und externer Markenbildung erfolgt, die letztendlich auf Halo-Effekte zurückzuführen ist, die vom Testimonial ausgehen. Das Wissen darum, dass es sich bei dem Namensgeber um den ersten Marathon-Olympiasieger handelt, dürfte fast den meisten Sportinteressierten eine Wahrnehmung als erfolgreich und – aufgrund der als sehr entbehrungsreich geltenden Marathondistanz – vor allem in Anlehnung an das soziale Deutungsmuster Sportheldentum nach sich ziehen. Die Benennung nach dem Sportler bietet somit eine einfache Möglichkeit,

---

243 Beispiele hierfür sind etwa Spiridon-Club Bad Oldesloe – Laufgemeinschaft Trave e. V. (o. J.), Spiridon Club Oberlahn e. V. (o. J.) oder Spiridon Haltern e. V. (o. J.).

die Eigen- und Fremdwahrnehmung des Vereins und seiner Mitglieder nachhaltig zu beeinflussen.

Die Benennung des Marathonlaufs erfolgte bei den ersten Olympischen Spielen der Neuzeit aufgrund einer alten Legende (Kapitel 6.5.4), wodurch eine internationale Anschlussfähigkeit zu erwarten war. Die meisten der in diesem Kapitel betrachteten Fallbeispiele beziehen sich auf Werbemittel, die ebenfalls an eine internationale Zielgruppe gerichtet sind. Dies gilt sowohl für die FIFA-Logos und die „all in or nothing"-Kampagne von Adidas (Kapitel 6.2), als auch die verschiedenen Werbespots des Kreditkartenunternehmens VISA (Kapitel 6.5.1 und 6.5.2) bzw. der Olympischen Spiele in London (Kapitel 6.5.3) oder das in Kapitel 6.5.4 betrachtete Birkebeiner-Rennen. Daran zeigt sich, dass die in dieser Arbeit betrachteten Deutungsmuster und Expositionstypen international bedeutungstragend kommuniziert und rezipiert werden. Ferner wird dadurch offenbar, dass die sozialen Folgewirkungen ihrer Rezeption strukturell in vielen Kulturen starke Ähnlichkeiten aufweisen dürften, wodurch sich ein Einsatz im Markenmanagement anbietet.

Abschließend soll kurz auf das soziale Deutungsmuster Startum eingegangen werden, welches in den Fallbeispielen nicht isoliert betrachtet wurde. In Kapitel 4.3.7.3.2 wurde bereits auf die Sendung „Ich bin ein Star – Holt mich hier raus!" verwiesen und ausgeführt, dass diese – dem Originaltitel folgend – besser mit der Bezeichnung „Prominenter" oder „Promi" übersetzt worden wäre. Abgesehen davon, dass der Starbegriff geschlechtsneutral ist – was im genannten Kapitel nicht thematisiert wurde – kann daher davon ausgegangen werden, dass die Sendungsverantwortlichen diesen Begriff für deutlich quotenträchtiger halten als denjenigen des Prominenten. Der *Begriff* Star wird hier folglich zu werblichen Zwecken herangezogen. Das *soziale Deutungsmuster* Startum kann wiederum in den Fallbeispielen des aktuellen Kapitels nachvollzogen werden. So wurde bezüglich einiger der betrachteten Beispiele darauf hingewiesen, dass in der Markenkommunikation häufig mehr als einer der Starfaktoren Können, Erfolg, Prominenz und Charisma verwendet wird. Da das soziale Deutungsmuster Startum in der insgesamt als überragend wahrgenommenen Ausprägung der Starfaktoren besteht, kann diese Mehrfachverwendung in der Markenkommunikation als Verweis auf dieses Metakonzept interpretiert werden. Ferner dürfte der Einsatz der Starfaktoren oftmals im Wissen um die Halo-Effekte erfolgen, die das Starkonzept auszeichnen. Daher ist anzunehmen, dass dieses soziale Deutungsmuster sehr oft wenigstens implizit „mitschwingt", wenn mit den oder unter Bezug auf die Starkfaktoren kommuniziert wird. Es kann also gefolgert werden, dass neben den im bisherigen Verlauf des Kapitels ausführlicher betrachteten Starfaktoren auch das soziale Deutungsmuster Startum in der Markenkommunikation nicht nur nachweisbar ist, sondern eine bedeutende Rolle einnimmt.

7 Zusammenfassung, weitere Betrachtungen und abschließende Modellbildung

7.1 Einleitende Bemerkungen

In diesem Kapitel werden die zentralen Erkenntnisse der vorliegenden Arbeit zusammengefasst, einige bisher nicht (isoliert) betrachtete Aspekte ausgeführt und abschließend das „Modell der personenbezogenen Kommunikation und Rezeption" vorgestellt. Dabei wird zuerst ein Blick auf das Deutungsmusterkonzept und den theoretischen Rahmen sozialer Exposition im und durch Sport geworfen (Kapitel 7.2). Den inhaltlichen Aspekten werden in Kapitel 7.2.1 einige methodische Anmerkungen zum Konzept der sozialen Deutungsmuster im Allgemeinen und dessen Verwendung in Zusammenhang mit der Personenwahrnehmung im Besonderen vorangestellt. Anschließend wird in Kapitel 7.2.2 auf die bisher erarbeiteten Deutungsmuster und die zugehörigen Expositionstypen eingegangen, bevor in Kapitel 7.2.3 bedeutende Halo-Effekte betrachtet werden. Kapitel 7.2.4 dient der Zusammenstellung derjenigen vier Faktoren, welche die Wahrnehmung der betrachteten sozialen Deutungsmuster determinieren. Das nachfolgende Kapitel 7.2.5 ist den Konzepte „Idol", „Vorbild" und „Legende" gewidmet, die ebenfalls zu Beginn dieser Arbeit erwähnt (Kapitel 1.1), aber noch nicht weiter thematisiert wurden. Zuerst werden Legenden (Kapitel 7.2.5.2) und anschließend Idole bzw. Vorbilder (Kapitel 7.2.5.3) betrachtet. Abschließend erfolgt eine Einordnung in die bisherigen Überlegungen (Kapitel 7.2.5.4). In den Kapiteln 7.3 und 7.4 werden sodann das Modell des parasozialen Prozesses im Sport sowie das arenatheoretische Modell von Öffentlichkeit unter besonderer Berücksichtigung von Sport, Wirtschaft und Medien einer abschließenden Würdigung unterzogen. Bevor abschließend das „Modell der personenbezogenen Kommunikation und Rezeption" zusammengestellt wird (Kapitel 7.6), werden in Kapitel 7.5 diejenigen Determinationsprozesse personenbezogener Kommunikation modelliert, welche für die Kommunikationsebene des Modells besonders bedeutend sind.

7.2 Soziale Deutungsmuster und Expositionstypen

7.2.1 Methodische Anmerkungen zum Konzept der sozialen Deutungsmuster

Die Analyse verschiedener Typen sozialer Exposition im und durch Sport erfolgte in dieser Arbeit vor dem Hintergrund des Konzepts der sozialen Deutungsmuster (Kapitel 2.5). Dabei wurden mittels eines interdisziplinären Ansatzes „ausgewählte Deutungsmuster in einem mehrstufigen Forschungsprozeß" (Plaß & Schetsche, 2001, S. 533) untersucht. Neben wissenschaftlichen Quellen wurden gemäß Kapitel 2.5.3 verschiedene Fallstudien und Beispiele aus „der medialen Musterverwendung" (ebd., S. 531) herangezogen, wobei hierunter grundsätzlich solche kommunikativen Angebote verstanden wurden, die auf eine gewisse Breitenwirkung abzielen (Kapitel 3.5.2).

Die Anwendung des Deutungsmusterkonzepts war zielführend, da trotz sehr unterschiedlicher Auffassungen davon, was *konkret* unter Prominenten, Stars und Helden zu verstehen bzw. wer mit diesen Begriffen zutreffend zu bezeichnen ist (Kapitel 1.1 sowie 4 und 5), jeweils wahrnehmungsprägende „Bedeutungskerne" (Kapitel 3.5.2) identifiziert werden konnten. Im Verlauf der Betrachtungen konnten die von Plaß & Schetsche (2001) „postulierten Eigenschaften und Funktionen dieser Wissensform [und der] sozialen Prozesse ihrer Verbreitung" (ebd., S. 533) nachvollzogen werden. Der von den genannten Autoren eingeforderte „Prüfprozeß" (ebd.) des Konzeptes der sozialen Deutungsmuster wurde somit für den Betrachtungsgegenstand der vorliegenden Arbeit erfolgreich durchschritten. Es ist allerdings angebracht, folgende Hinweise für dessen zukünftige Verwendung zu geben:

1. Obwohl der Begriff „Bedeutungskern" nach dem Kenntnisstand des Verfassers in dieser Arbeit erstmals eingeführt wurde, erscheint eine zukünftige Verwendung in Zusammenhang mit dem Konzept der sozialen Deutungsmuster sinnvoll. Zwar fordern Höffling et al. (2002) die Beschreibung eines „Situationsmodell[s]" (ebd., S. 8) als „Mittelpunkt jedes Deutungsmusters" (ebd., S. 5). Allerdings ist dieses deutlich umfangreicher als der Bedeutungskern, der die elementaren Bedeutungsüberschneidungen der individuellen Repräsentationen eines Deutungsmusters benennt. Es kann häufig davon ausgegangen werden, dass genau diese und die sich hierauf beziehenden sozialen Prozesse im Mittelpunkt des Erkenntnisinteresses stehen. Daher sind auch Schetsches Gedanken zu „konsensualen Sachverhalten" (Schetsche, 2014, S. 45) in diesem Zusammenhang von Interesse. Er führt bei seiner wissenssoziologischen Betrachtung sozialer Probleme Folgendes aus: „Diese Kategorie geht von der Idee aus, dass es [...] von der Problematisierung unabhängige gesellschaftliche Wissensbestände geben kann" (ebd.). Die Beschreibung des

Bedeutungskerns war in der vorliegenden Arbeit jedoch speziell auf elementare Bedeutungselemente gemünzt, die losgelöst von damit direkt verbundenen bzw. dadurch evozierten Zusammenhängen zu verstehen sind. Es kann daher angenommen werden, dass es sich beim Bedeutungskern zwar um *einen* „konsensualen Sachverhalt" im Sinne Schetsches handelt, es allerdings für jedes der betrachteten sozialen Deutungsmuster weitergehende „konsensuale Sachverhalte" geben dürfte, die z. B. auch ein Verständnis für soziale Reaktionen auf die Wahrnehmung des Bedeutungskerns umfassen. Der Bedeutungskern kann also *ein* als spezifischer „konsensualer Sachverhalt" unter mehreren verstanden werden. Bei der Deutungsmusteranalyse scheint folglich eine Konzentration auf den Bedeutungskern sinnvoll, um damit zusammenhängende Effekte, die ebenfalls kollektiv „verstanden" werden und/oder akzeptiert sind, losgelöst hiervon zu betrachten.

2. Außerdem wurde der Begriff „Expositionstyp" in dieser Arbeit eingeführt. Dieser ist allerdings vermutlich für andere als mit der Personenwahrnehmung verbundene Deutungsmuster ungeeignet. Für zukünftige Forschungsprojekte kann jedoch festgehalten werden, dass die Expositionstypen als extreme Ausprägungen der verschiedenen sozialen Deutungsmuster wesentliche Bestandteile von diesen darstellen. Es hat sich daher als zweckmäßig erwiesen, sowohl die positiv als auch die negativ konnotierten Typen herauszuarbeiten. Derart wird ein Bedeutungskorridor aufgespannt, der die Vielfalt des Auftretens und die unterschiedlichen Nuancen der sozialen Wirkungen des betreffenden Deutungsmusters verdeutlicht. Abhängig vom Erkenntnisinteresse wird somit für zukünftige Anwendungen des Konzepts der sozialen Deutungsmuster dazu geraten, in gleicher Form „Extremwerte" der Wahrnehmung in die Analyse einzubeziehen.[244]

7.2.2 Erarbeitete soziale Deutungsmuster und Expositionstypen

Die in dieser Arbeit betrachteten sozialen Deutungsmuster nebst der zugehörigen Expositionstypen tragen auf unterschiedliche Weise zur Reduktion alltäglicher Komplexität bei (z. B. Kapitel 2.5.2 oder 4.2.6). So können etwa kommunikative Angebote oder das Handeln anderer Menschen schnell verstanden werden, wenn diese sich auf die sozialen Deutungsmuster beziehen. Das ist deshalb der Fall, da an die sozialen Deutungsmuster ein Rahmen sozial akzeptierter bzw. erwartbarer

---

244 Hätte der moderne Wettkampfsport im Mittelpunkt dieser Arbeit gestanden, hätte in Bezug auf diesen eine ähnliche Betrachtung vorgenommen werden sollen. Er wurde allerdings gemäß der Ankündigung in Kapitel 3.1 im Vergleich zu den in den Kapiteln 4 und 5 betrachteten Deutungsmustern nur vergleichsweise rudimentär analysiert. Daher war es nicht notwendig und aus forschungsökonomischen Gründen nicht zweckmäßig, „Extremwerte" abzustecken.

Folgewirkungen geknüpft ist. Wie in Kapitel 4.2.6 ausgeführt wurde, besteht beispielsweise ein gesellschaftlich akzeptierter Handlungsrahmen sowohl für den Umgang mit Prominenten als auch für den Umgang mit deren Bewunderern. Gleichermaßen bestehen gegenüber Prominenten gewisse Erwartungen. Das bedeutet nicht, dass alle Prominenten gleich behandelt oder sich alle Prominenten vollkommen gleich verhalten würden oder verhalten müssten. Es wird allerdings verstanden, dass andere Menschen auf Prominente wegen des Prominentenstatus auf eine bestimmte Art und Weise reagieren. Genauso wird verstanden, dass sich Prominente auf eine bestimmte Weise verhalten, weil sie prominent sind. Durch diese mehr oder minder bindenden Vorgaben reduzieren die hier betrachteten sozialen Deutungsmuster soziale Komplexität und tragen zur „Erzeugung sozialer Gemeinschaft" (Plaß & Schetsche, 2001, S. 525) sowie deren Festigung bei.

Die auf Tab. 7 (Kapitel 4.4.4.2) aufbauende Tab. 9 dient der zusammenfassenden Darstellung der wesentlichen in dieser Arbeit beschriebenen sozialen Deutungsmuster nebst der zugehörigen Expositionstypen. Bei der Zusammenstellung wurde darauf verzichtet, partiale Deutungsmuster bzw. Partialtypen (Partialstars, Partialhelden usw.) gesondert aufzuführen. Diese Entscheidung wurde aus Gründen der Übersichtlichkeit sowie der leichteren Übertragbarkeit auf andere als den hier betrachteten Kontext (mehr dazu in Kapitel 8.2.1) getroffen. Außerdem stellen partiale Deutungsmuster Adaptionen der in Tab. 9 erfassten Muster für bestimmte Rezeptionskontexte dar, so dass es sich hierbei letztendlich um Konkretisierungen der „Basisversionen" handelt. Dies wurde z. B. in Kapitel 5.3.4 anhand des Sportheldentums herausgearbeitet, welches die Spezifikation des Heldentums für den Sportkontext ist.

Wie Tab. 9 entnommen werden kann, setzt sich das Startum als Metakategorie sozialer Exposition aus der Wahrnehmung der vier Starfaktoren Erfolg, Können, Prominenz und Charisma zusammen. Die Starfaktoren stellen wiederum selbst komplexe soziale Deutungsmuster mit zugehörigen Expositionstypen dar. So setzt sich Erfolg z. B. aus verschiedenen Erfolgen i. e. S. und Erfolgen i. w. S. zusammen, von denen insbesondere die Letztgenannten interpretativ geschaffen werden müssen (Kapitel 4.3.6.1.1). Können kann in vielerlei Weise demonstriert oder über interpretative Prozesse wie Signaling oder andere Halo-Effekte zugestanden werden (diese werden zusammenfassend in Kapitel 7.2.3 betrachtet). Bezüglich der Prominenz können gemäß Kapitel 4.2.3 verschiedene „Prominenzquellen" bzw. „Prominenzquellenarten" (Schneider, 2004, S. 381) nachgewiesen werden, die zusammenfassend Prominenz bedingen. Ferner kann abhängig von den dominierenden Prominenzquellen und Prominenzierungsprozessen zwischen genuiner, mediatisierter und inszenierter (Medien)Prominenz unterschieden werden (Daschmann, 2007, S. 188-189).

Dass die Starfaktoren komplexe Konstrukte sind, wurde insbesondere bei der Betrachtung des Charismas deutlich. So wurde anhand des Heldentums bzw. Sportheldentums nachvollzogen, dass sich das Charisma wiederum aus verschiedenen Charismafaktoren zusammensetzt (Kapitel 5.5.3.1). Von diesen wurden neben dem Heldentum und dessen partialer Form Sportheldentum (Kapitel 5) noch das Wohltätertum (Kapitel 6.5.5) etwas ausführlicher betrachtet. Außerdem wurde am Beispiel von Alejandro Sabella und Berti Vogts deutlich, dass Autorität und gutes Aussehen als Charismafaktoren verstanden werden können (Kapitel 4.3.6.2.2 und 4.3.7.2.4). Gleiches gilt für das Amtscharisma (Kapitel 4.3.6.2.3 und 4.3.7.3.2).

Festzuhalten ist somit, dass sämtliche in Tab. 9 erfassten sozialen Deutungsmuster sowie die zugehörigen Expositionstypen komplexe Konstrukte darstellen. Diese können auf bestimmte Rezeptionskontexte bezogen – also spezifisch – oder übergreifend – global – wahrgenommen werden, worauf im weiteren Verlauf dieser Arbeit an einigen Stellen zurückgekommen wird (z. B. im weiteren Verlauf dieses Kapitels sowie in Kapiteln 7.2.3 und 7.2.4).

Tab. 9:   Erarbeitete soziale Deutungsmuster nebst zugehöriger Bedeutungskerne und Expositionstypen (eigene Zusammenstellung)

soziales Deutungsmuster	Bedeutungskern (zusammengefasst gemäß Kapitel...)	positiv konnotierte Expositionstypen	negativ konnotierte Expositionstypen	
			unzulängliche Typen	Anti-Typen
Startum	herausragender Gesamteindruck der Starfaktoren (Kapitel 4.3.7.3)	Star	Farbloser	Anti-Star
SF*: Erfolg	Leistungserbringung gemäß sozialer Standards (Kapitel 4.3.7.2.2)	Erfolgreicher	Verlierer	Anti-Erfolgreicher
SF*: Können	fachspezifische Leistungsvoraussetzung(en) (Kapitel 4.3.7.2.3)	Könner	Nichtkönner	Anti-Könner
SF*: Prominenz	als bekannt voraussetzbare Bekanntheit (Kapitel 4.2.6)	Prominenter	Unbekannter	Anti-Prominenter

soziales Deutungs- muster	Bedeutungskern (zusammenge- fasst gemäß Kapitel...)	positiv konno- tierte Expositi- onstypen	negativ konnotierte Expositionstypen	
			unzulängliche Typen	Anti-Typen
SF*: Cha- risma	Personeneigen- schaften (Kapitel 4.3.7.2.4)	Charis matiker	Uncharismati- scher	Anti- Charismatiker
CF**: Hel- dentum	Opferbereitschaft (Kapitel 5.2.6)	Held	Feigling / Egoist	Anti-Held
CF**: Wohl- tätertum	uneigennützige Förderung des Ge- meinwohls (Kapitel 5.5.3.3)	Wohltäter	Egoist	Anti- Wohltäter***

*SF steht für „Starfaktor" (Kapitel 4.3.7.2)
**CF steht für „Charismafaktor" (Kapitel 5.5.3.1)
***Dieser Expositionstyp wurde bisher nicht dezidiert besprochen. Er kann vorkommen, wenn ein Wohltäter sich für eine falsche Sache engagiert. Wird etwa Geld für eine rechtsradikale Organisation gespendet, dürfte der Spender von den meisten Menschen als Anti-Wohltäter wahrgenommen werden.

Obwohl die in Tab. 9 aufgeführten sozialen Deutungsmuster bei der sozialen Kategorisierung eine zentrale Rolle spielen, wird nicht jede wahrgenommene Persona immer auch einem oder mehreren der Expositionstypen zugeordnet. Wie Abb. 50 zeigt, muss bei der Wahrnehmung eines Deutungsmusters eine – interindividuell verschiedene und grundsätzlich variable – Wahrnehmungsschwelle über- bzw. unterschritten werden, damit eine Zuordnung zu den zugehörigen positiv bzw. negativ konnotierten Expositionstypen erfolgt (Kapitel 4.4.5, 5.5.3.1 und 5.5.3.3; vgl. hierzu auch Kapitel 7.2.4). Ein Rezipient kann beispielsweise Informationen über das Können einer Persona wahrnehmen, ohne dieses im positiven oder negativen Sinne als besonders herausragend einzustufen. Bei der sozialen Kategorisierung wird er die Persona hinsichtlich ihres Könnens entsprechend als nicht herausragend kategorisieren.

Ferner hat sich im Laufe der Arbeit gezeigt, dass bei der sozialen Kategorisierung einer Person gemäß den verschiedenen Deutungsmustern eine Differenzierung nach Rezeptionskontexten erfolgt. Das bedeutet, dass ein Mensch im Sport ganz anders wahrgenommen werden kann, als in anderen Kontexten (z. B. Kapitel 4.4.2, 5.5.3.1 und 5.5.3.3). Es wäre z. B. möglich, dass ein Amateursportler bei der Ausübung seiner Sportleidenschaft als Könner und Erfolgreicher rezipiert wird. Sollte er in beruflichen Kontexten allerdings für sein Unvermögen und dafür bekannt sein, regelmäßig wichtige Aufgaben nicht erfolgreich zu beenden, würde er hier als Nichtkönner und Erfolgloser gelten. Der Expositionstypenmatrix gemäß wird dieser Zusammenhang in Abb. 50 dadurch deutlich, dass neben dem Sportkontext noch weitere Rezeptionskontexte vorgesehen sind, von denen in der Abbildung allerdings lediglich drei in den betreffenden Expositionstypenmatrizen veranschaulicht werden.

Abb. 50 impliziert ebenfalls, dass eine Person auch gar nicht als Sportakteur wahrgenommen werden kann. Dann würde sie ausschließlich in „anderen Rezeptionskontexten" kategorisiert werden. Wahrnehmungsschwellen existieren also nicht nur hinsichtlich der Ausprägung der verschiedenen sozialen Deutungsmuster, sondern auch bezogen auf unterschiedliche Rezeptionskontexte. Zusammengefasst kann daher Abb. 50 immer dann von Wahrnehmungsschwellen gesprochen werden, wenn durch schwarze Pfeile mögliche Statusänderungen bezüglich einzelner sozialer Deutungsmuster und/oder Wahrnehmungskontexte kenntlich gemacht werden. Die Wahrnehmungsschwellen der einzelnen Kontexte sind allerdings nicht exklusiv, da eine Persona gleichzeitig in verschiedenen Kontexten sozial kategorisiert werden kann. Bezogen auf ein soziales Deutungsmuster erfolgt allerdings in einem speziellen Kontext nur eine Zuordnung. Ein Fußballer wird mithin im Fußball nicht *zeitgleich* als Könner *und* als Nichtkönner wahrgenommen. Er kann jedoch zeitgleich als Könner im Fußball und Nichtkönner in wirtschaftlichen Angelegenheiten kategorisiert werden.

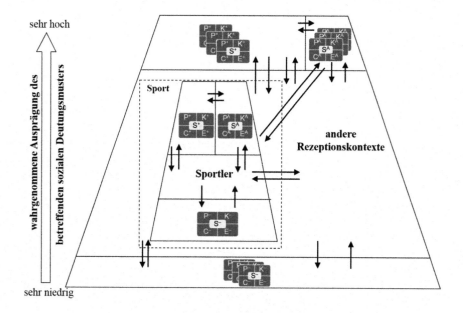

Abb. 50: Wahrnehmung einer Persona in verschiedenen Rezeptionskontexten (eigene Darstellung)

Legende: Schwarze Pfeile verdeutlichen mögliche Veränderungen in der Wahrnehmung von Personen. Bei Über- bzw. Unterschreiten der Wahrnehmungsschwellen erfolgt eine Zuordnung zu den betreffenden Expositionstypen bzw. zu einem bestimmten Rezeptionskontext.

Aus Vereinfachungsgründen sind bezüglich der „anderen Rezeptionskontexte" nur dreidimensionale Expositionstypenmatrizen vorgesehen, obwohl die soziale Kategorisierung in deutlich mehr Kontexten erfolgen kann.

In den Expositionstypenmatrizen gilt folgende Zuordnung der Exponenten:

\+ = positiv konnotierte Expositionstypen

\− = unzulängliche Expositionstypen

A = Anti-Typen

7.2.3   Halo-Effekte

In verschiedenen Kapiteln der vorliegenden Arbeit wurde darauf eingegangen, dass Halo-Effekte ihre Wirkung in unterschiedlichen Zusammenhängen entfalten können (Kapitel 4.4.5, 5.5.2 und 5.5.3.1), so z. B. beim Signaling (Kapitel 2.4.3). Dies ist bedeutend, da Veränderungen in der sozialen Kategorisierung nicht nur durch die Wahrnehmung neuer Eindrücke von der Person bzw. dem zugehörigen Kontext ausgelöst werden können. Sie können auch durch Halo-Effekte bedingt sein, welche sowohl zwischen den verschiedenen sozialen Deutungsmustern als auch zwischen unterschiedlichen Rezeptionskontexten wirken. Dies wird in Abb. 51 zusammenfassend dargestellt, welche eine Modifikation von Abb. 37 aus Kapitel 5.5.3.1 ist. Wie der Abbildung zu entnehmen ist und im genannten Kapitel besprochen wurde, scheinen das soziale Deutungsmuster Charisma bzw. bestimmte Charismafaktoren besonders starke Halo-Effekte auszuüben. Dieser Eindruck erhärtete sich bei der Besprechung der in Kapitel 6.5 vorgestellten Fallstudien zur Verwendung des Charismafaktors (Sport)Heldentum in der Markenkommunikation. Wie sich zeigte, scheint dieses soziale Deutungsmuster bei der Darstellung von Sportakteuren zu Werbezwecken häufig verwendet zu werden. Das lässt darauf schließen, dass hiervon besonders positive Werbeeffekte erwartet werden, die mit den starken Halo-Effekten des Deutungsmusters Charisma zusammenhängen dürften.

Legende: Pfeile verdeutlichen mögliche Halo-Effekte, die Stärke der Pfeile drückt die relative Stärke des Effekts aus.
Der gestrichelte Pfeil weist auf die Halo-Effekte des Deutungsmusters „Erfolg" zwischen verschiedenen Rezeptionskontexten hin. Die kontextübergreifenden Halo-Effekte des Startums wurden aus Gründen der Übersichtlichkeit nicht veranschaulicht.

Abb. 51:   Veranschaulichung kontextspezifischer und kontextübergreifender Halo-Effekte in der Expositionstypenmatrix (eigene Darstellung)

Tab. 8 aus Kapitel 4.4.5 kann entnommen werden, dass Halo-Effekte jeweils zwei Ausprägungen in den drei verschiedenen Dimensionen Intention, Bezug und Wirkung bzgl. Status annehmen können. Für die weiteren Überlegungen ist bedeutend, dass diese Dimensionen nicht nur für Halo-Effekte und das Signaling (Kapitel 4.3.6.2.3) relevant sind. Vielmehr können sämtliche kommunikativen Prozesse, die Informationen über Personen transportieren, anhand dieser Dimensionen analysiert werden. Außerdem können sie bei der Betrachtung der Rezeptionsebene herangezogen werden. Informationen über eine Persona können schließlich *bewusst* oder *unbewusst* (Dimension: Intention) rezipiert werden. Ferner werden wahrgenommene Informationen beim Rezipienten *direkt* in Bezug auf eine gerade betrachtete Persona bzw. den Kommunikator oder *indirekt* bezogen auf andere Personae wirksam (Dimension: Bezug). In entsprechender Form kann auch die letzte Dimension – Wirkung bzgl. Status – auf die Rezipientenebene übertragen werden, da sich wechselnde Ausprägungen der verschiedenen sozialen Deutungsmuster als *Mehrung* bzw. *Erhalt* oder *Minderung* des Status bemerkbar machen (Dimension: Wirkung bzgl. Status).

Basierend auf der in Tab. 8 abgetragenen Systematik des Halo-Effekts werden die genannten drei Dimensionen in Abb. 52 als „Wirkungswürfel personenbezogener Kommunikation" dargestellt. Jedwede Kommunikation und sonstige Informationsübermittlung bzw. -generierung, die bezüglich einer Person(a) wirksam wird, kann anhand dieses Würfels analysiert werden. Dabei wird immer mindestens eine der insgesamt acht möglichen Kombinationen der jeweils zwei Ausprägungen der drei Dimensionen vorliegen. Diese möglichen Kombinationen werden in Abb. 52 durch die kleinen Würfel veranschaulicht. Beispielhaft wurde einer der kleinen Würfel farblich abgesetzt. Würde die Kommunikationsebene analysiert werden, würde dieser Würfel eine Mehrung – bzw. einen Erhalt – von Status veranschaulichen, der unbewusst – also nicht vom Kommunikator intendiert – ausgelöst wurde und direkt in Bezug auf diesen wirkt. Bei einer Analyse der Rezeptionsebene würde die Markierung des kleinen Würfels eine unbewusst wahrgenommene Statusmehrung – bzw. einen Statuserhalt – bezeichnen, die bzw. der direkt bezüglich des Kommunikators wirkt.

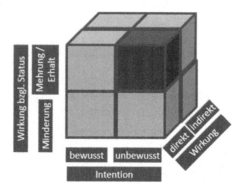

Abb. 52:   Wirkungswürfel personenbezogener Kommunikation (eigene Darstellung)

7.2.4 Faktoren der Bewertung sozial exponierter Personen

Es handelt sich bei den in dieser Arbeit betrachteten sozialen Deutungsmustern um komplexe Konstrukte, welche auf verschiedene Rezeptionskontexte bezogen in verschieden starken Ausprägungen wahrgenommen werden können. So wird etwa zwischen sportlichem, wirtschaftlichem und „Lebenserfolg" (Umminger, 1962, S. 8) unterschieden, wobei Letzterer basierend auf einer individuell als besonders relevant erachteten Auswahl unterschiedlicher Kontexte gesehen wird. Wie im Laufe der Arbeit deutlich wurde, zieht die Wahrnehmung der verschiedenen sozialen Deutungsmuster unterschiedliche Folgewirkungen nach sich. Die soziale Kategorisierung einer Persona determiniert beispielsweise, ob High- oder Low-Level-PSI betrieben bzw. Prozesse der Identitätsarbeit auf sie gerichtet werden (zusammenfassende Darstellung in Abb. 54 in Kapitel 7.2.5).

In Kapitel 4.2.6 wurden vier Faktoren beschrieben, die die Wahrnehmung von Prominenz beeinflussen. Auf dieser Basis werden nachfolgend vier allgemeine Faktoren aufgezeigt, die bei der sozialen Kategorisierung anhand der sozialen Deutungsmuster relevant sind. Zur Veranschaulichung wird dabei mit Beispielen gearbeitet, die sich auf die verschiedenen Starfaktoren beziehen. Da deren Ausprägungen insgesamt den Starwert bedingen (Formel 2 aus Kapitel 4.3.7.3.2), wirken sich die Faktoren auch bezüglich des Startums aus, obwohl auf dieses in der nachstehenden Auflistung nicht direkt Bezug genommen wird.

1. *Ausmaß*: Die wahrgenommene Ausprägung der verschiedenen sozialen Deutungsmuster steigt mit der Wahrnehmung ihrer Intensität und regionalen Ausbreitung bzw. nimmt mit der Wahrnehmung ihrer Bindung an bestimmte soziale Teilsysteme oder Ereignisse ab. So kann Prominenz z. B. regional beschränkt sein. Außerdem macht es einen Unterschied, ob innerhalb einer bestimmten sozialen Entität vergleichsweise viele Menschen relativ viel über einen Prominenten wissen oder nicht. Wird jemand als weltweit umfassend bekannt erlebt, gilt er als sehr prominent. Äquivalent spielt bei der Wahrnehmung von Erfolgen etwa im Sport neben deren Anzahl eine Rolle, dass Erfolge i. e. S. gewissen Hierarchien unterworfen sind. So gilt eine Weltmeisterschaft als bedeutender als eine Europameisterschaft, welche üblicherweise als relevanter angesehen wird als eine nationale Meisterschaft (Kapitel 4.3.6.1.1). Daher kann angenommen werden, dass viele Erfolge auf internationalem Niveau einen Menschen als in hohem Maße Erfolgreichen erscheinen lassen. Ein durch besonderes Können hervortretender Spieler einer Nationalmannschaft wird entsprechend eher als könnensreich wahrgenommen als ein durchschnittlich starkes Mitglied einer Regionalligamannschaft. Charismatische Strahlkraft kann gleichermaßen lediglich in regional abgeschlossenen Gemeinschaften oder

weltweit wirksam werden und besonders augenfällig oder nur für wenige Menschen wahrnehmbar sein. – Der Faktor Ausmaß umfasst in allgemeiner Form die in Kapitel 4.2.6 aufgeführten Faktoren „Ausmaß der Prominenz" und „Reichweite der Prominenz".

2. *Universalität*: Die „Globalität", welche bei Attributionsprozessen bezüglich menschlicher Eigenschaften eine bedeutende Rolle spielt (Kapitel 2.2.2 und 4.3.7.2.2), erfasst, inwiefern eine Eigenschaft „als in einer Vielzahl unterschiedlicher Situationen wirksam angesehen wird (*global[...]*) oder nur in einander ähnlichen Situationen, im Extremfall nur in einer einzigen Situation (*spezifisch[..]*)" ((Meyer, 2003, S. 12). Der Faktor „Universalität" erfasst in ähnlicher Form die verschiedenen Kontexte, in welchen ein soziales Deutungsmuster wirksam wird. Daher beinhaltet dieser Faktor in allgemeiner Form – also nicht nur bezogen auf die Prominenz – auch die in Kapitel 4.2.6 erwähnte „Ursache von Prominenz". Wie im genannten Kapitel ausgeführt wurde, kann Prominenz etwa als überwiegend oder ausschließlich medien- und/oder durch eine oder mehrere medienexterne „Prominenzquellen" bedingt erlebt werden. Gleichermaßen können Erfolge lediglich in einer Sportart oder in mehreren oder zusätzlich noch außerhalb des Sports errungen werden. Können kann sich auf nur eine oder vergleichsweise viele Positionen in einem Sportspiel, auf mehrere Sportarten oder unterschiedliche Lebensbereiche erstrecken. Charisma kann in einer herausragenden Eigenschaft oder einem ganzen Bündel weit überdurchschnittlich ausgeprägter Personeneigenschaften bestehen, die in vielen Kontexten wirkmächtig sind. Da eine gewisse Ausprägung der in Kapitel 2.2.2 besprochenen Kausaldimensionen „Lokation" bzw. „Personabhängigkeit" und „Kontrollierbarkeit" eine Voraussetzung dafür ist, dass ein soziales Deutungsmuster als in verschiedenen Kontexten wirksam angesehen werden kann, werden diese ebenfalls vom Faktor Universalität erfasst. Schließlich ist noch anzumerken, dass bei der analytischen Betrachtung von Universalität und dem bereits genannten Faktor „Ausmaß" gewisse Überschneidungen möglich sind.

3. *Konnotation*: Wie in Kapiteln 4.4.4.2 und 4.4.5 ausgeführt wurde und in der Expositionstypenmatrix (zuletzt dargestellt in Abb. 51 in Kapitel 7.2.3) berücksichtigt ist, kann bei der sozialen Kategorisierung eine (eher) positive oder (eher) negative Konnotation der verschiedenen sozialen Deutungsmuster vorliegen. Beides erfüllt bestimmte Funktionen und hat unterschiedliche soziale Konsequenzen (z B. Kapitel 4.4.4.2).

4. *Dauer*: In diesem Faktor spiegelt sich die bei Attributionsprozessen bedeutende „Stabilität über die Zeit" (Kapitel 2.2.2) wider. Das heißt, dass die wahrgenommene zeitliche Dauer der „Gültigkeit" von Prominenz, Können, Erfolg bzw. Charisma für deren Bewertung bedeutend ist. Denn obwohl grundsätzlich davon auszugehen ist, dass eine einmal erfolgte soziale Kategorisierung relativ

stabil ist, ist sie nicht unveränderlich (Kapitel 2.3.2.2). Kann der Beweis für die herausragende Ausprägung eines sozialen Deutungsmusters nicht – evtl. nicht *mehr* – erbracht werden, resultiert zumindest mittelfristig eine kognitive Dissonanz, die zu einer Neubewertung und in ungünstigen Fällen sogar zu einer Stigmatisierung führen kann (Kapitel 4.3.7.3.2 und 4.4.5).

Die Bedeutung der o. s. Faktoren für die Wahrnehmung der verschiedenen sozialen Deutungsmuster wird nachfolgend formal zusammengefasst. Formel 3 drückt aus, dass die Ausprägung des Könnens, des Erfolgs, der Prominenz und des Charismas eines sozial Kategorisierten von der wahrgenommenen Ausprägung der genannten Faktoren in Bezug auf das betreffende Deutungsmuster abhängt.

Formel 3:   Formale Veranschaulichung der Auswirkungen der Faktoren
              Ausmaß, Universalität, Konnotation und Dauer auf die
              Ausprägung der verschiedenen sozialen Deutungsmuster (eigene
              Zusammenstellung)[245,246]

$$K = k(A,U,Ko,D)$$
$$E = e(A,U,Ko,D)$$
$$C = c(A,U,Ko,D)$$
$$P = p(A,U,Ko,D)$$

Durch Einsetzen der in Formel 3 dargestellten Zusammenhänge in Formel 2 kann der Starwert detaillierter modelliert werden. Dies geschieht in Formel 4, die verdeutlicht, dass das Starkonstrukt auch formal eine gewisse Komplexität aufweist.

Formel 4:   Formale Veranschaulichung der Auswirkungen der Faktoren
              Ausmaß, Universalität, Konnotation und Dauer auf die
              Ausprägung der verschiedenen sozialen Deutungsmuster (eigene
              Zusammenstellung)[246,247]

$$S = s(K,E,C,P) = s[k(A,U,Ko,D), e(A,U,Ko,D), c(A,U,Ko,D), p(A,U,Ko,D)]$$

---

245 Formel 3 umfasst vier Formeln, die jedoch alle gleich aufgebaut sind und im Grunde den gleichen Zusammenhang verdeutlichen. Daher wird auf eine gesonderte Nummerierung verzichtet.
246 Es gelten folgende Bezeichnungen:
     K = Können, E = Erfolg, C = Charisma, P = Prominenz
     k, e, c, p = Formeln zur Bestimmung der Ausprägungen der Deutungsmuster Können (k), Erfolg (e), Charisma (c), Prominenz (p)
     A = Ausmaß, U = Universalität, Ko = Konnotation, D = Dauer
247 Außerdem gilt die Bezeichnung:
     S = Starwert

Die in den o. s. Formeln zusammengestellten formalen Beschreibungen sollten beim Einsatz der Ergebnisse dieser Arbeit in weiteren Forschungsprojekten (Kapitel 8.5) bzw. bei der Überführung in deren praktische Nutzung (Kapitel 8.3 und 8.4) hilfreich sein. Außerdem können sie bei der Analyse der Darstellung bzw. Wahrnehmung bestimmter sozial kategorisierter Menschen als Grundlage dafür dienen, die Relevanz der einzelnen Faktoren bzw. bestimmter Kontexte nicht nur zu identifizieren, sondern auch formal zu benennen bzw. zu beschreiben. Hierzu wäre ggf. eine weitere Detaillierung erforderlich, auf die bisher verzichtet wurde.

Dazu ist noch anzumerken, dass die Bewertung der in den Formeln genannten Faktoren stark durch rezipientenseitige Erwartungen und Assoziationen geprägt wird. Bezüglich der Formeln bedeutet dies, dass diese grundsätzlich keine absolut feststehenden Zusammenhänge beschreiben dürften, sondern die dargestellten Funktionen interindividuell bzw. für unterschiedliche Gruppen verschieden sind. Auch kann davon ausgegangen werden, dass sich Bewertungen situations- bzw. kontextabhängig ändern (mehr hierzu in Kapitel 7.5).

7.2.5   Legenden, Idole und Vorbilder als weitere Metakonzepte sozialer Exposition

7.2.5.1   Einleitende Bemerkungen

Dass Sportler und andere sozial exponierte Menschen auch als „Idole" bzw. „Vorbilder" oder „Legenden" bezeichnet werden, wurde zu Beginn dieser Arbeit erwähnt (Kapitel 1.1). Bisher wurde allerdings nicht geklärt, ob diese Bezeichnungen ebenfalls zu bestimmten sozialen Deutungsmustern gehörende Typen sozialer Exposition benennen. Diese Frage wird nachfolgend eruiert. Hierzu werden zuerst Legenden (Kapitel 7.2.5.2) und anschließend Idole bzw. Vorbilder (Kapitel 7.2.5.3) betrachtet. Abschließend erfolgt eine Einordnung in die bisherigen Überlegungen (Kapitel 7.2.5.4).

7.2.5.2   Legenden

Bezüglich der Berichterstattung über Elvis Presley, Marilyn Monroe, Romy Schneider und James Dean, die allesamt vor vergleichsweise langer Zeit verstorben, aber immer noch berühmt sind, beobachtet Schroer: „,Ihre Musik und ihre Filme haben sie unsterblich gemacht.' So heißt die immer wiederkehrende Formel in den zahlreichen Dokumentationen über das Leben der [Genannten]" (Schroer, 2010, S. 384). Unvergessene klassische Helden gemäß Kapitel 5.2 werden dafür erinnert, dass sie unter Opfern Herausragendes für ihre Gemeinschaft geleistet haben. Im Sport ist zu beobachten, dass außergewöhnliches Sportheldentum gemäß Kapitel 5.3 Menschen unvergessen werden lässt. Entsprechend schreiben Holt & Mangan (1996, S. 8) bezüglich des britischen Radfahrers Tommy Simpson und seines Todes bei der Tour de France: „He was Tommy Simpson, who collapsed and died on Mount Ventoux [...] and is remembered by the French as a martyr to the thoughest event in the world. [...] For the French he was someone prepared to give his life for the race." Bei seinen Landsleuten in England ist der Radsportler hingegen praktisch unbekannt. Dort fehlte – zumindest zum Zeitpunkt der Beobachtung der Autoren – die notwendige Rezeption durch die Öffentlichkeit, da dem Radsport keine allzu große Bedeutung beigemessen wurde (ebd.).

Ist das öffentliche Interesse an einer Sportart gegeben, finden sich auch in England Beispiele dafür, dass Sportler, die der Interpretation nach ihr Leben für den Sport gegeben haben, weit über ihren Tod hinaus dafür verehrt werden. Ein solches ist der Fußballspieler Duncan Edwards, der im Februar 1958 mit seiner Mannschaft auf dem Rückweg von einem Europapokalspiel bei Roter Stern Belgrad tödlich verunglückte. Der junge Mann wurde nur 21 Jahre alt und wird noch heute in seiner Heimatstadt Dudley verehrt. So findet sich „auf dem Marktplatz im Zentrum der Stadt kein Kriegerdenkmal und kein Herrschermonument, sondern die Statue eines Fußballers; und in der Kirche ein Fenster, das einen Fußballer gleich einem Heiligenbildnis zeigt" (Böttger, 2006, S. V3). Duncan Edwards, dessen in Dudley derart gedacht wird, starb in klassischer Manier als hoffnungsvoller junger Mann, der ausgezogen war, Großes für seine Gemeinschaft (seinen Verein Manchester United und dessen Anhänger) zu vollbringen (Böttger, 2006, S. V3). Wie der klassische Held, der ebenfalls nach guten Taten oder der Absolvierung großer Prüfungen jung starb (Kapitel 5.2), hat er dadurch ein sehr hohes Identifikationspotential. Und wie den antiken Heroen wurde ihm eine Art Kult errichtet, wodurch er, wie Simpson in Frankreich, das Heldentum auf Zeit durchbrechen konnte.[248]

Wie bei den oben genannten Künstlern – deren Leben ebenfalls ein tragischer Hauch umwehte – scheinen vor allem als Helden oder Partialhelden rezipierte Menschen für längere Zeit Eingang in eines oder mehrere der „kollektiven Gedächtnisse" zu finden (Kapitel 5.2.4.3). Dieser Eindruck ist jedoch nicht zutreffend. Es kann vielmehr – was nachfolgend für den Sport gezeigt wird – davon ausgegangen werden, dass sehr außergewöhnliche Ausprägungen der in dieser Arbeit betrachteten sozialen Deutungsmuster generell diese Konsequenz nach sich ziehen können.

---

248 Davon abgesehen, dass er das Heldentum auf Zeit durchbrechen konnte, gilt auch für Duncan Edwards, dass er aus seiner Spezialisierung, dem Sport, nicht ausbricht, sondern eben gerade aufgrund seines Wirkens als Fußballer eine derartige Verehrung erfährt.

So wies etwa Mirko Slomka, der ehemalige Trainer des Fußball-Bundesligisten Schalke 04, seine Spieler darauf hin, mit einem Sieg im UEFA-Cup-Viertelfinale Geschichte schreiben zu können. Er wird mit den Worten „Schließlich spricht man heute noch immer von den Euro-Fightern, die diesen Pokal 1997 gewonnen haben" (Kötter, 2006, S. 20) zitiert. Obwohl auch hier durch die Bezeichnung „Euro-Fighter" ein Bezug zum Deutungsmuster Heldentum hergestellt wird, wird deutlich, dass vor allem der Erfolg der betreffenden Mannschaft Grund für ihre besondere Stellung ist.

Für seine Können und seine Erfolge an der Tischtennisplatte ist der Schwede Jan-Ove Waldner international berühmt:

> „Als Waldner am Dienstag Michael Maze besiegte und den zweiten Punkt der Schweden gegen die Dänen errang, hatten die Chinesen an der Nebenplatte ihr Match gegen die Niederlande im Schnelldurchgang bereits mit 3:0 gewonnen. Doch sie verließen nicht wie sonst gleich die Halle. Sie standen im Pulk zusammen und schauten Waldner zu. Auch die Niederländer standen im Pulk zusammen und schauten zu. Der Mann aus Stockholm [...] ist eine Legende" (Hartmann, 2006, S. 37).

Obwohl es in China so viele hervorragende Tischtennisspieler gibt, dass „sie eigentlich keinen Ausländer für diese Rolle [– der Legende –] bräuchten" (ebd.), wurde dem Sportler dort sogar eine Briefmarke gewidmet: „Swedish six-times world table tennis champion and Olympic gold medalist Jan-Ove Waldner has received the honour of becoming the first living foreigner to feature on a Chinese postage stamp" (European Table Tennis Union, 2013). Dies ist u. a. der Fall, da er „2004, mit bereits 38 Jahren, bei den Olympischen Spielen in Athen nicht nur unseren Timo Boll, sondern auch den Top-Chinesen Ma Lin vom Tisch fegte" (Simeoni, 2013, S. 28). Dass die in Briefmarke von der chinesischen Post in Zusammenarbeit mit der schwedischen herausgegeben wurde (China Post Group, 2013), schmälert den Aussagegehalt dieses Zusammenhangs nicht.

Bei „Legenden" handelt es sich offenbar wie beim Star um eine Metakategorie, die ebenfalls durch besondere Ausprägungen der Starfaktoren charakterisiert ist. Allerdings scheint nicht jeder Star eine Legende zu sein, sondern lediglich diejenigen, die unter den Stars langfristig als besonders herausragend wahrgenommen werden. Anders als die ersten Beispiele in diesem Kapitel vermuten ließen, müssen Legenden nicht jung verstorben sein, wenngleich ein junger Tod Anlass für die Legendenbildung sein kann.[249] Folglich kann festgehalten werden, dass Legenden diejenigen Stars sind, die eine vergleichsweise „zeitlose" (Lucie-Smith, 1999, S. 55) Attraktivität besitzen.

---

249 Dass insbesondere relativ jung gestorbene Menschen recht gut vereinnahmt und mit Bedeutungszuschreibungen beladen werden können, kommt der Legendenbildung aber sicherlich entgegen (Behrenbeck, 1996, S. 17).

7.2.5.3 Idole und Vorbilder

Zum Begriff Idol findet sich im Brockhaus folgender Auszug: „Gegenstand schwärmerischer, übermäßiger Verehrung (meist Wunschbild, Ideal von Jugendlichen)" (Brockhaus, 1997). Mitte der 1980er beschreibt der Duden das Idol als jemanden, „den man schwärmerisch als Vorbild verehrt" (Dudenredaktion, 1985). Das „Duden Fremdwörterbuch" von 1997 bietet folgende, etwas differenziertere Erklärung: „1.a) [...] Gegenstand bes[onders] großer Verehrung, meist als Wunschbild Jugendlicher; b) (veraltet, abwertend) falsches Ideal; Leitbild, dessen Zugkraft im vordergründig Äußerlichen liegt" (Dudenredaktion, 1997). Schwier verwendet den Begriff im Sportkontext: „Dem breiten Publikum [..] eröffnen Sportidole ein hohes Identifikationspotential und daraus resultierend parasoziale Orientierungsmuster" (Schwier & Schauerte, 2007, S. 143). Dass diese Vorbildfunktion von Sportlern schon lange existiert, wurde in Kapitel 5.3.4 anhand verschiedener Verweise auf Bibelstellen und antike Philosophen deutlich.

Vor dem Hintergrund der bisherigen Überlegungen dieser Arbeit kann das Idol somit offenbar als eine vorbildliche Person verstanden werden, die eine oder mehrere Eigenschaften oder Fähigkeiten besitzt, die bewundert und nachgeahmt werden. Sozial exponierte Menschen werden folglich aufgrund bestimmter Ausprägungen der betrachteten sozialen Deutungsmuster idolisiert. Es kann somit festgehalten werden, dass Idole keine Expositionstypen im Sinne dieser Arbeit sind. Vielmehr können Personen bzw. Personae aufgrund von als vorbildlich wahrgenommenen Ausprägungen der Deutungsmuster zum Idol werden. Als solches erfüllen sie eine umfassende Leit- und Vorbildfunktion für ihre Bewunderer, die sich auf viele Lebensbereiche und Handlungsfelder erstreckt und in einer intensiven PSB niederschlägt.

Diese Leitfunktion und die intensive PSB können herangezogen werden, um ein Idol vom „einfachen" Vorbild zu unterscheiden, dessen Wirkung spezifischer auf wenigen oder sogar nur einer als bewundernswert aufgefassten Ausprägung(en) sozialer Deutungsmuster beruht. So wurde anhand der Zitate aus den Paulusbriefen und den Verweisen auf die antiken Philosophen in Kap. 5.3.5 deutlich, dass die Sportler zwar in ihrer Leidensfähigkeit als vorbildlich gesehen, bezüglich anderer Aspekte allerdings nicht als nachahmenswert empfunden wurden. Sie wurden als eindimensionale Vorbilder dargestellt. Ein Idol wäre in diesem Zusammenhang jemand, der auch in spirituellen Dingen und in seiner Lebensführung – also umfassend – nachgeahmt werden sollte. Idole stellen somit besonders ausgeprägte und umfassende Formen individuell gewählter Vorbilder dar. Wegen der besonderen Bedeutung des Idols ist ferner davon auszugehen, dass ein Mensch gleichzeitig nur ein oder sehr wenige Idole, jedoch deutlich mehr Vorbilder haben kann. Idole können – wie Vorbilder auch – für einen Menschen nach einer gewissen Zeit ihre Bedeutung verlieren oder durch andere ersetzt werden.

7.2.5.4   Fazit und Einordnung in bisherige Überlegungen

Eine Person bzw. eine Persona kann aufgrund besonderer Ausprägungen der in dieser Arbeit bisher betrachteten sozialen Deutungsmuster zur Legende, zum Vorbild oder zum Idol werden. Wie beim Starphänomen handelt es sich bei diesen Konstrukten um „Metakategorien", die ihre Wirkung durch Bedeutungszuschreibungen durch ein Individuum oder eine soziale Gemeinschaft erhalten.

Legenden sind gemäß Kapitel 7.2.5.2 Stars, Prominente, Könner, Erfolgreiche bzw. Charismatiker, die aufgrund spezifischer Besonderheiten für längere Zeit Aufnahme in ein kollektives Gedächtnis finden und als „Symbole […] und Institutionen" (Erll, 2005, S. 8) für eine soziale Gemeinschaft fungieren. Vor dem Hintergrund der bisherigen Überlegungen und des Konzepts der sozialen Deutungsmuster kann der Bedeutungskern des Legendenkonstrukts folgendermaßen beschrieben werden: Legenden sind vergleichsweise „zeitlose" Stars, bezüglich deren Status ein breiter Konsens besteht. Diesen Status erreicht ein Mensch dann, wenn er aufgrund herausragender Ausprägung eines oder mehrerer Starfaktoren über einen relativ langen Zeitraum von einer sozialen Gemeinschaft erinnert wird. Legenden können somit als Form des Starkonstrukts und als Bestandteil des sozialen Deutungsmusters Startum verstanden werden (Abb. 53), denen wegen besonderer Ausprägungen der in Kapitel 7.2.4 genannten Faktoren eine dauerhafte Wahrnehmung zuteilwird. Menschliche Legenden müssen allerdings nicht unbedingt positiv konnotiert sein. Auch die Anti-Typen können Legendenstatus erreichen. Für die unzulänglichen Typen ist dies allerdings eher unwahrscheinlich, wenngleich theoretisch vorstellbar.

Im Gegensatz zur Erhebung eines Menschen zur Legende erfolgt die Erhebung zum Vorbild bzw. die Idolisierung auf einer individuellen Ebene. Dass jemand eine Legende ist, ist allgemein bekannt, einem Vorbild oder – unwahrscheinlicher – einem Idol kann auch im Verborgenen nachgeeifert werden. Die Vorbild- bzw. Idolfunktion wird sowohl in der PSI als auch in der PSB wirksam. Dabei ist hinsichtlich des Idols davon auszugehen, dass dessen Vorbildwirkung deutlich umfassender ist, als diejenige des „einfachen" Vorbilds. Gleichermaßen sind die auf Idole bezogenen PSB intensiver und PSI dürften häufiger gesucht und intensiver erlebt werden. Vor dem Hintergrund der Überlegungen zu Halo-Effekten (Kapitel 4.4.5, 5.5.2 und 7.2.3) kann gefolgert werden, dass diese bei Idolen besonders stark sind. Ein Idol verfügt mithin für seine/n Bewunderer über eine ausgeprägtere „Universalität" (Kapitel 7.2.4) als ein Vorbild und wird in vergleichsweise vielen Bereichen als vorbildlich gesehen. Hinsichtlich beider Konstrukte ist i. d. R. davon auszugehen, dass sie bzw. die bewunderten Eigenschaften oder Fähigkeiten – zumindest aus Sicht eines Bewunderers – positiv konnotiert sind (zur Konnotation vgl. Kapitel 7.2.4).

Hinsichtlich dieser Arbeit ist von Bedeutung, dass eine Persona aufgrund ihrer sozialen Kategorisierung durch den Rezipienten zum Vorbild oder zum Idol wird. Das bedeutet, dass die Bewertung einer Persona anhand des Startums und der Starfaktoren entscheidend dafür ist, ob sie zum Vorbild oder Idol für einen Rezipienten wird. Hierbei kommt zum Tragen, dass beide Konstrukte ebenfalls als soziale Deutungsmuster verstanden werden können, deren gemeinsamer Bedeutungskern in der Vorbildfunktion besteht. Diese entfaltet jedoch beim Idol als besondere Form des Vorbilds kontextübergreifende Wirkung, weshalb dieses üblicherweise das Ziel besonders intensiver parasozialer Prozesse ist. Ein Idol ist also immer ein Vorbild. Ein Vorbild muss jedoch kein Idol sein, sondern kann lediglich bezüglich bestimmter Ausprägungen der Starfaktoren oder hinsichtlich sehr spezifischer Kontexte seine Wirkung entfalten. Da es sich bei den beiden Konstrukten um soziale Deutungsmuster handelt, gilt auch für diese, dass die Wahrnehmung eines Menschen als Vorbild oder Idol nicht geteilt werden muss, um die durch diese Kategorisierung ausgelösten sozialen Prozesse nachvollziehen zu können.

Abb. 53 dient der Zusammenfassung der Ausführungen von Kapitel 7.2.5 und soll darüber hinaus einen Überblick über die Zusammenhänge sämtlicher in dieser Arbeit betrachteten sozialen Deutungsmuster gewähren, die bei der personabezogenen Kommunikation und Rezeption eine Rolle spielen. In der Abbildung sind folgende Zusammenhänge abgetragen:

- Die verschiedenen sozialen Deutungsmuster – hinsichtlich des Idols sind die bereits besprochenen Einschränkungen berücksichtigt – können nicht nur im Sport, sondern auch in anderen Kontexten wirksam werden (hierauf wird in Kapitel 8.2.1 zurückgekommen, in dem die Übertragbarkeit der Überlegungen dieser Arbeit auf andere Kontexte angerissen wird). In Abb. 53 wird an den relevanten Stellen allerdings beispielhaft jeweils der Sportkontext genannt.

- Das Startum setzt sich aus den Ausprägungen der vier Starfaktoren zusammen. Wie bereits mehrfach betont wurde, ist die Abbildung nicht so zu verstehen, dass eine besondere Ausprägung *aller* vier Starfaktoren zur Kategorisierung als Star notwendig ist. Die zur Veranschaulichung verwendete Klammer ist so zu interpretieren, dass die Wahrnehmung sämtlicher Starfaktoren *in der Summe* zu einer Bewertung als Star führen muss.

- Bei der Legende handelt es sich gemäß den o. s. Überlegungen um eine besondere – vergleichsweise zeitlose – Form des Stars, die i. d. R. auf bestimmte Kontexte bezogen bzw. mit diesen in Verbindung gebracht wird.
- Das Helden- und das Wohltätertum sind als „Charismafaktoren" Unterformen des Charismas und tragen mit anderen Charismafaktoren zu dessen Gesamtwahrnehmung bei.
- Auf der rechten Seite der Abbildung wird verdeutlicht, dass eine soziale Kategorisierung als Vorbild bzw. als Idol auf die Wahrnehmung von als vorbildlich betrachteten Ausprägungen einzelner Starfaktoren oder des gesamten Starkonstrukts zurückzuführen ist. Die Vorbildfunktion bezieht sich dabei üblicherweise auf einen oder wenige Kontexte. Für das Idol als kontextübergreifende Form des Vorbilds gilt diese Einschränkung in deutlich geringerem Maße, weshalb in der Abbildung keine Zuordnung zu bestimmten Kontexten erfolgt.

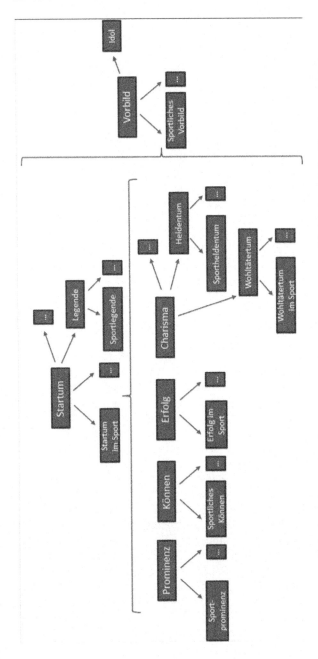

Abb. 53: Übersicht über die Zusammenhänge zwischen den verschiedenen sozialen Deutungsmustern (eigene Darstellung)

Abschließend ist anzumerken, dass wie für die anderen in Abb. 53 berücksichtigten sozialen Deutungsmuster auch für Legenden, Vorbilder und Idole gilt, dass die Verwendung der Begriffe zwar einen Bezug zum Deutungsmuster herstellt, dieser aber nicht gerechtfertigt sein muss. Dies ist z. B. bei der unfundierten kommunikativen Verwendung der Bezeichnungen zum Statuserwerb oder zur medialen Aufmerksamkeitssteigerung der Fall.

7.3   Modell des parasozialen Prozesses im Sport

Das in Abb. 22 (Kapitel 3.5.2) dargestellte Modell des parasozialen Prozesses im Sport war in mehreren Schritten aus dem Zwei-Ebenen-Modell parasozialer Interaktion (Abb. 12 in Kapitel 2.3.2.2) hergeleitet worden. Das Modell verdeutlicht, wie eine auf der Kommunikationsebene „kommunizierte Persona" auf der zweigeteilten Rezeptionsebene zur „wahrgenommenen Persona" wird. Die Rezeptionsebene setzt sich aus den Rezipienteneigenschaften, der parasozialen Beziehung und dem eigentlichen Rezeptionsvorgang zusammen, wobei Letzterer eine interpretative Leistung des Rezipienten ist. Bei dieser und der PSB wirken sich neben den kommunizierten Inhalten relativ stabile Rezipienteneigenschaften (Traits) sowie Motivation und Erwartungen (States) aus, die relativ leicht veränderlich sind. Außerdem macht sich bei der Rezeption eine ggf. bereits bestehende PSB bemerkbar.

Im Rahmen der Ausführungen dieser Arbeit wurde deutlich, dass die soziale Kategorisierung auf der Kommunikationsebene – der Annahme im genannten Modell entsprechend – durch die Modifikation des Kontexts und der Persona erfolgt. Bei der Herleitung des Modells wurde außerdem deutlich, dass technische Elemente eingesetzt werden, um die Wahrnehmung von Kontext und Persona zu beeinflussen. Dies wurde am Beispiel des Films über Michael Phelps in Kapitel 6.5.1 aufgezeigt, als darauf hingewiesen wurde, dass die eingespielte Musik die soziale Kategorisierung des Sportlers beeinflusst.

Nachfolgend sollen die in Kapitel 7.2 zusammengefassten Ergebnisse dieser Arbeit in das Modell des parasozialen Prozesses im Sport einbezogen werden (Abb. 54). In einem ersten Schritt werden hierbei an den jeweils relevanten Stellen Expositionstypenmatrizen eingefügt. Damit soll verdeutlicht werden, dass die soziale Kategorisierung von Sportakteuren immer gemäß der betrachteten fünf sozialen Deutungsmuster Startum, Charisma, Können, Erfolg und Prominenz erfolgt. Diese Deutungsmuster können als sehr ausgeprägt wahrgenommen und bezüglich mehr als einem Kommunikations- bzw. Rezeptionskontext wirksam werden (Kapitel 7.2.2 und 7.2.3). Daher ist in Abb. 54 nicht nur der Sportkontext zu berücksichtigen. Die verschiedenen Ebenen der Expositionstypenmatrizen, welche unterschiedliche Kontexte darstellen, verdeutlichen diesen Zusammenhang.

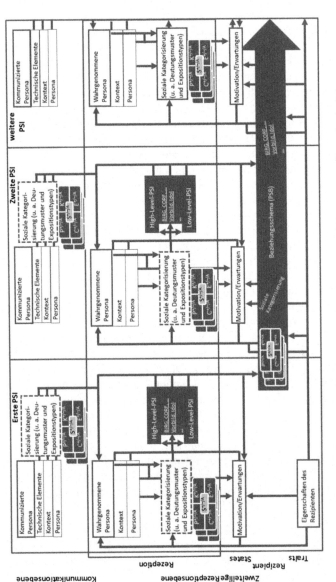

Abb. 54:   Finales Modell des parasozialen Prozesses im Sport (eigene Darstellung in Anlehnung an Hartmann et al., 2004a, S. 43)

Legende: Wesentlich veränderte Elemente sind durch gestrichelte Umrandungen oder Unterstreichungen gekennzeichnet. Auf die Veranschaulichung von Halo-Effekten durch Pfeile wurde in den Expositionstypenmatrizen verzichtet. Hierzu kann Kapitel 7.2.3 konsultiert werden.
Obwohl sich in der Abbildung aus Vereinfachungsgründen nur dreidimensionale Expositionstypenmatrizen finden, kann die soziale Kategorisierung eines Sportakteurs in deutlich mehr Kontexten erfolgen.

Wie in Kapitel 4.4.5 bezüglich der Halo-Effekte ausgeführt wurde, zieht nicht nur die Wahrnehmung der positiv und negativ konnotierten Expositionstypen wesentliche Folgewirkungen nach sich. Vielmehr ist allgemein die Wahrnehmung des Erfolges, des Könnens, des Charismas und der Prominenz entscheidend. Es führt beispielsweise nicht jede tapfere Handlung im Dienste einer Gemeinschaft dazu, dass ein Mensch als Held angesehen wird. Trotzdem ist damit zu rechnen, dass er Lob und Bewunderung ernten dürfte, weil eine positive soziale Kategorisierung erfolgt, die i. d. R. positive Reaktionen nach sich zieht (2.3.2.2). Gleichermaßen führt nicht jede Könnensdemonstration zu einer Rezeption als herausragender Könner. Desungeachtet kann der Betreffende damit rechnen, dass seine Demonstration soziale Folgewirkungen hat. So dürfte er zumindest nicht wegen seines Unvermögens eine Statusminderung in Kauf nehmen müssen. In Abb. 54 wurde daher der Text zur sozialen Kategorisierung in den betreffenden Kästen leicht modifiziert. In diesen wird nun explizit auf die sozialen Deutungsmuster *und* die zugehörigen Expositionstypen verwiesen, da nicht nur die Zuordnung zu einem Expositionstyp bestimmte soziale und rezipientenseitige Folgewirkungen evoziert.[250]

In Kapitel 7.2.5.4 wurde erläutert, dass die Idolisierung einer Persona bzw. ihre Erhebung zum Vorbild auf ihre soziale Kategorisierung durch einen Rezipienten zurückzuführen ist und sich in der PSI und der PSB bemerkbar macht. Folglich wird dieser Zusammenhang im Modell des parasozialen Proesses (Abb. 54) neben den bisher aufgeführten Prozessen der Identitätsarbeit, wie z. B. BIRG und CORF (Kapitel 2.3.3), berücksichtigt. Außerdem wird in der Abbildung deutlich, dass durch die soziale Kategorisierung mittel- und unmittelbar eine Reihe weiterer rezipientenseitiger Reaktionen angestoßen werden. Zu nennen wären hier z. B. auf die Wahrnehmung von Testimonials zurückzuführende Imagetransfers auf einen Sponsor bzw. dessen Produkte oder dadurch bedingte Kaufentscheidungen. Die Entscheidung, Sportveranstaltungen zu besuchen, an denen ein bestimmter Athlet teilnimmt, gehört ebenfalls dazu (zum Einsatz von Testimonials zur Erzielung dieser Effekte vgl. Kapitel 3.4.3). Die in Abb. 54 an den relevanten Stellen genannten Folgewirkungen der sozialen Kategorisierung sind somit nicht als vollständig zu betrachten. Daher wurden an den entsprechenden Stellen jeweils drei Punkte (...) eingefügt. Je nach Bedarf können bei Verwendung des Modells an diesen Stellen die jeweils relevanten Prozesse bzw. Folgewirkungen berücksichtigt werden.

---

250 In Kapitel 4.4.5 wurde bereits erwähnt, dass sich dieser Zusammenhang in der Expositionstypenmatrix widerspiegeln kann. Bei der Wahrnehmung eines sozialen Deutungsmusters können beim Ausbleiben der Zuordnung zu einem Expositionstypen – was den Regelfall für die meisten Menschen darstellt – die Exponenten, welche die einzelnen Expositionstypen bezeichnen, weggelassen werden. Derart wird zum Ausdruck gebracht, dass das Deutungsmuster rezipiert wird, aber keine Zuordnung zu einem der Expositionstypen erfolgt.

Wie ebenfalls in Kapitel 7.2.5.4 ausgeführt wurde, stellen Legenden eine „zeitlose" Form des Stars dar und sind somit ein Bestandteil dieses sozialen Deutungsmusters. Entsprechend findet sich in Abb. 54 kein expliziter Verweis auf Legenden, da diese über die Berücksichtigung des sozialen Deutungsmusters „Star" in den verschiedenen Expositionstypenmatrizen berücksichtigt werden.

7.4 Arenatheoretisches Modell von Öffentlichkeit unter besonderer Berücksichtigung von Sport, Wirtschaft und Medien

Im Verlauf von Kapitel 3 wurde das in Kapitel 2.4.2 eingeführte arenatheoretische Modell von Öffentlichkeit für die Betrachtung sozialer Exposition im und durch Sport spezifiziert. Das resultierende „arenatheoretische Modell von Öffentlichkeit unter besonderer Berücksichtigung von Sport, Wirtschaft und Medien" (dargestellt in Abb. 20 in Kapitel 3.4.5) erwies sich als sinnvolle Grundlage der Betrachtungen. So trugen viele Fallbespiele, die aus dem Magischen Dreieck aus Sport, Wirtschaft und Medien den Sinnzirkel erreichten, im Verlauf der Arbeit wesentlich zum Erkenntnisfortschritt bei.

Wie in Kapitel 3.4.5 dargelegt wurde, wirken sich die Wahrnehmung der betrachteten sozialen Deutungsmuster in anderen Gesellschaftsbereichen auf deren Wahrnehmung im Sportkontext aus. Daher wurden auch Beispiele aus der medialen Kommunikation herangezogen, die keinen unmittelbaren Sportbezug aufweisen. Beispielsweise wurde sehr allgemein „Medienprominenz" betrachtet, da deren Charakteristika sich auch in sportbezogener Kommunikation wiederfinden. Diese Beobachtung legt die Vermutung nahe, dass auch der Umkehrschluss zulässig ist und davon ausgegangen werden kann, dass diejenigen sozialen Deutungsmuster, die die Personenwahrnehmung im Sport wesentlich prägen, auf andere Bereich übertragen werden können.

Diese Vermutung wird dadurch gestützt, dass sich die Analyse von Beiträgen weiterer Kommunikationsbereiche als aufschlussreich erwies. Anhand einiger Bibelstellen und Auszügen aus einem kirchlichen Magazin wurde in Kapitel 5.3.5 gezeigt, dass die teilautonome Sphäre Religion typische sportbezogene Assoziationen nutzt, um in eigener Sache zu kommunizieren. In diesem Fall wurde das soziale Deutungsmuster Sportheldentum (Kapitel 5.3.4 und 5.3.5) bzw. dessen Verwandtschaft mit demjenigen des klassischen Helden zu kommunikativen Zwecken verwendet. Außerdem konnten in den Kapiteln 4.3.6.2.3 und 4.3.7.3.2 anhand der Betrachtung zusammenhängender Beispiele aus der Politik verschiedene Aspekte in Bezug auf das soziale Deutungsmuster Charisma aufgezeigt werden, welche wiederum auf sportliches Charisma übertragbar sind. Entsprechend sollte je nach Fragestellung für die zukünftige Nutzung des arenatheoretischen Modells zur Analyse sport(ler)bezogener Kommunikation auch weiterhin die Einbeziehung einschlägiger Beiträge anderer Kommunikationsbereiche als derjenigen des Magischen Dreiecks in Betracht gezogen werden. Wie sich an den Beispielen zeigte, dürfte dies insbesondere dann sinnvoll sein, wenn gefestigte soziale Deutungsmuster bzw. deren etablierte Elemente von Interesse sind, da davon auszugehen ist, dass diese über verschiedene Lebens- und Gesellschaftsbereiche hinweg durch geteilte Bedeutungskerne verbunden sind.

7.5 Determinationsprozesse bezüglich akteursbezogener Kommunikation

In dieser Arbeit wurde gemäß den Überlegungen in Kapitel 3.5.2 u. a. die soziale Kategorisierung auf der Darstellungsebene des analytischen Rahmens betrachtet. Hierbei wurde deutlich, dass die Darstellung von Personen – wie die Übernahme einer sozialen Rolle (Kapitel 2.2.3) – von mehr oder minder bewusst vollzogenen Abwägungsprozessen determiniert wird. In Anlehnung an Abb. 8 (Kapitel 2.2.3.4), welche den Determinationsprozess zur Übernahme, Beibehaltung bzw. Ausweitung sozialer Rollen veranschaulicht, wird daher in Abb. 55 der Determinationsprozess eines Akteurs bezüglich der Kommunikation in eigener Sache dargestellt.

Der Abbildung ist zu entnehmen, dass ein Akteur eine der Rollenbilanz ähnliche „Kommunikationsbilanz" zieht. Diese berücksichtigt neben den zum betreffenden Zeitpunkt zu erwartenden positiven und negativen sozialen Sanktionen noch weitere Konsequenzen. Die Bilanz und die eigenen sowie die vermuteten Erwartungen anderer determinieren die „Kommunikationsstrategie". Hierzu ist anzumerken, dass bei den eigenen Erwartungen auch die Einschätzung der kommunikativen Möglichkeiten beeinhaltet ist, die dem Akteur selbst und weiteren relevanten Akteuren zur Verfügung stehen.

Da die in Abb. 55 dargestellten Prozesse dem Akteur i. d. R. nur zum Teil oder gar nicht bewusst werden, erfolgt häufig auch die Auswahl und Umsetzung seiner „Kommunikationsstrategie" ganz oder in Teilen unbewusst. Dies ist dadurch erklärbar, dass die hierbei relevanten sozialen Deutungsmuster latent vorhanden sind (Kapitel 2.5.2) und auch auf Seiten eines Kommunikators ihre Wirkung unbewusst entfalten können. Betreibt ein Akteur z. B. Signaling durch Verweise auf heroische Motive bzw. auf das soziale Deutungsmuster Heldentum, muss dem kein bewusstes Abwägen vorgeschaltet sein. Wie bei der Rezeption kann die soziale Kategorisierung bei der Selbstdarstellung ohne tiefergehende Reflexion erfolgen. Latent werden allerdings trotzdem die „passenden" Reaktionen auf Seiten der bzw. des Rezipienten erwartet. Entsprechend erfolgt bewusstes

Nachdenken auf Seiten des Akteurs i. d. R. dann, wenn die Reaktionen der Rezipienten nicht in erwartbarer Form gemäß den verwendeten sozialen Deutungsmustern erfolgen.

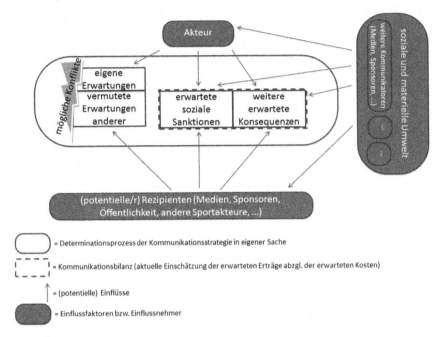

Abb. 55:   Determinationsprozess des Akteurs (eigene Darstellung)

Ähnlich dem betreffenden Akteur durchlaufen auch andere Kommunikatoren mal mehr und mal weniger bewusste Reflexionsprozesse hinsichtlich ihrer „Kommunikationsstrategie" bezüglich des Akteurs. Diese Prozesse können in Anlehnung an Abb. 55 modelliert werden und umfassen die gleichen Elemente in leicht veränderter Zusammenstellung (Abb. 56). Auch Kommunikatoren bilden eine „Kommunikationsbilanz" und gleichen die eigenen Erwartungen mit den vermuteten Erwartungen anderer ab. In Kapitel 3.4 wurde anhand der Überlegungen zum „Magischen Dreieck" (Kapitel 3.4.1) deutlich, dass hierbei z. B. auf dem Medien-(3.4.2.1), dem Werbe- (3.4.3) und dem Sportmarkt (3.4.3.3) eine Vielzahl von Adressaten zu berücksichtigen ist. Aus der Perspektive eines Kommunikators – z. B. eines werbetreibenden Sponsors oder eines Sportverbandes – ist außerdem der Akteur, mit bzw. über den kommuniziert wird, sowohl Teil ihrer sozialen Umwelt als auch Rezipient. Daher kann es zu Konflikten kommen, wenn etwa die vom Kommunikator betriebene soziale Kategorisierung des Akteurs nicht derjenigen entspricht, die dieser gerne kommuniziert sehen würde. Entsprechend sollten die in Abb. 56 dargestellten Determinationsprozesse der Kommunikatoren bezüglich der Kommunikation mit[251] bzw. über einen Akteur nicht nur Kundengruppen und Marktakteure, sondern auch die Interessen, Präferenzen und Erwartungen des betreffenden Akteurs maßgeblich berücksichtigen (hierauf wird in Kapiteln 8.3 und 8.4 zurückgekommen).

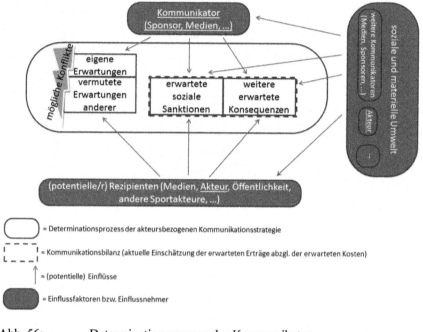

Abb. 56:   Determinationsprozess des Kommunikators
                 (eigene Darstellung)

Legende: Wesentliche Änderungen im Vergleich zu Abb. 55 sind unterstrichen.

---

251   Zur Erinnerung: „Kommunikation mit einem Akteur" bedeutet z. B., dass dieser in werbliche Maß-
       nahmen eingebunden wird. Nicht gemeint ist etwa, direkt mit ihm zu sprechen.

7.6   Modell der personenbezogenen Kommunikation und Rezeption

In Abb. 23 (Kapitel 3.5.2) wurde der analytische Rahmen dieser Arbeit graphisch zusammengefasst. Er veranschaulicht einige der wesentlichen Schritte der Erarbeitung des Erkenntnisinteresses und erwies sich im weiteren Verlauf als geeignete Grundlage für die Beschäftigung mit verschiedenen Formen sozialer Exposition im und durch Sport. Soziale Exposition wurde dabei sehr allgemein als „Herausgestelltsein" verstanden, das allein darin bestehen kann, dass über einen Menschen kommuniziert wird. In Abb. 57 wird in ähnlicher Form ein Modell zusammengestellt, welches die Erkenntnisse dieser Arbeit zur personenbezogenen Kommunikation im und durch Sport und zu deren Rezeption veranschaulicht.

In dieser Abbildung soll verdeutlicht werden, dass soziale Exposition im und durch Sport durch verschiedene Kommunikatoren geprägt wird, welchen eine unterschiedliche Relevanz hinsichtlich der Breitenwirkung ihrer Äußerungen zukommt. Die Botschaften der Kommunikatoren werden von einem breiten Publikum rezipiert, welches im arenatheoretischen Modell von Öffentlichkeit unter besonderer Berücksichtigung von Sport, Wirtschaft und Medien (dargestellt in Abb. 20 in Kapitel 3.4.5) allgemein als „Rezipienten" bezeichnet wurde. Im finalen Modell des parasozialen Prozesses im Sport (Abb. 54 aus Kapitel 7.3) ist der Rezeptionsprozess ausführlicher modelliert. Hier wird deutlich, dass dieser nicht nur eine einfache Reaktion auf die kommunikative Darstellung einer Person ist, sondern durch verschiedene Prozesse und Faktoren auf Seiten des Rezipienten tiefgreifend beeinflusst wird. Außerdem wird im genannten Modell veranschaulicht, dass Kommunikatoren mit ihren Botschaften die Wahrnehmung der Persona bzw. des Kontextes, in den diese eingebunden ist, zu beeinflussen versuchen. Hierzu werden technische Elemente genutzt, die sich rezipientenseitig auf die Wahrnehmung von Kontext und Persona auswirken.

Auf der Kommunikationsebene sind die in Kapitel 7.5 erläuterten Determinationsprozesse bezüglich akteursbezogener Kommunikation berücksichtigt, welche beim Akteur selbst (Abb. 55) und weiteren Kommunikatoren (Abb. 56) bewusst und/oder unbewusst anfallen. Diese wurden graphisch nicht dem Sinnzirkel zugeordnet, da sie auch für Kommunikatoren relevant sind, die im Sinnzirkel kein Gehör finden bzw. sich gar nicht in diesem äußern. Hierbei kommt zum Tragen, dass „Kommunikation" gemäß den Ausführungen an verschiedenen Stellen dieser Arbeit nicht nur bewusst ablaufende Informationsübermittlung bezeichnet. Vielmehr werden sämtliche Prozesse als Kommunikation verstanden, die Informationen über den betreffenden Akteur vermitteln.

Wie Abb. 57 zu entnehmen ist, enthält das „Modell der personenbezogenen Kommunikation und Rezeption" über die bereits genannten Elemente hinaus noch weitere Bestandteile, die sowohl für die Kommunikations- als auch für die Rezeptionsebene von Bedeutung sind:

1. Die in Kapitel 7.2.4 erarbeiteten vier Faktoren der Bewertung sozial exponierter Personen stellen ebenfalls wesentliche Elemente des Modells dar. Im genannten Kapitel wurde ausgeführt, dass die Ausprägung eines sozialen Deutungsmusters von der Wahrnehmung von dessen Ausmaß, Universalität, Konnotation und zeitlicher Gültigkeit (Dauer) determiniert wird. Hiervon hängt wiederum z. B. ab, ob eine Persona einem der Expositionstypen zugeordnet wird und welche sozialen Folgehandlungen als adäquat angesehen werden. Die Wahrnehmung von Ausmaß, Universalität, Konnotation und Dauer eines Deutungsmusters wird allerdings nicht nur unmittelbar bei der Kommunikation und Rezeption beeinflusst, sondern kann z. B. auch im Rahmen der Identitätsarbeit, der PSB oder durch Halo-Prozesse Veränderungen erfahren. Aus Gründen der Übersichtlichkeit muss daher in Abb. 57 darauf verzichtet werden, die vier Faktoren dezidiert graphisch zuzuordnen, da sie an vielen Stellen des Modells relevant sind. Stattdessen werden sie in einem separaten Kasten aufgeführt und sollten bei Betrachtung der Kommunikations- und/oder der Rezeptionsebene bzw. der Kategorisierung je nach Bedarf und Intention berücksichtigt werden.

2. Die im „Wirkungswürfel personenbezogener Kommunikation" (Abb. 52) zusammengefassten drei Dimensionen (Intention, Bezug und Status) sind sowohl für die Kommunikations- als auch für die Rezeptionsebene von Bedeutung (Kapitel 7.3). Eine konkrete Zuordnung an all denjenigen Stellen, an denen der Würfel im Modell berücksichtigt werden müsste, scheint der Übersichtlichkeit halber allerdings nicht zweckmäßig. Entsprechend wird der Wirkungswürfel in Abb. 57 ebenfalls separat aufgeführt und ist bei der Verwendung des Modells in adäquater Form einzubeziehen. Anzumerken ist noch, dass die Ausprägungen der drei erfassten Dimensionen variabel sind und sich im Laufe der PSB und sogar während einer einzigen PSI verändern können. Diesem Zusammenhang sollte bei ihrer analytischen Verwendung Rechnung getragen werden.

3. In Kapitel 7.2.3 wurden die in dieser Arbeit betrachteten Halo-Effekte zusammenfassend erläutert. Diese wirken sowohl zwischen den verschiedenen Starfaktoren als auch zwischen diesen und dem Startum sowie zwischen unterschiedlichen Kontexten. Aus Gründen der Übersichtlichkeit wird in Abb. 57 allerdings darauf verzichtet, die Halo-Effekte durch Pfeile in sämtlichen Expositionstypenmatrizen zu veranschaulichen. Stattdessen wird der betreffende Zusammenhang durch die allgemeine Einbeziehung von Abb. 51 (Kapitel 7.2.3) verdeutlicht.

4. Die in Abb. 53 in Kapitel 7.2.5.4 optisch dargestellten Zusammenhänge zwischen den verschiedenen für die soziale Kategorisierung von Sportlerpersonae bedeutenden sozialen Deutungsmustern werden in Abb. 57 ebenfalls als gesondertes graphisches Element in allgemeiner Form berücksichtigt. Obwohl einige der Zusammenhänge bereits in anderer Form im Modell veranschaulicht werden, erscheint diese Vorgehensweise zur Vervollständigung des Modells sinnvoll, da derart beispielsweise die „Legenden" ebenfalls genannt werden und auf ihren Zusammenhang mit den anderen sozialen Konstrukten verwiesen wird.

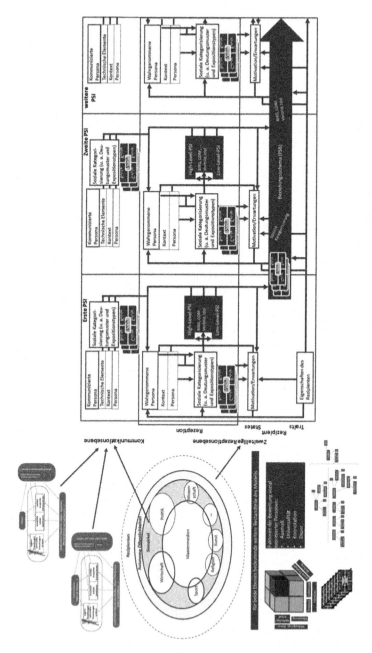

Abb. 57: Modell der personenbezogenen Kommunikation und Rezeption (eigene Darstellung)

8   Einige Implikationen dieser Arbeit

8.1   Einleitende Bemerkungen

Das Modell der personenbezogenen Kommunikation und Rezeption (Abb. 57) fasst die Erkenntnisse der vorliegenden Arbeit zusammen. Dieses Modell kann zukünftig z. B. für die Nutzung der Erkenntnisse der Arbeit in hierauf aufbauenden Forschungsprojekten Verwendung finden. Darüber hinaus kann es in vielfältiger Weise bei der wissenschaftlichen und praktischen Beschäftigung mit sozialer Exposition im und durch Sport bzw. von deren Kommunikation und Rezeption verwendet werden. Nachfolgend sollen einige Anwendungsfelder in den genannten und darüber hinausgehenden Bereichen sowie einige Implikationen der Erkenntnisse dieser Arbeit aufgezeigt werden. Den Ausgangspunkt bildet dabei das Kapitel 8.2, in dem deren Nutzung in einer Vielzahl wissenschaftlicher Disziplinen und zur Betrachtung anderer Gesellschaftsbereiche als dem Sport (Kapitel 8.2.1) sowie die Übertragbarkeit auf kollektive Akteure (Kapitel 8.2.2) besprochen werden. In Kapitel 8.3 werden einige Implikationen für das Markenmanagement aufgezeigt, von denen manche auch für die anschließend in Kapitel 8.4 betrachteten pädagogischen und psychologischen Aspekte von Bedeutung sind. Den Abschluss des Kapitels bilden Überlegungen zu Limitationen der vorliegenden Arbeit und weiteren Forschungsperspektiven (Kapitel 8.5).

8.2   Übertragbarkeit der Erkenntnisse

8.2.1   *Übertragbarkeit auf andere Kontexte, Wissenschaftsfelder und in den allgemeinen Theoriediskurs*

„Sport-Stars [unterliegen] ähnlichen Vermarktungs[- und Kommunikations]mechanismen wie die aus dem Showgeschäft" (Faulstich, 1991, S. 64) und anderen Bereichen. Daher bietet sich eine Übertragung des Modells personenbezogener Kommunikation und Rezeption (Abb. 57 in Kapitel 7.6) auf andere Kontexte als den Sport an. Dass diese möglich sein dürfte, wurde an einigen Stellen dieser Arbeit deutlich. So wurden etwa bei der Betrachtung des sozialen Deutungsmusters Prominenz Prominente aus anderen Bereichen als dem Sport zur Analyse herangezogen (Kapitel 4.2). In Zusammenhang mit dem sozialen Deutungsmuster Charisma wurden Beispiele aus dem Politikbereich angeführt (Kapitel 4.3.6.2.3 und 4.3.7.3.2). In beiden Fällen konnten so auf den Sport übertragbare Erkenntnisse gewonnen werden. Entsprechend ist anzunehmen, dass auch der umgekehrte Transfer möglich ist. Diese Vermutung wird ferner durch die erstmals bei der Herleitung des arenatheoretischen Modells von Öffentlichkeit unter besonderer Berücksichtigung von Sport, Medien und Wirtschaft (Kapitel 3.4.5) geäußerte Annahme gestützt, dass die bei der Personenwahrnehmung im Sport relevanten sozialen Deutungsmuster auch in anderen Kommunikationsbereichen aufgegriffen werden. Dies zeigte sich z. B. in den Kapiteln 4.2.1 und 4.3.1, in denen darauf eingegangen wurde, dass die Darstellung und Wahrnehmung sozial exponierter Personen immer durch das Wissen um andere historische und zeitgenössische Personen geprägt wird, die einen ähnlichen Status innehatten bzw. innehaben. Schließlich legen die in dieser Arbeit mehrfach besprochenen Halo-Effekte zwischen dem Sport- und anderen Kontexten eine Übertragbarkeit des Modells nahe. Entsprechend wurden bei der Übersicht über die Zusammenhänge zwischen den verschiedenen sozialen Deutungsmustern (Abb. 53 in Kapitel 7.2.5.4) andere Kontexte bereits grundsätzlich berücksichtigt.[252]

Die Nutzung des in Abb. 57 abgebildeten Modells in anderen Kontexten ist durch leicht einzuarbeitende Modifikationen möglich. Im Grunde muss lediglich das arenatheoretische Modell (zuletzt dargestellt in Abb. 20 in Kapitel 3.4.5) für den entsprechenden Kontext adaptiert werden. Das heißt, dass zu identifizieren ist, welche wesentlichen Kommunikationsbereiche die Bedeutungskonstruktion und den Bedeutungserhalt im betreffenden gesellschaftlichen Teilbereich besonders stark prägen, um diese bei der empirischen Analyse in den Mittelpunkt stellen zu können. Diejenigen Elemente, die auf das Modell des parasozialen Prozesses im Sport (Abb. 54) zurückgehen, können weitgehend übernommen werden, wobei die Spezifika des jeweiligen Rezeptionskontexts zu berücksichtigen sind, welche in den Kapitel 3.2 und 3.3 für den Sport erarbeitet wurden. Die weiteren im Modell berücksichtigten Elemente können uneingeschränkt bei der Betrachtung anderer Kontexte als dem Sport verwendet werden.

Die Kommunikation, Rezeption und soziale Bewertung sozial exponierter Akteure ist für viele Wissenschaftsfelder von Interesse, so z. B. für die Kommunikations-, Sport-, Wirtschafts-, Rechts- und Geschichtswissenschaften, die Pädagogik, Psychologie und Theologie. Daher sollte die Verwendbarkeit der Ergebnisse der vorliegenden Arbeit für eine Vielzahl wissenschaftlicher Disziplinen möglich sein (Kapitel 1.1). Dieses Ziel wurde durch die gerade geschilderte Adap-

---

252   Andere Kontexte als der Sport wurden in der genannten Abbildung durch drei Punkte als Platzhalter gekennzeichnet.

tierbarkeit des Modells personenbezogener Kommunikation und Rezeption erreicht, da das Modell und einzelnen Modellelemente – ggf. nach den oben beschriebenen Modifikationen – disziplinübergreifend eingesetzt werden können. Diese Übertragbarkeit und das Potential der Erkenntnisse dieser Arbeit, zum allgemeinen Theoriediskurs beizutragen, soll nachfolgend kurz verdeutlicht werden.

Personenbezogene Kommunikation wurde in dieser Arbeit sehr allgemein als bewusste oder unbewusste kommunikative Maßnahme betrachtet, die Informationen bezüglich bestimmter Eigenschaften und/oder Qualitäten eines Menschen vermittelt und beim Empfänger spezifische, hierauf bezogene Reaktionen auslösen kann (Kapitel 2.4.3.4). In diesem Sinne verstandene Kommunikation – wie sie etwa auch beim Signaling erfolgen kann – muss folglich „nicht notwendigerweise auf einem bewußten *Kalkül* beruhen" (Bourdieu, 1983, S. 195, Fußnote 21) und kann diffus – ohne konkretes Ziel – und sogar bezogen auf andere Menschen erfolgen. Mit diesen Überlegungen wurden Anregungen der Anthropologen Bliege Bird & Smith (2005) zum Signaling aufgegriffen und sehr allgemein auf personenbezogene Kommunikation und deren Rezeption angewandt. Im Verlauf der Ausführungen zeigte sich, dass derart die in dieser Arbeit betrachteten kommunikativen Abläufe und deren Ergebnis zielführend analysiert werden konnten. Dadurch, dass der bewusste Einsatz von Informationen über menschliche Qualitäten und Eigenschaften lediglich *ein* Element der Analyse, nicht jedoch ein entscheidendes Kriterium für die Verwendung der theoretischen Überlegungen war, wurden beispielsweise auch solche Kommunikationsprozesse und kommunikativen Handlungen analytisch erfasst, die auf kulturelle Prägung bzw. Sozialisation zurückzuführen sind und – weitgehend oder vollständig – unbewusst sind. In diesem Zusammenhang ist darauf hinzuweisen, dass in Abweichung von den Überlegungen Spences zum Signaling sehr allgemein nicht nur „observable characteristics attached to the individual that are subject to manipulation by him" (Spence, 1973, S. 357) für die Anwendung der Signaling-Theorie als einen Ansatz zur Betrachtung statussteigernder Kommunikation in Betracht gezogen wurden. Vielmehr erfassen die hier angestellten prozess- und ergebnisbezogenen Überlegungen zu der Theorie auch „observable, unalterable attributes" (ebd.).

Wie sich zeigte, war dieses sehr weite Verständnis personenbezogener Kommunikation sehr fruchtbar, da andernfalls viele Effekte – wie z. B. Halo-Effekte – nicht ausreichend berücksichtigt worden wären. Aus theoretischer Sicht legen die Ergebnisse dieser Arbeit daher beispielsweise auch eine Reflexion der Signaling-Theorie bzw. zumindest in denjenigen Fällen deren Erweiterung nahe, in denen solche kommunikativen Prozesse betrachtet werden, die im Modell personenbezogener Kommunikation und Rezeption erfasst sind. In solchen Fällen können insbesondere der Wirkungswürfel personenbezogener Kommunikation und andere in dieser Arbeit angestellte Überlegungen herangezogen werden.

8.2.2   *Übertragbarkeit auf kollektive Akteure*

In der vorliegenden Arbeit wurden soziale Expositionsprozesse in Bezug auf Personen betrachtet. Wie an einigen Stellen bereits deutlich wurde, bietet sich allerdings die Übertragung der Erkenntnisse auf kollektive Akteure an. So können etwa die massiven Proteste von Fans aus dem eigenen Lager, die die Verkündung des für den Verein Werder Bremen finanziell attraktiven Sponsorings durch die Wiesenhof Geflügel-Kontor GmbH nach sich zog, dadurch erklärt werden, dass hierin kein Erfolg i. w. S. gesehen wurde. Vielmehr wurde das Geschäftsmodell des Unternehmens als unvereinbar mit der Vereins- bzw. Fanethik gesehen (Focus Online, 2012; o. V., 2013; Süddeutsche.de, 2013). Daher wurde das Vereinscharisma durch die Übertragung des negativen Unternehmensimages auf den gesponserten Verein stigmatisiert. Dieses Image halten dessen Anhänger offenbar wiederum für so schützenswert, dass es für finanzielle Erfolge i. e. S. nicht geopfert werden sollte.

Die besondere Bedeutung des Vereinscharismas ist durch die starken Halo-Effekte des Charismas bedingt (zusammenfassend besprochen in Kapitel 7.2.3). Diese sind für die Fans von großer Bedeutung, da sie sich durch „Basking in Reflected Glory" (BIRG) oder auch „Basking in Reflected Failure" (BIRF) (Kapitel 2.3.3) symbolisch mit dem Verein verbinden. Ein negativ konnotiertes Vereinscharisma kann daher u. U. stärker auf die Anhänger abstrahlen als Vereinserfolge. Die damit verbundenen nachteiligen Auswirkungen auf das Selbstbild können offenbar im betrachteten Fall nicht durch den wirtschaftlichen Erfolg i. e. S. ausgeglichen werden. Dies ist der Grund dafür, dass die Anhänger mit „Cutting off Reflected Success" (CORS) reagieren, um durch die symbolische Distanzierung dem Halo-Effekt des negativen Charismas zu entgehen.

Das IOC und die FIFA sind weitere Beispiele für kollektive Akteure aus dem Sport, an deren Beispiel die Anwendbarkeit der Erkenntnisse dieser Arbeit auf kollektive Akteure gezeigt werden kann. Beide Organisationen haben in den vergangenen Jahren massive Charismaverluste erlitten. Schubert & Könecke zeigen anhand ihrer „Doping-Matrix" in auf, dass diese letztendlich in Legitimitätseinbußen in der öffentlichen Wahrnehmung bestehen (Könecke & Schubert, 2013, 2014, S. 113; Schubert & Könecke, 2014a, 2014b) und wesentlich durch Halo-Effekte bedingt sind, die etwa durch die Vergabe Olympischer Spiele an Länder hervorgerufen wurden, denen Missachtung der Menschenrechte oder das Unterbinden der Pressefreiheit und der freien Meinungsäußerung zugeschrieben werden. Im Falle der FIFA erweisen sich nicht nur die charismaschädigenden Korruptionsvorwürfe wegen der Vergabe der FIFA World Cups 2018 an Russland und 2022 an Katar als problematisch, sondern auch, dass diese beiden Länder ebenfalls in die gerade genannte Kategorie von Staaten fallen.

Die Wahrnehmung der Organisationen wieder zu ändern, dürfte allerdings wegen der Robustheit sozialer Kategorisierungen (Kapitel 2.3.2.2) einigen Aufwands bzw. deutlicher und glaubhafter kommunikativer Bemühungen bedürfen. Da negativ kategorisierten Akteuren ganz allgemein negative Emotionen entgegengebracht werden, scheint es freilich angebracht zu sein, eine solche Änderung anzustreben.[253] Denn trotzdem auch Kosten- oder Umweltschutzgründe eine Rolle spielen, ist davon auszugehen, dass der gesellschaftliche und politische Widerstand bezüglich der Bewerbung um Olympische Spiele – z. B. in Deutschland, Polen, Österreich, Schweden und Norwegen – wesentlich durch das negative Charisma der Organisationen bedingt wurde. Es dürfte daher schwer werden, in den kommenden Jahren eine größere Anzahl freiheitlich-demokratisch verfasster Länder als Austragungsorte für die Olympischen Spiele oder den FIFA World Cup zu gewinnen. Außerdem könnten Einbußen bei den Sponsoringeinnahmen erwartet werden, da der Werbewert der Organisationen und der Veranstaltungen mittelfristig merklich durch negative Halo-Effekte beeinträchtigt werden dürfte (Kapitel 3.4.3.3).

8.3 Implikationen für das Markenmanagement

Im Verlauf der Arbeit zeigte sich mehrfach, dass sportliches Handeln international und interkulturell verstanden wird (z. B. Kapitel 3.2 und 3.4.2.2) und die soziale Kategorisierung von Sportakteuren offenbar grundsätzlich anhand derselben sozialen Deutungsmuster erfolgt (z. B. Kapitel 5.3.3.2 und 6). Daher können Bezüge auf diese Deutungsmuster in der Markenkommunikation mit und von Sport gesellschaftsübergreifend verwendet werden, um sich ähnelnde Folgewirkungen auszulösen (Kapitel 6.6). So sollen z. B. spezifische Einstellungen und Erwartungen auf das Produkt transferiert und eine breitere Kommunikationswirkung erzielt werden (Kapitel 3.4.3.2). Hierzu bietet der Sport in mutmaßlich einzigartiger Weise kraftvolle Bilder und Geschichten, deren leichte Verständlichkeit und inhaltlichen Flexibilität eine hohe Passung und nachhaltige Emotionalisierung bei sehr vielen Rezipienten ermöglichen. Oftmals können mittels sportlerzentrierter Markenkommunikation sogar Menschen erreicht werden, die nicht sportaffin sind, da auch diese sportliche Bezüge und die damit verbundenen sozialen Muster der Personendarstellung deuten können (Kapitel 3.3 und 3.4.2.2).

---

253 Schubert & Könecke zeigen in der Doping-Matrix nicht nur auf, wie Illegitimität entsteht, sondern gehen auch darauf ein, dass entsprechende Prozesse und Dynamiken in umgekehrter Richtung wirken und eine Wiedergewinnung der Legitimität zur Folge haben können (Könecke & Schubert, 2013, 2014, S. 113; Schubert & Könecke, 2014a, 2014b). Entsprechendes wäre bei den beiden Sportorganisationen mutmaßlich durchaus möglich.

Abhängig von den Intentionen der Markenverantwortlichen kann es vorteilhaft sein, bei der sportbezogenen Markenkommunikation eine zu einseitige Orientierung an nur einem Starfaktor zu vermeiden. Beim Werbespot mit Michael
Phelps (Kapitel 6.5.1) wurde ganz bewusst nicht nur erfolgszentriert kommuniziert. Dadurch wurde einerseits das offenbar besonders große Identifikationspotential genutzt, welches aus dem Absolvieren der zweiten und dritten „großen Aufgabe" des Sporthelden resultiert (Kapitel 5.3.2). Andererseits – und das kann in
Zeiten konvergierender Medien und der Nutzung von Verbreitungsmöglichkeiten
wie Youtube besonders relevant sein – wird durch Bezüge auf mehrere Starfaktoren und somit letztendlich das Startum eine gewisse Zeitlosigkeit der werblichen
Botschaft erreicht. Da sich die Verbreitung von Werbefilmen über virale Kanäle
inzwischen der Kontrolle der Markenverantwortlichen weitgehend entzieht, dürfte
dies eine sinnvolle Strategie sein. Schließlich profitiert das Unternehmen durch
den in Kapitel 3.4.3.2 beschriebenen Imagetransfer auf diese Art und Weise umfassender von Halo-Effekten, wodurch das Markenimage gestärkt und eine Reihe
gewünschter Folgewirkungen (Kapitel 3.4.3.1) erzielt werden können.

Obwohl häufig mit bekannten Sportlern geworben wird, bildet das Modell
der personenbezogenen Kommunikation und Rezeption (Abb. 57 in Kapitel 7.6)
auch den Einsatz unbekannter Sportakteure in der Markenkommunikation ab.
Denn unabhängig davon, ob ein bekannter oder ein unbekannter Sportler dargestellt oder rezipiert wird, erfolgt die soziale Kategorisierung anhand der in dieser
Arbeit betrachteten Deutungsmuster. Die Werbung mit bekannten Sportlern erfreut sich trotzdem großer Beliebtheit, da zu diesen meist bereits eine PSB bestehen dürfte und sie über die kontextübergreifend wirksame „Hyperqualifikation"
Prominenz (Kapitel 4.2.4) verfügen. In gewisser Weise profitieren allerdings
sämtliche in Werbebotschaften auftretenden Personen von dieser Hyperqualifikation. Dies ist dadurch begründet, dass sozial exponierte Personen immer vor dem
Hintergrund anderer historischer und zeitgenössischer Menschen rezipiert werden
(z. B. Kapitel 4.3.5 und 5.2.5). Daher wird von Menschen, die – in diesem Fall
durch Werbebotschaften – exponiert werden, offenbar latent erwartet, dass sie
diese besondere soziale Stellung rechtfertigen. Erfolgt eine grundlegend positiv
konnotierte Exposition – womit in der Markenkommunikation zu rechnen ist –
wird oft unbewusst davon ausgegangen, dass beim Betreffenden verschiedene
Starfaktoren im positiven Sinne außergewöhnlich ausgeprägt sind. Dieser Zusammenhang kann mit den Halo-Effekten erklärt werden, die das Starkonzept und die
Starfaktoren prägen.

Beim Einsatz von Testimonials aus dem Sport kann es aber auch zu Konflikten kommen, wenn z. B. die vom Kommunikator betriebene soziale Kategorisierung des Akteurs nicht derjenigen entspricht, die dieser gerne kommuniziert sehen
würde (Kapitel 7.5). Neben einer Belastung des Verhältnisses auf der operativen

Ebene kann es dadurch z. B. zu den in Kapitel 4.2.5 dargelegten, vor allem psychischen Schattenseiten sozialer Exposition kommen (mehr hierzu in Kapitel 8.4).
Das Ziel werbender Unternehmen sollte jedoch eine partnerschaftliche Zusammenarbeit sein, die langfristigen Nutzen auf beiden Seiten schafft. Daher sollten
die Präferenzen und das Selbstbild des Testimonials – insbesondere bezüglich
zentraler sozialer Kategorien – bei den Überlegungen des Unternehmens berücksichtigt werden.[254]

Vor dem Hintergrund der in Kapitel 8.2.2 angedachten Übertragbarkeit der
Überlegungen dieser Arbeit auf kollektive Akteure, erscheint die Verwendung
charismatischer Verweise in der Außendarstellung von Fußballvereinen aufschlussreich. Hier kann erkannt werden, dass diese bei der Ansprache der eigenen
Anhängerschaft dazu genutzt werden, den Verein selbst vom Druck des Deutungsmusters Erfolg freizumachen und stattdessen charismabezogenen „Loyalitäts-
druck" bei den Anhängern zu erzeugen. So wirbt etwa der 1. FSV Mainz 05 mit
dem Slogan „Mein Herz schlägt im Nullfünfer-Takt!" um neue Mitglieder (Abb.
58). Hier wird letztendlich auch ein (sport)heroisches Motiv bemüht, da implizit
Vereinstreue selbst in wenig erfolgreichen Zeiten – also BIRF – angemahnt wird.
Im Idealfall kommt es für den Anhänger nicht dazu, dass er in erfolglosen Zeiten
zum Verein stehen muss. Durch den Slogan wird ihm allerdings die Möglichkeit
gegeben, sich im Fall der Fälle in der Selbstwahrnehmung und in der Selbstdarstellung als Fan mit hoher Fanidentität zu präsentieren und so seinen Selbstwert
zu stärken (Kapitel 2.3.3).[255] Außerdem erfährt so indirekt der Verein eine charismatische Aufwertung, da er sich als kollektiver Akteur präsentiert, der – mutmaßlich besonders – treue Fans aufweisen kann.

---

254 Dem Verfasser dieser Arbeit wurde in einem vertraulichen Gespräch von einem Sportlerver-
markter anvertraut, dass einer seiner Klienten – ein inzwischen ehemaliger Spieler der deutschen
Fußball-Nationalmannschaft – vollkommen überrascht gewesen sei, als er nach einer Markt-
studie erfuhr, wie seine Persona öffentlich wahrgenommen wurde. Da er sich als „Familien-
mensch" viel um seine Kinder kümmerte und diese z. B. jeden Tag in den Kindergarten brachte,
hatte er großes Interesse daran, für entsprechende Produkte zu werben. Aufgrund der Darstellung
seiner Person in den Medien, aber auch aufgrund der Darstellung seines Vereins und seiner
Selbstdarstellung wurde er zwar als erfolgreicher Sportler, allerdings als menschlich sehr
schwierig – und somit eher als „Anti-Charismatiker" – wahrgenommen. Folglich kam eine Einbindung in kommunikative Maßnahmen für familien- und kinderbezogene Marken, Produkte
und Dienstleistungen nicht in Frage.

255 Dass Vereinsanhänger solche Möglichkeiten zur Selbstwahrnehmung und Selbstdarstellung
auch selbst schaffen und aktiv nutzen, zeigt sich beispielsweise an diesem Fangesang von
Unterstützern des 1. FC Kaiserslautern:
„Uns're Heimat, uns're Liebe,
in den Farben Rot-Weiß-Rot,
Kaiserslautern 1900,
wir sind treu bis in den Tod!" (Hilmes, o. J.).

Abb. 58:   Außenwerbung des Fußballvereins 1. FSV Mainz 05 am
                Bruchwegstadion (aufgenommen vom Verfasser am 4. April
                2014)

Einen deutlichen Verweis auf das soziale Deutungsmuster Heldentum stellt auch
das neue Motto des Fußball-Bundesligisten VfB Stuttgart dar – „furchtlos und
treu" (Abb. 59):

> „Der neue Leitspruch des Vereins ist fast 200 Jahre alt und stammt aus dem König-
> reich Württemberg. Er war Bestandteil des alten Wappens und der traditionellen würt-
> tembergischen Fahne mit den drei Hirschgeweihen. […] Sicher ist manche Kritik un-
> angemessen und überzogen. Aber sicher ist auch, dass die Marketingspezialisten dem
> Verein mit der ungewollten Assoziation zu Neonazis keinen guten Dienst erwiesen
> haben" (Schlütter, 2014).

Wie sich an diesem Kommentar zeigt, birgt der Verweis auf grundsätzlich positiv
konnotierte Expositionstypen in der Markenkommunikation immer die Gefahr,
dass der Bezug zu einem der beiden negativ konnotierten Expositionstypen hergestellt wird, die ebenfalls Teil der betreffenden sozialen Deutungsmuster sind. In
diesem Fall wird der Verweis auf das (Sport)Heldentum von vielen offenbar eher
mit Anti-(Sport)Helden in Verbindung gebracht. Die ungewollte Assoziation mit
negativen Ausprägungen der betrachteten sozialen Deutungsmuster kann also
höchst problematisch sein. Wie weitreichend diese Erkenntnis ist, wird dann deutlich, wenn die besonders starken Halo-Effekte charismatischer Elemente bedacht
werden. Diese wirken sich nicht nur auf andere Charismafaktoren aus, sondern
tangieren auch die übrigen sozialen Deutungsmuster. Daher kann angenommen
werden, dass auch das Können – z. B. der Mannschaft, des Trainers oder der Ver-
einsführung – oder Erfolge – sportlicher oder wirtschaftlicher Art – durch die „negative Aura" des Charismas eine veränderte Wahrnehmung seitens der Anhänger
oder der Öffentlichkeit erfahren.

Abb. 59: Startseite der Homepage des VfB Stuttgart (VfB Stuttgart 1893 e. V., 2014)

Die aktiv und planvoll gesteuerte Verwendung grundsätzlich negativ konnotierter Ausprägungen der sozialen Deutungsmuster kann in der Markenkommunikation allerdings durchaus zielführend sein. Das ist dann der Fall, wenn mit der Funktion der negativ konnotierten Ausprägungen gespielt wird, um die positiv konnotierten besonders hell erstrahlen zu lassen (z. B. Kapitel 4.4.4.2). In Kapitel 6.6 wurde eine solche Strategie am Beispiel der Lufthansa-Werbung mit einigen Spielern des FC Bayern München offenbar. Die wesentlichen Aussagen des Werbespots – „Bayern kann Fußball." und „Wir können Fliegen." (Abb. 40) – werden gerade deshalb besonders eingängig kommuniziert, da beide Akteure im jeweils anderen Bereich als „Nichtkönner" dargestellt werden.

Wie sich in dieser Arbeit zeigte, erfolgt das Markenmanagement mit Sport und von Sport häufig durch die Verknüpfung offensichtlicher oder – z. B. durch Halo-Effekte – implizierter Errungenschaften oder Eigenschaften von Sportakteuren mit einer Marke oder einer Organisation. Das bedeutet, dass im- sowie explizit üblicherweise mit positiven Ausprägungen der Deutungsmuster gearbeitet werden kann und meist mit großer Aufmerksamkeit zu rechnen ist. Anders als häufig angenommen, handelt es sich hierbei jedoch keinesfalls um eine triviale Aufgabe, da die Moderation der resultierenden Erwartungen und Emotionen an viele Einflussfaktoren geknüpft ist, die mitunter nur bedingt durch aktives Management beeinflussbar sind. Hieraus folgt, dass jedwede mittel- und langfristig orientierte Markenführung mit und von Sport, die über eine kurzfristige Generierung von Aufmerksamkeit hinausgeht, nicht nur profunder Kenntnisse der Besonderheiten des Sports (Kapitel 3.2; vgl. grundlegend Könecke, 2014), sondern auch der für die Kommunikation und Rezeption von Sportakteuren bedeutenden sozialen Deutungsmuster bedarf. Andernfalls können die Chancen der sportlerbezogenen Markenführung nicht umfassend genutzt werden. Außerdem besteht die Gefahr, die korrespondierenden Risiken systematisch zu übersehen oder zu unterschätzen, wodurch die betroffene Marke nachhaltig geschädigt werden kann.

Resümierend ist festzuhalten, dass der Prozess der Markenführung mit und von Sport durch entsprechende Instrumente und Strategien moderiert werden kann, aber aufgrund der Unwägbarkeiten der im Modell der personenbezogenen Kommunikation und Rezeption (Abb. 57 in Kapitel 7.6) abgebildeten Zusammenhänge nie vollständig planbar ist. Desungeachtet erleichtern profunde Kenntnisse der im Modell beschriebenen Zusammenhänge die zielführende Nutzung der komplexen Deutungsmuster und Halo-Effekte, die bei der sozialen Kategorisierung von Sportakteuren und mit ihnen verbundener Menschen und Organisationen wirksam werden.

8.4   Sportpädagogische und sportpsychologische Implikationen

„Es ist nicht leicht, ein Sportstar zu werden. Es ist viel schwerer, als Sportstar gegen die Begeisterung der Masse immun zu bleiben, und es ist noch schwieriger, seit auch der Sport zu einem Politikum geworden ist. Wenn die Siegesfanfare ertönt, die Flagge am Mast aufsteigt und ein ganzes Volk sich im Ruhmesglanz seines Landsmannes sonnt, wird der feine, aber entscheidende Unterschied zwischen einer Weltmeisterschaft und einer wirklichen ‚Meisterung der Welt' [auch vom Sportler selbst] vergessen" (Umminger, 1962, S. 8).

Bei der Reflexion bezüglich eigener Kommunikations- und Expositionsstrategien (Abb. 55 in Kapitel 7.5) scheinen bei Sportakteuren oft positive soziale Sanktionen wie z. B. das durch eine öffentliche Stellung erworbene symbolische und soziale Kapital, kulturelles Kapital durch sportliche Erfolge i. e. S. – Medaillen und Rekorde – sowie materielle Entlohnung, Zugang zu besseren Trainingsmöglichkeiten und andere wünschenswerte Folgen (vgl. hierzu Kapitel 4.2.2) im Vordergrund zu stehen. Dies kann als „intrapersonaler Halo-Effekt" verstanden werden, da positive soziale Kategorien nicht nur die Wahrnehmung anderer Menschen, sondern auch des Betreffenden selbst dominieren können.

In den Kapiteln 4 und 5 wurde allerdings deutlich, dass die relevanten sozialen Deutungsmuster auch negativ konnotierte und stigmatisierend wirkende Ausprägungen umfassen, die grundlegend sehr wesentliche Funktionen für menschliche Gemeinschaften haben (z. B. Kapitel 4.5, 5.2.1, 5.2.6 und 5.5.2) und daher nicht per se schlecht sind. Es ist in Bezug auf diese Ausprägungen allerdings von Bedeutung, dass Konflikte, Kontroversen und Schäden attraktive Nachrichteninhalte darstellen (Kapitel 2.4.4). Daher kann öffentliches Interesse sehr belastend sein, wenn sich dieses an Niederlagen, Statusverlust und/oder Krisen festmacht (Kapitel 4.2.5). So deutete etwa Oliver Kahn nach seinem Fehler im WM-Finale 2002 an, dass viele befürchteten, er könne am Druck der damit einhergehenden öffentlichen Aufmerksamkeit zerbrechen (Kapitel 5.3.3.1.1). Außerdem kann zum Problem werden, dass Ereignisse mitunter nur inszeniert werden, um Nachrichtenwert zu generieren (Kapitel 2.4.4). Der Akteur kann sich dann mit negativen Ausprägungen der sozialen Deutungsmuster konfrontiert sehen, die weder sein

Verhalten noch seine Persönlichkeit akkurat widerspiegeln, was zu folgenschweren Diskonfirmationen (Kapitel 2.2.1) in Bezug auf die eigene Person führen kann. Sportanhänger wollen am Schicksal der Athleten teilhaben, wollen informiert sein. Ein wesentlicher, vielleicht der wesentlichste Teil dieses Schicksals sind allerdings gerade die ungeheure Aufmerksamkeit und die damit verbundenen Ansprüche, die enormen Druck aufbauen und eine Niederlage wirklich schmerzhaft werden lassen, wie diese Beschreibung des Boxers Floyd Patterson zeigt, der einen Kampf gegen Sonny Liston verloren hatte:

„[Floyd Patterson] could barely talk for the shame of it all. It was only months later that he started making sense of the moment: 'It's not a bad feeling when you're knocked out [...]. But then [...] you realize where you are, and what you're doing there, and what has just happened to you. And what follows is a hurt, a confused hurt – not a physical hurt – it's a hurt combined with anger; it's a what-will-people-think hurt; it's an ashamed-of-my-own-ability hurt…and all you want then is a hatch door in the middle of the ring – a hatch door that will open and let you fall through and land in your dressing room instead of having to get out of the ring and face those people. The worst thing about losing is having to walk out of the ring and face those people'" (Remnick, 2000, S. 32-33).[256]

Die Schilderung verdeutlicht die Auswirkungen, auf die bereits in Zusammenhang mit Oliver Kahn hingewiesen wurde. Der aus der permanenten Beobachtung resultierende Druck ist der sportinteressierten Öffentlichkeit bewusst, doch erwartet sie, dass sozial exponierte Sportakteure damit umgehen können. Es ist Teil ihrer Rolle. Oft wird sogar erwartet, dass die Akteure sich diesem willfährig aussetzen und idealerweise sogar im Wettkampf für Interviews zur Verfügung stehen (Riha, 1980, S. 180).

In diesem Zusammenhang macht sich die besondere „Heldenfähigkeit des Spitzensports" (Bette, 2009; vgl. auch Bette, 2007, S. 247-250 sowie Kapitel 5.3.4 und 5.3.5) bemerkbar, die damit einhergeht, dass Sportler, die auf hohem Niveau unter großer öffentlicher Anteilnahme Wettkampfsport betreiben, viele Facetten des sozialen Deutungsmusters Heldentum „erben". Der Sportler trifft diesbezüglich auf vorgefertigte bzw. durch Halo-Effekte bedingte Erwartungen, die allerdings in erster Linie daraus resultieren, dass er z. B. gut Fußball spielen oder schnell laufen kann. Daher ist es für manche Athleten schwer, ihnen zu entsprechen. Denn: „Es sind oft zu große Anzüge, die da für die Athleten geschneidert werden" (Frankfurter Rundschau, 2000).

---

256 Sogar ein Sportler wie Cassius Clay, der spätere Muhammad Ali (Kapitel 5.4.3), der sein Ego immer lauthals vor sich hertrug, kannte diese Angst vor der Öffentlichkeit nach einer Niederlage. Vor seinem Kampf gegen Sonny Liston hatte er von Listons Manager 10.000 Dollar erbeten, um einen Bus vorzubereiten, der ihn von der Kampfstätte wegbringen würde, falls er verlieren sollte (Remnick, 2000, S. 150).

Die Anzüge sind jedoch nicht nur oft zu groß. Häufig sind es auch die falschen, wie das Beispiel des ehemaligen Ski-Weltmeisters Hansjörg Tauscher zeigt, der bei den Olympischen Winterspielen 1992 auf einen Start bei der Abfahrt verzichten wollte, da ihm die Strecke zu gefährlich schien. Er wurde daraufhin massiv angefeindet und wegen seiner Feigheit beschimpft. Das Magazin „Der Spiegel" gruppiert die Schilderung dieser Begebenheit um ein Photo, welches die Beerdigungsprozession der Skiläuferin Ulrike Maier zeigt, die nach dem Zusammenstoß mit einem Zeitmessgerät starb. Der zugehörige Artikel heißt „Es gibt kein Entrinnen" und beschäftigt sich mit den Folgen der Ansprüche an Hochleistungssportler (o. V., 1994a, S. 188). Vor diesem Hintergrund ist es besonders aufschlussreich, dass solche tragischen Ereignisse mitunter dazu herangezogen werden, mittels des Sportheldentums zu kommunizieren, wie in Kapitel 5.5.2 gezeigt wurde. Dort wurde darauf verwiesen, dass die französische Abfahrts-Olympiasiegerin Carole Montillet „bekannte", bei jeder Wettfahrt an ihre tödlich verunglückte „Kameradin Regine Cavagnoud" zu denken, wodurch sie „sich in die Nähe einer ‚verwandten' tragischen Biografie" (Jacobs et al., 2002, S. 63) rückt.

Die besondere „Heldenfähigkeit" des modernen Spitzensports, welche sich in der zweiten und dritten Aufgabe des (potentiellen) Sporthelden (Kapitel 5.3.2) manifestiert, kann auch dazu genutzt werden, verurteilenswertes Verhalten zu relativieren. So ging der britische Radfahrer Tommy Simpson als „someone prepared to give his life for the race" (Holt & Mangan, 1996, S. 8) in die Mythologie der Tour de France ein (Kapitel 7.2.5.2). Er war allerdings, als er sterbend vom Rad fiel, gedopt. Ein Sportkommentator der damaligen Zeit bewertete dies mit den Worten: „Er starb vermutlich, weil er zu gut fahren wollte" (Gertz, 2003, S. Wochenende 1). Gemäß den Überlegungen dieser Arbeit werden hier die starken Halo-Effekte des Sportheldentums genutzt, um eine stigmatisierende Kategorisierung zu umgehen bzw. „reinzuwaschen".

Dass nicht nur das Sportheldentum diskulpierend wirkt, lässt sich am ebenfalls des Dopings überführten Radfahrer Richard Virenque nachvollziehen. Dieser hatte lange Zeit bestritten, gedopt zu haben, wurde schließlich aber doch überführt. Wenige Wochen nach Ende seiner Sperre wurde er nach dem Gewinn eines bedeutenden Radrennens von der Sportzeitung L'Équipe auf ihrem Titelbild bereits wieder als „Incroyable Virenque"[257] (ebd.) gefeiert. Hier überstrahlt der Halo-Effekt des Erfolges die Verfehlung.

Während im Zusammenhang mit den delinquenten Athleten zu beklagen ist, dass die genannten Halo-Effekte positiver sozialer Kategorien offenbar ihr Fehlverhalten marginalisieren, soll nachfolgend noch einmal auf den zu Beginn dieses

---

257   „Unglaublicher Virenque" (Übers. d. Verf.)

Kapitels beschriebenen „intrapersonalen Halo-Effekt" eingegangen werden. Dieser bedingt, dass die eigene soziale Exposition bzw. deren Erhalt häufig als grundsätzlich erstrebenswert angesehen werden. Dies ist wesentlich durch die besondere „Stellung [der Prominenz] im Öffentlichkeitssystem" (Peters, 1996, S. 42) sowie dadurch zu begründen, dass Prominenz von Sport- und anderen Akteuren wirtschaftlich kapitalisierbar ist (z. B. Kapitel 4.3.4). Viele Sportler werden allerdings bereits sehr früh mit großem öffentlichen Interesse an der eigenen Person konfrontiert und/oder werden vergleichsweise unerwartet davon getroffen, wenn sie z. B. aus einer Randsportart kommend bei Olympischen Spielen oder anderen Meisterschaften plötzlich im Rampenlicht stehen. Meist spielen dann neben dem Akteur selbst weitere Beteiligte bei der Entscheidung bezüglich kommunikativer Strategien eine wichtige Rolle (Kapitel 7.5). Neben den in Abb. 55 und Abb. 56 explizit genannten Medien und Sponsoren sind dies z. B. Sportverbände (Kapitel 3.4.3.3), Betreuer und/oder Manager. Wie der Sportler selbst sind diese jedoch nicht nur Kommunikatoren, sondern Rezipienten und häufig auch potentielle Nutznießer der sportlerbezogenen Kommunikation. Daher ist anzunehmen, dass hier eine aktive Beeinflussung des Athleten stattfindet und oft wechselseitige Abhängigkeitsverhältnisse bestehen. Es steht daher zu hoffen, dass am Wohl eines Sportakteurs interessierte Dritte – Betreuer, Verbände und/oder Sponsoren – die in Kapitel 7.5 nahegelegte Einbindung der Erkenntnisse dieser Arbeit in dessen Betreuung sowie die sportlerbezogenen Kommunikationsstrategien einfließen lassen. Obschon eine solche Einbeziehung ohnehin zu einem gewissen Grad unbewusst geschieht (Kapitel 7.5), kann eine bewusste und strukturierte Einbindung dazu dienen, die psychischen Folgewirkungen möglichst wünschenswert zu gestalten bzw. die negativen weitgehend zu minimieren (zu den positiven Begleiterscheinungen vgl. z. B. Kapitel 4.2.2, zu den negativen z. B. Kapitel 4.2.5).

Schließlich sollte auch bedacht werden, dass nicht jeder dafür gemacht ist, im Licht der Öffentlichkeit zu stehen. Denn „[w]er das Rampenlicht fürchtet, zu sensibel ist, tut sich zumindest schwer [oder] wird scheitern" (Schlammerl, 2005, S. 17). Dies ist z. B. dadurch zu erklären, dass das nahezu unvermeidliche öffentliche Interesse an den beim Betreffenden ggf. vorhandenen negativ konnotierten Ausprägungen der Starfaktoren (z. B. Kapitel 2.4.4 und 4.2.5) eine sehr große Belastung sein kann. Ferner ist in Bezug auf Sportler zu berücksichtigen, dass deren öffentliche Karrieren nicht nur verhältnismäßig früh beginnen, sondern für die allermeisten auch früh wieder enden. Dies führt aufgrund der von Bourdieu beschriebenen „Überlebenstendenz des Kapitals" (Kapitel 2.4.3.4) oft zu dem Versuch, die sportliche Karriere bzw. die damit einhergehende sozial exponierte Stellung – z. B. durch die Prominenzquellen Medienpräsenz oder Privatheit (Kapitel 4.2.3 und 4.2.5) – zu verlängern. Deswegen und aufgrund des vielfältigen Potentials, die in dieser Arbeit betrachteten Darstellungs- und Rezeptionsprozesse zu manipulieren, soll abschließend auf eine leicht modifizierte Bemerkung Bettes verwiesen werden, die nicht nur als Appell an die Athleten und andere öffentliche Personen, sondern auch an deren Umfeld verstanden werden kann:

> „Vielleicht besteht die größte Leistung eines Athleten im global entfesselten Spitzensport paradoxerweise darin, selbstbewusst darauf zu verzichten, unter allen Umständen [ein – wie auch immer gearteter – Star] werden [oder bleiben] zu wollen" (Bette, 2009).

8.5   Limitationen und Forschungsperspektiven

Der Betrachtungsgegenstand der vorliegenden Arbeit wurde gemäß den Überlegungen in den Kapiteln 1.2, 2.5.3 und 3.5.2 multimethodisch erschlossen, indem hermeneutische und empirische Elemente bei der Betrachtung wissenschaftlicher Literatur und diverser Fallbeispiele aus verschiedenen Medien kombiniert wurden. Entsprechend bieten sich für weitergehende Forschungsvorhaben neben ähnlichen Ansätzen auch hiervon abweichende Zugänge an, die z. B. in qualitativen und/oder quantitativen Medien- und/oder Werbeanalysen zum Modell der personenbezogenen Kommunikation und Rezeption (dargestellt in Abb. 57 in Kapitel 7.6) oder zu einzelnen Modellbestandteilen bestehen könnten.

Aufgrund der gerade erwähnten methodischen Festlegung wurden die auf die Rezipientenebene bezogenen Elemente des genannten Modells ausschließlich aufgrund wissenschaftlicher Quellen und sachlogischer Schlussfolgerungen erarbeitet. Auf eine empirische Fundierung durch den „Vergleich der introzeptierten Muster" (Plaß & Schetsche, 2001, S. 531) wurde gemäß der methodischen Überlegungen in Kapitel 2.5.3 verzichtet. Diese wäre daher in einem nächsten Schritt angezeigt. Hierbei könnte z. B. mit Gruppendiskussionen oder (Experten-)Interviews gearbeitet werden, wobei auch quantitative Studien aufschlussreiche Ergebnisse liefern könnten. Von Interesse wäre z. B. der Vergleich der wahrgenommenen Ausprägungen der verschiedenen Deutungsmuster bei Sportlern in verschiedenen Sportarten oder mit unterschiedlicher öffentlicher Beachtung. Wie gerade in Kapitel 8.4 ausgeführt wurde, kann z. B. angenommen werden, dass öffentliche Beachtung die soziale Kategorisierung von Sportakteuren wesentlich beeinflusst. Entsprechend könnte untersucht werden, wie diese Beachtung das Signaling von in der Öffentlichkeit stehenden Sportakteuren oder sonstige, auf diese bezogene Kommunikationsangebote beeinflusst. Hierbei sollten die in Abb. 55 und Abb. 56 dargestellten Determinationsprozesse berücksichtigt werden.

Personenbezogene Kommunikation und Rezeption ist nicht nur in parasozialen Kontexten von Bedeutung, sondern für menschliches Zusammenleben elementar. Das in Abb. 57 dargestellte Modell ist jedoch in erster Linie mit Blick auf parasoziale Prozesse zusammengestellt worden. Folglich wäre dessen Modifikation zur Nutzung für vollständige soziale Interaktionen (Abb. 9 in Kapitel 2.3.2.1) sinnvoll. Ein solches Unterfangen könnte z. B. im Rahmen einiger der nachfolgend angeregten Forschungsvorhaben angegangen werden, da diese teilweise echte Interaktionssituationen in den Blick nehmen, in welchen die Interaktionspartner direkt aufeinander reagieren (Reaktion zweiter Ordnung gemäß Kapitel 2.3.2.1).

Grundsätzlich interessant ist des Weiteren eine differenziertere Betrachtung der einzelnen Deutungsmuster. So könnte etwa bezüglich des Charismas, das sehr pauschal Personeneigenschaften (Kapitel 4.3.7.2.4 und 7.2.2) umfasst, eruiert werden, ob sich eine weitergehende Differenzierung z. B. in Persönlichkeit und Aussehen anbietet. Diese könnte wiederum dazu herangezogen werden, die kommunikative Wirkung verschiedener charismatischer Teilbereiche zu untersuchen.

An verschiedenen Stellen der Arbeit wurden besonders starke Halo-Effekte des Charismas aufgezeigt (Kapitel 7.2.3). Es ist anzunehmen, dass diese u. a. durch dessen mutmaßliche Universalität (Kapitel 7.2.4) bedingt sind, da es vergleichsweise kontextungebunden wirksam werden sollte. Die Übertragbarkeit z. B. sportlichen Könnens und Erfolgs in andere Kontexte dürfte zwar weniger offensichtlich sein, entsprechende Halo-Effekte werden aber trotzdem häufig unterstellt (Kapitel 4.4.5). Daher bieten sich Folgeprojekte an, die gezielt die Wirkung der Abstrahlungseffekte der betrachteten sozialen Deutungsmuster in bestimmten Kontexten untersuchen. Solche Projekte könnten u. a. in der Werbewirkungsforschung oder in der Organisations- und Personalmanagementforschung angesiedelt sein. In diesen Bereichen werden mitunter sehr weitreichende Auswahl- und Bewertungsentscheidungen getroffen, die häufig zu einem wesentlichen Teil auf Halo-Effekten beruhen. Neben Kauf- und Nichtkaufentscheidungen können die Bewerberauswahl oder die formale und informelle Bewertung von Vorgesetzten, Mitarbeitern und Kollegen genannt werden. Diesbezüglich könnte beispielsweise an die in dieser Arbeit zugrundegelegte sehr weit gefasste Interpretation der Signaling-Theorie angeknüpft werden, auf die zusammenfassend in Kapitel 8.2.1 hingewiesen wurde. Vor dem Hintergrund der vorliegenden Arbeit wäre z. B. zu untersuchen, inwiefern sportliche Vorerfahrung und/oder Erfolge bei diesen Bewertungsprozessen eine Rolle spielen und ob bzw. wie diese sich etwa von ähnlichen „Qualifikationen" in musischen oder künstlerischen Kontexten abheben.

Eine Übertragung dieser Überlegungen auf kollektive Akteure wäre ebenfalls interessant. Wie bereits ausgeführt wurde, können die Erkenntnisse dieser Arbeit grundsätzlich zur Analyse der Kommunikation über Organisationen und andere komplexe soziale Entitäten sowie deren Rezeption herangezogen werden (Kapitel 8.2.2). Entsprechend könnte untersucht werden, wie sich die soziale Kategorisierung von kollektiven Akteuren in bzw. aus verschiedenen Kontexten unterscheidet. Hieraus könnten wiederum wertvolle Erkenntnisse gewonnen werden, die in der PR oder dem Markenmanagement Anwendung finden könnten. Für Sportorganisationen dürften vertiefende Studien zu der in Kapitel 8.2.2 postulierten besonderen Bedeutung des organisationalen Charismas besonders aufschlussreich sein. Es wurde angenommen, dass diesem aufgrund starker Halo-Effekte eine besondere Funktion bei Identifikationsprozessen von Vereinsanhängern zukommt und es in dieser Hinsicht bedeutendere Auswirkungen auf deren Selbstbild hat als sportlicher oder wirtschaftlicher Erfolg. Neben der Fundierung dieser Überlegungen könnte aufbauend auf die Arbeit von Durchholz hinterfragt werden, welche Auswirkungen die soziale Kategorisierung von Vereinen und eigenen sowie gegnerischen Fangruppen auf Ko-Kreationsprozesse haben. Diese Frage könnte sowohl für Wettkampfbesucher als auch für diejenigen Zuschauer gestellt werden, die mediale Rezeptionskanäle nutzen.

Ähnliche Forschungsperspektiven bieten sich hinsichtlich der In- und Outgroups (Kapitel 2.3.3 und 4.4.4.2) von Unternehmen, wobei Ingroups z. B. Kunden, Mitarbeiter, öffentlich wahrnehmbare Führungskräfte, Eigentümer(gruppen) oder Testimonials wären. Als potentielle Outgroups können entsprechend Kunden von Wettbewerbern, bekennende Kaufverweigerer sowie Mitarbeiter, Inhaber und sonstige „Gesichter" von Konkurrenten genannt werden. Zu hinterfragen wäre etwa, inwiefern diese Gruppen die Wahrnehmung der in dieser Arbeit betrachteten sozialen Deutungsmuster in Bezug auf die betreffenden Organisationen beeinflussen. Eine weitere interessante Fragestellung ist diejenige, wie solche Wahrnehmungsprozesse beeinflusst und z. B. für das intendierte Setzen kommunikativer Signale genutzt bzw. missbraucht werden (können). Solche Fragen ließen sich ebenfalls bezogen auf politische Akteure, Regionen oder Länder stellen.

Die gerade angestellten Überlegungen weisen des Weiteren auf pädagogische und psychologische Forschungsperspektiven hin. So könnte in ähnlicher Weise eruiert werden, wie die Wahrnehmung der verschiedenen sozialen Deutungsmuster bei Lehrern und anderen unterrichtenden Personen den Lehr- bzw. Lernerfolg und Lernmotivation beeinflusst. Aufgrund der in dieser Arbeit betrachteten Halo-Effekte zwischen den einzelnen Deutungsmustern und den verschiedenen Kontexten kann vermutet werden, dass nicht nur diejenigen Deutungsmuster und Kontexte relevant sein könnten, die den Unterricht faktisch unmittelbar beeinflussen. Erkenntnisse entsprechender Forschungsprojekte könnten Hinweise darauf geben, inwiefern Lehrer- und lehrerbezogene Kommunikation, die nicht direkt mit unterrichtsrelevanten Deutungsmustern und Kontexten befasst ist, Unterrichtserfolge verbessern kann. Außerdem könnte hinterfragt werden, inwiefern die Wahrnehmung von negativ konnotierten Ausprägungen unterrichtsrelevanter und für den

Unterricht unbedeutender Deutungsmuster bzw. Kontexte ggf. die Wahrnehmung relevanter Muster und Kontexte mittels Halo-Effekten unterminieren kann. Ähnliche Fragestellungen können auf Seiten der Lernenden verfolgt werden. Es kann beispielsweise hinterfragt werden, bezüglich welcher „Starfaktoren" diese in ihrer Selbstwahrnehmung angesprochen bzw. bestärkt werden sollten, um Lernerfolge und Lernmotivation zu fördern. Wenn bei solchen Fragestellungen z. B. die Rolle des Sportunterrichts oder von sportlicher Betätigung in Ganztagsschulen berücksichtigt werden soll, können die Erkenntnisse dieser Arbeit speziell zu den im Sportkontext relevanten Kommunikations- und Rezeptionsprozessen besonders hilfreich sein und sehr spezifisch angewendet werden.

Vor dem Hintergrund der zuletzt angestellten Überlegungen sollte auch darüber nachgedacht werden, die Erkenntnisse dieser Arbeit mit dem Konzept der Markenpersönlichkeit zusammenzubringen, die Aaker als „set of human characteristics associated with a brand" (Aaker, 1997, S. 347) beschreibt. Es ist davon auszugehen, dass die betrachteten sozialen Deutungsmuster und die damit zusammenhängenden sozialen Prozesse in gewisser Weise auf die Darstellung und Wahrnehmung von Marken(persönlichkeiten) übertragbar sind. Die „Dimensionen der Markenpersönlichkeit" (Aaker, 2005, S. 165) könnten z. B. mit Blick auf die in Kapitel 7.2.4 beschriebene „Universalität" neu durchdacht und empirisch überprüft werden. Außerdem liegt die Frage nahe, welche kontextübergreifende Universalität den verschiedenen Dimensionen der Markenpersönlichkeit zukommt und welche Bedeutung diese für Konsumenten hat. Konkret stellt sich z. B. die Frage, ob es für die Wahrnehmung des produktspezifischen „Könnens" einer Marke von Bedeutung ist, dass diese auch in anderen Bereichen als kompetent wahrgenommen wird. Die Umkehrung der Fragestellung würde ergründen, welche Auswirkungen die Wahrnehmung von fehlendem Können – oder fehlender Kompetenz – in anderen Bereichen auf die Wahrnehmung der Kernkompetenz der Marke hat. Des Weiteren könnte z. B. untersucht werden, inwiefern die vielschichtigen Halo-Effekte, die bezüglich der betrachteten sozialen Deutungsmuster wirksam werden, die Wahrnehmung der Markenpersönlichkeit allgemein und spezifisch in unterschiedlichen Kontexten prägen.

Schließlich sei noch auf ökonomische Forschungsperspektiven verwiesen. Wie in Kapitel 4.3.5 erwähnt wurde, konnte bisher keine „abschließende Antwort auf die Frage nach der relativen Erklärungskraft der sich nicht wechselseitig ausschließenden ‚Vermarktungshypothese' einerseits und der ‚Talenthypothese' andererseits" (Frick, 2005, S. 98) gegeben werden. Vor dem Hintergrund der Erkenntnisse dieser Arbeit sollte dieser Fragehorizont erweitert werden. Zum einen könnte – wenn das Einkommen als Operationalisierung für den (Super)Starstatus herangezogen werden soll – der Bereich der erklärenden Variablen erweitert werden. Andererseits würde es sich aufdrängen, die unabhängige Variable zu modifizieren und nicht nur das – vergleichsweise einfach zu operationalisierende – Einkommen in den Blick zu nehmen. Derart würden entsprechende Projekte zwar deutlich komplexer, wären allerdings dazu geeignet, die betrachteten Zusammenhänge weniger eingeschränkt abzubilden.[258]

---

258 In diesem Zusammenhang böte sich eine Kombination der Überlegungen der vorliegenden Arbeit mit denjenigen von Schunk (2013) an, der die monetäre Bedeutung von Marken im Sport untersucht. In ähnlicher Form könnte der Versuch unternommen werden, die Beiträge einzelner Starfaktoren zur Bedeutung bestimmter Stars bzw. des Starphänomens an sich in unterschiedlichen Kontexten zu quantifizieren. Ein ähnliches Vorgehen wäre bzgl. der o. s. Überlegungen zur Markenpersönlichkeit möglich, um Beiträge verschiedener Wahrnehmungskontexte zu deren Gesamtwahrnehmung bzw. Gesamtbewertung zu bestimmen.

9 Schlussbetrachtung

„All cultures have heroes, but the hero and the heroic varies from culture to culture and from time to time. What constitutes the heroic and who becomes the hero is a function of cultural priorities and values, and, most significantly, is related to the communication [...] for presenting and preserving information about heroes" (Drucker & Cathcart, 1994, S. 1-2; vgl. auch Drucker, 1994, S. 82; Strate, 1985, S. 47).

Wie im Verlauf dieser Arbeit deutlich wurde, gilt der im o. s. Zitat geschilderte Zusammenhang nicht nur für den Helden bzw. das Heldentum, sondern für sämtliche der betrachteten sozialen Konstrukte. Aufgrund von deren Bedeutung für menschliche Gesellschaften wurde daher in Kapitel 1.1 die „Einbettung einer theoretischen Systematik verschiedener Formen sozialer Exposition in ein umfassendes Modell der Kommunikation und Rezeption – nicht nur, aber vor allem – von Sportakteuren" zum Forschungsziel erklärt. Dieses Ziel wurde gemäß Kapitel 1.2 mit einem interdisziplinären und multimethodischen Ansatz verfolgt, welcher Quellen aus unterschiedlichen Wissenschaftsdisziplinen und Fallbeispiele aus verschiedenen Medien und Lebensbereichen zusammenführte und so hermeneutisches und qualitativ-empirisches Arbeiten kombinierte. Am Ende des vielschichtigen Forschungsprozesses konnte mit der Erstellung des Modells der personenbezogenen Kommunikation und Rezeption (zusammengefasst in Abb. 57 in Kapitel 7.6) das Forschungsvorhaben erfolgreich abgeschlossen werden.

Sozial exponierte Sportler werden häufig mit den Begriffen Star, Idol, Held, Prominenter, Vorbild oder Legende bezeichnet. Allerdings fällt es den meisten Menschen schwer, diese Begriffe trennscharf zu erläutern. Das gleiche Problem findet sich in der wissenschaftlichen Betrachtung (Kapitel 1.1). Im Verlauf der vorliegenden Arbeit wurde deutlich, dass dies darauf zurückzuführen ist, dass die Begriffe soziale Konstrukte bezeichnen, deren individuelle Repräsentationen sich i. d. R. nicht vollständig entsprechen, und Stars, Prominente, Helden usw. immer vor dem Hintergrund der jeweiligen sozialen Umgebung und des impliziten Wissens um andere sozial exponierte Menschen wahrgenommen werden. Vor diesem Hintergrund erwies sich die Anwendung des Konzepts der sozialen Deutungsmuster (Kapitel 2.5) als zielführend, da dieses dazu herangezogen werden konnte, die kollektiven „Bedeutungskerne" der hier relevanten Deutungsmuster zu erarbeiten.[259] Hierbei wurde deutlich, dass es sich beim Star – gleiches gilt für die Legende, das Vorbild und das Idol – um ein Metakonzept handelt, welches neben der Prominenz die „Starfaktoren" Charisma, Können und Erfolg umfasst. Diese stellen wiederum ebenfalls eigenständige soziale Deutungsmuster und somit vielschichtige „sozial geltende, mit Anleitungen zum Handeln verbundene Interpretationen der Umwelt und des Selbst" (Schetsche, 2008, S. 109) dar. Dies zeigte sich z. B. daran, dass das Heldentum und das Sportheldentum wiederum als „Charismafaktoren" Elemente des Charismas sind.

Im Verlauf der Arbeit zeigte sich zudem, dass die betrachteten Konstrukte nicht nur in Bezug auf kleinere Gemeinschaften, sondern auch international und interkulturell kompatible Bedeutungskerne teilen und deswegen – kulturspezifisch und kulturübergreifend – zwei zentrale Funktionen sozialer Deutungsmuster erfüllen: die Komplexitätsreduktion und die Erzeugung sozialer Gemeinschaften (Kapitel 2.5.2). Die erste Funktion erfüllen sie dadurch, dass sie an „passende[..] Emotionen und ein Feld möglicher Handlungen" (Plaß & Schetsche, 2001, S. 523) geknüpft sind. Der „Erzeugung sozialer Gemeinschaft" (ebd., S. 525) dienen sie z. B., weil sie in vielerlei Hinsicht kommunikative Prozesse erleichtern. Wie diese Funktionen seitens der Kommunikatoren „angesprochen" werden und seitens der Rezipienten wirksam werden, wird im Modell der personenbezogenen Kommunikation und Rezeption aufgezeigt.

In Kapitel 8 wurde eine Auswahl von weiterführenden Einsatzmöglichkeiten und Anknüpfungspunkten für die Ergebnisse und Überlegungen dieser Arbeit aufgezeigt. Hierbei wurde deutlich, dass das Modell der personenbezogenen Kommunikation und Rezeption und dessen verschiedene Bestandteile zukünftig in einer Reihe wissenschaftlicher Felder genutzt werden können. Obwohl die vorliegende Arbeit grundsätzlich der sozialwissenschaftlichen Grundlagenforschung zuzurechnen ist, wurde darüber hinaus u. a. bei der Vorstellung von Transfer- und Anwendungsmöglichkeiten der Rahmen der „reinen Grundlagenforschung" (Bortz & Döring, 2009, S. 99) verlassen, die „nicht nach dem Nutzen oder nach Anwendungsmöglichkeiten ihrer Forschungsergebnisse" (ebd.) fragt. Aufgrund der vielfältigen Anwendungsbereiche, die sich für die Ergebnisse dieser Arbeit eröffnen, wäre eine solche Verkürzung – die von den genannten Autoren nicht gefordert wird – allerdings nicht zweckmäßig gewesen, weil die Wahrnehmung von Personen und anderen sozialen Entitäten von grundlegender Bedeutung für menschliche Gesellschaften ist. Wie z. B. in Kapitel 8 deutlich wurde, können das erarbeitete Modell und die

---

259 Eine Zusammenfassung der Bedeutungskerne der wesentlichsten der betrachteten sozialen Deutungsmuster findet sich in Tab. 9 in Kapitel 7.2.2. Eine graphische Veranschaulichung der Beziehungen der einzelnen Deutungsmuster zueinander bietet Abb. 53 in Kapitel 7.2.5.4.

damit zusammenhängenden Erkenntnisse daher nicht nur bei der wissenschaftlichen, sondern auch bei der praktischen Beschäftigung mit sozialer Exposition bzw. von deren Kommunikation und Rezeption in einer Vielzahl von Anwendungsfeldern Verwendung finden.

Quellenverzeichnis

Aaker, J.L. (1997). Dimensions of Brand Personality. *Journal of Marketing Research, 34* (3), 347-356.

Aaker, J.L. (2005). Dimensionen der Markenpersönlichkeit. In F.-R. Esch (Hrsg.), *Moderne Markenführung. Grundlagen, innovative Ansätze, praktische Umsetzungen* (S. 165-176). Wiesbaden: Gabler.

Abels, H. (2007). *Interaktion, Identität, Präsentation. Kleine Einführung in interpretative Theorien der Soziologie* (Hagener Studientexte zur Soziologie) (4. Aufl.). Wiesbaden: VS Verlag für Sozialwissenschaften.

Abenstein, R. (2007). *Griechische Mythologie* (KulturKompakt, 2592) (2. Aufl.). Paderborn: Schöningh.

Adler, M. (1985). Stardom and Talent. *American Economic Review, 75* (1), 208-212.

Aghion, I., Barbillon, C. & Lissarrague, F. (2000). *Reclams Lexikon der antiken Götter und Heroen in der Kunst*. Ditzingen: Reclam.

Albert, G. (2013). Figuration und Emergenz. *Kölner Zeitschrift für Soziologie und Sozialpsychologie, 65* (2), 193-222.

Albus, V. & Kriegskorte, M. (Hrsg.) (1999). *Kauf mich! Prominente als Message und Markenartikel*. Begleitbuch zur gleichnamigen Ausstellung im Deutschen Werbemuseum, Frankfurt. Köln: DuMont.

ALD Automotive (2014). *Run for Charity*. Über uns. Zugriff am 20. August 2014 unter http://www.ald-runforcharity.de/about-us/.

Alfermann, D. & Stoll, O. (2005). *Sportpsychologie. Ein Lehrbuch in 12 Lektionen*. Aachen: Meyer & Meyer.

alvarum (2014). *run for life. Benefizlauf zu Gunsten der Münchner Aids-Hilfe e. V. Werde Run for Life Hero*. Zugriff am 20. August 2014 unter https://runforlife2014.alvarum.com/.

Amson, D. (1999). *Borotra. De Wimbledon à Vichy*. Paris: Tallandier.

Angenendt, A. (1994). *Heilige und Reliquien. Die Geschichte ihres Kultes vom frühen Christentum bis zur Gegenwart*. München: Beck.

Ashelm, M. (2014, 17. Juni). *Ein Mann spaltet England. Wayne Rooney*. Er war mal das größte Versprechen im Fußball seines Landes, aber jetzt scheint der bullige Angreifer eine Last zu werden. Aufregende Talente drängen ihn ins Abseits. Zugriff am 5. Juli 2014 unter http://www.faz.net/aktuell/sport/fussball-wm/wayne-rooney-ein-mann-spaltet-england-12995987-p2.html?printPagedArticle=true#pageIndex_2.

Ashworth, C.E. (1975). Sport als symbolischer Dialog. In K. Hammerich & K. Heinemann (Hrsg.), *Texte zur Soziologie des Sports. Sammlung fremdsprachiger Beiträge*. Sport als symbolischer Dialog (Texte – Quellen – Dokumente zur Sportwissenschaft, 11, S. 51-57). Schorndorf: Hofmann.

ATP Tour, I. (2014a). *About the ATP*. Zugriff am 6. Juli 2014 unter http://www.atpworld-tour.com/Corporate/About.aspx.

ATP Tour, I. (2014b, 23. Juni). *Ilie Nastase*. Zugriff am 6. Juli 2014 unter http://www.atp worldtour.com/tennis/players/na/i/ilie-nastase.aspx.

Axodos code & art (2014, 2. Februar). *Herzlichen Glückwunsch Melanie Müller. Dschungelkönigin 2014*. Zugriff am 26. Juni 2014 unter http://www.dschungelcamp.net/news/melanie-ist-dschungelkoenigin-2014/.

Baker, D., Mercer, J. & Bittinger, M.L. (1993). *You can teach hitting*. Carmel: Bittinger Books, Masters Press.

Barney, R.K. (1985). The Hailed, the Haloed, and the Hallowed: Sport Heroes and their Qualities – an Analysis and Hypothetical Model for their Commemoration. In N. Müller & J.K. Rühl (Hrsg.), *Olympic Scientific Congress Sport History. July 19-26, 1984. University of Oregon, Eugene/Oregon, Official Report* (S. 88-103). Niedernhausen: Schors-Verlag.

Bartels, H.-P. (1995). Einleitung. In H.-P. Bartels (Hrsg.), *Menschen in Figurationen. Ein Lesebuch zur Einführung in die Prozeß- und Figurationssoziologie von Norbert Elias*. Zusammengestellt und eingeleitet von Hans-Peter Batels (Uni-Taschenbücher, 1852, S. 9-20). Opladen: Leske + Budrich.

Barthes, R. (1986). Die Tour de France als Epos. In G. Hortleder & G. Gebauer (Hrsg.), *Sport – Eros – Tod* (S. 25-36). Frankfurt am Main: Suhrkamp.

Bayer, M. & Mordt, G. (2008). *Einführung in das Werk Max Webers* (Studienskripten zur Soziologie). Wiesbaden: VS Verlag für Sozialwissenschaften.

BBC (2010, 12. Februar). *Profiles. Eddie the Eagle: 20 Years On*. It's over 20 years since ski-jumper Eddie "The Eagle" Edwards soared to glorious failure at the 1988 Winter Olympics. But what's he up to now? We catch up with the Cheltenham hero. Zugriff am 15. Juli 2014 unter http://www.bbc.co.uk/gloucestershire/content/articles/2008/02/13/eddie_the_eagle_feature.shtml.

Beck, D. (2001, 6. September). *Sportübertragungen am Fernsehen. Vom Publikumsmagneten zum teuren Verlustgeschäft?* Zugriff am 24. März 2014 unter http://www.medienheft.ch/uploads/media/k16_BeckDaniel.pdf.

Beck, D. (2006). Sportstars im Wettkampf und privat – Die Berichterstattung über erfolgreiche Sportler im Wandel der Zeit. *merz | medien + erziehung – Zeitschrift für Medienpädagogik, 50* (6), 73-81.

Becker, B. (2014a). *@TheBorisBecker*. Zugriff am 29. April 2014 unter https://twitter.com/TheBorisBecker.

Becker, C. (2014b, 14. April). *Schumachers Managerin kommt mit Richtigstellungen nicht hinterher. Eine Prognose zur Genesung sei unmöglich, sagte Schumacher-Beraterin Sabine Kehm bei Günther Jauch. Sie beklagte sich vor allem über die Berichterstattung. Ein großes Boulevardblatt kam hingegen überraschend gut weg. TV-Kritik:* Günther Jauch. Zugriff am 6. Mai 2014 unter http://www.faz.net/aktuell/feuilleton/medien/tv-kritik/talk-bei-guenther-jauch-michael-schumachers-managerin-beklagt-berichterstattung-12894659.html.

Becker, H.S. (1973). *Outsiders: Studies in the Sociology of Deviance*. Zugriff am 15. Oktober 2013 unter http://solomon.soth.alexanderstreet.com/cgi-bin/asp/philo/soth/documentidx.pl?sourceid=S10020155.

Becker, H.S. (1981). *Außenseiter. Zur Soziologie abweichenden Verhaltens* (Fischer Taschenbücher, 6624). Frankfurt am Main: Fischer Taschenbuch Verlag.

Becker, P. (1982). Haut'se, haut'se, haut'se in 'ne Schnauze – Das Fußballstadion als Ort der Reproduktion sozialer Strukturen. In G.A. Pilz (Hrsg.), *Sport und körperliche Gewalt* (rororo, 7603, S. 72-84). Reinbek bei Hamburg: Rowohlt-Taschenbuch-Verlag.

Behrenbeck, S. (1996). *Der Kult um die toten Helden. Nationalsozialistische Mythen, Riten und Symbole 1923 bis 1945.* Vierow: SH-Verlag.

Bendix, R. (1964). *Max Weber. Das Werk. Darstellung – Analyse – Ergebnisse.* Aus dem Amerikanischen von Renate Rausch. München: R. Piper & Co. Verlag.

Benison, B.S. (1985). Profile of Olympic Athletes – the Initial Motivation, Factors and Subsequent Driving Forces Behind their Success in the Games (Selected American Olympians). In N. Müller & J.K. Rühl (Hrsg.), *Olympic Scientific Congress Sport History. July 19-26, 1984. University of Oregon, Eugene/Oregon, Official Report* (S. 104-110). Niedernhausen: Schors-Verlag.

Berger, P.L. & Luckmann, T. (2009). *Die gesellschaftliche Konstruktion der Wirklichkeit. Eine Theorie der Wissenssoziologie* (Fischer-Taschenbücher, 6623) (22. Aufl.). Frankfurt am Main: Fischer Taschenbuch-Verlag.

Berg, J. (1980). Fernsehen, Fußball, Fernsehfußball. In R. Lindner (Hrsg.), *Der Fußballfan. Ansichten vom Zuschauer* (S. 183-195). Frankfurt am Main: Syndikat Verlag.

Berliner Kurier (2014, 3. Juni). *Mesut Özil ballert uns die Hütte voll. Fußball-WM 2014.* Zugriff am 20. August 2014 unter http://www.berliner-kurier.de/kiez-stadt/fussball-wm-2014-mesut-oezil-ballert-uns-die-huette-voll,7169128,27334454.html.

Bette, K.-H. (1999). *Systemtheorie und Sport* (Suhrkamp-Taschenbuch Wissenschaft, 1399). Frankfurt am Main: Suhrkamp.

Bette, K.-H. (2004). Sportbegeisterung und Gesellschaft. In C. Kruse (Hrsg.), *„Schneller, höher, weiter"? - Sportpädagogische Theoriebildung auf dem Prüfstand. Festschrift anlässlich des 60. Geburtstags von Prof. Dr. Eckhard Meinberg* (Schriften der Deutschen Sporthochschule Köln, 49, S. 46-78). Sankt Augustin: Academia Verlag.

Bette, K.-H. (2007). Sporthelden. Zur Soziologie sozialer Prominenz. Sports Heroes. Studies in the Sociology of Social Prominence. *Sport und Gesellschaft – Sport and Society, 4* (3), 243-264.

Bette, K.-H. (2008a). Heldengeschichten im Sport. *medicalsports network, 3* (6), 60-61. Zugriff am 11. Juli 2013 unter http://www.medicalsportsnetwork.de/medical/3740,211817/Prof.Dr.-Karl-Heinrich-Bette/Heldengeschichten-im-Sport.html.

Bette, K.-H. (2008b). Heldenverehrung im Zuschauersport. *medicalsports network, 3* (4), 14-15. Zugriff am 11. Juli 2013 unter http://www.medicalsportsnetwork.de/medical/3740,264130/Prof.Dr.-Karl-Heinrich-Bette/Heldenverehrung-im-Zuschauersport.html.

Bette, K.-H. (2009, 26. Dezember). *Ein Jahr im Heldenkosmos.* Sportsoziologie. Zugriff am 23. Juli 2013 unter http://www.faz.net/aktuell/sport/mehr-sport/sportsoziologie-ein-jahr-im-heldenkosmos-1639922.html.

Bette, K.-H. (2010a). Social Sports – Sportbegeisterung. Von der Notwendigkeit des Überflüssigen. *medicalsports network, 5* (1). Zugriff am 25. März 2014 unter http://www.medicalsportsnetwork.de/medical/3740,211817/Prof.Dr.-Karl-Heinrich-Bette/Heldengeschichten-im-Sport.html.

Bette, K.-H. (2010b). *Sportsoziologie* (Einsichten). Bielefeld: transcript Verlag.

Biel, A.L. (2001). Grundlagen zum Markenaufbau. In F.-R. Esch (Hrsg.), *Moderne Markenführung. Grundlagen, innovative Ansätze, praktische Umsetzungen* (S. 61-90). Wiesbaden: Gabler.

Bierhoff-Alfermann, D. (1986). *Sportpsychologie.* Stuttgart: Kohlhammer.

Bild.de (2014, 14. April). *Michael Schumacher – Managerin Sabine Kehm verrät bei Günther Jauch: Eindringling gab sich als Schumis Vater aus.* Zugriff am 6. Mai 2014 unter http://www.bild.de/sport/motorsport/michael-schumacher-skiunfall/managerin-kehm-ueber-unglaubliche-vorfaelle-35496918.bild.html.

Birken AS (o. J.a). *Birkebeinerrennet. Welcome to the 77th Birkebeinerrennet March 21st 2015.* Zugriff am 19. August 2014 unter http://www.birkebeiner.no/en/MainMenu/Events/Ski1/Birkebeinerrennet/.

Birken AS (o. J.b). *Birkebeinerrittet. Welcome to the 22nd Birkebeinerrittet 2014, August 30th.* Zugriff am 19. August 2014 unter http://www.birkebeiner.no/en/MainMenu/Events/Cycle/Birkebeinerrittet/.

Birken AS (o. J.c). *Ski. Bike. Run. The Triple.* Zugriff am 19. August 2014 unter http://www.birkebeiner.no/en/.

Birken AS (o. J.d). *The Birkebeiner History. The Birkebeiner races – the historical background.* Zugriff am 19. August 2014 unter http://www.birkebeiner.no/en/MainMenu/About-Birken/About-Birken/The-Birkebeiner-History/.

Bliege Bird, R. & Smith, E.A. (2005). Signaling Theory, Strategic Interaction, and Symbolic Capital. *Current Anthropology, 46* (2), 221-248. Zugriff am 24. Februar 2014 unter http://www.jstor.org/stable/10.1086/427115.

Bliesener, T. (2009). Hooliganismus. In A. Beelmann (Hrsg.), *Diskriminierung und Toleranz [Elektronische Ressource]. Psychologische Grundlagen und Anwendungsperspektiven* (S. 319-336). Wiesbaden: VS Verlag für Sozialwissenschaften.

Blog Buzzter (o. J.). *DFB-Kampagne für Amateur-Fußall: „Sein Pass spielt keine Rolle. Seine Pässe schon."*. Zugriff am 20. August 2014 unter http://blogbuzzter.de/2013/11/dfb-kampagne-fur-amateur-fusball-sein-pass-spielt-keine-rolle-seine-passe-schon/.

Böhm, A. (2006). Kein Held, nirgendwo. *Die Zeit* (2006, 29. Juni), 8.

Bohnensteffen, M. (2014, 4. Mai). *Schwager von Ex-Tennis-Star Boris Becker begeht Selbstmord.* Zugriff am 6. Mai 2014 unter http://www.huffingtonpost.de/2014/05/04/schwager-boris-becker-selbstmord_n_5263230.html.

Bohus, J. (1986). *Sportgeschichte. Gesellschaft und Sport von Mykene bis heute.* München: BLV Buchverlag.

Boorstin, D.J. (1961). *The Image or What Happened to the American Dream.* New York: Weidenfeld & Nicolson.

Bortz, J. & Döring, N. (2009). *Forschungsmethoden und Evaluation. Für Human- und Sozialwissenschaftler* (Springer-Lehrbuch) (4. Aufl.). Heidelberg: Springer Medizin Verlag.

Böttger, C. (2006). Die Legende vom heiligen Fußballer. Im Februar 1958 verunglückte die Mannschaft von Machester United in München. Unter den Opfern war Duncan Edwards, die größte Hoffnung des Teams. Seine englische Heimat Dudley ist heute ein Pilgerziel für Fußball-Fans. *Frankfurter Allgemeine Sonntagszeitung* (2006, 16. April), V3.

Bourdieu, P. (1980). The production of belief: contribution to an economy of symbolic goods. *Media, Culture & Society, 2* (3), 261-293. Zugriff am 24. Februar 2014 unter http://mcs.sagepub.com/content/2/3/261.

Bourdieu, P. (1983). Ökonomisches Kapital, kulturelles Kapital, soziales Kapital. In R. Kreckel (Hrsg.), *Soziale Ungleichheiten* (Soziale Welt: Sonderband, 2, S. 183-198). Göttingen: Schwartz.

BRAINPOOL TV GmbH (o. J.). *Programme / Shows / Der Bachelor.* Zugriff am 29. April 2014 unter http://www.brainpool.de/de/Programme/Shows/Der-Bachelor.

Brichzi, D. (2014, 14. April). *Schumacher-Talk bei Günther Jauch: Die Bösen, das sind die anderen. Um Michael Schumacher und die Berichterstattung über ihn sollte es bei Günther Jauch gehen. Doch eine Diskussion kam nicht zustande, die Gäste fanden die „Bild"-Zeitung alle ganz toll. Man war sich einig: Die Schmuddelkinder sind die Online-Medien.* Zugriff am 6. Mai 2014 unter http://www.spiegel.de/kultur/tv/michael-schumacher-talk-bei-guenther-jauch-was-darf-boulevardpresse-a-964215.html.

Brinkmann, T. (2001). Sport und Medien – Die Auflösung einer ursprünglichen Interessengemeinschaft? Sportvermarktung und Berichterstattung im Widerstreit. In G. Roters, W. Klingler & M. Gerhards (Hrsg.), *Sport und Sportrezeption* (Schriftenreihe Forum Medienrezeption, 5, S. 41-57). Baden-Baden: Nomos Verlagsgesellschaft.

Brockhaus (Hrsg.) (1997). *Die Enzyklopädie in vierundzwanzig Bänden* (20. Aufl.). Leipzig, Mannheim: Verlag F.A. Brockhaus.

Brower-Rabinowitsch, G. (2006). „Die Helden müssen bluten". *Handelsblatt* (2006, 24. Januar), 20.

Bruhn, M. (2010). *Sponsoring [Elektronische Ressource]. Systematische Planung und integrativer Einsatz* (5. Aufl.). Wiesbaden: Gabler.

Bryant, J., Comisky, P. & Zillmann, D. (1977). Drama in Sport Commentary. *Journal of Communication, 27* (3), 140-149.

Bühler, A.W. & Nufer, G. (2013). Marketing im Sport. In G. Nufer & A.W. Bühler (Hrsg.), *Marketing im Sport. Grundlagen und Trends des modernen Sportmarketing* (Sportmanagement, 2, S. 27-59). Berlin: Schmidt.

Bühler, A.W. & Schunk, H. (2013). Markenmanagement im Sport. In G. Nufer & A.W. Bühler (Hrsg.), *Marketing im Sport. Grundlagen und Trends des modernen Sportmarketing* (Sportmanagement, 2, S. 117-146). Berlin: Schmidt.

Bulitta, E. & Bulitta, H. (1990). *Wörterbuch der Synonyme und Antonyme. 18000 Stichwörter mit 200000 Worterklärungen: Sinn- und sachverwandte Wörter und Begriffe sowie deren Gegenteil und Bedeutungsvarianten.* Frankfurt am Main: Fischer Taschenbuch Verlag.

Bundesministerium für Wirtschaft und Technologie (2012, 23. Januar). *Schlaglichter der Wirtschaftspolitik. Monatsbericht Februar 2012.* Zugriff am 21. Januar 2014 unter http://www.bmwi.de/Dateien/BMWi/PDF/Monatsbericht/schlaglichter-der-wirtschaftspolitik-02-2012,property=pdf,bereich=bmwi2012,sprache=de,rwb=true.pdf.

Bundeszentrale für politische Bildung (o. J.). *Unterzeichnung des Einigungsvertrags*. Zugriff am 30. April 2014 unter http://www.bpb.de/politik/hintergrund-aktuell/68736/unterzeichnung-einigungsvertrag.

Burkart, R. (2002). *Kommunikationswissenschaft. Grundlagen und Problemfelder. Umrisse einer interdisziplinären Sozialwissenschaft* (UTB, 2259) (4. Aufl.). Wien: Böhlau.

Byrne, J. (1998). *Batman & Captain America*. o. O.: DC Comics.

Cachay, K. & Thiel, A. (2000). *Soziologie des Sports. Zur Ausdifferenzierung und Entwicklungsdynamik des Sports der modernen Gesellschaft* (Grundlagentexte Soziologie). Weinheim: Juventa-Verlag.

Campbell, R.M., Aiken, D. & Aubrey, K. (2004). Beyond BIRGing and CORFing: Continuing the Exploration of Fan Behavior. *Sport Marketing Quarterly, 13* (2), 151-157.

China Post Group (2013, 12. Oktober). *China Post, Sweden Post Jointly Launch Table Tennis Stamps*. Zugriff am 20. August 2014 unter http://english.chinapost.com.cn/html/Home/report/733-1.htm.

Cialdini, R.B., Borden, R.J., Thorne, A., Walker, M.R., Freeman, S. & Sloan, L.R. (1976). Basking in Reflected Glory: Three (Football) Field Studies. *Journal of Personality and Psychology, 12* (3), 366-375.

Cialdini, R.B. & Richardson, K.D. (1980). Two Indirect Tactics of Image Management: Basking and Blasting. *Journal of Personality and Psychology, 16* (3), 406-415.

Classen, C.J. (2008). *Vorbilder – Werte – Normen in den homerischen Epen* (Beiträge zur Altertumskunde, 260). Berlin: de Gruyter.

Clausen, M. (2004, 23. August). *Inspiriert von Homers „Ilias"? Wolfgang Petersens Filmepos „Troja" ist nicht konsequent genug*. Zugriff am 28. November 2013 unter http://www.literaturkritik.de/public/rezension.php?rez_id=7188&ausgabe=200407.

Comisky, P., Bryant, J. & Zillmann, D. (1977). Commentary as a Substitute for Action. *Journal of Communication, 27* (3), 150-153.

Coubertin, P. de (o. J.a). *Das Wesentliche ist nicht, gesiegt, sondern sich wacker geschlagen zu haben*. Zugriff am 20. August 2014 unter http://www.aphorismen.de/zitat/132571.

Coubertin, P. de (o. J.b). *The most important thing in the Olympic Games is not winning but taking part; the essential thing in life is not conquering but fighting well*. Zugriff am 20. August 2014 unter http://www.brainyquote.com/quotes/quotes/p/pierre-deco140514.html.

Coubertin, P. de (1997). Zitat. In H.-H. Skupy (Hrsg.), *Das große Handbuch der Zitate. 25000 treffende Aussprüche und Sprichwörter von A-Z* (S. 479). München: Bertelsmann Lexikon.

dasauge (o. J.). *FIFA stellt Logo der WM 2014 vor*. Zugriff am 20. August 2014 unter http://www.dasauge.de/aktuell/design/e1579?bild=2363.

Daschmann, G. (2007). Der Preis der Prominenz. Medienpsychologische Überlegungen zu den Wirkungen von Medienberichterstattung auf die dargestellten Akteure. In T. Schierl (Hrsg.), *Prominenz in den Medien. Zur Genese und Verwertung von Prominenten in Sport, Wirtschaft und Kultur* (S. 184-211). Köln: Halem.

Davis, D. (1994). *Fallen hero. The shocking true story behind the O. J. Simposon tragedy*. New York: St. Martin's Paperbacks.

Decker, W. (1995). *Sport in der griechischen Antike. Vom minoischen Wettkampf bis zu den Olympischen Spielen*. München: C.H. Beck.

Delvaux Fenffe, G. de (2008, 1. Juni). *Abraham.* Zugriff am 28. November 2013 unter http://www.planet-wissen.de/politik_geschichte/juden/weltreligion_judentum/abraham.jsp.

design your trust (o. J.). *FIFA Women's World Cup 2011.* Zugriff am 19. September 2014 unter http://designyoutrust.com/2010/12/fifa-womens-world-cup-2011/.

Deutscher Fußball-Bund (o. J.). *DFB-Generalsponsor Mercedes-Benz.* Zugriff am 30. März 2014 unter http://www.dfb.de/index.php?id=11090.

DFB (2014). *Zuschauerzahlen.* Zugriff am 28. September 2014 unter http://www.dfb.de/bundesliga/statistik/zuschauerzahlen/.

Dichtl, E. (1992). Grundidee, Varianten und Funktionen der Markierung von Waren und Dienstleistungen. In E. Dichtl & W. Eggers (Hrsg.), *Marke und Markenartikel als Instrumente des Wettbewerbs* (Beck-Wirtschaftsberater, S. 1-23). München: Deutscher Taschenbuch-Verlag.

Die Welt (2013, 29. Dezember). *Schumachers Verletzungen schwerer als angenommen. Michael Schumacher ist in Frankreich Opfer eines Skiunfalls geworden. Die Formel-1-Legende wurde ins Krankenhaus geflogen. Und dann verlegt. Laut Polizeibericht wegen der Schwere der Verletzungen.* Polizeibericht. Zugriff am 5. Mai 2014 unter http://www.welt.de/sport/formel1/article123375283/Schumachers-Verletzungen-schwerer-als-angenommen.html.

Dietl, H. & Franck, E. (2008). *Millisekunden und Milliarden. 30 Analysen zur Ökonomie des Sports* (NZZ Libro). Zürich: Verlag Neue Zürcher Zeitung.

Dietzsch, C. (2010). *Sporthelden und Sportstars auf lokaler und globaler Ebene. Theoretische Modellbildung, Einordnung ausgewählter Beispiele und Begriffsverständnis bei Sportstudierenden.* Staatsexamensarbeit (unveröffentlicht). Mainz: Johannes Gutenberg-Universität Mainz, Institut für Sportwissenschaft.

Digel, H. & Burk, V. (2001). Sport und Medien. Entwicklungstendenzen und Probleme einer lukrativen Beziehung. In G. Roters, W. Klingler & M. Gerhards (Hrsg.), *Sport und Sportrezeption* (Schriftenreihe Forum Medienrezeption, 5, S. 15-31). Baden-Baden: Nomos Verlagsgesellschaft.

Dimitriou, M., Sattlecker, G. & Müller, E. (2010). Der „Mythos Córdoba 1978" im Spiegel der Berichterstattung über die Fußballeuropameisterschaft 2008. Zwischen diskursiver Rekonstruktion des Vergangenen und kollektiver Identitätsbildung. The "Córdoba Myth" of 1978 as Reflected in the Coverage of the 2008 European Football Championships: Between Discursive Reconstruction of the Past and Collective Identity Development. *Sport und Gesellschaft – Sport and Society, 7* (2), 145-174. Zugriff am 1. August 2013 unter http://www.sportundgesellschaft.de/index.php/sportundgesellschaft/article/view/141/135.

Dornemann, T. (2005). *Tischtennis im Fernsehen.* Münster: GRIN Verlag.

Dreitzel, H.P. (1962). *Elitebegriff und Sozialstruktur. Eine soziologische Begriffsanalyse* (Göttinger Abhandlungen zur Soziologie unter Einschluss ihrer Grenzgebiete, 6). Stuttgart: Ferdinand Enke Verlag.

Drucker, S.J. (1994). The Mediated Sports Hero. In S.J. Drucker & R.S. Cathcart (Hrsg.), *American Heroes in a Media Age* (The Hampton Press communication series: Mass communications and journalism, S. 82-93). Cresskill: Hampton Press.

Drucker, S.J. & Cathcart, R.S. (1994). The Hero as a Communication Phenomenon. In S.J. Drucker & R.S. Cathcart (Hrsg.), *American Heroes in a Media Age* (The Hampton Press communication series: Mass communications and journalism, S. 1-11). Cresskill: Hampton Press.

Duden.de (2014, 30. April). *Celebrity, die*. Zugriff am 30. April 2014 unter http://www.duden.de/rechtschreibung/Celebrity.

Dudenredaktion (Hrsg.) (1985). *Duden. Bedeutungswörterbuch* (2. Aufl.). Mannheim, Wien, Zürich: Bibliographisches Institut GmbH.

Dudenredaktion (Hrsg.) (1997). *Duden. Fremdwörterbuch* (6. Aufl.). Mannheim, Wien, Zürich: Bibliographisches Institut GmbH.

Duffin, C. (2014, 11. Juli). *Four suspended over Vanessa-Mae Olympic qualifier race. An investigation is launched into a Sochi Wintwer Olympics qualifier as four Slovenian ski officials are suspended for allegedly rigging the results of the race*. Zugriff am 25. Juli 2014 unter http://www.telegraph.co.uk/news/10963048/Four-suspended-over-Vanessa-Mae-Olympic-qualifier-race.html.

Dunker, R. (2003). Kapitän Wooge, viel Bier und das Spektakel auf der Themse. *Die Welt* (2003, 5. April), 25.

Dunning, E. (1981). Sport und Gewalt in sozialhistorischer Perspektive. In T. Kutsch (Hrsg.), *Sport und Gesellschaft. Die Kehrseite der Medaille* (Soziale Probleme der Gegenwart, 4, S. 135-152). Königstein: Hain.

Durchholz, C. (2012). *Ko-Kreation von Werten im Dienstleistungsmanagement [Elektronische Ressource]. Eine empirische Analyse des Einflusses anderer Personen bei Sportevents*. Wiesbaden: Gabler.

Duret, P. (1993). Sémiotique de l'héroisme sportif. In E. Strähl & G. Anders (Hrsg.), *Spitzensportler – Helden und Opfer: Bericht zum 31. Magglinger Symposium vom 28.-30. Mai 1992. Le sportif de haut niveau: héros et victime* (Schriftenreihe der ESSM, 53, S. 49-61). Magglingen: ESSM.

Duret, P. & Wolff, M. (1994). The Semiotics of Sport Heroism. *International Review for the Sociology of Sport, 29* (2), 135-146.

Durkheim, É. (1995). *Die Regeln der soziologischen Methode* (Suhrkamp-Taschenbuch Wissenschaft, 464) (3. Aufl.). Frankfurt am Main: Suhrkamp.

Eder, M. (2006a). Sandplatz oder Studium – eine Reifeprüfung. *Frankfurter Allgemeine Zeitung* (2006, 17. Mai), 57.

Eder, M. (2006b). Tränen, Schmerzen, Krisen – drei Triathlon-Schicksale. *Frankfurter Allgemeine Zeitung* (2006, 24. Juli), 47.

Eder, M. (2006c). Oliver Kahns Triumph-Marsch. *Frankfurter Allgemeine Sonntagszeitung* (2006, 9. Juli), 14.

Eder, M. & Khutor, R. (2014, 18. Februar). *Immerhin nicht völlig vergeigt. Vanessa Mae im Riesenslalom*. Stargeigerin Vanessa Mae erfüllt sich ihren olympischen Traum: Die Thailänderin erreicht im Riesenslalom das Ziel – mit 50 Sekunden Rückstand auf Siegerin Tina Maze. Zugriff am 25. Juli 2014 unter http://www.faz.net/aktuell/sport/olympische-winterspiele/skisport/vanessa-mae-im-riesenslalom-immerhin-nicht-voellig-vergeigt-12808666.html?printPagedArticle=true#pageIndex_2.

Edmonds, A.O. (1982). Sports, Ritual, and Myth. In D.D. Hoover & J.T.A. Koumoulides (Hrsg.), *Conspectus of History. Volume I, Number VIII – Sports and Society* (S. 27-42). Muncie: Department of History Ball State University.

Eilers, J. (1978). 5.3 Sport in 12 Cicero: Gesetze der Boulevardpresse. In J. Hackforth & S. Weischenberg (Hrsg.), *Sport und Massenmedien* (S. 215-232). Bad Homburg v.d.H: Limpert.

Eisenberg, C. (1999). *„English sports" und deutsche Bürger. Eine Gesellschaftsgeschichte 1800-1939.* Paderborn, München, Wien, Zürich: Schöningh.

Eisenberg, C. (2004). Fußball als globales Phänomen. Historische Perspektiven. *Aus Politik und Zeitgeschichte. Beilage zur Wochenzeitung Das Parlament, 54* (26), 7-15.

Eisenegger, M. (2005). *Reputation in der Mediengesellschaft. Konstitution – Issues Monitoring – Issues Management.* Wiesbaden: VS Verlag für Sozialwissenschaften.

Eisenhofer, S. (2006). Gemachte Männer. Die Helden des Fußballs. Football-Made Men. The Heroes of a Global Game. In K. Guggeis (Hrsg.), *Fussball. Ein Spiel – Viele Welten. Football. One Game – Many Worlds* (S. 124-131). Stuttgart: Arnoldsche.

Elias, N. (1971). *Was ist Soziologie?* (Grundfragen der Soziologie, 1) (2. Aufl.). Weinheim: Juventa-Verlag.

Elias, N. (1975). Die Genese des Sports als soziologisches Problem. In K. Hammerich & K. Heinemann (Hrsg.), *Texte zur Soziologie des Sports. Sammlung fremdsprachiger Beiträge.* Sport als symbolischer Dialog (Texte – Quellen – Dokumente zur Sportwissenschaft, 11, S. 81-109). Schorndorf: Hofmann.

Elias, N. (1983). Die Genese des Sports. In N. Elias & E. Dunning (Hrsg.), *Sport im Zivilisationsprozess. Studien zur Figurationssoziologie* (Sport: Kultur, Veränderung, 8, S. 9-46). Münster: Lit-Verlag.

Elias, N. (2001). *Die Gesellschaft der Individuen.* Frankfurt am Main: Suhrkamp.

Elias, N. (2003). Einführung. In N. Elias & E. Dunning (Hrsg.), *Sport und Spannung im Prozeß der Zivilisation* (Norbert Elias – Gesammelte Schriften, 7, S. 42-120). Frankfurt am Main: Suhrkamp.

Emrich, E. (1992). Fußball und Gesellschaft – sozialgeschichtliche und soziologische Aspekte eines Wechselwirkungsverhältnisses. *Sozial- und Zeitgeschichte des Sports, 6* (2), 53-66.

Emrich, E. (2002). Werte im Sport. Einige soziologische Anmerkungen über Werte und Wertungen. *Leistungssport, 32* (6), 24-29.

Emrich, E. & Messing, M. (2001). Helden im Sport? Sozial- und zeithistorische Überlegungen zu einem aktuellen Phänomen. In S. Meck (Hrsg.), *Festschrift für Dieter Voigt* (Gesellschaft und Kultur, 1, S. 43-68). Hamburg: Lit-Verlag.

Emrich, E., Papathanassiou, V. & Pitsch, W. (2000). Zur Diffusion olympiabezogener Werte in die Alltagswelt – aufgezeigt am Beispiel der Laufbewegung. In M. Messing & N. Müller (Hrsg.), *Blickpunkt Olympia: Entdeckungen, Erkenntnisse, Impulse. Focus on olympism: Discoveries, Discussions, Directions* (Olympische Studien, 5, S. 191-204). Kassel, Sydney: Agon-Sportverlag.

Enders, E. (o. J.). *Athlete of the Century.* Zugriff am 20. Dezember 2006 unter http://www.utexas.edu/students/jackie/robinson/athlete.html.

Erll, A. (2005). *Kollektives Gedächtnis und Erinnerungskulturen. Eine Einführung.* Stuttgart: Metzler.

Esch, F.-R. (2011). *Strategie und Technik der Markenführung [Elektronische Ressource]* (6. Aufl.). München: Vahlen.

Esch, F.-R., Wicke, A. & Rempel, J.E. (2005). Herausforderungen und Aufgaben des Markenmanagements. In F.-R. Esch (Hrsg.), *Moderne Markenführung. Grundlagen, innovative Ansätze, praktische Umsetzungen* (S. 3-60). Wiesbaden: Gabler.

European Table Tennis Union (2013, 9. Oktober). *Waldner first foreigner on a Chinese stamp.* Zugriff am 20. August 2014 unter http://www.ettu.org/2013/10/waldner-first-foreigner-on-a-chinese-stamp/.

Ewers, C. (2001, 2. Juli). *Kleiner Mann, was nun? Die Regeländerungen im Beach-Volleyball erfordern einen neuen Spielertyp.* Zugriff am 1. April 2014 unter http://www.berliner-zeitung.de/archiv/die-regelaenderungen-im-beach-volleyball-erfordern-einen-neuen-spielertyp-kleiner-mann--was-nun-,10810590,9916072.html.

Faulstich, W. (1991). Stars: Idole, Werbeträger, Helden. Sozialer Wandel durch Medien. In Deutsches Institut für Fernstudien an der Universität Tübingen (Hrsg.), *Medien und Kommunikation. Konstruktionen von Wirklichkeit* (Studienbrief, 7, S. 39-79). Weinheim; Basel: Beltz Verlag.

Faulstich, W. (2000). Sternchen, Star, Superstar, Megastar, Gigastar. Vorüberlegungen zu einer Theorie des Stars als Herzstück populärer Weltkultur. In C.Y. Robertson & C. Winter (Hrsg.), *Kulturwandel und Globalisierung* (S. 293-306). Baden-Baden: Nomos Verlagsgesellschaft.

Faulstich, W. & Korte, H. (Hrsg.) (1997). *Der Star. Geschichte, Rezeption, Bedeutung.* München: Fink.

Faulstich, W. & Korte, H. (1997). Einleitung. In W. Faulstich & H. Korte (Hrsg.), *Der Star. Geschichte, Rezeption, Bedeutung* (S. 7-10). München: Fink.

Faulstich, W., Korte, H., Lowry, S. & Strobel, R. (1997). „Kontinuität" – zur Imagefundierung des Film- und Fernsehstars. In W. Faulstich & H. Korte (Hrsg.), *Der Star. Geschichte, Rezeption, Bedeutung* (S. 11-28). München: Fink.

Faure, J.-M. (1996). National Identity and the Sporting Champion: Jean Borotra and French History. *International Journal of the History of Sport, 13* (1), 86-100.

FAZ.net (2012, 17. April). *Finanzieller Meilenstein für Bundesliga. Auch von 2013 an zeigen ARD, ZDF und Sky die Spiele der Fußball-Bundesliga – und zahlen deutlich mehr Geld als bisher an den Ligaverband. Die Telekom ist bei der Rechtevergabe der große Verlierer.* Fußball-Übertragungsrechte. Zugriff am 17. Januar 2014 unter http://www.faz.net/aktuell/sport/fussball/bundesliga/fussball-uebertragungsrechte-finanzieller-meilenstein-fuer-bundesliga-11720863.html.

FAZ.net (2014, 11. Juli). *Resultate für Vanessa Mae gefälscht. Skifunktionäre suspendiert.* Der slowenische Skiverband hat vier Offizielle gesperrt. Sie sollen Skirennen manipuliert haben – um Stargeigerin Vanessa Mae zur Olympiaqualifikation zu verhelfen. Zugriff am 25. Juli 2014 unter http://www.faz.net/aktuell/sport/wintersport/skifunktionaere-suspendiert-resultate-fuer-vanessa-mae-gefaelscht-13040479.html.

Fischer, B. (2013). *kanuFISCH. Lernen von und mit Birgit Fischer. Person.* Zugriff am 5. Mai 2014 unter http://kanufisch.com/?page_id=85.

Fischer, L. & Wiswede, G. (2002). *Grundlagen der Sozialpsychologie* (Wolls Lehr- und Handbücher der Wirtschafts- und Sozialwissenschaften) (2. Aufl.). München: Oldenbourg.

Fischer, M., Hieronimus, F. & Kranz, M. (2002). *Markenrelevanz in der Unternehmensführung – Messung, Erklärung und empirische Befunde für B2C-Märkte.* Zugriff am 30. März 2014 unter http://marketing-centrum.uni-muenster.de/ias/de/forschung/arbeitspapiere/Dokumente/AP_McK_1.pdf.

Fiske, S.T., Lin, M. & Neuberg, S.L. (1999). The Continuum Model. Ten Years Later. In S. Chaiken & Y. Trope (Hrsg.), *Dual-process theories in social psychology* (S. 231-254). New York: Guilford Press.

Focus Online (o. J.). *Islamlexikon. Abraham.* Stammvater der Araber. Zugriff am 28. November 2013 unter http://www.focus.de/wissen/mensch/religion/islam/islamlexikon/abraham_aid_12248.html.

Focus Online (2012, 9. August). *Wutwelle gegen Hühnerbrust-Trikot von Werder Bremen. Fans laufen Sturm gegen Sponsor Wiesenhof.* Zugriff am 18. November 2013 unter http://www.focus.de/sport/fussball/werder-bremen-fans-laufen-sturm-gegen-neuen-sponsor-shitstorm-gegen-die-geplante-huehnerbrust-auf-dem-trikot_aid_796541.html.

Focus Online (2013, 5. Juli). *A-, B- oder Z-Promi: Wer blickt da noch durch?* Zugriff am 28. Juli 2014 unter http://www.focus.de/kultur/vermischtes/promis-a-b-oder-z-promi-werblickt-da-noch-durch_aid_1035946.html.

Franck, E. (2005). Warum gibt es Stars? – Drei Erklärungsansätze. In M.-P. Büch & H.M. Schellhaaß (Hrsg.), *Ökonomik von Sportligen* (Texte, Quellen, Dokumente zur Sportwissenschaft, 33, S. 17-28). Schorndorf: Hofmann.

Franck, E. & Nüesch, S. (2012). Talent and/or Popularity: What Does It Take to Be a Superstar? *Economic Inquiry, 50* (1), 202-216. Zugriff am 6. Januar 2014 unter http://onlinelibrary.wiley.com/doi/10.1111/j.1465-7295.2010.00360.x/pdf.

Franck, G. (1998). *Ökonomie der Aufmerksamkeit. Ein Entwurf* (Edition Akzente). München: Hanser.

Frank, A. (2013, 6. September). *Lierhaus bei Beckmann: „Vollkommene Leere, Reinhold".* Zugriff am 5. Mai 2014 unter http://www.spiegel.de/kultur/tv/monica-lierhaus-bei-beckmann-a-920715.html.

Frankfurter Rundschau (2000, 7. Juni). *Der Soziologe Gunter Gebauer über den unterhaltenden Fußball, verliebte Spieler und die Sport-Geld-Ehe – ein FR-Interview.* Zugriff am 12. September 2014 unter http://www.leisser.de/download/interview%20gebauer.pdf.

Frick, B. (2005). Die Einkommen von „Superstars" und „Wasserträgern" im professionellen Teamsport. Ökonomische Analyse und empirische Befunde. In M.-P. Büch & H.M. Schellhaaß (Hrsg.), *Ökonomik von Sportligen* (Texte, Quellen, Dokumente zur Sportwissenschaft, 33, S. 79-101). Schorndorf: Hofmann.

Friederici, M.R. (1998). *Sportbegeisterung und Zuschauergewalt. Eine empirische Studie über Alltagstheorien von Sportlerinnen und Sportlern* (Studien zur Sportsoziologie, 6). Münster: Lit-Verlag.

Friedman, I.C. (2010, 31. Januar). *Words Matter. The Quotations that Shape, Reflect, and Explain America.* Zugriff am 14. August 2014 unter ttp://www.iancfriedman.com/?p=35.

Frommeyer, P. (2006a). Der schmerzhafte Sturz des Hoffnungsträgers. *Handelsblatt* (2006, 17. Juli), 19.

Frommeyer, P. (2006b). Demütigung und Desaster, Prügel und Provinz-Posse. *Handelsblatt* (2006, 27. November), 19.

Fuechtjohann, J. (2011). Die Auferstehung der Superhelden. *Süddeutsche Zeitung* (2011, 17. August), 9.

Gabler, H. (1998). Zuschauen im Sport – Sportzuschauer. In B. Strauß (Hrsg.), *Zuschauer* (S. 114-138). Göttingen, Bern, Toronto, Seattle: Hogrefe Verlag für Psychologie.

gala.de (2014). *Victoria Beckham*. Zugriff am 29. April 2014 unter http://www.gala.de/stars/starportraets/victoria-beckham_1027099.html.

Gebauer, G. (1988). Einleitung. In G. Gebauer (Hrsg.), *Körper- und Einbildungskraft: Inszenierungen der Helden im Sport* (Reihe Historische Anthropologie, 2, S. 3-7). Berlin: Reimer.

Gebauer, G. (1996). Die Mythen-Maschine. *Der Spiegel, 50* (35), 150-152.

Gebauer, G. (1997). Die Mythen-Maschine. In V. Caysa (Hrsg.), *Sportphilosophie* (Reclam-Bibliothek, 1578, S. 290-317). Leipzig: Reclam.

Gendolla, P. (1988). *Idole in den Massenmedien* (Veröffentlichungen des Forschungsschwerpunkts Massenmedien und Kommunikation an der Universität-Gesamthochschule-Siegen, 51). Siegen: Forschungsschwerpunkt Massenmedien und Kommunikation an der Universität-Gesamthochschule-Siegen.

Gerhards, M., Klingler, W. & Neuwöhner, U. (2001). Sportangebot und Nutzung in den elektronischen Medien. In G. Roters, W. Klingler & M. Gerhards (Hrsg.), *Sport und Sportrezeption* (Schriftenreihe Forum Medienrezeption, 5, S. 133-147). Baden-Baden: Nomos Verlagsgesellschaft.

Gertz, H. (2003). Kleine Piraten. *Süddeutsche Zeitung* (2003, 5. Juli), Wochenende I.

Geßner, A., Renner, K.-H. & Laux, L. (2004). Kult um Kahn und Co – Personenkult im Leistungssport. *uni.vers. Das Magazin der Otto-Friedrich-Universität Bamberg* (6), 14-17.

Gilmour, C. & Rowe, D. (2010). When Becks came to Sydney: multiple readings of a sport celebrity. *Soccer & Society, 11* (3), 229-241.

Giulianotti, R. (2002). Supporters, Followers, Fans, and Flaneurs: A Taxonomy of Spectator Identities in Football. *Journal of Sport & Social Issues, 26* (1), 25-46.

Giurgi, P. (2008). *Gewalt bei Sportereignissen. Fußball und Hooliganismus: der Hooligan im Mann*. Marburg: Tectum-Verlag.

Gleich, U. (1996). Sind Fernsehpersonen die „Freunde" des Zuschauers? Ein Vergleich zwischen parasozialen und realen Beziehungen. In P. Vorderer (Hrsg.), *Fernsehen als „Beziehungskiste". Parasoziale Beziehungen und Interaktionen mit TV-Personen* (S. 113-144). Opladen: Westdeutscher Verlag.

Gnädinger, J. (2010). *Media Sports. Which features characterize a sport to become a media sport?* A Thesis Submitted in Partial Fulfillment of the Requirements for the Degree of Master of Science SFISM in Sports (unveröffentlicht). Magglingen: Bern University of Applied Sciences, Swiss Federal Institute of Sports Magglingen.

Gödecke, C. (2012, 23. Juli). *Olympische Momente. Zwei Bahnen, eine Ewigkeit*. Zugriff am 15. Juli 2014 unter http://www.spiegel.de/einestages/olympia-2000-eric-moussambani-und-sein-rekord-in-sydney-a-947650.html.

Goetz, P.W., Hoiberg, D.H. & MacHenry, R. (Hrsg.) (2010). *The New Encyclopaedia Britannica. In 32 volumes* (15. Aufl.). Chicago: Encyclopaedia Britannica.

Goffman, E. (1966 [1961]). *Encounters. Two studies in the Sociology of Interaction.* Indianapolis: Bobbs-Merrill.

Goffman, E. (1973). *Interaktion: Spaß am Spiel, Rollendistanz* (Serie Piper, 62). München: Piper.

Goffman, E. (1975). *Stigma. Über Techniken der Bewältigung beschädigter Identität.* Frankfurt am Main: Suhrkamp.

Gonzalez-Balzar, P. (2007, 25. Juli). *Konditionstraining und sportmedizinische Betreuung in der 1. Fußballbundesliga.* Zugriff am 27. April 2014 unter http://ediss.sub.uni-hamburg.de/volltexte/2008/3575/.

Götz, O., Hoyer, W.D., Krafft, M. & Reinartz, W.J. (2012). Der Einsatz von Customer Relationship Management zur Steuerung von Kundenzufriedenheit. In C. Homburg (Hrsg.), *Kundenzufriedenheit. Konzepte – Methoden – Erfahrungen* (S. 369-394). Wiesbaden: Gabler.

Grand Dictionnaire Encyclopédique Larousse (1983). *Grand Dictionnaire Encyclopédique Larousse.* Paris: Éditions Larousse.

Grawitch, M.J. (o. J.). *The Strate-Trait Controvery in Personality Research.* Zugriff am 14. März 2014 unter http://www.slu.edu/x13437.xml.

Greenwood, B.P., Kanters, M.A. & Casper, J.M. (2006). Sport Fan Team Identification Formation in Mid-Level Professional Sport. *European Sport Management Quarterly, 6* (3), 253-265.

Gross, M. (1999). Sport, Stars und mulitmediale Vermarktung – Entstehung von Sportprominenz und ihr individueller Umgang damit. In G. Trosien & M. Dinkel (Hrsg.), *Verkaufen Medien die Sportwirklichkeit? Authentizität – Inszenierung – Märkte* (S. 119-123). Aachen: Meyer & Meyer.

Grupe, O. (1987). *Sport als Kultur* (Texte + Thesen, 198). Zürich; Osnabrück: Edition Interfrom; Fromm.

Güntheroth, H., Kruttschnitt, C. & Elleringmann, S. (1998). Die Sucht nach Ruhm. *Stern* (31), 30-40.

Haase, H. (2001). Theoretische Modelle des Sportsponsoring. In G. Trosien, H. Haase & D. Mussler (Hrsg.), *Huckepackfinanzierung des Sports: Sportsponsoring unter der Lupe* (Sportökonomie, 2, S. 9-30). Schorndorf: Hofmann.

Hackforth, J. (2001). Auf dem Weg in die Sportgesellschaft? In G. Roters, W. Klingler & M. Gerhards (Hrsg.), *Sport und Sportrezeption* (Schriftenreihe Forum Medienrezeption, 5, S. 33-40). Baden-Baden: Nomos Verlagsgesellschaft.

Hahnzog, S. (2014). *Ausgewählte Aspekte der Sozialpsychologie: Soziale Kognition.* Zugriff am 14. März 2014 unter http://www.hahnzog.de/organisationsberatung/sozial-psychologie-soziale-kognition.

Hajok, D., Selg, O. & Hackenbert, A. (Hrsg.) (2012). *Auf Augenhöhe? Rezeption von Castingshows und Coachingsendungen* (Alltag, Medien und Kultur, 10). Konstanz: UVK Verlagsgesellschaft.

Halbwachs, M. (1967). *Das kollektive Gedächtnis.* Übersetzung aus dem Französischen von Holde Lhoest-Offermann. Stuttgart: Enke.

Handelsblatt.de (2012, 14. Juni). *ZDF mit Traumquote bei Deutschland-Niederlande. Traumquote für das ZDF: Die Live-Übertragung des Duells zwischen Deutschland und den Niederlanden in Charkow sahen 27,22 Millionen, der Marktanteil betrug*

74,9 Prozent. Fußball EM. Zugriff am 16. Januar 2014 unter http://www.handels-blatt.com/fussball-em-zdf-mit-traumquote-bei-deutschland-nieder-lande/6749758.html.

Handke, P. (1980). Die Welt im Fußball. In R. Lindner (Hrsg.), *Der Fußballfan. Ansichten vom Zuschauer* (S. 23-28). Frankfurt am Main: Syndikat Verlag.

Hanks, P., Waite, M., Hawker, S., Bailey, C., Coleman, M. & Cowley, C. (Hrsg.) (2000). *The new Oxford Thesaurus of English.* Oxford: Oxford University Press.

Harris, J.C. (1994). *Athletes and the American hero dilemma* (HK sport science monograph series, 4). Champaign: Human Kinetics.

Harry S. Truman Library and Museum (o. J.). *Desegregation of the Armed Forces: Chronology.* Zugriff am 14. August 2014 unter http://www.trumanlibrary.org/whistle-stop/study_collections/desegregation/large/index.php.

Hartmann, T. (2004). Parasoziale Interaktionen und Beziehungen zu Sportstars. In H. Schramm (Hrsg.), *Die Rezeption des Sports in den Medien* (Sportkommunikation, 3, S. 97-120). Köln: Halem.

Hartmann, T., Klimmt, C. & Vorderer, P. (2001). Avatare: Parasoziale Beziehungen zu virtuellen Akteuren. *Medien & Kommunikationswissenschaft, 49* (3), 350-368.

Hartmann, T., Schramm, H. & Klimmt, C. (2004a). Personenorientierte Medienrezeption: Ein Zwei-Ebenen-Modell parasozialer Interaktionen. *Publizistik, 49* (1), 25-47.

Hartmann, T., Schramm, H. & Klimmt, C. (2004b). *Vorbereitende Überlegungen zur theoretischen Modellierung parasozialer Interaktionen im Prozess der Medienrezeption.* Zugriff am 7. Oktober 2013 unter http://www.ijk.hmtm-hannover.de/filead-min/www.ijk/pdf/Forschung/PSI.pdf.

Hartmann, U. (2006). Der Legende schmerzen die Knochen. *Süddeutsche Zeitung* (2006, 27. April), 37.

Heider, F. (1958). *The psychology of interpersonal relations.* New York: Wiley.

Heike, F. (2006). Eine Mannschaft läßt ihren Trainer kampflos im Stich. *Frankfurter Allgemeine Zeitung* (2006, 3. November), 31.

Heinemann, K. (1975). Zur Einführung: Gegenstand und Funktionen einer Soziologie des Sports. In K. Hammerich & K. Heinemann (Hrsg.), *Texte zur Soziologie des Sports. Sammlung fremdsprachiger Beiträge.* Sport als symbolischer Dialog (Texte – Quellen – Dokumente zur Sportwissenschaft, 11, S. 9-19). Schorndorf: Hofmann.

Heinemann, K. (1989). Der „Nicht-sportliche" Sport. In K. Dietrich & K. Heinemann (Hrsg.), *Der nichtsportliche Sport. Beiträge zum Wandel im Sport* (Texte, Quellen, Dokumente zur Sportwissenschaft, 25, S. 9-27). Schorndorf: Hofmann.

Heinemann, K. (1998). *Einführung in die Soziologie des Sports* (Sport und Sportunterricht, 1) (4. Aufl.). Schorndorf: Hofmann.

Heinemann, K. (2007). *Einführung in die Soziologie des Sports* (Sport und Sportunterricht, 1) (5. Aufl.). Schorndorf: Hofmann.

Heinemann, K. & Schubert, M. (2001). Sport und Gesellschaften – Aufgaben und Probleme einer interkulturell vergleichenden Sportsoziologie. In K. Heinemann & M. Schubert (Hrsg.), *Sport und Gesellschaften* (Texte, Quellen, Dokumente zur Sportwissenschaft, 31, S. 7-34). Schorndorf: Hofmann.

Hein, J. (2013, 19. Februar). *Definitionsversuch für A-, B-, und so weiter-Promis.* Zugriff am 28. April 2014 unter http://blogs.taz.de/reptilienfonds/2013/02/19/definitionsversuch-fur-a-b-und-so-weiter-promis/.

Henkel, S. & Huber, F. (2005). *Marke Mensch. Prominente als Marken der Medienindustrie.* Wiesbaden: Deutscher Universitäts-Verlag.

Henkel, S. & von Walter, B. (2009). Markante Persönlichkeiten – Prominente als Marken der Gegenwartsgesellschaft. In H. Willems (Hrsg.), *Theatralisierung der Gesellschaft [Elektronische Ressource]. Band 2: Medientheatralität und Medientheatralisierung* (S. 309-327). Wiesbaden: VS Verlag für Sozialwissenschaften.

Hennig-Thurau, T. & Hansen, U. (2001). Kundenzufriedenheit. In H. Diller (Hrsg.), *Vahlens großes Marketinglexikon* (S. 878-882). München: Beck.

Herkner, W. (1993). *Lehrbuch Sozialpsychologie* (5. Aufl.). Bern: Huber.

Hermanns, A. & Kiendl, S. (2007). Sportsponsoring. In T. Schierl (Hrsg.), *Handbuch Medien, Kommunikation und Sport* (Beiträge zur Lehre und Forschung im Sport, 159, S. 310-322). Schorndorf: Hofmann.

Hermanns, A. & Lemân, F. (2010). *Sponsoring Trends 2010.* Corporate Social Responsibility und Sponsoring im Fokus. Zugriff am 19. Januar 2014 unter http://www.metatop.de/fileadmin/pdf/expertise/publikationen/bbdo-sponsoring-trends-2010.pdf.

Hermanns, A. & Marwitz, C. (2008). *Sponsoring. Grundlagen, Wirkungen, Management, Markenführung* (3. Aufl.). München: Vahlen.

Hermanns, S. (2006, 10. Juli). *Noch einmal Nummer 1. Die deutsche Torwartlegende Oliver Kahn erhält einen würdigen Abschied aus der Nationalmannschaft.* Zugriff am 7. Juni 2013 unter http://www.tagesspiegel.de/sport/noch-einmal-die-nummer-1/729558.html.

Hickethier, K. (1997). Vom Theaterstar zum Filmstar. Merkmale des Starwesens um die Wende des 19. zum 20. Jahrhundert. In W. Faulstich & H. Korte (Hrsg.), *Der Star. Geschichte, Rezeption, Bedeutung* (S. 29-47). München: Fink.

Higgs, B., Polonsky, M.J. & Hollick, M. (2005). Measuring expectations: forecast vs. ideal expectations. Does it really matter? *Journal of Retailing and Consumer Services, 12* (1), 49-64.

Higgs, P. (2009, 1. Dezember). *The Eagle is back... He was the world's worst ski-jumper but Eddie Edwards is given the honour of carrying the Olympic torch for Vancouver Games.* Zugriff am 15. Juli 2014 unter http://www.dailymail.co.uk/sport/othersports/article-1231754/The-Eagle---He-worlds-worst-ski-jumper-Eddie-Edwards-given-honour-carrying-Olympic-torch-Vancouver-Games.html.

Hilmes, T. (o. J.). *Der Betze Brennt. Texte von Fangesängen.* Zugriff am 1. September 2014 unter http://www.der-betze-brennt.de/fans/fangesaenge.php.

Hoegele, D., Schmidt, S.L. & Torgler, B. (2013). Cheating Soccer Fans and Superstars: Factors influencing Disloyalty. In European Academy of Management (Hrsg.), *EURAM 2013* (S. 1-40). Brussels: European Academy of Management.

Höffling, C., Plaß, C. & Schetsche, M. (2002). Deutungsmusteranalyse in der kriminologischen Forschung. *Forum Qualitative Sozialforschung / Forum: Qualitative Social Research, 3* (1), Art. 14. Zugriff am 20. Februar 2014 unter http://nbn-resolving.de/urn:nbn:de:0114-fqs0201149.

Hofmann, A. (2006). Last man standing – die Bradbury-Taktik als Erfolgsmodell. *Frankfurter Allgemeine Zeitung* (2006, 10. Februar), 36.

Hofmann, J. (2008). *Sport und Gewalt. Eine multidimensionale Annäherung im interkulturellen Kontext* (Sportforum, 19). Aachen: Meyer & Meyer.

Hofmann, J. (2014). Stars als Human Brands im Sport: Ein State of the Art. In H. Preuß, F. Huber, H. Schunk & T. Könecke (Hrsg.), *Marken und Sport – Aktuelle Aspekte der Markenführung im Sport und mit Sport* (S. 215-233). Wiesbaden: Springer Gabler.

Holt, R. & Mangan, J.A. (1996). Heroes of a European Past. *International Journal of the History of Sport, 13* (1), 1-13.

Homburg, C. & Stock-Homburg, R. (2012). Theoretische Perspektiven zur Kundenzufriedenheit. In C. Homburg (Hrsg.), *Kundenzufriedenheit. Konzepte – Methoden – Erfahrungen* (S. 17-52). Wiesbaden: Gabler.

Homer (1946). Ilias. In P. von der Mühll (Hrsg.), *Homers Ilias*. Übersetzt von Johann Heinrich Voß (Birkhäuser Klassiker, 23, S. 1-423). Basel: Verlag Birkhäuser Basel.

Honer, A. (1995). Bodybuilding als Sinnprovinz der Lebenswelt. Prinzipielle und praktische Bemerkungen. In J. Winkler & K. Weis (Hrsg.), *Soziologie des Sports. Theorieansätze, Forschungsergebnisse und Forschungsperspektiven* (S. 181-186). Opladen: Westdeutscher Verlag.

Horeni, M. (2013). Zur Ehrung Spottgesang. Elf Spiele und sieben Niederlagen in der DEL, letzter Platz in der Tabelle, rebellierende Fans – die Berliner Eisbären, gerade noch Erfolgsmodell, haben in jeder Hinsicht Krise. *Frankfurter Allgemeine Zeitung* (2013, 15. Oktober), 28.

Horky, T. (2009a). Sozialpsychologische Effekte bei der Rezeption von Mediensport in der Gruppe. In H. Schramm & M. Marr (Hrsg.), *Die Sozialpsychologie des Sports in den Medien* (Sportkommunikation, 5, S. 176-198). Köln: von Halem.

Horky, T. (2009b). Sozialpsychologische Effekte der Bildinszenierung und -dramaturgie im Mediensport. In H. Schramm & M. Marr (Hrsg.), *Die Sozialpsychologie des Sports in den Medien* (Sportkommunikation, 5, S. 93-112). Köln: von Halem.

Horsmann, G. (2000). Heroisierte Olympiasieger im antiken Griechenland und die modernen „Helden" im Sport. In M. Messing & N. Müller (Hrsg.), *Blickpunkt Olympia: Entdeckungen, Erkenntnisse, Impulse. Focus on olympism: Discoveries, Discussions, Directions* (Olympische Studien, 5, S. 61-71). Kassel, Sydney: Agon-Sportverlag.

Horton, D. & Wohl, R.R. (1956). Mass communication and para-social interaction: Observations on intimacy at a distance. *Psychiatry, 19* (3), 215-229.

hotelling.net (2012, 29. Juni). *Start der ersten großen Plakataktion mit Reiner Calmund und Michael Ballack: Unister lässt seine Testimonials jetzt deutschlandweit leuchten.* Zugriff am 20. August 2014 unter http://hottelling.net/2012/06/29/start-der-ersten-grosen-plakataktion-mit-reiner-calmund-und-michael-ballack-unister-lasst-seine-testimonials-jetzt-deutschlandweit-leuchten/.

Huber, F. & Meyer, F. (2008). *Der Fußballstar als Marke [Elektronische Ressource]. Determinanten der Markenbildung am Beispiel von Lukas Podolski* (Gabler Edition Wissenschaft). Wiesbaden: Gabler.

Hughes, E.C. (1945). Dilemmas and Contradictions of Status. *American Journal of Sociology, 50* (5), 353-359.

Hundt, D. (2006). Antworten auf die zehn vorgegebenen Fragen der Rubrik „Fussball-Fieber". *Frankfurter Allgemeine Sonntagszeitung* (2006, 8. Januar), 18.

Imhof, K. (1996a). Intersubjektivität und Moderne. In K. Imhof & G. Romano (Hrsg.), *Die Diskontinuität der Moderne*. *Zur Theorie des sozialen Wandels* (Theorie und Gesellschaft, 36, S. 200-292). Frankfurt am Main: Campus-Verlag.

Imhof, K. (1996b). „Öffentlichkeit" als historische Kategorie und als Kategorie der Historie. *Schweizerische Zeitschrift für Geschichte, 46* (1), 3-25. Zugriff am 21. Januar 2014 unter http://dx.doi.org/10.5169/seals-81148.

insidekino.com (o. J.). *Top 100 Deutschland 2004*. Zugriff am 28. November 2013 unter http://www.insidekino.com/DJahr/D2004.htm.

Institut für Urheber- und Medienrecht (2001, 9. Mai). *WM-Rechte: Kirch einigt sich mit ARD und ZDF. Rund 250 Millionen für 25 Spiele der WM 2002 – nur Option für WM 2006*. Zugriff am 17. Januar 2014 unter http://www.urheberrecht.org/news/195/.

Interbrand (2013). *Best Global Brands 2013*. Zugriff am 30. März 2014 unter http://www.interbrand.com/en/best-global-brands/2013/top-100-list-view.aspx.

International Olympic Committee (2002, 16. Februar). *Video. The most unexpected of gold medals*. Zugriff am 10. Juli 2014 unter http://www.olympic.org/videos/the-most-unexpected-of-gold-medals.

International Olympic Committee (2012). *Olympic Marketing Fact File*. Zugriff am 30. März 2014 unter http://www.olympic.org/Documents/IOC_Marketing/OLYMPIC-MARKETING-FACT-FILE-2012.pdf.

Izod, J. (1996). Television Sport and the Sacrificial Hero. *Journal of Sport and Social Issues, 20* (2), 173-193.

Jacobs, C., Krischer, M. & Wittlich, S. (2002). Rückkehr der Helden. *Focus, 10* (9), 58-66. Zugriff am 19. Juli 2013 unter http://www.focus.de/politik/deutschland/deutschland-rueckkehr-der-helden_aid_207758.html.

Jodl, M. (2002). *Muhammad Ali: Black Superman? Versuch einer Demontage*. Norderstedt: Books on demand.

Kahn, O. (o. J.). *Welttorhüter. Erfolge und Titel*. Zugriff am 11. August 2014 unter http://www.oliver-kahn.de/welttorhueter/.

Kaiser, S. & Müller, C. (2014). Theorie und Praxis der Markenführung im Sport. In H. Preuß, F. Huber, H. Schunk & T. Könecke (Hrsg.), *Marken und Sport – Aktuelle Aspekte der Markenführung im Sport und mit Sport* (S. 57-72). Wiesbaden: Springer Gabler.

Kammertöns, H.-B. (2006, 17. Juni). *Das unvollendete Märchen*. Franziska van Almsick könnte eine ganz Große werden, meint der Philosoph Gunter Gebauer. Zugriff am 6. Juli 2014 unter http://www.zeit.de/2004/26/Interview_Gebauer.

Katz, J. (1996). Masculinity and Sports Culture. In R.E. Lapchick (Hrsg.), *Sport in Society. Equal Opportunity or Business as Usual?* (S. 101-106). Thousand Oaks: Sage Publications.

Kennedy, A.L. & Herzke, I. (2001). *Stierkampf*. Berlin: Wagenbach.

Kepplinger, H.M. (1989). Theorien der Nachrichtenauswahl als Theorien der Realität. *Aus Politik und Zeitgeschichte. Beilage zur Wochenzeitung Das Parlament, 39* (15), 3-16.

Kieffer, S. (2002). Von Neitersen in die Premier League. *Mainzer Rhein-Zeitung* (2002, 5. März), 28.

Kilian, K. (2014). Prominente Sportler als Testimonials in der Werbung. In H. Preuß, F. Huber, H. Schunk & T. Könecke (Hrsg.), *Marken und Sport – Aktuelle Aspekte der Markenführung im Sport und mit Sport* (S. 195-213). Wiesbaden: Springer Gabler.

Klapp, O.E. (1948). The Creation of Popular Heroes. *American Journal of Sociology, 54* (2), 135-141. Zugriff am 22. Oktober 2013 unter http://www.jstor.org/stable/ 2771362.

Klapp, O.E. (1954). Heroes, Villains and Fools, as Agents of Social Control. *American Sociological Review, 19* (1), 56-62. Zugriff am 22. Oktober 2013 unter http://www. jstor.org/stable/208817.

Klapp, O.E. (1969). *Collective search for identity*. New York: Holt, Rinehart, Winston.

Knobbe, T. (2000). *Spektakel Spitzensport. Der Moloch aus Stars, Rekorden, Doping, Medienwahn, Sponsorenmacht* (Sportpublizistik, 1). Münster: Lit-Verlag.

Komma-Pöllath, T. (2006). „Ich will der Beste meiner Zeit sein". *Handelsblatt* (2006, 30. November), 24.

Könecke, T. (WS 2006). *Zur Bedeutung von Opferbereitschaft und Leidensfähigkeit bei der Heldenkonstruktion im Sport*. Unveröffentlichte Diplomarbeit. Mainz: Johannes Gutenberg-Universität Mainz, Fachbereich Sport.

Könecke, T. (2012). Long-Lasting Social Change as Ultimate Success for "Heroes out of Sport". *Journal of Sport Science and Physical Education* (63), 46-50.

Könecke, T. (2013). *„Helden im Sport" und „Helden aus dem Sport" – hermeneutische Betrachtungen zu ausgewählten Expositionsprozessen im und durch Sport*. Working Paper Series – Mainzer Papers on Sport Economics & Management No. 10. Mainz: Johannes Gutenberg-Universität Mainz, Institut für Sportwissenschaft. Zugriff am 7. November 2013 unter http://www.sport.uni-mainz.de/Preuss/site_de/f_publikationen_working_paper.shtml.

Könecke, T. (2014). Grundlegende Betrachtung des Sports zur Ableitung von Implikationen für das Markenmanagement im und mit Sport. In H. Preuß, F. Huber, H. Schunk & T. Könecke (Hrsg.), *Marken und Sport – Aktuelle Aspekte der Markenführung im Sport und mit Sport* (S. 29-56). Wiesbaden: Springer Gabler.

Könecke, T. & Schubert, M. (2013). Constellations of Socio-Economic Doping and Enhancement in the Olympics. In H. Preuß & G. Bielons (Hrsg.), *6th International Sport Business Symposium, Buenos Aires (Argentina). Book of Abstracts* (S. 60-62).

Könecke, T. & Schubert, M. (2014). Socio-economic Doping and Enhancement in Sport: A Case-based Analysis of Dynamics and Structural Similarities. In O. Budzinski & A. Feddersen (Hrsg.), *Contemporary research in sports economics. Proceedings of the 5th ESEA Conference* (Political economics, competition and regulation, 14, S. 97-114). Frankfurt am Main: Lang.

Könecke, T. & Schunk, H. (2013). Ansprüche an Fußball-Nationalspieler – Eine sportsoziologische Analyse anlässlich der Fußball-Weltmeisterschaft 2010. In S. Brunner, G. Ellert & G. Schafmeister (Hrsg.), *Die Fußball-Weltmeisterschaft 2010 im wissenschaftlichen Fokus. Interdisziplinäre Analyse einer sportlichen Großveranstaltung* (Sport, Medien, Gesellschaft, 12, S. 197-226). Köln: Sportverlag Strauß.

Kötter, A. (2006). Der freundlichen Herr Slomka mag nicht nett sein. *Handelsblatt* (2006, 6. April), 20.

Kreuzer, H.P. (2012, 24. Juli). *Das große Geschäft mit den Übertragungsrechten.* Serie zum Wirtschaftsfaktor Olympia (Teil 2). Zugriff am 17. Januar 2014 unter http://www.deutschlandfunk.de/das-grosse-geschaeft-mit-den-uebertragungsrechten.769.de.html?dram:article_id=215850.

Krischer, M. (2002). „Heroismus ist unverzichtbar". Der Berliner Politologe Herfried Münkler ist davon überzeugt, dass auch Zivilgesellschaften auf Helden angewiesen sind. *Focus, 10* (9), 68-70.

Krockow, C.v. (1972). *Sport und Industriegesellschaft.* München: Piper.

Kromrey, H. (2006). *Empirische Sozialforschung. Modelle und Methoden der standardisierten Datenerhebung und Datenauswertung* (UTB, 1040) (11. Aufl.). Stuttgart: Lucius & Lucius.

Kromrey, H. (2009). *Empirische Sozialforschung. Modelle und Methoden der standardisierten Datenerhebung und Datenauswertung.* Mit ausführlichen Annotationen aus der Perspektive qualitativ-interpretativer Methoden von Jörg Strübing (UTB, 1040) (12. Aufl.). Stuttgart: Lucius & Lucius.

Kruse, C. (2007). Eine anthropologisch-phänomenologische Spurensuche. In T. Schauerte & J. Schwier (Hrsg.), *Vorbilder im Sport. Perspektiven auf ein facettenreiches Phänomen* (Sport, Medien, Gesellschaft, 3, S. 9-26). Köln: Sportverlag Strauß.

Kubicek, H., Schmid, U. & Wagner, H. (1997). *Bürgerinformation durch „neue" Medien? Analysen und Fallstudien zur Etablierung elektronischer Informationssysteme im Alltag.* Opladen: Westdeutscher Verlag.

Lamnek, S. (2010). *Qualitative Sozialforschung* (5. Aufl.). Weinheim: Beltz.

Lampert, A. (2006). Spiel um die Karriere. *Handelsblatt* (2006, 28. November), 20.

Lamprecht, M. & Stamm, H. (2002). *Sport zwischen Kultur, Kult und Kommerz.* Zürich: Seismo-Verlag.

Landwehr, F. (2012, 7. November). *„Beginnt eine neue Fußballepoche? Ich weiß es nicht.". Für die neue Ausgabe von 11FREUNDE traf Philipp Köster Bundesliga-Boss Christian Seifert zum großen Streitgespräch. Im Interview mit dem DFL-Geschäftsführer ging es natürlich auch um die Entwicklung der TV-Rechte – wir zeichnen auf 11freunde.de den Wandel vom kleinen schnuckeligen „Sportschau"-Produkt hin zur gigantischen Gelddruckmaschine nach.* Chronik: Die Entwicklung der TV-Rechte im deutschen Fußball. Zugriff am 17. Januar 2014 unter http://www.11freunde.de/artikel/chronik-die-entwicklung-der-tv-rechte-im-deutschen-fussball.

Lange, F. (WS 1998/99). *Über die Notwendigkeit der sportlichen Helden in der „entzauberten" Gesellschaft – Entwurf einer Theorie des Helden und deren Überprüfung anhand ausgewählter deutscher Sporthelden der 90er Jahre.* Staatsexamensarbeit (unveröffentlicht). Mainz: Johannes Gutenberg-Universität Mainz, Fachbereich Sport.

Laverie, D.A. & Arnett, D.B. (2000). Factors Affecting Fan Attendance: The Influence of Identity Salience and Satisfaction. *Journal of Leisure Research, 32* (2), 225-246.

Lawecki, G. (2006). Der ewige Verlierer, den alle mögen. *Businessnews* (2006, 24. November), 31.

Lee, S. & Wood, W. (2000 [1965]). *Daredevil. Kampf bis zum Tod mit dem Submariner.* Marvel Comics (Panini Verlag).

Lenk, H. (1972). *Leistungssport: Ideologie oder Mythos? Zur Leistungskritik und Sportphilosophie* (Urban-Taschenbücher, 826: Reihe 80). Stuttgart, Berlin, Köln, Mainz: Kohlhammer.

Lenk, H. (2000a). Olympische Eliten – Zur Elitenidee im Hochleistungssport. In M. Messing & N. Müller (Hrsg.), *Blickpunkt Olympia: Entdeckungen, Erkenntnisse, Impulse. Focus on olympism: Discoveries, Discussions, Directions* (Olympische Studien, 5, S. 90-115). Kassel, Sydney: Agon-Sportverlag.

Lenk, H. (2000b). Towards a Philosophical Anthropology of the Olympic Athlete and/as Achieving Being. In M. Messing & N. Müller (Hrsg.), *Blickpunkt Olympia: Entdeckungen, Erkenntnisse, Impulse. Focus on olympism: Discoveries, Discussions, Directions* (Olympische Studien, 5, S. 150-164). Kassel, Sydney: Agon-Sportverlag.

Leo GmbH (2014, 30. April). *celebrity.* Zugriff am 30. April 2014 unter http://dict. leo.org/ende/index_de.html#/search=celebrity&searchLoc=0&resultOrder=basic&multiwordShowSingle=on.

Leppin, J. (2013). Stars ohne Grund. Paul Janke und Micaela Schäfer sind C-Promis. Er war der „Bachelor", sie ein Nackedei im „Dschungelcamp". Beide verdienen ihr Geld nun mit Partyauftritten und guter Laune. Teil 16 der UniSPIEGEL-Serie über ungewöhnliche Berufe. *UniSPIEGEL* (5), 42-43.

Lexikon online für Psychologie und Pädagogik (2012). *Attributionstheorie.* Zugriff am 12. November 2013 unter http://lexikon.stangl.eu/5835/attributionstheorie/.

Leyenberg, H.-J. (2006a). Felix Sturm fällt, weil er dem Publikum gefallen will. *Frankfurter Allgemeine Zeitung* (2006, 17. Juli), 28.

Leyenberg, H.-J. (2006b). Axel Schulz kann die Prügelstrafe nicht verkraften. *Frankfurter Allgemeine Zeitung* (2006, 27. November), 34.

Lippmann, W. (2005, 20. Dezember). *Public Opinion.* Zugriff am 10. April 2014 unter http://www.gutenberg.org/cache/epub/6456/pg6456.html.

Lippmann, W. (1965 [1922]). *Public opinion* (First Free Press Paperback Edition 1965). New York: Free Press.

Lipp, W. (1985). *Stigma und Charisma. Über soziales Grenzverhalten.* Berlin: D. Reimer.

Lobinger, K. (2012). *Visuelle Kommunikationsforschung. Medienbilder als Herausforderung für die Kommunikations- und Medienwissenschaft.* Wiesbaden: VS Verlag für Sozialwissenschaften.

London 2012 (2010). *Ski Jump legend Eddie 'the Eagle' Edwards – London 2012.* Zugriff am 19. August 2014 unter https://www.youtube.com/watch?v=K-SlNNgsWJQ.

London Organising Committee (2012). *Partners.* Zugriff am 30. Dezember 2012 unter http://www.london2012.com/about-us/the-people-delivering-the-games/olympic-partners/.

Loosen, W. (2001). „Das wird alles in den Medien hochsterilisiert". Themenkarrieren und Konjunkturkurven der Sportberichterstattung. In G. Roters, W. Klingler & M. Gerhards (Hrsg.), *Sport und Sportrezeption* (Schriftenreihe Forum Medienrezeption, 5, S. 133-147). Baden-Baden: Nomos Verlagsgesellschaft.

Loy, J.W. (1975). Spielformen, Sozialstruktur und Anomie. In K. Hammerich & K. Heinemann (Hrsg.), *Texte zur Soziologie des Sports. Sammlung fremdsprachiger Beiträge.* Sport als symbolischer Dialog (Texte – Quellen – Dokumente zur Sportwissenschaft, 11, S. 58-75). Schorndorf: Hofmann.

Lucie-Smith, E. (1999). *Adam. Der männliche Körper in der Kunst.* München: Knesebeck.

Ludes, P. (1997). Aufstieg und Niedergang von Stars als Teilprozeß der Menschheitsentwicklung. In W. Faulstich & H. Korte (Hrsg.), *Der Star. Geschichte, Rezeption, Bedeutung* (S. 78-98). München: Fink.

Lufthansa (2014). *Lufthansa – FC Bayern München TV-Spot „Abseits". Zwei Welten, eine Leidenschaft. Die Lufthansa-Crew will vor Schweinsteiger, Müller, Dante und Co in Sachen Fußball glänzen. Sie versuchen die komplizierte Abseitsregel zu erklären. Doch auf diesem Feld müssen sich die Profis im Fliegen leider den Fußball-Profis geschlagen geben. Dafür revanchieren sie sich mit viel Humor: Thomas Müller soll zeigen, ob er eine Schwimmweste richtig anlegen kann. Am Ende steht es 1:1.* Zugriff am 19. August 2014 unter https://www.youtube.com/watch?v=CV4U8JR4P7s.

Luh, A. (1992). Grosse Sportfeste früher und heute. In D. Voigt (Hrsg.), *Sportsoziologie. Soziologie des Sports.* Mit Exkursen von Dorothee Alfermann, Andreas Luh, Manfred Messing, Karl-Heinz Schodronk, Klaus W. Tofahrn, Sabine Gries (Studienbücher Sport, S. 253-269). Aarau, Frankfurt am Main, Salzburg: Diesterweg, Sauerländer.

Luhmann, N. (2009). *Die Realität der Massenmedien* (Neue Bibliothek der Sozialwissenschaften) (4. Aufl.). Wiesbaden: VS Verlag für Sozialwissenschaften.

Mandell, R.D. (1984). *Sport. A cultural history.* New York: Columbia University Press.

Mangold, I. (2012). Alte Meister. Es wird nicht besser werden: Die großen Fernseh-Entertainer verlieren ihr Revier – und wir unsere Sofa-Helden. *Die Zeit* (2012, 4. April), 51.

Marr, M. & Marcinkowski, F. (2006). Prominenz als Bedrohung – Zur Medialisierung des Spitzensports. *merz | medien + erziehung – Zeitschrift für Medienpädagogik, 50* (6), 63-72.

Marsh, P. (1980). Leben und „Laufbahnen" auf den Fußball-Rängen. In R. Lindner (Hrsg.), *Der Fußballfan. Ansichten vom Zuschauer* (S. 117-137). Frankfurt am Main: Syndikat Verlag.

Marx, J. (2014, 21. Juni). *Schlecht, schlechter, Argentinien – Unverdienter Erfolg gegen den Iran. Belo Horizonte.* Ein genialer Moment von Lionel Messi hat Argentinien vor einer Blamage bewahrt. Mit seinem Tor in der Nachspielzeit schoss der Superstar die Südamerikaner am Samstag in Belo Horizonte zu einem glücklichen 1:0 (0:0) gegen Iran und damit vorzeitig ins Achtelfinale der Fußball-Weltmeisterschaft. Zugriff am 10. Juli 2014 unter http://www.nordbayerischer-kurier.de/nachrichten/schlecht-schlechter-argentinien-unverdienter-erfolg-gegen.

McQuail, D. (1994). *Mass communication theory. An introduction* (3. Aufl.). London: Sage Publications.

Meffert, H., Burmann, C. & Kirchgeorg, M. (2012). *Marketing [Elektronische Ressource]. Grundlagen marktorientierter Unternehmensführung* (11. Aufl.). Wiesbaden: Gabler.

Mellerowicz, K. (1963). *Markenartikel – Die ökonomischen Gesetze Ihrer Preisbildung und Preisbindung.* München: Beck.

merkur-online.de (2011, 21. Dezember). *Edathy: Wulff mit Salami-Taktik wie Guttenberg.* Zugriff am 6. Juli 2014 unter http://www.merkur-online.de/aktuelles/politik/edathy-wulff-salami-taktik-guttenberg-1537870.html.

Messing, M. (1992). Sportkonsum: Veranstaltungsbesuch und Mediennutzung. In D. Voigt (Hrsg.), *Sportsoziologie. Soziologie des Sports*. Mit Exkursen von Dorothee Alfermann, Andreas Luh, Manfred Messing, Karl-Heinz Schodronk, Klaus W. Tofahrn, Sabine Gries (Studienbücher Sport, S. 233-254). Aarau, Frankfurt am Main, Salzburg: Diesterweg, Sauerländer.

Messing, M. (1996). Sportsoziologische und systemtheoretische Betrachtungen zur Zuschauerrolle. In M. Messing & M. Lames (Hrsg.), *Empirische Untersuchungen zur Sozialfigur des Sportzuschauers* (Mainzer Studien zur Sportwissenschaft, 17, S. 9-25). Niedernhausen: Schors-Verlag.

Messing, M. (2008). Sozialfiguren im Sport. In K. Weis & R. Gugutzer (Hrsg.), *Handbuch Sportsoziologie* (Beiträge zur Lehre und Forschung im Sport, 166, S. 171-178). Schorndorf: Hofmann.

Messing, M. & Emrich, E. (2003). Sportsponsoring als Geschenksimulation und Status-Spiel. Diskussionsbeitrag zu einem anthropologischen Grundmuster. *Sportwissenschaft, 33* (1), 17-32.

Messing, M. & Lames, M. (1996a). Basketball: Zur Verflechtung sportinterner und sportexterner Handlungssysteme bei Zuschauern. In M. Messing & M. Lames (Hrsg.), *Empirische Untersuchungen zur Sozialfigur des Sportzuschauers* (Mainzer Studien zur Sportwissenschaft, 17, S. 107-122). Niedernhausen: Schors-Verlag.

Messing, M. & Lames, M. (1996b). Frauenhandball: Die Bedeutung der lokalen Sportberichterstattung für die Zuschauer. In M. Messing & M. Lames (Hrsg.), *Empirische Untersuchungen zur Sozialfigur des Sportzuschauers* (Mainzer Studien zur Sportwissenschaft, 17, S. 137-151). Niedernhausen: Schors-Verlag.

Messing, M. & Lames, M. (1996c). Golf: Soziale Selektivität und schichtspezifische Verhaltensstandards. In M. Messing & M. Lames (Hrsg.), *Empirische Untersuchungen zur Sozialfigur des Sportzuschauers* (Mainzer Studien zur Sportwissenschaft, 17, S. 166-186). Niedernhausen: Schors-Verlag.

Messing, M. & Lames, M. (1996d). Tennis: Die Attraktivität eines Spieles in Abhängigkeit von Spielerverhalten und Spieleigenschaften. In M. Messing & M. Lames (Hrsg.), *Empirische Untersuchungen zur Sozialfigur des Sportzuschauers* (Mainzer Studien zur Sportwissenschaft, 17, S. 94-106). Niedernhausen: Schors-Verlag.

Meyers Lexikonredaktion (1993). *Meyers neues Lexikon in zehn Bänden*. Herausgegeben und bearbeitet von Meyers Lexikonredaktion. Mannheim: Meyers Lexikonverlag.

Meyer, W.-U. (2003). *Einige grundlegende Annahmen und Konzepte der Attributionstheorie*. Zugriff am 4. November 2013 unter http://www.uni-bielefeld.de/psychologie/ae/AE02/LEHRE/Attributionstheorie.pdf.

m-haditec GmbH & Co. KG (o. J.). *Enzyklopädie des Islam. Abraham (a.), Ibrahim*. Zugriff am 28. November 2013 unter http://www.eslam.de/begriffe/a/abraham.htm.

Mikos, L. (2009). Fernsehsport zwischen Repräsentation und Inszenierung – Das Beispiel Fußball. In H. Willems (Hrsg.), *Theatralisierung der Gesellschaft [Elektronische Ressource]. Band 2: Medientheatralität und Medientheatralisierung* (S. 137-156). Wiesbaden: VS Verlag für Sozialwissenschaften.

models.com (2014). *David Beckham*. Zugriff am 29. April 2014 unter http://models.com/models/david-beckham.

Morangas Spà, M.d. (2001). Information oder Produktion? Die neuen Synergieeffekte zwischen Massenmedien und Sport. In K. Heinemann & M. Schubert (Hrsg.), *Sport und Gesellschaften* (Texte, Quellen, Dokumente zur Sportwissenschaft, 31, S. 209-226). Schorndorf: Hofmann.

Morgan, J. & Lally, R. (1998). *Baseball for Dummies*. Foster City: IDG Books Worldwide Inc.

Moritz, R. (2006). „Qualität kommt von quälen". Fußballweisheit der Woche (2). *Frankfurter Allgemeine Sonntagszeitung* (2006, 8. Januar), 18.

Morrow, D. (1992). The Myth of the Hero in Canadian Sport History. *Canadian Journal of the History of Sport, 23* (2), 72-83.

Mühll, P. von der (1946). Einleitung. In P. von der Mühll (Hrsg.), *Homers Ilias*. Übersetzt von Johann Heinrich Voß (Birkhäuser Klassiker, 23, S. IX–XXIII). Basel: Verlag Birkhäuser Basel.

Mühll, P. von der (1987). Umschlagtext. In P. von der Mühl (Hrsg.), *Ilias und Odyssee. In der Übertragung von Johann Heinrich Voss*. München.

Müller, N. (1996a). Henri Didon: Der Urheber der olympischen Devise „citius, altius, fortius". In N. Müller & M. Messing (Hrsg.), *Auf der Suche nach der Olympischen Idee. Facetten der Forschung von Athen bis Atlanta* (S. 49-62). Kassel: Agon-Sportverlag.

Müller, N. (1996b). Olympismus und „Sport für alle". In N. Müller & M. Messing (Hrsg.), *Auf der Suche nach der Olympischen Idee. Facetten der Forschung von Athen bis Atlanta* (S. 123-133). Kassel: Agon-Sportverlag.

Müller, S. (1995). *Das Volk der Athleten. Untersuchungen zur Ideologie und Kritik des Sports in der griechisch-römischen Antike*. Trier: Wissenschaftlicher Verlag Trier.

Müller, W. (1997). *Duden – Sinn- und sachverwandte Wörter. Synonymwörterbuch der deutschen Sprache* (2. Aufl.). Mannheim: Dudenverlag.

Münchner Aids-Hilfe e. V. (2014). *run for life. Infos zum Run for Life*. Zugriff am 20. August 2014 unter http://www.runforlife.de/infos-zum-run-for-life.html.

Muras, U. (2014, 30. März). *„Mutter aller Niederlagen": ManUnited gegen Bayern 1999*. Zugriff am 11. August 2014 unter http://www.bundesliga.de/de/wettbewerbe/champions-league/news/2013/die-mutter-aller-niederlagen-das-legendaere-finale-1999-manchester-united-gegen-bayern-muenchen.php.

N.O.N. Marketing GmbH (2012). *Franziska van Almsick. Vita*. Die wichtigsten Fakten über Franziska van Almsick. Zugriff am 6. Juli 2014 unter http://www.franzi.de/vita.php.

Neidhardt, F. (1994). Öffentlichkeit, öffentliche Meindung, soziale Bewegungen. In F. Neidhardt (Hrsg.), *Öffentlichkeit, öffentliche Meinung, soziale Bewegungen* (Kölner Zeitschrift für Soziologie und Sozialpsychologie: Sonderhefte, 34, S. 7-41). Opladen: Westdeutscher Verlag.

Neumann-Duesberg, H. (1960). Bildberichterstattung über absolute und relative Personen der Zeitgeschichte. *JuristenZeitung, 15* (4), 114-118. Zugriff am 26. April 2014 unter http://www.jstor.org/stable/20805773.

Nieschlag, R., Dichtl, E. & Hörschgen, H. (2002). *Marketing* (19. Aufl.). Berlin: Duncker & Humblot.

Niggemeier, S. (2013). Du bist ein Mensch. Was Prominente twittern, sind keine Aphorismen für die Ewigkeit. Zu dumm, dass was einer spät, nachts twittert, morgen in der Zeitung steht. *Frankfurter Allgemeine Sonntagszeitung* (2013, 20. Oktober), 49.

Nike (2009, 17. August). *Meine Ziele sind größer als Eure Namen. Mach den Unterschied.* Zugriff am 20. August 2014 unter http://www.marketing-blog.biz/index.php?url=archives/855-Meine-Ziele-sind-groesser-als-eure-Namen.html&serendipity[cview]=linear.

Noelle-Neumann, E. (1996). *Öffentliche Meinung. Die Entdeckung der Schweigespirale* (4. Aufl.). Berlin: Ullstein.

Norddeutscher Rundfunk (2014, 13. April). *„Wie geht es Michael Schumacher?" – Prominente und die Grenzen der Berichterstattung.* Zugriff am 6. Mai 2014 unter http://daserste.ndr.de/guentherjauch/aktuelle_sendung/schumacher339.html.

Norden, G. & Weiß, O. (2008). Sport. In R. Forster (Hrsg.), *Forschungs- und Anwendungsbereiche der Soziologie* (S. 218-234). Wien: Facultas.wuv.

n-tv (2014a, 11. Juli). *Argentiniens „Berti Vogts" zeigt's allen. Albiceleste-coach Sabella im Finale.* Erstmals seit 24 Jahren steht die stolze Fußballnation Argentinien wieder in einem WM-Finale. Erheblichen Anteil daran hat der oft verlachte Trainer Sabella. Wie der letzte deutsche Titel-Trainer Berti Vogts wird der stille Mann nicht selten unterschätzt. Zugriff am 14. Juli 2014 unter http://www.n-tv.de/sport/fussball_wm_2014/Argentiniens-Berti-Vogts-zeigts-allen-article13192251.html.

n-tv (2014b, 31. Januar). *„Brangelina" ziehen um. Südafrika als neue Wahlheimat.* Zugriff am 29. April 2014 unter http://www.n-tv.de/panorama/Brangelina-ziehen-um-article12187026.html.

Nufer, G. & Bühler, A.W. (2013). Marketing und Sport: Einführung und Perspektiven. In G. Nufer & A.W. Bühler (Hrsg.), *Marketing im Sport. Grundlagen und Trends des modernen Sportmarketing* (Sportmanagement, 2, S. 3-25). Berlin: Schmidt.

Nufer, G. & Bühler, A.W. (2013). Sponsoring im Sport. In G. Nufer & A.W. Bühler (Hrsg.), *Marketing im Sport. Grundlagen und Trends des modernen Sportmarketing* (Sportmanagement, 2, S. 263-291). Berlin: Schmidt.

Nuhr, D. (2006). Antworten auf die 10 vorgegebenen Fragen der Rubrik „Fussball-Fieber". *Frankfurter Allgemeine Sonntagszeitung* (2006, 4. Juni), 15.

o. V. (o. J.a). *Memorable Moments: Eddie the Eagle soars to Olympic fame.* Zugriff am 15. Juli 2014 unter http://sports.yahoo.com/video/memorable-moments-eddie-eagle-soars-001450561.html.

o. V. (o. J.b). *Soziale Rollen.* Zugriff am 9. November 2013 unter http://www.hipa.at/psycho/soziale_rollen.htm.

o. V. (1994a). Es gibt kein Entrinnen. *Der Spiegel, 48* (6), 188-191.

o. V. (1994b). Ich belle vor mich hin. *Der Spiegel, 48* (48), 224-226.

o. V. (1994c). Siegfried und Odysseus. *Der Spiegel, 48* (21), 164-169.

o. V. (2006a). Schneider und Roczen ausgezeichnet. *ADACmotorwelt* (12), 9.

o. V. (2006b). Die deutschen Nationalspieler in der Gesamtkritik. *Handelsblatt* (2006, 10. Juli), 24.

o. V. (2006c). Gewinner/Verlierer. *Handelsblatt* (2006, 10. Juli), 24.

o. V. (2006d). Lehmann und Kahn bekommen Sport-Bambi. *Bild am Sonntag* (2006, 19. November), 94.

o. V. (2006e). Oliver Kahn spielt nie mehr für Deutschland. *Handelsblatt* (2006, 10. Juli), 22.

o. V. (2006f). Bolzplatz statt Börse. *Handelsblatt* (2006, 11. Juli), 22.

o. V. (2006g). Spieler des Tages. *Handelsblatt* (2006, 20. November), 24.

o. V. (2006h). Doppelte Feierstunde für Jubilar Kahn. *Frankfurter Allgemeine Sonntags-zeitung* (2006, 13. August), 15.

o. V. (2006i). Deutsche Führungsfigur gesucht. Superstar geht – die Formal 1 rotiert. *Frankfurter Allgemeine Zeitung* (2006, 23. Oktober), 34.

o. V. (2006j). Bullen heißer als Heat. *Businessnews* (2006, 2. November), 31.

o. V. (2011). Fußball im Dienst: Kündigung unwirksam. *Frankfurter Allgemeine Zeitung* (2011, 17. Februar), 45.

o. V. (2013, 10. September). *Wiesenhof passt nicht zu Werder. Studie der TU Braunschweig.* Zugriff am 18. November 2013 unter http://www.weser-kurier.de/werder/vermischtes5_artikel,-Wiesenhof-passt-nicht-zu-Werder-_arid,657672.html.

Oevermann, U. (2001). Die Struktur sozialer Deutungsmuster – Versuch einer Aktualisierung. *Sozialer Sinn: Zeitschrift für hermeneutische Sozialforschung, 2* (1), 35-82. Zugriff am 18. Februar 2014 unter http://www.digizeitschriften.de/dms/toc/?PPN=PPN 598191607_0002.

Oevermann, U. (2001 [1973]). Zur Analyse der Struktur von sozialen Deutungsmustern (1973). *Sozialer Sinn: Zeitschrift für hermeneutische Sozialforschung, 2* (1), 3-33. Zugriff am 18. Februar 2014 unter http://www.digizeitschriften.de/dms/toc/?PPN =PPN598191607_0002.

Oliver, R.L. (1980). A Cognitive Model of the Antecedents and Consequences of Satisfaction Decisions. *Journal of Marketing Research, 17* (4), 460-469. Zugriff am 6. Februar 2014 unter http://www.jstor.org/stable/3150499.

Onnen, N. & Ufer, B. (2005). *Das Magische Dreieck. Medien, Wirtschaft, Sport.* Norderstedt: GRIN Verlag.

Pawlak, C. (2014, 13. April). *„Günther Jauch": Widerliche Diskussion ohne Erkenntnis. Schumacher-Talk in der ARD.* Zugriff am 6. Mai 2014 unter http://www.focus.de/kultur/kino_tv/focus-fernsehclub/guenther-jauch-ard-tv-kolumne-guenther-jauch_id_3764877.html.

Peters, B. (1996). *Prominenz. Eine soziologische Analyse ihrer Entstehung und Wirkung.* Opladen: Westdeutscher Verlag.

Petkovic, A. (2006). Aufschlag zu einem neuen Leben. *Frankfurter Allgemeine Zeitung* (2006, 14. Juli), 66.

pilot checkpoint GmbH (2010). *Sponsor Visions 2010.* Zugriff am 20. Januar 2014 unter http://www.sponsors.de/uploads/tx_svsstudiengaenge/sponsor_visions_2010.pdf.

Pilz, G.A. (1982). Zusammenstellung von Zeitungsberichten und Aussagen zu Fans und Fußballrowdytum. In G.A. Pilz (Hrsg.), *Sport und körperliche Gewalt* (rororo, 7603, S. 89-91). Reinbek bei Hamburg: Rowohlt-Taschenbuch-Verlag.

Pilz, G.A. (1995). Fußballfans zwischen Verständnis und Verachtung. Kritische Anmerkungen zum Gewaltgutachten der Bundesregierung. In J. Winkler & K. Weis (Hrsg.), *Soziologie des Sports. Theorieansätze, Forschungsergebnisse und Forschungsperspektiven* (S. 107-125). Opladen: Westdeutscher Verlag.

Pitsch, W., Emrich, E. & Papathanassiou, V. (2001). Überlegungen zur Verwendung von Typologien in der Soziologie am Beispiel der empirischen Sozialforschung im Bereich von Sportvereinen. In M. Klein (Hrsg.), *Sportsoziologie – Funktionen und Leistungen. Beiträge zur Jahrestagung der Sektion „Soziologie des Sports" in der DGS und der Sektion „Sportsoziologie" in der dvs 28.-30. Juni 2001 in Erfurt* (Erfurter Beiträge zu Soziologie, 9, S. 121-138). Erfurt: Universität Erfurt.

Plaß, C. & Schetsche, M. (2001). Gründzüge einer wissenssoziologischen Theorie sozialer Deutungsmuster. *Sozialer Sinn: Zeitschrift für hermeneutische Sozialforschung, 2* (3), 511-536. Zugriff am 18. Februar 2014 unter http://www.digizeitschriften.de/dms/toc/?PPN=PPN598191607_0002.

Poliakoff, M. (1989). *Kampfsport in der Antike. Das Spiel um Leben und Tod.* Zürich, München: Artemis-Verlag.

Pons (2014a, 30. April). *celebrity.* Zugriff am 30. April 2014 unter http://de.pons.com/%C3%BCbersetzung?q=celebrity&l=deen&in=&lf=de.

Pons (2014b). *exponere.* Zugriff am 19. Juli 2014 unter http://de.pons.com/übersetzung/latein-deutsch/exponere.

Pons (2014c). *prominere.* Zugriff am 23. Juli 2014 unter http://de.pons.com/%C3%BCbersetzung?q=prominere&l=dela&in=&lf=de.

Prahl, H.-W. (2010). Soziologie der Freizeit. In G. Kneer (Hrsg.), *Handbuch spezielle Soziologien* (S. 405-420). Wiesbaden: VS Verlag für Sozialwissenschaften.

Preuß, H. (2007a). Ökonomische Aspekte des Sports im Fernsehen. In N. Müller & K. Bohnstedt (Hrsg.), *Gesellschaft und Sport als Feld wissenschaftlichen Handelns. Festschrift für Manfred Messing* (Mainzer Studien zur Sportwissenschaft, 25, S. 269-285). Niederhausen: Schors-Verlag.

Preuß, H. (2007b). Signalling – wie der chinesische Staat den Spitzensport nutzt. In A. Pohlmann (Hrsg.), *Spitzensport und Staat. Eine Standortbestimmung vor Peking 2008.* Symposiumsbericht Köln 2007 (Bundesinstitut für Sportwissenschaft. Wissenschaftliche Berichte und Materialien, 2007, 15, S. 73-90). Köln: Sportverlag Strauß.

Preuß, H. (2014). Bedeutung und Arten von Marken im Sport. In H. Preuß, F. Huber, H. Schunk & T. Könecke (Hrsg.), *Marken und Sport – Aktuelle Aspekte der Markenführung im Sport und mit Sport* (S. 3-27). Wiesbaden: Springer Gabler.

Preuss, H. & Alfs, C. (2011). Signaling through the 2008 Beijing Olympics. Using Mega Sport Events to Change the Perception and Image of the Host. *European Sport Management Quarterly, 11* (1), 55-71.

Preuß, H., Alfs, C. & Ahlert, G. (2012). *Sport als Wirtschaftsbranche. Der Sportkonsum privater Haushalte in Deutschland* (Event- und Impaktforschung). Wiesbaden: Springer Gabler.

PricewaterhouseCoopers AG Wirtschaftsprüfungsgesellschaft (2012). *Markenstudie 2012.* Zugriff am 30. März 2014 unter http://www.markenverband.de/publikationen/studien/Markenstudie2012.pdf.

Priebus, I. (1999). Sportmarketing-Agenturen. Verkäufer und Vermittler von Sportereignissen. In G. Trosien & M. Dinkel (Hrsg.), *Verkaufen Medien die Sportwirklichkeit? Authentizität – Inszenierung – Märkte* (S. 175-188). Aachen: Meyer & Meyer.

Prohl, R. & Scheid, V. (2009). Die gesellschaftliche Bedeutung des Sports in Vergangenheit und Gegenwart. In V. Scheid & R. Prohl (Hrsg.), *Sport und Gesellschaft. Kursbuch Sport* (S. 12-69). Wiebelsheim: Limpert.

Psychology48.com (o. J.). *Halo-Effekt.* Zugriff am 27. Juli 2014 unter http://www.psychology48.com/deu/d/halo-effekt/halo-effekt.htm.

Reality TV World (2014). *Reality TV World.* Zugriff am 5. Mai 2014 unter http://www.re-alitytvworld.com/.

Reebok (2013, 21. Februar). *Reebok Launches Inspirational "Live With Fire" Campaign.* Zugriff am 28. März 2014 unter http://news.reebok.com/GLOBAL/reebok-launches-inspirational-live-with-fire-campaign/s/9c65add4-b63f-4cae-a966-721830483318.

Remnick, D. (2000). *King of the world. Muhammad Ali and the rise of an American hero.* London: Picador.

Renner, M. (2006). Die Moral rettet das Unentschieden. *Handelsblatt* (2006, 31. Mai), 20.

Reufsteck, M. & Niggemeier, S. (2005). *Das Fernsehlexikon. Alles über 7000 Sendungen von Ally McBeal bis zur ZDF-Hitparade.* München: Goldmann.

Ricker, R. & Löffler, M. (2005). *Handbuch des Presserechts* (5. Aufl.). München: Beck.

Riha, K. (1980). Männer, Kämpfe, Kameras. Zur Dramaturgie von Sportsendungen im Fernsehen. In R. Lindner (Hrsg.), *Der Fußballfan. Ansichten vom Zuschauer* (S. 165-182). Frankfurt am Main: Syndikat Verlag.

Röller, F. (2006). *Rituale im Sport. Der Kult der Religio Athletae; eine Zusammenschau religionsanaloger und religionshomologer Phänomene im weiten Feld des Kulturphänomens Sport.* Homburg: invoco-verlag.

Roose, J., Schäfer, M.S. & Schmidt-Lux, T. (2010). Einleitung. Fans als Gegenstand soziologischer Forschung. In J. Roose (Hrsg.), *Fans [Elektronische Ressource]. Soziologische Perspektiven* (Erlebniswelten, 17, S. 9-25). Wiesbaden: VS Verlag für Sozialwissenschaften.

Rosenberg, E. (1984). Athletic Retirement as Social Death: Concepts and Perspectives. In N. Theberge & P. Donnelly (Hrsg.), *Sport and the Sociological Imagination. Refereed Proceedings of the 3rd Annual Conference of the North American Society for the Sociology of Sport, Toronto, Ontario, Canada, November 1982* (S. 245-258). Fort Worth: Texas Christian University Press.

Rosen, S. (1981). The Economics of Superstars. *American Economic Review, 71* (5), 845-858.

RTL interactive GmbH (2014). *Ich bin ein Star – Holt mich hier raus!* Zugriff am 26. Juni 2014 unter http://www.rtl.de/cms/sendungen/ich-bin-ein-star.html.

Russell, G.W. (1993). *The social psychology of sport.* New York: Springer-Verlag.

Sattler, H. & Völckner, F. (2013). *Markenpolitik* (3. Aufl.). Stuttgart: Kohlhammer.

Schafmeister, G. (2007). *Sport im Fernsehen. Eine Analyse der Kundenpräferenzen für mediale Dienstleistungen* (Gabler Edition Wissenschaft: Focus Dienstleistungsmarketing). Wiesbaden: Deutscher Universitäts-Verlag.

Schauerte, T. (2004). Rätsel und Gewinnspiele verlängern die Werbezeiten. Zur Refinanzierung teurer Rechte. *Journalistik Journal, 7* (2). Zugriff am 11. Juli 2013 unter http://journalistik-journal.lookingintomedia.com/?p=12.

Schetsche, M. (1996). *Die Karriere sozialer Probleme. Soziologische Einführung.* München: Oldenbourg.

Schetsche, M. (2008). *Empirische Analyse sozialer Probleme [Elektronische Ressource]. Das wissenssoziologische Programm.* Wiesbaden: VS Verlag für Sozialwissenschaften.

Schetsche, M. (2014). *Empirische Analyse sozialer Probleme [Elektronische Ressource]. Das wissenssoziologische Programm* (2. Aufl.). Wiesbaden: Springer VS.

Schierl, T. (2004). Der Mediensport und seine ästhetischen Vorstellungen. Sind die Para-lympics ohne Erotik unverkäuflich? *Journalistik Journal, 7* (2). Zugriff am 11. Juli 2013 unter http://journalistik-journal.lookingintomedia.com/?p=12.

Schierl, T. (2009). Vom Helden zum Star. Zur Starkultivierung im Sport. In H. Schramm & M. Marr (Hrsg.), *Die Sozialpsychologie des Sports in den Medien* (Sportkommu-nikation, 5, S. 247-272). Köln: von Halem.

Schierl, T. & Bertling, C. (2007). Personalisierung und Prominenz in der Sportberichter-stattung. In T. Schierl (Hrsg.), *Handbuch Medien, Kommunikation und Sport* (Bei-träge zur Lehre und Forschung im Sport, 159, S. 155-166). Schorndorf: Hofmann.

Schierl, T. & Schaaf, D. (2007). Der Einsatz von Sportlern als Testimonials in der Werbung. In T. Schierl (Hrsg.), *Handbuch Medien, Kommunikation und Sport* (Beiträge zur Lehre und Forschung im Sport, 159, S. 294-309). Schorndorf: Hofmann.

Schimank, U. (1999). Drei Wünsche zur soziologischen Theorie. *Soziale Welt, 50* (4), 415-421.

Schlammerl, E. (2005). Von Helden und Versagern. *Frankfurter Allgemeine Sonntagszei-tung* (2005, 6. November), 17.

Schlesinger, T. (2009). Kollektive Emotionen im Kontext sportbezogener Marketing-Events. Understanding Collective Emotions in the Context of Sports Marketing Events. *Sport und Gesellschaft – Sport and Society, 6* (2), 148-172. Zugriff am 2. August 2013 unter http://www.sportundgesellschaft.de/index.php/sportundgesell-schaft/article/view/101/95.

Schlicht, W. & Strauß, B. (2003). *Sozialpsychologie des Sports. Eine Einführung* (Sport-psychologie, 2). Göttingen: Hogrefe Verlag für Psychologie.

Schlütter, K. (2014, 9. August). *„Furchtlos und treu". Der VfB Stuttgart hat sich einen neuen Slogan verpasst, der für Wirbel sorgt. Und auch sportlich kehrt keine Ruhe ein.* Zugriff am 20. August 2014 unter http://www.welt.de/print/die_welt/sport/ar-ticle131043575/Furchtlos-und-treu.html#disqus_thread.

Schmidt, J. (2006). Leid und Leidenschaft. *echt. Das Magazin ihrer evangelischen Kirche* (1), 8-9.

Schmidt, S.L. & Högele, D. (2011). *Deutschland braucht den Superstar. Die gesellschaft-liche Bedeutung von Vorbildern im Profifußball.* Zugriff am 24. Oktober 2013 unter http://www.ebs.edu/fileadmin/redak-teur/funkt.dept.sol/ISBS/ISBS_Issue_4_Deutschland_braucht_den_Superstar.pdf.

Schnabel, G. (1993a). Erfolg, sportlicher. In G. Schnabel & G. Thiess (Hrsg.), *Lexikon Sportwissenschaft. Leistung, Training, Wettkampf* (S. 266). Berlin: Sportverlag.

Schnabel, G. (1993b). Leistungsfähigkeit, sportliche. In G. Schnabel & G. Thiess (Hrsg.), *Lexikon Sportwissenschaft. Leistung, Training, Wettkampf* (S. 537). Berlin: Sport-verlag.

Schnabel, G. & Sust, M. (1993). Leistung. In G. Schnabel & G. Thiess (Hrsg.), *Lexikon Sportwissenschaft. Leistung, Training, Wettkampf* (S. 530). Berlin: Sportverlag.

Schneider, G. (2005, 2. November). *Freizeitpark Bundesliga.* Zugriff am 9. Juni 2013 unter http://www.faz.net/aktuell/sport/mehr-sport/fussball-freizeitpark-bundesliga-1283683.html.

Schneider, U.F. (2004). *Der Januskopf der Prominenz. Zum ambivalenten Verhältnis von Privatheit und Öffentlichkeit.* Wiesbaden: VS Verlag für Sozialwissenschaften.

Schramm, H. (2007a). Prominenz aus Rezipientensicht. Zur Tragfähigkeit des Konzepts parasozialer Interaktion und Beziehung für die Prominenzforschung. In T. Schierl (Hrsg.), *Prominenz in den Medien. Zur Genese und Verwertung von Prominenten in Sport, Wirtschaft und Kultur* (S. 212-234). Köln: Halem.

Schramm, H. (2007b). Zur Frage nach einer genuinen Sozialpsychologie des Mediensports. *Zeitschrift für Sozialpsychologie, 38* (2), 123-133.

Schramm, H. & Hartmann, T. (2007). Identität durch Mediennutzung? Identität durch Mediennutzung? Die Rolle von parasozialen Interaktionen und Beziehungen mit Medienfiguren. In D. Hoffmann & L. Mikos (Hrsg.), *Mediensozialisationstheorien. Neue Modelle und Ansätze in der Diskussion* (S. 201-219). Wiesbaden: VS Verlag für Sozialwissenschaften.

Schramm, H., Hartmann, T. & Klimmt, C. (2002). Desiderata und Perspektiven der Forschung über parasoziale Interaktionen und Beziehungen zu Medienfiguren. *Publizistik, 47* (4), 436-459.

Schramm, H., Hartmann, T. & Klimmt, C. (2004). Parasoziale Interaktionen und Beziehungen mit Medienfiguren in interaktiven und konvergierenden Medienumgebungen. Empirische Befunde und theoretische Überlegungen. In U. Hasebrink, L. Mikos & E. Prommer (Hrsg.), *Mediennutzung in konvergierenden Medienumgebungen* (Reihe Rezeptionsforschung, 1, S. 299-320). München: Verlag Reinhard Fischer.

Schroer, M. (2010). Der Star. In S. Moebius & M. Schroer (Hrsg.), *Diven, Hacker, Spekulanten. Sozialfiguren der Gegenwart* (Edition Suhrkamp, 2573, S. 381-395). Berlin: Suhrkamp.

Schubert, M. & Könecke, T. (2014a). 'Classical' doping, financial doping and beyond: UEFA's financial fair play as a policy of anti-doping. *International Journal of Sport Policy and Politics, online first version.*

Schubert, M. & Könecke, T. (2014b). Vom klassischen zum sozio-ökonomischen Doping im Sport. *Leipziger Sportwissenschaftliche Beiträge, 55* (1), 104-135.

Schulz, H.J. (1986). *Aggressive Handlungen von Fussballfans* (Reihe Sportwissenschaft, 21). Schorndorf: Hofmann.

Schulz, H.-J. & Weber, R. (1982). Zuschauerausschreitungen – Das Problem der Fans. In G.A. Pilz (Hrsg.), *Sport und körperliche Gewalt* (rororo, 7603, S. 55-71). Reinbek bei Hamburg: Rowohlt-Taschenbuch-Verlag.

Schümann, H. (2006). Aus! Aus! Aus! Abschnitt: Wir Stehaufmänner. *Der Tagesspiegel, 19* (2006, 10. Juli), 24.

Schunk, H. (2013). *Die monetäre Bedeutung von Marken und Markenbewertung im Sport – eine empirische Analyse der Sportbekleidungsindustrie. Inauguraldissertation zur Erlangung des Akademischen Grades eines Dr. phil.* (unveröffentlicht). Mainz: Johannes Gutenberg-Universität Mainz, Fachbereich 02 Sozialwissenschaften, Medien und Sport.

Schunk, H. & Könecke, T. (im Druck). Markenstrategische Herausforderungen und Lösungsansätze für Manager in konvergierenden Medien. In S. Dänzler & T. Heun (Hrsg.), *Marke und digitale Medien. Der Wandel des Markenkonzepts im 21. Jahrhundert.*

Schwartz, J.M. (1973). Causes and Effects of Spectator Sports. *International Review for the Sociology of Sport, 8* (3), 25-45.

Schwartz, L. (o. J.). *Jackie changed the face of sports*. Zugriff am 14. August 2014 unter http://espn.go.com/sportscentury/features/00016431.html.

Schwerdtfeger, M. (2004). *Heute ein Heiliger, morgen ein Niemand. Moderne Spitzensportler als Helden und Verlierer.* Magisterarbeit (unveröffentlicht). Mainz: Johannes Gutenberg-Universität Mainz, Fachbereich Sport.

Schwier, J. (2006). Globaler Fußball und nationale Identität. Global Football and National Identity. *Spectrum der Sportwissenschaften, 18* (1), 40-53.

Schwier, J. & Schauerte, T. (2007). Helden, Stars und Vorbilder im Feld des Mediensports. In T. Schauerte & J. Schwier (Hrsg.), *Vorbilder im Sport. Perspektiven auf ein facettenreiches Phänomen* (Sport, Medien, Gesellschaft, 3, S. 139-159). Köln: Sportverlag Strauß.

Segler, D. (2014, 14. April). *Abwehrkampf um Schumacher.* TV-Kritik: Günther Jauch. Zugriff am 5. Mai 2014 unter http://www.fr-online.de/tv-kritik/tv-kritik--guenther-jauch-abwehrkampf-um-schumacher,1473344,26838200.html.

Sektion Sportgeschichte (2005). Sportstars, Helden und Heldinnen. Veränderungen in der Darstellung berühmter Sportler und Sportlerinnen in den Massenmedien. Jahrestagung der dvs-Sektion Sportgeschichte aus Anlass des 25. Jubiläums des Niedersächsischen Institus für Sportgeschichte Hoya e. V. (20.-22. Oktober 2006 in Hoya). *dvs-Information, 20* (4), 25.

Sellmann, M. (2002). Bekleidung als Bekenntnis. Kleine Anatomie der Nike-Religion. In M. Sellmann (Hrsg.), *Mode. Die Verzauberung des Körpers. Über die Verbindung von Mode und Religion* (S. 51-67). Mönchengladbach: Kühlen.

Simeoni, E. (2013). Lao Wa! *Frankfurter Allgemeine Zeitung* (2013, 15. Oktober), 28.

Simonet, P. & Véray, L. (2000). *Des sports et des hommes. Itinéraire photographique.* Charenton-le-Pont: Editions Citedis.

Sloan, L.R. (1989). The Motives of Sport Fans. In J.H. Goldstein (Hrsg.), *Sports, Games, and Play: Social and Psychological Viewpoints* (S. 175-241). Hillsdale: Taylor and Francis.

Smith, G. (1973). The Sport Hero: An Endangered Species. *Quest, 19* (1), 59-70.

Snyder, C.R., Lassegard, M. & Ford, C.E. (1986). Distancing after group success and failure: Basking in reflected glory and cutting off reflected failure. *Journal of Personality and Social Psychology, 51* (2), 382-388.

Söchtig, L. (2006). Die Generation der Milchgesichter jagt Dottore Rossi. *Frankfurter Allgemeine Zeitung* (2006, 3. April), 29.

Soeffner, H.-G. (1989). *Auslegung des Alltags – Der Alltag der Auslegung. Zur wissenssoziologischen Konzeption einer sozialwissenschaftlichen Hermeneutik* (785). Frankfurt am Main: Suhrkamp.

Soeffner, H.-G. (1995). *Die Auslegung des Alltags. 2. Die Ordnung der Rituale* (Suhrkamp-Taschenbuch Wissenschaft, 993). Frankfurt am Main: Suhrkamp.

Sommer, C.M. (1997). Stars als Mittel der Identitätskonstruktion. Überlegungen zum Phänomen des Star-Kults aus sozialpsychologischer Sicht. In W. Faulstich & H. Korte (Hrsg.), *Der Star. Geschichte, Rezeption, Bedeutung* (S. 114-124). München: Fink.

Sorg, S.N. (WS 2000). *Die Olympischen Winterspiele 1994 in Lillehammer. Chance der kulturellen Selbstdarstellung auf der Grundlage wiederbelebter und neu entdeckter*

Traditionen. Diplomarbeit (unveröffentlicht). Mainz: Johannes Gutenberg-Universität Mainz, Fachbereich Sport.

Southern Poverty Law Center (o. J.). *Civil Rights Martyrs.* Zugriff am 14. August 2014 unter http://www.splcenter.org/civil-rights-memorial/civil-rights-martyrs.

Speed Week (o. J.). *Steckbrief. Valentino Rossi.* Zugriff am 6. Juli 2014 unter http://www.speedweek.com/steckbrief/384/Valentino-Rossi.html.

Spence, M. (1973). Job Market Signaling. *The Quarterly Journal of Economics, 87* (3), 355-374.

Sperling, W. (1993). Können, sportliches. In G. Schnabel & G. Thiess (Hrsg.), *Lexikon Sportwissenschaft. Leistung, Training, Wettkampf* (S. 463-464). Berlin: Sportverlag.

Spiegel Online (2012, 18. Januar). *Streit im niedersächsischen Landtag: „Das ist Salamitaktik à la Wulff".* Hitzige Debatte über die Affäre Wulff im niedersächsischen Landtag: SPD und Grüne haben der Regierung eine Verschleppungstaktik vorgeworfen. Schwarz-Gelb schweige den Fall tot, kritische Fragen würden nicht beantwortet. CDU-Fraktionschef Thümler hingegen nahm den Bundespräsidenten in Schutz. Zugriff am 6. Juli 2014 unter http://www.spiegel.de/politik/deutschland/streit-im-niedersaechsischen-landtag-das-ist-salamitaktik-a-la-wulff-a-809856.html.

Spiridon Club Oberlahn e. V. (o. J.). *Vereinsgeschichte.* Zugriff am 20. August 2014 unter http://www.spiridon-club-oberlahn.de/?page_id=26.

Spiridon Haltern e. V. (o. J.). *Wer oder was ist Spiridon?* Zugriff am 20. August 2014 unter http://www.spiridon-haltern.de/default.asp?Site=UnserVerein&SubNavi=Spiridon.

Spiridon-Club Bad Oldesloe – Laufgemeinschaft Trave e. V. (o. J.). *Chronik.* Zugriff am 20. August 2014 unter http://spiridon-oldesloe.de/chronik.html.

Sport Reference LLC (o. J.). *Steven Bradbury.* Zugriff am 10. Juli 2014 unter http://www.sports-reference.com/olympics/athletes/br/steven-bradbury-1.html.

Srivastavak, R.K., Shervani, T.A. & Fahey, L. (1998). Market-Based Assets and Shareholder Value: A Framework for Analysis. *Journal of Marketing Research, 62* (1), 2-18.

Staab, J.F. (1990). *Nachrichtenwert-Theorie. Formale Struktur und empirischer Gehalt* (Alber-Broschur Kommunikation, 17). Freiburg: Alber.

Stacey, J. (1997). Historische Rezeption von Hollywoodstars beim weiblichen Publikum. In W. Faulstich & H. Korte (Hrsg.), *Der Star. Geschichte, Rezeption, Bedeutung* (S. 60-77). München: Fink.

Staiger, J. (1997). Das Starsystem und der klassische Hollywoodfilm. In W. Faulstich & H. Korte (Hrsg.), *Der Star. Geschichte, Rezeption, Bedeutung* (S. 48-59). München: Fink.

Stange, B. (1992). *Die Theorie der sozialen Identität: Analyse eines Reformversuchs in der Sozialpsychologie.* Hamburg: Universität der Bundeswehr.

Steitz, S. (2000). *Zur Inszenierung des sportlichen Helden im Fernsehen – Ein Vergleich olympischer und paralympischer Medaillengewinner.* Diplomarbeit (unveröffentlicht). Mainz: Johannes Gutenberg-Universität Mainz, Fachbereich Sport.

Stephens, G. (2002, 11. März). *Aussie golds in Winter games bring more instant stamps.* Zugriff am 10. Juli 2014 unter https://www.glenstephens.com/linnsMarch11-02.html.

Stern, M. (2003). Heldenfiguren im Wagnissport. Zur medialen Inszenierung wagnissportlicher Erlebnisräume. In T. Alkemeyer, B. Boschert, G. Gebauer & R. Schmidt

(Hrsg.), *Aufs Spiel gesetzte Körper: Aufführungen des Sozialen in Sport und populärer Kultur* (S. 37-54). Konstanz: UVK Verlagsgesellschaft.

Steuten, U. & Strasser, H. (2008). Lady Di - Die moderne Madonna. *Aus Politik und Zeitgeschichte. Beilage zur Wochenzeitung Das Parlament, 58* (52), 22-27.

Stevens, J.A., Lathrop, A.H. & Bradish, C.L. (2003). "Who is Your Hero?". Implications for Athlete Endorsement Strategies. *Sport Marketing Quarterly, 12* (2), 103-110.

Stigler, G.J. & Becker, G.S. (1977). De Gustibus Non Est Disputandum. *The American Economic Review, 67* (2), 76-90. Zugriff am 13. November 2013 unter http://www.jstor.org/stable/1807222.

Stollenwerk, H.J. (1996). *Sport – Zuschauer – Medien* (Edition Sport & Freizeit, 4). Aachen: Meyer & Meyer.

Stoll, O. & Ziemainz, H. (2003). Stress und Stressbewältigung im Leistungssport. Kognitionspsychologische und handlungskontrollthematische Überlegungen. *Sportwissenschaft, 33* (3), 280-290.

Stone, G.P. (1975). Ringen – Das große amerikanische „Passions-Spiel". In K. Hammerich & K. Heinemann (Hrsg.), *Texte zur Soziologie des Sports. Sammlung fremdsprachiger Beiträge*. Sport als symbolischer Dialog (Texte – Quellen – Dokumente zur Sportwissenschaft, 11, S. 151-185). Schorndorf: Hofmann.

Strate, L. (1985). Heroes, Fame and the Media. *Et cetera, 42* (1), 47-53.

Strate, L. (1994). Heroes: A Communication Perspective. In S.J. Drucker & R.S. Cathcart (Hrsg.), *American Heroes in a Media Age* (The Hampton Press communication series: Mass communications and journalism, S. 15-23). Cresskill: Hampton Press.

Strauß, B. (1999). Der leistungsfördernde und –mindernde Einfluss von Zuschauern. In M. Wegner, A. Wilhelm & J.-P. Janssen (Hrsg.), *Empirische Forschung im Sportspiel. Methodologie Fakten und Reflektionen. Symposium 15.-17. Juni 1994 Kiel* (S. 53-60). Kiel: Janssen.

Strauß, B., Senske, S. & Tietjens, M. (2009). Attributionen in Sportkommentaren. In H. Schramm & M. Marr (Hrsg.), *Die Sozialpsychologie des Sports in den Medien* (Sportkommunikation, 5, S. 74-92). Köln: von Halem.

Ströbel, T. (2012). *Die Einflussfaktoren der Markenbewertung im Sport [Elektronische Ressource]. Eine empirische Analyse der Zusammenhänge bei Klubmarken* (Marken- und Produktmanagement). Wiesbaden: Gabler Verlag.

Süddeutsche.de (2013, 10. August). *Wiesenhof wird neuer Sponsor von Werder Bremen. Vergebliche Fan-Proteste*. Zugriff am 18. November 2013 unter http://www.sueddeutsche.de/wirtschaft/trotz-fan-protesten-wiesenhof-wird-neuer-sponsor-von-werder-bremen-1.1438120.

Swierczewski, R. (1978). The Athlete – the Country's Representative as a Hero. *International Review of Sport Sociology, 13* (3), 89-98.

Tajfel, H. (1982). Introduction. In H. Tajfel (Hrsg.), *Social identity and intergroup relations* (S. 1-11). Cambridge: Cambridge University Press.

Tallgren, V. (1981). *Hitler und die Helden. Heroismus und Weltanschauung* (Annales Academiae Scientiarum Fennicae: Dissertationes humanarum litterarum, 29). Helsinki: Suomalainen Tiedeakat.

Tedeschi, J.T., Madi, N. & Lyakhovitzky, D. (1998). Die Selbstdarstellung von Zuschauern. In B. Strauß (Hrsg.), *Zuschauer* (S. 93-110). Göttingen, Bern, Toronto, Seattle: Hogrefe Verlag für Psychologie.

tedwilliamsmuseum.com (o. J.a). Zugriff am 25. März 2012 unter http://www.tedwilliamsmuseum.com/memories.

tedwilliamsmuseum.com (o. J.b). *Korean War.* Zugriff am 19. September 2014 unter http://tedwilliams.com/index.php?page=milkorean&level=.

tedwilliamsmuseum.com (o. J.d). *Navy Welcomes Williams. WW II.* Zugriff am 19. September 2014 unter http://www.tedwilliams.com/index.php?page=milww2&level=2.

The Encyclopedia Americana (2001). *The Encyclopedia Americana. International edition.* Complete in thirty volumes. Danbury: Grolier.

The MS Office S.A. (2014). *official website Michael Schumacher. Nachricht von Michaels Familie / Message from Michael's family.* Vielen Dank euch allen! Thank you all so much! Zugriff am 6. Mai 2014 unter http://www.michael-schumacher.de/.

Thomas, W.I. & Thomas, D.S. (1928). *The Child in America. Behavior Problems and Programs.* New York: Alfred E. Knopf.

Thuillier, J.-P. (1999). *Sport im antiken Rom.* Darmstadt: Wissenschaftliche Buchgesellschaft.

Thussu, D.K. (2009). *News as entertainment. The rise of global infotainment* (Reprint). Los Angeles: Sage.

Tobler, S. (2010). *Transnationalisierung nationaler Öffentlichkeit [Elektronische Ressource]. Konfliktinduzierte Kommunikationsverdichtungen und kollektive Identitätsbildung in Europa.* Wiesbaden: VS Verlag für Sozialwissenschaften.

t-online.de (2014a). *WM-Spielplan. Gruppe D.* Zugriff am 5. Juli 2014 unter http://sportdaten.t-online.de/fussball/world-cup/spielplan-tabelle/id_46_0_0_4_0/?sGroupName=D.

t-online.de (2014b, 14. Juli). *Finalspiel knackt Allzeit-Rekord. ARD und ZDF feiern TV-Rekorde.* Zugriff am 28. September 2014 unter http://www.t-online.de/unterhaltung/tv/id_70228760/ard-und-zdf-feiern-millionen-quoten-finalspiel-knackt-den-allzeit-rekord.html.

Tränhardt, C. (1994). *Helden auf Zeit. Gespräche mit Olympiasiegern. Henry Maske Zita Funkenhauser, Boris Becker, Heike Henkel, Rolf Milser, Dietmar Mögenburg, Kristin Otto, Christian Schenk, Fredy Schmidtke, Frank Wienke.* Köln: Kiepenheuer und Witsch.

Trosien, G. & Preuß, H. (1999). Sport – Fernsehen – Ökonomie. Zur Medienpräsenz von Sportleistungen. In G. Trosien (Hrsg.), *Die Sportbranche. Wachstum – Wettbewerb – Wirtschaftlichkeit* (S. 209-235). Frankfurt am Main: Campus-Verlag.

Turner, J.C. (1982). Towards a cognitive redefinition of the social group. In H. Tajfel (Hrsg.), *Social identity and intergroup relations* (S. 15-40). Cambridge: Cambridge University Press.

Turner, R.H. (1968). Role: Sociological Aspects. In D.L. Sills (Hrsg.), *International Encycopedia of the Social Sciences* (International Encycopedia of the Social Sciences, 13, S. 552-556). New York: Crowell Collier and Macmillan.

Uhlemann, I.A. (2012). *Der Nachrichtenwert im situativen Kontext [Elektronische Ressource]. Eine Studie zur Auswahlwahrscheinlichkeit von Nachrichten.* Wiesbaden: VS Verlag für Sozialwissenschaften.

Uleman, J.S. (1999). Spontaneous versus Intentional Inferences in Impression Formation. In S. Chaiken & Y. Trope (Hrsg.), *Dual-process theories in social psychology* (S. 141-160). New York: Guilford Press.

Umminger, W. (1962). *Helden, Götter, Übermenschen. Eine Kulturgeschichte der menschlichen Höchstleistung.* Düsseldorf; Wien: Econ-Verlag.

Universal-Lexikon (2012). *Beurteilungsfehler.* Zugriff am 4. August 2014 unter http://universal_lexikon.deacademic.com/213664/Beurteilungsfehler.

Veblen, T. (1912 [1899]). *The Theory of the Leisure Class. An Economic Study of Institutions.* Zugriff am 25. Februar 2014 unter http://solomon.soth.alexanderstreet.com/cgi-bin/asp/philo/soth/documentidx.pl?sourceid=S10020684.

Veblen, T. (1968 [1899]). *The theory of the Leisure Class. An Economic Study of Institutions* (Minerva Press). New York: Funk & Wagnalls.

VfB Stuttgart 1893 e. V. (2014). Zugriff am 21. August 2014 unter http://www.vfb.de/.

VISA (2008a). *Michael Phelps wins 8 Gold Medals at Olympic Games.* Zugriff am 19. August 2014 unter https://www.youtube.com/watch?v=n7W45Fr6NRA.

VISA (2008b). *Visa Go World Ad – Derek Redmond 2008.* Zugriff am 19. August 2014 unter https://www.youtube.com/watch?v=BU3jfbb172E.

Voigt, D. (1992). *Sportsoziologie. Soziologie des Sports.* Mit Exkursen von Dorothee Alfermann, Andreas Luh, Manfred Messing, Karl-Heinz Schodronk, Klaus W. Tofahrn, Sabine Gries (Studienbücher Sport). Aarau, Frankfurt am Main, Salzburg: Diesterweg, Sauerländer.

Vollrath, A. (2007). *Olympia bewegt. Zur Inszenierung kollektiver Identität am Beispiel der Olympischen Spiele von Sydney 2000.* Dissertation zur Erlangung des Grades des Doktors der Sportwissenschaft. Hamburg: Universität Hamburg, Fachbereich Sportwissenschaft. Zugriff am 26. September 2013 unter http://ediss.sub.uni-hamburg.de/volltexte/2008/3527/pdf/DissVollrathdez07.pdf.

Vorderer, P. (1998). Unterhaltung durch Fernsehen: Welche Rolle spielen parasoziale Beziehungen zwischen Zuschauern und Fernsehakteuren? In W. Klingler, G. Roters & O. Zöllner (Hrsg.), *Fernsehforschung in Deutschland. Themen – Akteure – Methoden.* Teilband 2 (Südwestrundfunk-Schriftenreihe: Medienforschung, 1, S. 689-707). Baden-Baden: Nomos Verlagsgesellschaft.

Vornbäumen, A. (2006). Aus! Aus! Aus! Abschnitt: Und Ballack Platt. *Der Tagesspiegel, 19* (2006, 10. Juli), 24.

Vries, J.d. (1961). *Heldenlied und Heldensage.* Bern: Francke.

Wallrodt, L. (2013, 11. Juli). *Adidas rüstet Mesut Özil mit Rentenvertrag aus. Mesut Özil wechselt die Schuhe: Für die gigantische Summe von 25 Millionen Euro trägt der Nationalspieler künftig nur noch die Artikel von Adidas. Eine schwere Niederlage für US-Konkurrent Nike.* Zugriff am 20. August 2014 unter http://www.welt.de/sport/fussball/internationale-ligen/article117936406/Adidas-ruestet-Mesut-Oezil-mit-Rentenvertrag-aus.html.

Wann, D.L. & Schrader, M.P. (2000). Controllability and stability in the self-serving attributions of sport spectators. *The Journal of Social Psychology, 140* (2), 160-168. unter http://search.proquest.com/docview/199836721?accountid=14632.

Watzlawick, P. (o. J.). *Paul Watzlawick. Paul Watzlawick über menschliche Kommunikation.* Zugriff am 15. November 2013 unter http://www.paulwatzlawick.de/axiome. html.

Weber, M. (1922). *Wirtschaft und Gesellschaft. Grundriß der verstehenden Soziologie.* Zugriff am 17. Oktober 2013 unter http://www.textlog.de/weber_wirtschaft.html.

Weidenfeld, U. (2006). Und Bayern München? *Handelsblatt* (2006, 9. Mai), 31.

Weis, K. (1981). Gewalt im Stadion – Zur gesellschaftlich bedingten Verrohung von Eishokkeyspielern und Fußballfans. In T. Kutsch (Hrsg.), *Sport und Gesellschaft. Die Kehrseite der Medaille* (Soziale Probleme der Gegenwart, 4, S. 181-199). Königstein: Hain.

Weis, K. (1995). Sport und Religion. Sport als soziale Institution im Dreieck zwischen Zivilreligion, Ersatzreligion und körperlich erlebter Religion. In J. Winkler & K. Weis (Hrsg.), *Soziologie des Sports. Theorieansätze, Forschungsergebnisse und Forschungsperspektiven* (S. 127-150). Opladen: Westdeutscher Verlag.

Weis, K. & Gugutzer, R. (2008). Einführung: Sport in Gesellschaft und Soziologie. In K. Weis & R. Gugutzer (Hrsg.), *Handbuch Sportsoziologie* (Beiträge zur Lehre und Forschung im Sport, 166, S. 7-14). Schorndorf: Hofmann.

Weiss, O. (1996). Media Sports as a Social Substitution Pseudosocial Relations with Sports Figures. *International Review for the Sociology of Sport, 31* (1), 109-117.

Weiß, O. (1999). *Einführung in die Sportsoziologie* (UTB, 2090). Wien: WUV.

Weltfussball.de (2014). *Bundesliga 2013/2014 – Zuschauer – Heimspiele.* Zugriff am 28. September 2014 unter http://www.weltfussball.de/zuschauer/bundesliga-2013-2014/1/.

Werkmann, K. (2014). *Zur Motivation, Zufriedenheit und Wertschätzung von Mega-Sport-Event-Volunteers: das Beispiel der FIFA-Frauen-Weltmeisterschaft 2011 in Deutschland [Elektronische Ressource].* Wiesbaden: Springer Gabler.

Werner, K. (2010). Größere Zufriedenheit durch bessere Suchmaschinen? Das Confirmation/Disconfirmation-Paradigma der Kundenzufriedenheit im Kontext des Information Retrieval. *Information Wissenschaft & Praxis, 61* (6-7), 385-396. Zugriff am 6. Februar 2014 unter http://publications.katrin-werner.com/magisterarbeit-lamm.pdf.

Wienold, H. (2011). Hofeffekt. In W. Fuchs-Heinritz (Hrsg.), *Lexikon zur Soziologie* (S. 284). Wiesbaden: VS Verlag für Sozialwissenschaften.

Wikipedia (2006). *Star (Person).* Zugriff am 30. Dezember 2006 unter http://de.wikipedia.org/wiki/Star_%28Person%29.

Wikipedia (2014, 22. Juni). *Star (Person).* Zugriff am 26. Juni 2014 unter http://de.wikipedia.org/wiki/Star_%28Person%29.

Williams, T. & Underwood, J. (1986). *The science of hitting* (Revised and updated edition). New York: Simon & Schuster.

Wimmer, S. (2006). Bum-Bum Bühlbecker. *Handelsblatt* (2006, 13. Oktober), weekend 14.

Wipper, H. (2003). *Sportpresse unter Druck. Die Entwicklung der Fußballberichterstattung in den bundesdeutschen Printmedien. Eine komparative Studie am Beispiel der Fußball-Weltmeisterschaften 1990 und 1998.* Inaugural-Dissertation zur Erlangung des Grades eines Doktors der Philosophie (Dr. phil.). Berlin: Freie Universität Berlin, Fachbereich Erziehungswissenschaft und Psychologie.

Wirtz, B.W. (2006). *Medien- und Internetmanagement [Elektronische Ressource]* (5. Aufl.). Wiesbaden: Gabler.

Wirtz, B.W. (2011). *Medien- und Internetmanagement* (7. Aufl.). Wiesbaden: Gabler.

Wittstock, U. (1993). Nachwort. In U. Wittstock (Hrsg.), *Sport-Stories. Ein literarischer Zehnkampf samt Training, Halbzeitpause, Verlängerung, einem Bericht aus der Fan-Kurve und einem ruhigen Heimweg* (Fischer Taschenbücher, 11715, S. 271-281). Frankfurt am Main: Fischer Taschenbuch Verlag.

Wolfrum, J. (2014, 14. Juli). *Sabella: „Sie waren Krieger". Messi muss sich übergeben.* Zugriff am 17. Juli 2014 unter http://www.kicker.de/news/fussball/wm/startseite/607981/artikel_sabella_sie-waren-krieger.html.

Woratschek, H. & Beier, K. (2001). Sportmarketing. In D.K. Tscheulin (Hrsg.), *Branchenspezifisches Marketing. Grundlagen – Besonderheiten – Gemeinsamkeiten* (S. 203–235). Wiesbaden: Gabler.

Woratschek, H., Durchholz, C. & Ströbel, T. (2010, Mai). *Co-branding – Ein neuer Weg zur Erfüllung zusätzlicher Motivationen von Sportkonsumenten?* Vortrag auf der 14. Jahrestagung des Arbeitskreises Sportökonomie. Saarbrücken.

Woratschek, H., Ströbel, T. & Durchholz, C. (2014). Sportsponsoring und Co-Branding – innovative Markenstrategien zur Bildung von Allianzen. In H. Preuß, F. Huber, H. Schunk & T. Könecke (Hrsg.), *Marken und Sport – Aktuelle Aspekte der Markenführung im Sport und mit Sport* (S. 107-123). Wiesbaden: Springer Gabler.

Wulff, H.J. (2011). Lexikon der Filmbegriffe. parasoziale Interaktion. Zugriff am 15. November 2013 unter http://filmlexikon.uni-kiel.de/index.php?action=lexikon&tag=det&id=926.

Yu, C.-C. (2009). A Content Analysis of News Coverage of Asian Female Olympic Athletes. *International Review for the Sociology of Sport, 44* (2-3), 283-305.

Zahavi, A. (1975). Mate selection – A selection for a handicap. *Journal of Theoretical Biology, 53* (1), 205-214.

Zillmann, D. (1991). Empathy: Affect From Bearing Witness to the Emotions of Others. In J. Bryant & D. Zillmann (Hrsg.), *Responding to the screen. Reception and reaction processes* (Communication, S. 135-167). Hillsdale: Lawrence Erlbaum Associates.

Zillmann, D. (1994). Mechanisms of emotional involvement with drama. *Poetics, 23* (1-2), 33-51.

Zorn, R. (2014, 14. Juli). *Der geschlagene Messi. Der Weltfußballer kann kein Weltmeister werden.* Lionel Messi zeigt auch im Finale, warum er als bester Spieler der Welt gilt. Den größten Erfolg seiner Karriere verhindert allerdings ein deutsches Team, das ihn mit vereinten Kräften stoppt. Zugriff am 14. Juli 2014 unter http://www.faz.net/aktuell/sport/fussball-wm/der-geschlagene-messi-meister-gegen-weltmeister-13044193.html.

Zuchora, K. (1983). Agon as the Way of Life (or back to "The Iliad" and "The Odyssey"). *International Review for the Sociology of Sport, 18* (4), 7-35.

Zurcher, L.A. & Meadow, A. (1975). Über Stierkampf und Baseball: Ein Beispiel für Verflechtung sozialer Institutionen. In K. Hammerich & K. Heinemann (Hrsg.), *Texte zur Soziologie des Sports. Sammlung fremdsprachiger Beiträge.* Sport als symbolischer Dialog (Texte – Quellen – Dokumente zur Sportwissenschaft, 11, S. 110-130). Schorndorf: Hofmann.

Lebenslauf Dr. Thomas Könecke

Persönliche Daten

geboren	28. August 1974 in Mainz

Ausbildung

2016	Johannes Gutenberg-Universität Mainz, Mainz: Einleitung des Habilitationsverfahrens am Fachbereich 02 – Sozialwissenschaften, Medien und Sport
2010-2014	Johannes Gutenberg-Universität Mainz, Mainz: Promotion zum Dr. phil. (Betreuer: Prof. Dr. H. Preuß)
2007	Universität Fundação Getulio Vargas (FGV), São Paulo (Brasilien): Postgraduierten-Studium als Teilnehmer am englischsprachigen „International Program in Management"
1998-2006	Johannes Gutenberg-Universität Mainz, Mainz: Studium der Wirtschafts- und Sportwissenschaften (Schwerpunkte Sportsoziologie und Finanzwirtschaft); akademische Lehrer u. a. Prof. Dr. Dr. M. Messing, Prof. Dr. H.-V. Ulmer, Prof. Dr. S. Trautmann, Prof. Dr. K. Beck, Prof. Dr. K. Breuer
1997-1998	Universidad de Matanzas – Camilo Cienfuegos, Matanzas (Kuba): Besuch der sportwissenschaftlichen Fakultät
1996-1997	Wissenschaftliche Hochschule für Unternehmensführung (WHU), Vallendar: Studium der Betriebswirtschaftslehre mit einjähriger Beurlaubung
1985-1992 und 1993-1995	Gymnasium Gonsenheim, Mainz: Allgemeine Hochschulreife
1992-1993	Campbell County Comprehensive High School, Tennessee (USA): Graduation
1983-1985	Maler-Becker-Grundschule, Mainz
1981-1983	Hartenbergschule, Mainz

Berufserfahrung an Hochschulen

seit 2009	Johannes Gutenberg-Universität Mainz, Mainz: Wissenschaftlicher Mitarbeiter am Fachgebiet Sportökonomie, Sportsoziologie und Sportgeschichte
2012-2013	Macromedia Hochschule für Medien und Kommunikation (MHMK), Stuttgart: Vertretung einer Professur für Medien-, Sport- und Eventmanagement
2007-2008	Hochschule Aalen, Aalen: Wissenschaftlicher Mitarbeiter am Studiengang Internationale Betriebswirtschaft
2007-2008	Johannes Gutenberg-Universität Mainz, Mainz: Projektleiter im Rahmen eines kaufmännischen Drittmittel-Projekts der Junior-Professur für Sportökonomie und Sportmanagement

Zusammenfassung

„All cultures have heroes, but the hero and the heroic varies from culture to culture and from time to time. What constitutes the heroic and who becomes the hero is a function of cultural priorities and values, and, most significantly, is related to the communication [...] for presenting and preserving information about heroes" (Drucker & Cathcart, 1994, S. 1-2; vgl. auch Drucker, 1994, S. 82; Strate, 1985, S. 47).

Der beschriebene Zusammenhang gilt nicht nur für den Helden, sondern auch für verwandte Formen sozialer Exposition wie z. B. den Star, den Prominenten, das Idol, das Vorbild oder die Legende. Daher gelingt normalerweise weder im sozialen Austauch noch in der wissenschaftlichen Betrachtungen eine trennscharfe Abgrenzung dieser sozialen Phänomene. Dies ist darauf zurückzuführen, dass die Begriffe soziale Konstrukte bezeichnen, deren individuelle Repräsentationen sich i. d. R. nicht vollständig entsprechen, und die immer vor dem Hintergrund der jeweiligen sozialen Umgebung und des impliziten Wissens um andere sozial exponierte Menschen wahrgenommen werden.

Aufgrund der grundlegenden Bedeutung der genannten sozialen Phänomene für menschliche Gesellschaften und viele wissenschaftliche Disziplinen war das Forschungsziel dieser Arbeit deren Einbettung in ein umfassendes Modell der personenbezogenen Kommunikation und Rezeption. Dieses Ziel wurde mit einem interdisziplinären und multimethodischen Ansatz verfolgt, welcher Quellen aus unterschiedlichen Wissenschaftsdisziplinen und Fallbeispiele aus verschiedenen Medien und Lebensbereichen zusammenführte und so hermeneutisches und qualitativ-empirisches Arbeiten kombinierte.

Bei der Erarbeitung der elementaren Bedeutungen der betrachteten Konstrukte erwies sich in dieser Arbeit die Anwendung des Konzepts der sozialen Deutungsmuster als zielführend, wobei diese „sozial geltende, mit Anleitungen zum Handeln verbundene Interpretationen der Umwelt und des Selbst" (Schetsche, 2008, S. 109) bezeichnen, die trotz Abweichungen in ihren konkreten Manifestationen im sozialen Austausch grundlegend verstanden werden. Im Rahmen der Betrachtungen wurde deutlich, dass es sich beim Star – gleiches gilt für die Legende, das Vorbild und das Idol – um ein Metakonzept handelt, welches neben der Prominenz die „Starfaktoren" Charisma, Können und Erfolg umfasst. Diese stellen wiederum ebenfalls eigenständige soziale Deutungsmuster dar und das Heldentum sowie das Sportheldentum können als „Charismafaktoren" bzw. Elemente des Charismas aufgefasst werden.

Im Verlauf der Arbeit zeigte sich, dass die betrachteten Konstrukte nicht nur in Bezug auf kleinere Gemeinschaften, sondern auch international und interkulturell kompatible Bedeutungsüberschneidungen teilen und deswegen – kulturspezifisch und kulturübergreifend – zwei zentrale Funktionen sozialer Deutungsmuster erfüllen: die Komplexitätsreduktion und die Erzeugung sozialer Gemeinschaften. Die erste Funktion erfüllen sie dadurch, dass sie an „passende[.] Emotionen und ein Feld möglicher Handlungen" (Plaß & Schetsche, 2001, S. 523) geknüpft sind. Der „Erzeugung sozialer Gemeinschaft" (ebd., S. 525) dienen sie z. B., weil sie in vielerlei Hinsicht kommunikative Prozesse erleichtern.

Am Ende des vielschichtigen Forschungsprozesses konnte mit der Erstellung des „Modells der personenbezogenen Kommunikation und Rezeption" das Forschungsvorhaben erfolgreich abgeschlossen werden. Des Weiteren wurden eine Auswahl von weiterführenden wissenschaftlichen und praktischen Einsatzmöglichkeiten und Anknüpfungspunkten für die Ergebnisse und Überlegungen dieser Arbeit aufgezeigt.